| 하루 200개 목표일 경우 |

20   년 단어 정복 계획표

일	월	화	수	목	금	토
	1일차 (월 일) 1 – 200 / 200	2일차 (월 일) 201 – 400 / 200	3일차 (월 일) 401 – 600 / 200	4일차 (월 일) 601 – 800 / 200	5일차 (월 일) 801 – 1000 / 200	
						1회독 점 수
	6일차 (월 일) 1001 – 1200 / 200	7일차 (월 일) 1201 – 1400 / 200	8일차 (월 일) 1401 – 1600 / 200	9일차 (월 일) 1601 – 1800 / 200	10일차 (월 일) 1801 – 2000 / 200	
						1회독 점 수
	11일차 (월 일) 2001 – 2200 / 200	12일차 (월 일) 2201 – 2400 / 200	13일차 (월 일) 2401 – 2646 / 246			
						1회독 점 수

결과
- 1회독 평균 점수 /200
- 2회독 평균 점수 /200
- 3회독 평균 점수 /200

단어 완성 계획표

계획 짜는 방법은
6페이지 참조

나의 다짐

나에게 주는
상
벌

나의 주의사항

"핸드폰, 친구, 게임, SNS,
술, 이성친구, 클럽"

USHER
usherin.usher.co.kr

JN403728

| 하루 100개 목표일 경우 |

20   년 단어 정복 계획표

일	월	화	수	목	금	토
	1일차 1 – 100	2일차 201 – 300	3일차 401 – 500	4일차 601 – 700	5일차 801 – 900	
1회독 날짜 점수	월 일 / 100	월 일 / 100	월 일 / 100	월 일 / 100	월 일 / 100	
	101 – 200	301 – 400	501 – 600	701 – 800	901 – 1000	
2회독 날짜 점수	월 일 / 100	월 일 / 100	월 일 / 100	월 일 / 100	월 일 / 100	
	6일차 1001 – 1100	7일차 1201 – 1300	8일차 1401 – 1500	9일차 1601 – 1700	10일차 1801 – 1900	
1회독 날짜 점수	월 일 / 100	월 일 / 100	월 일 / 100	월 일 / 100	월 일 / 100	
	1101 – 1200	1301 – 1400	1501 – 1600	1701 – 1800	1901 – 2000	
2회독 날짜 점수	월 일 / 100	월 일 / 100	월 일 / 100	월 일 / 100	월 일 / 100	
	11일차 2001 – 2100	12일차 2201 – 2300	13일차 2401 – 2500			
1회독 날짜 점수	월 일 / 100	월 일 / 100	월 일 / 100			
	2101 – 2200	2301 – 2400	2501 – 2646			
2회독 날짜 점수	월 일 / 100	월 일 / 100	월 일 / 146			

결과	1회독 평균 점수	/ 100
	2회독 평균 점수	/ 100
	3회독 평균 점수	/ 100

단어 완성 계획표

계획 짜는 방법은
6페이지 참조

나의 다짐

나에게 주는
상
벌

나의 주의사항
"핸드폰, 친구, 게임, SNS,
술, 이성친구, 클럽"

USHER
usherin.usher.co.kr

| 하루 | 개 목표일 경우 |

20   년 단어 정복 계획표

일	월	화	수	목	금	토
	1일차 (월 일)	2일차 (월 일)	3일차 (월 일)	4일차 (월 일)	5일차 (월 일)	
	6일차 (월 일)	7일차 (월 일)	8일차 (월 일)	9일차 (월 일)	10일차 (월 일)	
	11일차 (월 일)	12일차 (월 일)	13일차 (월 일)			

1회독 점수

1회독 점수

1회독 점수

결과	1회독 평균 점수
	2회독 평균 점수
	3회독 평균 점수

단어 완성 계획표

계획 짜는 방법은
6페이지 참조

나의 다짐

_____

나에게 주는
상 _____

벌 _____

나의 주의사항

"핸드폰, 친구, 게임, SNS,
술, 이성친구, 클럽"

USHER
usherin.usher.co.kr

| 하루 | 개 목표일 경우 |

20   년 단어 정복 계획표

일	월	화	수	목	금	토
	1일차 월 / 일	2일차 월 / 일	3일차 월 / 일	4일차 월 / 일	5일차 월 / 일	
1회독 날짜 점수						
2회독 날짜 점수						
	6일차 월 / 일	7일차 월 / 일	8일차 월 / 일	9일차 월 / 일	10일차 월 / 일	
1회독 날짜 점수						
2회독 날짜 점수						
	11일차 월 / 일	12일차 월 / 일	13일차 월 / 일	월 / 일	월 / 일	
1회독 날짜 점수						
2회독 날짜 점수						

결과	
1회독 평균 점수	/
2회독 평균 점수	/
3회독 평균 점수	/

단어 완성 계획표

계획 짜는 방법은 6페이지 참조

나의 다짐

나에게 주는

상

벌

나의 주의사항

"핸드폰, 친구, 게임, SNS, 술, 이성친구, 클럽"

USHER
usherin.usher.co.kr

iBT TOEFL VOCABULARY

| 개정증보판 |
| 13일 완성 |

토플 / 토익 / 아이엘츠 / 텝스 / 편입 / 대학원 / 공무원 / 특목고 / 수능

USHER 단어암기 프로그램 별도 판매
usherin.usher.co.kr

iBT 최신 토플 출제 단어 업데이트 및 동의어 수록

어셔 어학연구소

TOEFL is a registered trademark of Educational Testing Service (ETS). This publication has not been reviewed or endorsed by ETS.

USHER iBT TOEFL VOCABULARY

초   판   **1쇄 발행**   2011년 9월 02일
개정증보판   **10쇄 발행**   2020년 1월 01일
개정증보판   **15쇄 발행**   2025년 11월 01일

지 은 이 | 어셔 토플 연구소
펴 낸 곳 | (주)어셔 어학연구소
펴 낸 이 | 어셔 어학연구소 출판팀
주   소 | 서울시 서초구 잠원로 3길 40 태남빌딩 2층
전   화 | 02-595-5679
홈 페 이 지 | www.usher.co.kr
ISBN | 979-11-85317-01-4

정가 25,000원

저작권자 ⓒ 2013. 어셔 어학연구소
이 책 및 mp3 내용의 저작권은 저자에게 있습니다.
서면에 의한 저자와 출판사의 허락없이 내용의 일부 혹은 전부를 인용하거나, 발췌하는 것을 금합니다.

COPYRIGHT ⓒ 2013 by Usher Language Research Institute
All rights reserved including the rights of reproduction
In whole or part in any form
Printed in Korea

USHER iBT TOEFL VOCABULARY

PREFACE

최근의 대한민국 교육 중 사교육이 차지하는 비중이 적지 않은 것을 참고하지 않아도, 초·중·고등학교를 다니면서 다수의 학생들이 적어도 영어학원 한군데 이상은 다녔을 것입니다. 그리고 그 학원들의 다수는 수능을 준비하는 과정에서 이뤄진 독해 위주의 학습이 가장 많고, 다음으로는 듣기 평가와 문법 수업을 듣는 학생들이 있습니다.

그럼 대학을 간 이후로는 가장 많이 듣는 과목은 무엇이냐는 질문을 받는다면 다수의 학생들이 회화 수업과 토익, 토플 수업 등을 거론합니다. 재밌는 사실은 절대 다수의 학생들이 단어 수업은 별도로 듣지 않는다는 사실입니다.
그렇다면 왜 그럴까? 중요하지 않아서? 다 알아서? (물론 아니죠 ^^;)

다수의 학생들의 결론은 혼자서 할 수 있다는 생각 때문입니다. 물론 맞을 수 있고, 맞을 확률이 상당히 높은 말입니다.
하지만, 흥미로운 사실은 학생들에게 공감을 이끌어 내기 쉬운 농담으로, "단어장 사서 처음 30페이지만 손 때 타고 나머지는 하얀 경험 있는 사람?"이라는 질문 후엔 모두들 웃곤 합니다. 왜 그런지에 대해서는 모두들 간단한 답을 할 수 있을 것입니다.

"언제나" "스스로" "할수있음"에도 "귀찮아서" 또는 "끈기가 없어서" 그렇다고들 합니다.

여기서 우리는 분명히 해야할 것이 있습니다. 단어는 모든 영어, 즉 여러분들이 초·중·고등학교를 다닌 이후 다녔던 그 많은 학원에서의 각기 다른 과목들, 즉, 문법, 독해, 듣기, 쓰기, 말하기 과정 중 어느 한 곳에도 쓰이지 않는 곳이 없다는 사실입니다. 별도의 과정이 아니고, 별도의 과목이 아니므로 반드시 해야 하고, 공부했을 때의 효과를 가장 빨리 볼 수 있고, 그렇기 때문에 순서상 다른 어떤 과목보다도 먼저 해두면 두고두고 편하다는 사실입니다. 그래서 혹자는 단어만 많이 외워두면 단어 나열식 영어만 해도 의사 소통은 된다고까지 합니다. 일면 맞는 말입니다. 그러므로 단어는 일정 수준 반드시 외워 두어야 합니다.

다음으로 토플에서의 단어 개수는 어느 정도일까? 라는 질문을 참 많이 받습니다. 이에 대해,

1단계 : 중학단어 1000개

2단계 : 고등단어 1500개

3단계 : 토플단어 2646개

USHER iBT TOEFL VOCABULARY
PREFACE

하지만, 대부분 토플공부를 한다고 시작하는 학생들의 다수는 대뜸 3번 단계인 토플단어부터 외우는 경우가 많습니다. 하지만, 많은 학생들을 가르쳐 본 결과 수능에서 상위 3등급 이내가 아닌 이상 대부분 1번과 2번에서도 막히는 경우가 많았습니다. 즉, 앞 단계 단어조차 다 되어있지 않은데 뒤의 어려운 단어부터 외우려는 경우라는 것입니다. 그렇기 때문에 설사 뒤의 어려운 단어를 다 외웠다 하더라도, 정작 쉬운 단어를 몰라 힘들어 하는 경우도 종종 보곤 합니다. 이런 경우에는 스스로 파악해서 앞의 단어를 먼저 외워 두고 뒤의 단어를 외워야 효과가 빨리 날 수 있습니다. 이유는 영어를 배움에 있어서 가장 중요한 단어는 곧 가장 많이 쓰이는 단어라고 할 수 있습니다.

"가장 중요한 단어 = 가장 많이 쓰이는 단어"

하지만, 이런 가장 많이 쓰이는 단어조차 다 외우지 않고 덜 중요한, 덜 자주보는 단어를 외워봐야 그보다 더 많이 쓰이는 단어에서도 종종 막히게 되면 결국 실력향상에 걸림돌이 될 수 있기 때문입니다. 그러므로 반드시 쉬운단어를 먼저 외우고 어려운 단어를 외우시기 바랍니다.

그래서 어셔어학연구소에서는 본 교재 'USHER iBT TOEFL VOCABULARY'와 가장 쉬운 중·고등 단어를 분리하여 '어셔토플 기초영어단어(5일완성)'을 발간하였습니다. 반드시 이 부분을 주말 한번 잡아서 아는 것과 모르는 것을 체크해서 먼저 암기하고 본 교재 토플단어를 암기해 주시기 바랍니다.

USHER iBT TOEFL VOCABULARY 의 단어 목록은 기출단어를 위주로 정리했으며, 동의어 편에는 기출문제로 실제 사용된 단어를 표시해 두었습니다. 단어 이외에 동의어를 굳이 따로 정리해 둔 이유는 독해에서의 단어 문제에서의 쓸모도 생각해야겠지만, 이 외에 **paraphrase**할 때 핵심되는 과정이 문장 구조 바꾸는 것과, 단어를 바꾸는 내용이므로 이에 대비하기 위해서 입니다.

부디 이점들을 이해하고 중요한 단어들을 외워두어 영어 공부에 있어서 영어 단어라는 많은 "퍼즐"들을 빨리 모아, 마지막에 완성된 영어인 "그림"을 좀 더 빨리 정확히 볼 수 있기를 바랍니다.

어셔 어학연구소

iBT TOEFL VOCABULARY CONTENTS

usherin.usher.co.kr

Preface	3
Table of Contents	5
계획표 짤 준비	6
학습방법	8
구성	12
특징	14
토플단어	

1 out of 13
오늘의 단어	19
토플단어 001–200	22
오늘의 퀴즈	42
어셔 단어시험지	43
공부 수기 01	45

2 out of 13
오늘의 단어	47
토플단어 201–400	50
오늘의 퀴즈	70
어셔 단어시험지	71
공부 수기 02	73

3 out of 13
오늘의 단어	77
토플단어 401–600	80
오늘의 퀴즈	100
어셔 단어시험지	101
공부 수기 03	103

4 out of 13
오늘의 단어	107
토플단어 601–800	110
오늘의 퀴즈	130
어셔 단어시험지	131
공부 수기 04	133

5 out of 13
오늘의 단어	137
토플단어 801–1000	140
오늘의 퀴즈	160
어셔 단어시험지	161
공부 수기 05	163

6 out of 13
오늘의 단어	165
토플단어 1001–1200	168
오늘의 퀴즈	188
어셔 단어시험지	189
공부 수기 06	191

7 out of 13
오늘의 단어	197
토플단어 1201–1400	200
오늘의 퀴즈	220
어셔 단어시험지	221
공부 수기 07	223

8 out of 13
오늘의 단어	225
토플단어 1401–1600	228
오늘의 퀴즈	248
어셔 단어시험지	249
공부 수기 08	251

9 out of 13
오늘의 단어	255
토플단어 1601–1800	258
오늘의 퀴즈	278
어셔 단어시험지	279
공부 수기 09	281

10 out of 13
오늘의 단어	283
토플단어 1801–2000	286
오늘의 퀴즈	306
어셔 단어시험지	307
공부 수기 10	309

11 out of 13
오늘의 단어	315
토플단어 2001–2200	318
오늘의 퀴즈	338
어셔 단어시험지	339
공부 수기 11	341

12 out of 13
오늘의 단어	343
토플단어 2201–2400	346
오늘의 퀴즈	366
어셔 단어시험지	367
공부 수기 12	369

13 out of 13
오늘의 단어	373
토플단어 2401–2646	378
오늘의 퀴즈	403
어셔 단어시험지	405
공부 수기 13	409

단어 다 외우고 나서 다음

계획표(월간 계획표)	411
인덱스	413
USHER 프로그램 소개	427

01 USHER iBT TOEFL VOCABULARY
계획표 짤 준비

●●● 1. 난 왜 토플 공부 할까? = 토플 점수 따서 뭐할까? Know-why

많은 학생들이 주로 고민하는 것은 늘 know-how에 대한 연구입니다. 물론 효율적인 공부방법 참 중요합니다. 하지만, 그보다 먼저 해야 할 것은 과연 내가 왜 이 짓(?!!!) 을 하고 있는가를 분명히 하는 것입니다. 즉, 다른 말로 목적이 뚜렷해야 한다는 뜻입니다. 공부하는 다수의 학생들이 공부하면서 매우 지겨워 하는 이유는 간단히 아직 내가 왜 해야 하는지가 명확하지 않기 때문입니다. 당장 4개월 뒤 외국에 공부하러 나가야 한다거나, 외국으로 이민수속을 준비하고 있고 2개월 뒤 비행기표를 끊어놓은 상황 또는 국내에서라면 과외자리를 얻기 위해선 보여줄 점수가 필요하다면 당장 써먹어야 한다는 생각 때문에 하루하루를 정말 꽉꽉 채워서 공부할 수밖에 없습니다. 하지만, 배워봐야 언제 써 먹을까 싶은 학생들에게, 특히나 공부의 목적이 단순히 점수를 위해서라면 대부분 공부할 때의 목적은 저 먼 나라의 이야기처럼 별 관심도 없습니다. (물론 중요하지 않다는 것은 아닙니다) 이런 상황이라면 공부하다가 도중에 그만두기 딱 입니다. 싫다면? 이유부터 생각해 봅시다

〈 나는 토플공부해서 (   )점 따면, (   ) 하겠다 〉

●●● 2. 위의 목표에서 (   )달 내에라는 말은 뺐습니다. 이유는 누구나 공부를 질질 끌면서 하기는 싫어합니다.

하지만, 그렇다고 내 능력은 생각지도 않고 시간 계획을 짜버리면 중간에 포기하기 쉽습니다. 남들은 1→2→3→4→5 단계를 가는 것이 정석이라고들 할 때, 왠지 나는 1→3→5로 갈 수 있을 것 같은 근거 없는 자신감? 이런 계획은 수시로 고칠 일만 더 만들 뿐 별로 도움 되진 않습니다.

지금은 시간을 생각하지 마십시오. 일단 샘플로 해보고 시간 계산 해도 늦지 않습니다.

그리고 다음 단계도 생각하지 마십시오. 단어, 문법, 독해, 듣기, 쓰기, 말하기 어느 하나 다 안 중요한 것이 없다고 생각하는 순간, 무리한 계획을 세우게 되고, 그 후엔 스스로 질려 포기하기 쉽습니다.

하지만, 확실한 것은 지금 앞 단계를 확실히 끝내면 다음 단계로의 과정이 자연스레 이뤄진다는 점이고, 지금 확실치 않게 해 두면, 두고두고 발목 잡는 일이 된다는 점입니다.

●●● 3. 현재 나의 공부를 방해하는 요소 파악 – 뇌구조 놀이.

다들 익숙한 놀이이지만, 정말 잘 이용하는 것이 어려운 이유는 오직 한가지 솔직하지 못해서입니다. 솔직하게 적어보십시오.

●●● 4. 1번부터 3번까지의 내용들을 정리하고 나서 이제 본격적인 스스로의 공부방법을 짜보십시오.
(표지 뒷장의 단어정복 계획표 작성 참조)

02 | USHER iBT TOEFL VOCABULARY 학습방법

●●●● 1. 밑빠진 독에 물붓기 + 일정량 무조건 나가기

(설사 못 나갔다 해도 그날은 스킵하고 대신 완성률 적어두기) – 표 참조

모두들 인정할 수밖에 없는 내용 중에서, 암기한 내용은 반드시 잊어진다는 것입니다. 이런 점에서 공부 중 상당부분인 암기라는 것은 "밑 빠진 독에 물 붓기"라는 말이 전혀 틀린 말은 아닙니다. 하지만, 분명히 잊어버린 내용들이 있더라도, **새어 나가는 것보다 더 많은 물을 붓는다면 결국 물 높이는 조금씩이나마 계속 올라가게 되고, 그러다 어느날 물이 넘치게 되면** 게임은 끝나게 된다는 사실입니다.

다수의 학생들이 단어를 공부 할 때는 대부분 초반에 하루, 잘하면 이틀 정도만 제대로 하고는 곧 포기하곤 합니다. 이런 일들을 가능케 하는 것은 대충하겠다는 생각으로 시작했다기 보다는, 너무 잘하겠다는, 즉 확실하게 암기하겠다는 생각으로 하루하루는 정말 잘하지만, 그런 자세가 오히려 지나친 부담으로 다가와 결국 다음날 스스로 공부하는데 큰 방해가 되게 된다는 점입니다.

비슷한 예로 주위에 운동하겠다고 시작하는 사람들은 하나같이 기계부터 삽니다. 팔굽혀펴기 기계, 윗몸 일으키기, 바벨 등… 하지만, 보통 첫날 객기로(?!!!) 너무 강하게 운동한 것이 결국 문제가 되어 다음날은 시작도 하기 전에 맘이 무거움을 느끼게 되고, 결국 이는 운동을 이어가는데 결정적인 부담이 되어 며칠하다가 그만두는 것과 같다고 하겠습니다.

그러므로, 너무 부담 갖지 마십시오. 할 수 있는 이게 팔굽혀펴기 다섯 개라면 그냥 다섯 개를 쭉 하다 보면, 어느날 문득 열 개를 해도 될 것 같다는 생각이 들 때가 있고, 이런 일이 반복되면, 어느 순간 **50개 60개씩 늘어나는** 것입니다.

하지만, 대부분의 경우에는 그저 옆 사람이 60개씩 한번에 하는 것이 부럽기만 할 뿐 그 사람이 그렇게 되는 데까지 걸린 과정은 무시하고 지나가는 경우가 결정적인 실패의 요인이 됩니다. 그러므로 너무 무리하지 말고, 그냥 편하게 하십시오. 하지만, 절대 정한 양은 지키는 철저함은 필요합니다.

●●● 2. 계획 잡는 방법

하루 200개씩 intensive하게 공부할 수 있는 사람이라면, 책의 편집대로 따르면 13일에 마쳐지게 되고, 한 달에 두 번을 보게 됩니다. 하지만, 다른 공부나 일을 병행하기 때문에 200개씩이 부담스러운 경우에도 임의의 숫자대로 30개 또는 50개 등으로 목표를 잡되, 절대 다음 B와 같이 하지 마십시오.

	A	B	C
	단어 공부시간 확보된 경우	하루 30개 목표 잘못된 경우	하루 30개 목표 추천 계획
1일차	1-200	1-30	1-30
2일차	201-400	31-60	201-230
3일차	401-600	61-90	401-430
4일차	601-800	91-120	601-630
⋮	⋮	⋮	⋮
13일차	1회독 완성	부분 1회독 완성	부분 1회독 완성
14일차	201	391-420	(1-30 간단 복습 후) 31-60
15일차	401	421-450	(201-230 간단 복습 후) 231-260
16일차	601	451-480	(401-430 간단 복습 후) 431-460
17일차	801	481-510	(601-630 간단 복습 후) 631-660
⋮	⋮	⋮	⋮
26일차	2회독 완성	책 앞부분 1/5도 못보고 포기 가능성 높고, 앞부분 기억도 잘 안남	같은 1/5봤지만, 포기확률 적고, 기억할 가능성 높음.

●●● 3. 이제 본격적인 계획을 짜보자.

다시 한번 절대 양을 많이 잡지 말 것. 너무 적게 잡았다면 중간에 늘려도 됩니다. 스스로에게 물었을 때, "이거 못하면 난 밥값도 못 한거다" 같은 반응이 나올 수 있는 정도로 우선 짜봅시다.

표지 뒷 페이지의 단어 정복 계획표를 작성해 봅시다.

●●●● 4. 매일 반복되는 200개씩을 외울 때는

▶4.1. 우선, 오늘의 단어를 펴고, 모르는 것만 체크합니다.(총 계를 내서 모르는 개수가 그날의 할당량이 됩니다.)
 - 1회독 반복 mp3를 사용한다.

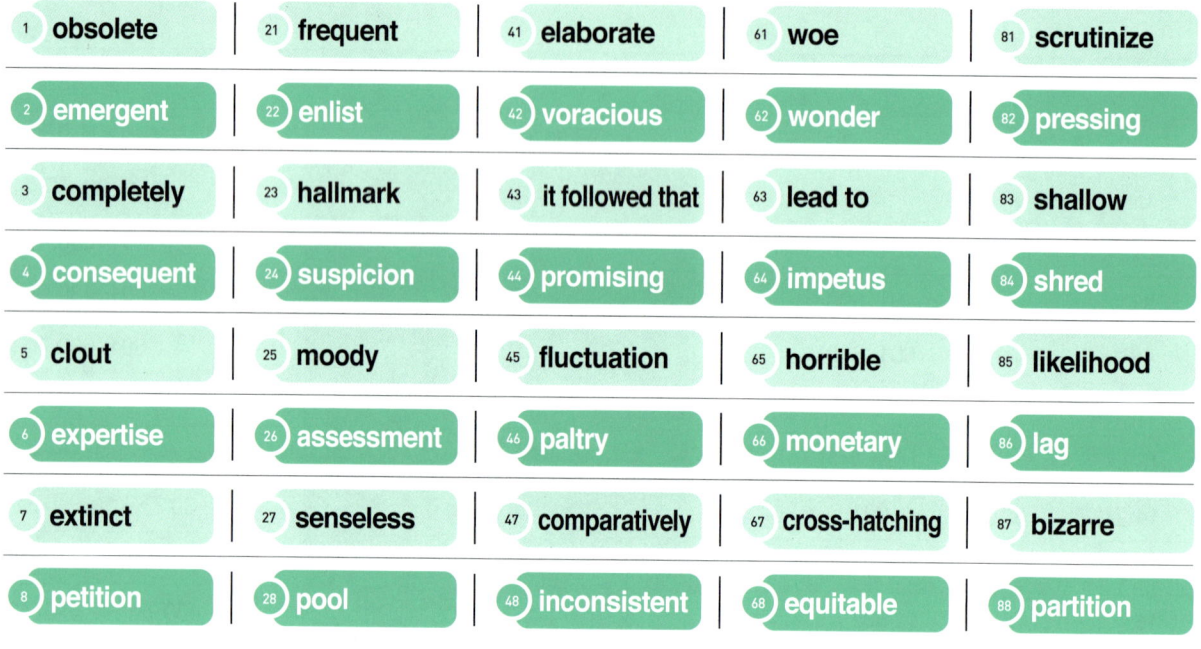

▶4.2. 뒷면의 단어장을 펴고, 그 날의 범위 중 외워야 할 대상들만 그냥 쭉 훑어보며 모르는 것은 체크만 합니다.
(너무 시간이 없을 땐, 여기까지만이라도 하고 다음날로 넘어가야 합니다.)

▶4.3. 뒷반을 접어 다음과 같이 만듭니다.

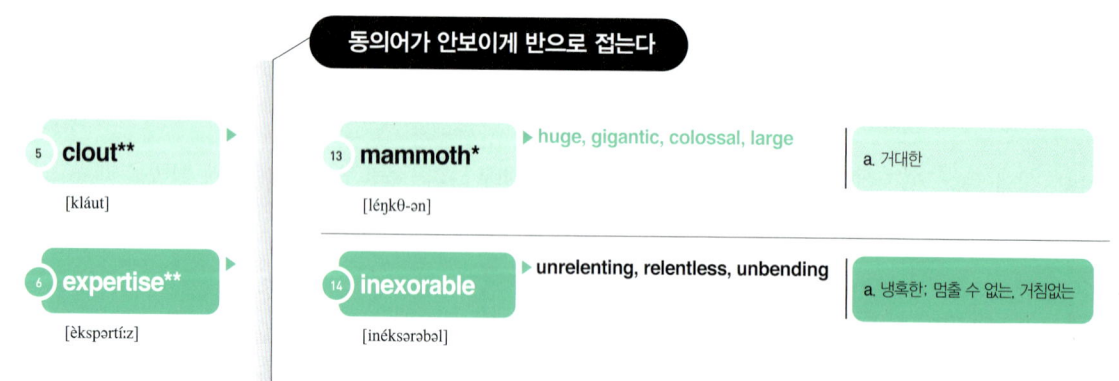

▶4.4. '우선 먼저 빨리 외워질 듯한 단어들은 우선 외워봅니다. 예문을 봐가며 살펴보는 것도 효과적일 수 있습니다. 그래도 남는 단어들은 본격적으로 고민해 봅니다. 이 과정만 잘 해두면, 단어는 거의 다 외운 것이나 마찬가지 입니다. 방법은 다음과 같습니다
(다른 사람이 이야기 해준 것보다 본인이 고민해 본 것이 더 잘 기억납니다)

- ▶ 4.4.1. '억지쓰기
  "Jolt = 충격"라는 단어를 외울 때, 그녀의 쫄(jol)티(t)는 충격이었다 등으로 외우기

- ▶ 4.4.2. '잘라보기 (어근기준)
  Delineate= 윤곽그리다 는 de / line / ate 라인이라는 단어가 들어있으니까. 윤곽 **그리다**

- ▶ 4.4.3. '발음 갖고 장난치기
  "Elucidate [ilúːsidèit] – 명확히 하다"
  [일루서데이트] – (범인에게) 일루서! 데이트대! (범행 날짜 대!)

- ▶ 4.4.4. '다 해봐도 안 외워지면, 사전을 펴는 게 빠릅니다. 사전 찾다가 스펠링 외워지고, 예문까지 봐두면, 의외로 빨리 외워집니다. 대신 많이 찾게 되면 너무 느리고, 효과가 떨어집니다. 그러므로 앞선 과정에서 많이 걸러져야 편합니다.

▶ 4.5. '위의 작업이 끝났으면 접은 상태에서 반복적으로 열 번씩만 읽으면 거의 외워집니다.

- ▶ 4.5.1. '우선은 눈으로 뜻을 외우고,

- ▶ 4.5.2. '다외웠으면, 강세를 찍어가며 발음해 보고,

- ▶ 4.5.3. '그 다음 스펠링을 외웁니다.

▶ 4.6. '다 외웠는지 확인은 다시 맨 앞의 오늘의 단어를 보고 재검토하고, 자신 있으면, 매 200개의 단어 뒤 어서 단어 시험지를 꺼내서 mp3를 들어보면서 시험 봅니다. 하루 통과 개수는 10% 이내이어야 합니다.
(200개 시험 보면 20개까지만 통과)
*3회독 반복 mp3를 시험 볼 때 사용합니다.

●●● **5. 위의 방법으로 하되, 개인적으로 할 것인지 같이 스터디 그룹을 만들어 할 것인지에 따라서 나눠 볼 수 있습니다.**
'혼자서는 아무래도 망가지기 쉬우므로, 스터디를 통해 같이 하는 방법을 권합니다. 하지만, 꼭 필요한 것은 아니므로 여건에 따라 하시면 됩니다.

- ▶ 5.1. '개별적으로 할 때 – 위의 방법대로 하면, 1회독에 13일. 한 달에 2회독이 가능합니다.

- ▶ 5.2. '스터디 그룹으로 할 때

  - ▶ 5.5.1. '수준이 비슷한 사람들끼리 뭉칩니다 – 수준차이가 나면 중간에 어그러질 수 있습니다.

  - ▶ 5.5.2. '일정량씩 하루 목표를 잡되, 규제 방법을 걸어두는 것이 좋습니다. 처음에 6만원을 걸고,

    1회독 때만 200개중 20개까지만 면제해주고 개당 100원씩 차감하는 방법입니다.
    2회독부터는 20개 면제도 없앱니다. 그래야 마지막 하나까지 긴장하며 외웁니다.
    3회독 때까지는 계속 표제어를 외웁니다.
    4회독 때부터는 한글 뜻을 달지 않고 동의어로 뜻을 달아 시험을 봅니다.

03 | USHER iBT TOEFL VOCABULARY
구성

●●● 1. 단어 번호

매일 해야하는 분량이니까 하는 것이 아닌, 전체 중 내가 몇 번이나 나갔는지를 파악하기 위해 번호를 붙여 두었습니다. 일정량 계획을 잡을 때 번호로 잡으시면 됩니다.

●●● 2. 표제어

시험에 기출되었던 내용들로서 abcd순서로 하는 것은 너무 지루할 듯 하여, 무작위로 섞어 두었습니다.

●●● 3. 발음기호

보통 한국에서만 공부하는 학생들의 경우에는 발음기호를 신경쓰지 않고 지나가는 경우가 많은데, 이렇게 할 경우, 읽기나 쓰기는 가능하겠지만, 듣기나 말할 때는 전혀 알아듣지 못하는 경우가 생기기도 합니다. 즉, 시각은 있지만, 청각과 말하는 능력을 스스로 포기하는 것과 마찬가지입니다. 극단적으로 이는 본인 스스로에게 언어 장애를 가져오는 행위라 할만큼 위험한 일입니다. 그러므로 usherin.usher.co.kr의 mp3파일을 이용하여 꼭 "들으며" "발음하며" 암기해 두시기 바랍니다. 그렇지 않으면 나중에 듣기와 말하기 때 큰 후회를 할 수 있습니다. 아울러, 단어를 암기할 때는 눈 또는 손으로만 외우는 것 이외에, 귀로 듣고, 입으로 말하기 등을 병행하여 가능한 모든 감각을 쓰는 것이 암기에도 더욱 효율적입니다.

4. 기출 동의어

같은 뜻을 가진 동의어로서, 시험에 나온적이 있기에 따로 표시해 두었습니다. 모든 동의어가 모두 중요하지만, 시험주관사인 ETS가 분석해서 낸대로 그 빈도가 높은 것이 사실이므로 별도 표시해 두었습니다. 촉박하게 공부하는 경우 우선 순위로 생각하셔도 좋으나, 단어는 많이 알수록 좋다는 점은 적어두겠습니다.

5. 일반 동의어

기출 동의어는 아니지만, 충분히 가능성이 있기에 적어둔 내용입니다. 단어의 동의어를 많이 아는 것은 독해 단어 시험에서도 중요하지만, 쓰기와 말하기때에도 중요하므로 같이 기억해 두는 것이 좋습니다. 하지만, 버거우면 잠시 내려놔도 좋습니다.

6. 예문

단어를 외울 때 단어의 뉘앙스를 파악하지 않고 외우면 별 도움이 되지 않을수도 있습니다. 이런 점에서 예문을 같이 봐두는 것은 큰 도움이 될 수 있습니다. 예문의 해석은 바로 아래 해석해 두었습니다.

7. 품사

품사라고하면 문법을 생각하게 되어서 귀찮지만, 외국에서 살아서 느낌으로 아는 것이 아니라면, 반드시 챙겨 두는 게 좋습니다. 구별과 기능은 간단히 다음과 같습니다.

명사	n	사물의 이름들을 모두 명사라 합니다.
형용사	a	명사를 꾸미는 기능을 합니다. '～한' 으로 해석됩니다. 예 우아한 세계
부사	ad	형용사와 동사 등을 꾸미는 기능을 합니다. '～하게'로 해석됩니다. 예 아름답게 움직이다
동사	v	동작을 나타내는 말. '～ 하다'로 끝나는 말들입니다. 예 그는 아프다
대명사	pn	명사를 대신하는 말. 몇 개 안됩니다. 예 그녀, 이것, 저것 등
접속사	con	이이주는 기능. 몇 개 안됩니다. 예 만약 ～ 해야만 한다면
전치사	p	우리말에 없는 기능이지만, 반드시 기억해 두어야 합니다. 몇 개 안됩니다. 예 in, on, at등
감탄사	i	무시해도 좋습니다. 본 교재에는 없습니다.
구	phr	단어들이 합쳐져서 뜻을 가지는 것을 말합니다. 8품사와는 관계가 없지만, 중요 구가 본 교재에는 포함되어 있습니다.
조동사	aux.v.	동사를 보조하여 의미를 더하는 보조동사 예 I can do it의 can

8. ; (세미콜론)

같은 품사이지만 다른 뜻일 경우 표시하는 방법입니다. 영영 사전에서 쓰는 방법을 차용했습니다.

9. / (슬래쉬)

영어는 같은 단어라도 품사가 달라지는 경우가 많습니다. fashion같은 경우, 우리는 명사로 "패션"만 알고 있지만, 토플을 포함한 영어에서는 make와 같은 "만들다"의 뜻으로도 너무 자주 쓰입니다. 이럴 경우, 명사로 해석해서는 절대 알 수가 없습니다. 같은 단어중에도 많은 품사차이와 뜻 차이가 있지만, 본 교재에서는 제일 중요한 뜻과 품사만을 우선 선별해 두었습니다.

04 | USHER iBT TOEFL VOCABULARY 특징

●●● 1. iBT 최신 기출 단어 포함

사람들이 쓰는 단어는 어느 정도 되면 반복적으로 사용하는 경우가 많습니다. TOEFL 시험도 마찬가지로, 시험 형식이 아무리 달라져도 출제되는 어휘가 끝없이 많진 않습니다. USHER iBT TOEFL VOCABULARY 단어 리스트만 잘 외워도 시험장에서 큰 힘이 될 뿐만 아니라, 시간의 효율성에서도 극대화를 노릴 수 있습니다.

●●● 2. 기출 동의어 별도 표시와 라이팅, 스피킹때도 필요한 동의어정리

독해 시험에서는 동의어 문제가 나옵니다. 이때 반드시 필요한 것이 USHER iBT TOEFL VOCABULARY의 색깔로 표시된 동의어들입니다. 필수적으로 외워야 하지만, 1회독 때는 표제어만 중점적으로 외워도 2회독부터는 자동적으로 외워질 것입니다. 표제어들 간에도 동의어가 많기 때문입니다. 독해시험에서의 동의어 문제 뿐만 아니라, 동의어는 쓰기와 말하기 시험에서 같은 단어를 쓰지 않고 말을 바꾸는 paraphrase때 큰 도움이 됩니다. 이 때 필요할만한 단어들을 추가로 수록했습니다.

●●● 3. 자세한 학습방법 설명

단어를 공부하는데 가장 힘든 점은 하나하나의 단어를 외우는게 힘든 것보다, 꾸준히 공부해야 결과를 얻을수 있는 단어공부의 특징 때문이라 할 수 있습니다. 이에 초점을 맞추어 USHER iBT TOEFL VOCABULARY 단어 공부를 준비하고자 하는 학생들이 공부하는데 필요한 방법들을 정리해 두었습니다. 귀찮더라도 하나하나 따라하다보면, 효율성이 좋아지는 결과를 얻을수 있을 것입니다.

●●● 4. 확실한 암기를 위한 어셔스타일의 시험지 / 말하기 듣기를 위한 mp3

학생들은 시험을 너무 싫어하지만, 세상의 모든 일들에 있어 결과를 파악하는 방법으로 시험은 "인간이 만든 최고의 작품" 입니다. 너무 큰 부담이 수반되는 것이 단점이지만… 하지만, 학교에서 중간고사와 기말 고사가 정말 싫음에도, 이런 중간고사와 기말고사가 없다면 과연 스스로 공부를 해서 공부한 티를 낼 수 있는 사람이 몇이나 될까요? 이런 점에서 이런 "유익한 부담"을 잘 이용하자는 뜻에서, 어서 어학연구소에서는 단어 공부를 함에 있어 어셔만의 방법을 만들어 냈는데, 이는 mp3를 듣고, 단어와 품사 뜻을 모두 적는 시험입니다. (외국 생활이 길었던 분들은 품사는 생략해도 좋습니다)

대부분의 학교에서 시험 보는 방법은 한글 뜻만 적어두면, 스펠링을 적게 하던가 스펠링을 미리 적어두면, 한글뜻을 적게 하는 방법을 쓰지만, 이는 발음을 무시하고 암기하게 만들기 때문에 결국 듣기와 말하기를 완전히 망치는 지름길입니다. 다행히(?!!!) 토플에서는 듣기 말하기 읽기 쓰기 네과목을 모두 시험 보기에 발음을 신경써야 하는 부분은 선택이 아닌 필수이기에 극단적으로 보이지만, 지금까지의 공부방법이 잘못되었음을 인식하고 꼭 이 시험방법대로 따라 주시기 바랍니다. 다시 한번, 이를 무시하면, 스스로에게 말하지 못하고, 듣지 못하는 장애아닌 장애를 만드는 결과를 가져올 수 있습니다.

5. 암기하기 편한 편집 디자인
책을 읽기 편하게 하는 가독성에 신경을 쓴 편집디자인으로 많은 단어를 외워야 하는 학생들의 수고에 조금이나마 도움이 되도록 노력하였습니다. '책의 구성' 부분을 (본 교재 12 페이지) 잘 참고하시어 도움되시길 바랍니다.

6. 매일 일정량씩 나가는 계획을 스스로 짤수 있도록 단어에 직접 붙인 번호
단어는 절대 어려워서 못하는 것이 아닙니다. 단지 꾸준하지 못해서 생기는 일 일뿐입니다. 꾸준함을 위해서는 매일매일 위기감을 갖고, 목표의식을 가져야 하는데, 이 때 도움될 수 있는 것이 전체 개수 중 내가 현재 몇 번을 외우고 있는 가를 "수시로" 파악하는 것입니다. 부담스럽더라도 현재의 좌표를 항상 기억해가며 긴장감을 늦추지 않고 진행하면 조만간 부담이 스스로에 대한 만족감으로 바뀌게 됩니다. 13일만 참아 주시기 바랍니다.

7. 수준별 어휘 구별로 인한 맞춤형 공부
서문에 적혀 있다시피, "가장 중요한 단어 = 가장 많이 쓰이는 단어"라는 사실을 기억하고, 이런 가장 많이 쓰이는 단어조차 다 외우지 않고 덜 중요한, 덜 자주보는 단어를 외우는 실수를 하지 않으시길 바랍니다. 더 많이 쓰이는 쉬운 단어에서도 종종 막히게 되면 결국 실력향상에 걸림돌이 될 수 있기 때문입니다. 그래서 어셔 어학연구소에서는 본 교재 'USHER iBT TOEFL VOCABULARY'와 가장 쉬운 중·고등 단어를 분리하여 '어셔토플 기초영어단어(5일완성)'을 발간하였습니다. 반드시 이 부분을 주말 한번 잡아서 아는 것과 모르는 것을 체크해서 먼저 암기하고 본 교재: 토플단어를 암기해 주시기 바랍니다.

8. 토플 / 토익 / 아이엘츠 / 텝스 / 편입 / 대학원 / 공무원 / 특목고 / 수능 / 완벽정리
토플에서의 단어 개수는 어느 정도일까? 라는 질문을 참 많이 받습니다. 이에 대해,

1단계 : 중학단어 1000개
2단계 : 고등학교 단어 1500개
3단계 : 토플단어 2646개

정도로 생각하면 쉽습니다. 이에 이점을 잘 활용하면 수준에 맞는 효율적인 영어 수학 능력을 키울수 있을 것입니다.

9. 실전 독해 문제형식의 퀴즈
200개당 한번씩 단어장 속 예문들을 뽑아서 퀴즈를 하나씩 냈습니다.
이 문제들은 그냥 재미삼아 풀어보는 것이고, 정말 중요한 시험은 매 200개 단어 뒤 어서시험지를 통해서 매일매일 '3회 반복 mp3'를 들으며 시험을 보는 것이 중요합니다.

10. 표제어 암기에 도움되고 중간 포기를 줄이기 위한 편집 및 학습 방법 유도
동의어에 신경 쓰지 말고, USHER iBT TOEFL VOCABULARY의 표제어 암기를 포기없이 1번만 해도 토플 단어는 거의 다 잡은 것이나 마찬가지입니다. 이에, 중간 포기를 줄이기 위해 번호 사용과 학습방법 안내를 통해 토플 및 영어공부의 전환기를 찾아드릴 것입니다.

11. 단어 공부 중간 포기를 막고 싶다면 usherin.usher.co.kr 〉난 오늘 참조
같은 공부를 하는 학생들의 하루하루의 느낌들을 보고, 나의 하루하루를 누군가와 비교할 수 있다는 것만으로도 큰 위안과 힘, 그리고 자극이 되곤 합니다. usherin.usher.co.kr 사이트를 방문하면 같은 과정을 밟고 있는 분들의 많은 얘기들을 접할 수 있습니다. 이를 통해 많은 도움이 되시길 바랍니다.

usherin.usher.co.kr

USHER 단어암기 프로그램 **별도 판매** usherin.usher.co.kr

토플단어

오늘의 단어
토플단어
오늘의 퀴즈
어셔 단어시험지
공부 수기

USHER VOCABULARY out of 13
usherin.usher.co.kr

오늘의 단어
체크 순서 및 주의사항

1. 아는 것과 모르는 것을 구별하는 기준은 "보는 즉시" 아는 것만이 진짜 아는 것이다.
   다음 정도로 아는 것은 아는 것이 아닙니다. 발음까지 생각해서 1회독 mp3를 들으며 체크합니다.
   - 알 것 같은데?
   - 예전에 본건 확실한데?
   - 천천히 생각하면 기억날 것 같은데?

2. 200개 중 몇 개를 모르는지 확인하는 것을 시작점으로 시간을 계산해 봅니다.
   (보통 단어 하나 외우는데 걸리는 시간은 5분정도로 잡아도 쉬운일이 아닙니다.)

   내가 모르는 단어 80개/200 *5분 = 400분 = 거의 9시간 이상 분량

   (50분 암기 + 10분 휴식기준 +*시험 시간 (200개 시험에 45분)도 시간계산에 넣어야 합니다!)

3. 이를 기준으로 객관적인 본인의 하루 목표를 잡아야 합니다. 무조건 200개 목표하는 것 자체가 목표가 되어선 안됩니다.

4. 5분 동안 외운다고 목표 잡았을 때 5분 내내 한 단어만 외우는 "어리석은" 짓을 하면 안됩니다.
   단어암기는 반복적으로 봐야 합니다. 최소 5번 정도 본다고 생각해야 합니다.
   - 처음 외울 때 고민 2~3분 *5번 참조
   - 두 번째 볼 때 1~2분 (처음에 잘 외워지도록 안된 단어 재 고민 포함)
   - 세 번째-다섯 번째 1~2분 (하루 분량 전체를 눈으로만 빠르게 반복 확인)

5. 고민단계를 꼭 확인해야 합니다. 모르는 단계는 무조건 외우려 들지 말고 잘라보거나 발음 해보는 등의 방법 (10 페이지 안내문 참조) 등을 최대한 고민해서 내가 외우기 쉽게 만들어줄 힌트들을 단어 옆에 적어 두어야 합니다.

6. 공부 환경 조성
   - 핸드폰 꺼두기
   - 책상 위 깨끗이 치우기
   - 끝내야 할 개수와 끝내기로 한 시간 다시 한번 체크하고 긴장하기

7. 단어를 다 외우고 시험을 반드시 봐야 합니다. 시험은 인간의 게으름과 실수를 잡는 인류 최고의 발명품입니다.

8. 시험보고 버리는 게 아니라, 시험보고 틀린 단어는 다시 한번 점검하고 오늘의 단어에 다시 한번 표시해 두시기 바랍니다. 오늘은 못 외웠지만, 이렇게 한번 더 봐야 다음에 긴장하고 보고, 가끔씩은 그 사이 외워지기도 합니다. ^^

| 오늘의 단어 |

모르는 단어 개수: _____ 개

1회독 _____/200개 2회독 _____/200개 3회독 _____/200개 4회독 _____/200개 5회독 _____/200개

_____/200개* 5분 = _____ 분 (약 ___ 시간 필요)

*휴식시간 및 시험시간(200개당 45분입니다)을 꼭 넣어야 합니다.

나의 오늘 목표는 _____번부터 _____번까지!!!

| 오늘의 단어 |

오늘 공부할 양에서 내가 아는 것과 모르는 것을 미리 체크해서 오늘 단어 외우는데 걸리는 시간을 미리 계산해 보면 공부의 효율이 높아집니다.

#		#		#		#		#	
1	obsolete	21	frequent	41	elaborate	61	woe	81	scrutinize
2	emergent	22	enlist	42	voracious	62	wonder	82	pressing
3	completely	23	hallmark	43	it followed that	63	lead to	83	shallow
4	consequent	24	suspicion	44	promising	64	impetus	84	shred
5	clout	25	moody	45	fluctuation	65	horrible	85	likelihood
6	expertise	26	assessment	46	paltry	66	monetary	86	lag
7	extinct	27	senseless	47	comparatively	67	cross-hatching	87	bizarre
8	petition	28	pool	48	inconsistent	68	equitable	88	partition
9	lengthen	29	mandatory	49	stagger	69	dilapidated	89	associated
10	hallow	30	arid	50	conduit	70	impunity	90	alliance
11	enrage	31	depreciation	51	impartially	71	inconspicuous	91	deviate
12	verdict	32	convergence	52	assault	72	genuinely	92	constrain
13	mammoth	33	miraculous	53	disentangle	73	applicability	93	fragment
14	inexorable	34	uneasy	54	density	74	worldly	94	altitude
15	embed	35	apparel	55	rove	75	short-lived	95	pledge
16	codify	36	sensible	56	arrange	76	assembly	96	oversight
17	soften	37	abject	57	inadequate	77	opulent	97	pitiful
18	refined	38	molten	58	intersect	78	recurring	98	incorporation
19	arithmetic	39	meddlesome	59	tamper	79	balmy	99	longevity
20	villain	40	formulate	60	barter	80	depose	100	jettison

101 barge	121 motif	141 take place	161 constrict	181 federal
102 auxiliary	122 omit	142 egoism	162 coherent	182 praiseworthy
103 lay down	123 sturdy	143 assail	163 submerse	183 at hand
104 asymmetric	124 passionate	144 slack	164 ability	184 proprietor
105 ferry	125 disruption	145 purveyor	165 in earnest	185 fume
106 advent	126 accusation	146 lax	166 overcast	186 mad
107 consort	127 weariness	147 pragmatic	167 touching	187 aimless
108 tissue	128 ambling	148 mastery	168 hoard	188 pact
109 dispatch	129 precision	149 belly	169 jeopardy	189 margin
110 inflate	130 standstill	150 interwind	170 intertwine	190 resemblance
111 acquaintance	131 as a whole	151 reprove	171 dismal	191 pungent
112 aptitude	132 regardless	152 ratify	172 connotation	192 upbraid
113 satisfy	133 corroborate	153 pose	173 pigment	193 sensational
114 unbearable	134 ambiguous	154 extraneous	174 elapse	194 refinement
115 escalate	135 whereby	155 deter	175 gigantic	195 thoroughly
116 seep	136 snug	156 deviation	176 pervasive	196 dweller
117 contaminate	137 henceforth	157 prophetic	177 pedestrian	197 central
118 on the spot	138 broad	158 touch off	178 stylus	198 goodwill
119 spacious	139 cumbersome	159 blur	179 verbose	199 refine
120 uninterested	140 emulate	160 high	180 stand for	200 cumulate

USHER iBT TOEFL
VOCABULARY

01
01 out of 13

토플단어
1-200

usherin.usher.co.kr

01 USHER VOCABULARY
out of 13
usherin.usher.co.kr

1 obsolete**
[άbsəlíːt / ɔ́bsəlì]
▶ unused, out of use, out of date, outdated
The availability of information on the internet has made printed encyclopedias obsolete.
인터넷에 있는 정보의 이용도는 종이로 만든 백과사전을 구식으로 만들었다.
a. 구식의, 쓸모 없어진

2 emergent
[imə́ːrdʒənt]
▶ emerging, nascent, developing; **immature**
Emergent treatments provided hope that soon many diseases and disorders will be more easily cured or prevented.
새로 나온 치료법은 곧 많은 질병들이 쉽게 완치 되거나 예방할 수 있다는 희망을 주었다.
a. 뜻밖의, 떠오르는; 신생의

3 completely*
[kəmplíːtli]
▶ totally, perfectly, entirely, utterly
Hiroshima was completely destroyed by the nuclear bomb.
히로시마는 핵폭탄에 의해 완전히 파괴 되었다.
ad. 완전히

4 consequent
[kάnsikwènt /kɔ́nsikwən]
▶ following
The earthquake and the consequent destruction of the city destroyed the lives of many people.
지진과 그 결과로 일어난 도시의 파괴는 많은 사람들의 삶을 파괴했다.
a. 결과로서 일어나는

5 clout**
[kláut]
▶ influence, pull, power / **strike**
Unfortunately, John's father didn't have enough clout to save him from being arrested for vandalism.
불행하게도, John의 아버지는 기물파손죄로 체포되는 John을 구할 권력이 없었다.
n. 권력, 영향력
v. 때리다

6 expertise**
[èkspərtíːz]
▶ art, craft, skill, mastery
Your expertise would be much appreciated for this project.
너의 전문지식은 이번 프로젝트에서 더 빛을 발할거야.
n. 전문적 기술(지식)

7 extinct**
[ikstíŋkt]
▶ died out, vanished, defunct, **obsolete**
Maybe in the future, we can artificially re-create extinct animals from genetic information.
아마도 미래엔 유전자 정보를 이용하여 멸종된 동물들을 인공적으로 다시 만들어 낼 수 있을 것이다.
a. 멸종된, 단절된

8 petition
[pətíʃən]
▶ entreat, supplicate, beg, solicit
The group offered the government a petition signed by more than ten million people.
그 단체는 천만 명이 넘게 서명한 탄원서를 정부에 제시하였다.
n. 청원, 탄원
v. ~에 청원하다

9. lengthen*
[léŋkθ-ən]

▶ **prolong, extend, stretch, protract**
The workers held a strike against the company's plan to lengthen their working hours.
노동자들은 회사가 노동 시간을 연장하려는 계획에 대응하는 파업을 하였다.

v. 길게 하다, 늘이다, 연장하다

10. hallow
[hǽlou]

▶ **sanctify, consecrate, bless, dedicate**
The battlefield was hallowed by the blood of the courageous soldiers who fought there.
그 전쟁터는 그곳에서 전투를 한 용감한 군인들의 피에 의해 신성하게 되었다.

v. 신성하게 하다, 신성한 것으로 숭배하다

11. enrage
[inréidʒ]

▶ **anger, aggravate**
We didn't follow the instructions, even though we knew it would enrage our teacher.
우리는 선생님을 화나게 할 줄 알면서도 규칙을 따르지 않았다.

v. 성나게 하다

12. verdict
[vɔ́ːrdikt]

▶ **judgement, decision, finding, conclusion**
The judge issued a fair verdict based on the evidence presented to him.
판사는 증거를 살핀 후 공정한 판결을 내렸다.

n. (배심원의) 평결

13. mammoth*
[mǽməθ]

▶ **huge, gigantic, colossal, large**
The mammoth corporation was involved in business as diverse as healthcare, automobile manufacturing, and home construction.
거대한 회사는 건강관리, 자동차 산업, 건축 등 많은 사업을 하고 있었다.

a. 거대한
n. 매머드

14. inexorable
[inéksərəbəl]

▶ **unrelenting, relentless, unbending**
Opening the floodgates was a means to prevent the inexorable floods from reaching highly populated areas.
수문을 여는 것은, 멈출 수 없는 홍수가 사람들이 많이 사는 지역에 도달하는 것을 막는 방법이었다.

a. 냉혹한; 멈출 수 없는, 거침없는

15. embed**
[imbéd]

▶ **fix, fasten, root, implant**
The nail was too deeply embedded on the wall to pull out.
못은 빼내기에는 너무 깊이 벽에 박혀 있었다.

v. 끼워넣다, 묻다; 깊이 새겨두다, 박다

16. codify**
[kɑ́dəfài]

▶ **classify, arrange, systematize**
Under the British Common Law system, there is no need to codify laws, as they are based on past precedents.
영국법에 따르면 과거 선례에 기초를 둔 법들이기에 성문화 될 필요가 없다.

v. (체계적으로) 정리하다; (법률 등을) 성문화 하다

17. soften
[sɔ́(ː)f-ən, sɑ́f-ən]

▶ **assuage, moderate, mitigate, soothe**
His dislike of children softened as he grew older.
그의 아이들에 대한 반감은 나이가 들면서 약해졌다.

v. 부드러워지다, 약해지다

18. refined
[riːfáind]

▶ **purified, clarified, distilled, delicate**
The refined music she played during her recital was appreciated by everyone there.
독주회에서 그녀가 연주한 세련된 음악은 그곳에 있던 모든 사람들에게 인정받았다.

a. 정제된, 세련된

Vocabulary Usher | 토플 1-200

---

19 arithmetic
[əríθmətik]

▶ **mathematics**
The ancient Greeks were said to be advanced in arithmetic due to the important theories they proposed.
고대 그리스인들이 제안한 이론들 때문에, 그들의 산수는 높은 수준이었다고 알려져 있다.

n. 산수, 셈

---

20 villain
[vílən]

▶ **rascal, scoundrel**
The bartender knocked the villain out with a single punch.
바텐더는 악당을 한방에 기절 시켰다.

n. 악당, 놈

---

21 frequent*
[fríːkwənt]

▶ **regular, common, customary, recurrent**
Due to frequent flooding along the river, people were encouraged to move to higher ground.
빈번한 홍수로 사람들은 더 높은 지대로 움직이게 되었다.

a. 빈번한, 상습적인

---

22 enlist**
[ınlíst]

▶ **join, enroll, volunteer, recruit**
In some countries all able-bodied men are required to enlist in the military.
어느 몇 나라에서는 신체적으로 건강한 모든 남자들은 군에 징집 되어야 한다.

v. 도움을 얻다, 협력을 얻다; 징집하다

---

23 hallmark**
[hɔːlmɑːrk]

▶ **feature, distinguishing trait**
The ability to communicate and enact a vision is the hallmark of leadership.
의사소통 할 수 있고 통찰력을 현실화 하는 능력은 리더십의 특징이다.

n. 특징; 품질 보증 마크

---

24 suspicion
[səspíʃən]

▶ **doubt, mistrust, distrust, dubiety**
Jacob gets a lot of suspicion due to the big scar near his eyes.
Jacob은 눈 옆에 있는 흉터 때문에 자주 의심을 받곤 했다.

n. 혐의, 의심

---

25 moody
[múːdi]

▶ **changeable, volatile; gloomy, sullen**
It is quite common for teenagers to go through a moody phase in which their emotions swing wildly.
십대들이 기분이 심하게 변하는 변덕스러운 단계를 거치는 것은 일반적인 일이다.

a. 변덕스러운; 침울한

---

26 assessment
[əsésmənt]

▶ **evaluation**
The president ordered a new assessment of the militaries' capabilities after the budget cuts were enacted.
대통령은 예산 삭감 제정 후 군 부대의 역량에 대해 새로운 평가할 것을 지시했다.

n. 평가, (과세를 위한) 조사, 사정

---

27 senseless
[sénslis]

▶ **meaningless, irrational, pointless, numb**
The senseless violence of the rioters caused the police to react with more force to suppress them.
폭도들의 무분별한 폭력은 경찰들이 그들을 진압하기 위하여 무력으로 대항하게 하였다.

a. 무감각한; 무의미한; 무분별한

---

28 pool
[puːl]

▶ **syndicate, collective / combine, league**
The pool of candidates for the job was much less diverse than the HR department had hoped.
일자리를 얻기 위해 모인 많은 지원자들은 인사부가 원했던 것보다 다양하지 않았다.

n. 모임
v. 모이다

29	**mandatory** [mǽndətɔ̀:ri / -təri]	▶ required, compulsory, obligatory, requisite In the event of wartime, men are forced into mandatory military service. 남자들은 전시 상황에 의무적으로 군에 들어가야 한다.	a. 의무의, 강제의
30	**arid*** [ǽrid]	▶ dry, barren, waterless, **sterile** Water is more precious than gold in arid areas. 건조한 지역에서는 금보다 물이 더 소중하다.	a. 건조한, 메마른
31	**depreciation** [diprì:ʃiéiʃən]	▶ devaluation, reduction, deflation The depreciation of automobiles rules them out as decent investments. 자동차의 가치하락은 좋은 투자 상품으로부터 제외되게 하였다.	n. 가치하락
32	**convergence** [kənvə́:rdʒəns]	▶ Coming together, convergency, overlap, intersection, converging The convergence of the two teams created an even greater project. 그 두 팀의 집중성이 프로젝트를 더 크게 만들었다.	n. 집중성, 집합점; 수렴
33	**miraculous** [mirǽkjələs]	▶ marvelous, wonderful, incredible Everyone was amazed at the miraculous sight. 모두가 기적적인 장관에 놀랐다.	a. 기적적인, 놀랄만한
34	**uneasy**** [ʌní:zi]	▶ apprehensive, unstable, disturbed, ill at ease The accountant looked uneasy when questioning turned to his role in the firm's mishandling of the financial records. 회계사는 재무 기록을 잘못 다룬 것에 대해 심문 당하자 불편해 보였다.	a. 불편한; 불안한; 어수선한
35	**apparel** [əpǽrəl]	▶ clothes, dress, garb, attire Ralph had to change his style of apparel in order to work in the fashion industry. Ralph가 패션계에 종사하고 싶으면 그의 의상 스타일을 바꿔야 한다.	n. 옷, 의복, 의상
36	**sensible** [sénsəbəl]	▶ judicious, intelligent, sagacious, sage Eating a sensible breakfast is an important step in developing healthy eating habits. 제대로 된 아침 식사는 건강한 식습관을 기르는 데 있어서 중요한 단계이다.	a. 분별있는, 현명한, 합리적인, 분별력 있는
37	**abject** [ǽbdʒekt]	▶ humiliating, contemptible, base, mean Alleviating the abject poverty of the inner city is one of the mayor's biggest goals. 도심 지역의 절망적인 빈곤을 해결하는 것은 시장의 큰 목표들 중 하나이다.	a. 비열한, 비굴한, 절망적인
38	**molten** [móultn]	▶ melted, **made liquid by heat** In order to make cast iron, molten metals are poured into pre-formed molds and allowed to cool in them. 무쇠를 만들기 위해선 용해된 철을 미리 만들어진 틀에 넣어 식혀야 한다.	a. 녹은, 용해된

39 meddlesome**
[médlsəm]

▶ meddling, interfering, intrusive

I could not stand my meddlesome teacher's nagging.
나는 간섭하기 좋아하는 선생님의 잔소리를 참을 수 없었다.

a. 간섭하기 좋아하는

40 formulate
[fɔ́ːrmjulèit]

▶ state, express, **word, phrase**

We need to formulate a plan to get out of here without getting caught.
우리는 발각되지 않고 이곳을 빠져나갈 수 있는 계획을 세워야 한다.

v. 명확히 말하다, 공식화 하다

41 elaborate**
[ilǽbərət]

▶ detailed, intricate, complicated, complex

During the question and answer section, the speaker took time to elaborate on key points that the audience did not fully understand.
질의응답 시간에, 발표자는 청중들이 완벽히 이해하지 못하는 부분을 구체적으로 설명하기 위해 시간을 들였다.

a. 정교한, 공들인
v. 정성들여 만들다

42 voracious*
[vɔːréiʃəs, və-]

▶ insatiable, greedy, gluttonous

A voracious desire to read and learn characterizes those traditionally thought of as geniuses.
탐욕스럽게 읽고 배우는 것을 좋아하는 사람은 예전에 천재로 여겨졌던 사람의 특징이다.

a. 탐욕적인, 게걸스럽게 먹는

43 it followed that

▶ it was logical that ~

After being diagnosed with cancer, it followed that she should undergo radiation therapy.
암 진단을 받은 결과로 그녀는 방사선 치료를 받아야 했다.

phr. 그 결과로서 ~가 되었다

44 promising
[prámisiŋ]

▶ likely, encouraging, hopeful, **auspicious**

Although his current job was not very promising, Jason never lost hope.
제이슨은 현재 그의 직장이 유망하지는 않지만 절대 희망을 잃진 않았다.

a. 가망있는, 유망한

45 fluctuation
[flʌ̀ktʃuéiʃ-ən]

▶ variance, variation, **change**

There have been very few fluctuations in the currency exchange rates over the last few weeks.
지난 몇주간 환율에는 아주 적은 동요가 있었다.

n. 파동, 동요, 변동, (사람 마음의) 동요

46 paltry
[pɔ́ːltri]

▶ insignificant, contemptible, despicable, inconsiderable

While undergoing their training, the soldiers received a paltry $75 per month.
훈련을 받는 동안 병사들은 한달에 얼마 안되는 금액인 75달러를 받았다.

a. 사소한, 하찮은

47 comparatively*
[kəmpǽrətivli]

▶ relatively

The new train was comparatively faster than the one it replaced.
새로운 기차는 이전것에 비해 비교적으로 빠르다.

ad. 비교적, 꽤

48 inconsistent
[ìnkənsístənt]

▶ incompatible, inharmonious, incongruous, incoherent

The inconsistent stories presented by the accused woman caused the police to focus more closely on her alibi.
고발된 여자의 모순된 이야기들은 경찰로 하여금 그녀의 알리바이에 더욱 집중하게 하였다.

a. 일치하지 않는, 모순된

49 stagger**
[stǽgəːr]

▶ totter, falter, waver; astonish, confuse, overwhelm
The newborn foal staggered as it attempted to stand for the first time.
갓 태어난 새끼 말은 처음으로 일어서려고 할 때 비틀거렸다.

v. 비틀거리다

50 conduit
[kándwit, -djuːit]

▶ pipe, channel, tunnel
The internet has become a conduit for communication by those separated by great distances.
인터넷은 멀리 떨어져 있는 사람간의 의사소통을 이어주는 수단이 되었다.

n. 도관, 선, 전선관

51 impartially
[impáːrʃəli]

▶ fairly, without bias
While juries are supposed to weigh cases impartially, they are sometimes influenced by preconceived notions.
배심원은 사건을 공정하게 처리해야 되지만 때때로 선입견에 영향받을 때가 있다.

ad. 공명정대하게, 편견 없이

52 assault*
[əsɔ́ːlt]

▶ attack, aggress, assail, invade
More women are being charged with assaulting their husband since records began in the 1950s.
1950년대 기록이 시작된 이후 더 많은 여자들이 남편을 공격하여 기소되어진다.

v. 공격하다, 공격을 가하다
n. 강습, 습격, 공격, 폭행

53 disentangle
[dìsentǽŋgl]

▶ unwind, unravel
Attempts to disentangle the true effects of genetically modified crops have been fruitless.
유전자 변형 농산물의 진정한 효과를 해결하고자하는 시도는 의미 없었다.

v. 엉킨것을 풀다, 문제를 해결하다

54 density*
[dénsəti]

▶ concentration
Oil floats atop water because of the difference in density of the two liquids.
기름이 물 위에 뜨는 이유는 두 액체 간에 밀도 차이가 있기 때문이다.

n. 농도, 밀도

55 rove
[rouv]

▶ roam, wander, meander / stray
The vagabond roved the town looking for places in which he could sleep and stay warm.
방랑자는 잠을 잘 수 있고 따뜻하게 지낼 수 있는 장소를 찾아 마을을 어슬렁거렸다.

v. 돌아다니다, 어슬렁거리다
n. 배회

56 arrange*
[əréindʒ]

▶ order, array
The clerk of the record shop arranged the compact discs in an alphabetical order.
음반 가게의 점원은 CD들을 알파벳 순서대로 배열하였다.

v. 가지런히 하다, 배열하다

57 inadequate**
[inǽdikwit]

▶ insufficient, deficient, lacking
The inadequate emergency food stash on the life boat couldn't support the 5 people who were on it for very long.
보트에서 찾은 비상식량은 오랫동안 배에 있던 다섯사람에게는 충분치 않았다.

a. 부적당(불충분)한

58 intersect
[ìntərsékt]

▶ cross, intercross, ran into, encounter
The sum of the angles where two lines intersect must always equal 360.
두개의 선이 만나는 지점에서 각도를 합치면 항상 360도여야 한다.

v. 교차하다, 가로지르다

Vocabulary Usher | 토플 1-200

---

59 tamper
[tǽmpəːr]

▶ meddle, interfere with
Karen was mad at Arthur for tampering her work.
Karen은 Arthor가 그녀 일에 간섭해서 화가 났다.

v. 참견하다, 간섭하다

---

60 barter*
[báːrtər]

▶ trade, exchange, swap
White merchants made money by bartering with the Native Indians.
백인 상인들은 원주민들과 교역하면서 돈을 벌었다.

v. 교환하다, 교역하다

---

61 woe
[wou]

▶ distress, affliction, sorrow, grief
A sense of woe washed over the woman when she heard that there was an accident at her husband's office.
남편의 사무실에서 사고소식을 들은 여자는 고뇌로 가득찼다.

n. 비애, 고뇌

---

62 wonder*
[wʌ́ndəːr]

▶ amaze / awe, astonishment, marvel
The child's eyes were full of wonder as he watched the fireworks display.
불꽃놀이를 보는 아이의 눈은 경이로움으로 가득 찼다.

v. 놀라다, 이상히 여기다
n. 경이

---

63 lead to

▶ result in, cause, produce, contribute
Abuse of liquor when young can often lead to more serious addiction problems in the future.
어린 시절 알코올 중독은 미래의 더 심각한 문제를 야기할 수 있다.

phr. 결과를 초래하다

---

64 impetus*
[ímpətəs]

▶ stimulus, stimulation, moving force
The impetus for the company's new policies was the lack of clear direction in the workforce.
회사의 새로운 정책을 만들도록 탄력을 준것은 노동자들에 대한 정확한 지시가 부족하였기 때문이다.

n. 힘, 운동량, 탄력

---

65 horrible
[hɔ́ːrəbəl, áːr-]

▶ terrible, dreadful, hideous, grim
I went down the basement to see what was making that horrible noise.
나는 무엇이 끔찍한 소리를 내는지 알아내고자 지하로 내려갔다.

a. 무서운, 끔찍한

---

66 monetary
[mánətèri, mʌ́n- /mʌ́nitə]

▶ financial, pecuniary, capital
Although their monetary value is often quite low, family heirlooms have great sentimental value.
가문의 가보는 금전적인 가치가 별로 없을진 몰라도 큰 감성적인 가치를 지닌다.

a. 화폐의, 금전상의

---

67 cross-hatching
[krɔ́(ː)ʃætʃiŋ]

▶ shade
Cross-hatching adds more depth in the background and yields more interesting sketches.
음영은 배경의 깊이를 더하고 흥미로운 스케치를 만들어낸다.

n. 음영

---

68 equitable
[ékwətəbl]

▶ fair, just, even-handed, honest
The equitable division of the couple's assets was an important hurdle in their divorce process.
두 사람의 재산을 공정하게 분배하는 것은 이혼 과정에 있어서 중요한 난관이었다.

a. 공정한, 공평한

#	Word	Synonyms / Example	Definition
69	**dilapidated** [dilǽpədèitid]	▶ worn-out, ruined, desolate The dilapidated home had served its inhabitants well, but was now unsafe to live in. 허물어져 가는 집은 거주자들이 살만 했었지만 지금은 살기 위험하다.	a. 황폐한; 다 허물어져 가는
70	**impunity** [impjúːnəti]	▶ exemption The Somali pirates acted with impunity, as their government is not unified enough to fight them. 소말리아 해적들은 제대로 연합되지 않은 정부 덕분에 처벌받지 않고 활동하였다.	n. 처벌받지 않음
71	**inconspicuous** [ìnkənspíkjuːəs]	▶ not noticeable or obvious It is quite difficult for people to remain inconspicuous when they are trying to do something they shouldn't. 사람들이 하면 안 될 행동을 할 때 눈에 띄지 않기란 힘들다.	a. 눈에 띄지 않는
72	**genuinely** [dʒénjuinli]	▶ actually, truly, really The students thought that the magician had genuinely made their teacher disappear. 학생들은 마술사가 정말로 선생님을 사라지게 했다고 생각했다.	ad. 정말로, 성실하게
73	**applicability** [æplikəbíləti, əpli-]	▶ relevance I want you to do research on the applicability of chemotherapy on cancer. 암에 대한 화학요법의 적절성에 대해 조사를 해오기 바랍니다.	n. 적절함, 적절성, 적용 가능성, 적용성
74	**worldly*** [wə́ːrldli]	▶ mundane, earthly, secular, **human** The Amish give their children the opportunity to experience the worldly pleasures before deciding whether to dedicate themselves to the religion. 아만파는 아이들에게 종교에 자신을 바칠 것인지 결정 하기전에 세속적인 기쁨을 경험할 수 있는 기회를 주었다.	a. 세속적인, 속세의
75	**short-lived****	▶ lasting for only a short period The results of the experiment were short-lived due to recent discoveries. 실험의 결과는 최근의 발견들 때문에 단기간이었다.	a. 단기간의, 오래가지 못하는, 단기적인
76	**assembly*** [əsémbli]	▶ congress, legislature, parliament / **construction** Every new policy has to be discussed by the assembly. 모든 새 정책은 의회에서 토의되어야 한다.	n. 의회, 하원; 조립
77	**opulent** [ápjulənt]	▶ luxurious, affluent The tribe settled in the opulent land. 그 부족은 비옥한 땅에 정착하였다.	a. 비옥한, 풍부한
78	**recurring*** [rikə́ːriŋ, -kʌ́r-]	▶ recurrent I wake up in the middle of the night these days because of recurring nightmares. 나는 요즘 되풀이되는 악몽때문에 자는 도중 잠에서 깬다.	a. 되풀이되는; (수학) 순환하는

Vocabulary Usher | 토플 1-200

79 balmy [bɑ́:mi]
▶ **fragrant, aromatic; cozy**
A balmy summer night is the perfect opportunity to spend time on the patio swing.
아늑한 여름 밤은 안뜰 그네에서 시간을 보내기에 완벽하다.
a. 향기로운, 진정시키는; 아늑한

80 depose* [dipóuz]
▶ **oust**
The Arab Spring movement successfully deposed the authoritarian leaders of multiple countries in the Middle East.
아랍 혁명 운동은 중동 여러나라의 독재자들을 성공적으로 쫓아내었다.
v. 쫓아내다; 증언하다(법)

81 scrutinize [skrú:t-ənàiz]
▶ **examine, investigate, dissect, study**
We are going to have to scrutinize your research document to verify the facts.
우리는 당신의 연구자료를 철저히 조사하여 사실 확인을 할 것이다.
v. 세밀히 조사하다

82 pressing [présiŋ]
▶ **urgent; insistent**
One of the pressing problems of my family is lack of conversation.
우리 가족이 풀어야 할 긴급한 문제 중 하나는 대화가 부족한 것이다.
a. 긴급한; 집요한, 간청하는

83 shallow* [ʃǽlou]
▶ **not deep, shoal**
Shallow creeks are safer for children to play in than deep rivers or seas.
얕은 시내는 깊은 강이나 바다보다 어린아이들이 놀기에 안전하다.
a. 얕은, 피상적인, 얄팍한

84 shred [ʃréd]
▶ **tear apart, cut, tatter, tear up**
We must shred any documents that can be used as evidence to prove the illegal acts.
불법적 행위의 증거가 되는 문서는 없애버려야만 한다.
v. (갈기갈기) 찢다
n. 조각

85 likelihood [láiklihùd]
▶ **possibility**
The likelihood that Hannah would be accepted into Harvard was very low.
Hannah가 하버드 대학교에 들어갈 가능성은 매우 적다.
n. 가망, 가능성

86 lag [lǽg]
▶ **linger**
The winner of the race lagged behind the pack before making strong push and finishing first.
경기의 우승자는 막판 스퍼트를 내어 첫번째로 레이스를 끝내기 전까지 무리의 뒤에서 꾸물거렸다.
v. 꾸물거리다; 처지다, 뒤떨어지다
n. 뒤쳐짐

87 bizarre* [bizá:r]
▶ **odd, erratic, strange, exotic, irregular**
The defendant's bizarre outbursts during the trial probably convinced the jury that he was in fact insane.
재판 중 피고의 기괴한 열변은 그가 정상이 아니라는 점을 배심원들이 인정하게 하였다.
a. 기괴한, 별난

88 partition [pɑ:rtíʃən, pər-]
▶ **divide, separate, apportion / division**
The ballroom can be partitioned into several conference rooms for smaller gatherings.
무도회장은 작은 모임들을 위해 작은 방들로 분할될 수 있다.
n. 분할, 분배
v. 분할하다

USHER

89 associated**
[əsóuʃièitid]
▶ connected, correlated, linked, **joint**
Short, stubby limbs and diminutive stature are both associated with dwarfism.
짜리몽둥한 키와 팔다리 그리고 작은 키는 난쟁이병과 연관되어 있다.
a. 연관된, 조합의

90 alliance
[əláiəns]
▶ partnership, **association**, affiliation, union
The villagers decided to form an alliance to defend their area against any invaders.
마을 사람들은 침입자를 대항하여 방어하기 위해 동맹을 맺었다.
n. 동맹

91 deviate
[dí:vièit]
▶ diverge, wander, stray
He deviated from the written notes and began to improvise his speech.
그는 적혀진 노트에서 벗어나 즉흥적으로 연설을 하였다.
v. 빗나가다, 벗어나다

92 constrain**
[kənstréin]
▶ bind, inhibit, restrain; **compel**
The education system constrains students to learn through methods developed over 100 years ago.
교육 시스템은 학생들로 하여금 100년 전에 만들어진 방법으로 공부하도록 강요한다.
v. 구속하다; 강요하다; 강제하다

93 fragment**
[frǽgmənt]
▶ piece, particle, part, portion
The salesman told the customer that she could only get a fragment of the carpet she needed.
판매원은 손님에게 그녀가 원하는 융단의 일부분만 살 수 있다고 말하였다.
n. 파편, 조각

94 altitude*
[ǽltətjùːd]
▶ height, elevation, **highness**, loftiness
The plane's engine exploded in an altitude of 800 meters which caused everyone to panic.
비행기의 엔진이 800미터 상공에서 폭발하여 모두를 당황케 하였다.
n. 높이, 고도

95 pledge
[pléʤ]
▶ promise, oath, vow, swear
We pledged to donate all of the profits from our bake sale to a charity for the disabled.
우리는 제과 세일로 얻은 수익 모두를 장애인을 위해 기부하기로 맹세했다.
n. 맹세, 담보, 보증

96 oversight
[óuvərsàit]
▶ mistake, blunder, slip
We apologize for not having you on the guestlist; it was purely an oversight on our part.
고객 명부에 고객님이 없던 것에 대해 사과드립니다. 이것은 분명 저희측의 부주의입니다.
n. 간과, 태만, 부주의; 감독, 감시

97 pitiful
[pítifəl]
▶ pitiable, pathetic, piteous
The pitiful conditions of the prisoners led to calls for the warden's resignation.
가엾은 재소자들의 환경은 교소도장의 파면으로 이어졌다.
a. 가엾은, 처량한; 인정 많은, 동정적인, 측은한

98 incorporation
[inkɔ̀ːrpəréiʃən]
▶ including, fusion, alliance
The incorporation of a spell checker was an important step in the development of current word processing software.
현재 개발중인 문서 소프트웨어에 철자 검사기를 포함시키는 것은 중요한 과정이다.
n. 혼합, 포함

usherin.usher.co.kr

Vocabulary Usher | 토플 1-200

99 longevity
[lanʤévəti]
▶ macrobiosis, life span
The longevity of mobile phones is very short due to the speed at which new technology is developed.
새로운 기술이 발전되는 속도로 인해 휴대전화의 수명은 매우 짧다.
n. 장수, 수명

100 jettison
[ʤétəsən, -zən]
▶ abandon, dispose of, eliminate, scrap
The government seems to have jettisoned the plan.
정부는 그 계획을 버린 것으로 생각된다.
v. 버리다; 투하하다, 포기하다
n. 포기

101 barge
[ba:rʤ]
▶ a large low boat, ship, boat
Barges were used to carry large loads of cargo up the river.
배들은 강을 거슬러 뱃짐들을 운반하기 위해 사용된다.
n. 배
v. 밀치고 가다

102 auxiliary
[ɔ:gzíljəri]
▶ subsidiary, subordinate, additional
The pilot had no choice but to eject after the auxiliary engine broke down.
보조 엔진이 망가지면서 조종사는 탈출할 수밖에 없었다.
a. 보조의, 부가의

103 lay down
[léidàun]
▶ establish, ordain
The executive committee met to lay down some ground rules for the upcoming Olympics.
집행위원회는 다가오는 올림픽의 규칙을 정하기 위해 모였다.
v. 내려놓다; (무기 등을) 버리다, 사임하다; 정하다, 규정하다

104 asymmetric*
[èisəmétrik]
▶ unequal, lopsided, ill-proportioned, one-sided
After eventual additions, the house began to look asymmetric.
추가공사 이후 집은 균형을 잃은 것처럼 보였다.
a. 균형을 잃은; 비대칭의

105 ferry*
[féri]
▶ raft / transfer, carry, convey, transport
The Staten Island ferry gives riders a great view of the Statue of Liberty and Ellis Island.
스테이튼 섬의 나룻배는 탑승자들에게 자유의 여신상과 엘리스 섬의 멋진 전망을 제공한다.
n. 나루터, 나룻배
v. 수송하다, 운송하다, 나르다

106 advent**
[ǽdvent, -vənt]
▶ arrival, appearance, emergence, occurrence
Since the advent of the internet, communication between people has become much easier and cheaper.
인터넷의 도래로 인하여 사람들은 더 쉽고 더 값싸게 의사소통 할 수 있게 되었다.
n. 출현, 도래

107 consort*
[kánsɔ:rt / kɔ́n-]
▶ husband, spouse / associate, fraternize
The Queen's consort is not known as the king to ensure that her royal status remains higher.
여왕의 배우자는 그녀의 왕립적 지위를 지키고자 왕으로 알려지지 않았다.
n. (통치자의) 배우자; 합주단, 합창대
v. (나쁜 사람)과 교제하다, 사귀다, 어울리다; 일치하다, 조화하다

108 tissue
[tíʃu:]
▶ flesh, body; fabric, textile
The crime scene team collected a tissue sample from under the victim's nails.
사건 현장 조사원들은 피해자의 손톱 아랫부분에서 세포 조직을 채취했다.
n. (세포)조직; 얇은 천

USHER

109 dispatch [dispǽtʃ]
▶ send off / message
Dane dispatched his best soldiers to spy the enemy.
Dane은 적을 정찰하기 위해서 정예 부대를 파견하였다.
v. 파견(발송)하다, 보내다; (일을) 급히 처리하다
n. 파견, 발송

110 inflate* [infléit]
▶ bloat, expand, swell
As the balloon inflated with helium, it started to be lifted up and floated.
풍선이 헬륨으로 팽창되면서 떠오르고 뜨기 시작했다.
v. 부풀게 하다, 팽창시키다, 팽창하다

111 acquaintance [əkwéintəns]
▶ associate, companion
The old acquaintances were excited to see each other after a prolonged separation.
예전에 교우관계가 있던 사람들이 오랜시간 떨어진 뒤에 다시 만나 흥분하였다.
n. (얕은) 교우관계, 아는 사람

112 aptitude [ǽptitùːd, -titjùː]
▶ inclination, tendency; capability, talent
Mandy discovered that she had a natural aptitude for leadership when she was elected as a president.
Mandy는 그녀가 회장으로 뽑혔을 때 선천적인 리더십 습성이 있다는 것을 깨달았다.
n. 경향, 습성; 적성

113 satisfy** [sǽtisfài]
▶ please, meet, gratify, suffice
According to the principles of economics, nothing can satisfy the everlasting greed of men.
경제 원리에 따르면 끝없는 욕심을 가진 인간을 만족시킬 수 있는 건 아무것도 없다.
v. 만족시키다

114 unbearable [ʌnbέərəbəl]
▶ unendurable, intolerable, insufferable, insupportable
The pain she felt was unbearable and eventually caused her to faint.
그녀가 느낀 참을 수 없는 고통은 결국 그녀를 기절하게 하였다.
a. 견딜 수 없는, 참기 어려운

115 escalate* [éskəlèit]
▶ increase, intensify, mount, rise
Tensions between the two sides continued to escalate and eventually caused a shutdown of the plant.
양쪽 간의 긴장이 계속해서 확대되면서 결국 공장의 폐쇄를 야기했다.
v. 차츰 확대되다, 단계적으로 확대되다

116 seep* [siːp]
▶ go through slowly, pass through slowly, permeate, ooze
Rain drops seeped through the crack in the window.
빗방울이 창문 틈사이로 샜다.
v. 스며 나오다, 새다

117 contaminate [kəntǽmənèit]
▶ pollute, stain, corrupt
The soil was contaminated due to the nuclear missile test few years ago.
몇 해 전 원자핵 실험으로 인하여 토양이 오염되었다.
v. 오염시키다, 더럽히다

118 on the spot*
▶ instantly, immediately, promptly, right away
Making decisions on the spot is one sign of a decisive leader.
그 자리에 결정을 즉시 내리는 것은 결단력 있는 리더의 자질이다.
phr. 즉시, 즉각; 현장에서

Vocabulary Usher | 토플 1-200

119 spacious**
[spéiʃəs]
▶ roomy, ample, capacious; **abundant**
They reserved a spacious room for the meeting.
그들은 회의를 진행할 넓은 방을 예약했다.
a. 넓은; 풍부한

120 uninterested*
[ʌníntərəstid]
▶ unconcerned; **indifferent**
The council was uninterested in the methods of fixing the problem but cared more about its costs.
의회는 문제를 해결하는 방법엔 관심이 없고 그것에 드는 비용에만 관심이 있었다.
a. 관계없는, 공평한; 무관심한

121 motif**
[moutí:f]
▶ theme, subject, topic, design, device, pattern
The fiery motif of the story gives it a much darker feeling than one would expect.
이야기의 무서운 주제는 생각한 것보다 훨씬 더 암울한 느낌을 주었다.
n. (미술, 문학) 주제, 테마

122 omit***
[əmít]
▶ exclude, **eliminate**, erase
In the pursuit of brevity and clarity, it is sometimes necessary to omit some ideas.
간결명료함을 위해서는 몇몇 아이디어들을 생략하는 것도 필요하다.
v. 생략하다

123 sturdy*
[stɔ́:rdi]
▶ strong, robust, stalwart, **stout**
This portable computer may not look nice but it is sturdy.
이 휴대용 컴퓨터는 보기엔 안좋아도 튼튼하다.
a. 억센, 튼튼한

124 passionate
[pǽʃənət]
▶ ardent, vehement, zealous, enthusiastic
The company became successful, thanks to the passionate CEO.
회사는 열정적인 경영주 덕분에 성공하였다.
a. 열렬한, 격렬한, 열정적인

125 disruption
[disrʌ́pʃən]
▶ interruption, **disarrangement**, disarray, turmoil
A disruption at any point in the food chain has widespread effects from its beginning to its end.
먹이 사슬의 어느 부분이라도 붕괴가 되면 그 영향은 먹이사슬의 처음부터 끝까지 다 퍼진다.
n. 붕괴, 혼란, 중단, 분열

126 accusation
[ӕkjuzèiʃən]
▶ charge, denunciation, indictment
The accusations against the mayor were proven to be politically motivated smears.
시장에 대한 비난은 정치적으로 만들어진 거짓말인것으로 드러났다.
n. 고발, 비난, 기소

127 weariness**
[wíərinis]
▶ fatigue
The weariness I receive from work cannot be described through words.
직장에서 내가 받는 피곤함은 말로 설명할 수가 없다.
n. 피로, 피곤, 싫증

128 ambling**
[ǽmbliŋ]
▶ leisurely, slow, easy
Seeing the old couple holding hands while ambling down the street made everyone smile.
나이 든 커플이 손 잡고 길을 느긋하게 걸어가는 것은 보는 이로 하여금 모두 미소 짓게 하였다.
a. 느긋한, 느린 걸음의

34 USHER iBT TOEFL VOCABULARY

129	**precision** [prisíʒən]	▶ accuracy The precision with which the ancient laborers worked yielded a pyramid that looked as if it were carved from one stone. 고대 노동자들의 정밀함은 하나의 돌을 깎아서 만든 듯한 피라미드를 만들어냈다.	n. 정확, 정밀
130	**standstill*** [stǽndstìl]	▶ complete stop, halt The traffic came to a standstill after two tanker truckers collided and began leaking unknown chemicals. 두 대의 유조트럭이 충돌하여 알 수 없는 화학제품들이 새기 시작하면서 교통은 정지 상태에 있었다.	n. 정지, 답보 상태
131	**as a whole**	▶ collectively Asian society, as a whole, is known for its adherence to set social norms, such as respecting one's elders. 전체적으로 아시아 사람들은 어른들에게 말할 때 주의를 기울이는 것과 같은 정해진 사회규범을 따르는 것으로 유명하다.	phr. 전체적으로
132	**regardless** [rigá:rdlis]	▶ inattentive, neglectful, indifferent, unconcerned Regardless of his health, he is going to play tennis. 그는 그의 건강상태에 개의치 않고 테니스를 칠 것이다.	a. 부주의한, 관심 없는, 개의치 않고
133	**corroborate** [kərábərèit]	▶ confirm, verify, substantiate He spent days completing experiments to corroborate his hypothesis. 그는 가정을 확증하기 위해 실험을 마무리하며 날을 보냈다.	v. 확증하다
134	**ambiguous** [æmbígjuəs]	▶ unclear, vague Watch out for ambiguous pronouns when writing sentences with multiple subjects. 다수의 주어가 있는 문장을 쓸 땐 애매한 대명사를 사용하는 것을 주의하라.	a. 모호한, 애매한
135	**whereby** [werbái]	▶ by which, how There is a new policy in effect, whereby all employees must display photo ID on their office doors. 새로운 정책에 의해 모든 직원들은 사진이 있는 ID를 사무실 문에다 제시해야 한다.	ad. 무엇에 의하여, 어떻게 하여
136	**snug** [snʌg]	▶ cozy A snug jacket will be required tonight, as the temperature is expected to drop. 오늘밤 온도가 떨어질 것으로 예상되니 따스한 자켓이 필요할 것이다.	a. 아늑한
137	**henceforth*** [hensfɔ:rθ]	▶ from now on, forward I hope this mistake has taught you a valuable lesson. Try to be more careful henceforth. 이 실수를 통해 네가 중요한 배움을 얻었으면 한다. 앞으로는 조심하도록.	ad. 앞으로, 차후, 지금부터
138	**broad** [brɔ:d]	▶ wide, extensive, vast, spacious The broad plains of the Serengeti are home to the world's largest animal migration in which 2 million animals traverse them. 세렝게티의 넓은 평야는 2백만 마리의 동물들의 이주의 고향이다.	a. 폭이 넓은

Vocabulary Usher | 토플 1-200

139 cumbersome**
[kʌ́mbərsəm]
▶ **burdensome, awkward, bulky, inconvenient**
Although they aren't heavy, the cumbersome shape of the water bottles makes them difficult to carry.
다루기 힘든 모양의 물병은 무겁지 않더라도 들고 다니기 어렵다.
a. 다루기 힘든, 버거운; 성가신

140 emulate
[émjulèit]
▶ **imitate, copy, follow, mimic; compete**
I want to truly emulate my father's successes and take over the company some day.
나는 아버지의 성공과 겨루어 언젠가 회사를 인수하고 싶다.
v. 모방하다; 겨루다

141 take place
▶ **occur, happen, befall**
The winter olympic games take place in every four years.
동계올림픽은 4년마다 치뤄진다.
phr. 일어나다, 발생하다

142 egoism
[íːgouìzəm, égou-]
▶ **selfishness**
Although he was a good player, his egoism prevented him from participating in team activities.
그는 좋은 선수였지만 그의 자만심 때문에 팀 활동에 참여할 수 없었다.
n. 이기주의; 자만

143 assail
[əséil]
▶ **assault, attack**
His book was assailed by religious groups when it first came out.
그의 책은 처음 출판되었을 때 종교 단체로부터 맹렬히 공격당했다.
v. 맹렬히 공격하다, 습격하다

144 slack
[slæk]
▶ **loose, relaxed, sluggish, languid**
The slack implementation of corporate policy led to a free-for-all in the office.
회사 정책의 느슨한 이행은 사무실을 무한경쟁의 상태에 이르게 하였다.
a. 늘어진, 느슨한

145 purveyor**
[pərvéiər]
▶ **supplier**
To be the largest purveyor of memory chips, many countries put a great interest in advances in new electronic devices.
메모리 칩의 가장 큰 공급자가 되고자 많은 국가들은 새로운 전자 제품 발전에 큰 관심을 가진다.
n. 공급업자, 납품 상인

146 lax
[læks]
▶ **careless, negligent, loose**
Some teachers argued that the lax security system was the cause of the robbery.
몇몇의 선생님들은 해이해진 경비가 도난의 원인이라고 주장했다.
a. 느슨한, 늘어진, 해이한

147 pragmatic
[prægmǽtik]
▶ **practical**
One thing to keep in mind when writing a guide book is that it has to be pragmatic.
가이드북을 쓸 때 항상 생각해 두고 있어야 하는 것은 책이 실용적이여야 한다는 것이다.
a. 실용적인

148 mastery*
[mǽstəri]
▶ **expertise**
The children's mastery of English was amazing as they had only studied for one year.
1년밖에 공부하지 않았지만 아이들의 영어 숙달 정도는 놀랍다.
n. 전문 기술, 숙달; 지배력, 승리

149 **belly** [béli]	▶ abdomen / bulge, swell After suckling, the kitten's belly was distended. 젖을 먹고 난 후, 고양이의 배가 부풀어 올랐다.	n. (신체) 배 v. 부풀다	
150 **interwind** [ìntərwáind]	▶ interweave The cables behind the desk were interwinded due to the haste with which they were connected. 책상뒤 전선들은 연결 당시 서두르는 바람에 서로 뒤엉켜져 있었다.	v. 한데 감다, 얽히(게 하)다	
151 **reprove** [riprú:v]	▶ rebuke, blame, censure, reproach, criticize, reprimand, scold, admonish The teacher harshly reproved all of the class even though only one student hadn't done the assignment. 그 선생님은 한명의 학생만 숙제를 하지 않았는데도 불구하고 모든 학생들을 심하게 꾸짖었다.	v. 꾸짖다	
152 **ratify*** [rǽtəfài]	▶ endorse, confirm, sanction, validate Although the two sides agreed to the terms of the treaty, the legislature failed to ratify it. 양측이 조약 약정에 동의 했음에도 불구하고 입법부에서는 승인하지 않았다.	v. 확인하다, 승인하다	
153 **pose** [pouz]	▶ state, assert, propound, present When attempting to pose a question to the students, the professor accidentally said the answer. 학생들에게 질문을 하려던 교수님은 실수로 답을 말해버렸다.	v. (위협, 문제 등을)제기하다, 제출하다, 야기하다 n. 포즈(자세)	
154 **extraneous*** [ikstréiniəs]	▶ alien; unneeded, unnecessary, irrelevant, unrelated They failed the project by focusing too much on extraneous things. 그들은 프로젝트와 관련 없는 것들에 너무 치중하여 낙제하고 말았다.	a. 외래의, 이질적인; 관련이 없는	
155 **deter** [ditə́:r]	▶ prevent, inhibit, discourage, dissuade Even his mother could not deter him from becoming a singer. 그의 엄마 조차도 그가 가수가 되려는 꿈을 단념시키지 못했다.	v. 단념시키다, 제지하다	
156 **deviation** [dì:viéiʃən]	▶ aberration, anomaly, departure, exception Singlish is a deviation from the normal forms of proper English. 싱글리쉬(싱가폴 영어)는 일반적인 영어에서 벗어난 것이다.	n. 탈선, 일탈, 벗어남, 편차	
157 **prophetic*** [prəfétik]	▶ predictive, foreshadowing The Oracle of Delphi was thought to be a prophetic by ancient Greeks. 델피의 사제는 예언자였다고 고대 그리스인들은 믿었다.	a. 예언적인, 예언자의	
158 **touch off**	▶ start, arouse, provoke, cause The horrible fire was touched off by a carelessly discarded match. 그 끔찍한 불은 부주의하게 버려진 꽁초에서 야기되었다.	phr. 야기하다	

Vocabulary Usher | 토플 1-200

159 blur [blə:r]
- ▶ **smear** / make vague, obscure, cloud
- I realized I was going blind when everything appeared as a blur to me.
- 눈앞의 모든것이 흐려지는 순간 나는 내가 눈이 멀것이라는걸 알았다.
- n. 더러움, 얼룩, 흐릿한 형체
- v. 희미해지다, 흐릿하게 만들다, 흐릿해지다

160 high [hài]
- ▶ **elevated, lofty;** intense, **extreme**
- The rollercoaster dropped from such a high spot that I thought I was actually dropping.
- 롤러코스터가 워낙에 높은 곳에서부터 떨어지기 시작해서 난 내가 진짜로 떨어지는 것처럼 느꼈다.
- a. 높은; 극도의, 극심한
- ad. 높이, 높은 곳에

161 constrict [kənstríkt]
- ▶ **compress, contract**
- Arterial plaque causes arteries to constrict and impeded healthy bloodflow.
- 동맥질환은 동맥을 압축시키고 건강한 혈액 흐름을 방해한다.
- v. 압축하다, 죄다

162 coherent* [kouhíərənt]
- ▶ **logical, consistent,** ordered
- When the police broke up the riot, no one could give a coherent reason for the violence.
- 경찰이 폭동을 막았을때 아무도 폭력에 대한 논리적인 근거를 대지 못했다.
- a. 논리적인, 일관성 있는

163 submerse [səbmə́:rs]
- ▶ **sink, plunge, immerse, submerge**
- The ship slowly submersed after crashing into a rock.
- 배는 바위에 부딪친 후 천천히 물에 가라앉았다.
- v. (물에) 가라앉다, 하강하다

164 ability* [əbíləti]
- ▶ **faculty, capacity, competence**
- Her ability to read criminals' minds was outstanding; she never failed to find the criminal.
- 범인의 생각을 읽는 그녀의 능력은 뛰어났다: 그녀는 진범을 놓친 적이 없다.
- n. 능력, 재주, 수완

165 in earnest*
- ▶ **serious**
- I am asking you in earnest to go over the materials one more time.
- 나는 진심으로 당신이 이 자료들을 다시 검토하도록 부탁하는 것입니다.
- phr. 진지하게, 진심으로

166 overcast [óuvərkæst]
- ▶ **Cloudy, cloud-covered, clouded, sunless**
- The couple were scared for their outdoor wedding due to the overcast grey sky.
- 커플은 구름 뒤덮인 하늘 때문에 야외결혼식을 치르는 것을 두려워했다.
- a. 구름 뒤덮인, 흐린

167 touching* [tʌ́tʃiŋ]
- ▶ **moving, affecting**
- Martin Luther King's eulogy was a touching reminder of the great work he'd accomplished.
- 마틴루터킹의 찬가는 그의 훌륭한 업적을 상기시켜주는 감동적인 것이었다.
- a. 감동적인, 애처로운

168 hoard [hɔ:rd]
- ▶ **collection, accumulation / amass, keep**
- My father hoarded food and money in preparation for the possible war.
- 아버지는 일어날 수도 있는 전쟁에 대비해서 음식과 돈을 모아 두었다.
- n. 저장
- v. 저장하다

USHER

169 jeopardy*
[dʒépərdi]
▶ danger, venture, peril, risk
We have been careful to avoid any kind of jeopardy during the transaction.
우리는 거래도중 생길 수 있는 어떠한 유형의 위험들을 피하기 위해 노력했다.
n. 위험

170 intertwine
[ìntərtwáin]
▶ interweave, coil, entwine
Their fate intertwined from the first time they met.
그들의 운명은 처음 만났던 시점부터 뒤엉켰었다.
v. 뒤엉키다, 뒤얽히다, 엮이다

171 dismal
[dízməl]
▶ gloomy, sad, dreary, cheerless, dingy
The dismal atmosphere of the ball game was caused by the home team's humiliating loss.
홈팀의 망신스러운 패배로 인해 야구장은 음침한 분위기를 띄었다.
a. 음침한, 음울한, 침울한

172 connotation
[kɑ̀nətéiʃən]
▶ implication
Due to the negative connotations associated with the word, "natives" is rarely used to describe indigenous people.
단어 "원주민"은 가지고 있는 부정적인 함축적 뜻 때문에 토착민들을 가리킬 때 잘 쓰이지 않는다.
n. 암시, 함축; (논리) 내포

173 pigment**
[pígmənt]
▶ color, dye, tincture, coloring
As people age, their body loses the pigment melanin, resulting in fairer skin.
사람은 나이가 들수록 몸에서 멜라닌 색소가 사라지며 피부가 옅어진다.
n. 색소, 색깔

174 elapse*
[ilǽps]
▶ pass, go by
Three days elapses like an hour when you are really busy.
바쁠 때에는 3일이 한 시간처럼 지나간다.
v. 경과하다
n. (시간) 경과

175 gigantic*
[dʒaigǽntik]
▶ huge, enormous, colossal, tremendous
The wedding cake was gigantic and could feed nearly 900 people.
웨딩케익은 거대해서 거의 900명이 먹을 수 있었다.
a. 거인 같은, 거대한

176 pervasive*
[pərvéisiv]
▶ widespread, prevalent, common, extensive
The pervasive rumors regarding the candidate's personal life caused her to issue a statement denying them.
후보자에 관한 소문이 퍼지면서 그녀는 그 소문들을 부인하는 성명서를 발표하였다.
a. 퍼지는, 널리 미치는

177 pedestrian
[pədéstriən]
▶ walker, foot passenger, goer
Failure to cross the street at marked pedestrian crossings is a misdemeanor crime.
보행자 표시가 있는 거리에서 건너지 않는 것은 경범죄이다.
n. 보행자
a. 도보의, 보행하는

178 stylus*
[stáiləs]
▶ pen, pencil
The ancient Egyptians developed a stylus that they could use to write on wet mud tablets.
고대 이집트 사람들은 젖은 진흙판에 쓸 수 있는 첨필을 개발해 냈다.
n. 바늘, 첨필, 가느다란 펜

Vocabulary Usher | 토플 1-200

179 verbose [vɜːrbóus]
▶ talkative, garrulous, wordy
The preacher was overly verbose and continued with his sermon for over an hour.
목사는 말이 너무 많아 한시간 넘게 설교를 계속 하였다.
a. 말이 많은

180 stand for*
▶ symbolize, represent
The large red disk on the Japanese flag stands for the sun.
일본국기에 있는 빨간 원은 태양을 나타낸다.
phr. ~를 나타내다, ~을 상징하다; ~을 대표하다

181 federal [fédərəl]
▶ federative
Five of the six provinces are to become autonomous regions in a new federal system.
새로운 연방 제도에서 6개중 5개 지역은 독립지역이 될 것이다.
a. 연방의, 연합의

182 praiseworthy [préizwɔ́ːrði]
▶ admirable, commendable, laudable, praisable
The praiseworthy efforts of the fire department were not enough to save the building.
칭찬할 만한 소방서의 노력도 건물을 구하기에는 역부족이었다.
a. 칭찬할 만한

183 at hand
▶ available, accessible, handy, usable
The committee agreed that they couldn't move on to new business without solving the problems at hand first.
위원회는 현재 있는 문제를 먼저 풀지 못하면 새로운 사업으로 넘어갈 수 없음에 동의하였다.
phr. 사용 가능한

184 proprietor* [prəpráiətər]
▶ owner, landlord
The proprietor of the bar was known for his rash demeanor and quick temper.
바의 소유주는 거친 품행과 혈기있는 성격으로 잘 알려져 있다.
n. 소유주, 사업자

185 fume [fjuːm]
▶ smoke, vapor / fumigate, seethe
The fumes emitted by the nearby factories make this a terrible place to live.
근처 공장에서 나오는 연기가 이 지역을 살기 끔찍한 곳으로 만들었다.
n. 증기, 연기
v. 몹시 화를 내다, (화가 나서) 씩씩대다

186 mad [mæd]
▶ insane, lunatic, crazy; passionate
The mad man ran down the hall, screaming.
미친 사람은 소리지르면서 복도를 뛰어 다녔다.
a. 미친; 열광적인

187 aimless [éimlis]
▶ without purpose
Aimless workers are less productive than those who have passion.
목표 없는 노동자들은 열정을 가진 자들보다 비생산적이다.
a. 목적 없는, 목표 없는

188 pact [pækt]
▶ compact, contract, bond
Iraq decided to sign the peace pact with Israel resulting in peace between the two countries.
이라크가 이스라엘과의 평화 협정에 서명하기로 결정하면서 두 나라 사이에 평화가 왔다.
n. 협정, 조약, 약속

189	**margin*** [máːrdʒin]	▶ border, edge, rim Writing notes in the margins of books is a great way to keep information easily accessible. 책 가장자리에 노트를 적는 것은 쉽게 다시 볼 수 있는 정보를 남기는데 좋은 방법이다.	n. 가장자리, 물가; 판매수익, 이윤
190	**resemblance** [rizémbləns]	▶ analogy, similarity, affinity The resemblance of the two boys was made even more remarkable by the fact that they weren't related at all. 두 남자아이들이 혈연이 아니라는 것은 두 아이들이 닮았다는 것을 더욱 놀랍게 만들었다.	n. 유사점, 닮음, 유사함, 비슷함
191	**pungent**** [pʌ́ndʒənt]	▶ strong, piquant, tart, **sharp** The pungent smell of onions in the room caused everyone's eyes to water. 방안의 매운 양파 냄새 때문에 사람들의 눈에서 눈물이 났다.	a. 찌르는, 날카로운, 신랄한, 매운
192	**upbraid*** [ʌpbréid]	▶ scold, berate, rebuke, **reproach** Critics upbraided her work saying that it was not innovative. 비평가들은 그녀가 한 일은 혁신적이지 않다고 신랄하게 비난하였다.	v. 신랄하게 비난하다
193	**sensational**** [senséiʃənəl]	▶ exciting, stimulating; aware, sensible The sensational claims made in the media were unsupported by any type of evidence. 언론에서 세상을 놀라게 한 주장은 그 어떤 증거로도 지지되지 않았다.	a. 세상을 들끓게 하는; 감각의, 지각의, 세상을 놀라게 하는
194	**refinement** [rifáinmənt]	▶ breeding, cultivation, culture, elegance The man of refinement had strict rules people needed to follow in his house. 세심한 남자에게는 사람들이 그의 집에서 지켜야 되는 엄격한 규칙이 있었다.	n. 정제, 정밀, 세련됨
195	**thoroughly** [θə́ːrouli]	▶ completely, perfectly, utterly, entirely She thoroughly went through the lesson and explained every single detail about the subject. 그녀는 수업을 철저히 되짚었고 과목에 대한 세세한 것까지 설명했다.	ad. 철저히, 완전히, 절저하게, 대단히
196	**dweller** [dwélər]	▶ inhabitant, residents City dwellers are often more uncomfortable living near nature than are those who don't reside in cities. 도시에 거주하는 사람들은 보통 도시에 살지 않는 사람들보다 자연과 가까이 사는 것에 더 불편해 한다.	n. 거주자, 주민
197	**central** [séntrəl]	▶ essential, principal, main, chief New York is the central city of American culture, education as well as economy. 뉴욕은 미국의 문화, 교육, 경제의 중심 도시이다.	a. 중심의, 기본적인
198	**goodwill** [gúdwíl]	▶ benevolence, favor, kindness, altruism After a few seconds of thinking, Jane turned down Michael's good-will. 몇 초 동안 생각해 본 결과 Jane은 Michael의 호의를 거절하기로 하였다.	n. 친절, 온정, 친선, 호의

Vocabulary Usher | 토플 1-200

199 refine* [riféin]
▶ improve, polish
Sugar cane juice is refined until it produces pure sugar crystals.
사탕 수수즙은 순전한 설탕 결정체가 만들어질 때까지 정제된다.
v. 정제하다, 정련하다, 다듬다

200 cumulate [kjúːmjulèit]
▶ build up, accumulate, amass, **conglomerate**
Data mining is a way of automatically searching for and cumulating data in one place.
데이터 마이닝은 자동으로 데이터를 찾고 모을수 있는 방법이다.
v. 쌓아 올리다, 모으다, 쌓다, 축적하다

Quiz

오늘의 퀴즈 (1-200) : 토플 단어용

문장 속의 단어와 같은 뜻의 단어를 고르시오. (1-10)

1. The earthquake and the consequent destruction of the city destroyed the lives of many people.
   a. following   b. obsolete   c. distilled   d. irrational

2. The dilapidated home had served its inhabitants well, but was now unsafe to live in.
   a. outlandish   b. desolate   c. extensive   d. robust

3. The pervasive rumors regarding the candidate's personal life caused her to issue a statement denying them.
   a. incomprehensive   b. audacious   c. widespread   d. explicable

4. Due to the negative connotations associated with the word, "natives" is rarely used to describe indigenous people.
   a. explications   b. definitions   c. implications   d. misgivings

5. Mandy discovered that she had a natural aptitude for leadership when she was elected president.
   a. authority   b. association   c. tendency   d. claim

6. Due to frequent flooding along the river, people were encouraged to move to higher ground.
   a. fragile   b. regular   c. perceivable   d. harmful

7. In the pursuit of brevity and clarity it is sometimes necessary to omit some ideas.
   a. gather up   b. eliminate   c. incorporate   d. paraphrase

8. In the event of wartime, Korean men are forced into mandatory military service.
   a. obligatory   b. sneering   c. dependable   d. emotionless

9. The newborn foal staggered as it attempted to stand for the first time.
   a. dribbled   b. submerged   c. faltered   d. sufficed

10. Although they aren't heavy, the cumbersome shape of the water bottles makes them difficult to carry.
    a. efficient   b. mundane   c. inconvenient   d. barren

정답   a/b/c/c/c/b/b/a/c/c

| 틀린개수 |
| 채점자이름 |
| 본인이름 |

| 주의사항 |
1. 채점 속도가 빨라진다고 시험 도중 Mp3 파일을 멈추지 마세요~!
2. 채점 시, 스펠링 & 품사 & 뜻 중 하나라도 다르거나 빼먹었을 경우 틀린 답입니다.

| 단어시험 보는 방법 |
1. 화장실을 먼저 다녀옵니다.
2. 핸드폰 전원을 꺼둡니다(진동, 무음도 안됨)
3. 책상 위에 필기도구를 제외하고 깨끗이 치웁니다.
4. 단어 Mp3 파일을 틀고 시작합니다.

1		26		51		76	
2		27		52		77	
3		28		53		78	
4		29		54		79	
5		30		55		80	
6		31		56		81	
7		32		57		82	
8		33		58		83	
9		34		59		84	
10		35		60		85	
11		36		61		86	
12		37		62		87	
13		38		63		88	
14		39		64		89	
15		40		65		90	
16		41		66		91	
17		42		67		92	
18		43		68		93	
19		44		69		94	
20		45		70		95	
21		46		71		96	
22		47		72		97	
23		48		73		98	
24		49		74		99	
25		50		75		100	

101	126	151	176
102	127	152	177
103	128	153	178
104	129	154	179
105	130	155	180
106	131	156	181
107	132	157	182
108	133	158	183
109	134	159	184
110	135	160	185
111	136	161	186
112	137	162	187
113	138	163	188
114	139	164	189
115	140	165	190
116	141	166	191
117	142	167	192
118	143	168	193
119	144	169	194
120	145	170	195
121	146	171	196
122	147	172	197
123	148	173	198
124	149	174	199
125	150	175	200

usherin.usher.co.kr 에서 다운로드 가능합니다.

공부 수기

고(故) 노무현 대통령이 사법 시험을 보겠다고 맘 먹었을 때 가장 먼저 한 일은, 합격수기 모음을 과거 10년치 모았다고 합니다. 그리고는 그들의 공부 내용과 방법들 중 공통된 성공 방법만을 본인에게 적용시켰고, 그래서 붙을 수 있었다고 합니다.

다음은, 토플공부를 끝내는 학생들의 이야기를 엮은 내용들입니다. 비록 점수대도 다양하고, 공부에는 다양한 방법이 있을 테지만, 기왕 얻을 내용이라면, 실패에서 보다는 성공한 사례에서 찾는 것이 더 나을 듯 하여 내용을 엮어 봤습니다. 각 200개의 단어모음 이후, 엮은 13개의 수기 내용들을 종합해 보면, 공통된 공부 방법이 나오는데, 이러한 방법들 중에서 정보도 얻고, 공부 방법도 얻었으면 하는 마음에서 모았습니다.

* 참고로 학생들의 글을 그대로 옮기기 위해 오타 이외의 말투나 내용은 손대지 않았습니다.
** 점수대와 기간은 다양한 학생들을 보여주기 위해서 미리 밝히고 적습니다.
*** 처음 점수를 학생들이 기억하지 못하면, 기억하는 부분만 적었습니다.

110점 이상을 목표로 하시는 분들을 위한 공부수기

이 름	신◆◆
공부기간	8개월
처음 점수	독해 19
마지막 점수	30/30/26/27, 총 113

1. 더도 덜도 말고 선생님께서 시키시는 대로만 하세요. 무리해 보이는 것, (ex. 하루에 구문 100개 외우는 것) 다~~ 됩니다. 막상 하면 돼요. '쌤, 무리예요ㅠㅠ' 이렇게 칭얼대실 시간에 단어 하나라도 외우는 게 도움이 돼요.

2. 체력 유지하세요. 전 8개월 동안 한번도 병결로 빠진 적이 없어요ㅎㅎ. 많이 드시고, 충분히 주무셔요. 하루에 5시간은 주무셔야 됩니다! 뭔가 몸이 흐물흐물해지면 한강 한 바퀴 뛰세요. 이것만 지키시면 극적인 상황은 없을 거예요. 모든 영역의 기본은 단어입니다. 정말 돌이켜 보면 하루에 단어 200개도 모자라요. 그렇다고 제가 단어를 술술~외웠던 건 절대 아닙니다. 아... 정말 그 놈의 지긋지긋한 단어들..그걸 외웠던 시간은 다시는 생각하고 싶지 않아요. 학원 끝나자마자 바로 단어장 보고, 헤드셋 끼고 다시 보고, 그 다음 단어시험지 만들어서 시험보고. 매일 이렇게 해도 항상 8개씩 이상 틀렸어요. 하지만 한번 단어장 다 돌리고 나서 두 번째, 세 번째 이렇게 계속 돌리고 나니, 뇌에 각인이 되어서 이젠 아예 단어장 안보고 그냥 바로 시험 봐도 3개 밖에 안 틀리더라고요ㅎㅎ. 저의 꼼수를 덕호쌤이 아셔서 바로 하루에 400개씩 구두로 시험보게 하셨어요ㅠ. 한 지문의 충만한 feel을 받고 문제를 풀었어요. 그렇게 하니 점수가 19(-_-;;;; 완전 충격이었어요. 그때부터 닥치는 대로 지문을 해석했어요. 중요한 건, 여러 지문을 어설프게 훑어보느니, 하나의 문단이라도 완벽하게 이해하는 게 더욱 효과적이에요. 저는 계속 독해 반에 있어서 TPO 모의시험(TOEFL PRACTICE ONLINE, ETS에서 나온 과거 실제 기출문제)을 많이 봤는데 정말 어지간한 토플문제가

그냥 커피라면 TPO는 TOP예요. 시험을 지속적으로 보다 보니 문제유형을 파악하게 되고 정말 진정한 감을 찾았어요.

사실 전 학원 들어오기 전부터 듣기에는 많은 어려움은 없었어요. 웬만한 건 다 이해하거나 때려 맞힐 수 있었거든요. 근데 끝까지 원하는 점수 안 나오던 게 문제였어요. 이건 한눈 팔기 딱 좋거든요. 순간의 찰나를 한번 놓치면 그냥 끝까~지 놓치는 거예요. 집중력이 정말 중요해요. 그래서 수업시간에 훈련을 많이 했어요. 항상 청해 시간이 점심 뒤라서, 등 따스하고 토플 교수님의 잔잔한 목소리가 자장가처럼 흘러나오는 그 악조건에서 문제 푸는 훈련! 그리고 note taking을 많이 했어요. 저는 중요한 부분만 적는 것보다 들리는 대로 받아 적는걸 택했어요. 하나도 안 놓치게. Listening에서 가장 중요한 건 영어에 노출시간 같아요. 그래서 dictation이 좋은 게, 많이 오랜 시간 들을 수 있어요. 가끔 가다 퍼뜩 놀라웠던게, 어? 이게 들리네 라고 갑자기 들릴 때가 있어요. 받아쓰기는 많이 하면 할수록 좋습니다^^*.

Speaking 점수 가지고 수기를 쓰기 약간 망설여지네요. 사실 원하는 점수가 안 나왔거든요. 일단 말하기는 기가 안 죽는 게 중요한 것 같아요. 옆에 있는 사람이 발음이 좋거나 너무 잘하면 전 기가 죽었어요. 이러면 절대 안됩니다. 발음은 중요하지 않습니다. 억양과 강조가 중요합니다. 그 부분을 공략해야 해요. 그리고 여기서도 note taking은 필수적인 것 같습니다. 여기선 정말 하나라도 빼지 않고 쓰려고 노력했어요. 전 약간 빨리 말하는 경향이 있어서 말할 거리가 빨리 사라졌거든요. 게다가 이건 기억도 잘 안나요. 나더라도 말하는 것이 더 문제였어요. 앞으로 말하기는 계속 발전해 나아가겠습니다!

Writing은 항상 제일 못나왔어요. 아무래도 독립형에서 근거를 잘 잡지 못하고, 짧게 써서인 것 같습니다. 글 잘 쓰시는 분은 짧게 쓰셔도 점수 잘만 나오시던데 저는 글재주가 없어서 길게 써야 점수가 잘 나오더군요. 그래도 마지막에 터져서 30/30/26/27, 총 113이 나왔습니다. 원하는 학교에 넣을 점수는 아니지만 그래도 저 점수 받고 방방 뛰었어요. ㅎㅎ

같은 사람들과 계속 공부하고 있다 보니 너무 친해져서 오히려 독이 된 경우도 있었어요. 중간 중간에 슬럼프에 빠지고, 매너리즘에도 빠지고, 무기력해지고 그런 적도 많았고요. 그때마다 10년 후의 미래를 생각하며 참았습니다. 번쩍이는 BMW와 1초마다 돈이 불어나는 계좌, 카카 같은 애인 등등 ^^;;

Whatever you can do, or dream you can, begin it. Boldness has genius, power, and magic in it.

– Goethe(1749-1832)

| 오늘의 단어 |

모르는 단어 개수: _____ 개

1회독 ____/200개 **2회독** ____/200개 **3회독** ____/200개 **4회독** ____/200개 **5회독** ____/200개

____/200개* 5분 = ____ 분 (약 ____ 시간 필요)

*휴식시간 및 시험시간(200개당 45분입니다)을 꼭 넣어야 합니다.

나의 오늘 목표는 _____ 번부터 _____ 번까지!!!

| 오늘의 단어 |

오늘 공부할 양에서 내가 아는 것과 모르는 것을 미리 체크해서 오늘 단어 외우는데 걸리는 시간을 미리 계산해 보면 공부의 효율이 높아집니다.

#	단어	#	단어	#	단어	#	단어	#	단어
201	antagonist	221	keep in touch	241	array	261	tenable	281	startle
202	sweep	222	beneficial	242	outgoing	262	rig	282	dispensable
203	infectious	223	stipulation	243	sane	263	manifestation	283	sanitation
204	furthermore	224	advisor	244	selected	264	interval	284	fabricate
205	preoccupied	225	unpin	245	strictly	265	disadvantage	285	dredge up
206	in progress	226	vaguely	246	celebrity	266	arduous	286	relatively
207	noxious	227	stall	247	procure	267	generous	287	semiarid
208	swelling	228	observation	248	artful	268	oversee	288	objective
209	photosynthesis	229	blaze	249	tug	269	analogous	289	counterpart
210	formidable	230	periodically	250	considerable	270	integrate	290	symmetrical
211	emphatic	231	antiseptic	251	improbable	271	hypocrite	291	chisel
212	pack	232	dainty	252	unmindful	272	dire	292	prodigious
213	grim	233	cope with	253	captivity	273	means	293	cargo
214	languid	234	subsequent	254	rendering	274	hiatus	294	in a short space of time
215	blunder	235	adapted	255	prevalent	275	antedate	295	idiotic
216	deprive A of B	236	impart	256	derivative	276	enunciate	296	arise
217	exponential	237	intermittent	257	express	277	extensive	297	carry over
218	sustained	238	sanguinary	258	traverse	278	provision	298	underneath
219	pare	239	preeminent	259	active	279	beneficent	299	sheen
220	graft	240	lull	260	purge	280	lose sight of	300	veracious

usherin.usher.co.kr

301 alteration	321 more or less	341 forage	361 enigmatic	381 celebratory
302 tangle	322 intimidate	342 intensify	362 connoisseur	382 bolster
303 haphazard	323 multiplicity	343 grueling	363 portrait	383 supplant
304 consequently	324 gradually	344 immature	364 premise	384 seductive
305 devise	325 rivalry	345 wangle	365 facet	385 singularly
306 porosity	326 deceptive	346 astute	366 glee	386 survival
307 census	327 ephemeral	347 decadence	367 affirmative	387 motion
308 account for	328 significantly	348 expand	368 artisan	388 smooth
309 typify	329 autocrat	349 subsequence	369 weaken	389 sensual
310 injury	330 cleanse	350 overwhelm	370 asset	390 exquisite
311 malcontented	331 burrow	351 grace	371 attachment	391 reflection
312 by and large	332 splendor	352 indiscriminate	372 landslide	392 ease
313 suited	333 juncture	353 linger	373 medicine	393 transforming
314 detract	334 respectable	354 moan	374 snatch	394 invaluable
315 unbounded	335 mutation	355 simulated	375 impassive	395 acclaim
316 pretext	336 instrumental	356 nimble	376 underscore	396 markedly
317 deny	337 predominately	357 pit	377 mere	397 lurid
318 deluge	338 gracious	358 abandonment	378 abort	398 peripheral
319 magnitude	339 disassemble	359 antecedent	379 runoff	399 flee
320 proximity	340 conviction	360 identical	380 universal	400 dissect

USHER iBT TOEFL
VOCABULARY

02
02 out of 13

토플단어
201-400

usherin.usher.co.kr

Vocabulary Usher | 토플 201-400

1회독 | 2회독 | 3회독 | 4회독 | 5회독

02 out of 13 | USHER VOCABULARY
usherin.usher.co.kr

201 antagonist
[æntǽgənist]
▶ opponent, adversary, enemy, **foe**
My best friend Paul turned out to be my worst antagonist.
나와 가장 친한 친구였던 Paul은 나의 최악의 적대자가 되었다.
n. 적대자, 경쟁자

202 sweep
[swiːp]
▶ **clean, clear, brush**
The maid was asked to sweep the floor and wash the dishes before 5 o'clock.
가사 도우미는 5시 전에 바닥을 쓸고 설거지를 끝내도록 지시받았다.
v. 청소하다, 쓸다
n. 쓸기

203 infectious*
[infékʃəs]
▶ contagious, communicable, **epidemic**
Swine flu, although highly infectious, proved no more deadly than the yearly influenza breakout.
신종플루는 전염성이 높지만 매년 발생하는 독감 이상으로 치명적이진 않다는 것이 증명되었다.
a. 전염성의, 전염병의

204 furthermore*
[fə́ːrðəːrmɔ̀ːr]
▶ moreover, in addition, additionally, **besides**
The restaurant's decor made customers feel stifled, furthermore it detracted from the cuisine.
레스토랑의 장식들은 손님들을 답답하게 만들었고 게다가 음식에 집중하지 못하게 했다.
ad. 게다가, 더욱이

205 preoccupied*
[priːάkjəpáid / -ɔ́k]
▶ engrossed, absorbed, **engaged**
John's wife asked John to rest as he was getting way too preoccupied with his job.
John의 아내는 John이 너무 일에만 몰두하는 것을 보고 쉬는 것을 권유했다.
a. 이미 사용된, 선취된; 몰두된

206 in progress
▶ unfinished, ongoing, **occurring**
The research on bird-flu is still in progress; scientists have failed to find accurate results.
조류독감에 관한 연구는 아직 진행중이다; 과학자들은 정확한 결과를 찾는데 실패했다.
phr. 진행중인, 끝마치지 않은

207 noxious*
[nάkʃəs]
▶ harmful, noisome, **corrupting, degrading**
Walking around near factories will force you to breathe in noxious gases.
공장 주위를 걸으면 유해한 가스를 마실 수밖에 없다.
a. 유해한, 불건전한

208 swelling
[swéliŋ]
▶ enlargement, **bulge, bump, distension**
His face started swelling rapidly after he got punched during the fight.
그의 얼굴은 싸움에서 얻어 맞은 이후로 빠르게 부어올랐다.
n. 부풀어 오름, 팽창, 확장

209 photosynthesis
[fòutəsínθəsis]

▶ **the production of special sugar-like substances that keep plants alive**
Plants gain their energy through photosynthesis and produce oxygen.
식물들은 광합성으로 에너지를 얻고 산소를 만들어낸다.

n. 광합성

210 formidable*
[fɔ́ːrmidəbl]

▶ **dreadful, threatening, fearful,** frightful
The size of a hurricane is not important as a small one may cause formidable damage.
작은 허리케인도 무서운 피해를 입힐 수 있기 때문에 허리케인의 크기는 중요치 않다.

a. 무서운, 얕잡을 수 없는

211 emphatic
[imfǽtik, em-]

▶ **forcible, strong**
The president gave an emphatic speech assuring the citizenry that the government wouldn't let them down.
대통령은 정부가 시민들을 실망시키지 않은 것임을 보증하는 단호한 연설을 했다.

a. 어조가 강한, 단호한

212 pack
[pæk]

▶ **package, bundle / parcel, crowd**
Horses were used to carry the heavy packs needed by the explorers.
말은 탐험가들이 필요한 무거운 짐을 나르는데 사용 됐었다.

v. 싸다, 포장하다, 짐을 싸다
n. 꾸러미, 보따리;
    (사냥개 등) 한 떼(무리)

213 grim
[grim]

▶ **harsh, merciless, ruthless, severe**
The grim nature of the crime scene shocked even the most hardened of the investigators.
범죄 현장의 냉혹함은 가장 단련된 조사자까지도 놀라게 하였다.

a. 엄한, 모진

214 languid*
[lǽŋgwid]

▶ **listless, faint, feeble,** exhausted
The languid pace of life in the countryside was exactly what the family was looking for.
시골에서의 나른한 삶의 속도는 그 가족들이 정확히 원하던 것이었다.

a. 노곤한, 나른한

215 blunder
['blʌndə(r)]

▶ **mistake, error**
The criminal's final blunder was attempting to escape by running into a dead-end street.
범죄자의 마지막 실수는 막다른 골목으로 도망가려 했던 것이었다.

n. 실수

216 deprive A of B

▶ **bereave, strip**
The king deprived his people of property to satisfy his greed.
왕은 그의 욕심을 채우고자 사람들에게서 재산을 빼앗았다.

phr. A에게서 B를 빼앗다

217 exponential*
[èkspounénʃəl]

▶ **explosive, incremental**
The exponential development of technology has made our lives more convenient.
기하급수적인 기술 발전은 우리의 삶을 더 편리하게 만들어 주었다.

a. 급격한, 기하급수적인

218 sustained*
[səstéind]

▶ **continued, constant, prolonged, steady**
The remaining natural resources must be sustained through any means necessary.
남아있는 천연자원은 필요한 어떤방법으로든 유지되어야 한다.

a. 지속적인, 한결같은, 유지되는, 유지하는

Vocabulary Usher | 토플 201-400

219 pare‍**
[pέər]
▶ peel, skin; reduce, whittle, trim
The national budget had to be pared down after it was noticed that tax revenues were in decline.
세금 수익율이 줄어들었기 때문에 국가 예산은 삭감되어야만 했다.
v. 껍질을 벗기다; 삭감하다

220 graft
[græft, grɑːft]
▶ transplant, implant / affix, join
Before the skin gets grafted to a burn, its compatibility needs to be tested with the patient.
화상 부위에 피부가 이식되기 전에 환자에게 적합한지 테스트 해보아야 한다.
n. 접목, 이식
v. 접목하다

221 keep in touch
▶ communicate
The campers promised to keep in touch with each other as they were boarding buses to go home.
캠프 참가자들은 집으로 돌아가는 버스로 향하며 연락을 유지하자고 약속했다.
phr. 연락을 유지하다

222 beneficial
[bènəfíʃəl]
▶ helpful, profitable, advantageous
Botulism, although a toxin, is beneficial in treating aging skin and wrinkles.
독소이긴 하나 보툴리눔은 노화되가는 피부와 주름살을 다룰때 이롭다.
a. 유익한, 이로운

223 stipulation*
[stìpjuléiʃən]
▶ requirement, qualification, proviso
The stipulations of the contest stated that all entrants must be over 18.
시합에 참가하는 조건은 18살 이상이어야 됩니다.
n. 조건, 조항, 명문화

224 advisor‍**
[ædváizər, əd-]
▶ consultant
My advisor suggested that I continue my education.
내 조언자는 학업을 계속할 것을 제안하였습니다.
n. 고문, 충고자

225 unpin*
[ʌnpín]
▶ to remove a pin or pinned object from, discharge, undo
After altering the length of the pants, the seamstress forgot to unpin the cuffs.
바지의 길이를 줄인 후 재봉사는 바지 아랫단에서 핀을 빼는 것을 잊었다.
v. 핀을 빼다

226 vaguely‍**‍**
[véigli]
▶ unclearly, ambiguously, indefinitely, slightly
The book vaguely touches on the subject, but never addresses it head-on.
책은 그 주제에 대해 막연하게 다루지만 제대로 다루지는 않는다.
ad. 막연하게, 모호하게

227 stall
[stɔːl]
▶ halt, delay, play for time, hedge
The woman stalled before she answered, which caused the police to believe she was guilty.
그 여자는 대답하기 전에 우물쭈물하여 경찰들이 그녀가 유죄라고 믿도록 야기했다.
v. 시간을 벌다, 지체하다
n. 마구간

228 observation
[ɑbzərvéiʃən]
▶ noticing, perceiving, examination
After a four-month observation period, the student teacher was finally promoted to full time status.
4개월간의 관찰기간후에야 교육 실습생은 마침내 정교사로 승진되었다.
n. 관찰, 주목

229 blaze
[bléiz]

▶ flame, conflagration / burn, fire

The blaze from the oven started the fire and eventually spread towards the living room area.
오븐의 불꽃이 불길로 이어지면서 그 불은 거실쪽으로 퍼져나갔다.

n. 불꽃, 섬광
v. 타오르다, 빛나다

230 periodically
[pìəriádikəli]

▶ at intervals, regularly, repeatedly

The local council periodically checks with business owners to monitor the state of the local economy.
지방의회는 지방 경제를 살피기 위하여 사업자들을 정기적으로 조사한다.

ad. 정기적으로, 주기적으로

231 antiseptic***
[æntəsépti]

▶ clean, sterile, sanitary, hygienic

The room was so white and barren that it made everyone feel that it was cold and antiseptic.
그 방은 너무 하얗고 아무것도 없어서 모두가 그 방이 차갑고 청결하다고 느끼게 하였다.

a. 방부의, (매우)청결한, 소독된
n. 방부제

232 dainty
[déinti]

▶ neat, refined, fine, delicate

Jina gave me a dainty bouquet full of flowers as a graduation gift.
Jina는 졸업선물로 나에게 아주 우아한 꽃다발을 주었다.

a. 고상한, 우아한, 섬세한; 앙증맞은

233 cope with*

▶ deal with

She is famous for her ability to cope with tricky customers with many complaints.
그녀는 불만이 많은 까다로운 고객을 대처하는 능력으로 유명하다.

phr. ~에 잘 대처하다, ~을 견디어 내다

234 subsequent
[sʌ́bsikwənt]

▶ later, following

The earthquake and subsequent tsunami killed over 300,000 people across the Indian Ocean.
지진과 그 후의 쓰나미는 인도양 전체에 걸쳐 300,000명 이상의 사람들을 죽게했다.

a. 차후의

235 adapted*
[ədǽptid]

▶ modified, altered, renovated

This piece of equipment has been adapted to match this room.
이 기구는 이 방에서 사용되기 위해 개조되었다.

a. 개조된; ~에 적당한(for, to), ~에 적절한

236 impart
[impá:rt]

▶ give, bestow; tell, communicate

After the invention of the internet, the ability to impart information has greatly improved.
인터넷 발명 후, 정보를 전달하는 능력이 크게 향상되었다.

v. 나누어주다; 알리다, 전하다

237 intermittent
[ìntərmítənt]

▶ sporadic, periodic, occasional, irregular

Intermittent showers are an expected occurrence during monsoon season.
우기동안 간헐적인 소나기는 예상되는 일이다.

a. 간헐적인

238 sanguinary
[sǽŋgwənèri]

▶ bloody, bloodthirsty, cruel, ruthless

I could not bear to look at the sanguinary battle scenes in the movie.
나는 영화의 잔인한 전쟁 장면을 볼 수가 없었다.

a. 피비린내 나는, 잔인한

Vocabulary Usher | 토플 201-400

239 preeminent [príémənənt]
▶ **outstanding, foremost, distinguished,** noticeable
The doctor became the world's most preeminent cancer expert after the publication of his book detailing new ways to cure it.
그 의사는 새로운 암 치료법을 상세히 설명하는 책을 발간 후 세상에서 가장 탁월한 암 전문의가 되었다.
a. 탁월한, 현저한, 뛰어난

240 lull [lʌl]
▶ **soothe, calm, pacify** / quiet
As the cradle rocked slowly, the baby was lulled into a deep sleep.
요람이 천천히 흔들리면서 아이를 달래어 깊은 잠에 들게하였다.
v. 달래다, 진정시키다
n. 일시적인 고요, 진정

241 array* [əréi]
▶ **arrange, display, exhibit,** lay out
The music CDs are arrayed alphabetically and according to which year they were produced.
음악 씨디는 알파벳별과 출시된 년도별로 배열되어 있다.
v. 배열하다, 진열하다, 정렬하다
n. 진열

242 outgoing [áutgòuiŋ]
▶ **open, friendly;** departing, leaving
John's outgoing personality is the main reason why he is so popular.
John의 활발한 성격은 그가 인기가 많은 이유이다.
a. 외향적인; 떠나가는

243 sane [sein]
▶ **sensible, reasonable, rational, sound**
The candidate told the crowd that no sane person could believe his opponent would be good for the community.
경쟁후보가 지역사회에 도움이 될거라 믿는 사람은 제정신이 아니라고 그 후보자는 말했다.
a. 제정신의, 온전한

244 selected [siléktid]
▶ **chosen, elected**
Which are the selected items that will be displayed during the technology fair?
기술 축제에 전시될 상품으로 어떤 것이 선택되었나요?
a. 선택된, 엄선된

245 strictly** [stríktli]
▶ **tightly, severely, precisely, only**
Smoking is strictly prohibited in the building.
이 건물 안에서의 흡연은 엄격히 금지되고 있다.
ad. 엄밀하게, 엄격히

246 celebrity [səlébrəti]
▶ **fame, distinction;** notable
I feel sorry for celebrities because they do not have any privacy.
나는 아무 사생활이 없는 유명인들을 안타깝게 생각한다.
n. 명성; 유명인, 명사

247 procure* [proukjúər, prə-]
▶ **obtain, gain, secure,** acquire
Although she didn't know how her husband made money, she was glad that he always procured the best quality things that he could for her.
그녀는 남편이 어떻게 돈을 버는지는 몰라도 그녀를 위해 항상 가장 좋은 질의 물건을 얻어주어 기뻤다.
v. 획득하다, 얻다

248 artful [á:rtfəl]
▶ **ingenious, cunning, clever, crafty**
The surgeon's artful use of a scalpel was so precise that his surgeries rarely left scarring.
외과의의 기교가 뛰어난 메스사용은 매우 정확해 그의 수술은 상처를 거의 남기지 않았다.
a. 기교가 뛰어난, 교활한

249 tug
[tʌg]
▶ pull, draw
Both teams on each side tugged on the rope as hard as they could to win the race.
양 팀 모두 게임을 이기기 위해서 줄을 있는 힘껏 당겼다.

v. 끌다, 당기다
n. 세게 당김

250 considerable**
[kənsídərəbəl]
▶ significant, substantial, meaningful; large, big, sizable
The company offered me a considerable amount of money to work for them.
그 회사는 그들을 일하게 하기위해 엄청난 액수의 월급을 제시하였다.

a. 상당한, 적지 않은; 고려할만한, 중요한

251 improbable
[imprábəbl]
▶ unlikely, doubtful
Many of the stories that our grandfathers tell are highly improbable.
할아버지들이 말해주는 대부분의 이야기는 있을 법 하지 않다.

a. 있을 법하지 않은

252 unmindful
[ʌnmáindfəl]
▶ heedless, careless, inattentive, neglectful
His unmindful attitude towards his children led them to have grudges against him.
자식에게 무심한 그의 태도는 아이들로 하여금 그를 싫어하게 만들었다.

a. 부주의한, 개의치 않는

253 captivity
[kæptívəti]
▶ bondage, confinement
After years in captivity, the hostages had difficulty adapting back into free society.
수년간 감금되어 있던 인질들은 자유로운 사회에 다시 적응하는데 어려움을 느꼈다.

n. 포로, 감금

254 rendering***
[réndəriŋ]
▶ performance, presentation, rendition, representation
The rendering of the school band was excellent and was immediately followed by applause.
학교 밴드의 공연은 훌륭했고, 공연이 끝나자마자 박수가 터져나왔다.

n. 공연, 표현; 연주; 번역

255 prevalent
[prévələnt]
▶ widespread, predominant, current, dominant
The belief in a higher being has been prevalent worldwide throughout history.
더 높은 것에 대한 신념은, 전 세계적으로 역사를 통하여 널리 퍼져왔다.

a. 널리 퍼진, 우세한; 주도적인

256 derivative
[dirívətiv]
▶ derived from another, not original
No one liked his music because it came across as derivative and not fresh.
어딘가에서 파생되어 새롭지 않은 그의 음악은 아무도 좋아하지 않았다.

a. 파생의, 끌어낸
n. 파생물

257 express***
[iksprés]
▶ communicate, represent, disclose, reveal
Words cannot express the anger that was felt by the community after the bombing.
폭탄이 터진 후 지역민이 느낀 분노는 말로 설명 될 수 없었다.

v. 표현하다, 의사를 표현하다
a. 급행의, 신속한

258 traverse*
[trǽvəːrs]
▶ cross, go across, pass, intersect
The Magi traversed the desert to pay tribute to the newborn Christ child.
동방박사는 새로 태어난 아기 예수에게 선물을 주기 위해 사막을 횡단하였다.

v. 가로지르다, 횡단하다
n. 횡단, 횡단 지역

Vocabulary Usher | 토플 201-400

259 active [ǽktiv]
▶ lively, brisk, energetic, **dynamic**
His active personality contributed to his performance on the basketball court.
그의 활발한 성격은 그가 농구코트위에서 실적을 내는데에 도움을 주었다.
a. 활기찬, 유효한, 현역의

260 purge [pəːrdʒ]
▶ purify, cleanse, exterminate / disposal
The company decided to purge the inefficient research facility by making a few adjustments.
회사는 몇가지 수정을 통해 비효율적인 조사부서를 완전히 제거하기로 결정했다.
v. 깨끗이 하다, 제거하다
n. 제거

261 tenable [ténəbl]
▶ defensible, logical, viable
The tenable defense arguments proved too much for the prosecution and a 'not-guilty' verdict was returned.
지지할만한 변호는 기소가 너무 심하다는 것을 입증하여 무죄 판결을 받았다.
a. 견딜 수 있는, 지지할 수 있는

262 rig* [ríg]
▶ equip, furnish
The tank is rigged with various weapons that can have detrimental effects.
그 탱크는 해로운 영향을 끼칠 수 있는 여러 장비를 갖추고 있다.
v. 장비를 갖추다, 채비하다, 차려 입게 하다

263 manifestation [mæ̀nəfəstéiʃ-ən]
▶ demonstration, exhibition, proof
It is believed that people who see ghosts are actually experiencing manifestations of things in their subconscious mind.
귀신을 보는 사람들은 실제로 잠재의식 속에서 영혼의 현시를 보는 것으로 믿어진다.
n. 명시, 표현

264 interval* [íntərvəl]
▶ space, distance, period
Although the bus stops here regularly, the intervals between its stops are variable.
버스는 이곳에 규칙적으로 멈추지만 그 간격은 변동이 심하다.
n. (시간, 거리의) 간격, 휴식

265 disadvantage [dìsədvǽntidʒ, -váːn-]
▶ drawback, handicap, flaw, defect
The disadvantages to the new location of the business soon became very apparent.
새로운 사업지의 불리한 점들은 곧 매우 분명해졌다.
n. 불리, 불이익

266 arduous** [áːrdʒuəs]
▶ difficult, laborious, strenuous, **exhausting**
The arduous journey through the rainforest caused many of the explorers to give up.
우림을 통하는 험한 여정은 많은 탐험가로 하여금 포기하게 만들었다.
a. 힘든, 험한

267 generous [dʒénərəs]
▶ bountiful, unselfish, charitable
The preacher called on his congregation to be generous with their time and money when helping those less fortunate.
전도사는 신도들에게 불쌍한 사람들을 도울 때 시간과 돈을 쓰는데 관대해지라고 하였다.
a. 관대한, 아낌없이 주는

268 oversee* [òuvərsíː]
▶ supervise, manage, control, **overlook**
The teacher came in the room to oversee the students.
선생님은 학생들을 감독하기 위해서 방에 들어왔다.
v. 감독하다; 두루 살피다

| 269 | **analogous**
[ənǽləgəs] | ▶ comparable, similar, parallel
The purpose of the xylem and phloem in trees is analogous to that of veins and arteries in animals.
나무 목질부와 체관부의 용도는 동물의 정맥과 동맥이랑 유사하다. | a. 유사한, 닮은 |

| 270 | **integrate****
[íntəgrèit] | ▶ synthesize, unify, **unite, come together**
The attempt to integrate the school system took many years to complete.
학교 체계를 통합하려는 시도는 완성하기 위해서 몇 년이 걸렸다. | v. 통합(조정)하다 |

| 271 | **hypocrite**
[hípəkrìt] | ▶ pretender
Joey, the student body president, is a hypocrite who bullies weak kids when he is not at school.
학생회장인 Joey는 학교 밖에서는 약한 아이들을 괴롭히는 위선자였다. | n. 위선자 |

| 272 | **dire**
[daiər] | ▶ grievous, gloomy, dismal, desperate
The dire state of the economy forced people to vote for a change in leadership.
암울한 경제상황은 사람들로 하여금 리더십 변화를 제안하게 만들었다. | a.대단히 심각한, 엄청난, 지독한; 음울한, 암울한, 무시무시한, 침울한 |

| 273 | **means****
[mi:nz] | ▶ method, way, process, **manner**
The detective was finally able to capture the criminal after using many different means.
그 탐정은 많은 방법을 사용한 끝에 범죄자를 잡을 수 있었다. | n. (*-s 가 붙은 단어) 수단, 방법 |

| 274 | **hiatus****
[haiéitəs] | ▶ break, interruption, gap, **suspension**
Television shows often go on hiatus for the summer.
텔레비전 프로그램은 여름에 중단되기도 한다. | n. 중단, 단절; 틈 |

| 275 | **antedate**
[ǽntidèit] | ▶ be before in time, antecede
The construction of plantation homes antedated the beginning of the Civil War.
재배지를 짓는 것은 남북전쟁보다 더 이전의 일이다. | v. (시간이) 앞서다 |

| 276 | **enunciate***
[inʌ́nsièit, -ʃi-] | ▶ articulate, phonate, pronounce
He enunciated his speech so that the crowd could understand him more clearly.
그는 사람들이 그를 더 정확하게 알아들을 수 있도록 연설을 분명하게 발음하였다. | v. 선언하다, 분명하게 발음하다 |

| 277 | **extensive****
[iksténsiv] | ▶ wide, far-reaching, broad, **pervasive**
The extensive network of roads that the Romans built allowed them to more easily conquer more territory and trade with their colonies.
로마인들이 만든 광대한 길들은 그들로 하여금 다른 지역을 더 쉽게 정복하고, 식민지와의 교역을 더 쉽게 할 수 있도록 해주었다. | a. 폭넓은, 광대한 |

| 278 | **provision**
[prəvíʒən] | ▶ food, supplies; **stipulation / supply**
The government tries its best to give provision to people who have lost their homes.
정부는 집을 잃은 사람들에게 식량을 공급하는데에 전력을 다하고 있다. | n. 준비, 식량, 양식; (법률) 규정, 공급
v. 공급하다, 제공하다, 보급하다 |

Vocabulary Usher | 토플 201-400

279 beneficent [bənéfəsənt]
▶ kind, generous, charitable
The beneficent smile of the teacher gave the students more confidence during the play.
연극 도중 선생님의 자비로운 미소가 학생들에게 더 많은 용기를 심어주었다.
a. 자비로운, 인정많은

280 lose sight of*
▶ forget
It is not difficult to lose sight of one's goals when stumbling blocks are encountered along the way.
진로에 방해물들이 많을 경우 쉽게 목표를 잊어버릴 수 있다.
phr. 잃어버리다

281 startle** [stá:rtl]
▶ astonish, surprise, frighten, astound
Studies have shown that it is true that the appearance of a tiny mouse is enough to startle even the largest elephant.
작은 쥐 한마리가 충분히 아주 큰 코끼리를 놀라게 할 수 있다는 것이 연구를 통해 밝혀졌다.
v. 깜짝 놀라게하다
n. 놀람

282 dispensable [dispénsəbl]
▶ unnecessary, needless, nonessential, unneeded
One should always realize that all employees are dispensable and replaceable.
사람은 항상 직원들이 해고될 수도 있고 교체될 수도 있음을 알아야한다.
a. 없어도 되는, 베풀어 줄 수 있는

283 sanitation* [sænitéiʃən]
▶ health, hygiene, cleanliness, disinfection
This country's sanitation has improved greatly over the past ten years.
지난 십년간 이 나라의 공중 위생은 상당히 많이 향상되었다.
n. 공중위생, 위생

284 fabricate* [fǽbrikèit]
▶ make, build, construct, produce
The government fabricated fake news to draw people's attention.
정부는 사람들의 이목을 집중시키고자 위조된 뉴스를 만들었다.
v. 제조하다, 만들다

285 dredge up [dredʒ]
▶ excavate, dig up
A popular political strategy is to dredge up secrets from an opponent's past and leak them to the media.
인기 있는 정치적 계략은 상대방 과거에서 비밀을 캐내어 언론에 흘리는 것이다.
phr. ~을 캐내다, 찾아내다

286 relatively* [rélətivli]
▶ comparatively, by comparison, comparably
I am a relatively creative person who usually comes up with new ideas in office meetings.
나는 회사 회의에서 새로운 방안을 생각해 내는 비교적 창의적인 사람이다.
ad. 비교적으로; 상대적으로

287 semiarid [sèmiǽrid]
▶ rather dry
Most deserts are semiarid and contain some plants and life forms.
많은 사막은 건조하고 약간의 식물과 생물체가 살고있다.
a. 반 건조한

288 objective [əbdʒéktiv]
▶ unprejudiced, unbiased, impartial / purpose
Taking an objective look at an emotional subject is often quite hard for people to do.
사람들이 감정적인 대상을 객관적인 관점으로 보는 것은 어렵다.
a. 객관적인
n. 목적, 목표

289 counterpart**
[káuntərpɑːrt]
▶ complement, equivalent, parallel
The accounting professor contacted her marketing counterpart to discuss new theories in both fields.
회계학 교수는 그녀의 마케팅 쪽 사람에게 두 분야에 적용되는 새로운 이론을 토의하기 위하여 연락했다.
n. (쌍을 이루는)한쪽, 상대물, 상대, 한쪽

290 symmetrical*
[simétrikəl]
▶ proportionally balanced, commensurable
It was nice to see how everything in the room was symmetrical.
방안의 모든 것이 대칭적이어서 보기 좋았다.
a. 대칭적인

291 chisel*
[tʃízəl]
▶ carve, engrave, cut up
Granite sculptors must delicately chisel the material to form precise angles.
화강암 조각가들은 정확한 각도를 내기 위해 섬세하게 조각을 하여야 합니다.
v. 조각하다
n. 끌, 조각 칼

292 prodigious
[prədídʒəs]
▶ colossal, enormous, gigantic, monstrous
The prodigious efforts to reform the system finally paid off when it was reported that profits had doubled under the revamped system.
시스템을 바꾸기 위한 엄청난 노력으로 변화된 제도를 통해 수익이 두 배가 되었다.
a. 거대한, 막대한

293 cargo*
[káːrgou]
▶ load, freight, shipment, burden
The cargo contained much more than was anticipated and proved too heavy for one person to carry.
뱃짐은 예상했던 것 보다 훨씬 더 많은 것들이 들어있었고 한 사람이 옮기기에는 너무 무거웠다고 드러났다.
n. 뱃짐, 화물, 수송물

294 in a short space of time
▶ very quickly
The amount of change that occurred in such a short space of time led some to wonder if it was natural.
짧은시간동안 일어난 양의 변화를 보고 어떤사람들은 그것이 자연적으로 일어난 것인지 궁금해했다.
phr. 단시간에, 빨리

295 idiotic
[ìdiátik / -ɔ́-]
▶ foolish, stupid, fatuous
His idiotic decision created a disaster to his household.
그의 바보같은 결정은 그의 집에 재앙을 불러 일으켰다.
a. 백치의, 바보의

296 arise
[əráiz]
▶ emerge, awake, ensue
Questions arose in my mind regarding the use of sound waves by dolphins.
돌고래가 음파를 사용하는 것에 대해 내 머릿속에 많은 궁금증이 생겼났다.
v. 생겨나다, 일어나다

297 carry over
▶ postpone, put off, delay
Due to problems with scheduling, discussion of the renovations were carried over until the next meeting.
스케줄 문제로 인하여 리노베이션에 관한 논의는 다음 회의까지 미루어졌다.
phr. 연기하다, 뒤로 미루다;
(다른 상황에서 계속) 이어지다

298 underneath**
[ʌndərníːθ]
▶ below, beneath
The family always hides their spare key underneath a pot on the patio.
그 가족은 파티오의 화분 밑에 항상 여분의 열쇠를 숨겨둔다.
p/ad. ~의 아래에

Vocabulary Usher | 토플 201-400

299 sheen**
[ʃíːn]
▶ luster, brightness
The sheen atop the water was a clear sign that oil had been dumped in the river.
물 위의 광택은 강에 기름이 버려졌었다는 명백한 표시였다.
n. 광채, 광택

300 veracious*
[vəréiʃəs]
▶ honest, truthful, accurate
The veracious reporter refused to take part in the interview after the candidate agreed to answer only pre-selected questions.
정직한 기자는 대표자가 준비된 질문에만 대답하겠다고 하자 인터뷰를 거부했다.
a. 진실한, 정직한, 진정한

301 alteration*
[ɔ̀ːltəréiʃən]
▶ change, modification
I had to bring my new jeans in for alteration, as they were too long.
나는 새로 산 청바지가 너무 길어서 수선을 해야했다.
n. 변경, 개조, 수정

302 tangle
[tǽŋgl]
▶ knot, twist, entangle, complicate
He has tangled with some of judges of Municipal court.
그는 시 법원의 몇몇 판사들과 얽혔다.
v. 얽히게 하다

303 haphazard
[hæphǽzərd]
▶ random, casual, unplanned, chance
Making haphazard invitations is considered rude because most people are busy these days.
요즘 사람들은 대부분 바쁘기 때문에 갑작스런 초대는 무례한 것으로 여겨진다.
a. 무계획적, 닥치는 대로 하는; 우연한

304 consequently*
[kánsəkwèntli]
▶ as a result, hence, thus, therefore
Studies showed that the aid granted to the country was being hoarded by government officials; consequently donators were no longer willing to pledge money to help.
조사에 의하면 국가에 제공된 보조금은 정부 직원들에 의해 횡령되었음이 나타났다; 따라서 기부자들은 더 이상 기부를 하지 않겠다고 했다.
ad. 그러므로, 따라서

305 devise*
[diváiz]
▶ create, design, contrive, invent; **plan**
They needed to devise a way of increasing sales without increasing costs.
그들은 지출을 늘이지 않고서 판매를 높이는 방법을 고안해야 했다.
v. 고안하다, 발명하다, 궁리하다; 계획하다

306 porosity*
[pourásəti, pə- / pɔːrɔ́s-]
▶ space, pore
The porosity of the garment keeps you cool during summer.
옷의 구멍은 여름 동안에 시원함을 유지시켜 준다.
n. (작은)구멍, 다공성

307 census
[sénsəs]
▶ survey of the population
The census showed that there are more than 10 million immigrants in the United States.
인구조사에 따르면 미국에는 천만 명이 넘는 이주민이 있다.
n. 인구조사

308 account for**
▶ explain, justify, give a reason for; **make up, comprise**
The increase in mobile data usage can't fully account for the enormous number of dropped calls experienced.
모바일정보 사용량의 증가는 통화상태 불량을 확실하게 설명할 수 없다.
phr. 설명하다; 차지하다

#	단어	유의어 / 예문	뜻
309	**typify*** [típəfài]	▶ represent, embody, symbolize The intensity of the size of Napoleon's empire typifies his leadership and intelligence. 나폴레옹의 제국의 크기는 그의 리더쉽과 지력을 나타낸다.	v. 대표하다, 특징을 나타내다, 상징하다
310	**injury** [índʒəri]	▶ harm, damage, detriment, impairment Shawn could not join the basketball game due to his ankle injury. Shawn은 발목 부상 때문에 농구 경기에 참여하지 못했다.	n. 상해, 손해, 상처, 손상
311	**malcontented** [mælkənténted]	▶ dissatisfied, discontented The malcontented populace revolted against the government. 불만을 품은 시민들은 정부에 대해 반항했다.	a. 불만인, 반항적인
312	**by and large***	▶ on the whole By and large, most students understood my teaching. 전반적으로 대부분의 학생들은 나의 가르침을 이해하였다.	phr. 전반적으로, 대체로
313	**suited** [súːtid]	▶ appropriate, proper, adequate His behavior was not suited for the formal party. 그의 행동은 격식을 차린 파티에 적절하지 않았다.	a. 적절한, 적당한
314	**detract*** [ditrǽkt]	▶ reduce, diminish, lessen, cut down Flaws, such as scratches or mineral inclusions, detract from the value of cut diamonds. 스크래치나 미네랄 함유는 다이아몬드의 가치를 떨어트리는 결함들이다.	v. (가치, 명성 등을) 줄이다; 주위를 딴 데로 돌리다
315	**unbounded** [ʌnbáundid]	▶ unlimited, boundless, limitless, immense The foal ran through the prairies unbounded by the fences of the farm she'd escaped from. 새끼 말은 농장에서 나와서 끝없는 평야를 질주했다.	a. 끝없는, 무한의
316	**pretext** [príːtekst]	▶ excuse, alleged reason, pretense His story about a lost dog was actually a pretext for talking to the attractive woman. 그의 잃어버린 강아지 이야기는 사실상, 매력적인 여자에게 말을 걸기 위한 구실이었다.	n. 구실, 변명
317	**deny** [dinái]	▶ negate, gainsay, contradict, disagree with He denied his crime until the moment of his execution. 그는 사형 집행 직전까지 그의 죄를 부인하였다.	v. 부인하다, 거절하다
318	**deluge** [déljuːdʒ]	▶ flood, overwhelming / inundate After sending out resumes, the jobseeker was hit with a deluge of job offers. 이력서를 보낸후에 구직자는 홍수같은 일자리 제안을 받았다.	n. 대홍수 v. 범람시키다, 쇄도하다

Vocabulary Usher | 토플 201-400

319 magnitude**
[mǽgnətjùːd]
▶ extent, measure, degree, volume, size, amplitude
The magnitude of the earthquake wasn't that great, but it caused great damage due to its location.
지진의 강도는 강한편이 아니였지만 지리적 위치 때문에 많은 피해를 주었다.
n. 크기, 강도; 중요함

320 proximity*
[prɑksíməti]
▶ nearness, closeness
The proximity of her house and office allows Melissa to save a lot of time.
집과 직장이 가깝기 때문에 Melissa는 많은 시간을 절약할 수 있다.
n. 가까움, 근접

321 more or less
▶ fairly, approximately, roughly, nearly
The package will take 5 weeks to arrive, more or less.
소포가 도착하는데 대강 5주 정도가 걸릴 것이다.
phr. 거의(almost); 대략 (approximately) 약

322 intimidate
[intímədèit]
▶ frighten
Some animals will expand their bodies in order to intimidate predators or sexual competitors.
몇몇 동물들은 천적이나 교미 경쟁자를 위협하기 위해 몸을 부풀린다.
v. 두려워하게 하다, (위협하여) ~하게 하다, 무서워하게 하다, 두렵게 하다

323 multiplicity
[mʌltɪplísəti]
▶ variety, diversity; plurality, plenty
The multiplicity of jobs available in this company is outrageous.
이 회사안에 직업의 종류는 굉장히 다양하다.
n. 다양성, 다수

324 gradually**
[grǽdʒuəli]
▶ little by little, slowly, steadily
The child gradually moved his chair until he was sitting directly next to the dessert table.
아이는 디저트 식탁 바로 옆에 앉을 때까지 서서히 그의 의자를 움직였다.
ad. 차츰, 서서히, 점진적으로

325 rivalry
[ráivəlri]
▶ competition, contention, contest
The rivalry between the two local high school football teams divided the town.
고등학교 풋볼팀간의 경쟁은 마을 안에서 편이 갈리도록 하였다.
n. 경쟁, 대항

326 deceptive
[diséptiv]
▶ deceiving, misleading, fraudulent
The devil speaks sweet deceptive words.
악마는 달콤한 거짓을 말한다.
a. 거짓의, 사기의

327 ephemeral
[ifémərəl]
▶ fleeting, momentary, passing, temporary
Mayflies have ephemeral lives that only last for a few short days.
하루살이는 며칠 밖에 살지 못하는 단명한 생을 산다.
a. 단명한, 덧없는; 하루살이 같은

328 significantly
[signífikəntli]
▶ considerably, greatly, noticeably, fairly
The development of technology has significantly improved people's living conditions.
기술의 발전은 사람들의 생활의 질을 매우 향상시켰다.
ad. 상당히, 매우

329 autocrat
[ɔ́:təkræt]
▶ dictator, despot, tyrant, monarch
After the French Revolution, most autocrats started to lose their power.
프랑스 혁명 이후 대부분의 독재자들은 권력을 잃기 시작했다.
n. 독재자

330 cleanse*
[klenz]
▶ purify, clean
A small bite of sorbet is often served during multi-course meals in order to cleanse the palate of flavors from the previous dish.
셔벗 한입은 코스 요리를 먹을때 전 음식의 남은 향미를 깨끗이 하고자 자주 제공된다.
v. 청결하게 하다, 깨끗이 하다

331 burrow
[bə́:rou]
▶ hole, lair / dig, excavate
The worm burrowed deeply into the heart of the apple.
애벌레는 사과 중심부 깊숙이로 굴을 파고 들어갔다.
n. 굴, 은신처
v. 굴을 파다

332 splendor
[spléndə:r]
▶ brilliance, grandeur, pomp
The diamond shone with a beautiful splendor.
다이아몬드는 아름다운 광채를 띠면서 빛났다.
n. 광채, 탁월

333 juncture**
[dʒʌ́ŋktʃər]
▶ connection, junction; emergency, occasion
It is important to maintain peace at this point of juncture.
지금 이 시기에 평화를 유지하는 것이 중요하다.
n. 접합, 연결; 시기, 위기

334 respectable
[rispéktəb-əl]
▶ estimable, honorable, reputable
Everyone in town agreed that even though the man had been in prison when he was young, he eventually turned out to be a very respectable person.
모든 마을 사람들은 그가 어린 시절에는 감옥에 있었지만 지금은 존경할만한 인물이 되었다는데 동의했다.
a. 존경할만한, 훌륭한

335 mutation*
[mju:téiʃən]
▶ change, alteration, modification
A naturally occurring mutation will either give an animal a genetic advantage or disadvantage over others of its type.
자연으로 일어나는 변화는 동물들 사이에서 그 동물에게 장점이 될 수도, 단점이 될 수도 있다.
n. 변이, 변화, 돌연변이

336 instrumental
[ìnstrəméntl]
▶ helpful, useful
After giving birth, her twice-weekly yoga routine was instrumental in her return to her previous weight.
출산 후, 일주일에 두번씩 한 요가는 그녀가 그전 몸무게로 돌아가는데 도움이 되었다.
a. 중요한; 악기에 의한; 악기의, 도구의
n. 기악곡

337 predominately
[prɪdɑ́:mɪnəntli]
▶ primarily, predominantly, chiefly, preponderantly
People predominately agreed with the government's policy of reducing the amount of waste.
대부분의 사람들은 쓰레기를 줄이려는 정부의 방침에 동의했다.
ad. 주로, 우세하게, 대부분

338 gracious
[gréiʃəs]
▶ benign, courteous, polite
The Queen's gracious nature endeared her to her many subjects.
왕비의 품위 있는 성격은 많은 사람들로부터 하여금 사랑받게 하였다.
a. 품위 있는, 상냥한

Vocabulary Usher | 토플 201-400

339 disassemble
[dɪsəsémbl]
▶ break apart, dismantle, take apart
He wants to disassemble his computer to make a few modifications.
그는 몇가지 변경을 만들고자 컴퓨터를 분해하고 싶어 한다.
v. 분해하다

340 conviction**
[kənvíkʃən]
▶ strong belief, strong opinion, faith; guilty
After talking with my father, I had a conviction to study abroad.
나는 아버지와 대화를 나눈 뒤에 유학을 가야겠다고 확신하였다.
n. 신념, 확신; 유죄의 판결

341 forage*
[fɔ́ːridʒ]
▶ search, rummage, hunt
Global warming is causing problems for polar bears as they are losing the habitat in which they forage for food.
지구온난화는 먹이를 찾는 서식지를 없애며 북극곰들에게 문제를 일으킨다.
v. (먹이를) 찾다

342 intensify
[inténsəfài]
▶ strengthen, reinforce, deepen, fortify
The hurricane is expected to intensify to a category 4 before it makes landfall.
허리케인은 땅에 다다르기 전에 카테고리 4로 강해질것으로 예상된다.
v. 세게하다, 강렬하게 만들다

343 grueling
[grúːəliŋ]
▶ difficult, exhausting
Although he loved fishing, the man wasn't sure if the grueling task of cleaning the fish afterwards was worth it.
그는 낚시를 좋아했지만 후에 녹초로 만드는 생선정리작업이 과연 가치있는지는 확실하지 않았다.
a. 녹초로 만드는, 힘들게 하는

344 immature
[ìmətjúər]
▶ unripe, premature
Although his son was well into his forties, he still seemed immature.
그의 아들은 나이가 40살이 넘었음에도 불구하고 아직 미숙해 보였다.
a. 미숙한, 미성년의

345 wangle
[wǽŋ-əl]
▶ manipulate, maneuver / strategy, scheme
After a 3-hour interview, the applicant managed to wangle his way into the job.
3시간에 걸친 면접 끝에 지원자는 용케도 일자리를 구할 수 있었다.
v. 속임수로 손에 넣다, 용케 구하다
n. 교활한 책략

346 astute
[əstjúːt]
▶ clever, shrewd, canny, sharp
The author's astute observations and witty delivery made her's one of the most well-read columns in the paper.
작가의 기민한 관찰과 재밌는 이야기투는 그녀의 칼럼을 신문에서 가장 잘 읽히는 칼럼으로 만들어주었다.
a. 기민한; 교활한

347 decadence
[dékədəns, dikéidns]
▶ deterioration, decline
The decadence of the old house began to show through the peeling paint.
오래된 집의 쇠퇴는 벗겨지는 페인트를 통해 보였다.
n. 타락, 쇠퇴

348 expand**
[ikspǽnd]
▶ increase, bloat, swell, enlarge
The king started a war to expand his territory.
왕은 영토를 확장하기 위해 전쟁을 일으켰다.
v. 넓히다, 확장하다; 팽창시키다, 크게 하다

349	**subsequence*** [sʌ́bsɪkwəns]	▶ next in a series, succession, **sequence, progression** The third novel was released in subsequence to the first two. 앞의 두 권에 이어서 세 번째 소설이 출판되었다.	n. 연속, 계속하여 일어나는 사건
350	**overwhelm*** [oʊvərwélm]	▶ **overpower, crush** Too much work overwhelmed his ability. 너무 많은 양의 일이 그의 능력을 압도했다.	v. 압도하다, 전복시키다
351	**grace** [greɪs]	▶ **elegance, refinement** The Pope displayed a great deal of grace when he forgave the man who attempted to assassinate him. 교황은 그를 암살하려던 사람을 용서할 때 큰 품위를 보였다.	n. 우아, 품위
352	**indiscriminate** [ɪndɪskrímɪnət]	▶ **random, unselective** The indiscriminate use of medicine can damage your immune system and cause other problems. 약품의 무차별적인 사용은 당신의 면역력을 손상하고 다른 문제들을 야기할 수 있다.	a. 무차별의, 난잡한
353	**linger*** [líŋgər]	▶ **remain, tarry, procrastinate, loiter** He lingered in the hall for a while after the meeting to personally talk to his boss. 그는 상사와 개인적인 얘기를 하기 위해서 회의가 끝난 후 복도에서 남아있었다.	v. (떠나지 않고) 꾸물거리다, 남다, 오래 머무르다
354	**moan** [moʊn]	▶ **groan, whine** The patient moaned all night and prevented me from going to sleep. 환자가 밤새도록 신음하여 나를 잠들 수 없게 만들었다.	v. 신음하다, 불평을 하다 n. 신음소리
355	**simulated** [símjəlèɪtɪd]	▶ **artificial, imitated, fake, synthetic** All police officers are required to pass a simulated hostage situation to become detectives. 형사가 되기 위해 모든 경찰들은 가상 인질극 시험을 통과해야 한다.	a. 진짜가 아닌, 모조의
356	**nimble** [nímbl]	▶ **agile, dexterous, lively, swift** The strong bear was no match for the pack of nimble wolves. 아무리 곰이 힘이 세다 해도 그것은 재빠른 늑대들에 비할 바가 아니었다.	a. 재빠른, 민첩한
357	**pit*** [pít]	▶ **set into opposition / hole, cavity** The competing team dug a pit for us but we managed not to fall in. 상대팀은 우리를 함정에 빠뜨리려 했지만 우리는 그것에 빠지지 않았다.	n. 구멍 v. 움푹 들어가게 하다
358	**abandonment*** [əbǽndənmənt]	▶ **desertion, forsakenness** Safe Haven laws are meant to prevent the abandonment of unwanted infants. 안전 피난처를 위한 법은 원치 않았던 아기들이 버려지는 것을 막기 위한 것이다.	n. 유기, 포기

Vocabulary Usher | 토플 201-400

359 antecedent*
[æntəsíːdnt]
▶ predecessor, ancestor
Gospel and soul music were the antecedents of today's R&B music.
영가적 음악과 소울은 오늘날 R&B음악의 선례이다.
n. 선조; 선행 사건; 선례, 전례
a. 선행된, 이전의

360 identical*
[aidéntikəl, i-]
▶ same, indistinguishable, alike, equal
The identical twins are almost impossible to distinguish due to their similarities.
그 일란성 쌍둥이는 너무나도 똑같아 구분할 수가 없었다.
a. 똑같은, 구분할 수 없는

361 enigmatic
[ènigmǽtik]
▶ puzzling, mysterious, cryptic, perplexing
The enigmatic journal entry made the mother wonder if her daughter was depressed.
알아들을 수 없는 일기내용은 어머니로 하여금 딸이 우울한지 고민하도록 만들었다.
a. 알기 어려운, 불가사의한

362 connoisseur
[kɑnəsə́ːr]
▶ expert
Most wine connoisseurs are not heavy drinkers but are rather social drinkers.
대부분의 와인 감정가들은 과음주자가 아니라 사교적 음주자이다.
n. 전문가, 감식가

363 portrait
[pɔ́ːrtrət]
▶ picture
In the 1600s, many rich people had portraits of themselves on the walls of their homes.
17세기에 많은 부유한 사람들은 그들의 집 벽에 초상화를 걸어 두었다.
n. 묘사, 그림, 초상

364 premise*
[prémis]
▶ assumption, supposition
The main premise of the James Bond series is that he is a super detective who can solve any cases.
제임스 본드 시리즈의 주된 전제는 그는 어떠한 사건도 해결하는 뛰어난 형사라는 것이다.
n. 가정, 전제

365 facet*
[fǽsit]
▶ aspect, face, point, feature
The museum's display shows only a small facet of the life of the ancient Egyptian people.
박물관의 전시는 고대 이집트 사람들의 삶에 오직 일면만을 보여준다.
n. 양상, 일면, 국면

366 glee
[gliː]
▶ exultation, merriment, hilarity
The glee in the children's voices when they were given puppies forced even the most hardened hearts to melt.
아이들에게 강아지를 선물로 주었을 때 기쁨에 찬 목소리를 듣는다면 그 어떤 메마른 감정도 녹지 않을 수 없다.
n. 기쁨, 환희

367 affirmative
[əfə́ːrmətiv]
▶ positive, assertive, confirmative
The affirmative ruling by the building inspector allowed the company to continue with their project.
건축물 준공 검사자의 긍정적인 검사는 그 회사가 프로젝트를 진행할 수 있도록 허락하였다.
a. 긍정적인, 적극적인, 찬성하는

368 artisan*
[ɑ́ːrtizən / ɑːtizǽn]
▶ craftsman, expert
To become an artisan, one has to go through many years of hard training.
장인이 되려면 몇 년 동안의 힘겨운 훈련을 거쳐야만 된다.
n. 장인, 숙련공

369 weaken
[wíːk-ən]
▶ lessen, decrease, undermine, impair
The arguments against evolution weaken when one asks its opponents to show proof of an alternative theory.
진화론에 반대하는 논증은 반대자들에게 대체이론의 증거를 보여달라고 하면 약화된다.

v. 약화시키다, 감소하다

370 asset
[ǽset]
▶ advantage, resource, benefit
His strong voice was an asset when he gave speeches.
그의 굳건한 목소리는 그가 연설했을 때 큰 장점이었다.

n. 장점, 가치; 자산, 재산

371 attachment*
[ətǽtʃmənt]
▶ emotional connection, accessory, supplement
Four different attachments were given as complimentary gifts when I bought the vacuum.
진공청소기를 사고 4개의 부착물을 사은품으로 받았다.

n. 부착(물)

372 landslide*
[lǽndslàid]
▶ rockfall, landslip; victory, conquest
The heavy rains during the storm destabilized the mountainside and left the town at risk of being destroyed by a landslide.
태풍 때의 폭우로 인해 산중턱이 불안정해져 마을은 산사태로 인해 파괴될 위기에 놓였다.

n. 산사태; (선거 등) 압도적 승리, 대승리

373 medicine
[médəs-ən]
▶ drug; medical practice
Take this medicine regularly and you will be fine.
이 약을 주기적으로 복용한다면 괜찮아질 것이다.

n. 약; 의술, 의료

374 snatch*
[snætʃ]
▶ seize, grab, clutch
There has been a recent increase in the number of criminals on scooters snatching purses from women on the street.
최근에 길거리에서 오토바이를 타고 여성의 가방을 훔치는 범죄가 늘고 있다.

v. (와락) 붙잡다, 낚아채다, 붙잡다
n. 조각

375 impassive
[impǽsiv]
▶ emotionless, indifferent
My boss seems impassive when you see him at work.
내 상사는 직장에서 감정이 없어보인다.

a. 무감각한, 감정이 없는

376 underscore
[ʌ́ndərskɔ́ːr]
▶ reinforce, emphasize, accentuate, underline
The Rwandan genocide underscored that leader's love for power was stronger than their humanity.
르완다사태는 지도자의 인간성에 대한 사랑보다 권력에 대한 사랑이 더 컸음을 강조했다.

v. 강조하다; 밑줄긋다 (=underline)

377 mere
[miər]
▶ insignificant, simple, sheer
Perseus was deified in Greek mythology, even though he was born a mere mortal.
페르세우스는 인간에 불과했지만 그리스 신화에서 신격화 되어있다.

a. 단지 …에 불과한

378 abort
[əbɔ́ːrt]
▶ miscarry; quit, call off
The team aborted the hopeless task before losing more money.
그 팀은 돈을 더 잃기 전에 가망 없는 작업을 중단하였다.

v. 유산하다; (계획) 좌절되다, 중단하다

Vocabulary Usher | 토플 201-400

379 runoff [ránɔːf]
▶ overflow, overspill
The erosion of the volcano causes a runoff of lava to destroy surrounding villages.
화산의 부식이 마그마의 유출을 야기하고 주변 동네의 피해를 주었다.
n. 범람, 넘쳐흐름, 땅 위를 흐르는 빗물

380 universal [jùːnəvə́ːrsəl]
▶ general, common, widespread, worldwide
Universal health care has been promised by politicians for many years.
보편적인 의료보험은 여러해에 걸쳐 많은 정치가들이 약속했었다.
a. 모든 사람의, 보편적인

381 celebratory* [sélǝbrətɔːri]
▶ congratulatory, honoring
After closing the deal, the sales team went out for a celebratory dinner.
계약을 성사시킨 후, 판매팀은 축하 회식을 갔다.
a. 축하의, 축하하는

382 bolster [bóulstər]
▶ support, sustain
Even using eight posts was not enough to bolster the tent due to strong winds.
심지어 여덟개의 지지대도 강한 바람 앞에서는 텐트를 지지하기엔 역부족이었다.
v. 북돋다, 떠받치다, 지탱하다, 받치다, 버티다, 지지하다; 베개로 받치다.

383 supplant [səplǽnt]
▶ replace, take the place of, displace
The native population of rodents was supplanted by an invasive species which easily adapted to the environment.
토종 설치류 집단은 환경에 쉽게 적응하는 침략종에 의해서 대체 되었다.
v. 대신하다

384 seductive* [sidʌ́ktiv]
▶ tempting, enticing, attractive
The seductive smell of food often attracts wild animals into human territory.
맛있는 음식의 냄새는 때때로 야생동물들을 유혹하여 도심으로 들어오게 한다.
a. 유혹적인, 매력 있는, 눈길을 끄는

385 singularly [síŋgjələrli]
▶ particularly, especially, outstandingly, remarkably
He singularly pointed me out when he scolded the class for being loud.
그는 우리반이 소란스럽다고 꾸중을 들을 때 특히 나를 지목하여 혼냈다.
ad. 매우, 각별히, 두드러지게, 괴상하게

386 survival** [sərváivəl]
▶ existence
Animal evolution is based on the survival of the animals most well adapted to their environment.
동물진화는 주변환경에 적응하여 살아남는 동물들로 이루어진다.
n. 생존, 잔존물

387 motion* [móuʃ-ən]
▶ movement, move, gesture / gesticulate
The motions of the dolphin's tale propelled it at great speed through the water.
돌고래 꼬리의 움직임은 물속에서 속력을 낼 수 있게 한다.
n. 운동, 동작
v. 몸짓으로 알리다, 움직임으로 말하다

388 smooth [smuːð]
▶ level, even, plain, flat
The silk was smooth and beautiful.
실크는 매끄럽고 아름다웠다.
a. 평탄한, 매끄러운, 부드러운
v. 매끄럽게 하다, 부드럽게 하다

#	Word	Synonyms / Example	Meaning
389	**sensual** [sénʃuəl]	▶ voluptuous, sensuous The sensual movements of the belly dancer caused everyone at the party to be transfixed upon her. 벨리 댄서의 관능적인 움직임은 파티에 있었던 모든 사람의 눈을 그녀에게 고정시켰다.	a. 감각적인, 관능적인; 세속적인, 물질적인
390	**exquisite** [ikskwízit, ékskwizit]	▶ incomparable, excellent, fine / delicate, sensitive People in the restaurant applauded as the master chef came out with his most exquisite dish. 레스토랑에 있는 사람들은 쉐프가 그의 가장 정교한 음식을 선보이자 박수를 쳤다.	a. 훌륭한, 완벽한, 세련된, 절묘한, 정교한, 예민한, 섬세한
391	**reflection**** [riflékʃ-ən]	▶ indication, expression, manifestation, contemplation The reflection of the Washington Monument in the adjacent pond was an original part of the monument's design. 근처 연못에 비친 워싱턴 기념비의 반사된 모습은 원래모습의 일부이다.	n. 반사, 반영, 반향, 심사, 반성
392	**ease*** [íːz]	▶ comfort / alleviate, relieve, mitigate The ease with which she slid across the room showed us her great dancing skills. 편하게 미끄러지며 방을 가로지르는 모습은 그녀의 춤실력을 증명했다.	v. 완화시키다, 용이하게 하다, 완화하다 n. 용이, 편함
393	**transforming** [trænsfɔ́ːrmiŋ]	▶ changing, transitional, converting, altering Butterflies and moths both go through a transforming stage between the larva and adult stages. 나비와 나방 둘다 유충에서 성체로 바뀌는 과정을 겪는다.	a. 바꾸는
394	**invaluable*** [invǽljuəbəl]	▶ precious, priceless, inestimable, valuable The housekeeping department is an invaluable part of the hotel's staff. 하우스 키핑 부서는 매우 귀중한 호텔 직원들이다.	a. 값을 헤아릴 수 없는, 매우 귀중한
395	**acclaim**** [əkléim]	▶ hail, praise, commend / applause, commendation Van Gogh's paintings never gathered much acclaim while he was alive. 반 고흐가 살아 있는 동안 그의 미술은 갈채 받지 못했다.	v. 갈채하다, 환호하다 n. 갈채, 환호
396	**markedly**** [máːrkidli]	▶ significantly, noticeably, substantially The currency exchange rate has increased markedly since the beginning of the year. 환율은 올해 초부터 현저하게 증가하고 있다.	ad. 현저하게, 뚜렷하게, 두드러지게
397	**lurid** [lúːrid]	▶ shocking, grisly, repugnant, sensational The lurid scenes portrayed in the book caused parents to request that it be sold only to those 18 and above. 책에 소름끼치는 장면들이 묘사되어 부모들은 그 책을 18살 이상에게만 판매하도록 요구했다.	a. 충격적인, 끔찍한, 소름 끼치는, 놀라운
398	**peripheral** [pəríf-ərəl]	▶ outer, exterior, external, marginal I could see the bus approaching in my peripheral vision. 버스가 오는 것이 내 시야에 보였습니다.	a. 주변의, 중요하지 않은

Vocabulary Usher | 토플 201-400

399 flee*
[fli:]
▶ escape, evade, avoid, elude
He tried to flee from the police but was caught in few days only to be sent back to prison.
그는 경찰에게서 도망치려 했지만 며칠 만에 잡혀 감옥으로 돌아갈 뿐이었다.
v. 도망가다

400 dissect
[disékt, dai-]
▶ examine, investigate, scrutinize, analyze
The 11th grade biology students must dissect a frog in order to learn about its internal systems.
11학년 생물 학생들은 개구리의 내장 기관에 대해 공부하기 위해 무조건 개구리 해부를 해야한다.
v. 해부하다, 조사하다

Quiz
오늘의 퀴즈 (201-400) : 토플 단어용

문장 속의 단어와 같은 뜻의 단어를 고르시오. (1-10)

1. Walking around near factories will force you to breathe in noxious gases.
   a. unchanging   b. sanitary   c. refined   d. corrupting

2. As the cradle rocked slowly, the baby was lulled into a deep sleep.
   a. acquired   b. pacified   c. intersected   d. equipped

3. The arduous journey through the rainforest caused many of the explorers to give up.
   a. bountiful   b. comparable   c. exceeding   d. demanding

4. Making haphazard invitations is considered rude because most people are busy these days.
   a. reputable   b. casual   c. immeasurable   d. adequate

5. Global warming is causing problems for polar bears as they are losing the habitat in which they forage for food.
   a. searched   b. whinnied   c. diminished   d. stressed

6. The Rwandan genocide underscored the leaders love for power was stronger than their humanity.
   a. quit   b. eluded   c. emphasized   d. pacified

7. The main premise of the James Bond series is that he is a super detective who can solve any cases.
   a. supposition   b. confidence   c. progression   d. deterioration

8. Although she didn't know how her husband made money, she was glad that he always procured the best quality things that he could for her.
   a. discarded   b. acquired   c. mystified   d. purged

9. The grim nature of the crime scene shocked even the most hardened of the investigators.
   a. yielding   b. attractive   c. assiduous   d. ruthless

10. Universal health care has been promised by politicians for many years.
    a. entire   b. perplexing   c. horrid   d. corrupt

정답   d/b/d/b/a/c/a/b/d/a

USHER

usherin.usher.co.kr

단어시험 보는 방법 |
1. 화장실을 먼저 다녀옵니다.
2. 핸드폰 전원을 꺼둡니다(진동, 무음도 안됨)
3. 책상 위에 필기도구를 제외하고 깨끗이 치웁니다.
4. 단어 3회독 Mp3 파일을 듣고 시작합니다.

주의사항 |
1. 채점 속도가 빠르다고 시험 도중 Mp3 파일을 멈추지 마세요~!
2. 채점 시, 스펠링 & 품사 & 뜻 중 하나라도 다르거나 빼먹었을 경우 틀린 답입니다.

틀린개수		본인이름	
채점자이름			

1		26		51		76	
2		27		52		77	
3		28		53		78	
4		29		54		79	
5		30		55		80	
6		31		56		81	
7		32		57		82	
8		33		58		83	
9		34		59		84	
10		35		60		85	
11		36		61		86	
12		37		62		87	
13		38		63		88	
14		39		64		89	
15		40		65		90	
16		41		66		91	
17		42		67		92	
18		43		68		93	
19		44		69		94	
20		45		70		95	
21		46		71		96	
22		47		72		97	
23		48		73		98	
24		49		74		99	
25		50		75		100	

101	126	151	176
102	127	152	177
103	128	153	178
104	129	154	179
105	130	155	180
106	131	156	181
107	132	157	182
108	133	158	183
109	134	159	184
110	135	160	185
111	136	161	186
112	137	162	187
113	138	163	188
114	139	164	189
115	140	165	190
116	141	166	191
117	142	167	192
118	143	168	193
119	144	169	194
120	145	170	195
121	146	171	196
122	147	172	197
123	148	173	198
124	149	174	199
125	150	175	200

usherin.usher.co.kr 에서 다운로드 가능합니다.

| 공부 수기 |

완전초보부터 3개월, 80점 받기

이 름	서◆◆
공부기간	3개월
처음 점수	없음
마지막 점수	26/24/21/21, 총92

사실 높은 점수도 아니어서 결과수기를 쓰는 것도 부끄럽지만 그래도 원하는 점수를 받았고 또 토플을 하는 많은 학생들중에 교환학생으로 가기 위해 80점 이상을 목표로 하는 사람들이 많다는 것을 알기에 3개월 안에 80점 받게 되는 비법을 공유하고자 글을 올립니다. ^^

1. 문법

공부 기간 나만의 공부 방법: 처음 토플 공부를 할 때 나의 문법 수준은 그저 고등학교 수능에 국한되어 있었고 심지어 상당 부분 까먹기도 하였다. 하지만 여기서 짚고 넘어 가야 하는 것은 문법은 모든 과목에서 가장 기본이 되는 것으로 특히 단어만으로 해결 할 수 없는 어려운 RC 문장구조를 이해하는데 필수적으로 작용한다. 나는 영어공부의 기본이자 중심축이 되는 것을 단어와 문법으로 보았다. 처음 배시고사를 볼 때 나의 문법 점수는 40개 중에 20개를 맞았고 그중에서도 찍은 것도 많았다. 하지만 완초2 때 폭풍 문법 수업(문희 선생님이 한번 필 받으시면 수업시간은 단지 숫자에 불과한 끝나지 않는 열정적인 수업) 덕에 많은 기초를 쌓고 올라가 나중에 RC를 푸는데 큰 밑 거름이 되었다. 또한 완초 2를 졸업 할 당시 나는 학원 전체내의 IBT준비 가능선까지 올라가는 결과를 보였다. 내가 문법을 공부하는 데에는 몇 가지 방법이 있었다.

1.1. 백지시험을 잘 이용하라.

선생님이 자주 하시는 것 중 하나가 백지시험이다. 즉 전날 배운 것을 얼마나 복습 하였는가를 평가하는 것인데, 사람들이 흔히 오해하는 것 중 하나가 아무리 좋은 문법 수업을 듣고 그 시간에 이해를 하고 감동을 하였고 필기를 환상적으로 하였어도 책을 덮는 순간 배운 문법은 이미 머리 속에 사라지고 없다. 특히 문법은 빠른 복습이 중요한데 그날 배운 문법은 쉬는 시간에 딱 한번만 다시 읽어 봐도 머리 속에 많이 남는다. 분명 문희 선생님이 문법은 기존 책에 나와 있는 접근법이 아닌 선생님의 많은 노하우가 담긴 문법이다. 정말 들으면서도 감동이 절로 되고 공감을 많이 하고 필기도 열심히 한다. 하지만 대다수의 학생들이 여기서 끝나고 만다. 감동된 수업과 잘 필기된 노트가 머리 속에 들어오지 않는다면 매달 문희 선생님의 수업을 듣고 그저 감동만 할 뿐이다.

1.2. 추측으로 푼 문제와 확신을 갖고 푼 문제를 구별하라.

학생들은 찍어서 맞은 문제도 자신의 실력으로 맞혔다고 생각 하는 경향이 있다 하지만 그것은 오산이다. 찍은 문제는 이번에 운 좋게 맞았지만 다음 번에 그 문제가 나온다고 해서 다시 맞힐 가능성은 없다. 남들에게 설명을 해 줄 수 있을때 비로서 자기 문법으로 거듭나는 것이다. 찍은 문제와 아리까리한 문제는 반드시 표시해 두었다가 꼭 질문을 통해서 자신의 것으로 만들어라.

2. 단어

공부 기간 나만의 공부 방법: 처음 매일 단어 200개를 외우는 것은 나에게 큰 충격이었다. 처음 단어를 외우는 시간은 6시간이 걸렸고 틀린 개수도 어마어마했다. 그렇다고 좌절을 해서는 안 된다. 처음 걸렸던 6시간은 시간이 지남에 따라 점점 줄어들었고 틀리는 개수도 점점 줄어들었다. 단어도 문법과 마찬가지로 영어 공부를 하는데 필요한 기본 중 기본이다. 간혹 어떤 이들은 왜 철자까지 하나하나 외워야 하는지 의구심을 품는데 그건 정말 어리석은 생각이다. 토플로 영어를 완전히 끝낼 것인가? 단순히 눈으로 매치 시키는 외움은 그날그날 시험을 잘 볼 수는 있겠지만 장기적으로는 독이 되는 습관이다. 나중에 쓰기를 하는데 많은 도움이 될 뿐만 아니라 나중에 다른 영어 공부를 하는데 있어서 큰 밑거름이 된다고 믿어 의심치 않는다. 어셔가 단순히 학생들을 굴리기 위하고 디파짓을 깎기 위해 철자를 외우라고 하는 것이 아님을 명심해야 한다.

3. 독해

4과목 중에서 그래도 가장 잘 나온 과목이다. 어느 과목 보다 열심히 공부했고 최선을 다한 과목이다. 이 과목은 많이 필요 없다. 그저 하라는 대로 하기만 하면 점수는 나온다. 다른 교재 할 생각 하지 말고 그저 하라는 것만 잘 하면 고득점은 아니더라도 25점은 받을 수 있다. 참고로 나의 공부 후기는 100점 이상의 고득점이 아닌 80점에 맞춰져 있다.

3.1. 문제를 버리고 지문을 선택하라.

찍어서 맞춘 6문제보다 확실한 답 근거를 가져서 맞힌 6문제가 더 값진 법이다. 문제에 대한 욕심을 버리고 지문을 이해하는데 초점을 맞춰라.

3.2 예습) 답근거를 달고 문단정리를 하고 모르는 단어를 따로 공책에 정리해라.

문단정리는 나중에 내가 요약문제를 풀 때 나의 정리된 문장으로 문제를 풀 수 있도록 해야 한다. 처음에는 이 세 가지 일이 귀찮지만 습관이 된다면 실전에서 문제를 풀 때 내가 스스로 답근거를 달아 문제를 풀어 추측으로 문제를 접근하는 잘못된 습관을 잡을 수 있고 문단을 넘어 가면서 머리 속에 문단 정리를 하는 습관이 생겨 마지막 문제를 쉽게 접근 할수 있다.

3.3. 복습) 반복해서 읽어라.

예습만으로 지문을 내 것으로 만들 수 없다. 영어 한 지문에는 많은 단어와 구문 여러 가지의 문장 구조를 갖고 있다. 그것을 반복하여 읽어서 단어도 외우고 구문과 어려운 문장 구조를 내 것으로 만들어야 한다. 나왔던 단어와 구문과 문장 구조는 반드시 다른 지문에서도 반복 될 것이다. 조금만 노력하면 금방 반복되는 것을 피부로 느낄 수 있을 것이다.

3.4. 선생님을 괴롭혀라.

예습과 복습을 하면서 분명 모르는 문장구조나 해석이 안 되는 것도 있다. 그럴 때는 반드시 수업시간에 질문을 하고 넘어가야 한다. 수업은 1:1 과외가 아니기 때문에 선생님은 내가 이것을 알고 있는지 모르고 있는지 모르고 수업을 나가신다. 질문 하는 것을 창피하게 생각해서는 안 된다. 내가 모르는 문제는 반드시 다른 학생들도 모르는 문제이다. 모르는 게 있으면 몇 개가 되었든 물어보고 덕호 선생님이 쉬지 못하도록 쉬는 시간에도 계속 질문해야 한다. 내가 같이 공부하는 학생들에게 흔히 하던 말이 있다. 수강료 그냥 내는 것이 아니다. 모르는 게 있으면 반드시 물어보고 지나가자.

4. 라이팅

공부기간 나만의 공부 방법: 가장 짧게 공부한 과목이지만 1월 한달 동안 가장 열심히 한 과목이다. 엉터리로 숙제를 하는 것을 가장 싫어하시기 때문에 성심 성의껏 숙제를 해야 한다. 학원비를 내서 첨삭이나 받아 보자 라는 생각은 처음부터 버리는 것이 좋다.

4.1. 내가 언제든지 사용할 수 있는 문장구조를 선정하라.

4.2. 오답 노트를 적극 활용하자.

내가 사용한 공부 방법이 반드시 옳다는 것은 아닙니다. 하지만 분명히 처음 토플 공부를 하시고 목표점수가 80점인 분한테는 반드시 도움이 되리라고 믿습니다. 선생님들이 하라는 것만 꾸준히 하십시오. 목표 80점 3개월 안에 도달 할 수 있습니다. 3개월 90일, 수업시간 계외하고 하루에 5시간씩 450시간만 투자하십시오. 450시간만 공부하시면 분명히 80점은 그냥 나오리라고 자신 있게 말할 수 있습니다.

* 같이 공부 했던 친구들아~ 우리 나중에 어셔의 추억을 회상하면서 힘들었지만 보람찼다고 생각 하는 날을 생각 하면서나머지 열심히 공부하자.보민, 지원, 선민누나, 지현, 소현, 수연, 원정, 다솔, 우민, 상윤, 찬수 그리고 모든 어셔인 화이팅!!

그리고 한달간 TA로써 저의 리딩을 많이 봐주신 혜주 선생님 늘 저에게 구박하셨던 보임 선생님 한달동안 저를 잘 관리해주시고 프런트도 많이 해주신 준기 선생님 항상 저만 보면 왜 웃는지 모르겠지만 웃어주시던 미선 선생님 그리고 항상 질문이 많아도 잘 받아주신 덕호 선생님, 말이 필요 없는 파워 리스닝 선생님, 확실한 명강의로 라이팅의 감을 잡게 해 주신 연진 선생님, 스피킹에 눈을 뜨게 해주신 진우 선생님, 폭풍 문법 수업을 해주셔서 문법의 기본을 잡게 해주신 문희 선생님, 힘들 때 옆에서 상담해주시고 독해의 기본을 잡아주신 은우 선생님 그리고 모든 선생님들과 매니져선생님들에게 진심으로 감사 드립니다. 몇 년 후 MBA 준비 할 때 다시 찾아 올게요 ^^

| 오늘의 단어 |

모르는 단어 개수: _____ 개

1회독 _____ /200개   2회독 _____ /200개   3회독 _____ /200개   4회독 _____ /200개   5회독 _____ /200개

_____ /200개* 5분 = _____ 분 (약 시간 필요)
*휴식시간 및 시험시간(200개당 45분입니다)을 꼭 넣어야 합니다.

나의 오늘 목표는 _____ 번부터 _____ 번까지!!!

| 오늘의 단어 |

오늘 공부할 양에서 내가 아는 것과 모르는 것을 미리 체크해서 오늘 단어 외우는데 걸리는 시간을 미리 계산해 보면 공부의 효율이 높아집니다.

401 block	421 jagged	441 indefinite	461 impasse	481 loose
402 mood	422 unaccountable	442 sway	462 deduct	482 malady
403 apportion	423 lubricous	443 allocate	463 obliterate	483 inundate
404 appealing	424 statement	444 align	464 compliment	484 depart
405 rotten	425 medley	445 obstruct	465 dishonorable	485 at least
406 tumultuous	426 content	446 entail	466 foe	486 emergency
407 unbridled	427 slab	447 fasten	467 dictate	487 dimly
408 distracting	428 instance	448 stun	468 vista	488 primordial
409 approximately	429 inaugurate	449 terminal	469 tailored	489 subtraction
410 just	430 corpse	450 verdant	470 influx	490 watchful
411 insulate	431 requirement	451 consciously	471 inquiry	491 outdo
412 scorching	432 venerate	452 deserved	472 revision	492 core
413 inflame	433 expedience	453 gland	473 wield	493 jeer
414 outmoded	434 litter	454 lucrative	474 steadfast	494 unequaled
415 surrounding	435 mess	455 inverse	475 observance	495 frigid
416 context	436 failing	456 implausible	476 illegal	496 persevere
417 blend	437 cruel	457 announce	477 commend	497 season
418 quilt	438 inappropriate	458 boost	478 inactive	498 simulate
419 irreparable	439 detractor	459 obtainable	479 gist	499 sententious
420 sober	440 expedient	460 authentic	480 mimic	500 revive

"다 외우려 집중해서 3갓만 들고 외우세요."

usherin.usher.co.kr   77

501 fluster	521 requisite	541 graze	561 comply	581 delineate
502 reassemble	522 spectrum	542 taunt	562 evolve	582 rent
503 solicitation	523 submarine	543 purify	563 disgusting	583 correspondence
504 punctuality	524 surge	544 disseminate	564 torrential	584 essentially
505 notwithstanding	525 brood	545 seemingly	565 vouch	585 groundwork
506 terror	526 slant	546 component	566 absolve	586 appease
507 blotch	527 fetter	547 resist	567 archive	587 disposition
508 encircle	528 rush	548 save for	568 countless	588 irreversible
509 incised	529 ordeal	549 impolite	569 pass through	589 inclined
510 tease	530 flush	550 propel	570 jolt	590 debris
511 outweigh	531 severity	551 demonstration	571 circumspect	591 overall
512 strength	532 ensure	552 occasionally	572 unchanged	592 unintentional
513 marvelous	533 sorrow	553 prolific	573 proven	593 worn-out
514 complicated	534 orderly	554 dormant	574 drastically	594 consternation
515 dissemination	535 tint	555 choicest	575 cowardly	595 confident
516 unanimity	536 overtax	556 conversion	576 preponderant	596 posit
517 murmur	537 bridle	557 saved	577 rebellion	597 isolation
518 reminisce	538 plight	558 toil	578 sweat	598 lade
519 hostile	539 infamous	559 autonomous	579 wiggle	599 loathe
520 debatable	540 congest	560 eloquence	580 needless to say	600 a host of

USHER iBT TOEFL
VOCABULARY

03

03 out of 13

토플단어
401-600

usherin.usher.co.kr

03 out of 13 — USHER VOCABULARY

usherin.usher.co.kr

401 block* [blak / blɔk]
▸ obstacle, barrier, blockade / prevent, hinder, obstruct, barricade
A block of wood served as a pillow in ancient times.
고대 시대에는 나무 조각이 베개로 사용되었다.
n. 큰덩이; 받침대; 장애물
v. 막다

402 mood [muːd]
▸ disposition, temper, air
You should not spend your money based on your mood.
너는 기분에 따라서 돈을 쓰면 안된다.
n. 기분, 감정; 분위기

403 apportion [əpɔ́ːrʃən]
▸ divide, allot, assign, allocate
The controller was charged with apportioning the companies budget to its various departments and offices.
관리자는 각 부서와 사무소에 회사 예산을 배분하는 일을 받았다.
v. 배분하다, 할당하다

404 appealing [əpíːliŋ]
▸ desirable, attractive, charming, winsome
The cakes in the bakery window looked very appealing.
제과점 창문으로 보이는 케이크들은 맛있어 보였다.
a. 매력적인; 호소하는

405 rotten [rátn / rɔ́tn]
▸ decayed, decomposed, corrupt, foul
Rotten food causes people to have abdominal pain and other health issues.
썩은 음식은 복부 통증을 유발하고 다른 건강문제를 일으킨다.
a. 썩은, 불결한

406 tumultuous** [tjuːmʌ́ltʃuəs]
▸ chaotic, anarchic, wild, riotous, boisterous
The tumultuous seas caused many of the cruise's passengers to become sick.
들썩거리는 바다는 승객들이 멀미 하게 만들었다.
a. 떠들썩한, 무질서한

407 unbridled* [ʌnbráidld]
▸ unrestrained, unrestricted, uncontrolled
The unbridled merriment of the children at the amusement park was far different from the somber mood in their orphanage.
아이들의 놀이 동산에서의 억제되지 않은 즐거움은 고아원에서의 슬픈 모습과 확연히 달랐다.
a. 억제되지 않은

408 distracting [distrǽktiŋ]
▸ perplexing
The usage of technology in the class can be both beneficial and distracting at the same time.
교실에서 과학 기술을 쓰는 것은 좋은 점도 있으나 동시에 산만할 수도 있다.
a. 정신을 혼미하게 하는

409 approximately**
[əprɑ́:ksɪmətli]

▶ about, roughly, nearly, **almost**
The company's sales increased by approximately 30 percent.
회사의 판매 실적이 대략 30퍼센트 증가하였다.

ad. 대략, 대강

410 just
[dʒʌst]

▶ **fair**, good, honest, upright / only, simply; barely, hardly
Everyone involved felt that the compromise suggested by the mediator was just.
연관된 모든 이들은 중재자에 의한 그 협상은 타당했다고 느꼈다.

a. 타당한, 공정한
ad. 단지, 가까스로, 간신히; 정확히, 딱

411 insulate
[ínsəlèit, -sjə-]

▶ enclose, encase, envelop, **wrap**
The boarding school was located in the countryside to insulate their students from urban culture.
기숙학교는 학생들을 도시생활에서 격리시키고자 시골에 위치했다.

v. 격리시키다

412 scorching
[skɔ́:rtʃiŋ]

▶ exceedingly hot, boiling, broiling; **fierce**
The scorching temperature of the oven is used to finalize ceramic products.
오븐의 아주 높은 온도는 세라믹 제품을 만드는 마지막 단계로 사용된다.

a. 몹시 뜨거운; 맹렬한, 호된

413 inflame
[infléim]

▶ anger, arouse, kindle, **evoke**
The racist remarks of the protestors inflamed the onlookers.
항의자의 인종차별적 발언은 구경꾼들을 노하게 했다.

v. 노하게 하다, 불태우다

414 outmoded
[àutmóudid]

▶ out of date, old-fashioned, old-timey
Long coats have been outmoded a long time ago.
긴 코트는 유행이 지난지가 오래다.

a. 유행에 뒤진, 유행이 뒤진

415 surrounding*
[səráundiŋ]

▶ environment, condition, situation, atmosphere
One must not blame on his or her surroundings if he or she wants to be successful.
성공하고 싶다면 주변 환경 탓을 하면 안된다.

a. 주위의, 주변의
n. 주변 환경

416 context
[kántekst]

▶ setting
When referring to the context, the ideas you proposed are useless.
전후 관계를 따져보면 당신의 의견은 쓸모가 없다.

n. 배경, 문맥, 전후 관계

417 blend*
[blénd]

▶ compound, fuse, combine, mingle
Tim's amiable personality allowed him to easily blend in wherever he went.
Tim의 사교성 좋은 성격은 그가 어딜가든 잘 융화되게 했다.

v. 섞다, 혼합하다

418 quilt
[kwilt]

▶ coverlet
Seeing me shivering in the cold, the man passed me his quilt.
내가 추위에 떨고 있는 모습을 본 남자는 나에게 누비 이불을 건네주었다.

n. 누비 이불

419 irreparable
[irépərəbəl]

▶ irremediable, irrecoverable, irretrievable
The wound that Jacob left on Jocelyn's heart seemed irreparable.
Jacob이 Jocelyn의 마음에 남긴 상처는 고칠 수 없어 보인다.

a. 고칠 수 없는

420 sober
[sóubər]

▶ unintoxicated, sane, sound, plain
It came as a great surprise that his alcoholic mother was actually sober.
그의 알콜중독 어머니가 술에 취해 있지 않았다는 사실은 충격으로 다가왔다.

a. 술취하지 않은, 맑은 정신의; 수수한, 소박한

421 jagged
[dʒǽgid]

▶ rough, rugged, uneven, irregular
The old desk's surface was jagged and hard to write on.
낡은 책상은 글을 쓰기엔 표면이 거칠고 딱딱했다.

a. 들쑥날쑥한, 거친

422 unaccountable
[ʌ̀nəkáuntəbəl]

▶ inexplicable, strange, incomprehensible
The strange and unaccountable facts of the case led the judge to dismiss the charges.
사건의 이상하고 설명할 수 없는 사실들은 판사로 하여금 소송을 기각하게 했다.

a. 설명할 수 없는, 기묘한

423 lubricous
[lúːbrəkəs, -ʃəs]

▶ slippery, smooth
The lubricous nature of graphite makes it indispensable in the field of lock smithing.
흑연의 미끄러운 성질때문에 자물쇠 만드는 작업에선 필수적이다.

a. 미끄러운

424 statement
[stéitmənt]

▶ declaration, announcement, proclamation
Politicians must often issue statements explaining their positions on issues.
정치인들은 때때로 현 이슈에 대한 본인의 입장을 설명하는 성명서를 발표해야 한다.

n. 성명(서), 진술문

425 medley
[médli]

▶ mixture, combination
During lunch time, cafeteria was filled with medley of smells.
점심시간에 급식실은 여러가지 음식냄새로 가득했다.

n. 잡동사니, 뒤범벅

426 content
[kəntént]

▶ pleased, glad / substance / satisfy
He felt very content with himself when he finally finished his homework.
그는 숙제를 끝냈을 때 스스로에게 매우 만족했다.

a. 만족하는 / n. 내용, 만족
v. ~에 만족하다, 만족시키다

427 slab
[slæb]

▶ piece
The slab of a bacon on the grill cooked slowly due to its thickness.
그릴 위의 베이컨 조각은 두꺼워서 천천히 익었다.

n. 두꺼운 조각, 널판

428 instance
[ínstəns]

▶ example, occasion, case
In the instance of fire, please refrain from using the elevators as they may become inoperable.
화재의 경우, 작동이 멈출 수 있기 때문에 엘리베이터의 사용을 피하십시오.

n. 예, 예시, 경우, 보기

429 inaugurate
[inɔ́:gjərèit]

▶ begin, commence, install, **initiate**

The president was inaugurated during a giant ceremony that was televised across the country.

대통령은 전나라에 중계되는 아주 큰 행사에서 취임하였다.

v. 취임 시키다; 개시하다, 시작하다

430 corpse
[kɔːrps]

▶ body

The discovery of the corpse of King Tutankhamun gave Egyptologists new insights into the burial styles.

투탕카멘 왕의 시체의 발견은 이집트학자들에게 매장 방식에 대한 새로운 이해를 심어주었다.

n. 시체

431 requirement*
[rikwáiərmənt]

▶ stipulation, condition, provision, **fundamental**

There are several requirements that you need in order to apply for the position.

그 자리에 지원하기 위해선 필요한 몇가지 조건들이 있다.

n. 요구, 필요물

432 venerate
[vénərèit]

▶ defer, respect, admire, adore

The Dalai Lama is deeply venerated around the world.

달라이 라마는 전세계에 걸쳐 깊이 존경받는다.

v. 존경(숭배)하다

433 expedience*
[ikspí:diəns]

▶ advantage, convenience

Oftentimes, quality loses out to the desire for expedience.

때때로 질보다는 편의를 향한 열망이 더 중요시 될 때도 있다.

n. 편의

434 litter
[lítər]

▶ rubbish

The leaf litter on the forest ground is actually a living microcosm of life.

숲 지면에 있는 나뭇잎 더미는 사실상 살아있는 생명의 축소판이다.

n. 잡동사니, 쓰레기
v. 흐트러져(흩어져) 어지럽히다 (어수선하게 만들다)

435 mess
[mes]

▶ confusion, muddle

The whole house was in a mess.

집 전체는 더럽혀 있었다.

n. 혼란
v. 더럽히다, 혼란스럽게 하다

436 failing
[féiliŋ]

▶ shortcoming, defect, flaw

His failing as a leader is that he does not listen to other people's opinion.

그의 리더로서의 결점은 다른 사람의 의견을 듣지 않는다는 것이다.

n. 실패, 결점, 약점

437 cruel
[krúːəl]

▶ barbarous, ferocious

Vlad the Impaler was known throughout Romania for his cruel and unusual punishment methods.

Vlad 더 임펠러는 그 특유의 잔인한 형벌로 온 로마니아에 알려졌었다.

a. 잔혹한, 잔인한

438 inappropriate**
[ìnəpróupriət]

▶ improper, unsuitable, **unfit, unsuited**

It is considered inappropriate to commit crimes against society.

사회에 반하는 범죄를 저지르는 것은 부적당한 일이다.

a. 부적당한, 타당하지 않은

Vocabulary Usher | 토플 401-600

439 detractor*
[dı|træktə(r)]
▶ critic
The policy detractors staged a day long sit-in which blocked access to the office for all customers.
정책을 비판하는 사람들이 사무소에 하루 종일 앉아있는 바람에 다른 고객들이 이용할 수 없었다.
n. 험담하는 사람

440 expedient
[ikspí:diənt]
▶ **convenient, advantageous, effective, profitable**
Frederick Taylor tried to find the most expedient work methods through scientific testing.
Frederick Taylor는 과학적인 방법을 통해 가장 편리하게 일하는 방법을 찾으려고 노력했다.
n. 방편, 처방, 방책
a. 편리한, 유리한

441 indefinite
[indéfənit]
▶ **vague, obscure, confused, uncertain**
I could not accept his indefinite answers.
나는 그의 불명확한 대답을 받아들일 수 없다.
a. 불명확한; (수, 양) 일정치 않은

442 sway
[swei]
▶ **swing, wave, brandish, rule**
The old woman swayed to and from on her rocking chair.
나이든 여자는 그녀의 흔들 의자를 앞뒤로 흔들었다.
v. 흔들다, 동요시키다
n. 흔들림

443 allocate*
[æləkèit]
▶ **distribute, allot, provide; designate, earmark**
Jessica allocated chores to her children so that they would not fight over who had to do them.
Jessica는 아이들에게 허드렛일을 나누어 주어서 누가 일을 할 것인지 싸우지 않게 하였다.
v. 할당하다, 나누다, 배분하다; 책정하다

444 align
[əláin]
▶ **bring into line, line up, even up, order**
The clerk aligned all the sample shampoo on the table.
점원은 모든 샴푸 샘플을 탁자 위에 일직선으로 정리하였다.
v. 일직선으로 정렬하다, 나란히 (가지런히) 만들다; ~을 조정하다

445 obstruct
[əbstrʌ́kt]
▶ **block, bar, hinder, impede**
The accident obstructed the entire highway.
차 사고 때문에 고속도로 전체가 막혔다.
v. 막다, 차단하다

446 entail**
[intéil]
▶ involve, require, **include, bring about**
His new job entailed categorizing books and making sure they stayed in their respective sections.
그의 새로운 직업은 책들을 분류하는 것과 책들이 제각기 맞는 섹션에 있게 하는 일을 수반하였다.
v. 일으키다, 수반하다

447 fasten
[fǽsn, fáːsn]
▶ **fix, attach**
Please fasten your seat belt before we take off.
이륙 전 안전벨트를 매주십시오.
v. 묶다, 고정하다

448 stun*
[stʌn]
▶ amaze, astound, daze, **astonish**
The townspeople were stunned when they learned that a violent criminal had been living among them.
시민들은 흉악한 범죄자가 그들 사이에서 살고 있었단 사실에 놀랐다.
v. 기절시키다. 어리벙벙하게 하다

449	**terminal** [tə́:rmən-əl]	▶ final, last There are several terminal illnesses known to mankind such as cancer and AIDS. 암과 에이즈와 같이 인간에게 불치병으로 알려진 병들이 여러 개 있다.	a. 최종적인, 궁극적인 n. 끝, 종점
450	**verdant** [vɔ́:rdənt]	▶ fresh and green; inexperienced They had a picnic on the verdant lawns of historical home located down the street. 그들은 시내에 있는 역사적인 집 초록색 정원에서 소풍을 가졌다.	a. 초록의; 젊은, 미숙한
451	**consciously**** [kánʃəsli]	▶ intentionally Many people feel that a crime committed consciously should be punished more harshly than an accidental one. 대부분의 사람들은 의도적으로 저질러진 범행이 우발적인 것보다 더욱 가혹하게 처벌받아야 한다고 느낀다.	ad. 의도적으로, 의식적으로
452	**deserved*** [dizɔ́:rvd]	▶ due, earned, merited Katherine felt that she deserved to be recognized for the hard work she put into the project. Katherine은 그녀가 그 프로젝트를 위해 들인 공은 당연히 인정받아야 한다고 느꼈다.	a 당연히 받아야 할, 응당한
453	**gland** [glænd]	▶ - The salivary glands excrete saliva into the mouth to aid in the digestive process. 침 분비샘은 소화작용을 돕기 위하여 입안으로 침을 분비한다.	n. 분비선, 분비샘
454	**lucrative**** [lú:krətiv]	▶ gainful, profitable, advantageous, fruitful His idea was not only innovative but also lucrative. 그의 의견은 혁신적일 뿐만 아니라 이윤이 되는 것이었다.	a. 이윤이 되는, 수지가 맞는, 유리한
455	**inverse** [invɔ́:rs]	▶ opposite / contrast, converse The Montessori approach is the inverse of most other approaches to education, with the student leading rather than the teacher. 몬테소리의 방법은 선생님이 아닌 학생이 이끌어 나간다는 점에서 다른 대부분의 교육 방법과 대조적이다.	a. 반대의, 역의 n. 반대, 역
456	**implausible**** [implɔ́:zəbəl]	▶ unbelievable, improbable Jenny's stories sound implausible because of her tendency to exaggerate. Jenny는 과장하는 경향이 있기 때문에 그녀의 이야기는 믿기가 어렵다.	a. 받아들이기 어려운, 믿기지 않는
457	**announce*** [ənáuns]	▶ proclaim, publish, declare The school announced that students who attempted to set fire in the teacher's office have been expelled. 교무실에 불을 지르려고 한 학생들이 퇴학당했음을 공표하였다.	v. 알리다, 공고하다
458	**boost** [bu:st]	▶ increase, raise, amplify, lift They hired more workers to boost productivity. 그들은 생산성을 증대시키기 위해 더 많은 직원들을 고용하였다.	v. 밀다; 증대시키다; 후원하다 n. 증가; 격려, 부양책

Vocabulary Usher | 토플 401-600

459 obtainable
[əbtéinəbl]
▶ available, accessible, attainable, in stock
Under the Freedom of Information Act, records of government activity are more easily obtainable by the populace.
정보 열람의 자유법아래에서 대중들은 정부 활동기록을 쉽게 얻을 수 있다.
a. 얻을 (구할) 수 있는

460 authentic
[ɔːθéntik]
▶ genuine, true, real, bona fide
Although cheap copies are available, authentic Faberge eggs cost millions of dollars.
파베르제 달걀의 저렴한 가짜는 존재하지만 진품은 굉장히 비싸다.
a. 진짜의, 진품의

461 impasse
[ímpæs]
▶ dilemma, predicament, quandary, standstill
The FTA meeting has reached an impasse.
FTA 회의는 난국에 부딪혔다.
n. 난국, 막다른 골목

462 deduct
[didʌ́kt]
▶ subtract, withdraw, decrease, reduce
The company deducted a small amount from each worker's salary for their health plans.
회사는 직원들 의료보험을 위하여 월급을 조금 공제하였다.
v. 빼다, 공제하다

463 obliterate**
[əblítəréit]
▶ delete, erase, efface, eradicate, wipe out
The ability of a tornado to obliterate anything in its paths makes it one of the scariest natural phenomena.
지나가는 길에 있는 모든걸 제거할 수 있는 토네이도의 능력은 이것을 가장 무서운 자연재해 중 하나로 만든다.
v. 제거하다

464 compliment*
[kámpləmənt / kɔ́m-]
▶ praise, applaud / respect; extolment
My teacher complimented me for my work.
선생님은 내가 한 일에 대해서 칭찬하였다.
v. 칭찬하다
n. 경의; 칭찬

465 dishonorable
[disánərəbl]
▶ disgraceful, shameful
A dishonorable discharge from the armed forces makes obtaining government jobs more difficult in the future.
군에서 수치스러운 해고는 후에 공무원직을 구하는 것을 더욱 힘들게 만든다.
a. 수치스러운, 천한

466 foe
[fou]
▶ enemy, opponent, adversary, antagonist
After making countless efforts, he was finally able to defeat his foe.
많은 노력을 들인 후에야 그는 그의 적을 이길 수 있었다.
n. 적, 경쟁자

467 dictate**
[díkteit]
▶ require, prescribe, determine, fix
The school's uniform policy dictates what students are allowed to wear.
학교 교복 방침은 학생들이 무엇을 입을 수 있는지 지시한다.
v. 명령하다, 지시하다; 받아쓰게 하다

468 vista
[vístə]
▶ view, prospect, perspective
The honeymooners were very pleased with the beautiful beach vistas from their hotel room.
신혼여행객들은 호텔방 밖 아름다운 바닷가 전망에 매우 만족스러워 하였다.
n. 원경, 멀리 내다보이는 경치, 전망

#	Word	Synonyms / Example	Meaning
469	**tailored**** [téilərd]	▶ adapted, fitted The tailored uniforms of the Swiss Guard are recognizable symbols of the Vatican. 스위스인 위병의 맞추어진 제복은 누구나 알 수 있는 바티칸 궁전의 상징이다.	a. 맞추어진
470	**influx**** [ínflʌks]	▶ arrival, inrush, inflow The influx of foreigners has caused the United States to become a multicultural country. 외국인들의 쇄도는 미국이 다민족 국가가 되도록 야기했다.	n. 유입, 쇄도
471	**inquiry*** [inkwaiəri, inkwə-]	▶ scrutiny, examination, investigation, **research** The inquiry into the Savings and Loan Scandal implicated several high ranking government officials. 저금 융자 스캔들의 조사는 여러명의 고위 국가 공무원들을 연관시켰다.	n. 조사, 연구; 문의
472	**revision** [rivíʒ-ən]	▶ change Revision from multiple people is very important in writing a good essay. 좋은 에세이를 쓰기 위해서는 많은 사람을 걸친 수정이 필요하다.	n. 개정, 수정
473	**wield** [wi:ld]	▶ brandish, flourish, swing, employ Although he is no longer prime minister, Lee Kuan Yew still wields great power over the government of Singapore in his role as Minister Mentor. Lee Kuan Yew는 더 이상 총리가 아니지만 총리의 멘토로서 싱가풀에 커다란 영향력을 휘두르고 있다.	v. 휘두르다, 쓰다, 사용하다
474	**steadfast*** [ste'dfæst]	▶ unwavering, firm, resolute, resolved, decided, **staunch, steady** His steadfast adherence to his career path led him to great success. 자신의 미래에 대한 확고한 고집은 그를 성공으로 이끌었다.	a. 불변의, 확고한
475	**observance** [əbzó:rvəns]	▶ fulfillment, performance School teaches students the benefits that come from strict observance of law. 학교는 학생들에게 법을 따르는 것으로 부터 얻는 이득을 가르친다.	n. 따르기, 준수; 습관, 관례
476	**illegal** [illí:gəl]	▶ unlawful, illegitimate, illicit, banned The District Attorney did his best to stop illegal drug trafficking. 지방 검사는 마약 밀수입을 막기 위해 최선을 다했다.	a. 불법의
477	**commend** [kəménd]	▶ entrust, laud, praise, exalt At the ceremony, the retirees were commended for their great service and dedication to their jobs. 행사에서 퇴직자들은 일에 대한 위대한 헌신과 노력에 있어 칭찬을 받았다.	v. 칭찬하다; 권하다
478	**inactive** [inǽktiv]	▶ inert, lazy, passive, inanimate The volcano has been inactive for more than 300 years. 그 화산은 300년 이상 활동하지 않았다.	a. 활동하지 않는, 게으른 사용되지 않는

Vocabulary Usher | 토플 401-600

479 gist* [ʤist]
▶ **core, kernel, essence, point**
Even after reading it over and over again, I could not get the gist of arguments presented in the book.
책을 읽고 또 읽어 보았음에도 불구하고 나는 책에 있는 주장들의 핵심을 이해할 수 없었다.
n. 핵심, 요점

480 mimic* [mímik]
▶ **copy, imitate, echo, ape**
Some flies mimic bees to avoid being eaten by frogs.
개구리에게 먹히지 않기 위해 파리들은 벌을 흉내낸다.
v. 흉내내다

481 loose [luːs]
▶ **lax, slack / release, unbind**
The new laws regarding campaign finance reform are very loose.
금융 개혁 캠페인에 대한 새로운 법률들은 굉장히 헐겁다.
a. 헐거운, 풀린
v. 풀다

482 malady [mǽlədi]
▶ **disease, ailment, illness**
Until a vaccine was invented, Smallpox was one of the worst maladies people could encounter.
백신이 발명되기 전에는 천연두는 사람이 접할 수 있는 최악의 병 중 하나였다.
n. 병, 병폐

483 inundate* [ínəndèit]
▶ **flood, deluge, swamp, submerge**
The city was inundated with water during the tsunami.
도시는 쓰나미로 인해 완전히 침수되었다.
v. 물에 잠기게 하다, 범람시키다, 쇄도하다

484 depart [dipáːrt]
▶ **start, leave; deviate, stray**
The plane is scheduled to depart at 11:15pm.
비행기는 밤 11시 15분에 출발할 것으로 예정되어 있다.
v. 출발하다; 벗어나다, 이탈하다

485 at least
▶ **minimum**
In order for the tour to not be cancelled, we need to find at least 4 more participants.
여행이 취소되지 않으려면 적어도 4명의 참가자가 더 필요하다.
phr. 적어도, 하다 못해

486 emergency* [imə́ːrʤənsi]
▶ **crisis, exigency, urgency**
We were taught to stay calm in an emergency.
우리는 비상사태에서도 침착하게 있어야 한다고 배웠다.
n. 비상사태

487 dimly* [dímli]
▶ **faintly, palely**
The dimly lit candle did not help illuminate the dark room.
희미하게 빛나는 초는 어두운 방을 밝히기엔 부족했다.
ad. 희미하게

488 primordial [praimɔ́ːrdiəl]
▶ **primitive, primary**
Primordial forms of life are studied by many researchers to learn more about the Earth.
지구에 대해 더 배우고자 많은 연구원들은 원시적인 생물체에 대해 조사하였다.
a. 원시의, 최초의, 근본적인

489 subtraction
[səbtrǽkʃən]
▶ deduction
The students, having mastered adding objects, began to learn how subtraction works in an opposite way.
덧셈을 완벽하게 습득한 학생들은 덧셈의 반대인 뺄셈이 어떻게 성립하는지 배우기 시작했다.
n. 빼기, 공제, 뺄셈

490 watchful
[wátʃfəl]
▶ vigilant, alert, observant, attentive
The prison guards kept a watchful eye on the inmates to make sure they didn't attempt to escape.
교도관들은 수감자들이 탈출시도를 못하게 하기위해 빈틈없이 살폈다.
a. 조심하는, 경계하는

491 outdo
[àutdú:]
▶ surpass, excel, exceed, outmatch
In many cultures it is considered inappropriate to try to outdo those of higher social rank.
여러 많은 문화에서는 높은 사회계층에 있는 사람을 능가하는 것을 시도하는 것이 부적절하다고 생각한다.
v. ~보다 낫다, 능가하다

492 core**
[kɔːr]
▶ center, heart, central idea, **central concept**
They will not be able to reach a conclusion unless they understand the core of the problem.
그들은 이 문제의 핵심을 파악하기 전까진 결론에 도달하지 못할 것이다.
n. 핵심, 중심부; 중심생각

493 jeer
[dʒiər]
▶ scoff, mock, scorn / insult
The crowd jeered as the player was led off the field for fighting.
군중은 다툼으로 필드 밖으로 내보내진 선수에게 야유하였다.
v. 조롱하다, 야유하다
n. 조롱

494 unequaled**
[ʌníːkwəld]
▶ unparalleled, matchless, peerless
The information available to people today is unequaled by that of any other generation.
요즘 사람들이 이용가능한 정보는 어떤 세대보다 훨씬 더 우월하다.
a. 무적의, 월등하게 좋은

495 frigid
[frídʒid]
▶ cold, chilly
No one can survive in this frigid weather.
그 아무도 이렇게 추운 날씨를 견딜 수 없다.
a. 매우 추운

496 persevere
[pə̀ːrsəvíər]
▶ persist, endure, remain
Despite the many obstacles he faced, the skier persevered and was eventually ranked first in the world.
많은 방해에도 불구하고 그것을 견뎌낸 스키선수는 마침내 세계 랭킹 1위가 되었다.
v. 참다, 견디다

497 season
[síːzn]
▶ flavor, accent / duration, period
The fried chicken is seasoned with a secret blend of herbs and spices.
그 후라이드 치킨은 비밀의 약초와 양념으로 맛을 낸다.
v. (양념을) 넣다, 양념하다; 맛을 내다
n. 계절

498 simulate*
[símjulèit]
▶ imitate, copy; pretend, feign
In an effort to simulate the conditions of a crash, pilots must train in computerized cockpits.
비행기 추락 상황을 가장하기 위해 조종사들은 컴퓨터화 된 조정실에서 훈련받아야 한다.
v. 흉내 내다; 가장하다

Vocabulary Usher | 토플 401-600

---

499 sententious
[senténʃəs]

▶ **concise, terse, succinct**
Steven King is known for his sententious writing style.
Steven King은 그의 간결한 문체로 유명하다.

a. 간결한

---

500 revive
[riváiv]

▶ **revitalize**
In an effort to revive the faltering economy, the government began to sign trade agreements with more and more countries.
흔들리는 경제를 되살리기 위하여 정부는 더욱 더 많은 나라들과 무역협정을 맺기 시작했다.

v. 소생하게 하다, 회복시키다

---

501 fluster**
[flʌ́stər]

▶ **confuse, addle, befuddle, flurry**
Upon waking up from anesthesia, patients are often flustered.
마취에서 깨어난 환자의 대부분은 혼란에 빠진다.

v. 혼란시키다, 떠들썩하게 하다

---

502 reassemble
[rìːəsémbl]

▶ **gather again**
The elders decided to reassemble three months later.
원로들은 3달 뒤에 다시 모이기로 결정했다.

v. 다시 모으다

---

503 solicitation
[səlìsətéiʃ-ən]

▶ **invitation, entreaty, request, allurement**
He was not fooled by the man's solicitation.
그는 남자의 유혹에 속아 넘어가지 않았다.

n. 간청, 꾐, 유혹

---

504 punctuality*
[pʌ̀ŋktʃuǽləti]

▶ **promptness, promptitude**
He is known for his punctuality; he's rarely late and tends to be polite.
그는 시간을 잘 지키는 걸로 잘 알려져있다; 그는 잘 늦지도 않고 예의도 바르다.

n. 시간 엄수

---

505 notwithstanding*
[nàtwiðstǽndiŋ]

▶ **despite, in spite of, nevertheless, although**
She struggled to become a dancer notwithstanding people's criticism and judgment.
그녀는 사람들의 비판과 비난에도 불구하고 무용수가 되기 위해 힘겹게 나아갔다.

p/ad. 그럼에도 불구하고
con. ~일 지라도

---

506 terror
[térəːr]

▶ **horror, panic, fright, fear**
As they walked through the haunted house, secret cameras took pictures of the terror in the attendees faces.
그들이 귀신의 집을 지나가면서, 숨겨진 카메라는 참가자들의 얼굴에서 보이는 두려움을 찍었다.

n. 심한 공포, 두려움

---

507 blotch
[blatʃ / blɔtʃ]

▶ **mark, splotch, spot, smear**
The blotch of red paint on the carpet was nearly impossible to remove.
카펫에 묻은 붉은색 페인트 얼룩을 지우는 것이 거의 불가능 하였다.

n. 얼룩, 반점, 점

---

508 encircle
[ensə́ːrkl]

▶ **surround, encompass, enclose, envelop**
Coyotes were encircling the group of sheep and looking for opportunities to attack them.
코요테들은 양떼들을 둘러싸고 그들을 공격할 기회만 노렸다.

v. 에워싸다, 둘러싸다

USHER

509 incised* [insáizd]
▶ carved
An inscription was incised on the interior of the ring.
글귀는 반지 안쪽에 새겨져 있었다.
a. 새겨진

510 tease [ti:z]
▶ irritate, bother, **trouble**, disturb
Boys tend to tease girls they like while girls tend to be shy in front of boys they like.
남자아이들은 좋아하는 여자아이를 괴롭히는 경향이 있는 반면 여자아이들은 좋아하는 남자아이 앞에서 부끄러워하는 경향이 있다.
v. 괴롭히다, 몹시 조르다

511 outweigh [àutwéi]
▶ preponderate, outbalance, override, prevail over
The importance of ending the conflict outweighed the public's desire to stay uninvolved.
분쟁을 끝내는 것의 중요함은 대중의 참여하지 않고자 하는 욕구를 뛰어 넘는다.
v. ~보다 뛰어나다, ~보다 무겁다

512 strength** [streŋkθ]
▶ force, power, might, **energy**
After hanging onto the ledge for an hour, the climber didn't know if he had enough strength to hold on anymore.
한 시간 동안 바위 턱에 매달린 등산가는 더 이상 버틸 힘이 있는지 몰랐다.
n. 힘, 능력

513 marvelous* [má:rv-ələs]
▶ wonderful, astonishing, amazing, miraculous
The city put on the most marvelous firework display for Independence Day this year.
도시는 독립 기념일에 가장 놀라운 불꽃놀이 쇼를 쏘아 올렸다.
a. 놀라운, 신기한

514 complicated* [kámpləkèitid]
▶ complex, intricate
This subject is way too complicated for me to understand.
이 주제는 내가 이해하기엔 너무 복잡하다.
a. 복잡한, 이해하기 어려운

515 dissemination [disèmənéiʃən]
▶ spread, distribution, circulation, diffusion
Quick dissemination of a vaccine is key to preventing a worldwide influenza pandemic.
백신의 빠른 보급은 세계적인 전염성 독감을 막을 수 있는 방법이다.
n. 보급, 전파, 파종(식물)

516 unanimity [jù:nəníməti]
▶ accord, agreement
After months of discussions, the two parties finally reached a state of unanimity.
몇 달간 토의한 결과 두 정당은 마침내 만장일치를 이룰 수 있었다.
n. 만장일치

517 murmur** [mə́:rmər]
▶ grumble, mumble, mutter
The secretary murmured under her breath about the boss as he walked away.
비서는 그녀의 상사가 걸어가자 그에 대해 낮은 목소리로 중얼거렸다.
v. 중얼거리다

518 reminisce** [rèmənís]
▶ remember, recollect, recall, look back
It is normal for people to reminisce when looking at old pictures.
사람들이 오래된 사진들을 보면서 추억에 잠기는 것은 당연한 일이다.
v. 추억하다, 추억에 잠기다

Vocabulary Usher | 토플 401-600

519 hostile
[hástil / hóstail]
▶ adverse, belligerent, contentious
The judge declared her a hostile witness due to her unwillingness to answer questions fully.
판사는 목격자가 질문에 제대로 답하려 하지 않았기 때문에 적대적인 증인이라고 선언하였다.
a. 적대적인

520 debatable*
[dibéitəbl]
▶ questionable, arguable, disputable, **problematic**
The benefits of the Equal Rights Amendment are debatable even today.
남녀평등 헌법수정안의 이득은 아직까지 논쟁의 여지가 있다.
a. 논쟁의 여지가 있는, 미해결의

521 requisite
[rékwəzit]
▶ necessary, essential, indispensable, needed
Good English is a requisite for people who want to study abroad.
외국에 나가서 공부할 사람들에게 영어는 필수이다.
a. 필요한, 없어서는 안될
n. 필요품

522 spectrum*
[spéktrəm]
▶ range, extent, scope, **bound**
Often, the members of political parties come from a broad spectrum of socioeconomic backgrounds, but are united by common philosophical ideals.
종종 정치적 당파의 구성원들은 다양한 범위의 사회 경제적인 배경을 지니고 오지만 공통된 철학적 사상으로 결속되어 있다.
n. 범위

523 submarine*
[sʌ̀bməríːn]
▶ underwater, **undersea**
Submarine volcanic activity is one of the main reasons for the appearance of new islands in the oceans.
해저 화산 활동은 바다에 새로운 섬이 생기는 주된 이유 중 하나이다.
a. 해저의
n. 잠수함

524 surge*
[səːrdʒ]
▶ increase, rise, **accelerate**, arise suddenly and intensely
The approval rating of the President surged when the war broke out.
대통령에 대해 찬성하는 비율은 전쟁이 시작하자 급격히 증가하였다.
v. 쇄도하다, 급격히 증가하다; (파도처럼)밀려오다
n. 큰 파도

525 brood
[bruːd]
▶ progeny, litter / dwell on, ponder
The mother hen was protective of her broods and chased away anything that went near them.
암탉은 그녀의 병아리들에 대해 굉장히 방어적이었고 곁으로 오는 그 어떤 것이라도 쫓아내버렸다.
n. 무리, 종족
v. 알을 품다; 곰곰이 생각하다

526 slant
[slænt / slaːnt]
▶ slope, bend, bevel, cant
The painting is slanted towards the left.
그 그림은 왼쪽으로 기울어져 있다.
v. 기울다. 경사지다
n. 경사

527 fetter
[fétər]
▶ hamper, shackle, manacle, restrain
The chains fetter the prisoners from escaping the prison.
사슬은 죄수들이 감옥에서 탈출하지 못하게 구속한다.
v. 구속하다, 제한하다, 속박하다, 족쇄를 채우다
n. 속박, 구속; 족쇄

528 rush
[rʌʃ]
▶ dash, hurry, bolt, career
Late for his own wedding, the groom rushed to get to the church as soon as he could.
본인 결혼식에 늦은 그는 교회에 가능한 빨리 갈 수 있도록 서둘렀다.
v. 돌진하다, 서두르다

529 ordeal
[ɔːrdíːəl, ɔ́ːrdiːl]

▶ **trial, test**
She told me that the years she spent in high school were quite an ordeal for her.
그녀는 고등학교에서 보낸 시간이 꽤 괴로운 체험이었다고 내게 말해 주었다.

n. 시련, 괴로운 체험

---

530 flush
[flʌʃ]

▶ **clean with flood of water, rinse out, cleanse / horizontal**
If something flies into one's eye, it is important to flush it out with clean water.
만약 무언가가 눈 안으로 날아 들어 갔다면 깨끗한 물로 씻어내는 것이 중요하다.

v. 물로 씻어 내리다
a. 평평한

---

531 severity
[səvérəti]

▶ **rigor, harshness, intensity**
The severity of his addiction meant that he would require a long term anti-drug program to be free of it.
그의 중독의 심각성은 그가 자유로워지기 위해선 오랜 기간동안 마약방지 프로그램이 필요하다는걸 뜻한다.

n. 중대성, 엄격

---

532 ensure
[inʃúər]

▶ **guarantee**
In order to ensure safe passage through the pirate infested strait, the captain offered them a large sum of protection money.
해적이 들끓는 해협에서 안전을 보장하고자 선장은 그들에게 많은 양의 보호금을 주었다.

v. 보장하다, 책임지다

---

533 sorrow
[sárou, sɔ́ːr-]

▶ **distress, anguish, grief, sadness**
After a long period of anger and sorrow, the widow vowed to go out and try to enjoy her life again.
긴 시간 동안의 분노와 슬픔 후, 과부는 나가서 다시 그녀의 삶을 즐기기로 맹세했다.

n. 슬픔, 비탄

---

534 orderly
[ɔ́ːrdərli]

▶ **regular, systematic, methodical**
The boss will not like it unless your documents are arranged orderly.
문서를 규칙적으로 정돈하지 않는다면 상사가 싫어할 것이다.

a. 규칙적인, 규율이 있는

---

535 tint
[tint]

▶ **tone, hue, blush**
The slight blue tint of the glasses contrasted perfectly with the white table cloths.
컵의 엷은 파란색이 하얀 식탁보와 완벽히 대조되었다.

n. 엷은 색

---

536 overtax*
[òuvərtǽks]

▶ **burden heavily, overrate**
Many people feel that the tax system overtaxes middle and lower class citizens.
많은 사람들은 세금 정책이 중산층과 하류계층을 지나치게 과세한다고 느낀다.

v. 지나치게 과세하다

---

537 bridle
[bráidl]

▶ **harness, halter, restrain, encumber**
The horse was fitted with a bridle so that it could be controlled.
말을 통제할 수 있게 하려고 굴레를 씌운다.

n. 굴레
v. 굴레를 씌우다

---

538 plight
[plait]

▶ **predicament, dilemma, difficulty, bind**
The plight of the refugees was documented in the documentary.
난민들의 곤경은 다큐멘터리에 기록되었다.

n. 곤경, 궁지

Vocabulary Usher | 토플 401-600

539 infamous [ínfəməs]
▶ **notorious, disgraceful**
Due to his depraved policies of genocide and torture, Hitler is one of the most infamous world leaders in modern history.
그의 타락한 대량학살과 고문 정책 때문에 히틀러는 현대 역사속에서 가장 악평높은 세계 지도자이다.
a. 수치스러운, 악명높은

540 congest [kəndʒést]
▶ **overcrowd, crowd**
The conference room was congested with many people.
회의장은 수많은 사람들로 넘쳐났다.
v. 혼잡하게 하다; 혼잡해지다

541 graze [greiz]
▶ **feed on, eat**
Due to the fact that ruminants cannot easily digest the grasses upon which they graze, they must rechew it in the form of cud.
반추동물은 방목하는 풀을 쉽게 소화할 수 없어서 새김질 감 형태로 되새김질을 해야 한다.
v. 방목하다

542 taunt [tɔːnt, tɑːnt]
▶ **jeer, mockery / mock, twit**
The most common reasons for fights at sports events are taunts from supporters of the opposing team.
스포츠 시합에서의 싸움들은 흔히 상대팀의 응원단들의 조롱에 인한 것이다.
n. 비웃음
v. 비웃다, 조롱하다

543 purify* [pjúərəfài]
▶ **clear, purge, cleanse**
It is important to purify stagnant water before drinking it.
정체된 물을 마시기 전에 정화하는 것은 중요하다.
v. 정화하다, 깨끗이 하다

544 disseminate** [disémənèit]
▶ **spread out, distribute, disperse, scatter**
The company gave Susan a lot of money to stop her from disseminating the company's secret.
Susan이 회사 기밀을 유포하는 것을 막기 위해서 회사는 그녀에게 큰 돈을 주었다.
v. 유포하다, 퍼뜨리다

545 seemingly* [síːmiŋli]
▶ **apparently, in appearance, supposedly, evidently**
Seemingly good intentions often hide ulterior motives.
겉보기에 좋은 의사는 대게 이면의 동기를 감춘다.
ad. 겉보기에, 보기에는

546 component* [kəmpóunənt]
▶ **element, ingredient; constituent, part**
Alchemists wanted to figure out the basic components of the world.
연금술사들은 세계를 이루는 기본 구성요소들을 알아내고 싶어했다.
n. 성분, 구성요소; 부분

547 resist* [rizíst]
▶ **withstand, confront, oppose, counteract**
The levees resisted the flood waters until they rose high enough to spill over it.
강가의 제방은 수면이 상승해 넘쳐 흐를때까지 홍수물에 저항하였다.
v. 저항하다, 반항하다

548 save for**
▶ **except for**
Save for a quick trip to the store, the woman hadn't left her house all day.
잠깐 상점에 가는 것을 제외하고 그 여자는 하루종일 집 밖으로 나서지 않았다.
phr. ~을 제외하고

#	Word	Synonyms / Example	Meaning
549	**impolite** [ìmpəláit]	▶ uncivil, rude, discourteous The host was angry at the impolite behavior of some of the guests at the party. 주인은 파티에서 몇몇 손님들의 무례한 행동때문에 화가 났다.	a. 버릇없는, 무례한
550	**propel*** [prəpél]	▶ push, force out, impel, **move** The dragon boat team propelled their boat into an early lead. 드래곤보트 참가팀은 그들의 배를 선두로 추진하였다.	v. 추진하다, 몰아대다, 나아가게하다, 몰고가다
551	**demonstration** [dèmənstréiʃən]	▶ confirmation, description, evidence I still did not know how to walk like a model even after the teacher's demonstration. 강사가 시범을 보여줬음에도 불구하고 나는 모델처럼 걷는 법을 몰랐다.	n. 증명, 실증
552	**occasionally** [əkéiʒənəli]	▶ infrequently Kyle occasionally visited his grandparents to soothe their loneliness. Kyle은 그의 조부모님의 외로움을 달래드리기 위해 가끔 그들을 방문했다.	ad. 때때로, 가끔
553	**prolific*** [prəlífik]	▶ productive, fertile, fruitful He proved himself to be a prolific writer by writing three best sellers. 그는 세 개의 베스트 셀러를 출판하면서 다작의 작가인 것을 입증하였다.	a. 다작의, 비옥한
554	**dormant*** [dɔ́ːrmənt]	▶ inactive, latent, stagnant, **asleep** The volcano stayed dormant for many years. 화산은 몇 년 동안 휴지한 상태로 있었다.	a. 잠자는, 동면의
555	**choicest**	▶ best, matchless The choicest selections from the bakery are also, usually, the most expensive. 제과점에서 엄선된 제품은 일반적으로 가장 비싸다.	a. 엄선된, 가장 좋은, 특상의
556	**conversion** [kənvə́ːrʒən / -ʃən]	▶ change Paul's sudden conversion to Christianity shocked many people. Paul의 갑작스러운 기독교의 전환은 많은 사람을 놀라게 했다.	n. 변환, 전환
557	**saved*** [séivd]	▶ redeemed, rescued; **stored** In the past people saved vegetables and fruit, by drying or canning them, for use in the winter. 과거에 사람들은 겨울에 사용하려고 야채나 과일을 말리거나 통조림을 만들어 저장했다.	a. 구원된, 구제된; 저장된
558	**toil*** [tɔil]	▶ work hard, labor, strive Kurt toiled to rescue and transfer victims from the accident site. Kurt는 사고 현장에서 피해자들을 구하고 운송하는데 고생하였다.	v. 수고하다, 일하다, 고생하다

Vocabulary Usher | 토플 401-600

559 autonomous
[ɔːtánəməs]
▶ **self-governing**
Instead of asking teachers for help, students were encouraged to start autonomous study groups.
선생님께 도움을 청하는 대신에, 학생들은 자율적인 스터디 그룹을 시작하라고 권해졌다.

a. 자율의

560 eloquence
[éləkwəns]
▶ **oratory, fluency**
Martin Luther King Jr. was most renowned for the eloquence of his arguments for equal rights.
마틴루터킹은 동등한 권리에 대하여 주장하면서 뛰어난 웅변 실력을 보인 것으로 가장 잘 알려져 있다.

n. 웅변

561 comply
[kəmplái]
▶ **acquiesce, conform, consent, accede**
Simon was fired for refusing to comply with the company's new policies.
Simon은 회사의 새로운 정책에 응하는 것을 거부하여 해고 당하였다.

v. (요구에) 응하다, 따르다

562 evolve
[ivάlv / ivɔ́lv]
▶ **develop, progress, improve, derive**
Modern animals have evolved over millions of years to be best adapted to their environments and lifestyles.
현대 동물들은 환경과 생활주기에 최대한 적응하기 위해 몇 백만년 동안 진화하였다.

v. 진화하다, 발전시키다, 전개하다

563 disgusting*
[disgʌ́stiŋ]
▶ **offensive, sickening, nauseating, displeasing**
The disgusting stench emanating from the hotel bathroom made us ask to be moved to a new room.
호텔 화장실에서 나는 역겨운 냄새 때문에 우리는 다른 새로운 방으로 옮겨달라고 부탁했다.

a. 정말 싫은, 지긋지긋한, 역겨운

564 torrential*
[tɔːrénʃ-əl, tάr- / tɔr-]
▶ **wild, violent, stream; fierce**
An umbrella was of no use in such torrential rains.
맹렬한 폭우에는 우산이 소용이 없었다.

a. 급류의; 맹렬한, 격한

565 vouch
[vautʃ]
▶ **guarantee, warrant, certify, confirm, affirm, attest**
It is obvious that no one will vouch for a someone who has been in jail.
감옥살이를 하고 온 사람에게 보증을 하지 않는 것은 당연한 것이다.

v. 보증하다

566 absolve
[æbzάlv]
▶ **pardon, forgive, exculpate, let off**
The president is allowed to absolve convicted persons of their crimes with a Presidential Pardon.
대통령은 대통령 사면권으로 유죄판결된 사람들을 용서할 수 있다.

v. 사면하다, 용서하다, 면제하다

567 archive
[άːrkaiv]
▶ **record, annals, chronicles, registers**
The archive of evidence is filed neatly in room number 6, but you'll need a key card.
증거 기록은 6번방에 차곡차곡 정리되어 있지만 보기 위해선 열쇠가 필요할 것이다.

n. 공문서, 공적기록

568 countless
[káuntlis]
▶ **myriad, unnumbered**
Having been to the restaurant a countless number of times, Mrs. Simpson insisted upon trying somewhere new.
그 음식점에 수도 없이 많이 가 본 Mrs. Simpson은 새로운 음식점에 가 볼 것을 주장하였다.

a. 셀 수 없는, 무수한

#	Word	Synonyms / Example	Meaning
569	**pass through***	▶ penetrate Do not let anyone pass through this area; it is restricted. 아무도 이 구역을 못지나가게 하여라; 이곳은 금지된 구역이다.	phr. 꿰뚫다
570	**jolt*** [dʒoult]	▶ shock, impact, **startle**, **surprise** As he touched the electric fence, the boy was pushed backwards because of the jolt. 어린아이가 전기울타리를 만지자 충격으로 뒤로 거칠게 밀려났다.	v. 갑자기 세게 흔들다 n. 충격
571	**circumspect** [sə́:rkəmspèkt]	▶ careful, wary, cautious, prudent Due to the growing number of malpractice lawsuits being brought against them, doctors are now more circumspect when suggesting methods of treatment. 의사들은 의료과실에 의해 생기는 소송들 때문에 이제 그들은 치료법을 제안할 때 더 신중하다.	a. 신중한, 주의 깊은
572	**unchanged*** [ʌntʃéindʒd]	▶ even, unrevised, unedited The basic phenotype of most animal remains unchanged over immediate generations, with only minor changes occurring. 동물의 기본적 표현형은 아주 약간의 변화를 제외하고는 바로 다음 세대에서 불변의 상태로 남는다.	a. 불변의
573	**proven*** [prú:vən]	▶ established, verified, evidenced He has proven his competence to us. 그는 그의 역량을 우리에게 증명하였다.	a. 증명된
574	**drastically**** [drǽstikəli]	▶ strikingly, severely, extremely The stock prices fell drastically with the economic crisis. 주가가 경제 불황으로 인해 극심하게 떨어졌다.	ad. 극심하게, 과감하게, 철저하게
575	**cowardly** [káuərdli]	▶ craven, afraid, timid Sam cowardly hid under his bed until he felt it was safe to come out. Sam은 안전하다고 느낄 때까지 비겁하게 침대 밑에 숨어있었다.	a. 겁 많은, 소심한 ad. 비겁하게
576	**preponderant** [pripάndərənt / -pɔ́n-]	▶ dominant, prevalent, superior, supreme The preponderant firepower of the Allied forces allowed them to conquer the Axis forces. 연합군의 압도적인 화력은 그들이 추축국을 정복할 수 있게 하였다.	a. 우세한, 압도적인
577	**rebellion** [ribéljən]	▶ mutiny, revolt Even the police joined the rebellion against the execution of Lincoln Burrows. 심지어 경찰까지도 Lincoln Burrows의 처형에 반대하는 폭동에 참여하였다.	n. 반란, 폭동
578	**sweat*** [swet]	▶ perspiration / perspire His shirt was soaked in sweat after jogging. 조깅 후 그의 셔츠는 땀으로 흠뻑 젖었다.	n. 땀, 땀 흘림 v. 땀 흘리게 하다

Vocabulary Usher | 토플 401-600

579 wiggle
[wíg-əl]
▶ move up and down, move from side to side, wriggle
By the time teeth have begun to wiggle in their sockets, long lasting damage has already been done.
치아가 잇몸에서 앞뒤로 흔들리기 시작할 때는 이미 오랫동안 지속된 손상이 있었다는 것이다.
v. 앞뒤로 흔들다 꿈틀꿈틀 움직이다

580 needless to say***
▶ obviously, of course, undoubtedly, **surely**
Needless to say, President Lincoln was one of the greatest American presidents of all time.
두말할 것도 없이 링컨 대통령은 미국 역사상 가장 위대한 대통령이었다.
phr. 물론, 두말할 나위 없이

581 delineate*
[dilínièit]
▶ trace, outline, describe, **depict**
It is often important to delineate the goals of an organization before it can accomplish anything.
어떤 일을 이루어내기 위해서는 그 조직의 목표의 윤곽을 그리는 것이 중요하다.
v. 윤곽을 그리다, 묘사하다

582 rent
[rent]
▶ lease, let
The similarity in prices to rent and buy homes often makes purchasing one a sound financial decision.
집을 임대하는 것과 사는 가격이 비슷할 때에는 대부분 구입하는 것이 경제적인 선택이다.
v. 빌리다, 임대하다

583 correspondence**
[kɔ̀:rəspándəns, kùr- / kɔ̀rəspɔ]
▶ agreement, conformity, harmony, **concord**
The presidential archives are filled with correspondence between the presidents and regular citizens.
대통령 기록 보관소는 대통령과 일반 시민들간의 통신으로 가득 채워져 있다.
n. 대응, 일치; 서신교환

584 essentially*
[isénʃəli]
▶ basically, primarily, originally, by nature
His research was started essentially because of his curiosity about space travel.
그의 연구는 본래 우주 여행에 대한 호기심에서 시작되었다.
ad. 본래, 본질적으로

585 groundwork
[gráundwə̀:rk]
▶ foundation
In order to attain a goal, it is necessary to lay the proper groundwork initially.
목표를 달성하기 위해선 처음부터 탄탄한 기초를 쌓아야 한다.
n. 토대, 기초; 기본원리, 원칙

586 appease
[əpí:z]
▶ pacify, quiet, soothe, calm
Okonkwo sacrificed three virgins in order to appease the angry thunder god.
Okonkwo는 천둥신을 진정시키기 위해 세명의 처녀를 제물로 바쳤다.
v. 달래다, 진정시키다

587 disposition
[dìspəzíʃən]
▶ temperament, temper, nature, spirit
It is important that people check the disposition of the breed before purchasing a puppy.
강아지를 사기 전에 종의 성향을 확인하는 것은 중요하다.
n. 배열, 배치; 성질, 기질

588 irreversible*
[ìrivə́:rsəbl]
▶ permanent, irrevocable
The irreversible effects of climate change are beginning to be noted in many ecosystems.
변경할 수 없는 기후 변화의 영향은 많은 생태계에서 보여지기 시작했다.
a. 철회(취소, 변경)할 수 없는

#	Word	Synonyms / Example	Meaning
589	**inclined** [inkláind]	▶ apt, liable, prone, disposed; slanted, tilted The judge was inclined to believe the defendant was lying due to the inaccuracies in his story. 판사는 피고의 이야기가 정확하지 않은 것으로 보아 피고가 거짓말을 하고 있다고 믿었다.	a. ~의 경향이 있는; 경사진 (~을) 하고싶은, (마음이)내키는
590	**debris**** [dəbríː, déibri / déˊ]	▶ dregs, wreckage, remains, shattered Debris was strewn across the field where the plane was presumed to have crashed. 비행기가 추락한 장소라고 추정되는 땅에는 파편들이 흩뿌려져 있었다.	n. 파편, 부스러기, 파괴의 자취, 조각
591	**overall*** [óuvərɔ̀ːl]	▶ general, comprehensive, total, universal The overall result of the survey shows that most customers are satisfied with our services. 설문조사의 전반적인 결과는 고객들이 우리 서비스에 만족하고 있다는 것을 보여줬다.	a. 포괄적인, 전반적인, 전체의
592	**unintentional** [ʌ̀ninténʃənəl]	▶ contingent, casual, unexpected, accidental Although his slight was unintentional, John apologized profusely for any discomfort he may have caused. 그의 무례는 고의가 아니었지만, John은 그가 자초한 모든 불편함에 대해 깊이 사죄하였다.	a. 고의가 아닌, 우연한
593	**worn-out** [wɔ́ːrnáut]	▶ run-down, ragged, shabby, threadbare The beggar was wearing worn-out clothes that were at least 10 years old. 거지는 최소한 10년은 된 다 낡은 옷을 입고 있었다.	a. 고갈된, 다 써버린, 닳아빠진, 써서 낡은
594	**consternation** [kɑ̀nstərnéiʃən / kɔ̀ˊ]	▶ anxiety, distress, dismay Picasso's picture caused much consternation among the art critics. 피카소의 그림은 미술 평론가들에게 놀라움을 가져다 주었다.	n. 섬뜩놀람, 당황
595	**confident** [kɑ́nfidənt / kɔ́n-]	▶ certain, convinced The confident applicant was too prepared for the interview and came off robotic. 자신만만한 지원자는 인터뷰 준비를 너무 많이 해서 로봇같이 들렸다.	a. 확신하는, 자신만만한
596	**posit** [pɑ́zit / pɔ́z]	▶ conjecture, presume Darwin posited the idea of an evolution occurring between successive generations. 다윈은 역세사이에 진화가 일어난다는 견해를 사실로 가정했다.	v. 놓다, 설치하다; (논리)~을 사실로 가정하다
597	**isolation** [àisəléiʃən]	▶ separation, segregation, seclusion, solitude The threat of isolation from the general population is used as a means to entice prisoners to follow the established rules of the facility. 대중으로부터의 고립의 위협은 죄수들을 시설의 규칙을 잘 따르게 하는 방법으로 사용된다.	n. 고립, 분리
598	**lade** [leid]	▶ load, charge, burden, freight, ship Workers lade the precious cargo into the aircraft in hopes it will reach the infected regions. 짐꾼들은 귀중한 화물을 비행기에 실으며 감염된 지역까지 무사히 도착하기를 바랬다.	v. 싣다

Vocabulary Usher | 토플 401-600

599 loathe**
[louð]
▶ abhor, abominate, detest, **hate**
Having grown up in a poverty-striken house, the girls loathed people who wasted food and money.
가난한 집에서 자란 소녀는 음식이나 돈을 낭비하는 사람들에 질색했다.
v. 혐오하다, 싫어하다, 질색하다

600 a host of*
▶ a number of, a multitude of
The coral reef is home to a host of fish and other types of marine life.
산호초는 많은 수의 물고기와 바다생물의 서식지이다.
phr. 많은 수의

Quiz
오늘의 퀴즈 (401-600) : 토플 단어용

문장 속의 단어와 같은 뜻의 단어를 고르시오. (1-10)

1. Vlad the Impaler was known throughout Romania for his cruel and unusual punishment methods.
   a. ongoing   b. barbarous   c. disagreeable   d. fanciful

2. The influx of foreigners has caused the United States to become a multicultural country.
   a. contradiction   b. arrival   c. remedy   d. upcountry

3. The students, having mastered adding objects, began to learn how subtraction works in an opposite way.
   a. feature   b. wordiness   c. intrusion   d. deduction

4. They will not be able to reach a conclusion unless they understand the core of the problem.
   a. center   b. accusation   c. legality   d. method

5. Boys tend to tease girls they like while girls tend to be shy in front of boys they like.
   a. irritate   b. investigate   c. blemish   d. accomplish

6. It is normal for people to reminisce when looking at old pictures.
   a. remember   b. trace   c. depict   d. rush

7. After a long period of anger and sorrow, the widow vowed to go out and try to enjoy her life again.
   a. variety   b. appliance   c. grief   d. anticipation

8. Due to his depraved policies of genocide and torture, Hitler is one of the most infamous world leaders in modern history.
   a. inventive   b. filthy   c. notorious   d. substantial

9. Modern animals have evolved over millions of years to be best adapted to their environments and lifestyles.
   a. ensued   b. assailed   c. designed   d. developed

10. Okonkwo sacrificed three virgins in order to appease the angry thunder god.
    a. pacify   b. encounter   c. exacerbate   d. improve

정답   b/b/d/a/a/a/c/c/d/a

본인이름	
틀린개수	
채점자이름	

단어시험 보는 방법
1. 화장실을 먼저 다녀옵니다.
2. 핸드폰 전원을 꺼둡니다(진동, 무음도 안됨)
3. 책상 위에 필기도구를 제외하고 깨끗이 치웁니다.
4. 단어 3회독 Mp3 파일을 틀고 시작합니다.

주의사항
1. 채점 속도가 빠르다고 시험 도중 Mp3 파일을 멈추지 마세요~!
2. 채점 시, 스펠링 & 품사 & 뜻 중 하나라도 다르거나 빠트렸을 경우 틀린 답입니다.

1		26		51		76	
2		27		52		77	
3		28		53		78	
4		29		54		79	
5		30		55		80	
6		31		56		81	
7		32		57		82	
8		33		58		83	
9		34		59		84	
10		35		60		85	
11		36		61		86	
12		37		62		87	
13		38		63		88	
14		39		64		89	
15		40		65		90	
16		41		66		91	
17		42		67		92	
18		43		68		93	
19		44		69		94	
20		45		70		95	
21		46		71		96	
22		47		72		97	
23		48		73		98	
24		49		74		99	
25		50		75		100	

USHER
usherin.usher.co.kr

101	126	151	176
102	127	152	177
103	128	153	178
104	129	154	179
105	130	155	180
106	131	156	181
107	132	157	182
108	133	158	183
109	134	159	184
110	135	160	185
111	136	161	186
112	137	162	187
113	138	163	188
114	139	164	189
115	140	165	190
116	141	166	191
117	142	167	192
118	143	168	193
119	144	169	194
120	145	170	195
121	146	171	196
122	147	172	197
123	148	173	198
124	149	174	199
125	150	175	200

| 공부 수기 |

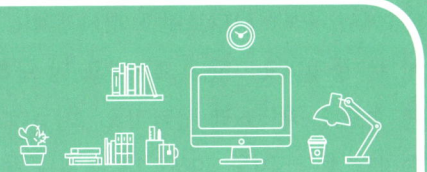

80, 이래도 됩니다!

이 름	최◆◆
공부기간	7개월의 실전과 1개월의 취미토플(점수나고 나서)
처음 점수	없음
마지막 점수	81

아오. 만나서 반가워요. 어셔에서 8개월의 긴긴 여정을 끝낸 학생입니다. 지금 생각해보니 눈물이 날라 카네요. 처음부터 영어에 대한 제대로 기초 없이 완초 2부터 시작했어요. 눈물 나는 단어와, 3개월간의 리딩. 그리고 2개월간의 리스닝을 마무리하고 24 / 20 / 17 / 20 까슬까슬하게 80을 넘기고 학원을 나가요. 막 7개월 정도했으면 한 90 몇 점이겠지 기대하신분 죄송해요ㅋㅋ.

아 3개월 하니깐 80 나왔어요 이런 얘기 많이 들으신 분도 많을테죠. 근데 전 24년동안 너무 놀았나봐요. 저는ㅋㅋ 저와 같이 심하이 놀다 오신 분들에게 도움이 됐으면 하네요.

| 외운건가 단어 |

젤 처음 완초 2반에서부터 시작할 때 아 단어 때문에 울 뻔했어요. 젤 첫날에 단어를 7시간 외우고 98개를 틀렸으니까요. 첫 달에 단어를 외우는 시간이 5시간 이상씩이었지만 단어를 50개 미만으로 틀린 기억이 없어요. 아 진짜 내 머리는 돌인가베 했어요. 그 다음 반으로 K-1으로 올라가서 단어를 볼 때는 시간이 좀 줄더라고요. 3시간 정도 보니까 한 40개 정도 틀리더라고요. 그리고 그 다음달이 2시간 정도 보니깐 20~30 개 정도로 줄었어요. 아 이제 나도 좀 되나 보다 했는데 좀 잘 외우는 애들은 3달째에 1시간보고 10개 미만으로 틀리더라고요ㅋㅋ 다시 아 내 머리는 다시 돌인가베 했어요. 단어에 대해서 느낀 것은 사람마다 외우는 방식은 다른 것 같아요. 이 방식 저 방식 다 해보시고 맞는 방식으로 찾아가세요. 그리고 K-1 올라가시기 전에 단어는 잡아 놓으시고 올라가셔야 돼요... 2시간 이내에 단어 다 외울수 있는 느낌 정도??? K-1 처음 들어갔을 때 4시간 이상 잔 적이 없었던 것 같아요... 리딩, 리스닝, 롸이팅, 스피킹 숙제가 있으니까요...ㅠㅠ

샘들 개개인은 아, 조금만 내줄게 하고 내주시는데 맞아요. 적어요. 따로 보면. 근데 다 합치면 잠 안자야 할 수 있는 양이 돼요...ㅋㅋㅋ 그니깐 완초 때 단어를 마스터 안 하시면 K-1에서 엄청 고생해요. 단어도 해야 되고 리딩도 해야 하니까요^^

| 잊혀요 리딩 |

잊혀요 리딩은 25점 끌어 올리는데 3개월 걸렸어요.

K-1에서 공부하시다보면 느끼시겠지만, TPO 풀면 시간 안에 못 푸는 경우가 많아요. 경우가 많은 게 아니라 항상 못 풀었어요 저는. 그렇다고 맘 급하게 읽는 속도를 늘리시려 하지 마세요. 꼼꼼히 해석하는 연습을 하다 보면 속도도 자연스레 올라가요. 처음에 14 문제에서 9문제를 풀었었는데, 한 달 동안 꾸준히 꼼꼼히 나가는 연습하다 보면 14문제에서 13 문제는 풀게 되더라고요. 그러니깐 시간은 걱정하지 말고 문제 푸세요. 꼼꼼히 읽다 보면 문제도 쉽게 풀려요. 그래서 문제 푸는 시간도 자연스레 줄어요.

한 달 지나니까 18~21 점 나오더라고요. 여기서 저는 25점 이상까지 점수 맞아보는데.. 거의 두달걸렸어요. 사람마다다르기는 하겠지만, 저는 이시기가 정체기였어요. 영어를 한글로 일일이 해석하면서 읽다가 어느 순간 보면 내가 굳이 해석하려 하지 않아도 의미가 와 닿아요. 문제는 이게 어정쩡하다는 거예요. 어떤 문장은 되고 어떤 문장은 그런 느낌으로 안 오고 하니까요. 이때쯤에 항상 문제를 풀면, 2개를 추려내면 2개가 남고, 그리고 아 이게 답이다 하고 체크하면 틀리고, 항상 그런 식이었어요. 이 기간이 안 잡히던 영어의 체계가 잡힐라 그런다면서 누가 그랬어요. 그러니 이 기간에 절!대! 포기 하시면 안돼요...ㅋㅋ 하지만 저는 이 기간이 너무 오래가니까 아 역시 나는 안되는가 보다 해서, 학원 2주 쉬었어요. 아 수기에 이런 말 쓰면 안되려나. 여러분도 안되면 쉬란 말은 아니에요...ㅋㅋㅋㅋ 저는 쉬고 와서부터 리딩이 점점 잡히기 시작했어요. 외우기만 했던 것들이 머리에 정리 된 느낌?? 어느 날부터 갑자기 리딩 읽는 게 혼란스럽지 않고 자연스럽게 와 닿던 부분이랑 내가 일일이 해석해야 하던 느낌이랑 감이 잡히더라고요. 이때부터 리딩이 25(본시험)~28(모의) 정도 나왔어요.

그리고 리딩을 하면서 느낀 건 샘이 줄그라카는 구문이에요. 외우기만 하면 아무 소용이 없는 게 사실이에요. 그 구문을 끼워서 해석하는 연습을 안 하면 리딩은 친해지려 해도 안 친해져요. 까다로운 놈~~ㅋㅋ 구문 그대로 해석 하는 연습을 많이 하시다 보면 자연스레 리딩은 잡히실 거예요.

안 들려요 리스닝 (2월, 3월)

안 들려요 리스닝은... 뭐라 드릴 말씀이 없어요 저도 잘한 게 아니라... 저가 저 점수 때까지 끌어올린 요령만 살짝살짝 쓸게요..^^;

저는 리스닝 11점에서 16점까지 올리는데 딕테이션에 큰 영향을 받았어요. 워낙 안 들리는 부분이 많아서ㅎㅎ. 딕테이션하면서 안 들리는 부분 점점 고쳐나갔던 점은 k-1에서 걍 수업 진도 따라가다 보니 어느정도 잡혔어요. 그리고 K-2 올라가면서부터 리딩은 수업 따라가는 정도로만 공부하고, listening 에 걍 다 갖다부었어요. 리딩 1시간, 단어 1시간, 러스닝 4시간, 이 정도로 분배했어요. 이때는 쉐도잉이 정말 큰 역할을 했어요. 스크립트를 보고 하는 것이 아니라 걍 듣고 하는 쉐도잉 연습이요. 처음엔 정말 안돼요. 저가 한마디하면 렉쳐는 세 네마디 하고 있응께 될 리가 없지요. 쉐도잉 10번 하는데에만 저는 2시간 정도 걸렸어요. 3번 정도 하다가 안 따라 읽어지는 부분은 다시 스크립트 보고 해석, 그리고 다시 읽어보고 다시 쉐도잉 3번하구, 다시 안 되는 부분 해석 읽어보고, 다시 쉐도잉 이런 식으로요. 지금 생각만 해도 토나옴. 근데 점점 하다 보면 들리는 속도랑 머릿속에서 영어를 이해하는 속도가 비슷해지기 시작해요.

이 기간이 대략 1달 정도 걸렸어요. 그래도 아직 완전하지 않아서 세부내용을 툭툭 놓치더라구요. 이게 어느정도 되니깐 그때 리스닝이 16점에서 21점으로 한달 사이에 툭 하고 뛰었어요. 리스닝에서 말씀드릴 수 있는 정도는 여기까지?? 귀에 고름 나오기 전까지 듣고, 입이 닳도록 말하다 보면 20점 이상은 맞는 것 같아요. 이 이상의 점수는 쌤께 문의 바래요~~~감사해요~~~

| 아오 스피킹 |

아오, 저는 스피킹 말할 때 겁나 떠는 버릇이 있어요...ㅋㅋ 진우 쌤이 시키면 말할 때 알아서 바이브레이션 들어갈 정도로요. 저는 이거 고치려고 진우쌤에게 쌤~ 저는 무조건 좀 시켜주세요~~~ 했었어요.

그렇다고 정말 시켜 뿌는 진우쌤 감사해요ㅋㅋ 저는 스피킹은 따로 한 게 없어요 정말.. 걍 외우라는 거 외우고 안떨려고 발악하고, 스피킹 녹음 파일 들으면서 다시 연습해보고 이정도?? 그래서 저는 스피킹 잘 받은 점수가 17점 밖에 안되나 봐요. 아 참고로, 저가 1번부터 6번까지 하나도 다 못 말했을 때가 13점 나왔고요. 1번부터 6번까지 다 못 말한 게 1~2개 정도일 때 17점 나왔어요. 아 부끄르라......

| 행복해요 롸이팅 |

행복해요 롸이팅은 별 투자를 하지 않아도 리스닝만큼 나와서 행복해요. 그냥 멋모르고 썼을 때 15~18, 템플릿 외우고러딩 구문 살짝 섞었을 때 20~22 이랬어요. 리딩 공부하실 때 구문 적용해서 해석하는 연습 많이 하셨다면 롸이팅 쓰다가 갑자기 구문 익숙한 거 몇 개씩 튀어나와요, 걍 시험보는데 갑자기 리딩 구문 생각 많이 난 날이 22점 나왔어요. 그리고 외워던 스피킹도 대박으로 롸이팅에 많이 쓰여요. 걍...이 말 밖에 드릴 말씀이 없어요ㅋㅋ

행복했던 롸이팅이지만 할말은 없네요...ㅋㅋㅋㅋ

감사해요, 진우쌤 스피킹, 롸이팅 다요 ~~~

in usher 에서의 팁.

1. 학원이 가고 싶어야 해요.

학원에서 공부하는 분위기가 되어야 하는 건 맞지만 학원이 즐거워야 학원으로 와서 공부를 해요. 내가 긍정적인 사고로 잘 웃을 수 있으면 주위사람들에게 힘이 되고, 다른 사람도 그렇다면 저의 무게가 줄어요. 이러다 보면 학원이 가고 싶어요. 같이 공부하고 가면 겁나 재밌으니까요. 저는 조를 항상 잘 만나서 실실 웃으면서 학원 댕겼어요. 저는 집보다 학원이 즐거웠음. 그니깐 첫 3일 동안에 자신과 맞는 사람을 잘 찾으셔야 되요. 안 맞는 사람과 같이 앉으면 그 한 달은 한 달이 아녜요.

2. 짐을 남기지 마세요.

숙제 중에 롸이팅이나, 스피킹은 그 날 쉬는 시간을 이용해서 다 끝내버리세요. 학원 마칠 때까지 남겨놓으면 다른 공부할 때 괜히 부담이 되요. 공부도 하기 싫어지고요.

3. 학원 어지간하면 빠지지 마세요.

학원 어지간하면 꾸준히 나오세요. 한번 두 번 학원 빠지기 시작하면, 나중에는 작은 일에도 학원 가기 싫은 맘이 들어요. 그러니 맘 약해질 '거리'를 만들지 마세요. 하루 이틀 학원 안 나가다가 외국 못나가요.

4. 점수 언젠간 나요.

중간에 정말 토플 포기할까 말까 이런 생각 많이 했어요. 3달하면 나올 줄 알았는데 그게 아니더라고요. 가끔 나의 실력확인 차 토플을 보고 오면 내가 배운 건 영어가 맞는 건지, 내가 본 시험이 토플이 맞기는 한 건지 싶기도 했고요. 근데 결국 붙잡고 늘어지는 놈이 이겨요. 근데 붙잡고 늘어지는 사람이 적다는 게 문제에요.

여러분도 열심히 하셔서 점수 나고 저처럼 여행 계획하고 회화 학원 고민 하시길.

어셔인들 화이팅요 ^.^ 공부량으로 치면 어셔는 세계최강입니다. 자신감을 가지세요ㅋㅋ

| 오늘의 단어 |

모르는 단어 개수: _____개

1회독 _____/200개 2회독 _____/200개 3회독 _____/200개 4회독 _____/200개 5회독 _____/200개

_____/200개* 5분 = _____분 (약   시간 필요)

*휴식시간 및 시험시간(200개당 45분입니다)을 꼭 넣어야 합니다.

나의 오늘 목표는 _____번부터 _____번까지!!!

오늘의 단어

오늘 공부할 양에서 내가 아는 것과 모르는 것을 미리 체크해서 오늘 단어 외우는데 걸리는 시간을 미리 계산해 보면 공부의 효율이 높아집니다.

#	word	#	word	#	word	#	word	#	word
601	bitter	621	mend	641	daunt	661	figurative	681	stammer
602	sheltered	622	immerse	642	signify	662	aversion	682	harness
603	homogeneity	623	secrete	643	unwonted	663	faction	683	lawful
604	quarrelsome	624	shrivel	644	lukewarm	664	companion	684	happen to do
605	imaginary	625	engross	645	incompatible	665	quiver	685	drill
606	gratify	626	suite	646	inert	666	mariner	686	dusky
607	prized	627	migrate	647	evident	667	incorporate	687	weakness
608	scour	628	examine	648	appearance	668	fusion	688	mask
609	dominant	629	old-fashioned	649	devastation	669	cheerful	689	hub
610	derived from	630	taxonomy	650	sporadic	670	wave	690	location
611	stunted	631	prohibitive	651	option	671	parody	691	escort
612	avaricious	632	foliage	652	title	672	whimsical	692	in the course of
613	wrangle	633	prototype	653	tacit	673	impair	693	void
614	frightful	634	underground	654	yawn	674	maneuver	694	employ
615	absolutely	635	so far	655	leisurely	675	first and foremost	695	shun
616	impregnable	636	collectively	656	overpower	676	odor	696	spread out
617	remembrance	637	ingredient	657	dilate	677	tragic	697	diversity
618	fracture	638	accidental	658	toxic	678	wattle	698	stick together
619	forestall	639	nocturnal	659	perennial	679	gleaming	699	formerly
620	dribble	640	luster	660	territorial	680	relevant	700	addict

#	Word	#	Word	#	Word	#	Word	#	Word
701	judicious	721	maladroit	741	unstable	761	locale	781	ragged
702	inveigle	722	commemorate	742	rough	762	importance	782	ultimately
703	votary	723	originate	743	majestic	763	indifference	783	virgin
704	comprehensive	724	boon	744	pinpoint	764	converge	784	capability
705	beacon	725	vengeance	745	embark on	765	float upward	785	position
706	conjure	726	jurisdiction	746	admire	766	pleasing	786	detrimental
707	spawn	727	abet	747	subsist	767	priority	787	magnify
708	added	728	adaptability	748	fringe	768	divest	788	bountiful
709	amass	729	piecemeal	749	culminate in	769	exalted	789	portion
710	tenet	730	remainder	750	accustomed	770	designed	790	remnant
711	configuration	731	composition	751	polish	771	timid	791	troop
712	nevertheless	732	intrinsic	752	outlaw	772	delinquent	792	adage
713	grind	733	genre	753	traditionally	773	liberate	793	ambivalent
714	readily	734	abundance	754	give way to	774	dwarf	794	manipulate
715	result	735	clutch	755	inhibit	775	ornamental	795	subservient
716	discover	736	improvise	756	vindictive	776	idle	796	reciprocal
717	documented	737	crush	757	evaporate	777	wearisome	797	veneration
718	particularly	738	impulsive	758	wax	778	kinship	798	weed out
719	eventual	739	customary	759	spring up	779	apprentice	799	explicit
720	sociable	740	overwhelmingly	760	viable	780	spontaneous	800	ambitious

USHER iBT TOEFL
VOCABULARY

04
04 out of 13

토플단어
601-800

usherin.usher.co.kr

Vocabulary Usher | 토플 601-800

1회독 | 2회독 | 3회독 | 4회독 | 5회독

04 out of 13 USHER VOCABULARY
usherin.usher.co.kr

601 bitter [bítər]
▶ harsh, acrid, biting
He had to go through bitter failure multiple times before he finally achieved success.
그는 성공하기 전까지 몇번의 쓰라린 실패를 맛보아야만 했다.
a. 쓴, 쓰라린, 지독한

602 sheltered [ʃéltəːrd]
▶ protected
Due to their overly protective parents, the children lived a very sheltered life.
그들을 과잉보호하는 부모님 때문에, 아이들은 매우 시련없는 삶을 살았다.
a. 보호된 상태의

603 homogeneity [hòumədʒəníːəti]
▶ sameness, homogeneousness
The homogeneity of the population made it ideal for the experiment.
인구의 동종성은 그 실험을 더 이상적이게 만들었다.
n. 동종(성), 균질(성)

604 quarrelsome [kwɔ́ːrəlsəm]
▶ belligerent, combative
The quarrelsome man had trouble keeping friends for very long.
싸우기 좋아하는 그는 친구들과 긴 시간 동안 교제하는데 어려움을 겪었다.
a. 싸우기 좋아하는

605 imaginary [imǽdʒənèri]
▶ fanciful, visionary, fictional, fictitious
Many people who live in isolated places tend to have imaginary friends during their childhood years.
외떨어진 지역에 사는 많은 사람들은 어린 시절동안 상상 속의 친구를 갖곤 한다.
a. 상상의, 가상의

606 gratify* [grǽtəfài]
▶ please, satisfy, appease
Money and fame still could not gratify the king's greedy heart.
돈과 명예는 여전히 왕의 욕심을 만족시키지 못했다.
v. 만족시키다, 기쁘게 하다

607 prized* [praizd]
▶ outstanding, prominent, valued
Gold is prized in almost every culture of humanity.
거의 모든 인류 문화들에서 금은 귀중하다.
a. 소중한, 귀중한

608 scour* [skáuər]
▶ search, hunt, seek; rub, polish, scrub, scrape
The man scours the classified section every day hoping to find a better job.
남자는 더 좋은 직업을 찾을 수 있기를 바라며 여러 부서를 매일 탐색하며 다녔다.
v. 탐색하다, 찾아 다니다; 문질러 닦다

609 **dominant*** [dámənənt / dóm-]	▶ supreme, prevailing, ruling, prevalent The dominant theory of the origin of the universe is the "Big Bang Theory," which implicates a giant explosion 10-20 million years ago. 우주근원의 가장 우세한 이론은 100~200억년전 거대한 폭발이 일어났다는 '대폭발'설이다.	a. 지배적인, 우세한
610 **derived from**	▶ originated, began, emerged, resulted Jazz music is partially derived from African folk music. 재즈 음악은 부분적으로 아프리카 민속 음악에서부터 기원되었다.	phr. ~부터 기원된, ~에서 기인한
611 **stunted*** [stántid]	▶ hindered, inferior Due to the lack of nutrients in their natural diet, the growth of many poorer groups is stunted. 식단의 영양 부족으로 빈곤층 사람들의 성장이 멈췄다.	a. (성장이) 멎은, 왜소한
612 **avaricious** [ӕvəríʃəs]	▶ greedy The avaricious king loved treasures. 욕심 많은 왕은 보물을 좋아했다.	a. 탐욕스러운
613 **wrangle*** [rǽŋgl]	▶ argue, debate, quarrel, bicker Tray and I wrangled over what to eat for dinner until we were finally able to compromise. Tray와 나는 합의를 볼 때까지 저녁에 무엇을 먹을 것인지에 대하여 논쟁을 벌였다.	n. 언쟁, 다툼 v. 말다툼하다, 논쟁하다
614 **frightful** [fráitfəl]	▶ alarming, awful, horrible, gruesome The frightful decapitation of a shopper in a grocery store has haunted the Canary Islands' Ministry of Tourism since 2010. 식품점에서 일어난 무서운 손님 살인사건은 2010년부터 카나리 섬의 관광부를 긴장시켰다.	a. 무서운, 놀라운
615 **absolutely**** [ӕbsəlúːtli]	▶ totally, utterly, completely, perfectly The accusations of dishonesty were absolutely uncalled for. 정직하지 못하다는 혐의는 전적으로 불필요했다.	ad. 전적으로
616 **impregnable** [imprégnəbəl]	▶ unassailable, invincible The impregnable walls of the fortress protected the inhabitants from intruders. 요새의 난공불락의 방벽은 침입자로부터 거주자들을 보호했다.	a. 난공불락의; (신념이) 확고부동한
617 **remembrance** [rimémbr-əns]	▶ recollection, reminiscence, memory Every year people around the world buy poppies as a remembrance of those who died in the field of battle. 매년 전 세계에서 사람들은 전쟁에서 전사한 사람들을 기억하기 위해서 양귀비를 산다.	n. 기억, 추억, 회상
618 **fracture** [frǽktʃəːr]	▶ breach, fault / break, cleave The fracture in the church during the Protestant Revolution came about due to the selling of indulgences. 신교도 개혁 동안의 교회 분열은 면제부를 팔아서 생겨났다.	n. 분열; 골절 v. 부수다, 금가게 하다

Vocabulary Usher | 토플 601-800

619 forestall* [fɔːrstɔ́ːl]
▶ **prevent, hinder, foreclose, preclude**
In order to forestall future aggression, the surrender of Japan after WWII was accepted only with the stipulation that they no longer support an active military.
미래의 공격을 막기 위해, 일본이 군대를 포기한다는 조건하에서만 제 2차 세계대전 후 일본의 항복이 받아들여졌다.
v. 미리 막다, 미리 손을 쓰다, 앞지르다, 방지하다

620 dribble [dríbəl]
▶ **fall or flow in drops; bounce / drip**
The cat was swatting at the drops of water as they dribbled out of the faucet.
고양이는 수도꼭지에서 똑똑 떨어지는 물방울을 찰싹 때렸다.
v. (물방울이)똑똑 떨어지다, 공을 튀기다
n. 똑똑 떨어짐

621 mend [mend]
▶ **repair, fix**
We need at least five skillful workers to mend the roof.
지붕을 수선하기 위해서 적어도 다섯명의 숙련된 일꾼이 필요하다.
v. 수선하다, 개선하다

622 immerse [imə́ːrs]
▶ **submerge, dip, submerse**
After immersing his shorts in the wash basin, Michael realized that his phone was still in the pocket.
Michael은 반바지를 물통에 담근 후에야 휴대폰이 주머니에 있다는 것을 깨달았다.
v. 담그다, 빠뜨리다

623 secrete** [sikríːt]
▶ **produce, discharge, excrete**
Maple trees secrete maple syrup commonly used when eating pancakes.
단풍 나무는 팬케익을 먹을 때 일반적으로 사용하는 단풍당밀을 분비한다.
v. 분비하다; 비밀로 하다, 횡령하다
n. 분비물

624 shrivel [ʃrív-əl]
▶ **shrink, wilt, wither, wrinkle**
The leaves of the plants started to shrivel before it eventually died.
결국 죽기 전에 나뭇잎들은 시들기 시작했다.
v. 주름지다, 시들다, 줄어들다

625 engross [engróus]
▶ **absorb, assimilate, attract**
Milicent became so engrossed in the TV show that she didn't go to sleep until after 1am.
Milicent는 티비 프로그램에 너무 몰두해서 새벽 한시가 넘도록 잠에 들지 않았다.
v. 집중시키다, 몰두하다

626 suite [swiːt]
▶ **set, group, collection, series**
For Christmas this year, many children will receive the suite of Harry Potter novels.
이번 크리스마스에 많은 아이들은 해리포터 소설 모음집을 받을 것이다.
n. 세트(가구, 용품); 한 조, 묶음

627 migrate** [máigreit]
▶ **travel, move around, immigrate, emigrate, move**
The ability of animals to migrate allows them to survive times when the environment is not conducive for survival.
주위환경이 생존하기 좋지 않을 때, 이주할 수 있는 것은 동물들이 살아남을 수 있게 한다.
v. 이주하다, 움직이다

628 examine* [igzǽmin]
▶ **inspect, probe, scrutinize, investigate**
The doctor carefully examined his patient for any other symptoms of cancer.
의사는 환자가 어떠한 암 증상을 가지고 있는지 조심스럽게 검사하였다.
v. 검사하다, 조사하다

629	**old-fashioned**	▶ outmoded, antique, obsolete, archaic Elderly people tend to enjoy old-fashioned clothes rather than modern clothes. 나이드신 분들은 현대적인 옷보다는 유행에 뒤떨어진 옷을 입는 것을 즐긴다.	a. 유행에 뒤떨어진, 구식의
630	**taxonomy** [tæksánəmi / -sɔ́n-]	▶ – Taxonomy is the process of naming and classifying things. 분류학이란 여러가지를 이름 짓고 나누는 작업이다.	n. 분류학, 분류법
631	**prohibitive** [prouhíbitiv]	▶ constrictive, forbidding, preventive The prohibitive nature of the boarding school led many students to rebel against the administration. 기숙사제 학교의 금지적인 환경은 많은 학생들이 이사회에게 반항하게 만들었다.	a. 금지의, 금지하는
632	**foliage*** [fóuliidʒ]	▶ leaves The colorful foliage reminded the people of the changing season. 화려한 색의 잎은 사람들에게 계절의 변함을 상기시켰다.	n. 잎
633	**prototype** [próutətàip]	▶ model Creating a prototype of a new invention is a great way to study how it will function in the real world. 새로운 발명품의 원형을 만드는 일은 실세계에서 어떻게 그것이 사용될지 공부할 수 있는 좋은 방법이다.	n. 원형, 모델, 선조
634	**underground** [ʌ́ndərgràund]	▶ secret, clandestine, covert, subsurface An underground network of sympathetic citizens helped many people escape from the Nazis during the Holocaust. 인정있는 사람들의 비밀스러운 조직은 대학살 때 많은 사람들을 나치로부터 도망칠 수 있게 해주었다.	a. 비밀의, 지하에 숨은
635	**so far***	▶ until now, up to present The attempts to oust the dictator have, so far, been unsuccessful. 지금까지 독재자를 몰아내려는 시도는 실패하였다.	phr. 지금까지, 어느 정도 까지만
636	**collectively*** [kəléktivli]	▶ together, altogether, totally, in sum The elders gathered all the tribe leaders to make a decision collectively. 연장자들은 다함께 결정을 내리기 위해서 모든 부족의 대장들을 모았다.	ad. 함께, 총괄하여, 집합적으로
637	**ingredient** [ingríːdiənt]	▶ element, part, component, constituent My mother opened the cook book to check the ingredients of apple pie. 나의 어머니는 애플파이의 재료들을 확인하기 위해서 요리책을 펼쳤다.	n. 성분, 재료
638	**accidental** [æ̀ksidéntl]	▶ casual, contingent I believe that there is no such thing as an accidental success. 나는 우연한 성공 같은 것은 없다고 생각한다.	a. 우연한

639 nocturnal*
[nɑktə́:rnl / nɔk-]
▶ **active at night**
The owl is the most famous nocturnal creature.
부엉이는 가장 유명한 야행성 동물이다.

a. 밤의, 야간의

640 luster**
[lʌ́stər]
▶ **sheen, brightness, brilliance / shine**
After a few coats of polish, the car shone with a beautiful luster.
몇 번의 광택칠 후 그 차는 멋진 광택을 뽐내었다.

n. 광택, 영광
v. 광을 내다

641 daunt
[dɔ:nt]
▶ **intimidate, discourage, dishearten**
The students were daunted by the prospect of taking an exam which would determine their futures.
학생들은 그들의 미래를 결정할 시험에 대한 예상으로 두려워하고 있었다.

v. 위협하다

642 signify*
[sígnəfài]
▶ **denote, express, indicate, mean**
In formal writing, italics are used to signify the use of a word from a foreign language.
공식적인 글에서 이탤릭체는 다른 언어의 단어를 나타낼 때 쓰인다.

v. 의미하다, 나타내다

643 unwonted*
[ʌnwóuntid]
▶ **unusual, unordinary, extraordinary**
He has unwonted talent in singing.
그는 뜻밖의 노래 실력을 가지고 있었다.

a. 평소와 다른, 뜻밖의

644 lukewarm
[lú:kwɔ̀:rm]
▶ **tepid, warm; half-hearted, cool**
He washed his wound in lukewarm water.
그는 상처난 부위를 미지근한 물에 씻었다.

a. 미지근한; 열의가 없는

645 incompatible
[ìnkəmpǽtəbəl]
▶ **inconsistent, contradictory, inharmonious**
The computer software that the school requires is incompatible with the most common operating systems.
학교가 요구하는 컴퓨터 소프트웨어는 가장 일반적인 운영체계와 맞지 않는다.

a. 성미가 맞지 않는; 모순된

646 inert*
[inə́:rt]
▶ **motionless, inactive, stationary, listless**
The snake stayed inert so that its prey would think it is dead.
뱀은 먹이가 자신을 죽은 것처럼 생각하게 하기 위해서 움직임 없이 있었다.

a. 움직임 없는, 기력이 없는

647 evident**
[évidənt]
▶ **obvious, apparent, manifest, plain**
After listening to both sides argue for hours, it was evident that neither would accept the other's position.
몇 시간동안 양쪽이 주장하는 것을 듣자 양쪽 다 서로의 입장을 받아들이지 않을 것이 분명해졌다.

a. 분명한, 명백한

648 appearance
[əpíərəns]
▶ **occurrence**
The appearance of Asian carp in N. America's river system has caused immediate long lasting problems.
북아메리카 강에 출현한 즉시 아시안 카프(잉어떼)는 오랫동안 지속되는 문제를 일으켰다

n. 출현; 외관, 겉보기

649 **devastation** [dèvəstéiʃən]	▶ destruction War does not mean heroic battle; it only means a total devastation. 전쟁은 영웅적인 전투가 아니라 완전한 파괴일 뿐이다.	n. 파괴, 황폐
650 **sporadic**** [spərǽdik]	▶ infrequent, occasional, irregular, intermittent The sporadic aftershocks caused the citizens to constantly fear another devastating earthquake. 산발적인 여진은 시민들이 계속해서 또 다른 파괴적인 지진을 두려워하게 했다.	a. 산발적인, 우발적인
651 **option*** [ápʃən]	▶ choice, selection All options are being considered to avoid chaos. 혼란을 막기 위해 모든 가능성을 고려하고 있다.	n. 선택
652 **title** [táitl]	▶ ownership, right / name, subtitle The title for the home was transferred to the new owners during the closing. 결산을 하면서 집의 소유권은 새로운 주인한테 넘어갔다.	n. 표제; 권리, 소유권 v. ~라고 이름 붙이다
653 **tacit** [tǽsit]	▶ implicit, implied, understood, silent The question was a tacit admission that a mistake had indeed been made. 그 물음은 실수가 있었다는 무언의 시인이었다.	a. 무언의, 침묵의, 암묵적인
654 **yawn** [jɔːn]	▶ gape Even though often taken as a sign of boredom, the actual reasons for yawning are unknown. 대부분 지루함의 표시로 받아들이지만 하품을 하는 정확한 이유는 밝혀지지 않았다	v. 하품하다 n. 하품
655 **leisurely** [líːʒərli, léʒ-]	▶ relaxed, slow, easy, unhurried I want to spend some time relaxing with my family at a beach and leisurely read a book. 나는 가족들과 바닷가에서 한가로이 시간을 보내며 여유롭게 책을 읽고 싶다.	ad. 천천히, 느긋하게, 여유 있게
656 **overpower*** [òuvərpáuər]	▶ overwhelm, subdue, overcome, vanquish The riot overpowered the police. 그 폭동은 경찰들을 압도했다.	v. 압도하다, (힘으로)눌러버리다
657 **dilate** [dailéit, di-]	▶ swell, expand Your blood vessels dilate when you exercise hard. 당신이 열심히 운동을 하면 당신의 혈관은 확장한다.	v. 넓히다, 넓어지다, 확장시키다
658 **toxic*** [táksik / tɔ́k-]	▶ poisonous, noxious, toxicant, venomous The government is currently working on cleaning up the toxic chemicals that were dumped in the river. 현재 정부는 강에 버려진 독성 물질을 제거하는 작업을 하고 있다.	a. 독의, 독성의, 유독한

Vocabulary Usher | 토플 601-800

659 perennial
[pəréniəl]

▶ persistent, constant, continual, long-lasting
The perennial effects of the Chernobyl meltdown are still being seen in animals living in the area.
체르노빌 사태의 장기적 영향은 그 지역의 동물들에서 아직도 보여진다.

a. 장기간 계속되는
n. 다년생 식물

660 territorial*
[tèrətɔ́:riəl]

▶ regional
A territorial expansion by Iraq was one of the main reasons for the first Iraqi-American conflict.
이라크와 미국 사이 갈등의 주된 원인은 이라크의 영토 확장이었다.

a. 영토의, 지방의

661 figurative
[fígjurətiv]

▶ metaphorical, symbolic
Essays with too much figurative language are often rejected because their meanings are too vague.
비유적인 언어를 많이 사용하는 논술 지문은 대개 거절된다. 왜냐하면 글의 의미가 불분명하기 때문이다.

a. 비유적인; 조형적인, 구상의

662 aversion
[əvə́:rʒən]

▶ dislike, disinclination, abhorrence, hate
Domestic cats show a dramatic aversion to water.
사육되어 길들여진 고양이들은 물에 굉장한 반감을 보인다.

n. 반감, 혐오

663 faction*
[fǽkʃən]

▶ side, coalition, group
Both factions will have to sign the peace treaty for it to go into effect.
양 당쟁은 평화조약이 실시되기 위해서 서명해야 할 것이다.

n. 파벌, 당쟁, 당파

664 companion
[kəmpǽnjən]

▶ mate, partner, comrade, fellow
For some elderly widowed people, animal companions can help ease the loneliness after the death of their spouse.
어떤 나이 든 과부들에게 반려 동물은 그들의 배우자의 죽음 뒤에 오는 외로움을 달래는데 도움이 될 수 있다.

n. 동료

665 quiver
[kwívər]

▶ shiver, shake, tremble, vibrate
The student quivered when he found out that he was being called to the principal's office.
학생은 그가 교장실로 호출 당했다는 이야기를 듣고 떨었다.

v. 흔들리다, 떨다, 흔들다
n. 떨림, 가벼운 전율

666 mariner
[mǽrənə:r]

▶ sailor, seaman
Mariners find it hard to marry since they have to be out in the sea for a long time.
선원들은 오랜 시간동안 바다에 있어야 되서 결혼하기 힘들다고 생각한다.

n. 선원

667 incorporate**
[inkɔ́:rpərèit]

▶ combine, integrate, include
It is necessary to incorporate both healthy eating and exercise in any diet plan.
어떤 다이어트 계획이든 건강한 식사와 운동 모두 통합시켜야 한다.

v. 통합시키다; 가입시키다; 섞다

668 fusion*
[fjú:ʒən]

▶ union
Broccoflower is the result of a fusion of broccoli and cauliflower known to be less bitter than either of its parents.
브로코 플라워는 브로콜리와 콜리플라워 혼합의 결과이고 기존의 종보다 덜 쓰다고 알려져 있다.

n. 통합, 융합, 연합

669 **cheerful** [tʃíərfəl]	▶ **gay, joyful, buoyant, jolly** I was surprised to see how Kenny stayed cheerful even after failing his test. 나는 Kenny가 시험을 잘 못 봤음에도 불구하고 기분 좋은 것을 보고 놀랬다.	a. 쾌활한, 기분 좋은
670 **wave** [weiv]	▶ **undulate, fluctuate / swell, surge** The seismic waves associated with the earthquake were the strongest ever recorded. 그 지진과 관련된 지진파는 기록된 것 중 가장 강력했다.	v. 파도치다, 물결치다 n. 파도, 물결
671 **parody***** [pǽrədi]	▶ **lampoon, mockery, spoof, takeoff, travesty** People are still making parodies on the famous poem "Paradise Lost". 사람들은 여전히 유명한 시 "실락원(Paradise Lost)"의 모방을 만든다.	n. 모방
672 **whimsical** [hwímzikəl]	▶ **capricious, freakish, odd, bizarre** The whimsical story their grandfather told them excited the children. 할아버지의 변덕스러운 이야기는 아이들을 흥분시켰다.	a. 변덕스러운; 엉뚱한, 기발한
673 **impair*** [impéər]	▶ **damage, injure, deteriorate, worsen** The component of alcohol to impair drivers' reactions is the reason that it is prohibited. 이것이 금지된 이유는 운전자의 반응을 손상시키는 알코올의 성분 때문이다.	v. 해치다, 손상시키다
674 **maneuver*** [mənúːvər]	▶ **move / scheme, plot, design** Maneuver the tank carefully so you don't destroy any of the surrounding trees. 주위의 나무들을 파괴하지 않도록 탱크를 조심히 움직여라.	v. 기동하다, 움직이다 n. 계획, 책략
675 **first and foremost***	▶ **above all, primarily, to begin with, most importantly** We have to rescue the president's daughter first and foremost. 우리는 무엇보다도 대통령의 딸을 먼저 구해야 한다.	phr. 무엇보다도
676 **odor** [óudər]	▶ **smell, fragrance, scent, perfume** The street was filled with a strange odor that came from the sewers. 거리는 하수구에서 나는 이상한 악취로 뒤덮였다.	n. 냄새, 악취
677 **tragic** [trǽdʒik]	▶ **mournful, pathetic, pitiful, disastrous** A seemingly innocent series of events led up to the tragic explosion of the planet. 보기에는 무해한 일련의 사건들은 행성의 비극적인 폭발을 이끌었다.	a. 비참한, 비극의
678 **wattle*** [wátl]	▶ **stick** The fence was made of wattles. 이 울타리는 가는 막대기들로 만들어져 있다.	n. (동물)육수(칠면조·닭의 목 부분 늘어진 붉은 피부); (식물) 욋가지

Vocabulary Usher | 토플 601-800

679 gleaming*
[glí:miŋ]

▶ **shining, luminous, brilliant, agleam**
The car was gleaming after being washed and waxed.
그 차는 세차와 왁스 후 반짝였다.

a. 반짝이는, 빛나는

680 relevant
[réləvənt]

▶ **applicable, pertinent, germane, appropriate**
It is often difficult to find relevant case law when defending cases involving new technology.
새로운 과학 기술과 관련된 사건을 변호할 때 적절한 법항을 찾는 것은 어렵다.

a. 적절한, 적당한

681 stammer
[stǽmə:r]

▶ **stutter, falter**
If someone stammers when he gives his excuse, you can assume that the person is lying.
만약에 어떤 이가 핑계를 댈 때 말을 더듬는다면 그가 거짓말하고 있다는 것을 추정할 수 있다.

v. 말을 더듬다

682 harness**
[há:rnis]

▶ **utilize control, equipment, strap**
Scientists are trying to figure out a way to harness solar energy and efficiently use it for people's daily needs.
현재 과학자들은 태양 에너지를 이용하는 방법과 사람들의 일상적으로 필요한 상황에서 이것을 효과적으로 사용하는 방법을 연구하고 있다.

v. 마구를 채우다, (동력원 등으로) 이용하다
n. (마차용)마구

683 lawful
[lɔ́:fəl]

▶ **legal, legitimate, valid**
A lawful ability to execute policy is one of the most important aspects of a country's leader.
한 나라의 지도자의 가장 중요한 면은 정책을 실행할 수 있는 합법적인 능력이다.

a. 합법의, 준법의

684 happen to do

▶ **occur, befall**
It was easy to get here, as I happened to be in the neighborhood already.
내가 우연히 이 동네에 와 있기 때문에 여기 찾아오는 것은 쉬웠다.

phr. 우연히 ~으로 하다

685 drill*
[dríl]

▶ **practice, exercise, train, develop**
The students were shocked when they realized the fire alarm was not a drill.
학생들은 화재경보가 훈련이 아니라는 사실을 깨닫고 충격을 받았다.

n. 연습, 훈련
v. 구멍을 뚫다, 훈련하다

686 dusky
[dʌ́ski]

▶ **dim, shadowy, cloudy, obscure**
His tendency to read in dusky places was the main reason for his bad eyesight.
그의 어스름한 곳에서 책을 읽는 버릇은 그의 눈이 안 좋은 주된 이유이다.

a. 어스레한, 어둑어둑한

687 weakness
[wí:knis]

▶ **flaw, defect, fault**
The weakness of the arguments presented to the teacher made her think that the student was making them up as he went along.
논리가 없는 학생의 말을 들은 선생님은 그가 지어낸다고 생각했다.

n. 약함, 우유부단, 약점

688 mask**
[mæsk, mɑ:sk]

▶ **disguise, camouflage, pretend, cover**
He masked himself so that no one could recognize him.
그는 다른 사람들이 못 알아 보도록 가장하였다.

v. 가장하다, 가면을 씌우다, 숨기다
n. 가면

689	**hub**** [hʌb]	▶ **center**, the middle The kitchen often acts as a gathering place and hub of social activity in the home. 부엌은 종종 집에서 모이는 장소 혹은 친목 활동의 중심적인 역할을 한다.	n. 중심
690	**location*** [loukéiʃən]	▶ **site**, position, place Please let me know the location for our meeting next week. 다음주에 있을 미팅 장소를 알려주세요.	n. 장소, 위치, 구획
691	**escort** [éskɔːrt]	▶ **convoy**, guard, guide, accompany The president was escorted by multiple men when he entered the university auditorium. 대학의 강당에 들어갈 때 대통령은 많은 경호원에게 호위되었다.	v. 호위하다
692	**in the course of***	▶ **during**, meanwhile, in the middle of In the course of preparing for the lecture, the professor discovered a flaw in his lecture notes. 강의를 준비하는 동안에, 교수는 그의 강의 노트에서 잘못된 점을 발견했다.	phr. ~동안에
693	**void** [vɔid]	▶ **empty**; useless, vain, inoperative Ever since Michael Jordan's retirement, the Basketball leagues around the world seem void. Michael Jordan의 은퇴 후, 전 세계 농구 리그는 공허해 보인다.	a. 빈, 공허한; 쓸모없는, 무효의
694	**employ**** [emplói]	▶ **use**, utilize, exploit / engagement The company wanted to employ a new manager. 회사는 새로운 매니저를 고용하고 싶었다.	v. 쓰다, 고용하다, 소비하다 n. 고용, 사용
695	**shun** [ʃʌn]	▶ **elude**, avoid, evade, escape Everybody shunned the big bully because they were scared. 모든 사람들은 불량배가 무서워서 피했다.	v. 비키다, 피하다
696	**spread out**	▶ **extend**, broaden, stretch After their independence, the colonies began to spread out over the western frontiers. 독립 후에, 식민지들은 서부 국경을 넘어서 퍼지기 시작했다.	phr. 넓히다, 전개하다
697	**diversity*** [divə́ːrsəti, dai-]	▶ **variety**, multiplicity It is important to accept diversity of culture in this globalized world. 세계화 시대에서 다양한 문화를 받아들이는 것은 중요한 일이다.	n. 다양성, 변화
698		▶ **adhere** People must stick together to overcome adversity. 사람들이 역경을 이겨내기 위해서는 함께하여야만 한다.	phr. 서로 달라붙다

Vocabulary Usher | 토플 601-800

699 formerly*
[fɔ́ːrmərli]
▶ previously, before, earlier, once
Formerly one of the most underperforming schools in the district, it is now ranked within the top 5%.
이전에 가장 기량 발휘 못했던 학교들 중 한 곳은 오늘 날 순위에서 상위 5%안에 든다.
ad. 이전에는, 원래는, 옛날에는

700 addict
[ədíkt]
▶ abuser / hook, habituate
David is a computer game addict; he always spends his spare time playing games.
David는 게임 중독자이다; 그는 여가시간에 늘 게임을 한다.
n. 중독자

701 judicious
[dʒuːdíʃəs]
▶ wise, sensible, reasonable
The new CEO seemed a little inflexible, but was a very judicious person.
새로운 경영주는 조금 완고해 보였지만 매우 현명한 사람이었다.
a. 현명한, 사리분별이 있는

702 inveigle*
[invéigl, -víː-]
▶ entice, lure, coax, tempt
The secretary managed to inveigle a raise, despite her lack of aptitude at her job.
비서는 능력이 없음에도 불구하고 꾀를 내어 임금을 인상할 수 있었다.
v. 꾀다, 유혹하다, 속이다

703 votary*
[vóutəri]
▶ devotee, admirer, faithful follower, zealot
Being a votary of Gabriel Garcia-Marquez, the man had collected all of his works.
Gabriel Garcia-Marquez의 신봉자인 그는 Marquez의 모든 작품들을 수집했다.
n. (특정종교의) 신봉자

704 comprehensive**
[kàmprihénsiv / kɔ̀m-]
▶ complete, extensive, far-reaching, inclusive
The comprehensive audit of the firm turned up no irregularities in the holding company or its subsidiaries.
포괄적인 회계 감사 결과 주 회사와 계열사에는 부정행위가 이루어지지 않고 있었다.
a. 포괄적인, 광범위한; 이해력이 있는

705 beacon
[bíːkən]
▶ lead, take, direct, conduct
The lighthouses are placed every 100 miles along to coast to beacon ships to the safest harbors.
등대들은 배를 가장 안전한 항구로 인도하기 위해서 해안을 따라 100마일마다 설치되어 있다.
v. 표지로 인도하다
n. 지표

706 conjure*
[kʌ́ndʒər]
▶ recall, implore, supplicate, invoke
Asia conjures up images of temples, exotic food and intriguing scenery for most Westerners.
아시아는 대부분의 서양인들에게 절, 이국적인 음식 그리고 흥미로운 광경의 이미지를 떠올리게 한다.
v. 마술하다; 상기시키다, 떠올리게 하다

707 spawn*
[spɔːn]
▶ create, give rise to, produce, generate
The popularity of comic book characters has spawned a multi-billion dollar industry.
만화책 캐릭터들의 인기는 몇십 억원의 산업을 만들어냈다.
v. 낳다, 생산하다
n. 자손, 후손

708 added*
[ǽdid]
▶ extra, additional, supplemental
As an added bonus, anyone who scores an "A" on the final exam will be exempt from taking the follow-up course.
추가된 보너스로 시험에서 A를 받은 학생은 다음 수업을 수강할 필요가 없었다.
a. 여분의, 추가의, 부가된

USHER

709 amass* [əmǽs]
▶ accumulate, collect, gather
He amassed information about eastern religion in order to write his essay.
그는 동양 종교에 대한 자료를 논문에 쓰고자 모았다.
v. 쌓다, 모으다

710 tenet** [ténət, tíː-]
▶ principle, doctrine, dogma, **belief**
The basic tenet of all Christian religions is that Jesus is the son of God who made man.
기독교의 가장 기본적인 교의는 예수가 인간을 만든 신의 아들이라는 것이다.
n. 교의, 주의, 믿음, 신조

711 configuration [kənfìgjəréiʃən]
▶ arrangement, conformation, **order, classification**
The new mini-van's seats were adjustable and removable leading to a wide variety of configurations for seating.
새로운 미니밴의 좌석은 조절 가능하고 떼어낼 수 있어서 다양한 좌석 배치를 가능케 한다.
n. 배치, 구성, 배열

712 nevertheless* [nèvərðəlés]
▶ still, yet, in spite of, however
Although it is a very dangerous job, many people nevertheless sign up to be firefighters.
아주 위험한 직업임에도 불구하고 많은 사람들은 소방관이 되기 위해 지원한다.
ad. 그럼에도 불구하고

713 grind [gráind]
▶ grate, crush, abrade, granulate
The chef liked to grind different herbs and spices used to create different flavors for his dishes.
요리사는 그의 음식에 여러가지 다른 맛을 내기 위해 여러 다른 허브와 향신료를 가루로 만드는 것을 좋아한다.
v. 갈다, 가루로 만들다

714 readily* [rédəli]
▶ easily, effortlessly, willingly, without reluctance
He readily gave up his position to the new CEO as he was becoming older.
그는 나이가 들면서 사장자리를 젊은 인재에게 흔쾌히 넘겨 주었다.
ad. 기꺼이, 이의 없이; 즉시

715 result** [rizʌ́lt]
▶ sequence, product, outcome / **ensue**
He has been waiting for his test result for a month now.
그는 시험성적을 한달째 기다리고 있다
n. 결과, 성과
v. 생기다, 유래하다

716 discover* [diskʌ́vər]
▶ ascertain, determine, find out
Scientists discovered a new kind of dinosaur.
과학자들은 새로운 종류의 공룡을 발견하였다.
v. 발견하다; 깨닫다, 알다

717 documented* [dákjuməntid]
▶ recorded
The use of DDT was a well documented example of the environmental influence of humans.
살충제의 사용은 환경이 사람에게 주는 영향을 잘 기록한 예시이다.
a. 기록된

718 particularly** [pərtíkjələrli]
▶ especially, uniquely, specially, **specifically**
While excited about meeting new friends, the children were particularly excited to see the friends they hadn't seen all summer.
새로운 친구들을 만나는데 흥분한 아이들은 특히 여름 내내 보지 못했던 친구들을 보는데 흥분해 있다.
ad. 특히

usherin.usher.co.kr

Vocabulary Usher | 토플 601-800

---

719 eventual
[ivéntʃuəl]
▶ final
The eventual result showed more benefits than losses.
최후의 결과는 손해보단 더 많은 이득을 보였다.
a. 최후의

---

720 sociable
[sóuʃəb-əl]
▶ affable, genial
A sociable person may advance more quickly and easily in the corporate world, due to their ease at networking.
사교적인 사람은 다른사람과 쉽게 유대적 관계를 가지기 때문에 더 나은 회사 생활을 할 수 있다.
a. 사교적인

---

721 maladroit
[mæ̀lədrɔ́it]
▶ inexpert, unskillful, awkward, clumsy
The carpenter seemed maladroit at first but he managed to finish his job with success.
그 목수는 처음에는 서툴러 보였지만 후에는 성공적으로 일을 끝마칠 수 있었다.
a. 솜씨없는, 서투른

---

722 commemorate*
[kəmémərèit]
▶ celebrate, remember, honor, pay homage to
A monument was erected to commemorate the bombing victims.
폭발의 희생자들을 기리기 위하여 기념비가 세워졌다.
v. 기념하다, 축하하다

---

723 originate**
[ərídʒənèit]
▶ be grown, spring, begin, arise
Acupuncture originated in ancient China but is still commonly used today.
침술은 고대 중국에서 유래했지만 그것은 여전히 오늘날까지 널리 이용되고 있다.
v. 시작하다, 유래하다, 비롯되다

---

724 boon
[buːn]
▶ benefit, advantage
Although war is a horrible thing, it can act as a boon to a struggling economy.
전쟁은 끔찍한 것이지만 힘겨워하는 경제에는 이익이 될 수도 있다.
n. 요긴한것; 은혜, 이익, 이득

---

725 vengeance
[véndʒəns]
▶ avengement, revenge, reprisal
The judge instructed the jury that their job was to determine whether the defendant was guilty of the crime, not to attain vengeance for the victim.
판사는 배심원들에게 그들의 역할은 피고의 유죄 여부를 결정하는 것이지 피해자를 위해 복수해주는 것이 아니라고 했다.
n. 복수, 앙갚음

---

726 jurisdiction
[dʒùərisdíkʃən]
▶ judicial right, lawful power, authority, command
The appeals court is given jurisdiction over deciding whether the lower courts' rulings were correct.
상소는 하급법원의 결정이 맞았는지 확인하는 재판권이다.
n. 재판권, 사법권

---

727 abet
[əbét]
▶ incite, encourage
Although he was found not guilty of the crime, the man was found guilty of abetting it.
그는 그 범죄에 대해선 유죄가 아닌 것으로 나타났지만 범죄를 선동한 것에 대해서는 유죄로 나타났다.
v. 부추기다, 선동하다

---

728 adaptability
[ədæ̀ptəbíləti]
▶ ability to change, changeability, flexibility
Adaptability and evolution are the keys to survival for species.
적응력과 진화는 종족의 생존에 직결되는 요소이다.
n. 적응성, 융통성

#	Word	Synonyms / Example	Meaning
729	**piecemeal** [píːsmìːl]	▶ piece by piece, perforate, bit by bit, partial The government has not even made a piecemeal change in their new policy. 정부는 새로운 정책에 조그마한 변화도 만들지 않았다.	ad. 하나씩, 차차 a. 조금씩 하는; 조각난
730	**remainder*** [riméindər]	▶ residue, remnant, rest, balance The dedicated teacher gave a lecture to the remainder of students who did not leave early. 헌신적인 선생님은 일찍 떠나지 않고 남은 학생들을 위해 강의를 하였다.	n. 나머지, 잔여
731	**composition*** [kàmpəzíʃən / kɔ̀m-]	▶ makeup, formation, organization; mixture The composition of bronze is not always exactly the same, but it consists of copper and tin. 청동의 구성물질이 언제나 같지 않지만 항상 구리와 주석을 포함한다.	n. 구성; 합성, 혼합물; 작문, 작곡
732	**intrinsic** [intrínsik]	▶ inborn, indigenous, inherent, innate The intrinsic value of gems is due to the rarity with which they occur in nature. 보석들의 본질적 가치는 자연에서의 희귀성 때문이다.	a. 본질적인, 고유의, 내성의
733	**genre*** [ʒɑ́ːnrə]	▶ sort, kind, type, style Sam and I play different genres of music, but our goal to be the greatest is the same. Sam과 나는 다른 장르의 음악을 하지만, 최고가 되고자 하는 목표는 같다.	n. 장르, 종류
734	**abundance** ** [əbʌ́ndəns]	▶ large number, plenty, great quantity, large amount An abundance of sugar cane led to a dramatic drop in the price of sugar, as the supply far overwhelmed the demand. 사탕수수의 풍부함은 공급이 수요를 압도하면서 설탕 가격에 극적인 하락을 초래했다.	n. 풍부, 다량, 다수
735	**clutch** [klʌtʃ]	▶ grasp, grab, grip, seize, snatch I had to clutch the banister to prevent myself from falling down the stairs. 나는 계단아래로 떨어지지 않기위해 난간을 꼭잡고 있어야 했다.	v. 꽉 붙잡다, 붙들다
736	**improvise** [ímprəvàiz]	▶ extemporize, ad-lib, invent, play it by ear Experienced Jazz artists are experts at improvising music as they play. 경험이 많은 연주자들은 그들이 연주하는 동안에 즉석에서 지어내는 것에 능숙하다.	v. 즉석에서 짓다, 즉흥 연주하다
737	**crush** [krʌʃ]	▶ shatter, smash, crumble After the accident, X-rays showed that the femur was crushed and would be impossible to fix properly. 사고 이후, X-rays로 검사한 결과 대퇴골이 뭉개지고 완전하게 고치는 것은 불가능하다고 했다.	v. 박살내다, 으깨다, 짓밟다, 뭉개다
738	**impulsive** [impʌ́lsiv]	▶ emotional, impetuous, rash Although he was fun to be around, John's impulsive character caused people to think he was unreliable. John은 함께 놀기에 재미있는 사람이었지만, 그의 충동적인 성격은 사람들로 하여금 그를 신뢰할 수 없는 사람으로 생각하게 하였다.	a. 충동적인, 감정에 끌린

Vocabulary Usher | 토플 601-800

739　customary**
[kʌ́stəmèri / -məri]
▶ typical, habitual; traditional, accustomed
It is customary to lower your head when you greet adults.
어른을 뵈면 고개를 숙여 인사하는 것은 관례적이다.
a. 습관적인; 관례적인

740　overwhelmingly*
[òuvərwélmɪŋli]
▶ primarily, predominantly, **overpoweringly, irresistibly**
The overwhelmingly salty soup was inedible.
참지 못할 만큼 짠 스프는 먹을 수 없었다.
ad. 압도적으로, 불가항력적으로

741　unstable
[ʌnstéibəl]
▶ unsteady, precarious, inconstant, unsettled
The unstable table was a victim of the designer's strong preference for form over function.
불안정한 탁자는 기능보다 모양을 더 선호하는 디자이너의 희생양이다.
a. 불안정한, 변하기 쉬운

742　rough
[rʌf]
▶ uneven, bumpy, rugged, **violent**
The old car broke down after running on the rough road.
낡은 차는 험한 도로를 달린 후 고장났다.
a. 난폭한, 격렬한, 거친; 가공되지 않은

743　majestic
[mədʒéstɪk]
▶ stately, grand, august, imposing
The palace was luxurious and majestic.
그 성은 고급스럽고 웅장했다.
a. 장엄한, 웅장한

744　pinpoint
[pínpɔ̀int]
▶ precise / locate
Scientists can now pinpoint the exact location of an earthquake's epicenter.
과학자들은 이제 지진의 시발점을 정확히 나타낼 수 있다.
a. 정확한
v. ~의 위치를 정확하게 나타내다

745　embark on*
▶ start, commence, begin, launch
Some preparation is necessary before you embark on the project.
프로젝트를 시작하기 전에 약간의 준비가 필요하다.
phr. 시작하다

746　admire**
[ædmáiər, əd-]
▶ esteem, respect, revere
Fred was admired for not only his good looks, but also for his confident personality.
Fred는 외모 뿐만 아니라 그의 자신감 있는 성격때문에 다른 이들의 감탄을 자아냈다.
v. 감탄하다

747　subsist**
[səbsíst]
▶ survive, endure, exist, live
After the war, many displaced citizens were forced to subsist on handouts from strangers.
전쟁 후, 갈 곳 없는 시민들은 타국인들에 존속될 수 밖에 없었다.
v. 존속하다, 생존하다

748　fringe
[frindʒ]
▶ border, edge
The park is located on the fringe of the big city.
공원은 큰 도시 가장자리에 위치해 있다.
n. 가장자리

#	Word	Synonyms / Example	Meaning
749	**culminate in**	▶ result in, accumulate Numerous failures and misfortunes culminated in the bankruptcy of Sam's company. 수많은 실패와 불운 때문에 결국 Sam의 회사는 파산하였다.	phr. 결국 ~이 되다
750	**accustomed*** [əkʌ́stəmd]	▶ **used to, customary, habitual, wont** Kendra was not yet accustomed to the spicy foods she was served while travelling. Kendra는 여행 중 제공된 매운 음식에 아직 익숙하지 않았다.	a. 익숙한, 습관의
751	**polish** [pɑ́:liʃ]	▶ brighten, smooth, shine / gloss In order to keep silverware in good condition, it is important to regularly polish it. 은제품을 좋은 상태로 유지하려면 정기적으로 광을 내는 것이 중요하다.	v. 닦다, 광내다 n. 광택
752	**outlaw** [áutlɔ̀ː]	▶ criminal The sheriff tried his best to capture all the outlaws in the West. 서장은 서부의 무법자들을 잡는데 총력을 다했다.	v. 불법화하다; 사회에서 매장하다 n. 무법자; 불량배
753	**traditionally** [trədíʃən-əli]	▶ usually, customarily Traditionally, the use of tobacco and alcohol has been regulated by the federal government. 관례적으로 담배와 술의 사용에 관한 것은 연방 정부에 의해 규제되었다.	ad. 전통적으로, 관례적으로
754	**give way to***	▶ retreat, withdraw Completely shocked by his failure, John's hopefulness easily gave way to desperation. John은 실패에 큰 충격을 받아 그의 절망적인 상황에 우울증을 이겨낼 수 없었다.	phr. 물러가다, 양보하다 (감정에) 못이기다
755	**inhibit*** [inhíbit]	▶ hinder, limit, ban, prohibit, forbid A lack of sunlight inhibits a plant's ability to properly photosynthesize. 일조량의 부족은 제대로 광합성을 하는 식물의 능력을 저지한다.	v. 금하다, 억제하다
756	**vindictive** [vindíktiv]	▶ unforgiving, spiteful, bitter, malicious After she found abusive clippings taped to her door, Mary realized how vindictive her neighbor was. 그녀의 문에 붙어있는 악의적인 잡보를 본 후, Mary는 그녀의 이웃이 얼마나 악의에 찬 사람인지 알게 되었다.	a. 복수심이 있는, 악의에 찬
757	**evaporate** [ivǽpərèit]	▶ vaporize The dry atmosphere evaporated the puddle in an hour. 건조한 공기가 웅덩이에 있는 물을 한시간만에 증발시켰다.	v. 증발시키다, 수증기로 만들다
758	**wax** [wæks]	▶ approach full moon; augment, enlarge, increase The community's anger over the proposed new construction waxed until it erupted in the form of protests. 새로운 건축에 대한 마을사람들의 불만은 발전해서 시위로 이어졌다.	n. 밀랍, 왁스 v. 달이 차다; 왕성해지다, 발전하다

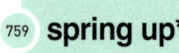

759 spring up*
▶ suddenly arise, emerge
After the rain, the grass will spring up lusher than ever.
비가 온 후 풀은 그 어느 때보다 푸르게 나타난다.

phr. 갑자기 나타나다

760 viable
[váiəbəl]
▶ workable, feasible, practicable
The coach tried to find every viable play that the players could try without breaking the rules.
코치는 선수들이 규칙을 깨지 않고 할 수 있는 모든 실행 가능한 동작을 시도해 보았다.

a. 실행 가능한, 실용적인

761 locale**
[loukǽl, -káːl]
▶ place
An amusement park is the perfect locale for children to run about and have fun.
놀이공원은 아이들이 뛰어놀며 즐기기에 가장 좋은 장소이다.

n. 현장, 장소

762 importance*
[impɔ́ːrtəns]
▶ significance, consequence, moment, prominence
No one knew the importance of oil 300 years ago.
300년 전엔 아무도 석유의 중요성을 깨닫지 못하였다.

n. 중요, 중대

763 indifference
[indífərəns]
▶ unconcern, apathy, inattention
John's wife left him because of his indifference.
John의 아내는 John의 무관심 때문에 그를 떠났다.

n. 무관심, 냉담; 무차별, 공정

764 converge*
[kənvə́ːrdʒ]
▶ meet, come together, merge, gather
The mountain ranges converged to form the Continental Ridge.
산맥들이 모여서 대륙의 산등성이를 만든다.

v. 한 점(선)에 모이다, 수렴하다

765 float upward
▶ rise
If you stop moving while in water, you will eventually float upward.
만약 물 속에서 움직임을 멈춘다면, 언젠가는 물 위로 떠오를 것이다.

phr. 위쪽으로 오르다, (생각이) 떠오르다

766 pleasing**
[plíːziŋ]
▶ attractive, agreeable, satisfactory, gratifying
The pleasing smile of the Mona Lisa has made it one of the world's most famous paintings.
모나리자의 기분좋은 미소는 세계에서 가장 유명한 예술작품 중 하나로 꼽히는 이유이다.

a. 마음에 드는, 기분 좋은, 붙임성이 있는

767 priority
[praiɔ́(ː)rəti, -ár-]
▶ precedence; superiority
Priority seating is assured for all season pass holders.
정기이용권을 가지고 있는 사람들에게 우선권이 보장된다.

n. 우선; 중요함

768 divest*
[divést, dai-]
▶ strip, take off; deprive, take away
He was divested of the privilege of driving a motorized vehicle after his third DUI.
그는 세번째 음주운전 후부터는 운전 자격을 박탈당했다.

v. 옷을 벗기다; 빼앗다, 박탈하다

769 **exalted*** [igzɔ́:ltid]	▶ **superior, high, praised,** high-flown The king is an exalted figure that represents his country. 왕은 국가를 상징하는 고귀한 존재다.	a. 높은, 고위층의; 너무나 기쁜, 고귀한, 숭고한, 의기양양한
770 **designed** [dizáind]	▶ **created, planned** This vacuum cleaner is designed to clean the floor automatically. 이 진공청소기는 바닥을 자동으로 청소하기 위해 만들어졌다.	a. 계획된, 만들어진
771 **timid**** [tímid]	▶ **shy,** fearful, retiring Too timid to try, the boy lost his chance to ask the girl to dance. 시도하기에는 겁이 너무 많아서 남자 아이는 여자 아이에게 춤을 추자고 권유할 수 있는 기회를 놓쳤다.	a. 겁많은, 소심한
772 **delinquent** [dilíŋkwənt]	▶ **lawless, lawbreaking, criminal / offender** Peter was sent to a school for juvenile delinquents after he was caught stealing for the third time. Peter는 3번째 절도 혐의로 잡힌 이후 비행 청소년을 위한 학교에 보내졌다.	a. 비행의, 죄를 범한 n. (청소년) 비행자
773 **liberate** [líbərèit]	▶ **release, free, disengage, deliver** The Nazi concentration camps were liberated by the Allied forces at the end of WWII. 나치 강제수용소는 제2차 세계대전 이후 연합군에 의해서 해방되었다.	v. 자유롭게 만들다, 해방하다
774 **dwarf** [dwɔːrf]	▶ **pygmy,** gnome Snow White was protected by the seven dwarves. 백설공주는 일곱명의 난쟁이들에게 보호받았다.	n. 난쟁이; 왜소증 환자 a. 소형의
775 **ornamental** [ɔ̀ːrnəméntl]	▶ **decorative,** fancy, ornate, attractive The furniture at my friend's house was so ornamental that it lost its utility. 내 친구 집의 가구들은 너무 장식용이어서 그들의 사실상 용도를 잃어버렸다.	a. 장식의
776 **idle** [áidl]	▶ **indolent, lazy, slothful / laze** The father thought of the best way to teach his idle son a lesson. 아버지는 게으름 피우는 아들을 가르칠 수 있는 최선의 방법을 생각했다.	a. 한가한, 게으른 v. 게으름 피우다
777 **wearisome** [wí-ərisəm]	▶ **exhausting, tedious, boring** The long working hours of the job were very wearisome. 그 일의 긴 노동시간은 굉장히 지루하였다.	a. 지루한, 피곤하게 하는
778 **kinship** [kínʃip]	▶ **relationship** Even though they were only distantly related, the two cousins felt a strong kinship with one another. 먼 친척임에도 불구하고 두 사촌은 서로에게 강한 친족 관계를 느꼈다.	n. 친척, 혈족관계; (성질) 유사, 근사

Vocabulary Usher | 토플 601-800

---

779 apprentice
[əpréntis]

▶ trainee, beginner, learner, novice
Although his apprentice stayed with him for 5 years, Kurt never trusted him.
Kurt는 그의 연습공이 그와 5년을 함께 했음에도 불구하고 그를 믿지 않았다.

n. 도제, 연습공
v. 도제로 삼다

---

780 spontaneous
[spɑntéiniəs]

▶ voluntary, uncompelled, willing; unplanned, unintentional, impromptu
Fearful of the negative consequences, the speaker refused to answer a spontaneous question.
안 좋은 결과를 두려워한 나머지, 그 연설자는 즉흥적인 질문에 답하기를 거부했다.

a. 자발적인; 즉흥적인

---

781 ragged
[rǽgid]

▶ torn, tattered
The man's ragged face told the story of a long, rough life.
그 남자의 거친 얼굴은 그의 길고 힘들었던 삶을 보여준다.

a. 거친, 누덕누덕한

---

782 ultimately**
[ʌ́ltəmətli]

▶ eventually, in the end, finally, after all, at last
Language ability is ultimately a combination of reading, writing, listening, and speaking, not of studying one at the expense of the others.
언어적 능력은 읽기, 쓰기, 듣기, 말하기를 궁극적으로 조합했을 때 이루어지며 그 중 한가지라도 포기하면 얻을 수 없다.

ad. 궁극적으로, 마침내, 결국

---

783 virgin
[və́:rdʒin]

▶ maiden, maid
Her religious views required that she remain a virgin until marriage.
그녀의 종교는 그녀가 결혼 전까지 처녀로 남아야 된다고 명한다.

n. 미혼여자, 처녀
a. 처녀의, 깨끗한

---

784 capability**
[kèipəbíləti]

▶ flair, talent, ability; potentiality
John is well-known for his capability as a iron worker.
John은 철 세공자로서의 그의 재능으로 유명하다.

n. 재능; 성능, 가능성

---

785 position
[pəzíʃən]

▶ station, locality; rank / place
Although many tend to get fired after a certain age, he was able to maintain his position.
비록 많은 사람들이 어느 정도 나이가 되면 해고 당했지만, 그는 그의 자리를 지킬 수 있었다.

n. 위치, 장소; 지위, 신분
v. 배치하다

---

786 detrimental*
[dètrəméntl]

▶ harmful, damaging, prejudicial, injurious
Constant smoking can be detrimental to your health.
지속적인 흡연은 건강에 해로울 수 있다.

a. 해로운, 불리한

---

787 magnify**
[mǽgnəfài]

▶ amplify, intensify, enlarge, increase
Our new telescope will allow scientists to magnify images 5 times as much as our old one.
우리의 새로운 망원경은 과학자들이 이전 망원경에 비해 이미지를 5배 확대할 수 있도록 해줄 것이다.

v. 확대하다, 과장하다

---

788 bountiful*
[báuntifəl]

▶ plentiful, abundant, ample, prolific, liberal
The farmer was delighted with the bountiful harvest.
농부는 풍부한 수확에 기뻐하였다.

a. 풍부한, 아낌 없이 주는

#	Word	Synonyms / Example	Meaning
789	**portion*** [pɔ́ːrʃən]	▶ part, segment, fragment, section Only a small portion of the cake remained after the party. 파티가 끝난 후 아주 적은 양의 케이크만 남았다.	n. 조각, 부분
790	**remnant**** [rémnənt]	▶ trace, remain, relics, remaining The fire burned the house without leaving a single remnant. 화재는 잔재하나 남기지 않고 집을 다 태워 버렸다.	n. 나머지, 잔재
791	**troop** [truːp]	▶ band, squad, party, company The general ordered the troops to attack the enemy base at midnight. 장군은 군대에게 한밤중에 적을 공격하라고 명령했다.	n. 무리, 떼, 군대
792	**adage** [ǽdidʒ]	▶ proverb, saying, maxim The adages Ben Franklin wrote in Poor Richard's Almanack still hold up today. Ben Franklin이 쓴 Richard 연감에 나온 금언들은 오늘날에도 읽혀진다.	n. 속담, 금언
793	**ambivalent** [æmbívələnt]	▶ unsure, mixed, undecided Ambivalent answers to questions often lead to frustration for the asker. 질문에 대한 모호한 답변은 대부분 물어 본 사람을 짜증나게 만든다.	a. 상반된 감정을 가진
794	**manipulate*** [mənípjəlèit]	▶ operate, control, handle, maneuver, manage He manipulated his workers to work harder for the same salaries. 그는 일꾼들이 같은 수당을 받고도 더 많은 일을 하도록 교묘하게 조작하였다.	v. 교묘하게 다루다, 조작하다
795	**subservient*** [səbsə́ːrviənt]	▶ secondary, subordinate; auxiliary, helpful The antiquated practice of women being subservient to their husbands has largely been abandoned by modern society, as women have gained a more equal footing. 현대사회에서 여자들이 남자와 동등한 입지를 갖게 되면서 여자가 남편을 추종하는 것은 구식으로 여겨진다.	a. 비굴한, 굴종하는, 추종하는; 종속하는, 부차적인, 도움이 되는
796	**reciprocal*** [risíprək-əl]	▶ mutual / counterpart Most countries practice reciprocal diplomacy meaning that they treat other countries the way they are treated. 대부분의 국가들은 상호되는 외교정책을 펼치는데, 이는 다른 국가가 그 국가를 대하듯 똑같이 대하는 것을 뜻한다.	a. 상호간의 n. 상대 되는 것
797	**veneration** [vènəréiʃən]	▶ admiration, adoration, reverence He showed his veneration by bowing down before the king's feet. 그는 왕의 발 앞에서 절 함으로써 그의 존경심을 보여주었다.	n. 존경, 숭배
798	**weed out***	▶ remove, eliminate The reason for the rigorous application process is to weed out those who aren't really committed to the program. 엄격한 지원절차는 그 프로그램에 열정이 없는 사람들은 없애기 위함이다.	phr. 제거하다

Vocabulary Usher | 토플 601-800

799 explicit* [iksplísit]
▶ clear, obvious, unambiguous, definite
She did not give me explicit directions on how to get to the hospital.
그녀는 나에게 병원으로 가는 정확한 방법을 알려주지 않았다.
a. 명백한, 뚜렷한; 솔직한

800 ambitious [æmbíʃəs]
▶ having a strong desire for success, enterprising, daring, striving
It is important to be ambitious when one is attempting to reach the top.
오로지 1등을 향할 때에는 야심있는 것이 중요하다.
a. 야심있는

Quiz
오늘의 퀴즈 (601–800) : 토플 단어용

문장 속의 단어와 같은 뜻의 단어를 고르시오. (1-10)

1. Many people who live in isolated places tend to have imaginary friends during their childhood years.
   a. fictional   b. prompt   c. inactive   d. improper

2. The dominant theory of the origin of the universe is the "Big Bang Theory," which implicates a giant explosion 10-20 million years ago.
   a. essential   b. ruthless   c. prevailing   d. irrelevant

3. Tray and I wrangled over what to eat for dinner until we were finally able to compromise.
   a. quarreled   b. accelerated   c. prevented   d. overlooked

4. The question was a tacit admission that a mistake had indeed been made.
   a. strong   b. implicit   c. malleable   d. impermeable

5. The president was escorted by multiple men when he entered the university auditorium.
   a. accompanied   b. cooperated   c. defeated   d. intertwined

6. The secretary managed to inveigle a raise, despite her lack of aptitude at her job.
   a. encourage   b. singe   c. modify   d. entice

7. The carpenter seemed maladroit at first but he managed to finish his job with success.
   a. tactful   b. inept   c. malapropos   d. insensitive

8. Acupuncture originated from ancient China but is still commonly used today.
   a. assimilated   b. compressed   c. began   d. weakened

9. The community's anger over the proposed new construction waxed until it erupted in the form of protests.
   a. fluctuated   b. phonated   c. rotated   d. augmented

10. The Nazi concentration camps were liberated by the Allied forces at the end of WWII.
    a. released   b. endured   c. forced   d. collided

정답   a/c/a/b/a/d/b/c/d/a

USHER

usherin.usher.co.kr

본인이름	
채점자이름	
틀린개수	

| 주의사항 |
1. 채점 속도가 빠르다고 시험 도중 Mp3 파일을 멈추지 마세요~!
2. 채점 시, 스펠링 & 품사 & 뜻 중 하나라도 다르거나 빼먹었을 경우 틀린 답입니다.

| 단어시험 보는 방법 |
1. 휴대실을 먼저 다녀옵니다.
2. 핸드폰 전원을 꺼둡니다(진동, 무음도 안됨)
3. 책상 위에 필기도구를 제외하고 깨끗이 치웁니다.
4. 단어 Mp3 파일을 듣고 시작합니다.

1	26	51	76
2	27	52	77
3	28	53	78
4	29	54	79
5	30	55	80
6	31	56	81
7	32	57	82
8	33	58	83
9	34	59	84
10	35	60	85
11	36	61	86
12	37	62	87
13	38	63	88
14	39	64	89
15	40	65	90
16	41	66	91
17	42	67	92
18	43	68	93
19	44	69	94
20	45	70	95
21	46	71	96
22	47	72	97
23	48	73	98
24	49	74	99
25	50	75	100

101	126	151 176
102	127	152 177
103	128	153 178
104	129	154 179
105	130	155 180
106	131	156 181
107	132	157 182
108	133	158 183
109	134	159 184
110	135	160 185
111	136	161 186
112	137	162 187
113	138	163 188
114	139	164 189
115	140	165 190
116	141	166 191
117	142	167 192
118	143	168 193
119	144	169 194
120	145	170 195
121	146	171 196
122	147	172 197
123	148	173 198
124	149	174 199
125	150	175 200

공부 수기

Practice Makes Perfect

이　　름	변◆◆
공부 기간	5개월
처음 점수	독해 19
마지막 점수	rc27 / lc24 / sp20 / twe24, 총점 95

전역 후, 5개월 동안 어셔와 동거 동락한 변** 입니다.

우선, 어셔에서 공부하는 동안 영어에 대한 자신감을 얻었고, 정말 힘들게 공부했고, 백지상태에서 시작해서 어렵게 점수를 낸 저로서, 여러분에게 조금이나마 도움이 되고자 글을 남깁니다. 개인적으로 오직 토플만을 위해서 지방에서 서울로 올라갔기 때문에, 혼자 도시락 싸가면서, 자취하면서, 지각 안하고 열심히 했었습니다 ^^;

제 경험상 토플은 길게 잡아서 조금씩 한다는 생각을 버리고, 단기간에 집중적으로 파는 것이 효과적입니다. 이러한 면에서, 어셔는 다른 어떤 학원도 갖고 있지 않는 장점을 갖고 있다고 생각합니다. 저는 완초2에서 시작해서 K-Usher 한 달을 거쳐 듣기반에서 3개월을 공부했었습니다. 제가 결코 처음부터 영어를 잘하거나, 소질이 있었던 게 아니라는 것을 말씀 드리면서 여러분 모두 원하는 점수를 낼 수 있을 거라고 확신하면서 간단하게 섹션별로 제가 공부한 방법과 사람들한테 듣고 배운 요령을 올리니 참고하세요~

단어

우선, 제 생각에 가장 중요한 것은 단어라고 생각합니다. 아시다시피 토플단어는 전문용어이거나 미국에서도 쓰지 않는 어려운 표현들이 많기 때문에, 단어는 반드시 알아야 합니다.

어셔 단어장을 이용해서, 학원커리큘럼을 따라가는 것이 가장 효율적인 것 같습니다. 반복이 중요한 건 말할 것도 없지만, 자기 나름대로의 방법을 생각해서 외운다면 오래도록 까먹지 않고 머리 속에 남습니다. 하루에 200개의 단어가 부담이 될 수도 있겠지만, 나중에는 어느 선까지 오른다면, 리딩 뿐만 아니라 다른 모든 영역까지 단어로 점수가 갈릴 수 있다는 것을 명심해야 됩니다.

발음을 따라 해가면서 모르는 발음은 찾아가면서 공부하세요. 특히, 저 같은 경우에는 리스닝 부분에서 키워드를 찾아 문맥을 파악하는 방법으로 많은 도움이 됐던 것 같습니다. 벌금 아깝게 생각하지 마시고, 틀린 단어는 반드시 먹고 가세요~

문법

처음 완초에 들어갔을 때, 가장 스트레스를 받은 부분이 문법입니다. 문법이 중요하다고 한번도 생각해보지 않고, 심지어 that의 정확한 쓰임도 몰랐던 저에게 완초반의 문법위주의 수업은 충격이었습니다. 수업 첫 주에 덕호쌤과 상담을 통해 포기하려고까지 했습니다. 덕호쌤의 빠른강의와 진도에 더 혼란스러웠고, 뒤쳐지지 않으려고 많이 고생했던 기억이 납니다 ^^; 배치고사 때까지 꼴지를 하긴 했지만, 그 당시 배운 기초 문법들은 아직까지 머리 속에 확실히 자리잡고 있습니다.

실제 시험에서도 리딩과 라이팅 파트에서뿐만 아니라 리스닝의 긴 문장 해석까지 문법은 지배적으로 중요합니다. 특히, 문법구조가 머리 속에 제대로 박히지 않고서는, 라이팅을 쓰는데 있어서 많은 어려움이 있습니다. 그날 배운 문법은 그날 따로 노트를 만들어서 정리 하시고, 계속 반복해서 보는 것이 중요한 것 같습니다.

리딩

한국인들이 가장 점수 얻기 쉬운 파트라고들 하지만, 엄청 복잡한 문장구조랑 제한된 시간은 결코 만만하지 않습니다. 처음 시작하실 때는 짧은 문제들을 정확한 해석과 함께, 푸는 게 중요한 것 같습니다. 저는 덕호쌤의 K-Usher 반 때, 매일 백지시험을 봤던 것이 많은 표현을 익히는 데 도움이 됐습니다. 그 날 배운 표현은 따로 노트를 만들어서 외우는 것이 중요한 것 같습니다. 그렇게 문제 감을 익히고 난 다음엔, 실제 유형의 문제를 많이 풀어야 합니다. 처음에는 많이 틀려도 개의치말고, 모르는 단어들 반드시 먹고, 해석 될 때까지 꼼꼼히 하고 넘어가는 게 좋습니다. 스터디를 통해서, 어려운 부분을 의논 해보는 것도 자기 실력 쌓는데 좋을 것 같습니다.

제 경우엔 시중에 있는 문제집을 거의 다 풀었었는데, 어느 한계이상 풀게 되면, 토픽만 봐도 배경지식이 보일 겁니다. 마지막으로, 이정도 단계쯤 되면, 시간을 정해놓고 5분씩 줄여가면서 푸는 연습이 필요합니다. 실전 시험에서는 당황하고, 긴장하기 때문에 또한, 컴퓨터로 풀기가 낯설기 때문에, 시간이 많이 부족합니다. 이런 식으로 풀다 보면, 자신이 항상 틀리는 유형의 문제가 보이고, 시중의 전략집등을 통해 그 부분을 보완한다면, 고득점을 맞을 수 있을 것 같습니다. 같이 공부하던 사람들 중엔, 한번 문제를 다 읽고 푸는 유형과, 한 문단씩 읽고 문제를 찾아보는 유형이 있었는데, 이 중 어느 것이 낫다고 할 순 없지만, 저 같은 경운 후자를 택했습니다. 시간이 부족하신 분들, 집중력이 떨어지시는 분들한텐 추천하고 싶습니다.

리스닝

리스닝을 한마디로 하자면, "무조건 양"이라고 하고 싶습니다~^^. 무식하긴 하지만, 저의 경우에도 처음에 4개월동안은 랩처럼 들리던 강의가, 나중엔 조금씩 들리더니, 어느 단계가 지나니까, 단어가 들리고 글의 흐름을 이해할 수 있었습니다. 처음 시작하시는 분들에게는 딕테이션을 추천하고 싶은데, 정말 지겹고 힘들고 귀찮지만, 그 과정을 거쳐야 단어들이 귀에 들어오고, 이해력이 조금씩 늘어납니다. 단어와 단어로 끊기보다는, 한 절, 단위로 끊는 것이 효과적인 것 같습니다. 저도 공부할 때, 항상 딕테이션만 하면 졸려서 몇 번 졸다가 덕호쌤한테 혼난 기억이 납니다.^^;

다음 단계는, dictation에서 거의 다 맞으시는데도, 어느 정도 흐름은 알겠는데, 문제는 못 맞추는분, 키워드를 못 찾는 분, 집중 잘 못하시는 분은, 쉐도윙을 해보는 것도 괜찮은 것 같습니다. 말하는 사람을 따라서 한번은 아무 생각 없이 따라 하고, 그 다음엔 한 문장씩 따라 하고, 안 들리는 거 따라 하고, 계속 될 때까지 하다 보면, 다른 문제에 나왔을 때는 절대 놓치지 않으실 겁니다. 리딩에서도 말씀 드렸듯, 리스닝 역시 토픽만 듣다 보면 어떻게 흘러갈 것이지 감이 잡힐 것입니다. 꼭 그러한 토픽이나 배경이 아니라도, 1,2번은 말투나 어조에 따른 상황, 나머지는 심리학, 물리학, 지구과학, 인류학, 역사학, 등...각 영역별로 모두 비슷한 흐름을 갖고 있다는 것을 파악하게 됩니다. 실제 시험에서는 노트테이킹이 정답을 좌우하는데, 어떤 것이 중요하고, 뭐가 키워든지, fact인지 파악하기 위해서는 평소에 자신이 알아볼 수 있는 핵심적인 노트테이킹 연습이 필요합니다.

스피킹

첫 시험 부터 마지막 시험까지 가장 점수가 오르지 않았던 섹션이고, 마지막 2달 올인하면서도 결과를 내지 못해 속상했던 것이 스피킹입니다. 저는 학원에서 공부하면서, Useful Expression을 많이 외우는 연습을 했습니다. 상황을 생각하고 그에 맞는 표현을 자연스럽게 나오도록 외웠고, 지금도 외국인을 만나면 그 표현들부터 나옵니다^^; 우선, 외국에 한번도 나가지 않으셨고, 평범한 발음이시라도, 기본점수 15점 이상은 받기 쉽습니다. 20점 이상의 점수를 받으려면, 물론 내용이나 말하는 구조도 중요하지만, 제 생각엔 발음과 fluency가 중요한 것 같습니다.

우선 처음에는 1번, 2번 토픽에 맞춰서 생각을 정리해두는 연습을 하고, 시간을 정해놓고, 자기가 생각해놓은 것을 말하는 연습을 합니다. 15초라는 시간은 굉장히 짧은 시간이므로 시험에 앞서, 다양한 토픽에 대해 브레인스토밍 하는 것이 중요한 것 같습니다. 3번~6번 유형은 리스닝 실력이 좌우하기 때문에 전체적인 답안의 틀을 생각해두고 내용에 따라 바꾸는 방법을 썼습니다.

리딩, 리스닝과 마찬가지로, 각 번호 별로 특징이 있기 때문에 조금만 익숙해진다면, 토픽이 뭐냐에 따라서 답변하는 요령이 생깁니다. 스피킹 같은 경우, 저는 점수 상승폭이 좁았지만, 주변 사람들을 본 결과 꾸준히 준비한다면 좋은 점수 받으실 수 있을 겁니다.^^

라이팅

영어로 글을 쓴다는 것 자체도 처음에 상상도 하지 못했습니다. 토플을 시작한지 3개월만에, 라이팅을 시작했는데, 연진 쌤의 첨삭을 받으며 오답노트를 작성했던 것이 많은 도움이 된 것 같습니다. 스피킹과 마찬가지로, 독립형은 다양한 토픽에 대해 브레인스토밍을 해놓는 것이 중요합니다.

처음 연습할 때는 essay 한 편에 1시간이 넘게 걸리고, 타자도 엄청 느려서 스트레스를 많이 받았습니다. 시간이 아무리 많이 걸리더라도 초보단계에선 직접 글을 써보면서 문법적오류를 찾고, 문맥에 맞는 글을 쓰는 것이 중요한 것 같습니다. 점점 익숙해지면, 점점 시간을 줄여, 시험을 치기 전까지 25분 안에 쓰는 연습을 하고, 5분 정도 점검하는 연습이 중요한 것 같습니다. 무엇보다 중요한 것은, 자신의 오답노트를 만들어 다시는 틀리지 않는 것입니다. 어려운 문법과 단어를 쓴다고 해서, 고득점이 나오는 것이 아니므로 자기만의 표현을 갖는 것이 중요합니다. 통합형의 경우엔 역시, 리스닝이 중요하며, 리스닝을 놓치면 전체적인 글의 흐름이 어렵기 때문에, 노트테이킹이 결정적이라고 할 수 있습니다. 라이팅 역시 흐름이 있기 때문에, 토픽에 따라 준비하는 것도 요령인 것 같습니다.

제가 토플에 관한 전문가도 아니고, 그렇게 고득점을 낸 것도 아니지만, 지금 여러분들처럼 누구보다도 토플을 빨리 끝내고 싶었고, 스트레스를 많이 받았기에, 한이 맺혀서 조금이라도 도움이 되고자 6개월 정도 보고 듣고 느낀 것 들을 적어 봤습니다^^. 정리해 보면 딴 거 없고, Pratice Makes Perfect 입니다~. 어셔에 들어가면서 여자친구랑도 헤어지게 되고, 스트레스도 많이 받았지만, 지금 생각해보면 평생 잊지 못할 기억입니다~. 어차피 단순히 각자 점수만 내는 게 목표이겠지만, 어셔에서 공부하는 동안 영어실력을 늘릴 수 있다는 데에는 확신합니다. 특히 초보자들에겐, 더할 나위 없이 좋은 시스템입니다. 갑자기 적다 보니, 빠진 부분도 많고, 두서도 없지만, 저 같은 사람도 하는데, 충분히 여러분도 할 수 있다는 자신감 정도만 가지셨으면 좋겠습니다.

| 오늘의 단어 |

모르는 단어 개수: _____ 개

1회독 _____ /200개 **2회독** _____ /200개 **3회독** _____ /200개 **4회독** _____ /200개 **5회독** _____ /200개

_____ /200개* 5분 = _____ 분 (약   시간 필요)
*휴식시간 및 시험시간(200개당 45분입니다)을 꼭 넣어야 합니다.

나의 오늘 목표는 _____ 번부터 _____ 번까지!!!

| 오늘의 단어 |

오늘 공부할 양에서 내가 아는 것과 모르는 것을 미리 체크해서 오늘 단어 외우는데 걸리는 시간을 미리 계산해 보면 공부의 효율이 높아집니다.

801 deluxe	821 fabric	841 obedient	861 luminous	881 hoist
802 evenly	822 allege	842 excite	862 elevate	882 underlying
803 fallacy	823 intervene	843 column	863 hibernate	883 dare
804 laden	824 massive	844 rascal	864 hoarse	884 inconceivable
805 swamp	825 obscure	845 incoherent	865 plush	885 therefore
806 retrieve	826 unshakable	846 in vain	866 malicious	886 tyranny
807 brutal	827 caption	847 noticed	867 deem	887 maximize
808 variable	828 eccentric	848 yearning	868 liquid	888 decided
809 tapered	829 relevance	849 in proximity to	869 vicinity	889 application
810 a wide range of	830 pigmentation	850 technique	870 gaiety	890 turn down
811 light-hearted	831 opposite	851 fashionable	871 personnel	891 trickle
812 lower	832 self-evident	852 surreal	872 sensation	892 from time to time
813 erudite	833 abhor	853 wholesale	873 enlighten	893 ridiculous
814 skip	834 unsophisticated	854 flamboyant	874 unite	894 spread
815 cognitive	835 deceitful	855 talkative	875 primarily	895 solicitude
816 compatible	836 operative	856 send	876 luxurious	896 play a role (=part)
817 predominate	837 legendary	857 follow suit	877 inauspicious	897 exception
818 coax	838 complement	858 dimension	878 militia	898 respectful
819 recast	839 unrestricted	859 cache	879 amplify	899 decimate
820 shovel	840 underrate	860 cardinal	880 entangle	900 thereby

901 sustainable	921 voluble	941 pervade	961 antique	981 malleable
902 humid	922 semblance	942 aggregate	962 lively	982 whip
903 laugh	923 unbecoming	943 scandal	963 drain	983 apex
904 advantageous	924 acquisition	944 haul	964 pore	984 vociferous
905 inward	925 glue	945 intuition	965 disrupt	985 minuscule
906 shed	926 teaser	946 unpleasant	966 given	986 blemish
907 opaque	927 strip	947 productive	967 kayak	987 merely
908 in conjunction with	928 dorsal	948 broaden	968 overthrow	988 hurl
909 narrow-minded	929 impediment	949 with conviction	969 perilous	989 ballot
910 adroit	930 stray	950 fortify	970 platform	990 moist
911 doze	931 antithesis	951 numberless	971 costly	991 patron
912 pious	932 refute	952 unequivocal	972 systematic	992 heed
913 thrill	933 brook	953 gleam	973 contemptuous	993 slope
914 replica	934 jubilant	954 episode	974 savor	994 postulate
915 invariable	935 preach	955 quake	975 exorbitant	995 exclusively
916 bulk	936 bear in mind	956 duration	976 aimlessly	996 gap
917 onset	937 quest	957 subsequently	977 occurrence	997 preordain
918 invariably	938 swallow	958 indignity	978 bored	998 godly
919 trigger	939 be devoted to	959 be at odds with	979 dash	999 countervail
920 procurement	940 overstate	960 monopolize	980 stranger	1000 inaccurate

USHER iBT TOEFL
VOCABULARY

05
05 out of 13

토플단어
801-1000

usherin.usher.co.kr

Vocabulary Usher | 토플 801-1000 1회독 2회독 3회독 4회독 5회독

05 out of 13 | USHER VOCABULARY
usherin.usher.co.kr

---

801 deluxe
[dɪ lʌks]

▶ **lavish, luxurious, opulent, rich**
The deluxe executive suite was twice as large as the standard version.
호사스러운 고급 스위트 객실은 기본 방보다 두배는 넓었다.

a. 호사스러운, 사치스런

---

802 evenly**
[íːvənli]

▶ **equally, uniformly**
After the work day was over, the waitstaff evenly split their tips.
일과가 끝나고 웨이터들은 균등하게 팁을 나눴다.

ad. 고르게, 일관되게, 균등하게

---

803 fallacy
[fǽləsi]

▶ **false idea, false reasoning, misconception**
The fallacies of the argument were immediately evident.
그 주장의 오류는 바로 드러났다.

n. 잘못된 생각, 오류

---

804 laden*
[léidn]

▶ **burdened, loaded, weighed down**
The Portuguese explorers returned home on ships laden with spices from the Orient.
동양의 향신료를 실은 배를 타고 포루투갈 모험가들이 돌아왔다.

a. (짐을)실은

---

805 swamp
[swamp / swɔmp]

▶ **bog, marsh / inundate, flood**
The swamp lands are a unique ecosystem that is home to unique animal species found in no other ecosystems.
늪지는 다른 생태계에서는 찾아볼 수 없는 특별한 동물들이 서식하는 특별한 생태계이다.

n. 늪, 습지
v. 침수시키다, 쇄도하다, 넘쳐나다

---

806 retrieve
[ritríːv]

▶ **bring, fetch, get, reclaim**
The military troops were deployed to retrieve the stolen information.
군부대는 잃어버린 정보를 되찾아 오고자 배치되었다.

v. 되찾아오다, 회수하다; 수습하다; 되찾다

---

807 brutal
[brúːtl]

▶ **savage, cruel, inhuman, ruthless**
The brutal attacks on the villagers were signs to other villages not to resist the rebel forces.
그 마을 주민들에 대한 잔인한 공격은 다른 마을들에게 반군에게 저항하지 말라는 표시였다.

a. 잔혹한, 악랄한; 인정사정없는, 잔인할 정도의

---

808 variable*
[vǽriəbl]

▶ **unstable, changeable, inconstant, fickle**
The variable temperature of the monsoon season frustrated people who had no idea whether they would need a jacket or shorts each day.
우기 때의 변덕스러운 온도는 반바지를 입어야 할지 자켓을 입어야 할지 모르는 사람들을 짜증나게 하였다.

a. 변하기 쉬운, 가변성의
n. 변수

809 **tapered** [téipərd]	▶ narrow, tapering I couldn't wear the jeans, because they were tapered too tightly around the ankles. 청바지의 발목 쪽이 너무 좁아져서 나는 청바지를 입을 수가 없었다.		a. 좁아진, 가늘어지는
810 **a wide range of***	▶ a wide variety of The wide range of classes offered in university is sometimes overwhelming for incoming students. 대학교가 제공하는 다양한 종류의 강의들은 가끔씩 신입생들에게 압도적이다.		phr. 다양한
811 **light-hearted**	▶ carefree, gay, joyful, merry Her light-hearted poems proved to be very popular amongst teenagers. 그녀의 마음 편한 시들은 10대들 사이에서 아주 인기가 많은 것으로 증명되었다.		a. 마음 편한, 근심없는, 걱정 없는
812 **lower** [lóuər]	▶ reduce, lessen, abate; below In order to attract more customers, some stores will lower prices to less than their cost. 더 많은 손님들을 끌기 위해서 몇몇 상점들은 원가보다 가격을 낮출 것이다.		v. 낮추다, 떨어뜨리다 a. 아래의
813 **erudite** [érudaɪt]	▶ logical, learned, educated, knowledgeable His erudite way of thinking allowed everyone to understand his arguments. 그의 박식한 논리는 모든 사람들이 그의 주장을 이해하게 했다.		a. 학식있는, 박식한
814 **skip** [skip]	▶ spring, jump, leap, bound The child skipped around with joy when his mother finally agreed to buy him a toy. 아이는 끝내 엄마가 장난감을 사주기로 하자 기뻐 날뛰었다.		v. 건너뛰다. 빠뜨리다; 가볍게 뛰다
815 **cognitive*** [kάgnitiv]	▶ mental, thinking, perceiving Sam's cognitive growth stopped at the age of seven. Sam의 인지 성장은 그가 일곱살 때 멈췄다.		a. 인식의
816 **compatible** [kəmpǽtəbl]	▶ consistent, reconcilable Modern people are tricked into thinking that Capitalism is compatible with religious teachings when, in fact, it is not. 현 시대의 사람들은 자본주의가 사실 그렇지 않지만 종교적인 가르침을 따른다고 속고 있다.		a. 양립할 수 있는; 화합할 수 있는
817 **predominate*** [pridάmənèit]	▶ outweigh, prevail, rule, surpass Small scale production predominated the economy before the changes of the industrial revolution. 산업혁명으로 인한 변화 이전의 경제는 작은 규모의 산업들이 지배했었다.		v. 우세하다, 지배하다
818 **coax** [kouks]	▶ cajole, persuade Many servants coaxed the king to relax his rule and allow them greater freedom. 많은 신하들은 왕이 규제를 완화하고 더 큰 자유를 줄 수 있도록 달콤한 말로 설득하였다.		v. 구슬리다, 달래다, 달콤한 말로 설득하다

Vocabulary Usher | 토플 801-1000

819 recast* [riːkǽst, -káːst]
▶ **transform,** remodel, reform, refashion
Due to a problem with the mold, all of the statues had to be recast.
주조틀의 문제때문에 모든 동상들은 고쳐 만들어져야 했다.
v. 고쳐 만들다, 재구성하다

820 shovel* [ʃʌ́vəl]
▶ **excavate, dig,** scoop
The ability to shovel coal efficiently was one of the aspects of Frederick Taylor's time-motion studies.
석탄을 효율적으로 파내는 능력은 프레드릭 테일러의 시간-행동 연구의 일부이다.
n. 삽, 부삽
v. 삽질하다, 삽으로 파다

821 fabric [fǽbrik]
▶ **structure, cloth**
The dress was made of the best fabric known to mankind.
이 드레스는 인류에게 알려진 가장 좋은 천으로 만들어 졌다.
n. 구조, 직물, 건축물

822 allege* [əlédʒ]
▶ **assert, claim, affirm,** declare
Daniel desperately alleged that he was innocent, but he could point out the guilty party if he were granted immunity.
Daniel은 그가 무죄임을 필사적으로 주장했으나 만약 그가 면제를 받는다면 누가 유죄인지에 대해서는 집어낼 수 있었다.
v. 단언하다, (근거없이) 주장하다

823 intervene [ìntərvíːn]
▶ **step in, break in, interpose, intrude**
Jane intervened in the discussion to try to lead the parties to a more amicable solution.
Jane은 당파들이 더 우호적인 해결책을 내도록 이끌고자 토론 중간에 끼어들었다.
v. 개입하다, 끼어들다, 사이에 끼다, 방해하다

824 massive* [mǽsiv]
▶ **huge, colossal, enormous, immense, tremendous**
The massive cost of the space program lead many conservative politicians to call for privatizing it.
우주여행에 드는 막대한 자금은 보수적 정치인들에게 민영화를 요구하게 했다.
a. 거대한, 엄청나게 큰, 부피가 큰

825 obscure* [əbskjúər]
▶ **uncertain, dim, faint** / **overshadow**
While looking for a defense plan, the attorney came upon an obscure law that punished people for writing with their left hands.
변호 계획을 세우던 중 변호사는 왼손으로 글을 쓰면 벌하는 불명료한 법을 보았다.
a. 모호한, 어두운, 불명료한, 불분명한
v. 모호하게 하다, 불분명하게 하다

826 unshakable [ʌnʃéikəbəl]
▶ **firm, steadfast, fixed, unwavering**
His passion for his dream was unshakable.
꿈을 향한 그의 열정은 확고하였다.
a. 확고한, 흔들리지 않는

827 caption* [kǽpʃən]
▶ **title, heading** / **subtitle**
The picture's caption said that it was taken along the Nile River.
그 그림의 설명에는 그 그림이 나일 강변에서 찍혀졌다고 써 있었다.
n. 표제, 제목, 설명
v. 자막을 넣다, 제목을 붙이다, 설명문을 달다

828 eccentric [ikséntrik]
▶ **erratic, strange, peculiar, irregular, odd, freakish, outlandish, quirky**
The eccentric behavior of the man caused his neighbors to worry that he was on drugs.
그 남자의 기이한 행동은 그들의 이웃들이 그가 마약을 하고 있다고 걱정하게 만들었다.
a. 기이한, 별난

| 829 | **relevance*** [réləvəns] | ▶ **germaneness, pertinence**
The relevance of the defendant's testimony was iffy, at best.
피고의 고백의 타당성은 의문점이 많았다. | n. 적절, 타당성, 관련 |

| 830 | **pigmentation** [pìgməntéiʃən] | ▶ **coloring, colorant, dye, stain**
The pigmentation process in the production of clothes determines the quality of the products.
옷을 만들 때 염색과정은 제품의 질을 결정한다. | n. 염색, 착색 |

| 831 | **opposite*** [ápəzit, -sit / ɔ́p-] | ▶ **counter, contrast, contrary / across from facing**
The girl and boy were sitting on opposite sides of the table from one another.
여자아이와 남자아이는 식탁에서 서로 반대 쪽에 앉았다. | a. 마주보고 있는, 반대편의
n. 반대 |

| 832 | **self-evident** [sélfévədənt] | ▶ **evident, obvious, clear**
The case was so self-evident that it took only three hours to solve.
그 사건은 너무나 자명하여 고작 세시간만에 해결되었다. | a. 자명한 |

| 833 | **abhor*** [əbhɔ́ːr] | ▶ **loathe, hate, detest**
No detective has ever abhorred criminals as much as Pete.
그 어떤 탐정도 Pete만큼 범죄자들을 혐오하지 않는다. | v. 혐오하다 |

| 834 | **unsophisticated** [ʌ̀nsəfístəkèitid] | ▶ **simple, artless, ingenuous, naive**
John's unsophisticated tastes made people feel that he was honest and down-to-earth.
John의 소박한 취향은 사람들로 하여금 그가 솔직하고 견실한 사람이라고 느끼게 하였다. | a. 세련되지 못한; 단순한 복잡하지 않은 |

| 835 | **deceitful*** [disíːtfəl] | ▶ **misleading, dishonest, deceptive**
Deceitful lies ruined the politicians' reputation.
기만하는 거짓말들은 정치인의 명성을 손상시켰다. | a. 허위의, 기만적인, 사기의 |

| 836 | **operative** [ápərətiv, -rèi- / ɔ́p-] | ▶ **effective, efficient, effectual / worker**
The identity of the intelligence operative was leaked as a means of destroying her career.
그녀의 경력을 망치기 위해 그 첩보원의 정체가 누설되었다. | a. 효과있는, 효력있는; 작용하는 |

| 837 | **legendary*** [lédʒəndèri] | ▶ **mythological, fabulous, mythical, fabled**
The legendary stories of King Arthur and his knights have provided entertainment for hundreds of years.
아서왕과 그의 기사들에 대한 전설적인 이야기는 수백년동안 사람들에게 즐거움을 줬다. | a. 전설적인, 터무니 없는 |

| 838 | **complement*** [kámpləmənt / kɔ́m-] | ▶ **supplement / supplement, addition**
The new sofa complements the other furniture in the room well.
새로 산 소파는 방에 있는 다른 가구들을 잘 보완한다. | v. 보완하다
n. 보완물, 보충 |

Vocabulary Usher | 토플 801-1000

839 unrestricted*
[Ànristríktid]
▶ **unlimited, unbridled, free, open-ended**
Unrestricted access to classified information would cause great problems for governments today.
기밀정보에 대한 자유로운 접근은 오늘날 정부에 큰 문제를 가져올 수 있다.
a. 제한이 없는, 자유로운

840 underrate
[Àndəréit]
▶ **devalue, undervalue**
Our loss proved that we had underrated the opponent and failed to adequately prepare.
우리의 패배는 우리가 상대편을 너무 과소평가했고 제대로 준비하는 것에 실패했음을 증명한다.
v. 과소평가하다

841 obedient
[oubí:diənt]
▶ **submissive, docile, compliant**
Teachers tend to favor students who are obedient and good listeners.
선생님들은 유순하고 잘 듣는 학생들을 좋아하는 성향이 있다.
a. 순종하는, 유순한

842 excite**
[iksáit]
▶ **stimulate, encourage, instigate, stir**
The reporter did not want to excite his interview subject, so he refrained from mentioning his current financial problems.
리포터는 인터뷰 대상을 흥분시키고 싶지 않았기 때문에 현재 재정상태에 대해서는 질문하지 않았다.
v. 흥분시키다, 흥미를 돋우다

843 column
[káləm / kɔ́l-]
▶ **pillar, obelisk, post, shaft**
There was a golden statue of the king on the top of the column.
기둥 꼭대기에는 왕의 금 동상이 있었다.
n. 기둥, 원주

844 rascal
[ræskəl]
▶ **scamp, villain, scoundrel / malignant**
Having not been convinced by the politician's speech, the crowd began chanting "throw the rascal out."
정치가의 연설에 설득되지 않은 군중들은 "저 불량배를 쫓아내라!" 라고 소리쳤다.
n. 악동, 악한, 불량배

845 incoherent*
[ìnkouhíərənt]
▶ **disordered, unintelligible, confused, disconnected**
Her writing was completely incoherent and did not make any sense.
그녀의 글은 두서가 없고 말이 맞지 않았다.
a. 두서 없는, 모순된, 조화되지 않은 비논리적인, 일관성없는

846 in vain
▶ **unsuccessfully**
The teacher's efforts had been made in vain, as his student failed to study any of their lessons.
학생들이 배운 것들을 하나도 공부하지 않았으므로 선생님의 노력은 헛된 것이 되었다.
phr. 헛되이

847 noticed**
[nóutis]
▶ **observed**
Hoping that no one had noticed the mistakes in his speech, the politician continued to deliver it.
아무도 연설 중의 실수를 알아채지 않기를 바라며 정치인은 연설을 계속 해나갔다.
a. 주목 받는

848 yearning
[jə́:rniŋ]
▶ **longing, craving, desire**
Due to a great yearning for religious freedom, the Pilgrims boarded the Mayflower in hopes of setting up a colony in North America.
종교적 자유를 갈망한 순례자들은 북미에 식민지를 개척할 희망을 가지고 메이플라워에 탑승하였다.
n. 갈망, 동경

849 in proximity to
▶ close to, adjacent to, near, in the vicinity of
My house is located in close proximity to my school.
우리집은 학교와 가까이에 있다.

phr. ~과 인접한, ~에 근접한

850 technique
[tekníːk]
▶ method, approach, craft, craftsmanship
Sculpting requires both strength and technique in order to achieve real art.
조각으로 진정한 예술을 하기 위해서는 힘과 기술 모두가 필요하다.

n. 기술, 수법

851 fashionable
[fǽʃənəbəl]
▶ popular, trendy, in fashion, stylish
Fashionable clothes tend to change frequently as time passes.
옷의 유행은 시간이 지남에 따라 자주 바뀐다.

a. 유행하는

852 surreal**
[səríːəl, -ríːl]
▶ having a strange dream-like quality
The feeling of déjà vu is a very surreal experience.
데자뷰 느낌은 초현실적인 경험이다.

a. 초현실적인, 환각적인

853 wholesale*
[hóulsèil]
▶ extensive, indiscriminate / bulk, mass
The idea of selling wholesale products directly to consumers was first instituted by Price Club in 1976.
소비자들에게 직접 도매상품을 파는 일은 1976년 프라이스 클럽에서 처음 착안한 것이다.

a. 도매의, 대규모의
n. 도매

854 flamboyant
[flæmbɔ́iənt]
▶ showy, flashy, ostentatious
Flamboyant samba costumes are one of the greatest symbols of Carnival in Brazil.
화려한 쌈바 의상들은 브라질 카니발의 상징 중 하나이다.

a. 화려한

855 talkative
[tɔ́ːkətiv]
▶ garrulous, wordy, verbose
After 2 hours, the talkative speaker finally stepped down from the podium.
두 시간 후 수다스러운 연설가는 마침내 단상에서 내려왔다.

a. 수다스러운

856 send
[send]
▶ transmit, dispatch, convey, mail
Send me email so we can still stay in touch even when I'm on the other side of the Earth.
내가 지구 반대편에 있더라도 서로 계속 연락하며 지낼 수 있게 나에게 이메일을 보내라.

v. 전하다, 보내다

857 follow suit
▶ do the same thing
All we can do is hope that the other students will follow suit and study more to receive awards of their own.
우리가 할 수 있는 것은 다른 학생들이 따라오고 자신들만의 상을 받도록 더 공부하기를 바라는 것이다.

phr. 따라하다

858 dimension*
[diménʃən]
▶ size
After measuring the dimensions of the box, Juan realized that the gifts would never fit in it.
박스 크기를 측정한 후 후안은 선물이 들어가지 않을 것이라는 걸 깨달았다

n. 크기, 치수, 넓이, 차원

Vocabulary Usher | 토플 801-1000

---

859 cache
[kæʃ]

▶ **hidden place**
Investigators found the cache in the gangster's hideout.
조사관들은 조직폭력단의 은신처에서 저장소를 발견하였다.

n. 은닉처, 저장소

---

860 cardinal
[káːrdənl]

▶ **fundamental, primary, principal, essential**
The cardinal rule of investing is to buy low and sell high.
파베르제 달걀의 저렴한 가짜는 존재하지만 진품은 굉장히 비싸다.

a. 기본적인, 중요한

---

861 luminous
[lúːmənəs]

▶ **bright, glowing, shining; brilliant**
The luminous smile on the child's face made her father happy.
아기 얼굴의 빛나는 미소가 아버지를 행복하게 만들었다.

a. 빛을 내는; 총명한

---

862 elevate
[éləvèit]

▶ **raise, lift, exalt, heighten**
This machine was designed to elevate large heavy objects to places that are hard to reach.
이 기계는 닿기 힘든 곳에 무거운 물건들을 올리기 위해 만들어졌다.

v. 높이다, 향상시키다

---

863 hibernate
[háibərnèit]

▶ **asleep all winter**
Animals such as bears hibernate in order to conserve energy during times when food is scarce.
곰같은 동물들은 음식이 부족한 겨울에 에너지를 비축하기 위해 동면을 한다.

v. 겨울 잠자다, 동면하다

---

864 hoarse
[hɔːrs]

▶ **husky**
She could not have the concert due to her hoarse voice.
그녀는 쉰 목소리 때문에 콘서트를 열지 못했다.

a. 목쉰, 쉰 목소리의

---

865 plush
[plʌʃ]

▶ **luxurious, sumptuous, lavish**
Fortunately, he could afford to buy a plush house near the beach after his retirement.
운좋게도 그는 은퇴 후 바닷가 근처의 호화로운 집을 살 수 있었다.

a. 호화로운, 안락한, 고급의

---

866 malicious
[məlíʃəs]

▶ **malevolent, evil-minded**
The death was ruled an accident, since there was no evidence of malicious intent by the perpetrator.
가해자로부터 악의가 있었다는 증거가 없어서 그 죽음은 사고로 판결났다.

a. 악의 있는, 심술궂은, 악의적인, 적의 있는

---

867 deem*
[diːm]

▶ **consider, believe, regard, think**
The Chinese river dolphin was deemed extinct after having been unseen for 30 years.
중국의 민물 돌고래는 30년간 눈에 띄지 않아서 멸종했다고 생각되었다.

v. 생각하다

---

868 liquid
[líkwid]

▶ **fluid**
The liquid in the thermometer is a special type of alcohol selected because of its reaction to heat.
온도계의 액체는 열 반응을 위해 선택된 특별한 종류의 알코올이다.

n. 액체
a. 액체의, 액체 형태의, 액상의

USHER

869 vicinity [vɪsínəti]
▶ **neighborhood,** closeness, environs, district
Many people choose homes based on the amenities available in the general vicinity.
많은 사람들은 집 부근에 있는 편의시설을 보고 집을 결정한다.
n. 근접, 부근, 가까운 곳

870 gaiety [géiəti]
▶ mirth, glee, cheerfulness, joviality
The gaiety of the party never seemed to fade.
파티의 흥겨움은 가시지 않을 것 같았다.
n. 흥겨움, 유쾌

871 personnel [pɜ̀ːrsənél]
▶ staff, employees, work force
Problems amongst staff members are usually handled by the Personnel Department.
스태프 간의 갈등은 대게 인사과에서 처리된다.
n. 직원, 인원, 사람들

872 sensation [senséiʃən]
▶ perception, feeling, sentiment; agitation
The sensation of falling while attempting to go to sleep has been attributed to an ancient evolutionary memory.
잠에 들려고 할 때 떨어지는 듯한 감각은 고대 진화적 기억의 결과이다.
n. 감각, 느낌, 기분; 센세이션, 대사건

873 enlighten [ɪnláɪtən]
▶ illuminate, inform, instruct, make aware
Education enlightens students and enables them to choose suitable careers.
교육은 학생들을 계몽시키고 그들로 하여금 그들에게 알맞은 직업을 고를 수 있게 한다.
v. 계몽하다, 가르치다, 일깨우다

874 unite [juːnáɪt]
▶ join, combine, incorporate, connect
East and West Germany were officially united on 1990.
동독과 서독은 1990년에 공식적으로 통일하였다.
v. 결합하다, 통합하다

875 primarily [praɪmérəli/ práɪməri]
▶ mostly, mainly, chiefly; originally
The movie was primarily designed for teenagers.
그 영화는 주로 청소년들을 위해 계획되었다.
ad. 주요하게, 주로, 일반적으로; 원래, 첫째로

876 luxurious* [lʌgʒúəriəs, lʌkʃúər-]
▶ sumptuous
The luxurious restaurants on the cruise ship required that everyone be dressed in black-tie attire.
크루즈배에 위치한 호화스러운 레스토랑은 모든 사람이 정장을 입어야 한다고 했다.
a. 사치스러운, 호화로운

877 inauspicious* [ɪnɔːspíʃəs]
▶ unfavorable, ominous, bad
The restaurant got off to an inauspicious start as the grand opening was interrupted by a power outage.
레스토랑은 개업식날 정전때문에 방해를 받아서 불길한 시작을 했다.
a. 불길한

878 militia* [mɪlíʃə]
▶ military, army
Former militia men gathered to start a riot against the government's new policy.
전 민병대들은 정부의 새 정책에 반대하여 폭동을 일으키기 위해 모였다.
n. 시민군, 민병대

Vocabulary Usher | 토플 801-1000

879 amplify*
[ǽmpləfài]
▶ increase, enlarge, expand, magnify
The speakers are specially designed to amplify sounds from microphones.
스피커는 마이크에서 나오는 소리를 확대할 수 있도록 특별히 제작되었다.
v. 확대하다, 증폭시키다

880 entangle
[intǽŋgl]
▶ complicate, involve, bewilder
The investigations into the police officer's actions revealed that many more of his peers and superiors were entangled in the scandal.
경찰관의 행동에 대한 조사는 많은 그의 동료들과 상사들이 그 스캔들에 뒤얽혀있음을 밝혀내었다.
v. 뒤얽히게 하다

881 hoist
[hɔist]
▶ raise, elevate, lift, uphold
Tim hoisted the drunken man on his back and took him to his home.
Tim은 취객을 업어서 집에 데려다 주었다.
v. (기 등을)올리다, 들어올리다

882 underlying*
[Àndərláiiŋ]
▶ fundamental, basic, elementary
Research into the underlying causes of poverty often points to a lack of access and education amongst the most poverty-stricken.
가난의 근원적인 원인에 대한 조사는 가장 가난한 사람들과의 접촉과 교육의 부족에 의한 것으로 나타났다.
a. 기초를 이루는, 근원적인, 근본적인

883 dare
[dɛər]
▶ venture, risk, challenge, defy
No one dared to fight the great warrior.
아무도 감히 그 위대한 전사에 맞서 싸우려고 하지 않았다.
v. 감히 ~하다
n. 도전, 모험

884 inconceivable
[ìnkənsí:vəbəl]
▶ unimaginable, unthinkable
Heliocentrism was an inconceivable concept to early christians as they believed that God had created the sun to rotate around the Earth and provide it light.
신이 태양을 창조하고 그로 하여금 지구 주변을 돌게 했다고 믿었던 초기 기독교인들에게 태양중심설은 상상조차 할 수 없는 것이었다.
a. 상상할 수 없는, 믿을 수 없는

885 therefore*
[ðέərfɔ:r]
▶ consequently, accordingly, hence, thus, thence
The committee couldn't reach a consensus, and, therefore, agreed to table the motion until the next meeting.
위원회는 합의점을 찾지 못하였으며, 따라서 다음 회의까지 의안을 연기하는 데에 동의하였다.
ad. 따라서, 결과적으로, 그러므로

886 tyranny
[tírəni]
▶ despotism, oppression
Historians have always wondered why tyranny always results in a kingdom's collapse.
역사가들은 항상 왜 독재는 왕국의 몰락으로 이뤄지는지 궁금해 했다.
n. 독재, 전제정치, 포악

887 maximize
[mǽksəmàiz]
▶ expand; optimize
In order to maximize profits, businesses need to find ways to reduce costs while luring in customers.
수익을 최대로 증가시키기 위해서 사업은 지출을 줄이는 것과 동시에 고객을 끌어들이는 방법을 찾아야 한다.
v. 극한까지 증가하다; 최대한 활용하다

888 decided*
[disáidid]
▶ obvious, definite; resolute, determined
After days of careful consideration, he decided to work in the restaurant.
몇 일 동안의 숙고 후, 그는 레스토랑에서 일하기로 단호한 결정을 내렸다.
a. 분명한; 단호한; 결정적인

889	**application*** [ǽplikéiʃən]	▶ **use, employment, appliance; request** The teacher emphasized the application of practical knowledge for the future. 선생님은 미래를 위한 실용적인 지식의 적용을 강조하셨다.	n. 적용; 신청, 지원서
890	**turn down**	▶ **reject, refuse** I turned down the job he offered because it seemed like too much responsibility. 나는 그가 제안한 자리가 책임이 너무 크다고 느껴져 거절하였다.	phr. 거절하다
891	**trickle** [trík-əl]	▶ **drip, dribble, leak / small amount** A drop of sweat trickled down his face. 한 방울의 땀이 그의 얼굴 아래로 떨어졌다.	v. 똑똑 떨어지다, 졸졸 흐르다 n. 소량
892	**from time to time***	▶ **now and then, once in a while, at times** My cousin sent me e-mails from time to time and we were able to stay in touch. 내 사촌이 때때로 나에게 이메일을 보내서 우리는 연락하며 지낼 수 있었다.	phr. 때때로, 이따금
893	**ridiculous** [ridíkjələs]	▶ **absurd, laughable** It is ridiculous to give up now since we are already half way there. 벌써 반이나 와 놓고 지금 포기하는 일은 우스운 일이다.	a. 웃기는, 우스꽝스러운
894	**spread** [spred]	▶ **extend, stretch, reach; distribute** In an effort to stop the spread of disease, it is important that people practice proper hygiene. 병이 퍼지는 것을 막기 위해선 올바른 위생관리를 하는 것이 중요하다.	v. 펴다; 분포시키다, 전파하다
895	**solicitude** [səlísətjùːd]	▶ **concern, anxiety, care, worry** The wanderer professed a great solicitude to warm himself by the fire. 방랑자는 불 옆에서 스스로를 따뜻하게 하고 싶어하는 강한 열망을 보였다.	n. 근심, 염려; 갈망
896	**play a role (=part)**	▶ **be part of** Light plays a role in not only plants' growth, but also in their bloom times. 빛은 식물의 성장뿐만 아니라 꽃이 피는 시기에도 역할을 한다.	phr. 역할을 하다
897	**exception*** [ikSépʃən]	▶ **exclusion, exemption** There are exceptions to every rule, but that doesn't disprove them. 모든 법에는 예외가 있지만, 그것이 그들이 틀렸음을 입증하는 않는다.	n. 제외, 예외
898	**respectful** [rispéktfəl]	▶ **courteous, polite, well-mannered, civil** Some cultures around the world require people to be respectful to elders. 세계적으로 몇몇 문화권은 노인공경을 중요시 한다.	a. 공손한, 정중한

Vocabulary Usher | 토플 801-1000

899 decimate* [désəmèit]
▶ eliminate, wipe out, extinguish, eradicate
The "Final Solution" was a system of genocide meant to decimate the Jewish population in Europe.
최종적 해결은 유럽에 있는 유대인 인구를 죽이기 위한 집단학살 체계였다.
v. 대량으로 죽이다; 비격식 심하게 훼손하다[약화시키다]

900 thereby* [ðɛ̀ərbái]
▶ by that means, as a result of that
Our bodies sweat, thereby dissipating heat and cooling the body.
우리 몸은 땀을 흘리는 것으로 인해 열을 발산시키고 체온을 내린다.
ad. 그렇게 함으로써, 그것에 의하여, 그것 때문에

901 sustainable* [səstéinəbl]
▶ endurable, bearable
Many environmentalists push for a move from industrial farming back to the sustainable methods of the past.
많은 환경가들은 공업농사에서 예전의 지속될 수 있는 방법으로 돌아가려고 노력한다.
a. 견딜 수 있는, 지속될 수 있는

902 humid [hjú:mid]
▶ damp, moist
The summer days were hot and humid.
여름날은 덥고 습기찼다.
a. 습기 있는, 눅눅한

903 laugh [læf, lɑ:f]
▶ giggle, chuckle, grin, smile
It is a common human response to laugh when in socially uncomfortable situations.
사교적으로 불편한 상황에 처했을 때 웃는 것은 사람들의 흔한 반응이다.
v. 웃다
n. 웃음

904 advantageous** [æ̀dvəntéidʒəs]
▶ profitable, gainful, beneficial, **helpful**
He thought that firing more employees would be advantageous to the company.
그는 더 많은 직원들을 해고하는 것이 회사에 득이 될 것이라 생각했다.
a. 유리한, 형편이 좋은

905 inward [ínwərd]
▶ into the center, inner
The inward slope of a funnel allows easier transference of a liquid to another container.
깔때기 안쪽의 경사는 액체를 다른 용기로 옮기는 것을 쉽게 해준다.
a. 안쪽의, 안의; 마음속의, 내심의, 안쪽[내부]으로 향한
ad. 안쪽으로, 내부로

906 shed* [ʃed]
▶ discard, cast off, molt; radiate / **hut**
She sheds tears when she talks about her ex-boyfriend.
그녀는 전 남자친구에 대해 이야기를 할 때 눈물을 흘린다.
v. 흘리다, 떨어지게 하다; 발산하다

907 opaque [oupéik]
▶ impenetrable, cloudy, filmy; obscure, unclear, vague
Due to the opaque glass panels, we could only see the outlines of people approaching the doors.
불투명한 유리때문에 우리는 다가오는 사람들의 윤곽만 볼 수 있었다.
a. 불투명한; 불명료한

908 in conjunction with
▶ combination, union, joining, association
The patient was told to take the cholesterol medicine in conjunction with watching what foods he eats.
그 환자는 먹는 음식들을 주의하면서 콜레스테롤 약을 함께 복용하라는 지시를 받았다.
phr. ~와 관련하여, ~와 함께

USHER

909 narrow-minded
[nǽroumàindid]
▶ **intolerant, illiberal**
The narrow-minded store owner routinely refused to service people if they didn't conform to his ideal image of a customer.
속 좁은 마음의 가게 주인은 항상 자신의 이상적인 손님의 모습에 적합하지 않은 사람들에게 서비스를 하는 것을 일상적으로 거부했다.
a. 마음이 좁은, 편협한

910 adroit*
[ədrɔ́it]
▶ **skillful, dexterous, proficient, clever**
Adroit workers allowed the pyramids to be built in an unmatched size.
능숙한 일꾼들 덕택에 피라미드는 비교할 수 없는 크기로 지어지게 되었다.
a. 능숙한, 기민한, 노련한

911 doze
[douz]
▶ **nap, snooze, sleep lightly**
The teacher scolded me for dozing in the middle of the class.
수업 도중에 조는 바람에 선생님은 날 꾸짖었다.
v. 졸다

912 pious
[páiəs]
▶ **devout, reverent, religious**
The pious couple was held as an example for the way others in the congregation should act.
신앙심 깊은 커플은 종교 집회에서 다른 이들이 어떻게 행동해야 되는지에 대한 모범이 되었다.
a. 신앙심 깊은, 경건한

913 thrill
[θril]
▶ **suspense, shiver / excite, arouse**
Ashley said that she still loved the thrill of riding roller-coasters even though she'd been on many.
Asley는 롤러코스터를 아무리 많이 타도 스릴 있다고 하였다.
n. 전율, 스릴
v. 오싹하게 하다

914 replica*
[réplikə]
▶ **copy, duplicate**
In order to not destroy the priceless artifacts, the movie used accurate replicas of them.
그 귀중한 공예품들을 파괴시키지 않기 위해서, 그 영화는 정교한 복제품들을 사용했다.
n. 복제, (그림의)모사

915 invariable*
[invέəriəbəl]
▶ **constant, consistent, unchanging, uniform**
The invariable winter temperatures of the tropical regions often cause people to want to vacation there.
그 열대 지방의 불변하는 겨울의 기온은 사람들이 자주 거기서 휴가를 보내고 싶어하게 만든다.
a. 변화하지 않는, 불변의

916 bulk*
[bʌlk]
▶ **great quantity; main part, majority, major part**
A bulk of the iceberg was hidden underwater, which was why the ship was unable to avoid colliding with it.
큰 부피의 빙하가 수중에 숨겨져 있었다; 이것이 그 배가 그것과 부딪히는 것을 피할 수 없었던 이유이다.
n. 대부분; 크기, 부피, 두께
v. 커지게 하다, 커지다, 부풀게하다

917 onset*
[ánsèt, ɔ́(:)n]
▶ **beginning, opening, outbreak**
The rapid onset of the flood left many of the local inhabitants unable to save their most precious belongings.
홍수의 빠른 습격으로 주민들은 그들의 귀중품을 건지지 못하였다.
n. 시작, 개시, 습격

918 invariably
[invέəriəbli]
▶ **without exception, constantly, changeless**
The family invariably decides to go to Florida every year, because of the myriad entertainment options it offers.
그 가족은 플로리다가 제공하는 많은 놀이문화들 때문에 예외없이 매년 플로리다에 놀러가기로 결정한다.
ad. 반드시, 예외없이

Vocabulary Usher | 토플 801-1000

919 trigger**
[trígər]
▶ activate, cause, generate, start, initiate, stimulate, set off
The assassination of Archduke Ferdinand was the trigger that initiated WWI.
대공 퍼디난드의 암살은 세계1차대전 시작의 방아쇠 역할을 했다.
v. 일으키다, 촉발시키다
n. 방아쇠, 유인, 자극

920 procurement**
[prəkjúrmənt]
▶ obtaining
The procurement of a new computer system meant that the staff had to be retrained.
새로운 컴퓨터 시스템의 확보는 직원들이 다시 교육을 받아야 한다는 것을 의미했다.
n. 획득, 확보, 조달

921 voluble*
[váljəbəl / vɔ́l]
▶ talkative, loquacious, fluent
The couple was perfectly matched, as the wife was quiet and meek, while the husband was voluble and gregarious.
아내는 조용하고 온순하고 남편은 시끄럽고 사교적이니 커플은 완벽한 조화를 이루었다.
a. 열변을 토하는; 입심 좋은

922 semblance**
[sémbləns]
▶ appearance; analogy, similarity, likeness, resemblance
The emcee tried to regain some semblance of order after the fans went wild upon seeing their idol.
그 사회자는 아이돌을 보고 흥분한 팬들이 질서있는 모습을 갖도록 노력했다.
n. 외관, 모습; 유사함

923 unbecoming
[ʌ̀nbikʌ́miŋ]
▶ inappropriate, unsuitable, improper, out of place
His clothes were unbecoming for the funeral; he should have worn formal attire.
그의 옷은 장례식에 어울리지 않았다; 그는 격식을 차린 의복을 입었어야 했다.
a. 어울리지 않는

924 acquisition
[æ̀kwizíʃən]
▶ purchase, acquirement, attainment, procurement
The museum's newest acquisition was a piece by Andy Warhol.
박물관의 최신의 습득품은 앤디워홀의 작품이었다.
n. 획득, 습득

925 glue*
[glú:]
▶ stick, fix, cement, paste, **adhesive**
Limestone mortar acted as glue between the stones of the ruins at Chichen Itza.
석회반죽은 치첸이트샤 고대유적 잔해들의 접착제 역할을 하였다.
v. 접착시키다
n. 접착제

926 teaser
[tíːzəːr]
▶ mocker, bully, intimidator, oppressor
The Sunday crosswords is one of the toughest teasers out there.
일요일의 십자 말풀이는 나와 있는 것 중 가장 어려운 문제 중 하나이다.
n. 짓궂은 사람; 어려운 문제

927 strip*
[stríp]
▶ remove, divest, deprive, **take away**
The pageant winner was stripped of her crown due to actions violating her contract.
가장행렬의 우승자는 계약 위반으로 왕관을 벗어야 했다.
v. 제거하다, 폭로하다, 벗기다

928 dorsal*
[dɔ́ːrsəl]
▶ relating to the back, on the back of
A shark's dorsal fin is likely to create fear in most people's minds.
상어의 등지느러미는 사람들이 두려움을 갖게 한다.
a. 등(부분)의

USHER

929 impediment*
[impédəmənt]
▶ obstacle, barrier, difficulty, obstruction
A speech impediment did not stop Fred from achieving his goals as a business owner.
Fred의 언어장애는 그의 사업가가 되겠다는 목표를 꺾지 못했다.
n. 방해, 장애

930 stray
[strei]
▶ wander, deviate, straggle, swerve / wandering
The plane had strayed from its course and was now farther from its intended destination that it had begun.
그 비행기는 항로로부터 딴 길로 들어섰고 지금은 처음에 의도한 목적지로부터 더 멀어져 있다.
v. 길잃다, 벗어나다, 딴 길로 들어서다
a. 길을 잃은, 빗나간

931 antithesis*
[æntíθəsis]
▶ opposite, contrary, converse
The athlete's use of drugs was the antithesis of the Olympic spirit.
선수들의 약물 복용은 올림픽 정신과 정반대였다.
n. 정반대, 대조

932 refute
[rifjú:t]
▶ disprove, discredit, negate, overthrow
She wanted to refute all the rumors about her but did not know if it would be effective.
그녀는 자신에 관한 모든 소문을 반박하고 싶었지만 그것이 효과가 있을지는 알 수 없었다.
v. 반박하다, 논박하다

933 brook
[bruk]
▶ stream, beck, burn, rill
The couple enjoyed the warm summer afternoon on a picnic next to the brook.
그 커플은 시내 옆에서 따뜻한 여름 오후를 즐기며 피크닉을 했다.
n. 시내, 개천

934 jubilant*
[dʒú:bələnt]
▶ exulting, joyful, elated, gleeful
The jubilant cheers from the front of the crowd told those in the rear that the election results were in their favor.
앞 쪽 군중들에서의 환희는 뒤쪽 관중들에게 투표의 결과가 그들이 원하는대로 되었음을 말해 주었다.
a. 환희에 찬, 환호하는

935 preach
[pri:tʃ]
▶ sermonize
The activists preached the virtues of recycling to the crowd.
그 운동가는 군중들에게 재활용의 미덕에 대하여 설교하였다.
v. 설교하다

936 bear in mind
▶ remember, keep in mind, be sure to remember
Bear in mind that this is strictly confidential and shouldn't be known to anyone.
이것은 극비이고 다른 이들에게 절대 알려져서는 안된다는 것을 명심하라.
phr. 명심하다

937 quest
[kwest]
▶ search, hunt, mission; expedition, journey, adventure
He was confident in his quest to reach the top of the mountain.
그는 산 정상에 오르는 모험에 대해 자신 있었다.
n. 탐구, 탐색
v. 탐구하다, 탐색하다

938 swallow
[swάlou / swɔ́l-]
▶ eat, gulp, engulf, devour
Seeing an alligator swallow a whole chicken is a disturbing sight.
악어가 닭을 통째로 삼키는걸 보는 것은 충격적인 광경이다.
v. 삼키다, 들이키다
n. 제비

usherin.usher.co.kr 153

Vocabulary Usher | 토플 801-1000

939 be devoted to
▶ be loyal to, dedicate, commit
The volunteers are devoted to making the Special Olympics a rewarding experience for both the participants and spectators.
자원봉사자들은 스페셜 올림픽을 참가자와 관람자 모두에게 보람있는 경험으로 만들기 위해 열심히 하였다.
phr. ~에 충성하다, 열심히 하다, 전념하다

940 overstate**
[òuvərstéit]
▶ exaggerate, play up, overdo, inflate
The financial report neglected to take depreciation costs into account and therefore overstated the actual valuation of the company.
그 재무 보고서는 감가상각비를 계산에 넣는 것을 잊어버렸고 결과적으로 그 회사의 실제 가치를 과장해 버렸다.
v. 과장하다, 허풍 떨다

941 pervade*
[pərvéid]
▶ spread, permeate, penetrate, imbue
The smell of her perfume pervaded the room and gave everyone a headache.
그녀의 향수 냄새가 방 안 가득 퍼져 모두의 머리를 아프게 하였다.
v. 널리 퍼지다, 스며들다

942 aggregate
[ǽgrigèit]
▶ assemble, collect, accumulate, gather
The test scores are aggregated then each test taker is ranked according to the number of people who scored lower than them.
그 시험 점수들이 다 모아지고 난 후 각각 응시자들은 그들보다 더 낮은 점수를 취득한 사람의 수에 따라 순위가 매겨진다.
n. 합계, 총액
v. 종합하다, 모으다, 집합하다

943 scandal
[skǽndl]
▶ disgrace, dishonor, shame
The Watergate scandal lead to the resignation of President Nixon and sent his conspirators to jail.
워터게이트 사건은 닉슨 대통령을 사임하게 하고 그와 공모한 사람들을 감옥으로 보냈다.
n. 추문, 불명예

944 haul*
[hɔ́ːl]
▶ pull, tug, heave; transport
Three men hauled all of the furniture to the third floor.
세 명의 남자가 모든 가구를 3층으로 운반했다.
v. 잡아당기다; 운반하다

945 intuition
[ìntjuíʃən]
▶ insight, premonition
For some reason, his intuition never failed him.
어떤 이유인지는 몰라도 그의 직감은 한번도 틀리지 않았다.
n. 직관, 직감

946 unpleasant
[ʌnplézənt]
▶ disagreeable, offensive, repulsive
Jina has an unpleasant sense of humor and fails to make anyone laugh.
Jina는 재미없는 유머감각을 가지고 있고 다른 사람들을 웃게 만드는데 실패한다.
a. 불쾌한, 재미없는

947 productive
[prədʌ́ktiv]
▶ fertile, fruitful
Resting periodically allows people to concentrate more and helps them be more productive.
정기적으로 취하는 휴식은 집중력에 도움이 되고 생산성을 향상시킨다.
a. 생산적인, 비옥한

948 broaden*
[brɔ́ːdn]
▶ enlarge, build up, expand, augment
Travel broadens one's perspective in more ways than one can imagine.
여행은 상상하는 것보다 훨씬 더 많이 개인의 시야를 넓혀준다.
v. 넓히다

949	**with conviction**	▶ strong belief She told me that she can finish the task on time with conviction. 그녀는 나에게 제 시간 안에 일을 다 할 수 있다고 확신을 갖고 말했다.	phr. 확신을 갖는, 강력히 믿는
950	**fortify*** [fɔ́ːrtəfài]	▶ strengthen, reinforce, intensify It is common for dairy producers to fortify their products with additional vitamins. 유제품 가공업자들이 그들의 제품을 강화하기 위하여 추가적으로 비타민을 첨가하는 것은 흔한 일이다.	v. 강화하다
951	**numberless** [nʌ́mbərlis]	▶ innumerable, numerous The crowd became so large that it turned into a numberless mass of humanity. 그 군중은 너무 커져서 셀 수 없이 많은 인류의 무리가 되어버렸다.	a. 셀 수 없이 많은, 무수한
952	**unequivocal** [ʌ̀nikwívəkəl]	▶ certain, definite, apparent, conspicuous The fact that the criminal was guilty was unequivocal, for he was caught on the act. 그 범죄자는 현장에서 잡혔기 때문에 그가 유죄라는 것은 명백했다.	a. 명확한, 명백한
953	**gleam** [gliːm]	▶ flash, beam, glimmer A bright light gleamed as the UFO approached the Earth's surface and prepared for landing. UFO가 지구에 착륙하기 위해 다가 오면서 눈부신 빛이 번쩍였다.	n. 어스레한 빛 v. 번쩍이다, 빛나다
954	**episode** [épəsòud, -zòu]	▶ event Mike made me laugh by telling me many funny episodes. Mike는 나에게 여러 웃긴 일들을 얘기 해줌으로써 웃게 만들었다.	n. 일, 사건
955	**quake** [kwéik]	▶ shake, shudder, tremble, shiver We felt a slight quake on the balcony when the front door was slammed. 현관이 세게 닫혔을 때 우리는 발코니에 약하게 흔들리는 것을 느꼈다.	v. 흔들리다, 떨다 n. 진동, 지진
956	**duration*** [duréiʃn]	▶ length, term, span The inmate spent the duration of his imprisonment studying case law to help prove himself innocent. 피수용자는 그의 결백을 증명하기 위해서 그의 투옥 기간 동안 법에 대해 공부하였다.	n. 내구, 지속; 지속 기간, 존속 시간
957	**subsequently*** [sʌ́bsikwəntli]	▶ after, successively, afterward, later There were many leaks of information from the bureau and the director subsequently ordered that anyone caught talking to the media be fired immediately. 사무소에서 정보가 많이 새어나간다는 것을 안 국장은 그 후에 대중매체에 어떤 이야기라도 하는 사람이 있으면 즉시 해고라고 했다.	ad. 그 후에, (~에) 이어서, 그뒤에, 나중에
958	**indignity** [indígnəti]	▶ humiliation, insult, scorn After experiencing the indignity of being told that he didn't know anything about singing, the boy decided to leave the talent competition. 탤런트 경연대회에서 노래에 대해 아무것도 모른다는 모욕을 들은 소년은 경연대회를 그만두기로 했다.	n. 경멸, 모욕

Vocabulary Usher | 토플 801-1000

959 be at odds with**
▶ **disagree with**
The driver's recollection of the events before the accident is at odds with the physical evidence collected from the scene.
운전자가 사고 직전까지의 일들을 회상한 것과, 현장에서 찾은 물리적인 증거들은 서로 일치하지 않는다.
phr. 의견이 다르다

960 monopolize**
[mənápəlàiz]
▶ **dominate, occupy, control, command**
They were able to monopolize the market because they were the only ones producing cocoa.
그들만이 코코아를 생산했기 때문에 시장을 독점할 수 있었다.
v. 독점하다, 독차지 하다

961 antique
[æntíːk]
▶ **very old / antiquity**
The antique terracotta statues found near Xian are only a small example of the skills of ancient Chinese artisans.
장안 부근에서 발견된 고풍의 흙점토 조각품들은 중국 장인의 기술의 아주 작은 예에 지나지 않는다.
a. 고풍의(구식의)
n. 골동품

962 lively
[láivli]
▶ **energetic, active, vigorous, brisk**
The lively kitten frolicked around on the floor chasing a ball of yarn.
생기 넘치는 고양이는 털실을 쫓아 다니면서 바닥을 뛰어 다녔다.
a. 생기 넘치는, 활발한

963 drain*
[drein]
▶ **remove water, draw off, empty**
He flushed the file down the drain.
그는 그 문서를 하수구 밑으로 내려 보냈다.
n. 하수구, 배수
v. 배수하다

964 pore*
[pɔːr]
▶ **space, hole, opening / stare, gaze**
Pores on the surface of leaves work as a means for respiration for the plant.
나뭇잎 표면에 있는 구멍들은 그 식물의 호흡기 역할을 한다.
n. 구멍
v. 숙고하다; 응시하다

965 disrupt**
[disrʌ́pt]
▶ **interrupt, interfere with, upset, break up**
Rolling brownouts due to the drought randomly disrupt the power in sections of the city.
가뭄으로 인한 기복이 큰 절전은 도시의 전기공급에 혼란을 주었다.
v. 방해하다, 중단시키다, 혼란시키다, 붕괴시키다

966 given**
[gívən]
▶ **particular, specified, certain**
The given information should be more than enough to properly complete the assigned task.
주어진 정보는 할당된 일을 제대로 다 끝내는데 충분하다.
a. 한정된, 정해진; 특정한
p. ~을 고려해 볼 때

967 kayak
[káiæk]
▶ **watercraft**
Alone in a kayak, Chris was navigating the streams.
Chris는 혼자서 카약을 타고 시내를 항해했다.
n. 배, 카약

968 overthrow
[òuvərθróu]
▶ **subvert, upset, overturn**
Attempts to overthrow government officials often stem from protest movements which view the leadership as unresponsive.
정부 관료들을 타도하려는 시도는 리더들이 둔감하다고 생각하는 항의 운동으로부터 시작된다.
v. 뒤집어 엎다, 전복시키다
n. 타도, 전복

| 969 | **perilous** [pérələs] | ▸ dangerous, hazardous, risky, precarious
Although anacondas are not poisonous, wrestling with one could be quite perilous.
비록 아나콘다는 독을 가지고 있지는 않지만, 한마리와 몸싸움하는 것은 꽤 위험한 일일 것이다. | a. 위험한 |

| 970 | **platform** [plǽtfɔ:rm] | ▸ stage, scaffold, scaffolding, pulpit
She stood confidently on the platform and began her speech.
그녀는 강단에 당당하게 서서 연설을 시작했다. | n. 교단, 강단, 승강장 |

| 971 | **costly*** [kɔ́:stli / kɔ́st-] | ▸ expensive, high-priced, dear, exorbitant
The servant poured the costly perfume on her master's feet.
그 종은 그녀의 주인의 발에 그 값비싼 향수를 부었다. | a. 값비싼, 비용이 많이 드는 |

| 972 | **systematic** [sìstəmǽtik] | ▸ methodical, organized, systematized
We run our business in a very systematic way.
우리는 매우 조직적인 방법으로 회사를 운영한다. | a. 조직적인; 계획적인 |

| 973 | **contemptuous** [kəntémptʃuəs] | ▸ scornful, sneering
The contemptuous way the teacher spoke to the children caused their parents to complain to the principal.
선생님이 학생들에게 모욕적인 말투로 말한 것 때문에 학부모들은 교장에게 항의하였다. | a. 경멸하는, 업신여기는, 얕보는, 모욕적인 |

| 974 | **savor**** [séivəːr] | ▸ flavor, taste
A faint savor of chocolate was perceptible in the wine.
와인 안에서 풍기는 옅은 초콜렛 맛을 느낄 수 있었다. | n. 맛, 풍미 |

| 975 | **exorbitant**** [igzɔ́:rbətənt] | ▸ expensive, excessive, extravagant, immoderate
The government demanded an exorbitant amount of tax.
정부는 과대한 양의 세금을 요구하였다. | a. 과도한, 지나친, 과대한 |

| 976 | **aimlessly**** [éimlisli] | ▸ without purpose, purposelessly, in vain, vainly
The teenagers wandered aimlessly through the mall until the security guard kicked them out.
그 청소년들은 경비원이 쫓아낼때까지 쇼핑 몰을 목적없이 방황하였다. | ad. 목적 없이 |

| 977 | **occurrence** [əkə́:rəns, əkʌ́r-] | ▸ event, incident, affair, phenomenon
The workers went on strikes so often; it seemed as though it is a weekly occurrence.
그 노동자들은 파업을 너무 자주 했다; 그것은 매주 일어나는 사건처럼 보였다. | n. 발생, 사건, 현상 |

| 978 | **bored** [bɔːrd] | ▸ weary, tired
With nothing to do over the weekend, Sarah spent two days at home bored and frustrated.
주말동안 할 일이 없었던 사라는 집에서 지루하고 짜증나는 이틀을 보냈다. | a. 지친, 피곤한, 지루한 |

Vocabulary Usher | 토플 801-1000

979 dash [dæʃ]
▶ rush, dart, bolt
Shawn dashed towards Steve in order to tackle him.
Shawn은 Steve를 태클하고자 그를 향해 돌진했다.
v. 돌진하다; 내던지다, 부수다

980 stranger [stréindʒəːr]
▶ alien, foreigner, newcomer, guest
Some small villages in rural areas form tight communities that don't readily welcome strangers.
시골에 있는 몇 개의 작은 마을들은 낯선 사람을 환영하지 않는 단단한 공동체를 형성한다.
n. 낯선 사람

981 malleable [mǽliəbl]
▶ ductile, moldable, plastic, pliable
Brass is often used in sculptures due to the fact that it is very malleable.
놋쇠는 매우 유연하다는 사실 때문에 조각품에 자주 쓰인다.
a. 유순한, 순응하는

982 whip [wɪp]
▶ lash, beat, flog, thrash
He whipped his horse to go faster as he was running late.
그는 시간에 늦자 말이 더 빨리 달리도록 채찍질을 했다.
v. 채찍질하다, 때리다
n. 채찍

983 apex [éipeks]
▶ tip, summit, zenith, acme
At the apex of her career, she used to make thousands of dollars merely for showing up at fashion shows.
그녀의 커리어 정점에서, 그녀는 패션쇼에 모습을 드러내는 것만으로도 수 천 달러를 벌어들였다.
n. 꼭대기, 정점, 절정

984 vociferous* [vousífərəs]
▶ noisy, loud, boisterous
The vociferous attacks during the debate led people to accuse the candidates of mud slinging.
그 토론 중에 시끄러운 공격들은 사람들로 하여금 후보자가 인신공격을 한다고 비난하게 만들었다.
a. 시끄러운, 고함치는

985 minuscule [mínʌskjùːl]
▶ very small, tiny, minute
Skillful contractors can build strong houses even with minuscule budgets.
숙련된 건축 도급업자들은 극소량의 돈을 가지고도 튼튼한 집을 지을 수 있다.
a. 극소의

986 blemish [blémiʃ]
▶ stain, defect, speck
He could not see a single blemish on his shirt after he washed it.
그는 티셔츠를 빤 후 티셔츠에서는 아무런 흠도 찾을 수 없었다.
n. 흠, 결점

987 merely* [míərli]
▶ simply, just purely
After a violent nightmare, it is often a relief to wake up and realize that it was merely a dream.
끔찍한 악몽에서 깨어나면 그것이 단지 꿈이었다는 사실을 알고서 평안해지기 마련이다.
ad. 단지, 그저, 다만

988 hurl [həːrl]
▶ pitch, throw
Pete hurled the baggage off the boat.
Pete는 배 밖으로 수화물을 집어 던졌다.
v. 던지다

#	Word	Synonyms / Example	Definition
989	**ballot** [bǽlət]	▶ vote, election, poll, voting The first ballot resulted in a tie, which required a secondary run-off election. 첫번째 투표에서 결과가 동점으로 나와서 2차 투표가 필요하게 되었다.	n. 투표, 선거 v. 무기명 투표를 실시하다
990	**moist*** [mɔist]	▶ damp, humid, wet The cake was so moist that no one wanted to have milk with it. 케이크가 아주 촉촉해서 아무도 우유를 마시고 싶어하지 않았다.	a. 축축한, 습기있는
991	**patron*** [péitrən]	▶ protector, supporter, advocate, customer As a patron of the arts, the Queen donates large amounts of money to artists around the country. 후원자로서, 여왕은 나라의 미술가들에게 큰 금액의 돈을 투자한다.	n. 후원자, 지지자, 단골 손님
992	**heed*** [hi:d]	▶ listen to, consider, pay attention to / attention, notice, caution, note The King warned the peasant, "Heed my words, you will never pass as a real knight." 왕은 농민에게 경고했다, "내 말을 주의하라, 너는 절대로 진정한 기사로 거듭나지 못할 것이다."	n. 경청, 유의, 주의 v. 귀를 기울이다, 주의하다
993	**slope*** [sloup]	▶ declivity, inclination / slant The steep slope is dangerous even for professional snowboarders and skiers. 그 가파른 경사는 전문적으로 스노보더와 스키어들에게조차 위험하다.	n. 경사 v. 경사지게 하다
994	**postulate** [pástʃulèit]	▶ propose, claim, necessitate, call for / supposition Darwin's research caused him to postulate that animals had their current forms due to tiny changes that allowed them to better adapt to their environments. 다윈의 연구는 동물들의 현재 모습은 환경에 더 잘 적응하기 위한 작은 변화들로 인해 만들어진 것이라고 가정했다.	v. 상정하다, 가정하다
995	**exclusively** [iksklú:sivli]	▶ only, entirely, solely, totally, alone The club's pool was reserved exclusively for the use of its members. 클럽의 수영장은 오로지 클럽 멤버들에게만 제공된다.	ad. 오로지, 배타적으로
996	**gap*** [gæp]	▶ opening, hole, break The gap between the two buildings was too large to jump. 두 건물 사이의 틈은 뛰기에 너무 넓었다.	n. 틈, 구멍
997	**preordain*** [prì:ɔ:rdéin]	▶ determined beforehand, predestined, appoint, predetermine Some people believe that every daily encounter is preordained by God. 몇 몇 사람들은 모든 일상 생활들이 신에 의해 예정되어 있다고 믿는다.	v. 예정하다, 운명을 정하다
998	**godly** [gádli / gɔ́d-]	▶ pious, saintly, devout, holy He is a godly man who prays day and night. 그는 밤낮으로 기도를 드리는 신앙심이 깊은 사람이다.	a. 믿음이 깊은, 경건한

Vocabulary Usher | 토플 801-1000

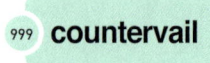
999 countervail
[kàuntərvéil]

▶ oppose, counterbalance, offset, balance
Our efforts to abate taxation should countervail the citizens' anger.
세금을 삭감하려는 우리의 노력은 국민들의 화를 상쇄시켜야 한다.

v. 상쇄시키다, 대항하다; 무효로 만들다

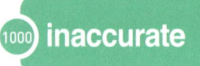
1000 inaccurate
[inǽkjərit]

▶ incorrect, erroneous
Inaccurate measurements of the room forced the designer to order more carpets and go over budget.
방의 부정확한 크기 측정은 설계자가 더 많은 카페트를 주문하여 예산을 초과하게 만들었다.

a. 부정확한, 틀린

Quiz
오늘의 퀴즈 (801-1000) : 토플 단어용

문장 속의 단어와 같은 뜻의 단어를 고르시오. (1-10)

1. The swamp lands are a unique ecosystem that is home to unique animal species found in no other ecosystems.
   a. bog   b. desiccated   c. conceptive   d. delighting

2. Resting periodically allows people to concentrate more and helps them be more productive.
   a. healthy   b. lethargic   c. fruitful   d. vigilant

3. The reporter did not want to excite his interview subject, so he refrained from mentioning his current financial problems.
   a. stimulate   b. thrive   c. gape   d. awake

4. Due to a great yearning for religious freedom, the Pilgrims boarded the Mayflower in hopes of setting up a colony in North America.
   a. longing   b. depiction   c. gaiety   d. decoration

5. Jane intervened in the discussion to try to lead the parties to a more amicable solution.
   a. illustrated.   b. colored   c. dissuaded   d. intrude

6. Attempts to overthrow government officials often stem from protest movements which view the leadership as unresponsive.
   a. establish   b. enact   c. subvert   d. launch

7. Although anacondas are not poisonous, wrestling with one could be quite perilous.
   a. hazardous   b. adorable   c. loquacious   d. earnest

8. After a violent nightmare, it is often a relief to wake up and realize that it was merely a dream.
   a. timely   b. simply   c. clearly   d. safely

9. There were many leaks of information from the bureau and the director subsequently ordered that anyone caught talking to the media be fired immediately.
   a. previously   b. afterward   c. concurrently   d. thoroughly

10. The club's pool was reserved exclusively for the use of its members.
    a. entirely   b. vainly   c. constantly   d. consequently

정답 a/c/a/a/d/c/a/b/b/a

틀린개수		본인이름	
채점자이름			

1		26		51		76	
2		27		52		77	
3		28		53		78	
4		29		54		79	
5		30		55		80	
6		31		56		81	
7		32		57		82	
8		33		58		83	
9		34		59		84	
10		35		60		85	
11		36		61		86	
12		37		62		87	
13		38		63		88	
14		39		64		89	
15		40		65		90	
16		41		66		91	
17		42		67		92	
18		43		68		93	
19		44		69		94	
20		45		70		95	
21		46		71		96	
22		47		72		97	
23		48		73		98	
24		49		74		99	
25		50		75		100	

| 단어시험 보는 방법 |
1. 휴대실을 먼저 다녀옵니다.
2. 핸드폰 전원을 꺼둡니다(진동, 무음도 안됨).
3. 책상 위에 필기도구를 제외하고 깨끗이 치웁니다.
4. 단어 3회독 Mp3 파일을 듣고 시작합니다.

| 주의사항 |
1. 채점 속도가 빠르다고 시험 도중 Mp3 파일을 멈추지 마세요~!
2. 채점 시, 스펠링 & 품사 & 뜻 중 하나라도 다르거나 빠트렸을 경우 틀린 답입니다.

101	126	151	176
102	127	152	177
103	128	153	178
104	129	154	179
105	130	155	180
106	131	156	181
107	132	157	182
108	133	158	183
109	134	159	184
110	135	160	185
111	136	161	186
112	137	162	187
113	138	163	188
114	139	164	189
115	140	165	190
116	141	166	191
117	142	167	192
118	143	168	193
119	144	169	194
120	145	170	195
121	146	171	196
122	147	172	197
123	148	173	198
124	149	174	199
125	150	175	200

usherin.usher.co.kr 에서 다운로드 가능합니다.

| 공부 수기 |

내 스타일대로 공부하기

이　　름	최◆◆
공부 기간	4개월 + 1개월 독학
처음 점수	37
마지막 점수	95

7월 초부터 10월 말까지 어셔에서 토플공부를 했습니다. 11월은 같이 공부하던 동생들과 도서관과 어셔에서 내준 교실에서 스터디를 했고 12월은 개인사정으로 공부를 쉬었습니다. 1월엔 타학원에서 주3일짜리 라이팅 단과만 듣고 다른 과목은 그냥 혼자서 공부했고 2월에 두 번째 토플시험을 봤습니다. 어셔를 다닌지 약 2개월이 되는 시점인 8월말에 본 토플시험에서 37이라는 나올 수 없는 점수가 나왔고 2월 두번째 시험에선 리딩 28, 리스닝 25, 라이팅 25, 스피킹 17, 토탈 95점이 나왔습니다. 사실 8월 말 시험성적을 받자마자 12월 말에 시험을 하나 더 신청했었는데 날짜를 잘못 알고 있어서 시험을 치고 있어야 할 시간에 집에서 늦잠을 자고 있었습니다.

어셔의 커리큘럼상 첫 2달은 영어의 기본을 배웠고 ibt에 대해서 학원에서 수업들은 것은 그 뒤 2달이 전부였습니다. 그리고 나머지 기간은 혼자서 공부했고요.

제가 수기에서 하고 싶은 말은 방법론적인 이야기가 아닙니다. 그런 어떻게 공부를 하느냐 보다 제가 공부하면서 가장 중요하게 생각했던 것은 정신적인 부분이었습니다. 토플은 하루 이틀 하는 공부가 아니라 장기레이스입니다. 처음엔 누구나 의욕적으로 시작하지만 시간이 지날수록 과연 점수를 낼 수 있을지 불안해지고 자기를 의심하고 자신의 공부방법을 의심하고 학원의 커리큘럼을 불신하게 됩니다. 그리고 이런 의심과 불안한 심리 상태를 더욱 부채질하는 것이 이른바 토플계에서 떠도는 소문입니다. 불안한 상태에서는 그런 말들에 흔들리기 쉽고 결과가 금방 눈에 보이지 않으면 초조해지고 뭔가 변화를 시킴으로써 돌파구를 찾으려 하는 사람들이 생깁니다. 저도 공부를 하면서 불안하고 초조한 적이 있었다고 말하면 그건 그냥 겸손 떠는 말이고 전 솔직히 제가 점수 낼 줄 알았고 꿈에도 불안하거나 의심해본 적이 없습니다. 잘난 척 한다고 생각할 수도 있겠지만 바로 이게 제가 가장 지금 공부하고 있는 사람들에게 해주고 싶은 말이고 제가 점수를 낼 수 있었던 가장 큰 이유입니다.

"내가 못하면 다 못한다." 제 좌우명중 하나입니다. 제가 못하는 일은 남들도 할 수 없는 일이다라고 전 항상 생각합니다. 잘난척하는 말이 아닙니다. 제가 공부하면서 느낀 것이 같이 공부하는 친구들이 너무 이런 자신감이 부족하다는 것입니다. 저처럼 터무니없이 자기를 믿어도 문제겠지만 너무 자신감이 없거나 하면 긴 공부를 하는

데는 더더욱 큰 문제가 됩니다. "누구는 토플 3개월에 끝냈다. 누구는 지문 첫 문장만 읽고 문제 푼다더라... 누구는 잠 2시간 자고 공부해서 2개월에 끝냈다더라..." 이런 이야기들을 들으면서 스스로 디프레스해지고 슬럼프에 빠지고 잘 하고 있던 자기 공부 방법을 바꾸는 경우를 많이 봤습니다. 토플뿐만이 아니라 긴 시간 뭔가를 할 때 자신을 믿는다는 것이 중요하다는 것은 너무나 진부한 이야기지만 또 그만큼 중요하다는 이야기입니다.

저에게 있어서 "나 못하면 다 못한다"는 좌우명은 자신감을 주고 소문에 현혹되거나 불안해질 수 있을 때 중심을 잡아줍니다. 지금 공부하고 있는 학생들도 이런 생각을 꼭 가지고 공부를 했으면 좋겠습니다. 지금 당신은 맞는 방법으로 공부하고 있고 당신이 다니고 있는 학원이 최고의 학원입니다. 누가 뭐라 하든.. 위에서 말했듯이 저런 소문에 현혹되어선 안 됩니다.

하지만 그렇다고 제가 무턱대고 믿지 않는다는 것은 아닙니다. 믿지 못할, 의심이 가는 말을 들었을때 저는 거기에 대해서 차분히 숙고해봅니다. 물론 대부분 결론은 역시 믿을만한 이야기가 아니라는 것이지만 그래도 막연히 믿지 않는 것과 구체적인 근거를 가지는 것은 뭔가를 해나갈 때의 마음가짐에 큰 차이를 줍니다. 어디도 점수를 만들어주진 않습니다. 어디에 속해 있으면 거기의 대다수들처럼 나도 그렇게 될 거라는 것은 나약한 도피적 사고일 뿐입니다.

어디를 가든 "내가" 해야 하는 것입니다. 그리고 스스로 그것을 하기 위해 필요한 것은 특별한 무언가가 아니고 바로 제대로 된 기초, 그 다음은 노력뿐입니다.

| 오늘의 단어 |

모르는 단어 개수: _____ 개

1회독 _____ /200개   2회독 _____ /200개   3회독 _____ /200개   4회독 _____ /200개   5회독 _____ /200개

_____ /200개* 5분 = _____ 분 (약 시간 필요)
*휴식시간 및 시험시간(200개당 45분입니다)을 꼭 넣어야 합니다.

나의 오늘 목표는 _____ 번부터 _____ 번까지!!!

오늘의 단어

오늘 공부할 양에서 내가 아는 것과 모르는 것을 미리 체크해서 오늘 단어 외우는데 걸리는 시간을 미리 계산해 보면 공부의 효율이 높아집니다.

1001 applicable	1021 gasp	1041 strikingly	1061 mislead	1081 tricky
1002 league	1022 antarctic	1042 antibody	1062 straightforward	1082 unencumbered by
1003 enthusiast	1023 intolerant	1043 confiscate	1063 subdue	1083 available
1004 regulation	1024 success	1044 all the same	1064 calamity	1084 rather than
1005 brute	1025 stubborn	1045 deception	1065 gloss	1085 on occasion
1006 imaginative	1026 institute	1046 rudiment	1066 affluent	1086 colossal
1007 comprehensible	1027 liken	1047 with respect to	1067 coerce	1087 bombard
1008 slash	1028 plateau	1048 unyielding	1068 persistent	1088 culminate
1009 machinery	1029 initially	1049 engrossed	1069 precaution	1089 fervor
1010 despondent	1030 agitate	1050 adaptable	1070 picturesque	1090 far-sighted
1011 unbearably	1031 make sense	1051 solitary	1071 regardless of	1091 slaughter
1012 responsible	1032 universally	1052 integral	1072 band	1092 provided that
1013 owing to	1033 enhance	1053 massively	1073 devour	1093 preoccupation
1014 founder	1034 radiant	1054 avert	1074 reexamine	1094 etch
1015 conclusive	1035 notify	1055 venomous	1075 staunch	1095 dispose of
1016 preposterous	1036 prone to	1056 dot	1076 tangled	1096 clasp
1017 lethargic	1037 aloof	1057 detest	1077 considerate	1097 imitate
1018 dubious	1038 precarious	1058 bias	1078 endurance	1098 ludicrous
1019 nuisance	1039 trample	1059 echo	1079 vie	1099 consummate
1020 disturbance	1040 limited	1060 stylize	1080 discrepancy	1100 a great deal of

1101 luxuriant	1121 initiate	1141 perishable	1161 ancestry	1181 hoax
1102 quarantine	1122 escape	1142 secret	1162 enlarge	1182 proponent
1103 vigilant	1123 uninitiated	1143 legitimacy	1163 practicable	1183 terrific
1104 antagonize	1124 subject to	1144 thanks to	1164 roughly	1184 suspense
1105 pseudo	1125 discord	1145 solidify	1165 adolescent	1185 attractive
1106 ideal	1126 gallant	1146 dependable	1166 lavish	1186 incarcerate
1107 pack together	1127 zealous	1147 coordinate	1167 bromide	1187 wallow
1108 cram	1128 suggestion	1148 discernible	1168 flawless	1188 erode
1109 best-suited	1129 boundary	1149 appliance	1169 untie	1189 synthesis
1110 boldly	1130 dwelling	1150 anomalous	1170 breed	1190 irrefutable
1111 likewise	1131 desperate	1151 at any case	1171 eventually	1191 exacerbate
1112 forecast	1132 plentiful	1152 forge	1172 metamorphose	1192 encourage
1113 eerie	1133 fairly	1153 counter	1173 catastrophic	1193 beverage
1114 gregarious	1134 marriage	1154 stamina	1174 illicit	1194 appendix
1115 slander	1135 anticipation	1155 in keeping with	1175 inhabitant	1195 sagacious
1116 peek	1136 hypocrisy	1156 joyless	1176 myriad	1196 unequal
1117 perfect	1137 sequentially	1157 intention	1177 occasional	1197 result from
1118 displace	1138 discourage	1158 disappear	1178 characteristic	1198 abreast
1119 heighten	1139 succinct	1159 maturity	1179 being	1199 shift
1120 drudgery	1140 composed	1160 ensue	1180 careful	1200 recompense

USHER iBT TOEFL VOCABULARY

06
06 out of 13

토플단어
1001-1200

usherin.usher.co.kr

06 out of 13 — USHER VOCABULARY

usherin.usher.co.kr

1001 applicable* [ǽplikəbl]
▶ capable of being applied, appropriate, relevant
The judges asked the attorneys to limit their questioning to the applicable facts of the case.
그 재판관은 변호사들에게 그들의 질문을 사건에 적용 가능한 사실들로 제한할 것을 요구했다.
a. 적용 가능한, 적절한

1002 league [liːg]
▶ alliance, confederation, union
The League of Nations was the predecessor of the United Nations.
국제연맹은 국제연합의 전임자였다.
n. 연맹, 동맹

1003 enthusiast [inθúːziæst]
▶ supporter, devotee, follower, fan
True sporting enthusiasts will often follow their favorite team both in the main season and in the off season.
진정한 스포츠광은 시즌 중과 비시즌 중에도 자신이 가장 좋아하는 팀에 관심을 갖는다
n. 옹호자, 열광적인 팬, 열렬한 지지자

1004 regulation [règjəléiʃ-ən]
▶ rule, order, law
Dormitory regulations should be strictly reinforced in order to maintain order.
기숙사 규칙들은 질서 유지를 위해 엄격하게 강화되어야 한다.
n. 규칙, 규정

1005 brute [bruːt]
▶ beast, animal / savage
The opponent's brute force alone shook the fighter's confidence.
상대의 야만적인 힘만으로도 싸움꾼의 자신감을 흔들었다.
n. 짐승, 금수
a. 야만적인

1006 imaginative [imǽdʒənətiv]
▶ creative, original, clever, enterprising
Tim came up with the most imaginative solutions to the problems presented in class.
Tim은 수업에서 제시된 문제에서 가장 창의적인 해결책을 내놓았다.
a. 상상력이 풍부한, 상상의

1007 comprehensible* [kɑ́mprihénsəbl]
▶ understandable, knowable, apprehensible, intelligible
The teacher paraphrased Shakespeare for the students to make it more comprehensible.
선생님은 세익스피어의 말을 다른 말로 바꾸어서 학생들이 이해하기 쉽게 해주셨다.
a. 알기 쉬운, 이해할 수 있는

1008 slash [slæʃ]
▶ cut with sweeping strokes / gash
We were upset to learn that someone had slashed our tires while we were in the store.
우리가 가게에 있는 동안 누군가 타이어를 그어놓고 가서 기분이 상했었다.
n. 베인 상처; 긋기, 베기
v. 깊이 베다

1009 **machinery** [məʃíːnəri]	▶ **equipment, apparatus, hardware, mechanism** Much of the machinery used in factories today was designed to be operated with few options by unskilled workers. 오늘날 공장의 많은 기계들은 미숙한 노동자들이 별도의 추가선택을 하여 작동시킬 수 있도록 설계되어 있다.	n. 기계류, 기계장치
1010 **despondent** [dispándənt / -spónd-]	▶ **discouraged, depressed, hopeless, disheartened** The despondent mother eventually robbed a grocery store to attain milk for her child. 낙담한 엄마는 아이를 위해 식료품점에서 우유를 훔쳤다.	a. 낙담한
1011 **unbearably*** [ʌ̀nbɛ́ərəbli]	▶ **extremely** The climate of the Arctic circle is unbearably cold for most animals. 남극의 기후는 대부분의 동물들이 감당할 수 없을 정도로 춥다.	ad. 극도로, 견딜 수 없게
1012 **responsible** [rispánsəbl]	▶ **charged, liable, accountable, answerable** Children tend to learn to be more responsible as they grow older. 어린이들은 나이가 들면서 더 책임감이 있어지는 경향이 있다.	a. 책임이 있는, 신뢰할 수 있는
1013 **owing to***	▶ **because of** Classes will be cancelled until today and tomorrow owing to flooding. 홍수로 인하여 오늘과 내일은 수업이 없을 것이다.	phr. ~ 때문에
1014 **founder*** [fáundər]	▶ **fail, go wrong, miscarry** I foundered to find a suitable solution to the problem. 나는 문제의 적절한 해결방법을 찾는데 실패했다.	n. 창립자, 설립자 v. 실패하다, 좌초되다; 침몰하다
1015 **conclusive*** [kənklúːsiv]	▶ **definite, decisive, convincing** Conclusive results have not yet been gained despite the years of research invested. 오랜기간의 투자에도 불구하고 결정적인 결과는 얻지 못했다.	a. 결정적인, 단호한
1016 **preposterous** [pripástərəs / -pós-]	▶ **absurd, asinine, fatuous, inane** His preposterous demands led all of his workers to resign. 상식을 벗어난 그의 요구들은 모든 직원들을 사임하게 만들었다.	a. 터무니없는, 불합리한, 상식을 벗어난
1017 **lethargic** [ləθáːrdʒik | -dʒikəl]	▶ **sluggish, drowsy, listless, slow** The medicine could not be taken while driving due to its propensity to make the patient extremely lethargic. 그 약은 환자를 매우 둔감하게 만들기 때문에 운전하는 동안에는 먹으면 안된다.	a. 무기력한; 혼수상태의; 둔감한
1018 **dubious** [djúːbiəs]	▶ **doubtful, uncertain, unsure** The dubious claims of the salesman were too much to be believed. 세일즈맨의 의심스러운 말들은 믿기 어려웠다.	a. 의심스러운, 알 수 없는

Vocabulary Usher | 토플 1001-1200

1019 nuisance [njúːsns]
▶ annoyance, trouble, inconvenience, vexation, pest, bother, bore
The constant buzzing of a mosquito is an unwanted nuisance in the night.
모기의 끊임없는 윙윙거림은 밤의 원하지 않는 방해물이다.
n. 방해물, 성가신 것, 골칫거리; 소란 행위

1020 disturbance [distə́ːrbəns]
▶ agitation, disorder, confusion, **uproar**
The mobile phone caused an unwanted disturbance in the silence of the meeting.
조용한 회의 중에 휴대폰이 의도하지 않게 방해를 했다.
n. 소동, 소란; 방해

1021 gasp [gæsp, gɑːsp]
▶ pant
The pain Mr. Kim experienced after falling off his bike made him gasp for more air.
김씨가 자전거에서 떨어져 아픈 느낌에 숨을 헐떡였다.
v. 헐떡거리다, 숨이 막히다
n. 헐떡거림

1022 antarctic [æntɑ́ːrktik]
▶ –
They went to explore the life forms in the Antarctic areas.
그들은 남극 지역의 생물들을 조사하려 떠났다.
a. 남극의
n. 남극

1023 intolerant [intɑ́lərənt]
▶ bigoted, illiberal, **narrow**; not allowing
The intolerant pastor refused to acknowledge the couple's marriage, as they were of different religions.
편협한 목사는 다른 종교를 가진 짝의 결혼을 인정하려 하지 않았다.
a. 너그럽지 못한, 옹졸한, 편협한; 허용하지 않는

1024 success [səksés]
▶ achievement, accomplishment, triumph
Success is only rewarded to those who try their best at all times.
성공은 항상 최선을 다하는 사람에게만 주어진다.
n. 성공, 달성

1025 stubborn [stʌ́bərn]
▶ obstinate, dogged, rigid, persistent, stiff, headstrong
The stubborn mule refused to drag the plough any further.
완강한 노새는 더 이상 쟁기 끄는 것을 거부했다.
a. 완고한, 완강한

1026 institute** [ínstətjùːt]
▶ establish, start, **found**, plant
The school instituted a new dress code policy prohibiting shorts of any kind.
학교는 어떤 유형의 반바지도 입지 못하게 하는 새로운 복장 규정을 수립하였다.
v. 설립하다, 시작하다
n. 기관, 협회

1027 liken* [láikən]
▶ compare, equate, match, parallel
The pain caused by the tooth extraction could be likened to that of giving birth.
이빨을 뽑을 때의 아픔은 출산의 고통에 비유될 수 있다.
v. 비유하다

1028 plateau [plætóu / -́-]
▶ elevated plain, tableland, mesa
People who live on plateaus have stronger lungs than those who don't.
고원에서 사는 사람들은 그렇지 않은 사람들보다 튼튼한 폐를 가지고 있다.
n. 고원

USHER

1029 initially [iníʃəli]
▶ at first, originally, primarily, in the beginning
The weakness of these plans was not initially apparent.
이 계획의 약점은 처음에 두드러지지 않았다.
ad. 처음에

1030 agitate [ǽdʒətèit]
▶ shake, stir; disturb, excite
The mixer agitated the solution until it formed a stable emulsion.
그 혼합기는 그것이 안정적인 유화액이 될 때까지 용액을 흔들었다.
v. 휘젓다, 흔들다; 동요시키다, 혼란시키다

1031 make sense
▶ be logical
The protestors couldn't make sense of the concessions that the factory was offering.
항의자들은 공장이 제시한 양보를 받아들이지 못했다.
phr. 이치에 맞다, 의미가 통하다, 타당하다

1032 universally [jùːnəvə́ːrsəli]
▶ everywhere, generally, invariably
Now universally accepted, heliocentricism was seen as heresy by early Christians.
현재 널리 받아들여진 태양중심설은 초기 기독교인들에게는 이설로 간주되었었다.
ad. 도처에, 널리, 보편적으로

1033 enhance [inhǽns]
▶ improve, enrich, intensify, upgrade
The addition of turbo boosters enhanced the car's performance by 40%.
터보 추진 부스터 장착은 자동차의 성능을 40% 강화하였다.
v. 높이다, 강화하다

1034 radiant** [réidiənt]
▶ bright, vivid, brilliant, shining
The radiant spring sun gave a welcome warmth in marked contrast to the bitter cold of the winter.
빛나는 봄 햇빛은 겨울의 혹독한 추위와 뚜렷한 차이를 보이는 환영하는 온기를 주었다.
a. 빛나는, 찬란한; 방사의

1035 notify [nóutəfài]
▶ inform, acquaint
I want you to notify all of the employees that their health insurance will be improved.
나는 당신이 전 직원들에게 건강보험이 향상될 것이라고 알렸으면 좋겠다.
v. 통지하다, 알리다

1036 prone to
▶ inclined, disposed, liable, tending
Many children are prone to lying when they feel that they are going to get into trouble.
많은 아이들은 혼날 것 같으면 거짓말을 하는 경향이 있다.
phr. ~하는 경향이 있는

1037 aloof [əlúːf]
▶ remote, distant
The football star was charged with being aloof after refusing to sign autographs for his fans.
그 풋볼선수는 그의 팬에게 싸인해 주는 것을 거부한 대가로 따로 떨어져 있게 되었다.
a. 냉담한; 거리를 두는

1038 precarious [prikéəriəs]
▶ uncertain, unstable, insecure; delicate, touchy
The California condor population is in a precarious position due to habitat loss.
서식지 감소로 캘리포니아 콘도르 집단은 위험한 상황에 있다.
a. 불확실한, 위험한; 다루기 어려운

Vocabulary Usher | 토플 1001-1200

1039 trample [trǽmp-əl]
▶ crush, tread
The rose was trampled on the ground by the huge crowd that was passing by.
장미는 지나가는 사람들 때문에 짓밟혔다.
v. 짓밟다

1040 limited** [límitid]
▶ confined, restricted, **ended, circumscribed**
The limited supply of resources will jeopardize the economy of the city.
제한된 공급은 그 도시의 경제를 위태롭게 할 것이다.
a. 제한된; 얼마 안 되는

1041 strikingly* [stráikiŋli]
▶ remarkably
The couple's children all looked strikingly different.
그 부부의 아이들은 현저히 다르게 생겼다.
ad. 두드러지게, 현저하게

1042 antibody [ǽntibàdi, -bɔ̀d]
▶ –
Some people have special antibodies which prevent them from acquiring certain diseases.
어떤 사람들은 특정한 병을 얻는 것을 막아주는 특별한 항체를 가지고 있다.
n. 항체

1043 confiscate [kánfiskèit]
▶ seize, deprive, rob of, commandeer
The new government confiscated people's weapon for public order and the safety of citizens.
새로운 정부는 사회적 질서와 시민들의 안전을 위해서 사람들의 무기를 빼앗았다.
v. 몰수하다, 빼앗다

1044 all the same
▶ notwithstanding, nevertheless
We knew that the chances of failing were quite high but we tried all the same.
우리는 실패할 확률이 꽤 높다는 것을 알고 있음에도 불구하고 노력해 보았다.
phr. 항상; 똑같은; 그래도 여전히

1045 deception* [disépʃən]
▶ fraud, cheating, trickery
The deception of a pyramid scheme is possible because with more victims, the leaders gain more free capital.
다단계 사기는 피해자가 많을수록 지도자가 더 많은 이익을 얻기에 가능했다.
n. 속임수, 사기, 기만

1046 rudiment* [rú:dəmənt]
▶ basic, element, essential, **primitive**
Before one is able to gain higher level of education, the rudiments of reading and math are required.
사람이 더 높은 수준의 교육을 받을 수 있게 되기 전에, 읽기와 수학의 기본이 요구된다.
n. 근본, 초보

1047 with respect to*
▶ in reference to, in terms of, with regard to
With respect to penguins, John is one of the world's foremost experts.
펭귄에 관해서 John은 세계적인 전문가 중 한명이다.
phr. ~에 대하여, ~에 관해서는

1048 unyielding [ʌnjíːldiŋ]
▶ inflexible, firm, stanch, steadfast
His determination to succeed remained unyielding despite the many challenges he faced.
많은 난국에도 불구하고 성공하겠다는 그의 결심은 굽혀지지 않았다.
a. 단호한, 굽히지 않는

1049	**engrossed** [ingróust]	▶ absorbed, occupied, preoccupied During the summer of 1995, American citizens were so engrossed in the OJ Simpson trial that it was the top news story nearly every day for months. 1995년 여름, 미국 시민들은 오제이 심슨의 재판에 몰두하여 몇 달동안 매일 그 재판이 화제의 뉴스였다.	a. 몰두한, 넋을 잃고 있는
1050	**adaptable** [ədǽptəbəl]	▶ flexible, adjustable, malleable, pliable If an organism is not adaptable, it will face great problems if there is a change in its environment. 만약 생물체가 쉽게 적응하지 못한다면, 그것은 그것의 환경에 변화가 일어난다면 큰 문제들을 마주할 것이다.	a. 쉽게 적응하는, 순응하는
1051	**solitary**** [sálətèri]	▶ isolated, remote, secluded, lonely, alone / single Many people believe that humans are not well-suited to living a solitary lifestyle. 많은 사람들은 인간이 고독한 생활방식으로 사는 것에 적절하지 않다고 믿는다.	a. 고독한, 외로운 n. 독신자
1052	**integral**** [íntigrəl]	▶ essential, crucial, indispensable; entire Your TOEFL grade is integral if you hope to apply for our school. 우리 학교에 지원 하려면 토플 점수는 필수적이다.	a. 필수적인; 완전한
1053	**massively** [mǽsivli]	▶ hugely, enormously, tremendously, immensely The massively popular Superman series is one of the most profitable movie lines ever. 그 굉장히 인기있는 슈퍼맨 시리즈는 역대 최고 이익을 낸 영화들 중 하나이다.	ad. 거대하게, 크게
1054	**avert** [əvə́ːrt]	▶ turn aside, turn away; prevent, avoid The company decided to approve the workers' demands in order to avert strikes. 회사는 파업을 피하기 위해서 노동자들의 요구를 받아들이기로 결정했다.	v. (눈, 얼굴) 돌리다; 피하다, 외면하다
1055	**venomous** [vénəməs]	▶ poisonous, noxious, toxic, mephitic The dart frog is highly venomous and can transfer its poison through even a simple touch. 독침 개구리는 굉장한 독성을 지니고 있고 간단한 접촉만으로도 그것의 독을 옮길 수 있다.	a. 독이 있는
1056	**dot** [dɑt / dɔt]	▶ locate, scattered around Most people don't realize that most printing is done through the use of tiny dots of ink in only 3 colors. 많은 사람들은 대부분의 인쇄작업이 소량의 3가지 색상의 잉크를 사용해서 이루어진다는 것을 모른다.	v. 점찍다, 위치하다 n. 점; 소량
1057	**detest** [ditést]	▶ strongly dislike, hate, abominate, abhor After she got food poisoning from fried chicken, Angie grew to detest its smell. 치킨을 먹고 식중독으로 앓은 후 그녀는 치킨냄새를 혐오하게 되었다.	v. 혐오하다, 몹시 싫어하다
1058	**bias*** [báiəs]	▶ prejudice, favoritism, inclination, leaning Some people tend to have a bias towards people they can relate to. 어떤 사람들은 그들과 관련된 사람들에 대해서 선입견을 가지는 경향이 있다.	n. 편견, 선입견 v. 편견을 갖게하다

Vocabulary Usher | 토플 1001-1200

1059 echo [ékou]
▶ reflect, mirror; resonate, resound; repeat, reiterate, parrot, copy
The sonic boom echoed across the valley, bouncing off the mountains.
음파 폭탄의 소리가 산을 되맞고 나와 계곡 전체에 울렸다.
n. 울림, 메아리, 반향; 반복
v. 울리다, 메아리치다

1060 stylize [stáilaiz]
▶ organize, arrange, order
The designer used her knowledge of placement to stylize the room and make it both more attractive and functional.
디자이너는 공간 배치에 대한 자신의 지식을 이용하여 방을 좀 더 예쁘고 실용적으로 만들었다.
v. 양식에 맞추다

1061 mislead [mislí:d]
▶ misguide, misdirect
Magicians often try to mislead their audiences through the use of wild hand movements or stage props.
마술사는 종종 큰 손동작이나 무대 용품의 사용을 통하여 관객을 속이려고 노력한다.
v. 잘못 인도하다, 오도하다; 속이다

1062 straightforward [strèitfɔ́:rwərd]
▶ clear, candid
Simon finally became angry with me and told me to be straightforward and asked for the truth.
Simon은 결국 나에게 화가 나서 정직하게 사실을 말하라고 하였다.
a. 똑바른, 정직한; 간단한, 복잡하지 않은

1063 subdue [səbdjú:]
▶ conquer, defeat, suppress, subjugate, subject
The police were called in to subdue the uncontrollable football fans.
경찰들은 절제되지 않는 축구팬들을 진압하기 위해 불러졌다.
v. 정복하다, 이기다

1064 calamity [kəlǽməti]
▶ tragedy, disaster, catastrophe
The tsunami was a great calamity that took many lives.
그 쓰나미는 많은 생명을 빼앗아간 큰 재난이었다.
n. 재난, 불행

1065 gloss [glas]
▶ luster, shine / polish, burnish
The car had a beautiful gloss after being waxed.
자동차는 왁스칠을 한 뒤 멋진 광택을 내었다.
n. 광택, 영광
v. 광을 내다

1066 affluent [ǽflu(:)ənt]
▶ wealthy, plentiful, opulent, abundant
The first thing noticed when entering the affluent neighborhood was the perfection of the lawn care.
부유한 동네에 들어갔을 가장 먼저 알아차린 것은 잔디 관리가 완벽히 되었었다는 것이다.
a. 풍족한, 부유한

1067 coerce [kouə́:rs]
▶ force, compel
The teacher coerced her student to admit that he had stolen his classmate's pencil.
선생님은 학생에게 그가 친구의 연필을 훔쳤다는 것을 인정하라고 강요했다.
v. 강제하다, 강요하다

1068 persistent* [pə:rsístənt. -zíst-]
▶ determined, insistent, resolute, stubborn
Persistent competition in the industry has led to intensely competitive pricing.
그 산업의 끊임없는 과잉 생산은 극심한 가격 경쟁을 야기했다.
a. 고집하는, 완고한, 끊임없는

USHER

1069 precaution [prikɔ́:ʃən]
▶ prudence, carefulness, anticipation
Precaution is a requisite when dealing with heavy machinery.
중장비 기계를 사용할 때 조심성은 필수이다.
n. 예방책, 예방 조치[수단], 조심, 신중

1070 picturesque [pìktʃərésk]
▶ colorful, scenic, beautiful
I was speechless after seeing the picturesque nature.
나는 그림같이 아름다운 자연을 보고 할 말을 잃었다.
a. 그림같은, 아름다운

1071 regardless of
▶ in spite of, anyway, in any case, despite
Modern technology allows people to communicate with anyone regardless of time or location.
현대 기술은 사람들로 하여금 시공간에 상관없이 소통할 수 있게 해준다.
phr. ~에 관계 없이

1072 band* [bænd]
▶ group, party, troop, squad
We should split into bands to search for a source of clear water.
우리는 깨끗한 물을 구하기 위해 무리로 나눠 다녀야 한다.
n. 집단, 무리; 끈

1073 devour [diváuər]
▶ eat, gulp, consume
The beast devoured the chickens and only left the bones in the yard.
짐승은 닭을 게걸스레 먹고 정원에 뼈만 남겨두었다.
v. 게걸스레 먹다, 빼앗다

1074 reexamine* [rì:ɪgzǽmɪn]
▶ review, reassess
After new evidence was found, the entire case against the defendant needed to be reexamined.
새로운 증거가 발견된 후, 피고인에 대한 소송은 모두 재심사 되어야 했다.
v. 재시험하다, 재심사하다

1075 staunch [stɔ:ntʃ, sta:ntʃ]
▶ strong, firm, faithful, loyal
The staunch wall of Troy was undefeatable by any force or army.
트로이의 견고한 성벽은 그 어느 군대로도 난공불락이었다.
a. 견고한, 확고한

1076 tangled* [tǽŋgld]
▶ twisted together, knotted
All of the cords are tangled behind the desk.
책상 뒤에 모든 코드가 뒤엉켜 있다.
a. 뒤엉킨, 혼란을 일으킨

1077 considerate [kənsídərət]
▶ thoughtful, charitable, attentive, concerned
Lydia is a considerate person, so she is beloved by everyone in town.
Lydia는 이해심이 많은 사람이어서 동네의 모든 사람들이 그녀를 좋아한다.
a. 이해심 있는

1078 endurance* [ɪndjúərəns, en-]
▶ stamina, patience, durability, lastingness
The athletes trained in a room without air conditioning in order to raise their endurance to high temperatures.
운동선수들은 더운 날씨에 인내심을 기르기 위해 에어컨이 없는 방에서 훈련했다.
n. 내구력; 인내

Vocabulary Usher | 토플 1001-1200

1079 vie
[vai]

▶ **compete, contend, contest, fight**
The two contestants vied for the title of best wrestler in the town.
두 명의 참가자들은 도시의 최고의 레슬러라는 타이틀을 위해 경쟁했다.

v. 경쟁하다, 다투다

1080 discrepancy
[diskrépənsi]

▶ **discord, disagreement, inconsistency, contradiction**
There is discrepancy between original music and recorded live albums.
원래의 음악 앨범과 라이브 노래를 녹음한 앨범에는 차이가 있다.

n. 불일치, 모순

1081 tricky*
[tríki]

▶ **difficult, complicated, arduous, demanding**
One of the math questions in the test was too tricky, and took a long time to solve.
수학 시험에 나온 문제 중 하나는 너무 어렵고 푸는데 시간이 오래 걸렸다.

a. 다루기 힘든, 어려운; 교활한

1082 unencumbered by

▶ **free of**
The student gave a great performance unencumbered by his lack of preparation.
그의 부족한 준비에 방해받지 않고 학생은 훌륭하게 공연을 했다.

phr. ~에 의해 방해 받지 않는

1083 available*
[əvéiləbəl]

▶ **accessible, obtainable, usable**
Professor Goldman made all his lecture material available on his web site for student use.
Goldman 교수는 그의 모든 수업자료를 웹 상에 올려 학생들이 이용할 수 있게 했다.

a. 이용할 수 있는, 쓸모 있는; 얻을 수 있는

1084 rather than*

▶ **instead of, in place of, as a substitute for**
Ralph asked if he could have a beef taco, rather than the chicken one included in the set.
Ralph는 닭이 들어간 부리토 대신에 쇠고기가 들어간 부리토를 주문해도 되는지 물어보았다.

phr. ~ 대신에, ~ 라기 보다는

1085 on occasion*

▶ **occasionally, periodically, sometimes, once in a while**
The judiciary, on occasion, requires legislators to rewrite entire pieces of legislation.
법관들은 가끔 입법원들에게 제정법을 통째로 다시 작성하게 한다.

phr. 가끔, 때때로

1086 colossal*
[kəlásəl / -lɔ́sl]

▶ **enormous, monstrous, gigantic, prodigious**
A colossal column held up the left side of the stage.
거대한 기둥은 무대의 왼쪽을 지탱하고 있었다.

a. 거대한, 막대한

1087 bombard
[bɑmbɑ́:rd]

▶ **strike, assault, assail, bomb**
The rebels bombarded the presidential palace with improvised explosive devices.
반역자는 대통령궁을 향해 즉석에서 만든 폭발물 공격을 퍼부었다.

v. 공격하다, 퍼붓다

1088 culminate*
[kʌ́lmənèit]

▶ **climax; result, end up, conclude**
The long yet violent fight culminated in George being knocked out.
길고 잔인했던 전투는 George가 쓰러지면서 끝이 났다.

v. 정점에 이르다; (~으로) 끝이 나다

1089 fervor**
[fə́:rvər]

▶ **zeal, passion, ardor**

The fervor with which the preacher delivered his sermon was quite impressive.
전도사의 열정적인 설교는 꽤 인상깊었다.

n. 열렬, 열정

1090 far-sighted**
[fá:rsáitid]

▶ **wise, judicious, acute, shrewd**

The far-sighted planning of the company allowed them to weather temporary recessions.
회사의 현명한 계획으로 불경기를 이겨낼 수 있었다.

a. 멀리 보는, 현명한, 미래를 내다볼 줄 아는, 선견지명이 있는

1091 slaughter**
[slɔ́:tər]

▶ **massacre, butchery / kill**

I decided to become a vegetarian when I saw how animals were slaughtered for food.
나는 동물들이 양식으로 쓰이기 위해 어떻게 도살 되는지를 보고 채식주의자가 되기로 결정했다.

n. 도살, 학살
v. 도살하다

1092 provided that

▶ **if, on condition that**

Michael will only sign the contract, provided that there will be a bonus.
마이클은 보너스가 있다는 조건 아래에만 계약을 체결할 것이다.

phr. 만약 ~ 이라면, ~을 조건으로

1093 preoccupation*
[prì:akjupéiʃən / -ɔk-]

▶ **fascination, absorption; obsession, captivation**

The student's preoccupation with reading comic books led to a problem with his grades.
학생의 만화책에 대한 몰두는 그의 성적에 안좋은 영향을 주었다.

n. 선취, 열중, 몰두; 집착, 선입견

1094 etch*
[étʃ]

▶ **cut, carve, engrave, print**

While updating our bathroom, we decided to have an artist etch a design into the mirror.
화장실을 갱신하는 동안 우리는 거울에 미술가의 작품을 새기기로 결정하였습니다.

v. 새기다, 선명하게 그리다

1095 dispose of*

▶ **get rid of**

She wanted him to help her dispose of her old furniture for they were very heavy.
그녀는 그가 낡고 무거운 가구들을 처리하는데 도와줬으면 했다.

phr. 처리하다, 없애다

1096 clasp
[klæsp, klɑ:sp]

▶ **grasp, grip, clutch / embrace**

She clasped my shirt in order to not fall down the stairs.
그녀는 계단에서 넘어지지 않기 위해서 내 옷을 움켜 쥐었다.

v. 손에 움켜쥐다
n. 포옹

1097 imitate**
[ímitèit]

▶ **simulate, mimic, copy, duplicate**

Parrots are renowned for their ability to imitate human voice and to "speak".
앵무새는 사람의 목소리를 흉내내고 말을 하는 능력으로 유명하다.

v. 흉내 내다, 모방하다

1098 ludicrous
[lú:dəkrəs]

▶ **ridiculous, comical, funny, absurd**

The plotlines of many television shows are far-fetched and ludicrous.
대부분 텔레비전 쇼의 줄거리는 말도 안되고 어이없는 내용이다.

a. 어이없는, 우스꽝스러운

Vocabulary Usher | 토플 1001-1200

1099 consummate*

[kánsəmèit]

▶ **complete, accomplish, master / superb**
The renter and his landlord consummated their transaction by signing the lease.
임대주와 세입자는 계약서에 사인을 함으로 거래를 완료시켰다.

v. 완성하다, 성취하다
a. 뛰어난

1100 a great deal of*

▶ **a lot of**
Kurt has been making a great deal of money ever since he got a new job.
Kurt는 새로운 직장을 구하고 나서 엄청나게 많은 돈을 벌고 있다.

phr. 다량의

1101 luxuriant*

[lʌgʒúəriənt]

▶ **abundant, exuberant, opulent, thick**
During pregnancy, women have more luxuriant hair.
임신 기간동안, 여자는 더 풍성한 머리카락을 가진다.

a. 무성한, 풍부한, 다산의

1102 quarantine

[kwɔ́:rənti:n, kwár-]

▶ **isolation, sequestration, segregation / inspect**
A quarantine is required of all people entering the country with a fever.
고열로 국가에 들어오는 모든 사람은 검역이 필요하다.

n. 격리, 검역
v. 검역하다

1103 vigilant

[vídʒələnt]

▶ **attentive, wary, alert, awake**
Vigilant soldiers provided round-the-clock protection to the new settlement.
병사들은 경계를 하며 새로운 정착지를 24시간 보호했다.

a. 방심하지 않는, 주의 깊은

1104 antagonize*

[æntǽgənàiz]

▶ **counteract**
It is important not to scratch rashes, as doing so generally antagonizes the situation more.
발진은 긁을수록 상황을 더욱 악화시키기 때문에 긁지 않는 게 좋다.

v. 대항하다, ~를 적으로 돌리다

1105 pseudo

[sú:dou]

▶ **sham, counterfeit, false, fake**
The girl accused her teacher of being a pseudo-intellectual, because he still seemed to know nothing despite multiple degrees.
소녀는 자신의 선생님을 헛똑똑이라고 불렀는데, 왜냐하면 많은 학위를 가지고 있음에도 불구하고 그는 아는 것이 없어보였기 때문이다.

a. 허위의, 가짜의

1106 ideal*

[aidí:əl]

▶ **abstract, theoretical, hypothetical; perfect, model, exemplary**
Men feel disappointed when their ideals do not match the reality.
그들의 이상이 현실과 맞지 않았을 때 남자들은 실망한다.

a. 이상적인, 가장 알맞은, 완벽한
n. 이상적인 인물, 전형, 이상

1107 pack together*

▶ **cluster, group, gather**
After the tornado warning, the students were packed together in the school's basement.
토네이도 경고가 있은 후 학생들은 학교 지하실에 떼로 모여 있었다.

phr. 떼로 모으다

1108 cram*

[kræm]

▶ **jam, stuff, gorge, ingurgitate**
The irate passenger insisted that the stewardess crammed his carry-on bag into the bin.
화가 난 승객은 스튜어디스가 자신의 짐을 쓰레기통에 쑤셔 넣었다고 주장했다.

v. (쑤셔) 넣다, 포식하다

1109 **best-suited**	▶ most appropriate After an aptitude test, Karla was told that she was best-suited for a job in the accounting field. 적성검사 후 Karla는 그녀가 회계일을 하는 것이 가장 적절하다고 나왔다.	a. 가장 적절한	
1110 **boldly** [bóuldli]	▶ bravely, daringly, courageously Failure to boldly speak against injustice is essentially condoning it. 불평등에 용감하게 맞서지 못하는 것은 결국 죄를 용서하는 것이다.	ad. 용감하게, 뻔뻔스럽게, 뚜렷이	
1111 **likewise**∗∗ [láikwàiz]	▶ also, as well, in addition; similarly The child stuck its tongue at the monkey, which responded likewise. 어린아이가 원숭이에게 혀를 내밀자 원숭이 또한 그렇게 하였다.	ad. 또한; 마찬가지로	
1112 **forecast** [fɔ́:rkæst, -kɑ̀:s]	▶ predict, foretell, foresee The local newspaper forecasted the weather terribly. 지역 신문은 날씨를 잘못 예보했다.	n. 예측, 예보 v. 예측하다, 예보하다	
1113 **eerie** [íəri]	▶ strange, mysterious, weird, unearthly When we arrived at the house, I had an eerie feeling that something bad was going to happen. 집에 도착했을 때, 뭔가 이상한 일이 일어날 것 같은 기분이 들었다.	a. 기묘한, 무시무시한	
1114 **gregarious** [grigéəriəs]	▶ sociable, friendly, outgoing, affable His gregarious personality is one of the main reasons he has no trouble making friends. 그의 사교적인 성격이 그가 친구를 만드는 데 어려움이 없는 주요한 이유 중 하나이다.	a. 사교적인; 군거성의	
1115 **slander** [slǽndər / slɑ́:n-]	▶ calumny, defamation / defame, traduce In an attempt to slander her opponent, the candidate alluded to a secret meeting they had. 경쟁자를 비방하고자 한 후보는 그들이 가졌던 비밀 회의에 대해 넌지시 암시했다.	n. 중상모략, 욕설 v. 중상 모략하다, 비방하다	
1116 **peek** [pi:k]	▶ peep, peer, pry She peeked inside the office to see if her supervisor had noticed that she was late. 그녀는 그녀의 상사가 그녀가 늦었다는 것을 알았나 보기 위해 사무실 안을 살짝 엿보았다.	v. 훔쳐보다, 살짝 엿보다	
1117 **perfect** [pɔ́:rfikt]	▶ absolute, flawless / complete No one is perfect; everyone makes mistakes. 아무도 완벽하지 않기에 실수를 한다.	a. 완전한, 결점 없는 v. 완성하다	
1118 **displace**∗ [displéis]	▶ supplant, replace, remove Heavy ships are able to float because of their ability to displace water. 큰 배들은 물을 밀어낼 수 있기 때문에 뜰 수 있다.	v. 바꾸어놓다, 옮겨놓다	

Vocabulary Usher | 토플 1001-1200

1119 heighten* [háitn]
▶ **increase**, intensify, elevate, get up
Tensions on the peninsula began to heighten when the North pulled out of the anti-nuclear weapons pact.
반도 내의 긴장은 북쪽이 핵 반대 운동 협정을 떠나면서 증가되었다.
v. 늘리다, 증가시키다, 두드러지게 하다

1120 drudgery [drʌdʒəri]
▶ **toil**, slavery
He endured all the drudgery his boss gave him by thinking about the day when he will run the company.
그는 언젠가 그가 회사를 운영할 것을 생각하며 그의 보스가 주는 모든 고역을 참았다.
n. 고된 일, 고역

1121 initiate* [iníʃièit]
▶ **start**, begin, originate, commence
The government is planning to initiate their economic reform as soon as possible.
정부는 최대한 빨리 경제 개혁을 시작하도록 계획하고 있다.
v. 시작하다, 입문시키다

1122 escape* [iskéip]
▶ **flight, freedom** / **flee**, evade, avoid
He attempted to escape the prison.
그는 탈옥을 시도하였다.
n. 도피, 탈출
v. 달아나다, 피하다

1123 uninitiated* [ʌniníʃièitid]
▶ **inexperienced**, unfamiliar
I'm uninitiated with the process required to force metallic compounds to create strong bonds.
나는 금속물질들에 힘을 가해 조금 더 강력하게 만드는 일에 미숙합니다.
n. 미경험자, 초심자, 특별한 지식[경험]이 없는 사람들

1124 subject to*
▶ **susceptible to**
The employees of a company are subject to their employer's demands.
회사의 직원은 고용인의 요구에 영향을 받기 쉽다.
phr. (영향을) 받기 쉬운

1125 discord [dískɔːrd]
▶ **disagreement**, quarrelling, conflict
You cannot avoid discord when you are doing group work.
함께 일을 할 때는 사람들간의 충돌을 피할 수 없습니다.
n. 불일치, 충돌

1126 gallant* ['gælənt]
▶ **brave, valiant, daring**, valorous, intrepid
The gallant soldiers marched on through the sound of bullets whizzing by.
용감한 군인들은 총알이 지나가는 소리를 뚫고 계속 전진했다.
a. 용감한, 정중한

1127 zealous [zéləs]
▶ **ardent, enthusiastic, eager**, earnest
New teachers are often very zealous in their adherence to traditional educational theory and won't experiment with novel ways.
새로운 선생님은 전통적인 교육 방법을 따르는데는 열심이지만 새로운 것을 시도하지는 않는다.
a. 열심인, 열광적인

1128 suggestion* [sədʒéstʃən]
▶ **implication, hint**, overtone
The judge was ired by the suggestion that she was biased against the defendant because of her race.
판사는 피고의 인종때문에 편견을 가졌다는 얘기를 듣고 분개하였다.
n. 암시, 제안

1129	**boundary*** [báundəri]	▶ dividing line, border, limit, edge He was sent to jail for crossing the boundaries without permission. 그는 허가없이 국경을 넘은 죄로 감옥에 들어갔다.	n. 경계(선), 국경
1130	**dwelling** [dwéliŋ]	▶ house, residence The adobe dwellings of the Navajo people are great cultural relics of the aboriginal North Americans. 나바조인들의 토담집들은 초기 아메리카인들의 좋은 유적이다.	n. 거주, 집
1131	**desperate** [déspərət]	▶ hopeless, critical, extreme The students were desperate for summer break to begin so they could finally relax. 학생들은 마침내 쉴 수 있도록 여름방학의 시작을 절박히 원하였다.	a. 절망적인, 자포자기한, 절박한
1132	**plentiful**** [pléntɪfl]	▶ abundant, bountiful, rich, ample The plentiful amount of food helps them survive for a long time. 풍부한 양의 음식은 그들이 오랫동안 살아가는데 도움을 준다.	a. 풍부한
1133	**fairly*** [férli]	▶ reasonably, moderately, tolerably, pretty; impartially Judges who fail to fairly decide on cases due to personal opinions are often accused of being judicial activists. 개인적인 의견 때문에 사건을 공정하게 판결하지 못하는 재판관은 사법 적극주의자로 비난 받는다.	ad. 꽤; 공정하게
1134	**marriage** [mǽridʒ]	▶ wedding, matrimony I hope your marriage lasts forever. 나는 너의 결혼이 영원하기를 바란다.	n. 결혼
1135	**anticipation** [æntìsəpéiʃən]	▶ expectation, awaiting There was great anticipation in the room before the announcement of the contest's winner. 경연의 우승자를 발표하기 전 방은 엄청난 기대로 가득찼다.	n. 예상, 기대
1136	**hypocrisy** [hipάkrəsi]	▶ – The hypocrisy of the head of internal affairs was evident when he was charged with bribery. 내부 문제에 대한 우두머리의 위선은 그가 뇌물수수로 기소 당했을 때 분명해졌다.	n. 위선
1137	**sequentially** [sikwénʃəli]	▶ gradually, progressively The students were ordered sequentially based on their height. 학생들은 그들의 키에 따라서 순차적으로 배열되었다.	ad. 연속적으로, 결과로서 일어나는
1138	**discourage** [diskɔ́:ridʒ, -kʌ́r-]	▶ dishearten, dispirit, depress Failure cannot discourage me. 실패는 나를 낙담시킬 수 없다.	v. 용기를 잃게 하다, 낙담시키다

Vocabulary Usher | 토플 1001-1200

1139 succinct*
[səksíŋkt]
▶ concise, brief, terse, **condensed**
They started the task with succinct explanation of what to do.
그들은 무엇을 해야하는지에 대한 간결한 설명과 함께 작업을 시작하였다.
a. 간결한

1140 composed**
[kəmpóuzd]
▶ calm, tranquil; created, written, formed
He felt composed after reading the Bible several times.
그는 성경을 몇 번 읽은 후에 마음을 가라앉힐 수 있었다.
a. ~으로 구성된, 이뤄진: 침착한, 차분한

1141 perishable*
[périʃəbəl]
▶ spoilable, likely to decay, likely to spoil, easy to spoil
The food was so perishable that we had to throw it away the day after we had bought it.
그 음식들은 너무 쉽게 썩어서 구매한 바로 다음날 버려야만 했다.
a. 소멸하기 쉬운, 썩기 쉬운

1142 secret
[síːkrit]
▶ clandestine, conceal, private
I saw them having a secret conversation in the hall way.
나는 그들이 복도에서 은밀한 대화를 나누는 것을 보았다.
a. 비밀의, 은밀한
n. 비밀

1143 legitimacy
[lidʒítəməsi]
▶ legality, lawfulness
The legitimacy of the election results was contested due to one candidate's accusations of vote buying against the other.
한 후보가 다른 후보들의 표를 돈주고 샀다는 비난이 있어 투표 결과의 합법성에 이의가 제기되었다.
n. 합법(성)

1144 thanks to
▶ because of
Thanks to the new fire alarm, no one was hurt by the fire.
새로운 화재경보기 때문에 아무도 다치지 않았다.
phr. ~의 덕택에, ~때문에

1145 solidify*
[səlídəfài]
▶ unify, consolidate
The scalding hot lava took a very long time to solidify.
몹시 뜨거운 용암이 굳는데 매우 오랜시간이 걸렸다.
v. 결속시키다, 굳히다

1146 dependable
[dipéndəbl]
▶ reliable, faithful, sure, trustworthy
The dependable nature of the golden retriever makes it ideal as a guide dog.
신뢰할 수 있는 골든 리트리버의 천성은 이상적인 안내견으로 꼽히게 한다.
a. 신뢰할 수 있는, 신빙성 있는

1147 coordinate
[kouɔ́ːrdənit, -nèit]
▶ match, adjust / equal, alike
The secretary was put in charge of coordinating the schedules of the executive team.
비서는 임원진들의 스케줄을 조정하는 일을 맡았다.
v. 조정하다: 대등하게 하다
a. 동등한, 등위의

1148 discernible*
[disə́ːrnəbl]
▶ noticeable, detectable, observable, perceptible
The differences between the genuine painting and the reproduction were barely discernible.
원본과 복제품의 차이는 거의 구분할 수 없을 정도였다.
a. 식별(판별, 분간) 할 수 있는

1149 **appliance** [əpláiəns]	▶ instrument, apparatus, device, tool In order to correct curvatures in the spine, the doctor gave the patient a new appliance that was designed to slowly straighten the spine. 휜 척추를 바로잡기 위해, 의사는 환자에게 척추를 곧게 펴도록 해주는 기구를 주었다.	n. 기구, 가전제품	
1150 **anomalous** [ənámələs / ənɔ́m-]	▶ irregular, abnormal Abolishing school uniforms seemed anomalous to some conservative adults. 보수적인 어른들에게 교복 폐지는 이상하게 보였다.	a. 변칙의, 이상한	
1151 **at any case**	▶ regardless At any case, it is true that their business is very successful. 어찌 되었건 그들의 사업이 아주 성공적이라는 것은 사실이다.	phr. 어찌 되었건, 아무튼	
1152 **forge**** [fɔːrdʒ]	▶ create, make, fabricate; drive, advance The factory forged tiny iron fairies from scrap metal. 공장은 금속 조각을 통해 철로 된 작은 요정을 만들었다.	n. 용광로, 대장간 v. (쇠를) 만들다; ~로 나아가다	
1153 **counter** [káuntər]	▶ oppose, retort / desk / opposite Debaters are required to logically counter all of the arguments of the opposing team. 토론자들은 상대팀의 모든 주장을 논리적으로 반대할 수 있어야 한다.	v. 반대하다 / n. 판매대 a. 반대의(ex: counter-clockwise)	
1154 **stamina*** [stǽmənə]	▶ endurance, perseverance, vitality Cardiovascular training will increase one's stamina for aerobic activities. 심폐운동은 유산소운동을 위한 체력을 증가시킨다.	n. 지구력, 체력; 끈기	
1155 **in keeping with***	▶ in agreement with, consistent with, in conformity with The sound of the river nearby was in keeping with the beautiful scenery. 가까이 있는 강소리가 아름다운 경치와 잘어울렸다.	phr. ~와 일치하여, ~과 어울려	
1156 **joyless** [dʒɔ́ilis]	▶ cheerless, gloomy, dismal The team's loss made the return a drab, joyless trip. 팀의 패배는 돌아오는 길을 우중충하고 우울한 여행으로 만들었다.	a. 기쁨이 없는, 쓸쓸한	
1157 **intention*** [inténʃən]	▶ willingness, aim, design, intent, purpose The main intention of the volunteer group was to build a hospital in the tribal areas. 자원봉사자들의 주된 목적은 부족 지역에 병원을 짓는 것이다.	n. 의향, 의도, 목적, 계획	
1158 **disappear** [dìsəpíər]	▶ vanish, fade Print-oriented novelists seem doomed to disappear, as the internet is becoming more influential. 프린트 중심의 소설가들은 인터넷의 영향력이 커지면서 사라져 가는 것 같다.	v. 사라지다	

Vocabulary Usher | 토플 1001-1200

1159 maturity [mətʃúərəti]
▶ **adulthood, manhood, majority**
Upon reaching maturity, most male lions become solitary and patrol their own territories.
성숙기에 지나면 수컷 사자는 혼자 남게 되고 자신의 영역 주변을 순찰한다.
n. 성숙, 만기일

1160 ensue* [insúː]
▶ **follow, result, succeed, derive**
There was extra police protection around the arena, as it was assumed that if the team lost a riot would ensue.
한 팀이 졌을 경우 소동이 일어날 것을 우려하여 경기장 주변에는 경찰의 보호가 더욱 삼엄해졌다.
v. (결과로서) 생기다, 일어나다

1161 ancestry [ǽnsestri, -səs-]
▶ **descent, lineage, ancestor**
He came from a royal ancestry and still holds high social standing in England.
그는 왕족의 조상을 가지고 있으며 아직 영국에서 영향력있는 사람이다.
n. 조상, 선조; 가계, 혈통

1162 enlarge* [inláːrdʒ]
▶ **amplify, extend, augment, magnify**
My dad enlarged the size of my room.
나의 아버지는 나의 방 크기를 넓혀 주셨다.
v. 크게 하다; 넓어지다, 확장하다, 확대하다

1163 practicable* [prǽktikəbl]
▶ **feasible, workable**
No one thought that the sales plan would be practicable.
그 누구도 그 판매 계획이 실행 가능하다고 생각하지 않았다.
a. 실행할 수 있는

1164 roughly* [rʌ́fli]
▶ **approximately, nearly, coarse, harsh**
Vintage toys are valuable and rare because children usually treat them very roughly and they don't usually last very long.
고전 장난감은 아이들이 장난감을 함부로 대하기 때문에 오래가지 못해서 매우 귀중하고 진기하다.
ad. 대략, 거의; 거칠게, 힘하게; 꺼칠꺼칠하게

1165 adolescent [ӕdəlésənt]
▶ **young, immature, juvenile**
Adolescent boys tend to get angry easily.
청춘기 소년들은 쉽게 화를 낸다.
a. 청소년기의, 청춘기의
n. 청소년

1166 lavish* [lǽviʃ]
▶ **deluxe, luxurious, splendid / expend, waste, squander**
The poor resented the lavish lifestyle of Louis XVI and eventually revolted against him.
가난한 서민들은 루이 16세의 사치스러운 생활 방식에 분개해서 끝내 폭동을 일으켰다.
a. 아끼지 않는, 후한; 호사스런, 사치스런
v. 아낌없이 주다; 낭비하다

1167 bromide [bróumaid]
▶ **dull remark, commonplace, cliché**
The advice offered by the counselor was simply a string of bromides.
상담원이 해준 조언들은 그저 진부한 것들이였다.
n. 진부한 것, 평범한 것

1168 flawless* [flɔ́ːlis]
▶ **perfect, impeccable, faultless**
The rarity of flawless diamonds makes them extremely valuable.
흠없는 다이아몬드의 희소성은 다이아몬드의 가치를 더 높인다.
a. 흠 없는, 완벽한

1169 untie
[ʌntái]
▶ unfasten, loose, unknot
He untied his shoe laces to take his shoes off.
그는 신발을 벗기 위해서 신발끈을 풀었다.

v. 풀다, 끄르다

1170 breed**
[briːd]
▶ raise, rear, nurture, reproduce
Farmers attempt to breed animals with superior genetic traits.
농부들은 우수한 유전자를 가진 동물들을 기르기 위해 시도했다.

v. 낳다; 기르다, 양육하다
n. 품종

1171 eventually**
[ivéntʃuəli]
▶ in time, finally, ultimately, in due time, in the long run
After failing repeatedly, the team eventually gave up and disbanded.
연속으로 패배한 후 팀은 마침내 포기하고 해산했다.

ad. 결국, 드디어, 마침내

1172 metamorphose*
[mètəmɔ́ːrfouz]
▶ change, transform, convert
An excellent introduction into life cycles is to study caterpillars and how they metamorphose into butterflies.
삶의 주기를 아는 좋은 예는 애벌레가 어떻게 나비로 변태되는 지를 공부하는 것이다.

v. 변형시키다, 변태하다

1173 catastrophic*
[kæ̀təstráfik]
▶ disastrous, tragic, ruinous, harmful
The break out of terminal diseases can be catastrophic for anyone.
불치병에 걸리는 것은 누구에게나 비극적인 일이다.

a. 비참한, 비극적인, 파멸의

1174 illicit**
[illísit]
▶ illegal, unlawful, illegitimate, improper
Due to improved transportation technology, the import of illicit substances has risen dramatically.
수송 기술이 발전함에 따라 불법 물질들의 수입이 급격히 늘어났다.

a. 불법의, 부정의

1175 inhabitant*
[inhǽbətənt]
▶ citizen, resident, dweller, tenant
Inhabitants should evacuate to a safe place to minimize the damage from natural disasters.
주민들은 자연재해로부터 피해를 최소화하기 위해 안전한 곳으로 대피해야 한다.

n. 거주자, 주민

1176 myriad**
[míriəd]
▶ innumerable, numerous, countless / abundance
There were myriad reasons for throwing out the complaint against the school.
학교에 대해 불만을 제시할 무수한 이유들이 있었다.

a. 무수한
n. 무수

1177 occasional*
[əkéiʒənl]
▶ infrequent, irregular, sporadic
My family goes out to eat on certain occasional events.
우리 가족은 가끔 특별한 날 외식을 한다.

a. 가끔의, 예비의

1178 characteristic**
[kæ̀riktərístik]
▶ feature, element, trait, quality / distinctive
Many wild flowers with different characteristics become beautiful when combined.
다양한 특징을 가진 야생초들이 함께 조합된다면 정말 아름답다.

n. 특성
a. 특징적인, 특유의

Vocabulary Usher | 토플 1001-1200

1179 being
[bíːiŋ]
▶ creature
Human beings are assumed to be the only animals with the power of reasoning.
인간은 추리를 할 수 있는 유일한 동물이다.
n. 생물, 존재

1180 careful**
[kéərfəl]
▶ cautious, discreet, precautious, **scrupulous**
One should be careful to avoid being caught unprepared during natural disasters.
자연재해 때 무방비 상태로 있지 않기 위해서는 조심해야 한다.
a. 주의 깊은, 신중한

1181 hoax
[houks]
▶ fraud, fake, swindle / deceive, trick
The judge charged Mike a thousand dollars for his involvement in the hoax.
판사는 사기를 친 죄로 마이크에게 천 달러를 청구하였다.
n. 속임수, 사기
v. 속이다, 골탕먹이다

1182 proponent**
[prəpóunənt]
▶ supporter, advocate, exponent, partisan, adherent, disciple
Proponents of the Equal Rights Amendment claim that without it women will never have true equality.
남녀평등 헌법 수정안의 지지자들은 수정안 없이는 여성이 진정한 평등대우를 받지 못할 것이라고 주장하였다.
n. 지지자, 찬성자

1183 terrific
[tərífik]
▶ splendid, glorious, superb, marvelous
The group thought that its project was the most terrific example of volcanic activity that they'd ever seen.
그들은 자신들의 프로젝트가 지금까지 봐왔던 화산 활동을 보여주는 예 중 가장 훌륭하다고 생각하였다.
a. 훌륭한, 아주 멋진

1184 suspense
[səspéns]
▶ uncertainty, doubt, indecision, hesitation
Television shows try to build suspense toward the end of the episode in order to maintain viewers' attention.
텔레비전 쇼들은 시청자들의 관심을 잃지 않기 위해서 프로그램을 제대로 끝내지 않는다.
n.긴장감, 걱정; 미정, 미확정상태

1185 attractive
[ətræktiv]
▶ appealing, alluring, charming, good-looking
Jane draws a lot of attention because she is very attractive.
Jane은 아주 매력적이어서 사람들의 이목을 끈다.
a. 매력있는, 매혹적인

1186 incarcerate
[inkáːrsərèit]
▶ imprison, confine
The servant was incarcerated on an island for a long time.
하인은 오랜 세월 동안 섬에 감금되어 있었다.
v. 감금하다, 투옥하다

1187 wallow
[wálou / wɔ́l-]
▶ flounder, roll
The pig wallowed in the mud for hours until it finally became hungry.
돼지는 배가 고플 때까지 오랜 시간 동안 진흙탕 속에서 뒹굴거렸다.
v. 허우적거리다, 뒹굴다

1188 erode*
[iróud]
▶ wear away, **wash away**
The bank of the river erodes gradually as time passes.
강 밑바닥은 시간이 지나면서 점차적으로 침식된다.
v. 침식하다, 부식되다

1189 synthesis**
[sínθəsis]

▶ unit, union, combination, mixture
The synthesis of Salsa and Calypso produced the Trinidadian music form of Soca.
살사와 칼립소의 통합은 트리니다드 형식의 소카를 만들어내었다.

n. 통합체, 통합, 합성

1190 irrefutable
[iréfjuːtəbəl, ìrifjúːt]

▶ undeniable, incontrovertible, indisputable
The defense team didn't address the irrefutable facts of the case, but chose to make pleas for leniency instead.
변호인단은 반박할 수 없는 사실을 거론하기보단 관용을 간청하기로 결정하였다.

a. 반박할 수 없는

1191 exacerbate*
[igzǽsərbèit, iksǽs-]

▶ intensify, worsen, aggravate
As the use of cars gradually increased, global warming was exacerbated accordingly.
자동차 사용이 점차적으로 늘어나면서 지구 온난화가 악화되었다.

v. 악화시키다

1192 encourage**
[inkə́ːridʒ]

▶ cheer up, motivate, prompt, hearten
She is gifted in encouraging her students to work harder.
그녀는 그녀의 학생들에게 더 열심히 하라고 격려하는데 타고난 재능을 지니고 있다.

v. 용기를 북돋우다, 격려하다

1193 beverage*
[bévəridʒ]

▶ drink
Some hotels provide welcome beverages to their guests upon arrival.
몇몇 호텔은 찾아오는 손님들에게 환영의 의미로 음료수를 제공한다.

n. 음료수

1194 appendix*
[əpéndiks]

▶ supplement, adjunct
I found the appendix to the book more interesting than the book itself.
나는 책 자체보다 부록에 더욱 흥미를 느꼈다.

n. 부록, 추가

1195 sagacious
[səgéiʃəs]

▶ wise, shrewd, astute, clever
The sagacious thief bypassed the alarm system by sliding mirrors between the sensors.
그 현명한 도둑은 센서사이에 거울을 밀어넣으면서 알람 시스템을 피했다.

a. 현명한, 영리한

1196 unequal**
[ʌníːkwəl]

▶ asymmetric, unfair, uneven, unbalanced
Accusations of favoritism were brought forth when it was shown that the professor had given unequal scores to students who turned in work that was exactly the same.
교수가 똑같은 과제를 제출한 학생들에게 불공평한 점수를 주자 편애를 한다는 비난이 나왔다.

a. 균형잡히지 않은, 불공평한

1197 result from

▶ stem from, originate from, derive from
The high level of preventable diseases in those at the lower end of the economic spectrum often results from their inability to afford proper health care and nutritional food.
경제적으로 어려운 나라에서 발생하는 예방할 수 있는 병들은 그들이 제대로 된 건강관리를 할 수 없고 영양이 있는 음식을 먹지 못해서 발생한다.

phr. ~의 결과로서 일어나다, ~이 원인이다

1198 abreast
[əbrést]

▶ alongside, aligned
The three friends walked down the road abreast one another.
세명의 친구가 나란히 길을 걸어 가고 있습니다.

ad. 나란히

Vocabulary Usher | 토플 1001-1200

1199 shift**
[ʃift]
▶ change / move, transfer, switch
The shift in the population's perception of the issue caused leaders to adjust theirs as well.
이슈에 대한 국민의 인식이 변화하자 리더들의 인식 또한 맞추어갔다.
n. 변화, 교체, 추이, 교대
v. 바꾸다, 이동시키다

1200 recompense
[rékəmpèns]
▶ compensate, reimburse / compensation, reward
The workers were upset because they felt that their boss had failed to give them proper recompense for their work.
직원들은 상사가 그들이 한 일에 대해 준 보수가 적절하지 않다고 느껴 속상하였다.
v. 보답하다, 갚다
n. 보수, 보답

Quiz
오늘의 퀴즈 (1001-1200) : 토플 단어용

문장 속의 단어와 같은 뜻의 단어를 고르시오. (1-10)

1. The despondent mother eventually robbed a grocery store to attain milk for her child.
   a. hopeless   b. federative   c. inexpensive   d. relentless

2. One of the math questions in the test was too tricky, and took a long time to solve.
   a. clever   b. attentive   c. arduous   d. ingenious

3. There was extra police protection around the arena, as it was assumed that if the team lost a riot would ensue.
   a. result   b. confiscate   c. dissect   d. suffice

4. The fervor with which the preacher delivered his sermon was quite impressive.
   a. manipulation   b. ardor   c. indignity   d. splendor

5. The group thought that their project was the most terrific example of volcanic activity that they'd ever seen.
   a. splendid   b. fertile   c. fervent   d. imaginative

6. The dependable nature of the golden retriever makes it ideal as a guide dog.
   a. trustworthy   b. merciless   c. penetrating   d. unpolished

7. Conclusive results have not yet been gained despite the years of research invested.
   a. marginal   b. definite   c. harmful   d. trivial

8. The shift in the population's perception of the issue caused leaders to adjust theirs as well.
   a. importance   b. change   c. collection   d. advantage

9. Proponents of the Equal Rights Amendment claim that without it women will never have true equality.
   a. supporters   b. creatures   c. residents   d. descents

10. The servant was incarcerated in an island for a long time.
    a. convert   b. unknot   c. vanish   d. confine

정답   a/c/a/b/a/a/b/b/a/d

본인이름		
채점자이름	틀린개수	

| 주의사항 |
1. 채점 속도가 빠르다고 시험 도중 Mp3 파일을 멈추지 마세요~!
2. 채점 시, 스펠링 & 품사 & 뜻 중 하나라도 다르거나 빠르거릴 경우 틀린 답입니다.

| 단어시험 보는 방법 |
1. 화장실을 먼저 다녀옵니다.
2. 핸드폰 전원을 꺼둡니다(진동, 무음도 안됨)
3. 책상 위에 필기도구를 제외하고 깨끗이 치웁니다.
4. 단어 3회독 Mp3 파일을 틀고 시작합니다.

1		26		51		76	
2		27		52		77	
3		28		53		78	
4		29		54		79	
5		30		55		80	
6		31		56		81	
7		32		57		82	
8		33		58		83	
9		34		59		84	
10		35		60		85	
11		36		61		86	
12		37		62		87	
13		38		63		88	
14		39		64		89	
15		40		65		90	
16		41		66		91	
17		42		67		92	
18		43		68		93	
19		44		69		94	
20		45		70		95	
21		46		71		96	
22		47		72		97	
23		48		73		98	
24		49		74		99	
25		50		75		100	

USHER
usherin.usher.co.kr

101	126	151	176
102	127	152	177
103	128	153	178
104	129	154	179
105	130	155	180
106	131	156	181
107	132	157	182
108	133	158	183
109	134	159	184
110	135	160	185
111	136	161	186
112	137	162	187
113	138	163	188
114	139	164	189
115	140	165	190
116	141	166	191
117	142	167	192
118	143	168	193
119	144	169	194
120	145	170	195
121	146	171	196
122	147	172	197
123	148	173	198
124	149	174	199
125	150	175	200

| 공부 수기 |

어셔 백서, 7개월의 여정을 마치며

이 름	신◆◆
공부기간	8개월
처음 점수	독해 19
마지막 점수	RC 30/ LC30/ SP26/ WR27, Total 113

1부. Usher 선생님들의 teaching 철학과 토플전략

● 독해 (덕호쌤)

원장님의 성격을 학원 조금 다녀보신 분들은 아시겠지만^^; 무엇보다 덕호쌤의 최고 장점은 학생들의 상태를 정확하게 판단하시고 그에 따른 거침없는 처방을 내려주시는 것입니다. 단점처럼 보이는 장점 중에 하나는 학생들에게 헛된 희망을 심어주지 않는다는 점도 있습니다.

80점을 찍기 위한 기본요건 - 모의시험 rc/lc 25+25=50 전략

모의시험에서 rc와 lc점수 합쳐서 50점을 확보해야 실제 토플 80점 능선을 넘겨볼 만합니다.

50이란 상징적인 수치는 흔들리지 않는 기본을 나타내는 동시에 토종한국학생들에게 토플을 시작할 때 세우는 좋은 목표점입니다. Rc와 lc가 기본이 된다면 나머지 30점을 스피킹 라이팅에서 15점씩 받아내는 것은 비교적 빠른 시간 안에 달성할 수 있기 때문입니다. 저의 경우에 모의시험에서 rc28점을 찍고 나서 처음 본 실제 토플 rc점수가 23점이었습니다. 모의시험과는 다르게 실제시험장에서는 여러 방해가 되는 요소가 있고 심리적인 부분이 작용해서 시험여건이 좋지 못합니다. 평소에도 되지 않았던 실력이 시험장에서 발휘 될 거라는 착각은 애당초 버리는 게 좋습니다. 두 개 합쳐서 50점~~~ 꼭 잊지 마세요.

그리고 영어공부에 관련된 기본들 - 예를 들면 '단어' -가 선행되지 않는다면 다음단계로 넘어가기 어렵습니다. 특히 초반에는 점수자체보다 실력향상에 주안점을 두시고 소소한 성과들에서 보람을 느끼시는 게 정신건강에 이롭습니다.

'어제보다는 단어 틀린 개수 10개만 줄여보자' '오늘 듣는 러스닝, 시그널만은 잡고 넘어가자' 등… 이러한 소소한 차이가 하나 둘씩 모일 때 비로소 가득 찬 댐이 터져버리듯이 도약을 하는 겁니다. 한번 끝장을 내보자는 의지와 더불어 어셔에서 제공하는 시스템과 압박에 몸을 맡기시고 종종 정신적인 부분을 선생님께 멘토링 받으신다면 충분히 토플의 수렁에서 헤쳐 나가실 수 있을 겁니다.

● 리스닝

'만점' 신드롬의 중심이자 usher의 단연 인기강사이신 쌤! 실제 선생님 본인이 학생들과 같은 입장으로 밑바닥부터 토플을 공부하셨고, 그 벽을 넘어서 여러 눈물 없이는 듣지 못하는 유학시절의 시련을 견디고 usher에 왔다는 그 전설은.. 수강생이라면 아주 잘 알 겁니다.
러스닝에 왕도는 없다.

1. 딕테이션(절대적인 듣기의 양) = 귀가 뚫리는 여부
2. 쉐도잉의 반복 = 정확한 듣기의 완성

3. 시그널 잡아내기/문제 유형분석 및 오답노트

위에 써 놓은 말 그대로입니다. 리스닝이 이해가 안되고 잘 안 들린다고 하시는 분은 절대적인 듣기의 양이 부족하신 것이고, 들리기는 들리지만 정확도가 떨어지는 분은 쉐도잉을 더 하셔야 합니다. 그것들이 어느 정도 이뤄진 상태라면 문제가 어떻게 출제되고 어디서 튀어나오는지, 혹은 어떤 방식으로 응시자를 낚는지를 분석해야 합니다. 지금에 와서 일반적인 듣기자체에 큰 두려움이 사라지고 어느 정도 쉽게 내용이 이해가 되고 문제를 문제답게 풀 수 있게 되기까지는 위의 과정들을 철저히 지나왔다고 생각합니다.

● 라이팅 (연진쌤)

틀린걸 또 틀리냐!!! 오답노트!!!!!

많은 학생들이 라이팅 수업에서 첨삭을 많이 받고 싶어합니다. 하지만, 아무리 백 번, 천 번 첨삭을 받는다 한들, 자신이 틀렸던 부분을 다시 고치지 않는 한 결코 실력이 늘지 않습니다. 결국 시험장에서는 또 틀리지요. 틀린 부분을 다시 틀리지 않게 되었을 때 그 부분이 진짜 자기 실력으로 흡수 된다는 걸 수업이 진행 될수록 느낄 수 있습니다. 오답노트를 잘 활용하고 실수들을 하나씩 줄여나갈 때, 그것들이 하나 둘 모두 모이면 정말 좋은 에세이를 쓸 수 있는 밑거름이 됩니다.

2부. 나의 공부 방법

● 독해 :

죽을 때까지 끌어안고 간다. 단어!

토플 공부 전체를 그래프로 보자면 여러 번의 굴곡이 있습니다. 처음 시작하는 분들이 느끼는 첫 번째 고비이자 언덕은 바로 '단어' 일겁니다. 정말 기본적이고 완성하는 데에 시간이 가장 오래 걸리며 심지어 귀찮기까지 한 단어암기는 사실 독해의 전부라고 해도 과언이 아닙니다. 아무리 문법이 부족한 상황이라도 글속의 단어를 전부 안다면, 그것들만 확인해 내려가도 문맥의 의미는 충분이 잡습니다. 문법이 되고 구조들이 쉽게 눈에 보이기 시작한다면 이후에 빠르고 정확하게 치고 나가면서 읽기 위해서는 많은 양의 단어지식이 절대적으로 필요합니다. 그렇다고 불필요한 전문적인 단어들까지 일일이 외울 필요는 없습니다. 최소한 usher 단어장만 꿰차고 있어도 (기본단어 + 동의어!!) 충분하다고 느낍니다.

저는 단어암기 할 때 철저하게 어셔에서 제공하는 단어mp3를 이용했습니다. 간혹 단어를 외우시는 분들 중에 본인 편한대로 발음을 붙여서 마구 암기하는걸 보곤 합니다. 그 순간에는 한글 읽듯이 편리하게 정한 그러한 발음이 순간 암기에 도움이 될지 모르겠지만 장기적으로 스피킹과 리스닝을 고려 했을 때 정말 최악의 암기수단이라고 봅니다. 그렇게 외운 단어는 독해에서는 쓸지언정 리스닝에서 절대 못 잡아냅니다. 스피킹 때도 예전 외운 습관과 관성에 의해 엉터리로 말하게 되고 이 부분은 확실한 감점 요소입니다. 상대가 못 알아 듣거든요. 비록 제가 어느 정도 단어 기본은 있었지만 거의 처음부터 단어 외울 때 마다 발음들을 체크하고 넘어갔던 기억이 납니다. 그리고 단어를 쭉 외운 것을 점검할 때에는 듣기파일에서 발음이 나오면 바로 뜻을 생각하거나 말하고 mp3의 건너뛰기 기능을 이용해서 바로 다음단어로 빠르게 넘어가는 식으로 확인했습니다. Mp3에서 한 단어를 불러주고 정확히 4초 넘어가면 체감상 바로 다음 단어를 불러줍니다.

그 짧은 찰나에 바로 뜻이 생각나지 않는다면 그 단어는 완벽하게 소화가 안됐다고 생각했습니다. 단어 200개를 이렇게 점검 하는 데에는 불과 15분 정도 안 걸렸던 것 같습니다. 이렇게 2~3번 돌려서 점검하면 틀린 개수 3~4개 이내로 유지 할 수 있었습니다. 물론 스펠링은 이 방법 이외에 또 따로 신경 써줘야 했습니다. 저는 제가 자주 틀리는 스펠링부분을 매번 체크해놓았습니다. 나중에는 스펠링에서 틀리는 패턴을 발견할 수 있었고 고치는데 도움이 되었습니다.

구문암기! 치고 나가기의 핵심!

usher 독해 수업 때 비중을 두는 부분 중 하나가 바로 구문암기입니다. 토플지문을 많이 풀다 보면 나오는 구문표현(숙어와 비슷한 개념)들이 반복된다는 것을 알 수 있습니다. 저도 같은 경험을 했지만 독해를 두려워하는 요소들 중 하나가 바로 전치사인데, 구문암기는 '전치사 공포증'을 한방에 고치는 방법이기도 합니다. 특정 동사와 명사에 유난히 잘 붙는 전치사들이 있고, 비슷하게 해석이 되는 패턴들이 있습니다. usher에서 제시되는 구문표현들을 완벽하게 하신다면, 아는 표현들을 발견 했을 때 해석속도가 급 빨라지게 되는걸 느낄 수 있습니다. 이를 통해 읽는 데에서 정확성을 높이고 시간을 줄임으로써 문제에 시간을 할애 할 수 있게 됩니다.

막바지엔 빗금치기는 그만~~(국내파 영어학습자들의 습관!)

저도 처음 독해공부를 시작했을 때 이전 수능 공부 때부터 생긴 빗금 치는 습관이 있었습니다. 하지만 아시다시피 IBT 시험은 컴퓨터로 보는 시험이고 페이퍼 시험 때처럼 빗금을 칠 수 없는 상황입니다. 보통 해석에 이해를 높이기 위해 문장구조에 따라 '/' 빗금을 치는 경향이 생기는데, 이것 또한 해석의 두려움에서 기인하는 것 같습니다. 저 같은 경우 처음에는 시간에 쫓기다 보니 심지어는 단어와 단어 사이를 치기도 했으니까요. 종착점은 손 하나 안대고 오로지 눈으로만 읽으실 수 있어야 합니다. 그 밑바닥에는 문장구조에 대한 경험증가와 자신감이 필수입니다. 초반의 저처럼 이러한 습관이 있으신 분은 과감하게 빗금의 양을 줄이시거나 손을 놓고 읽는 습관을 들이실 필요가 있습니다. 이것이 어느 정도 가능해지려면 읽기 양이 많을 필요가 있습니다.

깨끗한 지문으로 반복해서 읽기! 3번! 5번!!! 10번!!!!!

위에 제시된 모든 것들이 어우러져서 습관으로 자리잡기 위해서는 절대적인 읽기 양이 어느 정도 채워져야 합니다. 영어로 된 책을 여러 권을 읽는 것이 가장 좋은 방법이겠지만, 현실적으로 그러한 상황이 안되니 최소한 배운 지문들만큼은 확실히 하고 넘어가야 합니다. 오늘 하루 배운 지문을 다시 복습해서 반복하는 것 만이 빠른 독해실력 향상의 지름길입니다. 예습보다는 복습이 중요하다고 덕호 쌤도 말씀하시죠. 특히 필기가 되지 않은 깨끗한 지문(TPO 지문이 아니라면, 보통 USHER 교재 뒤쪽에 제공됩니다)으로 눈으로만 읽는 연습을 반복적으로 하면 실전 모니터 시험 볼 때도 아주 도움됩니다. 저 같은 경우는 복습할 때 혼자 선생님이 된 기분으로 해석해서 한 번 읽습니다. 첫 번째 시도는 대략 20분에서 30분 걸렸던 것 같습니다. 그리고 다시 반복해서 시도하면 읽는 시간이 첫 번째 시도보다 빨라집니다. 그 다음부터는 눈으로 쭉 읽어 내려갑니다. 눈으로 읽어 내려갈 때는 구문표현들 암기한 것을 의식적으로 확인하려고 노력했습니다. 눈에 익으면 익을수록 다른 지문에서도 효과를 보게 됩니다.

- **리스닝:**

절대적인 듣기 양 을 늘리는 방법. 딕테이션(받아쓰기)

주변에 타 토플학원을 다니는 친구들이나 동생얘기를 들어보면 리스닝을 향상시키는 방법들이 대부분 비슷하다고 합니다. 바로 딕테이션과 쉐도잉 이지요. 딕테이션의 최고 장점은 무엇보다도 듣기시간을 배로 늘릴 수 있고, 자신이 어떤 부분에서 안 들리는지 구멍들을 걸러낼 수 있다는 점입니다. 기본적인 방법은 스크립트 없이 오로지 반복해서 듣고 따라 적은 다음, 스크립트를 보고 틀린 부분을 수정하는 것 입니다. 한번 듣고 받아 적는 단위는 최소한 절단위로 설정합니다. 그리고 틀린 부분을 꼭 체크하고 넘어가야 합니다.

일단 제 얘기부터 하자면 저는 딕테이션 렉쳐지문만 180개정도 했습니다. 한 개 지문을 딕테이션 하는데 평균적으로 1시간 남짓 걸리고 이것을 수정하는데 20~30정도 걸렸습니다. 굳이 제가 공부한 개월 수에 비교한다면 최소한 하루에 한 개씩은 한 셈입니다. 거의 찌끼나 다름 없이 문제를 풀었던 처음시작에서부터 그래도 들린다는 느낌을 갖기까지 무척 힘든 시간들이었습니다. 독해지문은 시각적인 형태로 단어가 전달이 되어서 이해가 빠르지만 듣기는 오로지 음성신호로 형체 없이 머릿속으로 발음으로만 이해해야 합니다. 따라서 알고 있는 단어라도 듣기로만 뜻과 형태를 잡아 내는 게 쉽지 않습니다. 거의 처음부터 시작한다는 느낌이었습니다. 그래서 한 지문을 딕테이션 할 때마다 내가 아는 것과 모르는 것을 구분하고 가지 치면서 했던 기억이 납니다. 잘 들리는 단어는 더욱 익숙하게 만들고, 안 들렸던 부분은 다음에 또 나오더라도 당황하지 않게끔 반복해서 들었습니다. 들리지 않는다는 것이 얼마나 답답한지 저 또한 잘 아는 부분입니다.

하지만 그 답답함에 제풀에 포기한다면 실력향상은 거기서 끝입니다. 의식적으로 노력하면서 듣지 않는다면 그저 한쪽 귀를 스쳐 다른 한쪽귀로 빠져나가는 찹쌀떡 장수의 소리를 듣는 것과 다를 게 없습니다.

정확하게 듣고 딕테이션 실수를 줄여보자. 쉐도잉(듣고 따라 말하기)

두번째로 중요한 쉐도잉은 듣기의 정확도를 올리는 지름길입니다. '자신이 발음하지 못하는 단어는 들리지 않는다' 특히 연진샘이 강조하시는 내용인데요. 예를 들면 이 과정은 어린 아기들이 영어를 배우는 과정과 같습니다. 아기들은 성인인 우리들처럼 텍스트로 단어를 먼저 접하는 것이 아닌 발음을 먼저 듣고 익힌 다음 커가는 과정에서 그것을 텍스트에 연결시키는 과정을 거칩니다. 한국학생들은 이제껏 반대로 해왔다고 볼 수 있지요. 영어듣기의 가장 공포스러운 부분인 연음 또한 쉐도잉으로 잡을 수 있습니다. 연음이 되는 부분을 통째로 쉐도잉해서 반복적으로 연습하고 후에 스크립트를 확인하여 연결시키면 다음 듣기 때 그 부분을 이전보다 쉽게 잡아낼 수 있습니다. 개인적으로 저는 들리기 시작한 시점에서 쉐도잉도 딕테이션 만큼 더 성실히 했다면 하는 아쉬움이 남습니다. 쉐도잉에서의 효과는 독해와 비교하면 구문 표현으로 치고 나가면서 빠르게 읽는 효과와 비교할만합니다. 스크립트 없이 쉐도잉 하는 것이 정석이긴 하지만, 딕테이션을 집중해야 하는 단계에서는 스크립트 수정 후, 수정본을 보면서 듣고 따라 읽는 것도 좋은 방법인 것 같습니다.

독해실력이 향상되면 리스닝도 도움을 받는다. 분명히!

이 부분은 독해에서 빗금이 사라지고 문장구조 파악에 자신감이 생기면서부터 인 것 같습니다. 문장구조에 대해 파악하려는 습관이 리스닝에도 옮겨오면서 들으면서 문장을 자연스럽게 끊어 생각하게 되는데 도움을 줍니다. 비록 그 느낌은 독해하는 것의 70%정도이지만 듣기에서 나오는 단어와 문장구조는 독해보다 훨씬 쉬운 편이어서 반복할수록 효과를 뚜렷이 볼 수 있습니다. 리스닝 이해도에 독해실력 향상이 분명 기여를 합니다.

Mp3의 조건, 외부버튼(건너뛰기 기능, 초 단위), 넉넉한 용량

듣기공부 하실 때 여건이 되신다면 꼭 괜찮은 mp3하나 장만 하시는 것을 추천합니다. 위에 써놓은 조건은 딕테이션과 쉐도잉을 손쉽게 하는데 무척 도움이 됩니다. 처음 라이팅 수업에서 에세이를 썼을 때 정말 시간도 많이 걸리고 노력도 많이 들었습니다. 정말 그 답답함은… 리스닝 안 들리는 것만큼이나 괴로운 것이었지요. 그래서 암기한 구문표현이나 단어들도 써보려고 많이 시도해보고, 가지고 있는 모든 소스를 동원해서 써야만 했습니다. 그렇게 200%이상 발휘해야 실제 시험장에 가면 70%이상 겨우 발휘 할 수 있을 겁니다. 평소에 발휘되지 않는 실력은 결코 시험장에서 발휘 될 수 없습니다.

마음에 드는 표현은 챙겨놓고, 첨삭 받으면서 깨질 것을 두려워하지 말자. 끊임없는 도전!!

모든 토플 영역에 있어서 스크립트를 보다 보면 수많은 단어와 표현들이 나옵니다. 저는 가끔씩 마음에 들거나 나중에 라이팅 때 써보고 싶다는 생각이 드는 것들을 챙겨놓고, 에세이 쓸 때 그것들을 사용하는걸 시도하곤 했습니다.

이런 표현은 써도 될까, 혹은 내용 구성은 괜찮나 속으로 의문이 들 때 일단 먼저 질러봅니다. 깨질 것을 각오하고 시도하고, 질문하고, 다시 시도하다 보면 선생님이 갖고 있는 영어적인 표현의 감이 도전한 부분에서 어느 정도 이해하게 됩니다. 단어장의 동의어들이 바꿔서 못 쓰이는 경우가 상당히 많습니다. 단어들 사이에 미묘한 뉘앙스 차이가 있지요. 독해에서 봤던 표현이라도 원어민이 봤을 때 아니라면, 아닌 겁니다. 거기에는 아무 이유가 없습니다. 미국인들이 그렇게 쓰기 때문에 거기에 맞게 써야 원하는 의미를 바로 전달 할 수 있습니다. 하나씩 도전하고 가지 쳐내다 보면 자연스럽게 자주 쓰이는 표현들과 익숙한 것들이 많이 생기게 됩니다. 이것들을 이용해서 후에 시험장에서 에세이 쓸 때 시간을 단축합니다.

오답노트 관리하기

첨삭 받기에 앞서 새롭게 시도한 표현들은 반드시 체크를 해놔야 합니다. 사전이나 어딘가에서 설령 끌어왔다면 더욱더 체크해놓고 사용가능 여부를 확인 해야 합니다. 어딘가에서 긁어온 표현을 다 써놓고 보면 꼭 완전히 자기 것이 된 것처럼 느껴지지만 절대 그렇지 않습니다. 첨삭 받은 후에 다시 한번 암기하거나 확인하지 않으면 새롭게 시도한 표현들은 다시금 묻히게 됩니다.

첨삭을 받고 나면 꼭 오답노트로 정리합니다. 어떤 부분이 틀렸는지 전후 과정을 비교해 놓고 후에 똑 같은 실수를 안하도록 신경 써야 합니다.

더불어서 저는 라이팅 시간에 배운 어휘들과 관련된 사전 문장들을 모두 긁어와서 오답노트에 포함 했습니다. 그리고 그 어휘에서 파생에서 나오는 여러 단어들도 같이 조사했고요. 이렇게 한 개 단어에서 확장하고 확장 하다 보니 그 양이 너무 방대해졌습니다. 연진쌤의 주문은 직접 그날 배운 어휘로 영작을 하는 것이지만, 저는 시간을 단축하려고 사전 문장들을 사용했습니다. 단 조건은 확실하게 읽고 비슷하게 써보고 넘어가야 합니다. 직접 써보지 않은 어휘는 시험장에서도 결코 발휘 되지 않기 때문입니다.

연진샘이 제시하는 마지막 오답노트 부분, 바로 페러프레이징 노트입니다. 늘 독해시간에 마주하는 하이라이트 지문은 아주 좋은 페러프레이징 샘플입니다. 꾸준히 이것들을 따로 정리해놓고 틈나는 대로 비교해서 읽다 보면 문장을 바꿔 쓰는 능력향상에 무척 도움됩니다. 동사가 어떤 모양으로 바뀌는지, 수동형에서 능동형으로의 변환 과정 등... 같은 의미의 문장을 변형하는 과정들을 정리해놓으면 독해 문제 풀 때도 역시 도움 받고요. 무엇보다 순발력이 늘어 에세이 작성 시간단축에 영향을 줍니다.

자기가 아는 것만 100% 활용해도 충분히 훌륭한 글을 쓸 수 있다.

이것 또한 연진쌤이 가르쳐주시는 라이팅 내용의 핵심입니다. 새로운 표현, 멋진 표현 모두 좋지만.. 자기가 알고 있는 것들만 잘 활용해도 충분히 좋은 에세이 쓸 수 있습니다. 다만 앞서서 써보고 싶은 표현들을 챙겨놓는 그러한 과정은 제가 라이팅 공부하면서 즐거움을 느껴서 능동적으로 하게 된 부분입니다. 새로운 것을 아는 것으로 만드는 기쁨도 라이팅의 잔 재미 중 하나였습니다.

뭐가 이렇게 할 말이 많냐고요? 제가 위에 적은 것들은 usher 학원생활을 하며 요구되는 많은 부분들과 숙제, 복습을 병행하면서 자연스럽게 배우고 실천했던 내용들입니다. 거의 모든 내용이 다 선생님들께서 얘기해주시는 방법론을 나름대로 내면화하고 실천하는 과정에서 비롯됩니다. 쉽게 말해 시키는 대로 했습니다^^.

여러 가지 usher의 이점 중 하나는 무엇보다 체계화된 시스템에 공부습관을 맞추다보면 최대의 공부 시간활용을 얻어낼 수 있다는 점입니다. 물론 처음 시작은 피곤하고 마음 내키지 않을지도 모르지만 공부하려는 강한 의지가 있고 더불어 빠른 시간 내에 공부효과를 보고 싶은 분들에게는 어셔가 최적의 공간이라고 생각됩니다.

대부분 다른 분들도 마찬가지겠지만, 저는 학원을 오고 가는 긴 통학시간을 짬짬이 활용해서 단어공부와 리스닝을 하였고, 학원 수업 마치고 자습시간 동안 숙제 및 자습을 했습니다. 아침 6시 반부터 기상해서 저녁 10시까지 학원에서 보내고 집에 와서도 부족한 공부를 더하고 잡니다. 이런 생활을 계가 7개월이나 지속할 수 있었던 것은 조금씩이나마 느껴지는 영어공부에서의 보람과, 항상 뭔가를 하고 있다는 뿌듯함 때문이었습니다. 이는 usher에서 느낀 즐거움 중 하나입니다.

마지막으로, 저는 usher에서 생긴 공부 욕심과 에너지를 저의 전공을 심화시키는데 쏠 생각입니다. 대학원 진학하기 전까지 적지 않은 시간을 usher에서처럼 치열하게 할 수 있다면, 더할 나위가 없을 것 같습니다. usher에서의 생활과 선생님들에 대한 기억은 제 자신을 돌아보게 하는 좋은 거울이 될 것 같습니다.

선생님들 매니저샘들 그 동안 감사했습니다! 정말 많은걸 배우고 갑니다!!!

| 오늘의 단어 |

모르는 단어 개수: _____개

1회독 _____ /200개 **2회독** _____ /200개 **3회독** _____ /200개 **4회독** _____ /200개 **5회독** _____ /200개

_____ /200개* 5분 = _____ 분 (약   시간 필요)

*휴식시간 및 시험시간(200개당 45분입니다)을 꼭 넣어야 합니다.

나의 오늘 목표는 _____번부터 _____번까지!!!

| 오늘의 단어 |

오늘 공부할 양에서 내가 아는 것과 모르는 것을 미리 체크해서 오늘 단어 외우는데 걸리는 시간을 미리 계산해 보면 공부의 효율이 높아집니다.

1201 shameful	1221 incredulous	1241 dependent	1261 substantially	1281 inept
1202 inflexible	1222 constitute	1242 scant	1262 tumult	1282 opportune
1203 apathetic	1223 hover	1243 graphic	1263 attest	1283 through
1204 pollute	1224 congested	1244 manly	1264 program	1284 flash
1205 aromatic	1225 literally	1245 vicious	1265 unparalleled	1285 accentuate
1206 humane	1226 rely	1246 paradoxically	1266 hatch	1286 indignation
1207 aggregation	1227 impute	1247 scarcity	1267 vagary	1287 in charge of
1208 antidote	1228 impudent	1248 sense	1268 bloody	1288 complacency
1209 delusive	1229 probe	1249 widespread	1269 gaudy	1289 indulge
1210 conquer	1230 wakeful	1250 walkout	1270 notably	1290 minimize
1211 reverence	1231 authority	1251 amorphous	1271 perforate	1291 mirth
1212 shed light on	1232 tarnish	1252 norm	1272 fashion ~ out of ~	1292 federate
1213 shield	1233 permission	1253 emancipate	1273 carry out	1293 salvage
1214 jest	1234 vend	1254 blossom	1274 glow	1294 be up to
1215 prestige	1235 hectic	1255 crawl	1275 unadulterated	1295 assertion
1216 aberrant	1236 blink	1256 piquant	1276 smash	1296 intend
1217 segregate	1237 unsuitable	1257 accessory	1277 anonymous	1297 era
1218 grateful	1238 outrageous	1258 slay	1278 adjacent	1298 inspire
1219 adept	1239 stale	1259 monotonous	1279 call for	1299 in fact
1220 unwittingly	1240 skilled	1260 umpire	1280 inevitably	1300 circuitous

1301 indiscreet	1321 wily	1341 heroic	1361 unrefined	1381 integrity
1302 gang	1322 oration	1342 unquestionable	1362 leisure time	1382 decimation
1303 treachery	1323 terrain	1343 frustrate	1363 span	1383 hand in
1304 albeit	1324 renew	1344 fervent	1364 skull	1384 incisive
1305 path	1325 memorable	1345 shimmer	1365 gamut	1385 supple
1306 excavate	1326 delegate	1346 masquerade	1366 distribution	1386 pacify
1307 elucidate	1327 at the expense of	1347 differentiate	1367 insane	1387 roam
1308 ooze	1328 insinuate	1348 operation	1368 equivalent	1388 golden age
1309 nervous	1329 form	1349 wizened	1369 abate	1389 curb
1310 risky	1330 concur	1350 fidelity	1370 feud	1390 pinnacle
1311 maid	1331 wielding	1351 flip	1371 usual	1391 pristine
1312 intervention	1332 conscientious	1352 zone	1372 expressly	1392 unsubstantial
1313 exposure	1333 innovation	1353 locomotion	1373 equilibrium	1393 ruinous
1314 ineffectively	1334 capacious	1354 miserable	1374 whereas	1394 viscous
1315 amenity	1335 inaccessible	1355 merge	1375 put together	1395 commune
1316 arbitrarily	1336 oppose	1356 inaction	1376 uniformly	1396 jeopardize
1317 fashion	1337 extol	1357 crooked	1377 chubby	1397 blot out
1318 glean	1338 junction	1358 movement	1378 variety	1398 rigorous
1319 harbor	1339 lodge	1359 sip	1379 rugged	1399 vibrate
1320 concoct	1340 rotate	1360 apt	1380 designated	1400 intentional

USHER iBT TOEFL
VOCABULARY

07
07 out of 13

토플단어
1201-1400

usherin.usher.co.kr

07 out of 13 — USHER VOCABULARY

Vocabulary Usher | 토플 1201-1400

usherin.usher.co.kr

1201 shameful [ʃéimfəl]
▶ **disgraceful, humiliating, dishonorable, ignominious**
The shameful actions of the students on the field trip caused the school to cancel all further outings.
소풍에서 학생들의 창피한 행동은 이후에 있을 모든 야외활동을 취소하게 만들었다.
a. 부끄러운, 창피한

1202 inflexible [infléksəbəl]
▶ **rigid, unbending, resolute, steadfast**
My boss has an inflexible personality that makes him a hard person to work with.
상사의 완고한 성격은 그와 함께 일하는 것을 어렵게 만든다.
a. 구부러지지 않는, 강직한, 완고한

1203 apathetic* [æpəθétic]
▶ **indifferent, unconcerned, uninterested**
The low voter turnout numbers points to an apathetic populace.
저조한 숫자의 투표자들은 냉담한 대중을 시사한다.
a. 무감각한, 냉담한

1204 pollute [pəlúːt]
▶ **dirty, contaminate**
People need to be more careful to avoid polluting the environment.
사람들은 환경을 오염시키는 것에 대해 더 주의해야 한다.
v. 더럽히다, 오염시키다

1205 aromatic* [ærəmætic]
▶ **fragrant, sweet-smelling**
A rose's beauty comes from its colorful and aromatic leaves.
장미의 아름다움은 화려하고 향기로운 잎에서 온다.
a. 향기로운, 방향성의

1206 humane [hjuːméin]
▶ **merciful, benevolent, compassionate, charitable**
Despite his aggressive appearance and countless scars, the chief was very gentle and humane.
험악한 인상과 수많은 흉터와 달리 장관은 매우 자비롭고 인간적이었다.
a. 자비로운

1207 aggregation [ægrigéiʃən]
▶ **group, accumulation, collection**
People from different religions came together as an aggregation to help the victims of the flood.
서로 다른 종교를 가진 사람들이 홍수 피해자들을 도와주기 위해서 하나의 집단으로 모였다.
n. 집합, 집단

1208 antidote** [æntidòut]
▶ **remedy, detoxicant**
The antidote for most snake bites is synthesized using actual venom and horses.
대부분의 사교상 해독제는 실제 독과 헤로인으로 만들어진다.
n. 치료법, 해독제, 교정 수단

1209 delusive
[dilúːsiv]

▶ misleading, deceptive, not realistic
The delusive claims of the pill's superiority to previous medication intrigued many patients who requested it from their doctors.
이전 약에 비해 더 우수하다고 알려진 신약의 기만된 성능은 많은 환자들이 의사에게서 그 약을 찾게 만들었다.

a. 기만하는, 속이는

1210 conquer
[káŋkər / kɔ́ŋ-]

▶ defeat, crush, overpower, subjugate
Many of the famous leaders in history share the common goal of conquering the world.
역사상 유명한 많은 지도자들은 세계정복이라는 공통된 목표를 가지고 있었다.

v. 정복하다, 이기다

1211 reverence
[révərəns]

▶ worship, veneration, homage, respect
The hall of fame football star was met with reverence when he arrived home.
명예의 전당에 오른 축구스타는 그의 나라로 귀국했을 때 존경을 많이 받았다.

n. 존경, 경외

1212 shed light on*

▶ clarify, elucidate
We contacted a paleontologist to shed some light on the fossils we found in our garden.
우리는 정원에서 찾은 화석을 명백히 확인하기 위해 고생물학자에게 연락했다.

phr. ~을 명백히 하다, 비추다; 밝히다, 해명하다

1213 shield**
[ʃiːld]

▶ safeguard, secure / protection, security
Greenhouses are used to shield vegetables and fruits from bad weather conditions in the winter.
비닐 하우스는 겨울에 안 좋은 날씨로부터 채소와 과일을 보호하기 위한 것이다.

v. 보호하다; 숨기다
n. 방패, 보호물

1214 jest
[dʒest]

▶ joke, prank / mock, tease
His jest was very inappropriate and was frowned upon during the funeral.
그의 농담은 매우 상황에 맞지 않았고 장례식에서 사람들을 불쾌하게 했다.

n. 농담, 익살
v. 농담하다; 조롱하다

1215 prestige*
[prestíːdʒ, préstidʒ]

▶ status, influence, distinction / renowned
The prestige of the royal family was actually a carefully orchestrated public relations campaign used to make sure they remained in power.
왕족의 명성은 사실 그들이 권력을 유지하기 위해 조심히 만들어진 대중들과의 관계이다.

n. 명성, 신망
a. 명성이 있는, 이름난

1216 aberrant
[əbérənt]

▶ abnormal, anomalous, irregular, unconventional
Ian's rages and aberrant behavior worsened as he was stressed from work.
Ian의 분노와 비정상적인 행동은 회사에서 받는 스트레스때문에 더 심해졌다.

a. 궤도를 벗어난, 비정상적인

1217 segregate*
[ségrigèit]

▶ seclude, separate, dissociate, disunite
The zoo keeper felt the need to segregate the lions from tigers.
사육사는 사자와 호랑이를 분리시켜야 되겠다고 느꼈다.

v. 분리하다, 격리하다
n. 분리된 것

1218 grateful
[gréitfəl]

▶ appreciative, thankful
I was truly grateful for his kind offer but had to respectfully decline.
그의 제안에 정말 감사했지만 공손히 거절하였다.

a. 감사하고 있는

Vocabulary Usher | 토플 1201-1400

1219 adept [ədépt]
▶ **skillful, expert**
Tom, an adept worker, finished his work before noon and was able to go home early.
능숙한 일꾼인 Tom은 일을 정오 전에 끝내어 집에 일찍 돌아갈 수 있었다.
a. 익숙한, 능숙한

1220 unwittingly* [ʌnwítiŋly]
▶ **unintentionally, inadvertently, unknowingly**
John had unwittingly embarrassed his mother by mentioning her age in front of her younger colleagues.
John은 어머니의 어린 동료들 앞에서 그녀의 나이를 얘기하여 무의식 중에 그녀를 부끄럽게 했다.
ad. 무의식 중에

1221 incredulous [inkrédʒələs]
▶ **skeptical, doubtful, dubious**
The detective listened to the suspect's alibi with an incredulous look on his face.
형사는 용의자의 알리바이를 미심쩍은 표정으로 들었다.
a. 의심 많은

1222 constitute [kánstətjùːt]
▶ **make up, comprise, compose; establish**
Most of the art collection was constituted of modern art from the late 20th century.
대부분의 미술 작품은 20세기 후반에 만들어진 현대미술품으로 구성되어 있다.
v. 구성하다; 설립하다

1223 hover [hʌ́vər, hάv-]
▶ **fly; linger, hang around, waver**
The bird hovered over its nest before it landed to feed its chicks.
그 새는 내려앉아 새끼들에게 먹이를 주기 전에 둥지 위를 맴돌았다.
v. 하늘을 떠다니다; 맴돌다, 주저하다
n. 배회, 망설임

1224 congested** [kəndʒéstid]
▶ **overcrowded, crowded, jammed**
The roads become highly congested during rush hour.
출퇴근시간에 도로는 상당히 정체된다.
a. 혼잡한, 정체된

1225 literally* [lítərəli]
▶ **really, actually, virtually**
While most people believe the story of Noah's Ark to be a parable, some take it literally.
대부분의 사람들이 노아의 방주가 우화라 생각하지만 몇몇은 실제로 받아 들인다.
ad. 실제로, 글자 뜻대로, 정말로

1226 rely [rilái]
▶ **depend, trust, swear, bank**
Some animals rely on camouflage to protect themselves.
어떤 동물들은 자신들을 보호하기 위해 변장술에 의지한다.
v. 의지하다, 신뢰하다

1227 impute [impjúːt]
▶ **attribute, ascribe, refer**
The government imputed the responsibility for terrorism on insurgents.
정부는 테러의 책임을 반란군에게 돌렸다.
v. ~에게 탓을 돌리다, 씌우다

1228 impudent [ímpjədənt]
▶ **brazen, insolent, rude**
What angered me was not his mistake, but his impudent attitude.
내가 화나는 이유는 그의 실수가 아니라 뻔뻔한 태도이다.
a. 무례한, 버릇없는

USHER

1229 probe* [próub]
- exploration, inquiry, quest / examine, explore, investigate
- The ethics probe revealed a systemic violation of campaign finance reform.
- 윤리 조사는 재정 개혁 캠페인의 구조적인 위반을 밝혀냈다.
- n. 조사, 탐사
- v. 시험하다

1230 wakeful [wéikfəl]
- watchful, vigilant, observant, alert
- He stayed wakeful all night before the day of the concert.
- 그는 콘서트 전날에 밤새 깨어 있었다.
- a. 깨어있는, 잠이 오지 않는

1231 authority [əθɔ́:rəti]
- power
- People with authority are often tempted to abuse their power to gain personal wealth.
- 권력을 가진 자들은 부를 축적하기 위해 때때로 권력을 남용하고 싶어한다.
- n. 권위, 권력

1232 tarnish [tá:rniʃ]
- stain, blemish, blot, discolor
- The silverware tarnished and had to be recleaned before it could be used again.
- 그 은접시는 변색되었고 다시 사용하기 위해 닦아야 한다.
- v. 흐려지다, 변색하다

1233 permission [pə:rmíʃən]
- permit, authorization, approval, sanction
- We have got an official permission from the government to demolish the building.
- 우리는 정부로부터 건물을 헐라는 정식 허가를 받았다.
- n. 허가, 허용

1234 vend [vend]
- sell, auction, put up for sale
- The man vends snacks at the weekly baseball games to make money for charity.
- 그는 기부를 하기 위해 매주 열리는 야구 경기에서 과자를 판매한다.
- v. 팔다, 판매하다

1235 hectic* [héktik]
- full of excitement, fervid; feverish
- The hectic pace of city life often causes people to want to retreat to the countryside.
- 도시의 복잡함은 사람들로 하여금 시골로 돌아가고 싶게 만든다.
- a. 뜨거운, 열광적인; 정신 없이 바쁜

1236 blink [bliŋk]
- wink, twinkle
- The bright sunlight forced him to blink rapidly when he looked directly at it.
- 밝은 태양빛은 그가 똑바로 바라볼 때마다 눈을 깜빡이게 만들었다.
- v. 깜빡 거리다
- n. 섬광, 깜빡임

1237 unsuitable* [ʌnsú:təbl]
- unfit, improper, unseemly, inappropriate
- The restaurant had a policy to turn away anyone whose clothes they deemed unsuitable for the formal environment.
- 그 식당은 그들이 바라는 격식에 맞춘 옷차림을 갖추지 않은 사람들은 모두 돌려 보내는 방침이 있었다.
- a. 부적당한, 어울리지 않는, 적합하지 않은

1238 outrageous [autréidʒəs]
- shocking, offensive, intolerable
- The outrageous singer shocked his audience when he killed a bat on stage.
- 경악스러운 가수는 무대에서 박쥐를 죽였을 때 관중들에게 충격을 줬다.
- a. 경악하는, 놀라운

Vocabulary Usher | 토플 1201-1400

1239 stale [steil]
▶ vapid, old; dull, uninteresting
The hard, stale bread ruined the texture of the sandwich.
딱딱하고 상한 빵은 샌드위치의 식감을 망쳤다.
a. (음식이) 상한, 진부한

1240 skilled* [skild]
▶ skillful, expert, adept, adroit
He is skilled in carving wood.
그는 나무를 조각하는데 능숙하다.
a. 숙련된, 능숙한

1241 dependent* [dipéndənt]
▶ reliant, relying on, subordinate
While many animals are dependent upon their parents in childhood, few remain so as long as humans.
많은 동물들은 어린시절에만 부모에게 의존하지만, 몇몇만 사람만큼 오랜 기간동안 부모에게 의지한다.
a. 의존하는, ~에 좌우되는

1242 scant* [skænt]
▶ insufficient, inadequate / minimize, reduce, decrease
It was hard to finish the task with such a scant amount of time.
부족한 시간 내에 일을 끝내기 어려웠다.
a. 부족한, 불충분한
v. 줄이다, 아까워하다

1243 graphic [grǽfik]
▶ clear, explicit, vivid
The mural of trees was so graphic that birds bumped into the wall.
나무 벽화는 너무 사실적이어서 새들이 벽에 부딪혔다.
a. 그림의, 사실적인, 생생한
n. 시각 예술 작품

1244 manly [mǽnli]
▶ manful, brave, bold, valiant
His overly manly attitude made all the girls in the room very uncomfortable.
그의 지나치게 남자다운 태도는 방안에 있는 모든 여자들을 불편하게 만들었다.
a. 남자다운, 용맹한

1245 vicious [víʃəs]
▶ immoral, depraved, corrupt, malicious
The vicious dog inflicted several deep wounds when he attacked the unsuspecting mailman.
사악한 개는 아무런 죄없는 집배원을 공격하여 큰 상처를 입혔다.
a. 사악한, 악의있는

1246 paradoxically [pæ̀rədάksikəli]
▶ seemingly, contradictory
Paradoxically, running through the rain to get out of it quicker actually leaves one wetter than walking.
모순적이게도 비에서 더 빨리 벗어나려고 뛰게 되면 걸을 때 보다 더 젖게 된다.
ad. 역설적으로, 모순되게

1247 scarcity [skéərsəti]
▶ lack, shortage, insufficiency, deficiency
The scarcity of the natural resource caused oil prices to skyrocket during the past decade.
천연자원의 부족은 지난 십년간 기름값을 급상승하게 하였다.
n. 부족, 결핍

1248 sense* [sens]
▶ meaning, significance; feeling, perception
A good sense of humor is one of the most sought after traits in both friends and relationship partners.
좋은 유머 감각은 연인이나 친구관계에서 가장 필요한 요소 중 하나이다.
n. 감각, 통찰력, 느낌
v. 감지하다

#	Word	Synonyms / Example	Meaning
1249	**widespread**** [wáidspréd]	▶ prevalent, sweeping, **extensive, prevailing** The rumor was widespread even before I could do something to stop it. 내가 무언가 조치를 취하기도 전에 소문은 널리 퍼져버렸다.	a. 만연된, 널리 퍼진
1250	**walkout** [wɔ́:kàut]	▶ sudden strike by workers The factory had no choice but to shut down for a week due to the walkout of its workers. 공장은 노동자들의 파업으로 인하여 일주일간 닫을 수 밖에 없었다.	n. 파업, (회의중) 항의 퇴장
1251	**amorphous** [əmɔ́:rfəs]	▶ shapeless, formless The amorphous nature of liquids allows them to be stored in a variety of containers. 액체의 무정형한 성질은 여러 종류의 용기에 담을 수 있도록 한다.	a. 무정형의
1252	**norm** [nɔ:rm]	▶ average, mean, medium, rule The norms of society act as unspoken laws which people must follow to be accepted. 사회의 기준은 사람들이 받아지려면 무조건 따라야 하는 무언의 법으로 행동한다.	n. 평균, 수준, 기준
1253	**emancipate** [imǽnsəpèit]	▶ set free, liberate, release The slaves were emancipated when President Lincoln abolished the cruel act. 노예들은 링컨대통령이 그 잔혹한 법안을 폐지시켜 해방되었다.	v. (노예등을) 해방하다, 석방하다
1254	**blossom** [blásəm / blɔ́s-]	▶ flourish, bloom, thrive / flowering, efflorescence The business blossomed after the introduction of new, technologically advanced tools. 사업은 새롭고 기술적으로 발전된 기구의 도입으로 번성할 수 있었다.	n. 꽃, 개화 v. 꽃을 피우다
1255	**crawl***** [krɔ:l]	▶ creep, wriggle, inch, **move slowly** We watched the caterpillar crawl across the branch to get to a new leaf. 우리는 애벌레가 새로운 잎사귀를 향해 나뭇가지를 기어가는 모습을 보았다.	v. 기어가다 n. 기어감, 서행
1256	**piquant** [pí:kənt]	▶ sharp, pungent, stimulating, poignant Her books contain piquant criticism on today's politics. 그녀의 책에는 오늘날 정치계에 대한 자극적인 비난이 포함되어 있다.	a. 짜릿한, 자극적인
1257	**accessory** [æksésəri]	▶ additional, extra The cup holder and ashtray are mere accessories in a completed car. 컵 홀더와 재떨이는 완성된 차의 부속품에 지나지 않는다.	n. 부속물; 장신구 a. 보조적인, 부속의
1258	**slay** [slei]	▶ murder, kill, slaughter; destroy Stories of St. George slaying a dragon led him to be named the patron saint of England. St. George가 용을 죽였다는 이야기는 그가 영국의 수호성인으로 임명되게 했다.	v. 죽이다, 살해하다; 파괴하다

Vocabulary Usher | 토플 1201-1400

1259 monotonous [mənátənəs / -nɔ́t-]
▶ tedious, boring, dull, unvaried
Any kind of job can be monotonous when you do not put meaning into it.
어떤 일이라도 의미를 부여하지 않는다면 지루할 수 있다.
a. 단조로운, 지루한

1260 umpire [ʌ́mpaiər]
▶ referee, arbiter / judge
The decision of the umpire cannot be denied and must be followed.
심판의 결정은 부정할 수 없고 반드시 따라야 한다.
n. 판정자, 심판
v. 심판하다

1261 substantially [səbstǽnʃəli]
▶ considerably, greatly, noticeably
The sales rate increased substantially after the new marketing strategy had been applied.
새로운 마케팅 전략을 적용시킨 후 판매량이 상당히 올랐다.
ad. 상당히, 풍부하게

1262 tumult* [tjúːməlt]
▶ chaos, disturbance, turbulence, **commotion**
The tumult of the war for independence gave way to years of calm self governance.
독립전쟁의 소란스러움은 오랜 세월동안 이어져 왔던 주체적 통치의 고요함을 이기지 못했다.
n. 소란, 법석

1263 attest* [ətést]
▶ confirm, support, prove
The products were rejected because there were no trials which could attest to their quality.
그 제품들은 실험을 통한 제품의 질을 입증하지 못하여 거부당했다.
v. 증명하다, 입증하다

1264 program [próugræm]
▶ plan out, arrange
The weekly program of news shows has remained unchanged for many years.
뉴스의 주간 계획은 몇 년 동안 변하지 않았다.
v. 계획을 짜다
n. 계획

1265 unparalleled* [ʌnpǽrəlèld]
▶ unique, matchless, unequaled, **unmatched**
The power of the Pharaoh was unparalleled in the ancient world.
고대 세계에서 파라오의 권력은 무엇과도 비할 바 없었다.
a. 비할 바 없는

1266 hatch [hætʃ]
▶ devise, plot / emerge from an egg, brood
The chicks hatched this morning in the barn.
오늘 헛간에서 병아리들이 부화하였다.
v. 알을 까다; 음모를 꾸미다
n. 부화

1267 vagary** [véigəri, vəgéəri]
▶ uncertainty, sudden desire, caprice, whim
The vagaries of the weather made it nearly impossible to know what kind of clothes to pack for the trip.
날씨가 너무 변덕스러워서 여행가방에 어떠한 옷을 챙겨갈지 알 수 없었다.
n. 변덕, 엉뚱한 짓, 예측 불허의 변화

1268 bloody [blʌ́di]
▶ cruel, ruthless
Most people are shocked when they learn exactly how bloody the conflicts in Sub-Saharan Africa have been.
대부분의 사람들은 아프리카 사하라 주변국의 갈등이 얼마나 잔인한지 알게 되면 충격을 받는다.
a. 잔인한, 피가 나는

#	Word	Synonyms / Example	Meaning
1269	**gaudy** [gɔ́ːdi]	▶ showy, ostentatious The gaudy displays of wealth in the presidential palace made people feel that the government was wasting money. 왕궁에 있는 화려한 장식은 사람들이 정부가 돈을 낭비한다고 생각하게 만들었다.	a. 화려한, 야한
1270	**notably** [nóutəbli]	▶ especially, remarkably, markedly He focused notably on the financial problems. 그는 경제적 문제에 특히 집중하였다.	ad. 현저하게, 그 중에서도 특히
1271	**perforate** [pɔ́ːrfərèit]	▶ pierce, punch, puncture, hole The bullet perforated the ballistic gelatin and stopped only when it became lodged in the wall behind it. 총알은 탄도학용 젤라틴을 뚫고 뒤에 있는 벽에 박히고 나서야 멈추었다.	v. 뚫다, 구멍을 내다
1272	**fashion A out of B**	▶ make ~ from ~ The carpenter was able to fashion another wooden sword out of the left over pieces of wood. 목수는 남은 나무조각들을 이용하여 나무 칼을 만들 수 있었다.	phr. A를 B로 만들다
1273	**carry out**	▶ fulfill, perform They decided to carry out their mission without delay. 그들은 더 이상 지체하지 않고 그들의 임무를 실행하기로 했다.	phr. 실행하다
1274	**glow*** [glóu]	▶ shine, radiate, beam, gleam / radiance The glow produced by lightbulbs is due to heat produced by a filament. 전구에서 나오는 빛은 필라민트 열선에서 생기는 열에서 발생되는 것이다.	n. 백열 v. 빛나다
1275	**unadulterated** [ʌ̀nədʌ́ltərèitid]	▶ undiluted, pure, unmixed, uncontaminated She maintained her health by only eating unadulterated food. 그녀는 순수 음식들만 먹음으로써 건강을 유지하였다.	a. 섞이지 않은, 순수한; 완전한
1276	**smash** [smæʃ]	▶ shatter, crush, crash Most modern recycling plants have machines to smash the materials so they can be bailed to save space. 대부분의 현대 재활용센터는 부피를 줄이기 위해 모든 물품을 산산조각 내는 기계가 있다.	v. 박살내다, 산산이 부수다 n. 분쇄
1277	**anonymous**** [ənánəməs]	▶ unnamed, unknown, unsigned An amount of one million dollars was given to the charity by an anonymous donor. 100만달러가 익명의 기부자에 의해 기부되었다.	a. 익명의
1278	**adjacent**** [ədʒéisənt]	▶ nearby, neighboring, adjoining, next to My condominium is adjacent to the Central Tower, so it will not be hard to find. 나의 콘도는 센트럴 타워와 가깝기 때문에 찾는데 어렵지 않을 것이다.	a. 근처의, 인접한

Vocabulary Usher | 토플 1201-1400

1279 call for
▶ require
Environmentalists often call for regulation on carbon dioxide emission.
환경운동가들은 대개 이산화탄소 배출량 규제를 요청한다.
phr. 요청하다

1280 inevitably
[inévətəbli]
▶ without exception, unavoidably, necessarily
Failure to take care of one's body will, inevitably, lead to health problems.
자신의 몸을 관리하는데 실패하면 필연적으로 건강에 문제가 온다.
ad. 불가피하게, 필연적으로

1281 inept
[inépt]
▶ inappropriate, bumbling, clumsy, maladroit
It is obvious that new workers seem inept until they adjust to their new working environments.
새로운 직원들이 환경에 적응할 때까지 서투른 것은 당연한 것이다.
a. 부적당한, 서투른

1282 opportune
[àpərtjú:n]
▶ timely, auspicious, suitable, favorable
I don't know if the design of this swimsuit is opportune for the coming summer.
나는 이 수영복의 디자인이 올 여름에 알맞은 디자인인지 잘 모르겠다.
a. 시기가 좋은, 알맞은, 적절한

1283 through
[θrú]
▶ by, by means of
Through the use of lasers, surgery has become much less invasive and requires less recuperation.
레이저 수술은 외과적인 부분이 많이 사라지고 회복기간도 짧아졌다.
p. ~에 의하여, ~을 통하여

1284 flash*
[flæʃ]
▶ flame, flare, glare, flicker
Anne and her friends were blinded for a few seconds because of the flash.
Anne과 그녀의 친구는 반짝임 때문에 잠시 앞을 보지 못했다.
n. 번쩍임
v. 번쩍이다, 빛나다

1285 accentuate
[ækséntʃuèit]
▶ emphasize
The teacher accentuated the importance of proper grammar.
그 선생님은 정확한 문법의 중요성을 강조하였다.
v. 강조하다, 두드러지게 발음하다

1286 indignation
[ìndignéiʃən]
▶ resentment, wrath, anger
The chamber was aroused with indignation when the results of the final vote was withheld.
마지막 투표의 결과가 연기되었을 때 회의실은 분개로 가득찼다.
n. 분개, 분노

1287 in charge of
▶ responsible for
The person in charge of the dispensation of grants was charged with embezzlement.
보조금 승인을 책임지고 있는 사람은 횡령죄로 구속됐다.
phr. ~에 책임이 있는

1288 complacency*
[kəmpléisənsi]
▶ satisfaction
Complacency in the face of intolerance against other groups only allows hatred to grow in society.
다른 집단에 대한 비난으로 얻어진 자기만족은 사회에서 다른 사람에 대한 증오를 키울 뿐이다.
n. 자기 만족, 만족을 주는 것

USHER

1289 indulge [indʌ́ldʒ]
▶ fulfill, appease, pacify / spoil
The chocolate lover indulged in double chocolate fudge with extra chocolate chips.
초콜릿 애호가는 초콜릿칩이 많이 들어가 있는 더블초콜릿펏지로 충분히 만족되었다.
v. 만족시키다, 충족시키다, 탐닉하다, 제멋대로 하다

1290 minimize* [mínəmàiz]
▶ decrease, reduce, discount; underestimate
The board had a meeting to find a way to minimize the amount of errors made.
이 사회는 오류를 최소화하기 위해 회의를 가졌다.
v. 줄이다; 과소평가하다

1291 mirth [məːrθ]
▶ gaiety, glee, merriment
Sounds of mirth and wonder came from the students as they played and conducted experiments at the Children's Museum.
아이들이 어린이 박물관에서 즐기며 여러 실험을 하면서 환희와 경이로움에 탄성을 내었다.
n. 환희, 명랑

1292 federate* [fédərèit]
▶ unite, amalgamate, consolidate, merge
The colonies decided to federate and form one nation.
식민국가들은 연합하여 국가를 형성하기로 결정했다.
v. 연합하다
a. 연방의, 연합의

1293 salvage [sǽlvidʒ]
▶ rescue, save / recovery
The mission to salvage the sunken ship was considered too dangerous, therefore it was decided to let it remain at the bottom of the sea.
침몰한 배를 구조하는 일은 너무 위험하다고 생각되어 바다 아래에 두기로 결정하였다.
v. 구조(구제)하다
n. 구조, 구제

1294 be up to*
▶ rest with
The future of this country is up to the children, so it's important to offer the best education.
이 나라의 미래는 어린이들에게 있기 때문에 그들에게 최고의 교육을 제공하는 것이 중요하다.
phr. ~에 달려있다

1295 assertion [əsə́ːrʃən]
▶ strong statement, declaration, claim, pronouncement
His assertion that his client was innocent was overridden by the judge.
그의 의뢰인이 결백하다는 그의 주장은 판사에 의해 무효화 되었다.
n. 주장, 단정

1296 intend [inténd]
▶ plan
I never intended to make the problem worse.
나는 단 한번도 문제를 더 심각하게 만들 의도가 없었다.
v. ~할 작정이다, 의도하다

1297 era [íərə, érə]
▶ epoch, period, age, time
Michael Jordan's retirement marked the end of an era in the history of the NBA.
마이클 조던의 은퇴는 NBA에서 역사의 마지막을 의미하였다.
n. 기원, 연대

1298 inspire* [inspáiər]
▶ motivate, fire the imagination of, stimulate, stir
The speech given by the president inspired me to become a politician in the future.
대통령이 한 연설은 내가 미래에 정치인이 되도록 고무시켜 주었다.
v. 자극하다, 고무하다

usherin.usher.co.kr 209

Vocabulary Usher | 토플 1201-1400

1299 in fact

▶ actually, precisely, really
I am not the criminal; in fact, I was only eyewitness to the crime.
나는 범죄자가 아니라 사실은 범죄 현장을 목격한 사람이다.

phr. 사실상, 실제로

1300 circuitous
[sə:rkjú:itəs]

▶ ambiguous, circular, meandering, rambling
The circuitous route of the taxi driver ended up taking twice as long as the direct route.
택시기사가 길을 돌아가는 바람에 평소 거리의 두배를 걸쳐서 갔다.

a. 완곡한, 에두르는

1301 indiscreet
[ìndiskrí:t]

▶ careless, injudicious
Oliver was embarrassed by his friend's indiscreet behavior at the party.
Oliver는 파티에서 그의 친구의 경솔한 행동때문에 창피했다.

a. 분별없는, 경솔한

1302 gang
[gæŋ]

▶ band, clique
The gang of old friends went away for a weekend and reminisced about old times.
주말동안 오래된 친구들이 무리지어 예전 일을 회상하였다.

n. 범죄조직, 한 떼, 패거리

1303 treachery
[trétʃəri]

▶ betrayal, treason
He could not bear the act of treachery from his best friend and tried to get even.
그의 가장 친한 친구로부터의 배신을 참지 못하고 복수하려 했다.

n. 배반, 배신

1304 albeit
[ɔ:lbí:it]

▶ although, even though, notwithstanding
The company's new products increased sales enough to generate a profit, albeit a small one.
회사의 신제품은 작은 이익이기는 하나 이익을 낼 만한 판매를 올렸다.

con. 비록 ~이기는 하나, ~에도 불구하고

1305 path
[pæθ, pɑ:θ]

▶ trail, track, way, route
The path followed by African Americans escaping slavery through the North was called "The Underground Railroad."
흑인들이 노예제로부터 벗어나기 위해 북쪽을 통해 도망쳤던 길은 "지하철도"이다.

n. 통로, 길

1306 excavate**
[ékskəvèit]

▶ dig out, unearth, disinter, quarry
Scientists excavated the ancient ruin for days in search for artifacts.
과학자들은 유물을 찾기 위해 고대 유적지를 며칠동안 발굴했다.

v. 파다, 발굴하다

1307 elucidate*
[ilú:sədèit]

▶ clarify, clear up, enlighten, shed light on; **explain**
The speaker failed to elucidate his stance on the issue of troop withdrawal.
발표자는 부대 철수에 대한 그의 입장을 설명하는데 실패하였다.

v. 명료하게 하다; (자세히) 설명하다

1308 ooze**
[u:z]

▶ seep, pass through slowly, **drip, leak**
There was nothing that could be done to stop the mud from oozing into the house during the mudslide.
진흙사태로 인해 집안으로 진흙이 새어 들어오는 것을 막기 위해 할 수 있는 것은 아무것도 없었다.

v. (물, 공기) 등이 새다

1309 **nervous*** [nə́:rvəs]	▶ on edge, excitable, uneasy Sonia was really nervous before her performance. Sonia는 공연전에 극도로 신경질적이었다.		a. 신경의; 신경질적인, 흥분하기 쉬운
1310 **risky*** [ríski]	▶ dangerous, hazardous, perilous, unsafe People know that it is very risky to invest all of their money in one place. 사람들은 한 곳에 모든 돈을 투자하는 것은 굉장히 위험하다는 것을 알고있다.		a. 위험한, 모험적인, 무모한
1311 **maid** [meid]	▶ girl, maiden, lass, servant Bill hired a maid to look after the house while he was gone. Bill은 본인이 집을 비울 때 집을 관리해 줄 하녀를 고용했다.		n. 소녀, 하녀, 미혼여성
1312 **intervention*** [intərvenʃən]	▶ influence, interference, interruption The government claimed that the protests weren't a sign of the populace's displeasure, but were rather, an intervention by foreign agents. 정부는 그 항의가 민중의 불만의 신호가 아니라 외국의 앞잡이의 개입 때문이라고 주장했다.		n. 간섭, 개입
1313 **exposure** [ikspóuʒər]	▶ disclosure, revelation, uncovering, unveiling The detective's hard work led to the exposure of the criminal's true identity. 형사의 노고는 범죄자의 정체의 발각을 이끌었다.		n. 폭로, 발각
1314 **ineffectively**** [ìniféktivli]	▶ without any result, inefficiently, unproductively The solution to the problem ineffectively treated only its symptoms, not its causes. 문제에 대한 해결방안은 비효과적으로 증상만 다루었을 뿐 문제의 원인은 다루지 못하였다.		ad. 비효과적으로, 헛되게, 무익하게
1315 **amenity*** [əménəti]	▶ pleasant situation, convenience; politeness; facility The amusement park overcharged for every amenity, even the basics such as water and park maps. 놀이공원은 물이나 공원 지도같은 모든 기본적인 편의시설에 바가지를 씌웠다.		n. 기분 좋음, 쾌적함; 예의, 공손함; 편의시설
1316 **arbitrarily*** [ɑ́:rbitrèrili, -trər]	▶ randomly, dictatorially, haphazardly It is important that one not make decisions arbitrarily, but rather think out all possible outcomes of them. 사람들은 독단적으로 결정내리기 보다는 일어날 수 있는 모든 결과들을 생각하는 것이 중요하다.		ad. 독단적으로
1317 **fashion*** [fǽʃən]	▶ popular, trendy, in fashion, stylish The newest fashions were on display on the catwalk. 새로운 스타일은 패션쇼에서 보여졌다.		n. 유행; 양식, 스타일 v. (모양을) 만들다; 맞추다
1318 **glean**** [gli:n]	▶ gather, collect, reap Timothy gleaned information about the university he wanted to attend from its website. Timothy는 그가 다니고 싶은 대학의 정보를 대학 웹사이트에서 모았다.		v. 모으다, 줍다

Vocabulary Usher | 토플 1201-1400

1319 harbor [háːrbər]
▶ port, anchorage / accommodate, conceal
There were five ships drawing near the harbor.
다섯 척의 배가 항구에 접근하고 있었다.
n. 항구, 피난처
v. 은신처를 제공하다, 정박하다

1320 concoct [kɑnkákt]
▶ make, fabricate, forge, formulate
The student's ability to concoct fantastic excuses for forgetting his work always left the teacher impressed.
학생들이 숙제를 잊었다는 핑계를 만들어내는 능력이 기상천외하여 선생님들을 놀라게 하였다.
v. 섞어서 만들다, 조작하다

1321 wily [wáili]
▶ shrewd, cunning, crafty
The wily salesman had an answer prepared for almost any reason not to buy his products.
꾀가 많은 판매원은 상품을 구매하지 않을만한 거의 모든 이유에 대한 답을 준비해 두었다.
a. 교활한, 꾀가 많은

1322 oration [ɔːréiʃən]
▶ address, formal speech
He gave an impressive oration at his brother's marriage.
그는 그의 동생 결혼식에서 인상 깊은 연설을 하였다.
n. 연설

1323 terrain* [təréin]
▶ land, territory, area, surface
The General studied the terrain before sending his troops into battle.
장군은 병사들을 전투에 보내기 전에 지리를 파악하였다.
n. 지역, 지형, 지세, 땅

1324 renew [rinjúː]
▶ regenerate, renovate; alleviate, ameliorate
After 10 years, it is necessary to renew one's passport.
10년이 지나면 새로 여권을 갱신하는 것은 필수적이다.
v. 재개하다, 갱신하다, 새롭게 하다

1325 memorable [mémərəbl]
▶ notable, remarkable, noteworthy, unforgettable
This vacation will be a memorable event because John plans to propose to his girlfriend.
John은 그의 여자친구한테 프로포즈 할 계획이기 때문에 이번 휴가는 인상적인 순간일 것이다.
a. 기억할 만한, 인상적인, 주목할 만한

1326 delegate [déligit, -gèit]
▶ designate, name, authorize
Lauren was delegated the role of Secretary General at the Model United Nations Conference.
모의 UN 회의에서 로렌은 사무 총장으로 위임되었다.
n. 대표, 대리자
v. 파견하다, 위임하다

1327 at the expense of*
▶ at the cost of
The quantity of products produced by the factory was increased, at the expense of their quality.
공장에서 생산된 상품의 생산량은 상품의 품질을 대가로 증가하였다.
phr. ~의 비용(대가)으로

1328 insinuate [insínjuèit]
▶ imply, suggest, hint, intimate
To insinuate that one is better than others is a sign of bad manners.
한사람이 다른 사람들보다 낫다고 빗대는 것은 좋지 않은 태도다.
v. 넌지시 비추다, 암시하다

#	Word	Synonyms / Example	Meaning
1329	**form** [fɔːrm]	▶ shape, make, create / shape The muskoxen form defensive circles when their predators approach them. 적이 다가오면 사향소는 원을 만들며 방어 태세를 취한다.	v. 만들다; 형성되다 n. 모양
1330	**concur** [kənkə́ːr]	▶ agree, coincide, accord; occur simultaneously The findings of the investigation concurred with the initial theories of the investigators. 연구에서 발견한 것과 연구자의 처음 이론은 일치했다.	v. 동의하다, 일치하다; 동시에 일어나다
1331	**wielding*** [wíːldíŋ]	▶ using, exerting, exercising Wielding great power requires one to shoulder great responsibility. 권력을 행사하는 것은 그만큼의 책임을 요구한다.	a. (권력 등을) 행사하는
1332	**conscientious** [kànʃiénʃəs]	▶ just, upright, honest, diligent He may not be the smartest student but he sure is the most conscientious one. 그는 가장 똑똑한 학생은 아닐지라도, 가장 성실한 학생임엔 틀림없다.	a. 양심적인, 성실한
1333	**innovation**** [ìnəvéiʃən]	▶ novelty, new idea The discovery of electricity lead to more innovations in the later 20th century. 전기의 발견은 20세기 후반에 더 많은 혁신을 일으켰다.	n. 혁신, 새로이 도입된 것
1334	**capacious** [kəpéiʃəs]	▶ spacious, roomy Due to the number of attendees, the conference was held in the most capacious room possible. 회의에 참석하는 부원들의 수 때문에 아주 큼지막한 공간을 찾아야 했다.	a. 널찍한, 큼지막한
1335	**inaccessible*** [ìnəksésəbəl]	▶ unreachable, unobtainable The nearly inaccessible location of the temple meant that the monks were seldom disturbed. 거의 접근하기 어려운 신전의 위치는 수도자들이 거의 방해되지 않았다는 것을 뜻한다.	a. 접근하기 어려운
1336	**oppose** [əpóuz]	▶ resist, object The group of protesters gathered to oppose the expansion of businesses in the park area. 시위대가 공원 주변 사업확장에 반대하고자 모였다.	v. 반대하다, 대항하다
1337	**extol*** [ikstóul]	▶ applaud, laud, exalt, praise The doctor extolled the virtues of living a healthy lifestyle to his patients. 그 의사는 그의 환자들에게 건강한 삶을 사는 것의 가치에 대해 격찬했다.	v. 칭찬하다, 극구 칭찬하다
1338	**junction** [dʒʌ́ŋkʃən]	▶ combination, union, joining, juncture The junction of the Mississippi and Missouri Rivers is near the geographic center of the United States in Missouri. 미시시피 강과 미주리 강이 연결되는 곳은 지리적으로 미국의 미주리 주 지역의 중심과 가깝다.	n. 교차로; 연결지점

Vocabulary Usher | 토플 1201-1400

1339 lodge*
[ladʒ / lɔdʒ]
▶ shelter, harbor, house, quarter
Since he could not afford to buy his own apartment, he decided to lodge in his friend's house.
그는 집을 장만할 돈이 없어서 친구 집에서 묵기로 결정했다.
v. 숙박하다, 묵다
n. 오두막 집

1340 rotate**
[róuteit]
▶ turn, spin, wheel, swivel
People had a hard time believing that the Earth rotates once a day.
사람들은 지구가 하루에 한바퀴 회전한다는 것을 믿기 어려워 했다.
v. 회전하다, 돌다

1341 heroic
[hiróuik]
▶ brave, courageous, dauntless, gallant
The firefighters' heroic courage saved many people from the burning building.
소방관들의 영웅스러운 용기는 불타고 있는 건물에서부터 많은 사람들을 구했다.
a. 영웅의, 용감한

1342 unquestionable*
[ʌnkwéstʃənəbəl]
▶ definite, absolute, indisputable, certain
The data obtained after years of research were unquestionable, and led to great improvements.
몇 년의 연구 끝에 얻어진 결과는 의심할 바 없이 확실하였고, 엄청난 진보를 야기시켰다.
a. 의심할 바 없는, 확실한

1343 frustrate
[frʌ́streit]
▶ disappoint, thwart, dishearten
Your irresponsible actions and negative attitude really frustrated me.
너의 무책임한 행동과 부정적인 태도는 나를 실망시켰다.
v. 실망시키다, 낙담시키다

1344 fervent*
[fə́:rvənt]
▶ passionate, ardent, earnest, heated
Young politicians often have a fervent passion to change society for the better.
젊은 정치가들은 종종 사회를 더 좋게 바꾸려는 뜨거운 열정을 가지고 있다.
a. 열정적인, 뜨거운

1345 shimmer
[ʃímər]
▶ shine, glow, glisten / gleam
The shield shimmered in the sun and a bright light reflected off of its surface.
방패는 태양빛에 희미하게 반짝였고 표면은 밝은 빛을 반사했다.
v. 희미하게 반짝이다
n. 어렴풋한 빛

1346 masquerade
[mæ̀skəréid]
▶ disguise, façade / posture, pretend
Queen Mary enjoyed masquerading as a commoner around local villages to observe her people.
매리여왕은 자신의 백성들을 관찰하기 위하여 주변 마을에 평민으로 변장을 하고 나가는 것을 즐겼다.
n. 가면, 가장
v. 가장(변장) 하다

1347 differentiate
[dìfərénʃièit]
▶ distinguish, dissimilate
It is sometimes difficult to differentiate between identical twins.
가끔은 일란성 쌍둥이를 구분하는 것은 어려운 일이다.
v. 구별하다, 식별하다

1348 operation
[àpəréiʃən]
▶ transaction, affair; handling, manipulation
You have to pull the switch up to begin the operation.
작동을 시작하려면 스위치를 위로 올려야 한다.
n. (사업의)운영; 조작, 작동; 수술; 작전

#	Word	Synonyms / Example	Definition
1349	**wizened*** [wí(:)znd]	▶ shriveled, withered, shrunken The old man's wizened hands were the result of years of hard work. 노인의 주름진 손은 몇 년간 노고의 결과이다.	a. 시든, 주름진, 쪼글쪼글해진
1350	**fidelity** [fidéləti, fai-]	▶ loyalty, faithfulness, devotion; accuracy He proved his fidelity by completing every task that was given to him. 그는 주어진 임무를 완수하면서 그의 충성심을 증명하였다.	n. 충성, 충실; 정확도
1351	**flip** [flip]	▶ throw, toss If you don't go to university, you may have to spend the rest of your life flipping burgers. 대학을 가지 않는다면 평생동안 햄버거 뒤집는데 보낼 수 있다.	v. 휙 뒤집다
1352	**zone*** [zoun]	▶ area, region, section, belt The country turned into a war zone over a single night. 하룻밤 새 그 나라는 전쟁터가 되었다.	n. 지역 v. 지역으로 정해두다
1353	**locomotion**** [lòukəmóuʃən]	▶ movement, motion Serpentine locomotion is the result of the movement of muscles along the sides and belly of the snake. 뱀의 움직임은 양 옆과 배에 있는 근육을 사용한 결과이다.	n. 움직임, 이동
1354	**miserable** [mízərəbəl]	▶ wretched, unhappy He became miserable and cranky when he lost all of his money in bad investments. 잘못된 투자로 인해 돈을 모두 날려버린 그는 비참하고 성격이 나빠졌다.	a. 불쌍한, 비참한
1355	**merge*** [mə:rdʒ]	▶ combine, unite, connect, link The two companies merged to compete against the more efficient foreign companies. 두 개의 회사는 더 효력있는 외국 회사와 맞서기 위해 합병했다.	v. 합병하다, 결합하다
1356	**inaction*** [inǽkʃən]	▶ lack of action or activity Inaction by citizens allowed the government to keep segregation laws on the books long after they should have been removed. 시민들의 게으름은 정부가 반납기간 위반에 대한 분리법을 유지하게 했다.	n. 활동하지 않음, 게으름, 휴식
1357	**crooked** [krúkid]	▶ bent, twisted, deformed, crippled The old man considered his crooked back to be a trophy earned from years of hard work. 노인은 그의 굽은 허리를 오랜 기간 열심히 일한 것에 대한 훈장으로 생각했다.	a. 굽은, 구부러진, 기형의
1358	**movement*** [mú:vmənt]	▶ drive, crusade The Civil Rights Movement brought about radical changes across a broad spectrum of society. 인권 운동은 사회 전반에 근본적인 변화를 불러일으켰다.	n. 운동, 활동

Vocabulary Usher | 토플 1201-1400

1359 sip
[sip]
▶ drink, absorb, sup, sample
People across the UK sit down at 4pm and sip their afternoon tea.
영국 사람들은 오후 4시에 티타임을 갖는다.

v. 홀짝이다

1360 apt*
[æpt]
▶ inclined, prone, disposed; appropriate, proper, suitable
Fleeing is an apt response to threatening situations.
위협적인 상황에 도망가는 것은 적절한 반응이다.

a. ~하기 쉬운, ~하는 경향이 있는; 적절한

1361 unrefined
[ʌ̀nrifáind]
▶ coarse, crude, unpolished, vulgar
His music is unrefined but it is very innovative.
그의 음악은 세련되지는 않았지만 굉장히 혁신적이다.

a. 세련되지 못한, 정제되지 못한

1362 leisure time
[líːʒər táim]
▶ free time
Leisure time is considered a luxury for people today due to their fast-paced lifestyles.
여가 시간은 사람들의 바쁜 일상때문에 사치라고 생각된다.

phr. 여가, 한가한 시간

1363 span*
[spæn]
▶ duration, period, length, era / extend across, cover, cross
Although he was considered an average student, George proved himself to be very talented over the span of his high school career.
George는 평범한 학생이라고 생각되었지만, 그는 그의 고등학교 기간 동안에 자신이 굉장히 재능있다는 것을 증명했다.

n. 기간, 범위
v. ~에 걸치다

1364 skull
[skʌl]
▶ bone, structure, cranium, head
The skull unearthed in the desert was proven to be over 3000 years old.
사막에서 발굴된 두개골은 3000년 이상된 것으로 밝혀졌다.

n. 두개골

1365 gamut
[gǽmət]
▶ extent, spectrum
Often, when forced to care for sick loved ones, the caretaker experiences the entire gamut of human emotions in a short time.
종종 사랑하는 아픈 사람을 강제적으로 돌봐야 할 때, 돌봐주는 사람은 짧은 시간안에 인간이 느끼는 감정의 전 영역을 경험한다.

n. 전음계, 전영역

1366 distribution
[dìstrəbjúːʃən]
▶ dispersion, apportionment, allocation, allotment
This is the map that shows the distribution of the bald eagle.
이것은 대머리 독수리의 분포를 보여주는 지도이다.

n. 분배, 분포

1367 insane
[inséin]
▶ lunatic, crazy
As a means of avoiding harsh punishment, the accused murderer claimed that he was insane at the time of the crime.
무거운 형벌을 피하기 위해 살인자는 사건 당시 그가 제정신이 아니었다고 주장하였다.

a. 제정신이 아닌, 미친

1368 equivalent
[ikwívələnt]
▶ comparable, tantamount / balance, counterpart
The artists regarded the museum's new guidelines as equivalent to censorship.
예술가들은 박물관의 새로운 지침을 검열과 같은 것이라고 여겼다.

a. 동등한, 맞먹는
n. 균형, 대등한 물건

USHER

1369 abate [əbéit]
▶ reduce, decrease, diminish, lessen
The pain will abate a few days after the surgery; until then there's nothing we can do.
통증은 수술 후 며칠 이내에 줄어들 것이다; 그때까지 우리가 할 수 있는 일은 없다.
v. 줄다, 감소시키다

1370 feud [fju:d]
▶ hostility, conflict / argue, dispute
The neighbors were engaged in a long-standing feud over the exact location of the property line.
그 이웃들은 땅 경계선의 정확한 위치를 두고 오랜 시간 동안 불화가 있었다.
n. 불화, 싸움
v. 다투다

1371 usual*** [jú:ʒuəl, -ʒwəl]
▶ typical, common, accustomed, familiar
Since the river had flooded the nearby streets, the bus was unable to follow its usual route.
길 주변의 강이 넘쳐서 버스는 평소 다니는 길로 갈 수 없었다.
a. 흔한, 보통의, 평범한

1372 expressly [iksprésli]
▶ definitely, clearly, explicitly
The code of conduct in an airplane is expressly written.
비행기 안에서 지켜야 할 예절은 확실하게 쓰여져 있다.
ad. 명백히, 확실히, 특별히

1373 equilibrium [ì:kwəlíbriəm]
▶ balance, evenness, stability, symmetry
The unexpected result of the national election changed the political equilibrium.
총선의 예기치 않은 결과는 정치적 균형을 바꿨다.
n. 균형

1374 whereas [wɛ-əræz]
▶ while, on the contrary, although
Whereas freedom of speech is considered a universal right, many people are oppressed and don't have the ability to speak freely.
표현의 자유는 보편적인 권리로 생각됨에도 불구하고, 많은 사람들이 그 권리를 갖지 못하여 압박 당하며 자유롭게 의견을 표현하지 못한다.
con. ~한 반면, 그럼에도 불구하고

1375 put together
▶ combine, connect, collect
The alumni association put together a slide show to show the changes in the university and student body over the years.
동문회는 몇 년간의 대학과 학생들의 변화를 보여주기 위해 슬라이드 쇼를 모았다.
phr. 모으다, 결합시키다

1376 uniformly [jú:nəfɔ̀:rmli]
▶ consistently, regularly, evenly
After weeks of uniformly watering the lawn, signs of new growth began to appear.
한결같이 몇 주간 잔디에 물을 준 덕분에 새싹이 자라날 조짐이 보이기 시작하였다.
ad. 한결같이, 일관되게

1377 chubby [tʃʌ́bi]
▶ fat, plump
Due to his chubby cheeks, it was hard to not compare the baby to a cherub.
통통한 볼 때문에 아기를 천사와 쉽게 비교할 수 있었다.
a. 살찐, 통통한

1378 variety** [vəráiəti]
▶ diversity, multiplicity, type, species, sort
There is a variety of fruits in supermarkets, so it is really difficult to make a choice.
슈퍼마켓에 다양한 종류의 과일들이 있어서 하나를 고르기에 정말 힘들다.
n. 다양성, 종류

usherin.usher.co.kr

Vocabulary Usher | 토플 1201-1400

1379 rugged
[rʌ́gid]

▶ uneven, rough, bumpy, **rocky**
The rugged wood used to build the table turned out to be a bad choice, as it was too difficult to keep spills from its cracks.
탁자를 만드려고 사용한, 고르지 않은 나무는 이것의 틈에서 엎질러지지 않게 막는것이 어려웠기 때문에 좋지 않은 선택이었다.

a. 고르지 않은, 거친

1380 designated*
[dézignèitid]

▶ specified, assigned, appointed, selected
February is designated Black History Month.
2월은 지정된 흑인 역사의 달이다.

a. 지정된

1381 integrity
[intégrəti]

▶ uprightness, honesty, righteousness
The chairman was respected not for his position, but for the integrity he showed in it.
그 사장은 그의 지위때문이 아닌 그가 보여준 성실성에 존경 받았다.

n. 고결, 성실; 완전, 무결

1382 decimation
[dèsəmèiʃən]

▶ massacre
The decimation of the native bison population is often attributed to early settlers' indiscriminate hunting styles.
토종 들소의 대량학살은 종종 무작위 사냥을 한 이전 식민자들 탓이라고 한다.

n. 대량학살

1383 hand in

▶ give in, submit
Please hand in your test with your name written on the top.
시험지 상단에 이름을 적어 제출하시오.

phr. 제출하다

1384 incisive
[insáisiv]

▶ penetrating, biting, acute; **acerbic**
The photographs gave a very incisive look at the lives of the lower class during the Great Depression.
그 사진들은 세계 대공황 동안 하층 계급의 삶에 대해서 예리한 모습을 제공했다.

a. 예리한, 예민한; 신랄한

1385 supple
[sʌpl]

▶ flexible, limber, pliable, pliant
The supple leather of the baseball glove was a result of many hours of oiling it.
야구 글러브의 유연한 가죽은 많은 시간동안 그것에 기름칠을 한 결과였다.

a. 유연한; 탄력있는

1386 pacify
[pǽsəfài]

▶ calm, tranquilize, assuage, appease
Giving in to a crying child's demands may pacify it, but it also reinforces negative behavior.
우는 아이가 원하는 것을 주는 일은 잠시 아이를 진정시킬 수 있겠지만 나쁜 버릇을 들일 수 있다.

v. 평화롭게 하다, 진정시키다, 달래다

1387 roam*
[róum]

▶ wander, ramble, rove, stroll
I roamed the streets in search for a job, but finally gave up.
나는 일자리를 찾기 위해 거리를 방황했지만 결국 포기하였다.

v. 방황하다, 어슬렁거리다

1388 golden age

▶ a period of great achievement
The 1940s and 50s are often described as the golden age of Hollywood.
1940년도와 50년도는 할리우드의 전성기라고 자주 불리운다.

phr. 황금시대, 전성기

USHER

1389 curb* [kə:rb]
- reins / control, repress, suppress
- The government tried to curb the spread of avian flu by implementing quarantines.
- 정부는 검역소를 시행해서 조류독감이 퍼지는 것을 막으려고했다.
- n. 재갈, 고삐
- v. 제한(억제)하다

1390 pinnacle* [pínəkl]
- the highest point, top, peak
- He used to make more than 1 million dollars a year during the pinnacle of his career.
- 그가 그의 직업에서 정점에 있을 때 그는 1,000,000달러 이상을 벌곤 했다.
- n. 정상, 정점

1391 pristine [prísti:n]
- unspoiled, innocent, natural, clean
- The bright sunlight reflected off of the pristine snow temporarily blinded me.
- 오염되지 않은 눈에서 반사된 밝은 햇빛이 일시적으로 나의 눈을 멀게 했다.
- a. 오염되지 않은, 본래의, 초기의

1392 unsubstantial [Ànsəbstǽnʃəl]
- unreal, dreamlike, ethereal
- The Bedouin realized that the water he saw on the horizon was an unsubstantial mirage.
- 베두인족은 지평선에서 보았던 물이 비현실적인 신기루였다는 것을 알아챘다.
- a. 비현실적인, 실체가 없는

1393 ruinous* [rú:ənəs]
- destructive, catastrophic, damaging
- The ruinous effects of volcanic eruptions are often unable to be prevented.
- 화산 폭발의 파괴적인 효과는 보통 예방될 수 없다.
- a. 파괴적인, 황폐한

1394 viscous [vískəs]
- thick, sticky
- Oil and other fatty substances become less viscous as they are heated.
- 기름과 기타 지방이 많은 물질들은 열을 받음에 따라 점착성이 덜하게 된다.
- a. 찐득찐득한, 점착성의

1395 commune [kəmjú:n]
- communicate, chat, converse / community
- Many environmentalists claim that man has lost the ability to commune with nature and is unwittingly destroying it.
- 많은 환경론자들은 사람들이 자연과 소통하는 능력을 잃었고 무의식 중에 자연을 파괴한다고 주장한다.
- v. 친하게 사귀다; 이야기하다
- n. 공동체

1396 jeopardize* [dʒépərdàiz]
- threaten, endanger, menace, imperil
- A lack of future planning can jeopardize one's career.
- 미래에 대한 계획 부족은 한 사람의 이력을 위협할 수 있다.
- v. 위태롭게 하다

1397 blot out**
- cover, hide, screen, veil
- The thief tried to blot out the evidence of his presence at the crime scene.
- 도둑은 범죄현장에서 그의 존재의 흔적을 지우려했다.
- phr. 가리다, 덮다; 완전히 잊다

1398 rigorous** [ríg-ərəs]
- severe, demanding, harsh, strict; precise, thorough
- Every new product must undergo rigorous testing that will push it to limits far beyond what is expected in the real world.
- 모든 신제품은 현실에서 일어날 수 있는 것을 넘어 한계에 이르게 하는 엄격한 테스트를 거쳐야만 한다.
- a. 엄격한, 가혹한; 정밀한, 엄밀한

Vocabulary Usher | 토플 1201-1400

1399 vibrate
[vaibreit]
▶ oscillate, shake, tremble, quiver
If you use your phone as an alarm, be sure to make sure that it is not set to vibrate instead of making sounds.
핸드폰을 알람으로 사용할 시에, 그것이 소리를 내는 대신 진동하게 설정되어 있지 않도록 확인하라.
v. 진동하다, 흔들리다

1400 intentional
[inténʃənəl]
▶ deliberate, designed, planned, intended
Evidence that proved that the accident was actually intentional reopened the case.
그 사고가 고의적 사고였다는 증거로 인해 재판이 다시 열리게 되었다.
a. 계획된, 고의의

Quiz
오늘의 퀴즈 (1201-1400) : 토플 단어용

문장 속의 단어와 같은 뜻의 단어를 고르시오. (1-10)

1. My boss has an inflexible personality that makes him a hard person to work with.
   a. facile   b. evident   c. mutable   d. steadfast

2. Greenhouses are used to shield vegetables and fruits from bad weather conditions in the winter.
   a. penetrate   b. shelter   c. sabotage   d. saturate

3. People with authority are often tempted to abuse their power to gain personal wealth.
   a. structure   b. power   c. macrobiosis   d. reflux

4. He tried to drive me to sign the contract by bringing his business partners for intimidation.
   a. perform   b. curtail   c. sustain   d. compel

5. Her books contain piquant criticism on today's politics.
   a. pungent   b. inedible   c. intolerant   d. sparkling

6. The bullet perforated the ballistic gelatin and stopped only when it became lodged in the wall behind it.
   a. fermented   b. punctured   c. liquefied   d. decimated

7. Timothy gleaned information about the university he wanted to attend from its website.
   a. collected   b. dispersed   c. imputed   d. prevailed

8. Due to the number of attendees, the conference was held in the most capacious room possible.
   a. spacious   b. expensive   c. important   d. fancy

9. February is designated Black History Month.
   a. cleaved   b. auctioned   c. appointed   d. dispersed

10. The government tried to curb the spread of avian flu by implementing quarantines.
    a. suppress   b. derive   c. incite   d. originate

정답   d/b/b/d/a/b/a/a/c/a

본인이름		
틀린개수		
채점자이름		

주의사항
1. 채점 속도가 빠르다고 시험 도중 Mp3 파일을 멈추지 마세요~!
2. 채점 시, 스펠링 & 동사 & 뜻 중 하나라도 다르거나 빠트렸을 경우 틀린 답입니다.

단어시험 보는 방법
1. 화장실을 먼저 다녀옵니다.
2. 핸드폰 전원을 꺼둡니다(진동, 무음도 안됨)
3. 책상 위에 필기도구를 제외하고 깨끗이 치웁니다.
4. 단어 3회독 Mp3 파일을 틀고 시작합니다.

1			26			51			76		
2			27			52			77		
3			28			53			78		
4			29			54			79		
5			30			55			80		
6			31			56			81		
7			32			57			82		
8			33			58			83		
9			34			59			84		
10			35			60			85		
11			36			61			86		
12			37			62			87		
13			38			63			88		
14			39			64			89		
15			40			65			90		
16			41			66			91		
17			42			67			92		
18			43			68			93		
19			44			69			94		
20			45			70			95		
21			46			71			96		
22			47			72			97		
23			48			73			98		
24			49			74			99		
25			50			75			100		

101	126	151	176
102	127	152	177
103	128	153	178
104	129	154	179
105	130	155	180
106	131	156	181
107	132	157	182
108	133	158	183
109	134	159	184
110	135	160	185
111	136	161	186
112	137	162	187
113	138	163	188
114	139	164	189
115	140	165	190
116	141	166	191
117	142	167	192
118	143	168	193
119	144	169	194
120	145	170	195
121	146	171	196
122	147	172	197
123	148	173	198
124	149	174	199
125	150	175	200

usherin.usher.co.kr 에서 다운로드 가능합니다.

| 공부 수기 |

외국생활 이후에도 점수가 안나오는 분들을 위한 결과수기

이 름	박◆◆
공부기간	8개월
처음 점수	RC 8 / LC 12 / SP 20 / WR 11 TOTAL 51
마지막 점수	RC 25 / LC 26 / SP 23 / WR 22 TOTAL 96

저는 대충 느낌으로 글을 읽는 경향이 있었어요.
우리가 책을 읽어도 모르는 단어 몇 개 빼도 대충 아.. 이건 이런 이야기군 할 수 있잖아요. 전 그렇게 읽어서 리딩 지문에 무슨 이야기인줄은 알겠는데 문제 중에 매우 깊게 들어가는 문제는 항상 틀렸었어요. 그럴때 마다 덕호쌤은 제가 리딩 이해를 못한다고 하셨고 전 '헐~~ 나 미국에 살다 왔는데 내가 글 이해를 못한다고?' 라고 생각했었죠. 전 영어를 그렇게 했고 그러니깐 실력도 안 늘고 죽어도 안 올랐어요. 아주 조금 오른것도 아마 단어 때문 일거예요. 그러다가 결국 인정하고 K1에 내려가게 되었죠.

우선 리딩 공부 할때 모르는 단어들을 미리 찾아서 그 위에 쓰든지 다른데다가 써놓는 방법을 썼어요. 이렇게 해서 전 리딩책을 외워버릴정도로 읽었어요. 영어문장 외워버려서 앞에서 바로 튀어나올정도로요. 전 덕호쌤 앞에 나가서 해석 하는거 진짜 준비 다했어도 못해서...ㅠㅠ 아침부터 밤까지 단어랑 리딩 해석만 잡았고 나중에는 스피킹 라이팅 시간 빼고 리딩공부만 했어요.. 아~ 리스닝 숙제는 잘 못했어요... 시간이 없어서 단어랑 리딩만 했어요!! 이렇게 하니깐 단어도 외우고 문법도 외우게 되어서 라이팅 점수도 같이 올랐답니다!! +한국어

근데 리딩이 매~우 중요해요!!! 리딩을 보면 구조를 알게 되고 구조를 알게 되면 라이팅 쓸 때도 매우 좋아요.
리딩만 너무 열심히 했는지 리딩을 18 → 22 찍고 라이팅 20 → 22 찍었는데 리스닝이 23 → 18로 내려갔어요 ㅠㅠ
이유는 리딩잡는다고 리스닝을 아예 안했기 때문에 ㅎㅎ...
충격을 받았지만 전 열심히 리딩을 팠고 열심히 해서 22 → 26 찍었어요!!
이 때는 어느 정도 문법구조 + 무슨 이야기를 하는지 구체적으로 이해 할 수 있는 수준이었어요.
그래서 이제 문제에 집중하기로 하고, 문제 맞은 거 + 틀린거 답을 리딩에서 찾고 형광펜으로 긋고 미친듯이 읽고 술술 나올 때까지 읽으면서 공부했어요..

아! 리딩 지문 풀 때 이건 틀리겠군~ 아님 틀릴 것 같은 문제 있잖아요? 그럴 때 전 문제 옆에다가 만약 A를 찍었으면 그 이유를 구체적으로 써놓았어요!! 왜냐면 몇 시간만 지나도 기억을 못..하기 때문에.. 나만.. 그러면..말고.. 근데 이렇게 하면!! 선생님께 질문 드리기도 좋고!! 답을 알고 선생님이 설명 해준 것을 들으면 내가 전에 주장했던 이유가 기억이 안 나기 때문이에요ㅠㅠ 근데 옆에다가 써놓

으면 비교도 할 수 있어서 효과적 인 것 같아요.
오답노트 따로 만들어도 좋아요! 전 만들었거든요. 대체로 거기다가 highlighted sentence 문제 적어서 잊었어요.

리스닝 하시면서 공책에다가 귀가 아플 때 까지 몇번씩 돌려 들으면서 노트테이킹 할 때 주제를 먼저 알고 그리고 그 아래에다가 이 lecture의 내용을 간추려서 쓰는 거에요!! 그것도 꼼꼼히 그리고 수업에서 나오는 중요한 것만 노트에 적는 연습을 하셔야 돼요!!

리스닝은 한달만에!! 17에서 26으로 올랐는데 위에 나온것 같이 했지만 또 다른 방법이 있어요!!
리스닝을 2배로 빨리 듣는거에요!!! (효과 있어요)
실전반에 올라 갔을 때 풀었던 문제는 전에 풀었던 것보다 어렵고 무엇보다 강의가 엄청 빨랐어요.
그래서 처음에 엄청 많이 틀리고ㅠㅠ 흐~구구국 너무 서려웠어요...ㅠㅠ
그래도 나중에는 많이 맞았어요!!
매우 떨리는 마음으로 시험을 봤는데!!!! 리스닝을 봤는데!!!! 오잉?? 엄청 느리게 들리는거에요!!
공부할때 너무 빠르게 들어서 진짜 시험 문제는 매우 느리게 느껴졌어요!!

스피킹!!!!
스피킹은;; 집에 와서 녹음을 했어요!! 아님 반에서 파트너 정해서 할 때 mp3로 녹음하고 집에 와서 dictation을 하는 거에요!! 받아쓰기를 하고 보면 문법적으로 이상하게 말한게 있을거에요!! 그걸 빨간색으로 고쳐나가고 다 고쳤으면 그대로 달달달달 외우세요. 또.. 점심시간에 놀지 마시고 친구들하고 아님 그룹끼리 스피킹 문제 서로 물어보는 거에요.

| 오늘의 단어 |

모르는 단어 개수: _____ 개

1회독 _____ /200개   **2회독** _____ /200개   **3회독** _____ /200개   **4회독** _____ /200개   **5회독** _____ /200개

_____ /200개* 5분 = _____ 분 (약   시간 필요)
*휴식시간 및 시험시간(200개당 45분입니다)을 꼭 넣어야 합니다.

나의 오늘 목표는 _____ 번부터 _____ 번까지

오늘의 단어

오늘 공부할 양에서 내가 아는 것과 모르는 것을 미리 체크해서 오늘 단어 외우는데 걸리는 시간을 미리 계산해 보면 공부의 효율이 높아집니다.

1401 fiery	1421 gush	1441 subdued	1461 shortly	1481 virtual
1402 tout	1422 uneven	1442 melt	1462 valid	1482 unreasonable
1403 digest	1423 additive	1443 despite	1463 philanthropist	1483 unencumbered
1404 undisputed	1424 emit	1444 numb	1464 ungainly	1484 via
1405 revolve	1425 groundless	1445 equivocally	1465 migration	1485 loot
1406 bondage	1426 annals	1446 crop up	1466 revolutionize	1486 ceaseless
1407 clash	1427 illumination	1447 outbreak	1467 diligently	1487 infatuate
1408 lading	1428 imminent	1448 reinforcement	1468 purified	1488 lay off
1409 lighten	1429 hypnotic	1449 gullible	1469 crowd	1489 extricate
1410 sprinkle	1430 inveigh against	1450 ignorant	1470 antiquated	1490 velocity
1411 proclaim	1431 ailment	1451 give over to	1471 maintenance	1491 underway
1412 hibernation	1432 innate	1452 continuity	1472 ware	1492 break with
1413 revere	1433 crop out	1453 transfer	1473 impel	1493 reassure
1414 dilemma	1434 predominantly	1454 inconstant	1474 spotty	1494 sibling
1415 groom	1435 imperceptible	1455 profusion	1475 mason	1495 pillar
1416 fathom	1436 supplementary	1456 funny	1476 uncouth	1496 countryside
1417 substantial	1437 ecstasy	1457 eradicate	1477 massacre	1497 mighty
1418 profuse	1438 lyrical	1458 ineffective	1478 renowned	1498 versatile
1419 serve	1439 prosper	1459 situate	1479 turbulent	1499 desire
1420 certainly	1440 be rooted in	1460 infrastructure	1480 cunning	1500 entirely

usherin.usher.co.kr

1501 enclose	1521 subsidize	1541 spark	1561 outburst	1581 loom
1502 brittle	1522 rupture	1542 disparity	1562 prosperous	1582 idiosyncrasy
1503 border	1523 referee	1543 defeated	1563 resolve	1583 beneath
1504 frost	1524 adversary	1544 habitual	1564 fruitless	1584 bare
1505 preliminary	1525 peculiar	1545 impede	1565 hybrid	1585 accessible
1506 rouse	1526 aging	1546 retard	1566 peak	1586 momentous
1507 posture	1527 taboo	1547 evaluate	1567 fragmentation	1587 exterminate
1508 apart from	1528 elude	1548 secluded	1568 unpretentious	1588 backbone
1509 twinkle	1529 expel	1549 inanimate	1569 pronounced	1589 anthropology
1510 pare away	1530 consist of	1550 endorse	1570 established	1590 sanction
1511 incense	1531 self-esteem	1551 constellation	1571 synchronize	1591 euphoria
1512 archaic	1532 encroach	1552 defer	1572 dual	1592 transformation
1513 offensive	1533 conserve	1553 level	1573 migrant	1593 in operation
1514 unbiased	1534 foul	1554 joint	1574 chronic	1594 link to
1515 barn	1535 stake	1555 illuminate	1575 deform	1595 thus
1516 incite	1536 nuts and bolts	1556 revert	1576 aide	1596 duplicate
1517 dichotomy	1537 mainly	1557 utterly	1577 deflect	1597 vehement
1518 conformity	1538 discrete	1558 tentative	1578 zest	1598 make one's way to
1519 weave	1539 counter to	1559 orator	1579 correct	1599 scoff
1520 designate	1540 recur	1560 accordingly	1580 broad appeal	1600 inadvertent

USHER iBT TOEFL VOCABULARY

08
08 out of 13

토플단어
1401-1600

usherin.usher.co.kr

USHER VOCABULARY

08 out of 13

usherin.usher.co.kr

1401 fiery* [fáiəri]
▶ **passionate, fervent, impetuous, burning**
The fiery rhetoric of the speaker whipped the audience into an impassioned frenzy.
그 연설가의 열띤 미사어구는 청중을 열정적인 광란으로 몰아넣었다.
a. 불같은, 열띤

1402 tout [táut]
▶ **praise, hype, ballyhoo, pronounce**
The advertisement touted the cooling effects of the new material.
광고는 그 새로운 천의 냉각 효과를 크게 선전했다.
v. 크게 선전하다, 손님을 끌다

1403 digest [didʒést, dàid-]
▶ **absorb, imbibe, assimilate**
Excessive amounts of greasy food are hard to digest and often cause health problems.
과한 양의 기름진 음식은 소화하기 어렵고 가끔 건강상의 문제를 일으킨다.
v. 흡수하다, 섭취하다, 소화하다

1404 undisputed [ʌ̀ndispjúːtid]
▶ **accepted, unquestioned**
It was an undisputed fact that Michael left the school.
Michael이 학교를 떠난 것은 명백한 사실이었다.
a. 의심의 여지없는, 명백한, 당연한

1405 revolve** [riválv / -vɔ́lv]
▶ **rotate, circulate, circle, whirl**
Before heliocentrism gained acceptance, people believed that the sun revolved around the Earth.
태양중심설이 인정받기 전에, 사람들은 태양이 지구 주변을 공전한다고 믿었다.
v. 회전하다, 공전하다

1406 bondage [bándidʒ / bɔ́nd-]
▶ **slavery, confinement**
Uncle Tom cried in joy when he was freed from his bondage.
Uncle Tom은 농노신분에서 자유로워졌을 때 매우 기뻐 울었다.
n. 농노신분

1407 clash [klæʃ]
▶ **conflict, collision / collide, bump**
Clashes between the protesters and the police turned violent after the police ordered them to leave.
경찰관들이 시위대에게 물러나라고 하자 그들의 충돌은 폭력적으로 변했다.
n. 충돌
v. 충돌하다

1408 lading* [léidiŋ]
▶ **cargo, load, freight**
All items that enter the country must have a proper bill of lading.
국가로 들어오는 모든 물품은 제대로 된 선하증권을 가져야 한다.
n. 화물, 짐싣기

#	Word	Synonyms / Example	Meaning
1409	**lighten** [láitn]	▶ illuminate, brighten, shine The ability to lighten dye is one of the major uses for bleach. 표백제의 주된 쓰임새 중 하나는 염색제를 밝게 하는 능력이다.	v. 밝게 하다, 비추다; 가볍게 하다
1410	**sprinkle** [spríŋkl]	▶ scatter, strew, disperse The baker said to sprinkle cornmeal under the pizza crust to prevent sticking. 제빵사는 달라붙는 것을 막고자 옥수수 가루를 피자빵 밑에 뿌리라고 말했다.	v. 끼얹다, 뿌리다
1411	**proclaim** [proukléim]	▶ announce, declare, promulgate The President proclaimed that he would not seek reelection again after his current term. 그 대통령은 그의 현재 임기 이후에 재선되는 것을 원하지 않는다고 선언했다.	v. 선언하다, 공포하다
1412	**hibernation** [hàibərnéiʃən]	▶ sleep, dormancy Although many animals change their sleep patterns during the winter, few go through a full hibernation like bears. 많은 동물들이 겨울동안 그들의 수면 패턴을 바꾸지만, 소수만이 곰처럼 완전한 동면을 한다.	n. 동면
1413	**revere** [rivíər]	▶ honor, respect, cherish The king was revered by his subjects despite him having few actual government duties. 그 왕은 실제 지위가 낮았음에도 불구하고 그의 백성들에게 존경을 받았다.	v. 숭배하다
1414	**dilemma*** [dilémə]	▶ difficult situation, predicament, strait The dilemma faced by the army was whether to continue without knowing what is ahead or to wait and research, but lose the element of surprise. 군대가 처한 곤경은 앞으로 무슨일이 일어날지 모른채 계속해서 나아갈 것인지 아니면 기습을 포기하고 기다리면서 조사를 할 것인지 선택하는 것이다.	n. 진퇴양난, 곤경
1415	**groom** [gru(:)m]	▶ stableman, bridegroom / prepare, coach The students were groomed to be polite, productive members of society. 학생들은 사회의 예의바르고 생산적인 구성원이 되도록 훈련받았다.	n. 마부, 신랑 v. 가르치다, 훈련하다
1416	**fathom** [fǽðəm]	▶ measure the depth of / understand, comprehend Judy couldn't fathom the far-reaching effects that her decision would have on her life. Judy는 그녀의 결정이 그녀의 인생에 지대한 영향을 가져올 결과들을 헤아리지 못했다.	v. 깊이를 재다; (마음을) 헤아리다 n. 길(깊이의 단위)
1417	**substantial**** [səbstǽnʃəl]	▶ considerable; important, significant, noticeable; sturdy The amount spent on research showed how substantial the companies commitment to innovation was. 연구에 투자된 액수는 혁신에 대한 그 회사의 헌신이 얼마나 큰지 보여주었다.	a. 질적인; 풍부한, 많은; 중요한; 튼튼한
1418	**profuse*** [prəfjúːs]	▶ abundant, plentiful, copious, lavish The profuse hype surrounding the movie backfired, as moviegoers felt that the movie didn't live up to its reputation. 그 영화를 둘러싼 많은 광고들은 영화 팬들이 그 영화가 그것의 명성에 부응하지 못했다고 느꼈기 때문에 역효과를 낳았다.	a. 많은, 풍부한

Vocabulary Usher | 토플 1401-1600

1419 serve* [səːrv]
▶ suit, function as, suffice; assist
Many religious orders are meant to serve the poor or disabled.
많은 수도회는 불쌍한 사람들이나 장애우에게 도움을 주려고 지어졌다.
v. 섬기다, 시중을 들다; 도움이 되다

1420 certainly* [sə́ːrtnli]
▶ surely, assuredly
You are most certainly welcome to join us for dinner.
당신이 저녁식사에 오시는 것을 틀림없이(진심으로) 환영합니다.
ad. 확실히, 틀림없이

1421 gush [gʌʃ]
▶ burst, flow / spurt, spout
Oil gushed out through the cracks in the ground like a fountain.
기름이 갈라진 틈 사이에서 분수처럼 세차게 흘러나왔다.
n. 분출
v. 세차게 흘러나오다

1422 uneven* [ʌníːvən]
▶ rough, rugged, bumpy, irregular
The uneven addition to the sidewalk caused many people to trip and fall.
인도에 더해진 고르지 않은 부가물은 많은 사람들이 걸리고 넘어지게 만들었다.
a. 고르지 않은

1423 additive* [ǽditiv]
▶ addition, supplement / cumulative, supplementary
All additives present in food meant for human consumption must be approved by the FDA and properly labelled on the product.
사람이 먹는 음식에 들어가 있는 모든 첨가제들은 반드시 식약청에 의해서 승인되어져야 하며 제품에 표시해야 한다.
n. 부가물, 첨가제
a. 부가적인, 추가의

1424 emit** [imít]
▶ give off, exhale, release, discharge
The mosquito coil will emit a repellant scent when it is burnt.
모기향은 타면서 모기들이 기피하는 향을 내뿜을 것이다.
v. 내뿜다, 방사하다

1425 groundless** [gráundlis]
▶ unfounded, baseless, bottomless
The groundless accusations were thrown out by the judge.
근거없는 비난은 판사에 의해 부결되었다.
a. 근거 없는, 기초가 없는

1426 annals [ǽnəlz]
▶ chronological record of history
Very few people will deny that Einstein is one of the most important modern characters in the annals of mankind's scientific knowledge.
아주 소수의 사람들만이 아인슈타인이 인류의 과학적 지식의 연대기에서 가장 중요한 근대의 인물들 중 하나라는 것을 부정할 것이다.
n. 연대기

1427 illumination [ilùːmənéiʃən]
▶ lightening; enlightenment
The sun is the source of the moon's illumination.
태양은 달 조명의 광원이다.
n. 조명; 계몽

1428 imminent [ímənənt]
▶ impending
An imminent change in leadership often causes leaders to make last minute bids to get their policies or projects enacted.
대표직 안에서의 촉박한 변화는 리더들로 하여금 그들의 정책이나 프로젝트를 마지막 순간에 제정하게 만든다.
a. 절박한, 촉박한

1429 **hypnotic** [hipnátik]	▶ **soporific, somnolent; sleep-inducing** The hypnotic melodies coming from the sitar lulled everyone into a deep sleep. 시타르에서 흘러나오는 몽롱한 멜로디는 모두를 잠들게 하였다.	a. 최면을 거는 듯한, 최면의, 몽롱한; 수면의 n. 수면제
1430 **inveigh against***	▶ **rail, object, criticize strongly** Labor unions joined together to inveigh against the planned changes in labor laws. 노동조합은 한곳에 모여서 바뀐 노동법에 대해 통렬히 비판하였다.	phr. 통렬히 비판하다, 욕설하다
1431 **ailment** [éilmənt]	▶ **sickness, illness, affliction, disease** The healthy old man never suffered from any kind of ailment. 그 건강한 노인은 그 어떤 병에도 걸리지 않았다.	n. 병
1432 **innate*** [inéit]	▶ **inborn, natural, inherent, intrinsic** Some children are born without the innate ability to suckle and must be taught how. 몇몇의 아이들은 모유를 먹는 선천적인 능력없이 태어나서 어떻게 하는지 가르쳐야 한다.	a. 타고난, 선천적인
1433 **crop out**	▶ **appear, emerge, occur, show up** Despite advances in prenatal genetic testing, deviations sometimes crop out after birth. 태아 유전병에 대한 검사가 진보했다고 해도 태어난 후 장애가 갑자기 나타나기도 한다.	phr. 갑자기 나타나다
1434 **predominantly*** [pridámənəntly]	▶ **primarily, mainly; preponderantly, overwhelmingly** Busing was a way to integrate schools which were in neighborhoods made up of predominantly one race. 버스 운행은 주로 특정 인종만 사는 동네에 있는 학교들을 통합하기 위한 방법이었다.	ad. 주로, 대개, 대부분; 압도적으로
1435 **imperceptible** [ìmpərséptəbəl]	▶ **slight, undetectable** With this new microscope, there won't be anything in the world that is imperceptible. 이 새로운 현미경만 있으면 세상에서 감지할 수 없는 것은 없다.	a. 감지할 수 없는, 미세한
1436 **supplementary** [sàpləméntəri]	▶ **additional** If you require any supplementary help with the materials, please contact the T.A. as soon as possible. 만약 과제에 대한 추가적인 도움이 필요하다면 최대한 빨리 조교에게 연락해라.	a. 보충의, 추가의
1437 **ecstasy** [ékstəsi]	▶ **rapture, trance** The art lover was in full ecstasy when she saw the famous painting by Monet. 미술애호가는 모네의 유명한 그림을 봤을 때 최고로 황홀하였다.	n. 무아의 경지, 황홀
1438 **lyrical** [lírikəl]	▶ **full of emotion, eagerly enthusiastic** The art of the 18th century was more lyrical than ever. 18세기 미술은 그 어느 때보다 가장 감정적이었다.	a. 서정적인, (표현이) 아름답고 열정적인

Vocabulary Usher | 토플 1401-1600

1439 prosper
[práspər / prɔ́s-]
▶ succeed, thrive, flourish
His business prospered just as he wished.
그가 바랐던 것처럼 그의 사업은 성공하였다.
v. 번영하다, 성공하다

1440 be rooted in*
▶ be based on, originate from
The origin of this tradition is rooted in the celebrations of good harvesting.
이 전통의 기원은 풍년을 기념하는데 근거를 두었다.
phr. ~에 근거를 두다, ~에 원인이 있다

1441 subdued*
[səbdjúːd]
▶ reduced, restrained
The rioting protesters were eventually subdued by the reinforced police force.
결국 폭동 시위대는 강화된 경찰병력에 의해 약해졌다.
a. 가라앉은, 약해진, 조용한

1442 melt
[melt]
▶ fuse, dissolve, thaw
The snow melted as spring came and flowers started to blossom.
봄이 오자 눈이 녹아 내리기 시작했고 꽃이 피기 시작하였다.
v. 녹다, 용해하다

1443 despite*
[dispáit]
▶ notwithstanding
Despite having only circumstantial evidence, the judge ruled that the police had acted properly in arresting the man.
정황상의 증거만 있는데도 불구하고, 판사는 경찰이 정당하게 범인을 체포했다고 말했다.
p. ~에도 불구하고

1444 numb
[nʌm]
▶ insensible, unfeeling / deaden, benumb
My whole body was numb after a full day of skiing.
하루종일 스키를 탄 후 내 온몸은 감각을 잃었다.
a. 마비된, 감각을 잃은
v. 마비시키다

1445 equivocally**
[ikwívəkəli]
▶ ambiguously
The essay guidelines were equivocally written, so that no one was sure of what was actually expected.
과제물의 지침서는 애매하게 쓰여져 있어서 실제로 무엇이 예상되었는지는 아무도 확신하지 못했다.
ad. 애매하게

1446 crop up**
▶ appear, arise, come out, emerge
Before the new car was officially announced, spy photos of it began to crop up.
신차의 공식 발표 전, 스파이 사진들이 나타나기 시작했다.
phr. 나타나다, 불쑥 나타나다, 갑자기 나타나다

1447 outbreak*
[áutbrèik]
▶ epidemic / eruption, explosion, burst
The outbreak of the Great Plague in European cities resulted in devastating population losses.
유럽의 도시들에서 대역병의 발생은 엄청난 인구 손실의 결과를 맺었다.
n. (소동, 전염병) 돌발, 발생, 창궐, 폭발, 발발

1448 reinforcement*
[rìːinfɔ́ːrsmənt]
▶ support
Reinforcement is needed to control the chaotic environment of the dorms.
혼란스러운 기숙사 환경을 제어하기 위해서는 기숙사 내 강화가 필요하다.
n. 보강, 강화, 지원군

1449 gullible [gʌ́ləbəl]
▶ easy to deceive, naïve, trusting, unsuspecting
Shysters are constantly on the lookout for gullible people they can swindle.
사기꾼들은 사기를 칠 수 있는 잘 속는 사람들을 계속해서 찾는다.
a. 잘 속는

1450 ignorant [íɡnərənt]
▶ illiterate, uneducated
The tourists were ignorant of the local customs and accidentally insulted a great number of people.
여행객들은 지역 관습에 대해 알지 못하여 의도치 않게 많은 사람들을 모욕했다.
a. 무식한, 무지한

1451 give over to
▶ dedicate, devote, commit; abandon
The dedicated nun gave her life over to the well-being of the poor.
헌신적인 수녀는 그녀의 인생을 가난한 사람들의 복지를 위해 다 바쳤다.
phr. 넘겨주다, 양도하다; (습관을) 버리다; 헌신하다

1452 continuity [kὰntənjúːəti]
▶ uninterrupted connection, flow, succession
Natural disasters threaten the continuity of the food supply.
자연재해는 식량 공급의 지속을 위협한다.
n. 연속성, 계속

1453 transfer* [trǽnsfɔ́ːr]
▶ move, remove, relocate, transport
We have to transfer the files from the file room to the basement.
우리는 파일을 사무실에서 지하로 이동해야 한다.
v. 이동하다, 전달하다, 옮기다, 넘겨주다

1454 inconstant** [inkʌ́nstənt / -kɔ́n-]
▶ volatile, unstable, fickle, variable
The inconstant nature of air made early attempts to measure it difficult.
공기의 변덕스러운 성질은 그것을 측정하려는 초기의 시도들을 어렵게 만들었다.
a. 변덕스러운, 변하기 쉬운

1455 profusion* [prəfjúːʒən]
▶ abundance, wealth, plenty, bounty
The profusion of roses required by the wedding led to shortages across the city.
결혼식에 요구된 사치스러운 장미의 양은 도시 전체에 부족함을 유발했다.
n. 다량, 풍부, 풍부함

1456 funny [fʌ́ni]
▶ amusing, diverting
Andres is a popular guy, because he likes to tell funny stories and jokes.
Andres는 재미있는 이야기와 농담들을 하기 좋아해서 유명한 사람이다.
a. 재미있는, 우스운

1457 eradicate** [irǽdəkèit]
▶ destroy completely, uproot, extirpate, eliminate
A common side effect of early imperialism was that native cultures were eradicated too easily.
초기 제국주의의 공통된 부작용은 토착 문화가 너무 쉽게 뿌리 뽑혔다는 것이다.
v. 근절하다, 뿌리뽑다

1458 ineffective [ìniféktiv]
▶ useless, ineffectual, vain, worthless
The new rules to regulate students' behavior in the dorms were ineffective.
기숙사에서 학생들의 행동을 제제하기 위한 새로운 규칙들은 쓸모없었다.
a. 쓸모없는, 무능한, 효과없는, 효과적이지 못한

Vocabulary Usher | 토플 1401-1600

1459 situate**
[sítʃuèit]
▶ place, locate
The restaurant is situated next door to one of its biggest competitors.
음식점은 가장 큰 경쟁사 중 한 곳 바로 옆에 위치해 있다.
v. 놓다, 위치를 정하다

1460 infrastructure*
[ínfrəstrʌ̀ktʃər]
▶ foundation, base, basis, groundwork
A country that does not invest in their infrastructure is not likely to develop.
사회적 생산 기반에 투자를 하지 않는 나라들은 발전할 가능성이 적다.
n. 하부구조, 기초, 기반

1461 shortly*
[ʃɔ́ːrtli]
▶ soon, presently, before long, briefly
Shortly after the world heard the news of the disaster, people began donating their money and time to help the victims.
자연재해에 대한 기사가 퍼지고 나자마자 사람들은 그들의 시간과 돈을 피해자들을 돕기 위해 사용하였다.
ad. 곧, 간단히

1462 valid*
[vǽlid]
▶ just, sound, cogent, logical
The arguments presented by the debaters were held as valid by the judges.
토론가들이 내놓은 주장들은 심판관에게 정당하다고 받아들여졌다.
a. 근거가 확실한, 정당한 유효한, 타당한

1463 philanthropist
[filǽnθrəpist]
▶ altruist, contributor, helper
He is such a philanthropist, always trying to help others before himself.
그는 항상 자기 자신보다 남을 먼저 도우려고 하는 박애주의자이다.
n. 자선가, 박애주의자

1464 ungainly
[ʌngéinli]
▶ awkward, unskillful, clumsy
The ungainly stride of the baby horse was a far cry from its graceful mother's gait.
새끼말의 보기흉한 걸음걸이는 엄마의 아름다운 걸음걸이와는 차이가 많이 났다.
a. 보기흉한, 볼품없는; 어색한

1465 migration
[maigréiʃən]
▶ movement, transfer
The annual fall migration of monarch butterflies to Mexico is a means to save them from being killed by dropping temperatures.
왕 나비가 가을에 멕시코로 이동하는 것은 기온이 떨어질 때 죽지 않기 위한 한 방법이다.
n. 이동, 이주

1466 revolutionize**
[rèvəlúːʃənàiz]
▶ completely change, alter, modify
The computer industry has been revolutionized with the development of the Internet.
인터넷의 발전과 함께 컴퓨터 산업에는 혁신이 일어났다.
v. ~에 혁명을 일으키다

1467 diligently*
[dílədʒəntli]
▶ assiduously, carefully, earnestly, industriously
If one works diligently, one can accomplish nearly anything.
어떤 일을 열심히 하기만 한다면 거의 뭐든지 이뤄낼 수 있다.
ad. 열심히

1468 purified*
[pjúərəfàid]
▶ cleansed, refined, clarified, distilled
Catholics believe that the soul is purified after the sacrament of confession.
카톨릭에서는 고해성사를 드리면 영혼이 맑아진다고 믿는다.
a. 정화된

#	Word	Synonyms / Example	Meaning
1469	**crowd** [kraud]	▶ throng, multitude, group, mass, host A crowd was already collecting outside the embassy gates and was ready to start a riot. 군중들은 이미 대사관 문앞에 모였고 폭동을 시작할 준비가 되어있었다.	n. 군중, 다수의 사람
1470	**antiquated** [ǽntikwèitid]	▶ very old, outmoded, out-of-date Tom's grandfather's antiquated car was so old that it still ran on leaded gasoline. Tom 할아버지의 구식 자동차는 너무 오래되어 아직도 유연 가솔린으로 가동했다.	a. 오래된, 구식의
1471	**maintenance** [méint-ənəns]	▶ subsistence, livelihood, living The technological devices used in factories require a lot of maintenance. 공장에서 사용되는 공업 장비들은 많은 관리를 필요로 한다.	n. 지속, 유지; 생계, 생활 수단
1472	**ware*** [wɛə:r]	▶ product, goods, merchandise The old woman sold her wares at the farmers market every week. 늙은 여인은 매주마다 농작물 직매장에서 자신의 상품을 판매하였다.	n. 상품, 판매품; 세공품
1473	**impel** [impél]	▶ compel, drive, urge, force His confidence impelled him to take charge of the project and successfully finish it on time. 그의 자신감은 그로 하여금 그 프로젝트의 담당자가 되게 하였고 제 시간에 성공적으로 끝내게 하였다.	v. 추진하다, 재촉하다
1474	**spotty** [spʌ́ti / spɔ́ti]	▶ intermittent, uneven, irregular The case was dismissed because the judge deemed the prosecution's case to be spotty. 그 사건은 판사가 드문 기소 사건이라고 생각했기 때문에 기각되었다.	a. 드문드문 있는, 산재하는; 여드름이 있는, 반점이 많은
1475	**mason** [méisn]	▶ constructor, architect At least 10,000 masons were involved in the process of building the pyramids. 피라미드를 짓는데 최소 10,000명의 석공들이 참여했다.	n. 석공
1476	**uncouth** [ʌnkúːθ]	▶ coarse, ill-mannered, rough, rude The mother explained to her son that it was uncouth to burp during dinnertime. 어머니는 아들에게 저녁 식사중에 트림을 하는 것은 세련되지 못한 것이라고 설명했다.	a. 무례한, 상스러운
1477	**massacre*** [mǽsəkə:r]	▶ slaughter, annihilation, murder, extermination The new German government executed those who were involved in the Jewish massacre. 그 새로운 독일 정부는 유대인 학살과 관련된 사람들을 처형했다.	n. 대량학살
1478	**renowned*** [rináund]	▶ famous, celebrated, eminent, prominent Steven King is one of the renowned writers these days. 스티븐 킹은 현 시대에 명성이 있는 작가중에 한명이다.	a. 유명한, 명성 있는

Vocabulary Usher | 토플 1401-1600

1479 turbulent
[tə́:rbjulənt]
▶ tempestuous, stormy, violent, angry
The Vietnam era was a turbulent time to come of age.
베트남전쟁 시기는 역사상 혼동의 시기였다.
a. 몹시 거친, 사나운, 격동의; 난기류의

1480 cunning
[kʌ́niŋ]
▶ tricky, sly; skillful, clever
The cunning salesman was able to convince customers to pay nearly double the asking price of the car.
교활한 판매자는 손님에게 원 가격의 두 배의 가격을 내게 하고 차를 팔 수 있었다.
a. 교활한, 약삭빠른; 정교한, 능숙한

1481 virtual
[və́:rtʃuəl]
▶ practical, implicit
The virtual classroom has given many more people access to education than in the past.
가상 교실은 예전보다 더 많은 사람들이 교육을 받을 수 있게 해준다.
a. 사실상의, 실질적인; 가상의

1482 unreasonable
[ʌnrí:zənəbəl]
▶ irrational, senseless, foolish, silly
He made a very unreasonable mistake.
그는 굉장히 이해할 수 없는 실수를 했다.
a. 비합리적인, 이치에 맞지 않는, 불합리한, 부당한, 지나친

1483 unencumbered*
[ʌ̀ninkʌ́mbərd]
▶ free, burdenless, unburdened
I was unencumbered by the flu this winter.
나는 올 겨울 감기에 전혀 영향을 받지 않았다.
a. 방해 없는, 장애 받지 않은, 부담 없는

1484 via
[váiə, ví:ə]
▶ by way of, by, through
Delivery of media content via the internet is a great change in the distribution model of movie and music companies.
인터넷을 매개로 하여 대중에게 대중 매체를 전달하는 것은 영화와 음악 회사들의 유통 방법의 큰 변화이다.
p. ~을 경유하여, ~을 매개로 하여

1485 loot
[lu:t]
▶ stolen goods, pillage
The pirates would take the loot off of the other boats they would capture.
해적들은 그들이 빼앗은 배에서 전리품을 탈취할 것이다.
n. 전리품, 약탈품
v. 훔치다, 약탈하다

1486 ceaseless*
[sí:slis]
▶ constant, uninterrupted, eternal, continual
The ceaseless noise from the celebration on the road kept me up all night.
나는 축하 행사에서 나오는 끊임없는 소리때문에 잠을 못 잤다.
a. 끊임없는

1487 infatuate
[infǽtʃuèit]
▶ captivate, bewitch
Many of the boys in her class are infatuated with Christine's good looks and positive attitude.
Christine 반에 있는 대부분의 남자 아이들은 그녀의 아름다운 모습과 좋은 행동에 얼이 빠졌다.
v. 얼빠지게 만들다, 판단력을 잃게하다, 열중하게 하다

1488 lay off*
▶ fire, discharge, dismiss
Due to budget cuts, the navy was required to lay off all non-essential personnel.
예산 감축으로 인해 해군은 중요하지 않은 직원들을 해고하도록 요청받았다.
phr. 해고하다

236 USHER iBT TOEFL VOCABULARY

#	Word	Definition & Example	Meaning
1489	**extricate** [ékstrəkèit]	▶ set free, release During the Islamic Revolution, the government had trouble when trying to extricate it's embassy staff. 이슬람 혁명 동안에 정부는 대사관 직원들을 탈출 시키는데 어려움을 겪었다.	v. 탈출시키다
1490	**velocity**** [vəlásəti / -lɔ́s-]	▶ speed, rapidity, celerity, pace The damage of the tornado becomes greater as the velocity of wind increases. 토네이도의 풍속이 빨라질수록 피해는 더 커진다.	n. 속도, 빠르기
1491	**underway*** [ʌ́ndərwéi]	▶ continuing, in progress, already commenced Research is already underway and the scientists have vowed great results would occur. 연구는 이미 진행중이며 과학자들은 좋은 결과들이 나올 것이라고 맹세하였다.	a. 진행중인
1492	**break with****	▶ discontinue an association; separate from In a break with tradition, the royal family did not attend the yearly fleet dedication. 전통을 끊고자 왕족은 해마다 있는 함대 수여식에 참가하지 않았다.	phr. 관계를 끊다; 그만두다, 절교하다, 거부하다
1493	**reassure** [rìːəʃúəːr]	▶ encourage, comfort The policeman reassured Jenny that her daughter is okay. 경찰관은 Jenny한테 그녀의 딸이 무사하다고 안심시켰다.	v. 안심시키다
1494	**sibling** [síbliŋ]	▶ kin, relative Children without siblings tend to be influenced more easily by his/her peers. 형제자매가 없는 아이들은 주변 친구들에게 더욱 쉽게 영향받는 경향이 있다.	n. 형제, 자매 a. 형제의
1495	**pillar** [pílər]	▶ column, prop It is amazing to see how the stone pillars built 1000 years ago still stand strong. 1000년전에 세워진 돌 기둥들이 아직까지도 서 있는 것은 놀라운 일이다.	n. 기둥
1496	**countryside** [kʌ́ntrisáid]	▶ rural area, farmland I enjoy going to the countryside to breathe fresh air and enjoy nature. 나는 시골에 가서 깨끗한 공기와 자연을 즐기는 것을 좋아한다.	n. 지방, 시골
1497	**mighty** [máiti]	▶ powerful, potent, strong, forceful No man can fight a mighty beast with their bare hands. 그 누구도 힘센 동물을 맨손으로 싸울 순 없다.	a. 강력한, 힘센
1498	**versatile** [vɔ́ːrsətl / -tàil]	▶ flexible, adaptable, all-around, many-sided Musical actors have to train themselves to be more versatile to develop their performances. 뮤지컬 배우들은 그들의 공연을 발전시키기 위해서 더 다재다능하도록 노력해야 한다.	a. 재주가 많은, 유연한

Vocabulary Usher | 토플 1401-1600

1499 desire**
[dizáiər]
▶ covet, long for; seek, request / longing
She was the only one that I desired but she declined to be my wife.
내가 원하는 것은 그녀 밖에 없었지만 그녀는 내 아내가 되는 것을 거부하였다.
v. 열망하다; 요구하다
n. 욕구, 욕망

1500 entirely
[intáiərli, en-]
▶ wholly, totally, thoroughly, utterly, completely
The new model of the car had an entirely new design.
자동차의 새로운 모델은 완전히 새로운 디자인이다.
ad. 완전히, 아주

1501 enclose**
[enklóuz]
▶ surround, circle, encompass; include
The National Mall is enclosed by most of the nation's most famous monuments.
The National Mall은 대부분의 국가의 가장 유명한 기념물로 에워싸여 있다.
v. 에워싸다; 동봉하다

1502 brittle*
[brítl]
▶ breakable, weak, fragile, frail
Due to the body leaching calcium from them, the bones of those with osteoporosis are extremely brittle.
몸이 뼈에서 칼슘을 추출하기 때문에 골다공증에 걸린 사람들의 뼈는 아주 약하다.
a. 약한, 깨지기 쉬운

1503 border
[bɔ́:rdər]
▶ edge, verge, boundary, bound
The police checked my passport near the border.
경찰은 국경 근처에서 내 여권을 확인하였다.
n. 경계, 국경, 가장자리
v. 접경하다, 접하다

1504 frost
[frɔ:st / frɔst]
▶ frozen vapor
The frost caused serious damage to the yearly citrus crop yields.
서리는 연간의 감귤류 수확에 큰 피해를 입혔다.
n. 서리

1505 preliminary
[prilímənèri]
▶ initial, introductory, preparatory
The company had a preliminary meeting before announcing the new policy.
그 회사는 새로운 정책을 발표하기 전에 예비 미팅을 가졌다.
a. 예비의
n. 예비 행위

1506 rouse
[rauz]
▶ stir, excite, stimulate, awaken
Seeing her classmates at the reunion roused feelings of nostalgia that the woman didn't expect.
동창회에서 친구들을 만난 것은 그녀가 기대하지 않았던 추억을 생각날 수 있게 하였다.
v. 깨우다, 눈뜨게 하다

1507 posture
[pástʃər / pɔ́s-]
▶ pose, attitude
The boys made funny postures during their photoshoot for their graduation album.
남자아이들은 졸업 앨범 촬영을 할 때 재미있는 포즈를 취했다.
n. 자세, 포즈

1508 apart from
▶ except for, save for
Apart from the fact that it rained every day, we had a great holiday.
매일 비가 온 것을 제외하고는 우리는 즐거운 휴일을 보냈다.
phr. ~을 제외하고

#	Word	Synonyms / Example	Definition
1509	**twinkle** [twíŋkl]	▶ glimmer, sparkle We could see the stars twinkle as the night sky was cloud-free. 밤하늘에 구름이 없어서 별들이 반짝이는 것을 볼 수 있었다.	v. 반짝반짝 빛나다 n. 반짝임
1510	**pare away**	▶ cutback, decrease, reduce In an effort to shorten the essay, it was necessary to pare away all of the flowery language the author used. 에세이의 길이를 줄이기 위해서는 저자가 사용한 형용문구들을 모두 줄이는 것이 필요했다.	phr. 줄이다(깎아내다)
1511	**incense** [ínséns]	▶ scent, fragrance / inflame The incense of the flower attracted bees and butterflies. 꽃의 향기는 벌과 나비를 유혹했다.	n. 향, 향내 v. 향을 피우다
1512	**archaic** [ɑːrkéiik]	▶ primitive, ancient, antiquated, antique The archaic methods of discipline used by some teachers shows that there is a need for new blood to be injected into the education system. 어떤 선생님이 사용하는 오래된 징계 방법은 교육제도에 새로운 흐름의 주입이 필요한 것을 보여준다.	a. 고풍의, 오래된
1513	**offensive** [əfénsiv]	▶ displeasing, irritating, unpleasant; aggressive Many women felt angry after the offensive comments he made during his speech last week. 많은 여성들이 지난주 그의 연설에서의 무례한 말 때문에 화가 났다.	a. 불쾌한, 무례한; 공격적인
1514	**unbiased** [ʌnbáiəst]	▶ fair, impartial, unprejudiced, disinterested The most important virtue of a good judge is an unbiased perspective. 좋은 판사의 가장 중요한 미덕은 편견없는 의견을 가지는 것이다.	a. 편견 없는
1515	**barn** [bɑːrn]	▶ outbuilding, shed The old barn provided a welcome shelter from the rain. 오래된 헛간은 빗속에서 반가운 피난처를 제공하였다.	n. 헛간
1516	**incite** [insáit]	▶ provoke, inflame, spur, stimulate Peter's visit to the law firm incited a desire to become a law school student that he hadn't recognized before. Peter의 로펌으로의 방문은 그가 전에는 느끼지 못한 로스쿨 학생이 되고 싶다는 열망을 자극했다.	v. 자극하다, 선동하다
1517	**dichotomy*** [daikátəmi]	▶ division The deep dichotomy of views in the "nature vs nurture" debate makes it hard for people to see the others' side. 천성과 교육간의 깊은 이분법적 사고는 사람들이 다른 의견을 보는 것을 어렵게 만든다.	n. 양분, 이분
1518	**conformity*** [kənfɔ́ːrməti]	▶ agreement, accordance, concurrence Conformity should not be absent for a peaceful home environment. 일치성은 평화로운 가정을 위해서는 빠져서는 안된다.	n. 일치, 부합 (규칙·관습 등에) 따름, 순응

Vocabulary Usher | 토플 1401-1600

1519 weave [wiːv]
▶ intertwine, twist, twine, knit
The residents of Afghanistan, Pakistan and Iran are known for their ability to weave beautiful rugs.
아프가니스탄, 파키스탄, 이란의 거주자들은 아름다운 양탄자를 짜는 것으로 유명하다.
v. (직물을) 짜다, 뜨다

1520 designate [dézignèit]
▶ make out clearly, appoint; appoint name
When the teacher left the room, she designated the most studious of her pupils as class monitor.
선생님은 교실을 나가면서 가장 공부를 열심히 하는 학생들을 반 감독관으로 임명하였다.
v. 가리키다, 지시하다; 임명하다

1521 subsidize* [sʌ́bsidàiz]
▶ assist, encourage, finance, support, back, fund
The government will subsidize soldiers' education as an incentive for enlisting.
입대에 대한 보상차원에서 정부는 병사들에게 교육을 제공할 것이다.
v. 보조금을 주다(지원하다)
장려금을 주다

1522 rupture** [rʌ́ptʃər]
▶ breach; burst / break apart, burst, split, tear
The impact on her chest has caused her lungs to rupture.
그녀의 가슴에 온 충격은 그녀의 폐를 파열시켰다.
n. 불화; 파열
v. 찢다, 파열시키다

1523 referee [rèfəríː]
▶ umpire, judge
The referee explained the rules before the beginning of the game.
게임이 시작하기 전에 심판은 규칙에 대해 설명하였다.
n. 심판원, 중재관

1524 adversary [ǽdvərsèri / -səri]
▶ antagonist, opponent, enemy, foe
Oftentimes, battles between unmatched adversaries end very quickly.
흔히 비교가 안되는 상대자와의 전투는 매우 금방 끝난다.
n. 적, 상대자

1525 peculiar** [pikjúːljər]
▶ strange, distinct, unusual, unique, odd
John has always seemed a bit peculiar to his classmates.
John은 그의 반친구들에게 항상 다소 독특하게 보였다.
a. 독특한, 특별한, 기묘한

1526 aging [éidʒiŋ]
▶ old
The aging process is often a bigger shock for women than for men.
노화작용은 대게 남자보다 여자에게 더 큰 충격으로 다가온다.
a. 나이 드는
n. 노화

1527 taboo* [təbúː, tæ-]
▶ prohibition, ban
Drinking is a taboo in our school and going against this results in expulsion.
우리 학교내 음주는 금물이며 이를 어길 시에는 퇴학 당한다.
n. 금기

1528 elude** [ilúːd]
▶ evade, dodge, avoid, escape
Due to the ubiquitous closed circuit cameras, it is very difficult to elude detection when fleeing a crime scene.
어디에나 있는 폐쇄회로 카메라들 때문에 범죄현장에서 도망갈 때 발견되지 않고 벗어나는 것은 매우 어렵다.
v. 회피하다, 벗어나다

USHER

1529 expel [ikspél]
▶ oust, banish, exile, ban
He was expelled from school for his violence and inability to follow rules.
그는 폭력적이고 학교의 규칙을 따르지 않아서 학교에서 쫓겨났다.
v. 추방하다, 쫓아버리다, 쫓아내다, (공기나 물을) 배출하다

1530 consist of
▶ be made up of
Mayonnaise consists of eggs, oil and an acid such as lemon juice or vinegar.
마요네즈는 계란, 기름 그리고 레몬주스나 식초와 같은 산성물질로 구성되어 있다.
phr. ~로 구성되다

1531 self-esteem [sélfistí:m]
▶ self-respect, pride in oneself, dignity, morale
He lost his confidence and self-esteem when he failed to succeed for the fifth time.
다섯 번째로 실패했을 때 그는 자신감과 자존심을 모두 잃었다.
n. 자존심

1532 encroach* [inkróutʃ]
▶ invade, trespass, intrude, infringe
The troops were accused of crossing the river boundary and encroaching on sovereign territory.
그 부대는 강 국경을 넘어 독립주의 영토에 들어간 혐의를 받고 있다.
v. 침입하다, 침략하다

1533 conserve** [kənsə́:rv]
▶ keep, protect, preserve, save
Efforts to conserve water have slowed the draining of the lake by more than 85%.
물을 절약하기 위한 노력은 호수의 고갈을 85% 이상 느리게 하였다.
v. 보존하다

1534 foul [faul]
▶ nasty, filthy / soil, defile
The foul smell from the broken refrigerator filled the house when it was opened.
고장난 냉장고 문을 열었을 때 난 악취는 온 집안에 퍼졌다.
a. 더러운; 부정한, 반칙적인
n. 반칙 / v. 더럽히다

1535 stake [steik]
▶ stick, post
He brought four stakes to fasten our tent.
그는 텐트를 고정시키기 위해서 네개의 말뚝을 가져왔다.
n. 말뚝, 막대기; 이해관계, 내기
v. (막대기로)경계를 표시하다

1536 nuts and bolts*
▶ basics, practical details
After reading the booklet, I was able to get the nuts and bolts of traveling.
소책자를 읽은 후에야 나는 여행의 기본을 알 수 있었다.
phr. 기본

1537 mainly* [méinli]
▶ generally, largely, chiefly, primarily
The essay mainly focused on the changes that had occurred in the industrial process since the end of the Industrial Revolution.
에세이는 주로 산업 방법이 산업혁명 막바지부터 어떻게 변화하였는지 다루고 있다.
ad. 주로, 대부분(은), 대게(는)

1538 discrete** [diskrí:t]
▶ distinct, separate
Even though they shared a loft apartment, it was divided into several discrete areas.
비록 그들은 로프트(개조한 아파트)에 같이 살았지만, 그것은 몇 개의 구별된 공간으로 나뉘어져 있었다.
a. 구별된, 분리된, 불연속의

Vocabulary Usher | 토플 1401-1600

1539 counter to*
▶ **in opposition to**
Democracy is counter to communism in every way.
민주주의는 모든 면에서 사회주의와 반대된다.

phr. ~와 정반대로, 반대, 반대의것

1540 recur
[rikə́ːr]
▶ **return, reappear, relapse**
The likelihood that infections will recur is often the reason people have their tonsils removed.
사람들은 염증이 재발할 가능성이 있기 때문에 편도선을 제거한다.

v. 재발하다, 되돌아가다, 회상하다

1541 spark*
[spɑːrk]
▶ **bring about, trigger, stimulate / flicker**
The book "Things Fall Apart" sparked my dream to become a writer.
"Things Fall Apart"라는 책은 내게 작가가 되고 싶게 하였다.

v. 야기하다
n. 불꽃, 번뜩임

1542 disparity
[dispǽrəti]
▶ **difference, inequality, distinction**
The disparity between the rich and the poor has grown even wider in recent decades.
빈부격차는 이번 세기에 들어서도 예외없이 벌어지고 말았다.

n. 차이, 불균형

1543 defeated*
[difíːtid]
▶ **conquered, beaten**
They hoisted a white flag when they realized that they were defeated.
그들은 그들이 패배했음을 깨달았을 때 백기를 들어 올렸다.

a. 패배한

1544 habitual*
[həbítʃuəl]
▶ **customary, regular, usual, accustomed**
His habitual use of tobacco products is leading to an addiction.
그가 습관적인 흡연은 중독으로 이끌어가고 있다.

a. 습관적인, 평소의

1545 impede
[impíːd]
▶ **prevent, inhibit, hinder, obstruct**
There was nothing to impede our plan.
그 아무것도 우리의 계획을 방해할 수 없었다.

v. 방해(저해)하다

1546 retard**
[ritɑ́ːrd]
▶ **delay, decelerate, slow down**
The spread of the wildfire was retarded by the selective burning of kindling material before a fire engine arrived.
자연화재의 확산은 소방차가 도착하기 전에 불쏘시개를 선택적으로 태움으로서 지연되었다.

v. 지체시키다, 지연시키다
n. 지연, 방해, 늦음

1547 evaluate
[ivǽljuèit]
▶ **judge, assess, gauge, appraise**
The teacher was asked to evaluate the students' abilities to read at grade level.
선생님은 학생들의 수준에 맞는 읽기실력을 평가하도록 요청받았다.

v. 평가하다, ~의 값을 구하다

1548 secluded
[siklúːdid]
▶ **remote, isolated, solitary, reclusive**
The secluded cabin proved to be the best place to get away from hectic city life.
외진 오두막집은 바쁜 도시의 삶에서 벗어나는 가장 좋은 곳으로 판명되었다.

a. 외진, 은둔한

USHER

1549 inanimate
[inǽnəmit]
▶ lifeless, inert, dull
The inanimate statue in the park provided many birds a place to perch at night.
공원에 생동감 없는 동상은 밤에 새들이 앉아서 쉴 수 있는 공간을 제공하였다.
a. 생명이 없는; 지루한

1550 endorse*
[endɔ́ːrs],[in-]
▶ sign, subscribe; support, back, approve, advocate
The dental association is very selective in the toothpastes it endorses.
치아협회는 그들이 사용하는 치약을 승인하는데 매우 민감하다.
v. 배서하다; 승인하다

1551 constellation*
[kɑ̀nstəléiʃən / kɔ̀n]
▶ collection, arrangement, formation, configuration
The shepherd told his wife the legend of each constellation.
양치기는 아내에게 각 별자리들이 가지고 있는 전설에 대해 얘기해 주었다.
n. 별자리, 배열

1552 defer
[difə́ːr]
▶ delay, postpone; comply, accede
Every year many students defer their enrollment in university to pursue real world experiences.
매년 수 많은 학생들이 사회 경험을 얻기 위하여 대학 입학을 연기한다.
v. 연기하다; (남의 의견을) 따르다

1553 level
[lévəl]
▶ degree, standard
The writing level of the graduates has increased nearly every year since testing has begun.
시험이 시작된 이후부터 졸업생들의 글쓰기 실력은 매년 향상되었다.
n. 수준, 수평

1554 joint*
[dʒɔ́int]
▶ combine, connect / combined, concerted
The joint forces of the Allies defeated the Axis powers during WWII.
연합군은 세계2차 대전에 추축국을 무찔렀다.
v. 연결하다 / n. 이음매
a. 공동의

1555 illuminate*
[ilúːmənèit]
▶ clarify, elucidate; light up, brighten
The oil lamp was the only thing that illuminated the forest.
기름 등은 유일하게 숲을 밝게 비추는 것이었다.
v. 명확히 하다; 비추다, 밝게 하다

1556 revert
[rivə́ːrt]
▶ return, come back, revisit, go back
After the war was over, the factions decided to revert to their pre-war land holdings.
전쟁이 끝난 후에 파벌들은 전쟁 전 소유영토로 되돌아가기로 했다.
v. 되돌아가다, 복귀하다

1557 utterly*
[ʌ́tərli]
▶ completely
The new policy is utterly useless, as it makes no provisions for penalties for not following it.
새 정책은 지키지 않았을 때 처벌에 대한 아무런 대비가 없기 때문에 아주 쓸모가 없다.
ad. 완전히, 순전히, 아주

1558 tentative
[téntətiv]
▶ experimental, probationary, provisional, temporary
The two sides agreed that a tentative ceasefire would allow them time to work on a true peace treaty.
두 편 모두 임시적인 휴전은 진정한 평화조약을 맺을 시간을 줄 것이라고 생각했다.
a. 잠정적인, 임시의, 모호한; 자신없는

usherin.usher.co.kr

Vocabulary Usher | 토플 1401-1600

1559 orator
[ɔ́:rətər]
▶ speaker, rhetorician, talker
He was considered a fine political orator as he spoke in a way that was both eloquent and understandable.
그는 유창하고 이해하기 쉬운 언변 덕에 훌륭한 정치 웅변가로 알려졌다.
n. 웅변가

1560 accordingly**
[əkɔ́:rdiŋli]
▶ for that reason, consequently
Since the crime rate dropped significantly, the number of street officers was lowered accordingly.
범죄율이 급격히 떨어지면서 거리 순찰자의 수도 줄어들었다.
ad. 따라서, 그러므로

1561 outburst
[áutbə̀:rst]
▶ explosion
We all had to be careful on what we are saying to Kelly because of her random outbursts.
우리 모두는 Kelly의 무작위한 폭발때문에 그녀에게 말하는 것을 조심해야 했다.
n. 폭발, 파열

1562 prosperous*
[práspərəs / prɔ́s-]
▶ thriving, successful, flourishing
The Bible says that if you obey the Word of God, you will be prosperous in whatever you do.
성경에 따르면 하느님의 말을 듣는 자는 무엇을 하든지 번영하게 될 것이다.
a. 번영하는, 부유한

1563 resolve*
[rizálv / -zɔ́lv]
▶ determine, decide; find a solution for, solve
They need to find a way to resolve this problem before it gets too big.
그들은 이 문제가 더 커지기 전에 해결책을 찾아야 한다.
v. 결정하다; 용해하다; 해결하다
n. 결심, 결의

1564 fruitless
[frú:tlis]
▶ futile, sterile, unproductive, useless
This year has been by far the most fruitless year in the farm's history.
올해는 농장의 역사상 가장 무익한 한 해였다.
a. 열매를 맺지않는, 효과 없는

1565 hybrid
[háibrid]
▶ combination, cross, mixture
People are interested in developing hybrid energy as an alternative energy source.
사람들은 혼합연료를 개발하여 대체 에너지로 사용하는 데에 관심을 가지고 있다.
n. 혼혈, 잡종, 혼합

1566 peak**
[pi:k]
▶ summit, maximum, pinnacle, height
After climbing the mountain for more than five hours, I was able to reach the peak.
다섯시간 넘게 산을 오른 뒤에야 나는 꼭대기에 도착할 수 있었다.
n. 절정, 꼭대기, 정점

1567 fragmentation
[fræ̀gmənteiʃ-ən, -men-]
▶ particle, piece, portion, section
The fragmentation of the empire happened with the king's death as he had many sons.
왕에게 많은 자손들이 있어서 그의 죽음과 함께 제국의 분열이 일어났다.
n. 분열, 분쇄, 파열

1568 unpretentious
[ʌ̀npriténʃəs]
▶ simple, humble, plain, modest
The unpretentious dress she wore did not distract from her natural beauty.
그 수수한 드레스는 그녀의 자연스러운 미모를 가리지 않았다.
a. 가식없는, 수수한, 얌전한

1569 pronounced**
[prənáunst]

▶ **marked, significant, noticeable, distinct; vocalized**
The senate's pronounced opinion about the new bill has yet to be accepted by the congress.
상원의 새로운 법안에 대한 확고한 의견 국회로부터 아직 받아 들여지지 않았다.

a. 뚜렷한, 현저한, 명백한; 발음된

1570 established
[istǽbliʃt]

▶ **certain, definite, conventional, accomplished**
The established theory of animal evolution was formed by Charles Darwin in "Origin of Species."
동물 진화론은 찰스 다윈의 "종의 기원"에서 처음으로 확립되었다.

a. 확정된, 인정받는, 존경받는, 확실히 자리는 잡은

1571 synchronize*
[síŋkrənàiz]

▶ **occur at the same time, be simultaneous**
They synchronized their watches to make sure their timing was just right.
그들은 손목시계 시간을 모두 동시에 맞추어 서로 시간이 맞도록 하였다.

v. 동시에 일어나다

1572 dual*
[djúːəl]

▶ **double, paired**
The dual controls of modern airplanes allow the pilot and co-pilot to share responsibility for the flight.
현대 비행기에서 두개의 조종석은 기장과 부기장이 서로 비행에 대한 책임을 나눌 수 있도록 해준다.

a. 2배의, 둘의

1573 migrant
[máigrənt]

▶ **drifter, emigrant**
There were not enough houses for the migrants to live in.
이주민들이 살 수 있는 집이 충분하지 않았다.

n. 철새, 이동하는 동물, 이주자

1574 chronic
[kránik / krɔ́n-]

▶ **habitual, confirmed, persistent**
Chronic back pain is a common ailment caused by improper ergonomics.
만성적 허리 통증은 흔히 잘못된 인체공학에 의한 질병이다.

a. 만성의, 장기간에 걸친, 상습적인

1575 deform
[difɔ́ːrm]

▶ **disfigure, distort, contort, twist**
His leg had been deformed due to the accident 5 years ago, and he hasn't been able to walk since.
그의 다리는 5년전 사고로 인하여 불구가 되었고, 그 이후로 그는 걷지 못한다.

v. 변형시키다

1576 aide
[eid]

▶ **helper, assistant**
Many politicians hire a host of aides so that they can remain focused on the important projects they are facing.
많은 정치가들은 그들이 마주하고 있는 중요한 프로젝트에 집중하기 위해 많은 보좌관을 고용한다.

n. 조력자, 보좌관

1577 deflect
[diflékt]

▶ **alter the course, divert**
In order to deflect attention away from himself, John told embarrassing stories about the other students.
John은 자신에게 쏟아지는 관심을 피하기 위해 다른 학생의 창피한 이야기를 하였다.

v. 비끼다, 빗나가다, 피하다

1578 zest
[zest]

▶ **gusto, heartiness, eagerness**
The explorer was remembered in his eulogy as having a great zest for life and international travel.
그 탐험가는 삶과 국제여행에 대해 굉장한 열정을 지닌 것으로 그의 찬사에 기억되었다.

n. 열정, 강한 흥미, 풍미

Vocabulary Usher | 토플 1401-1600

1579 correct
[kərékt]

▶ remedy, amend, rectify, **cure**
My teacher wanted to correct my pronunciation.
선생님은 내 발음을 바로잡고 싶어하셨다.

v. 바로잡다, 고치다
a. 옳은, 적절한, 맞는, 정확한

1580 broad appeal***

▶ wide popularity
The broad appeal of the candidate's campaign was in his background, work-ethic, and promises for a better future.
입후보자 선거유세의 폭넓은 인기는 그의 배경과, 근면함과 더 나은 미래에 대한 약속에 있었다.

phr. 폭 넓은 인기, 광범위한 호소

1581 loom**
[lúːm]

▶ emerge, appear, take shape, **look**
The threat of layoffs looms at the plant since the economic downturn.
경제가 하락세를 타자 구조조정의 위협이 공장에서 어렴풋이 나타나기 시작했다.

v. 어렴풋이 나타나다, 불안하게 다가오다

1582 idiosyncrasy
[ìdiəsíŋkrəsi]

▶ eccentricity, peculiarity, quirk, singularity
The idiosyncrasies of the legal system make it a very complicated thing to study.
법률 구조의 특이성은 그것을 공부하기 어렵게 만든다.

n. (개인의)특이성향, 체질, 특이성 (=eccentricity)

1583 beneath*
[biníːθ, -níːð]

▶ below
The Indian caste system prevented people from interacting with those beneath them.
인도 카스트제도는 사람들이 자신보다 낮은 계급과 소통하는 것을 막았다.

prep. ~ 아래에, ~ 밑에, ~보다 낮은;

1584 bare*
[bɛər]

▶ uncovered, naked, nude, exposed
The man was stopped in the street for walking around with a bare chest.
그 남자는 웃옷을 입지않고 거리를 돌아다니는 바람에 잡혔다.

a. 발가벗은, 속이 빈
v. 드러내다

1585 accessible
[æksésəbəl]

▶ available, obtainable, reachable, possible to reach
Secure, fast internet connections are usually not readily accessible by those in the countryside.
보통 안전하고 빠른 인터넷은 시골에서 접근하기 어렵다.

a. 접근하기 쉬운; 이용할 수 있는

1586 momentous
[mouméntəs]

▶ important, serious
The first day of school is one of the most momentous events in the lives of young children.
학교 입학 첫 날은 어린아이들의 삶에 가장 중요한 일 중에 하나이다.

a. 중대한, 중요한

1587 exterminate
[ikstə́ːrmənèit]

▶ extirpate, annihilate, eradicate, **destroy**
Exterminating all the wolves in the area has formed an unbalanced ecosystem.
그 지역의 모든 늑대들을 몰살시키는 것은 불균형한 생태계를 초래했다.

v. 근절시키다, 몰살하다

1588 backbone**
[bǽkbòun]

▶ foundation, framework, **basis**; spine
Honesty and integrity are the backbone of any healthy relationship.
정직과 진실성은 건강한 인간관계의 중추적인 역할을 한다.

n. 중추; 척추

USHER

1589 anthropology
[ænθrəpálədʒi / -pɔ́l]
▶ study of humans and their culture
The study of anthropology has provided many new theories on how people interact in society.
인류학에 대한 연구는 사람들이 어떻게 사회에서 상호 작용하는지에 대한 여러 학설들을 제공했다.
n. 인류학

1590 sanction*
[sǽŋkʃən]
▶ approval, permission, ratification, authorization
The government sanctioned the creation of a dam to provide hydroelectric power.
정부는 수력발전을 얻고자 댐을 지으라는 허가를 주었다.
n. 인가, 허가
v. 인가하다

1591 euphoria
[juːfɔ́ːriə]
▶ extreme happiness, ecstasy, rapture
The homeowners felt a sense of euphoria when they finally paid off their mortgage.
집주인들은 저당대출금을 끝내 다 정산했을 때 행복한 감정을 느꼈다.
n. 행복감, 도취감

1592 transformation*
[trænsfərméiʃ-ən]
▶ change, conversion, metamorphosis, alteration
Caterpillars go through a time of transformation to become butterflies.
애벌레는 나비가 되기 위해 변화의 시간을 갖는다.
n. 변화, 변환

1593 in operation*
▶ being used
The new policy will be in operation by next year.
새로운 정책은 내년부터 실행될 것이다.
phr. 실시중, 효력을 가지는, 가동중인

1594 link to
▶ put together, connect, join
The underwater tunnels had to be linked to each other through a careful procedure.
해저 터널은 조심스러운 절차를 걸쳐서 서로 연결 되어져야 했다.
phr. 잇다, 연결하다

1595 thus*
[ðʌs]
▶ consequently, therefore, accordingly, as a result
It is dangerous to go out at night, thus you should stay home.
밤에 나가는 것은 위험하다, 따라서 너는 집에 있어야 한다.
ad. 따라서

1596 duplicate*
a. [djúːpləkit]
v. [djúːpləkèit]
▶ copy, imitate, reproduce
Many people have gone to prison for duplicating money and creating counterfeit bills.
많은 사람들이 지폐를 복제하고 위조 수표를 만들어 감옥에 가게 되었다.
a. 복제한, 이중의, 중복의
v. 복사하다, 복제하다; 반복하다

1597 vehement
[víːəmənt]
▶ violent, intense, passionate, hot
The speaker's vehement arguments against the planned construction changed many people's opinions.
그 연설가가 펼친 계획된 건축에 반하는 열정적인 주장으로 많은 사람들의 의견이 바뀌었다.
a. 열정적인, 맹렬한

1598 make one's way to*
▶ travel, journey, trek, proceed
Sometimes it is difficult to make one's way to work in the rain.
가끔은 비를 뚫고 일하러 가는 것은 힘든 일이다.
phr. 나아가다

usherin.usher.co.kr 247

Vocabulary Usher | 토플 1401-1600

1599 scoff
[skɔːf, skɑf]

▶ mock, scorn, jeer, sneer

Although critics initially scoffed at them, J.K. Rowling's Harry Potter novels are some of the most popular in the world.
비록 비판가들이 처음에는 비웃었지만, 제이 케이 롤링의 해리포터 소설은 세상에서 가장 인기있는 것 중의 하나이다.

v. 비웃다, 조롱하다
n. 비웃음

1600 inadvertent
[ìnədvə́ːrtənt]

▶ unintentional, unintended, accidental; inattentive

The power of microwave rays to cook food was an inadvertent discovery by a researcher in the 1960s.
전자렌지로 음식을 요리는 1960년대에 어느 연구자에 의한 우연한 발견이었다.

a. 우연한; 부주의한, 소홀한, 고의가 아닌, 우연의, 경솔한

Quiz — 오늘의 퀴즈 (1401-1600) : 토플 단어용

문장 속의 단어와 같은 뜻의 단어를 고르시오. (1-10)

1. Before heliocentrism gained acceptance, people believed that the sun revolved around the Earth.
   a. meditated   b. ignored   c. blocked   d. orbited

2. The hypnotic melodies coming from the sitar lulled everyone into a deep sleep.
   a. piercing   b. blatant   c. omnipresent   d. soporific

3. The case was dismissed because the judge deemed the prosecution's case to be spotty.
   a. imaginable   b. intermittent   c. valued   d. hasty

4. Due to the body leaching calcium from them, the bones of those with osteoporosis are extremely brittle.
   a. adaptable   b. relative   c. fragile   d. preparatory

5. Since the crime rate dropped significantly, the number of street officers was lowered accordingly.
   a. consequently   b. accidentally   c. absolutely   d. daringly

6. The Bible says that if you obey the Word of God, you will be prosperous in whatever you do.
   a. thriving   b. provisional   c. plain   d. noticeable

7. The dual controls of modern airplanes allow the pilot and co-pilot to share responsibility for the flight.
   a. habitual   b. double   c. righteous   d. ineffectual

8. The threat of layoffs looms at the plant since the economic downturn.
   a. eradicate   b. rectify   c. divert   d. appear

9. Many people have gone to prison for duplicating money and creating counterfeit bills.
   a. imitating   b. mocking   c. rectifying   d. contorting

10. The power of microwave rays to cook food was an inadvertent discovery by a researcher in the 1960s.
    a. facile   b. conventional   c. unintentional   d. separate

정답   d/d/b/c/a/a/b/d/a/c

본인이름	
틀린개수	
채점자이름	

| 주의사항 |
1. 채점 속도가 빠르다고 시험 도중 Mp3 파일을 멈추지 마세요~!
2. 채점 시, 스펠링 & 품사 & 뜻 중 하나라도 다르거나 빼먹었을 경우 틀린 답입니다.

| 단어시험 보는 방법 |
1. 화장실을 먼저 다녀옵니다.
2. 핸드폰 전원을 꺼둡니다(진동, 무음도 안됨!)
3. 책상 위에 필기도구를 제외하고 깨끗이 치웁니다.
4. 단어 3회독 Mp3 파일을 틀고 시작합니다.

1		26		51		76	
2		27		52		77	
3		28		53		78	
4		29		54		79	
5		30		55		80	
6		31		56		81	
7		32		57		82	
8		33		58		83	
9		34		59		84	
10		35		60		85	
11		36		61		86	
12		37		62		87	
13		38		63		88	
14		39		64		89	
15		40		65		90	
16		41		66		91	
17		42		67		92	
18		43		68		93	
19		44		69		94	
20		45		70		95	
21		46		71		96	
22		47		72		97	
23		48		73		98	
24		49		74		99	
25		50		75		100	

101	126	151	176
102	127	152	177
103	128	153	178
104	129	154	179
105	130	155	180
106	131	156	181
107	132	157	182
108	133	158	183
109	134	159	184
110	135	160	185
111	136	161	186
112	137	162	187
113	138	163	188
114	139	164	189
115	140	165	190
116	141	166	191
117	142	167	192
118	143	168	193
119	144	169	194
120	145	170	195
121	146	171	196
122	147	172	197
123	148	173	198
124	149	174	199
125	150	175	200

usherin.usher.co.kr 에서 다운로드 가능합니다.

| 공부 수기 |

기본부터 시작하시는 분들을 위한 나의 결과수기!!!

이 름	송◆◆
공부기간	6개월 (처음 시작한 반 → 완초 1반)
처음 점수	없음
마지막 점수	RC 22 / LC 22 / SP 22 / WR 21 / Total

먼저, 어셔를 6개월간 다니면서 제가 결과 수기 여러 글을 읽어 보았지만. 단기간에 80점 90점 100점이상 내는 사람들... 대부분이 과거에 영어를 좀 한 사람들이나 외국에 잠깐이나마 갔다 온 사람들이 많습니다. 다들 자기는 실력이 없다고들 말하죠.... 전 그런 말 절대 안 믿었습니다.ㅋㅋ 그 사람들에겐 필이란게 있으니까요...ㅋㅋ 저 같은 경우 그런 수기를 읽어도 전~~~혀~~~위안이 되지 않았습니다.

제가 쓴 결과수기가 기본부터 시작하시는 분들에게 도움이 되었으면 좋겠습니다. (참고로 대부분의 학생들은 어느 파트에서 몇 점이 나오건간에 총점 80점만 넘으면 되는데 저 같은 경우는 각 파트별로 20점씩이 넘어야 했습니다. 20 x 4 = 80점 이상... 이 점 참고하시면서 글 읽어주세요~)

저는 작년에 군 전역 후 20일 후에 바로 학원을 다녔습니다. 배치고사를 봤었는데 문법이 40개중에 14개인가... 거의 그냥 찍었습니다. 그 점수에 충격을 받고 단어/문법에 올인을 하며 영어공부를 본격적으로 했습니다.

또.. 단어하면 제가 할 말이 많은데요...ㅋㅋ 처음에 200개 외우는데 하루 종일 투자했습니다. 진짜 남들보다 몇 배는 더 걸렸습니다. 단어가 계속 반복적으로 도는 거라서 시간이 지날 수록 시간이 단축됩니다. 하지만, 남들은 5시간, 4시간, 3시간...시간을 줄여갈 때 저는 진짜 단어만 죽도록 팠습니다. 그룹 인원들에게도 어떻게 그렇게 빨리 외워? 라고 말하며 물어보고도 다녔죠... 하지만 이렇게 꼼꼼하게 외우는게 점점 쌓이면서 리딩 지문에 모르는 단어가 조금씩 줄어들었습니다.
여기서 중요한 건 방금 말한 남들과 나를 비교하려고 하지 마세요. 초반에 제가 비교를 하다 보니 제 자신이 점점 자신감을 잃어가는 걸 느낀 후로 마음 굳게 먹고 제 앞길만 봤습니다. 절대 남과 비교하지 마세요. 자기 자신을 슬럼프에 빠뜨리는 지름길입니다. 그리고 문법도 열심히 했습니다. 기본기가 중요하다는 건 누구나 다 아는 사실이기에 소홀히 하지 않았습니다.

<<단어 & 등원>>

어셔에서의 첫 단어시험에서 80개인가 틀렸습니다. 단어 7시간인가 8시간 넘게 봤을 겁니다...ㅋㅋㅋ 80개 틀려서 더 독하게 마음 먹고 외웠더니 40개... 그 다음 30개.... 이렇게 줄여 나갔구요.

결국엔 거의 5개 안쪽으로 틀렸습니다. 저 같은 경우는 첫 두 달 동안은 단어를 시간 투자해가며 외웠습니다. 다른 사람들의 경우엔 2달째부터 서서히 시간이 단축되었는데 저는 실력이 모자라 남들보다 더 오래 봤습니다. 거기에 대한 후회는 절대 없습니다! 단어장 3번째 돌 때부터는 따로 시간 두지 마시고 오고 가며 할 때 틈틈이 보세요. 시간을 따로 두고 보는 것보다 틈틈이 반복적으로 보는 게 훨!씬! 효과적입니다. 지각, 결석 한번 맛 들리면 헤어나오지 못합니다...절대 하지 마세요...!!

<<문법>>

캬~어셔의 홍일점 문희쌤~~ㅋㅋ 갈수록 이뻐지신다는..!! 문희쌤은 저를 영어에 눈뜨게 해주신 분이나 다름 없습니다.ㅋㅋ 중고등학교 때 문법 죽어라 하지 않습니까. 그래도 문법 기초 없으신 분들 걱정 할 필요 없습니다. 문희쌤 수업만 들으면 game over! 저는 공부 방법을 몰라서 그냥 시키는 대로만 했습니다.

백지시험 준비, 문장구조 눈에 익히려고 문장 반복해서 해석하고 묶기시험 통과할 때까지 하고...이러다 보면 실력 오르는 게 팍팍 느껴지실 거에요. 어셔 들어올 때 문법 40개중에 14개(?)맞았는데 나중에는 30~33개 사이로 유지 했습니다. 2달 만에 이렇게 올랐다는 건 전 눈부신 발전이라 생각합니다!

<<리딩>> 덕호쌤 ^—^

덕호쌤하면 스파르타 입니다... 저같이 공부 안 했던 애한테는 딱이죠ㅋㅋ... K-1때부터 저의 토플공부는 본격적으로 시작되었는데요. 열정이 대단하십니다. K-1 때 수업 외 시간까지 학생들 앉혀놓고 해석 될 때까지 시키십니다. 빠져나갈 구멍 없습니다. 빠져나갈 구멍은 단 한가지...열심히 공부하는 수 밖에 ^^;

전 이 때 지문 해석능력이 정말 많이 발전했습니다. 또, 덕호쌤의 폭풍 구문시험, 폭풍지문해석을 따라가려면 고도의 집중력이 필요합니다. 물론 몇 번 졸긴 좋았지만요..ㅋㅋ 정말 열심히했습니다. 전 열심히 했다고 말 잘 안하는데 K-1때 정말 열심히 구문도 암기하고 해석도 몇 번씩 반복해서 하고... TPO시험지를 풀면 14개 중에 7개 8개씩 틀리던 게 어느 순간부터 해석이 쭉쭉되더니 2~4개 사이로 틀렸습니다. 다른 사람들은 1개 2개 틀릴 때까지 공부하지만 저 같은 경우는 위에서 언급했다시피 전 각 파트당 20점만 넘으면 돼서 더 파고 들지 않고 꾸준히 공부했습니다.

여기서 꾸준히란... 구문시험준비, 해석 한 지문 붙잡고 5번 이상 해석(10번하면 좋겠지만 전 10번까진 못했네요), 지문에서 모르는 단어 정리 & 암기, 문제 헷갈리거나 틀린 문제 답 근거 달기 이렇게 꾸준하게 했습니다. 특히 구문 외우실 때 따로 시간 두지 마시고 반복적으로 보세요 단어처럼. 그리고 문장에서 어떻게 쓰이나도 보시구요. 보통 분들은 리딩에서 점수를 많이 따셔야 하니까 저보다 더 열심히 하셔야 합니다!! 리딩 점수를 끌어 올려놓으시고 다른 과목에 투자하세요.

《《리스닝》》

제가 토플 공부하면서 가장 걸림돌이었던 리스닝..........진짜 지금도 후회하고 있는 건데요 이 글 읽으시는 분들 꼭 저처럼 되지 말았으면 해요 ㅠㅠ... 위에 문법 글에서 읽어보시면 알겠지만 단어랑 문법에 모든 시간을 투자했습니다. 물론 완초반에도 리스닝 수업이 포함되어 있습니다.

저는 리스닝을 완초반 때 등한시해서 나중에 너무 힘들었습니다...완초반 때부터 꼭 리스닝 조금씩이라도 하세요!! 완초반 끝내고 쿠셔반 처음 올라와서 ETS 모의고사를 봤는데....리스닝.....4점......진짜 어느 정도인지 아시겠죠? 그 점수를 받고도 전 그냥 수업시간에 내주는 딕테이션 숙제를 위한 딕테이션을 2개월 간 했죠. 실력향상을 위한 딕테이션이 아니라....그래도 노출시간이 있다 보니 성적이 오르긴 올랐는데 10점대 초중반....4~5개월째 접어들면서 시간은 흐르는데 성적이 오르질 않아 불안해서 상담을 한번도 한적이 없던 제가 쌤에게 찾아갑니다...ㅋㅋ

선생님은 정말 열강 하시는데 성적이 안오른 건 제가 열심히 안 해서 그렇다는 걸 알면서도 위안을 조금이나마 삼으려고 찾아가서 상담을 여러 번 했어요...ㅋㅋ 그래서 상담 후에 마음을 다잡고! 딕테이션하기 전에 수업 나갔던 지문 하나 선택해서 3번 정도 쭉 듣고요(이해 안가더라도) 딕테이션을 시작했습니다. 문장 단위로 끊어서 했습니다. 그 후에 쉐도잉 했고요. 또 중요한 게 signal 인데요 쌤이 포인트 별로 수업시간에 알려주십니다. signal이 굉장히 중요해요. 앞부분 못 들었다고 좌절할 필요 없이 signal 만 들어도 나올 문제랑 답을 몇 개 예상 할 수 있으니까요. 수업 시간에 문제 풀 때도 쌤이 항상 실제 시험 보는 것처럼 분위기 만들어주셔서 문제 풀 때 저도 진짜 셤 보는 것처럼 풀었어요. 이런 긴장감 속에 계속 문제 풀고 반복하다 보니 18점 정도 까지 올랐고요...막판에...22점이란 점수를 받았습니다. 다른 사람에게 낮은 점수일지는 몰라도 전 진짜 꿈같은 점수입니다... LC 4점에서 22점... 여러분도 충분히 가능합니다!!

《《스피킹》》 & 《《라이팅》》

먼저 스피킹... 영어로 대화 해본 적이 거의 없어서 저에게 새로운 세계였는데요. 가장 좋았던 건 진우쌤이 주시는 주제별 템플릿!! 대부분 사람들이 그렇겠지만 제일 취약한 task가 1 / 2 거든요...근데 템플릿 때문에 제가 이걸로 덕을 좀 많이 봤어요. 주제나 상황별로 진우쌤이 답안을 만드신 게 있는데요. 토플시험을 보면서 한번 빼고 템플릿 다 써먹었습니다..ㅋㅋ 전 4개의 파트에서 20점을 받아야해서 스피킹도 소홀히 할 수가 없어서 반복적으로 제가 따로 외웠어요. 2번째 시험인가 애매한 주제가 나온 적이 한번 있는데 그런 경우 전 짜집기해서 말한 적도 있고요. 매우 유용했어요!!!! 그리고 자기 자신이 말하는걸 녹음해서 들어보는 것도 정말 좋은 방법인 것 같습니다.

라이팅... 완초반에서 문법 공부 열심히 하시고 리딩 지문 좀 꾸준하게 보셨다면 라이팅은 어느정도 점수가 나옵니다. 물론 토픽에서 벗어난 얘기를 하면 얘기가 달라지겠지만요... 제가 라이팅을 잘하는 건 아니지만 쌤께서 하시는 말씀은 채점은 외국인이 하기 때문에 원어민처럼 써야 한다는 겁니다. 그래서 수업시간에 원어민처럼 쓰는 법도 배우고 에세이 첨삭도 해주시고 모르는 거 질문하면 항상 친절하게 답변해주시고^^ 정말 선생님들 칭찬하려면 끝도 없는 거 같네요....

마무리...

마지막으로 중요한 그룹 스터디 조원들인데요... 전 조원들을 정말 잘 만났던 것 같습니다. 서로 정말 공부 열심히 하고 때론 자극제가 되어도 주고요. 다시 그룹스터디 하라고 하면 전 예전 스터디 그룹원들이랑 또 하고 싶을 정도로 저한테 힘이 되어줬습니다. 다들 아직도 연락하고요~~ㅎㅎ

여튼.......제가 결국 결과수기 라는 걸 써보네요... 잘난 점수가 아니라 부끄럽지만..ㅋㅋ 6개월간 학원 다니면서 결과물 없이 그냥 좋은 추억만 가지고 갈 줄 알았는데ㅋㅋ 추억이랑 좋은 결과물도 수확해서 기분이 좋네요!! 쌤들...매니저쌤들 그리고 같이 공부했던 형 동생 누나들...정말 잊지 못할 겁니다.
어셔 화이팅입니다!!!!

| 오늘의 단어 |

모르는 단어 개수: _____ 개

1회독 _____ /200개   2회독 _____ /200개   3회독 _____ /200개   4회독 _____ /200개   5회독 _____ /200개

_____ /200개* 5분 = _____ 분 (약   시간 필요)
*휴식시간 및 시험시간(200개당 45분입니다)을 꼭 넣어야 합니다.

나의 오늘 목표는 _____ 번부터 _____ 번까지!!!

| 오늘의 단어 |

오늘 공부할 양에서 내가 아는 것과 모르는 것을 미리 체크해서 오늘 단어 외우는데 걸리는 시간을 미리 계산해 보면 공부의 효율이 높아집니다.

1601 fallible	1621 lordly	1641 outstrip	1661 murder	1681 woo
1602 as a rule	1622 surprisingly	1642 marshal	1662 defection	1682 vigorous
1603 relieve	1623 twist	1643 conditional	1663 imprecise	1683 tract
1604 brightness	1624 cynical	1644 flattering	1664 hypothesize	1684 fragrance
1605 compact	1625 correlated	1645 demanding	1665 economical	1685 hasty
1606 vagarious	1626 speculate about	1646 green hand	1666 at random	1686 wary
1607 scrupulous	1627 dejected	1647 condition	1667 impervious	1687 conciseness
1608 pivotal	1628 restful	1648 comparable	1668 imaginable	1688 indecent
1609 waver	1629 affordable	1649 in time	1669 compress	1689 admirable
1610 blast	1630 make up	1650 sluggish	1670 improvident	1690 motionless
1611 prohibitively	1631 brace	1651 claw	1671 confederacy	1691 tangible
1612 avenue	1632 belligerent	1652 configure	1672 latent	1692 retaliate
1613 lucid	1633 habitat	1653 signal	1673 warden	1693 presumable
1614 traditional	1634 ignite	1654 emergence	1674 trail	1694 ice sheets
1615 ration	1635 baffle	1655 arrangement	1675 depressed	1695 collide
1616 carnivore	1636 incentive	1656 averse	1676 distinguishable	1696 stealthily
1617 lane	1637 proliferate	1657 shrill	1677 tactics	1697 plumber
1618 tenuous	1638 meticulous	1658 authorize	1678 effective	1698 scramble
1619 mutiny	1639 undertaking	1659 genetic	1679 dogma	1699 inadvertently
1620 maltreat	1640 raze	1660 sparsely	1680 variant	1700 ailing

usherin.usher.co.kr

1701 ominous	1721 devout	1741 typically	1761 uproot	1781 flagrant
1702 presence	1722 cheat	1742 conifer	1762 inhospitable	1782 react
1703 variation	1723 version	1743 absent-minded	1763 unbalanced	1783 oral
1704 largely	1724 loiter	1744 safeguard	1764 incinerate	1784 assure
1705 alight	1725 tyrannical	1745 ebb	1765 amiss	1785 supremacy
1706 request	1726 engaged	1746 immediate	1766 ubiquitous	1786 alloy
1707 incur	1727 slightly	1747 affiliation	1767 painstaking	1787 hustle
1708 gentle	1728 superb	1748 entity	1768 jealous	1788 lumber
1709 self-sufficient	1729 namely	1749 outrage	1769 jam	1789 corrosion
1710 inquisitive	1730 gainful	1750 drift	1770 apprehension	1790 bulky
1711 self-satisfied	1731 cardiac	1751 captivate	1771 unrelenting	1791 mount
1712 chronicle	1732 bring about	1752 foremost	1772 potentially	1792 concern
1713 modest	1733 affliction	1753 manifold	1773 multiple	1793 camouflage
1714 guiltless	1734 pinion	1754 drawback	1774 shameless	1794 elaborated
1715 courteous	1735 chronically	1755 visionary	1775 coordination	1795 meek
1716 shard	1736 wander	1756 transient	1776 deploy	1796 delicacy
1717 representative	1737 distract	1757 tale	1777 residence	1797 charitable
1718 tardy	1738 restoration	1758 immoral	1778 questionable	1798 speck
1719 useful	1739 quarrel	1759 detergent	1779 product	1799 longing
1720 parcel out	1740 incredible	1760 courageous	1780 sporadically	1800 threatening

USHER iBT TOEFL VOCABULARY

09

09 out of 13

토플단어
1601-1800

09 USHER VOCABULARY

out of 13

usherin.usher.co.kr

1601 fallible [fǽləbəl]
▶ imperfect, frail
The fallible nature of hearsay makes it inadmissible in court.
소문의 틀리기 쉬운 특성은 법정에 채택받지 못하게 만든다.
a. 틀리기 쉬운

1602 as a rule
▶ in general
I don't, as a rule, respond to people who use vulgar language when addressing me.
나는 일반적으로 나에게 상스러운 말을 하는 사람에게 대답하지 않는다.
phr. 일반적으로, 대개

1603 relieve [rilíːv]
▶ reduce, ease, alleviate, assuage
This medicine is used to temporarily relieve the pain.
이 약은 일시적으로 고통을 완화하는데 사용된다.
v. 경감하다, 구원하다, 안도하게 하다

1604 brightness* [bráitnis]
▶ radiance
The monitor's brightness can be changed both manually and automatically.
모니터의 밝기는 수동과 자동으로 바꿀 수 있다.
n. 빛, 빛남, 현명

1605 compact* [kəmpǽkt / kámpækt]
▶ dense, thick, compressed / compress / alliance
The new product is designed to hold a large amount of information despite its compact size.
그 신제품은 간결한 크기에도 불구하고 많은 양의 정보를 담도록 설계되었다.
a. 밀집한, 간결한; 소형의
v. 압축하다

1606 vagarious [veigɛ́əriəs]
▶ changeable, whimsical, capricious, arbitrary
His vagarious personality helped him succeed and defeat his opponent.
그의 상식을 벗어난 성격이 그가 성공하고 상대를 이길 수 있도록 도와주었다.
a. 변덕스러운

1607 scrupulous* [skrúːpjələs]
▶ careful, painstaking, meticulous; honest
There could be no error made by his scrupulous assistant.
그의 꼼꼼한 조수는 어떠한 오류도 만들지 않을 것이다.
a. 꼼꼼한, 세심한; 양심적인, 정직한

1608 pivotal [pívətl]
▶ main, primary, prime
The pivotal role played by the jury in the legal system is often misunderstood.
법률제도에서 배심원들의 중추적인 역할은 때때로 잘못 이해된다.
a. 중요한, 중추의

#	Word	Synonyms / Example	Definition
1609	**waver** [wéivər]	▶ tremble, flicker, shake; hesitate The woman refused to waver in her opposition to idea of getting another dog for her family. 여자는 가족을 위해 새로운 개를 데려오는 계획에 반대하는데 흔들림이 없었다.	n. 동요, 망설임 v. 나부끼다, 흔들리다; 망설이다
1610	**blast** [blæst, blɑːst]	▶ explosion, outburst, burst The blast tore the roof off of the building. 그 폭풍은 건물 지붕을 날려 버렸다.	n. 한줄기 강한 바람, 폭풍, 폭발
1611	**prohibitively*** [prouhíbitivli]	▶ extremely, exorbitantly Young drivers need to pay prohibitively expensive insurance fees to drive. 어린 운전자들이 운전을 하려면 엄청나게 비싼 보험료가 필요하다.	ad. 엄청나게, 엄두를 못 낼 만큼
1612	**avenue***** [ǽvənjùː]	▶ means, channel, street, way They could not come up with an avenue through which to deliver the boxes of fish while they were still fresh. 그들은 생선 박스를 신선한 상태로 배달할 수 있는 방법을 생각해 내지 못하였다.	n. 거리; (접근하는) 수단, 방법
1613	**lucid**** [lúːsid]	▶ clear, transparent, limpid; obvious The lucid writing style of the book disguised the deeper implications of the author's theory. 작가의 명료한 문체는 이론에 대한 더 깊은 암시를 위장시켜준다.	a. 맑은, 투명한; 명료한
1614	**traditional*** [trədíʃənl]	▶ usual, customary, conventional These days, traditional gatherings during holidays are losing their importance. 요즘은 명절에 갖는 전통적 모임이 중요성을 잃고있다.	a. 전통의
1615	**ration** [rǽʃ-ən, réi-]	▶ apportionment, distribution The rice ration was one hand full per meal during the war. 전쟁 중 배분한 일정 쌀 배급량은 한 웅큼이었다.	n. 배급, 배급량, 정량
1616	**carnivore** [káːrnəvɔ̀ːr]	▶ an animal that feeds chiefly on fresh There are certain physiological characteristics of carnivores, such as dentition and eye placement, that make their skeletons easily recognizable. 육식동물은 치아와 안구위치 같은 일정한 신체적 특징이 있어 쉽게 뼈대를 알아볼 수 있다.	n. 육식동물
1617	**lane** [léin]	▶ path, way, passage, alley She was surrounded by hoodlums in the middle of the lane. 그녀는 좁은길에서 건달들 사이에 둘러쌓였다.	n. 좁은 길, 골목길, 통로, 길, 차선
1618	**tenuous** [ténjuəs]	▶ slender, thin The threads of a spider's web are so tenuous that they stay invisible to potential prey. 거미집의 거미줄은 매우 가늘어서 먹이들에게는 보이지 않는다.	a. 약한, 미약한; 희박한

Vocabulary Usher | 토플 1601-1800

1619 mutiny [mjú:t-əni]
▶ revolt, rebellion, uprising
They sent the entire police officers in the city to stop the mutiny.
그들은 폭동을 막기 위해 전 경찰대원을 도시로 보냈다.
n. (군인, 수군의) 폭동, 반란

1620 maltreat [mæltrí:t]
▶ mistreat, abuse
He was sued for maltreating his son.
그는 그의 아들을 학대한 죄로 고소 당하였다.
v. 학대하다, 혹사하다

1621 lordly [lɔ́:rdli]
▶ grand, magnificent, majestic, lofty
The prince walked in the room with lordly gesticulation.
왕자는 당당한 몸짓으로 방에 걸어 들어왔다.
a. 군주다운, 당당한

1622 surprisingly [sərpráiziŋli]
▶ suddenly, strangely, abnormally, unpredictably
Surprisingly, my brother was able to overcome his stage fright as he attended university.
놀랍게도 내 동생은 대학에 다니면서 무대 공포증을 극복할 수 있었다.
ad. 의외로, 놀랍게도

1623 twist [twíst]
▶ contort, distort, coil
He caught the theft by twisting his wrist and causing him to be motionless.
그는 도둑의 손목을 꺾어 못움직이게 한 후 잡았다.
v. 꼬다, 비틀어 돌리다

1624 cynical [sínikəl]
▶ sarcastic, satirical, sneering, skeptical
His jokes are funny, but they are often way too cynical.
그의 농담들은 재미있지만 가끔 너무 냉소적이다.
a. 냉소적인, 비꼬는

1625 correlated [kɔ́:rəleitid]
▶ associated, connected, linked
The recent spate of hurricanes seems to be correlated to the drastic changes in the climate.
최근 다수의 허리케인은 기후 변화와 연관된 것처럼 보인다.
a. 연관된

1626 speculate about*
▶ hypothesize
Philosophers gathered to speculate about purpose of life.
철학자들은 삶의 목적에 대해서 추측하고자 모였다.
phr. 추측하다, 가정하다

1627 dejected [didʒéktid]
▶ depressed, discouraged
After failing the test, Kurt has been in a dejected mood.
시험에 떨어진 후 Kurt는 낙심하고 말았다.
a. 낙심한

1628 restful [réstfəl]
▶ calm, tranquil, peaceful, undisturbed
After guiding tourists around the city, the bus driver looked forward to a restful night's sleep.
여행객들에게 도시 가이드를 해 준 버스 운전사는 편안한 숙면을 기대했다.
a. 편안한, 평온한

#	Word	Synonyms / Example	Meaning
1629	**affordable** [əfɔ́ːrdəbəl]	▶ inexpensive, cheap, reasonable, low-cost The apartment down the street is affordable and much closer to the subway station. 길가에 있는 아파트는 값도 알맞고 지하철 역에서 훨씬 더 가깝다.	a. 감당할 수 있는, 줄 수 있는, 알맞은
1630	**make up**	▶ invent, form, construct; supplement The colors of the rainbow make up the visual light spectrum. 무지개색은 색의 대역(스펙트럼)을 이룬다.	phr. 창작하다, 만들다; 이루다; 채우다; 대신하다
1631	**brace*** [breis]	▶ support, prop up / support, reinforcement The pilot instructed the passengers to brace for a rough landing. 비행기 조종사는 승객들이 거친 착륙을 대비할 수 있게 가르쳐 주었다.	v. 버티다, 떠받치다 n. 버팀대, 받침대
1632	**belligerent** [bəlídʒərənt]	▶ aggressive The barbarians were known for their belligerent culture. 야만인들은 그들의 호전적인 행동으로 잘 알려져 있다.	a. 적대적인; 전쟁중인
1633	**habitat**** [hǽbɪtæt]	▶ home, dwelling, living quarter, native environment The marshes provide a rich habitat for indigenous birds and plants. 습지는 토종 새와 식물에게 서식지를 제공한다.	n. 서식지, 거주지
1634	**ignite** [ignáit]	▶ kindle, set on fire, start a fire, catch fire There was no match to ignite the camp fire. 모닥불에 불을 붙일 성냥이 없었다.	v. 점화하다, 불 붙이다
1635	**baffle** [bǽfl]	▶ confuse, puzzle, mystify I was baffled by the shocking news. 나는 충격적인 소식에 당황하였다.	v. 당황케 하다; 좌절시키다
1636	**incentive** [inséntiv]	▶ encouraging, stimulant / stimulus, spur Sales are one of the biggest incentives for customers to choose one store over another. 판매량은 소비자들이 한 상점에서 다른 상점으로 옮기게 하는 가장 큰 동기이다.	a. 자극적인, 격려하는 n. 격려, 자극, 동기
1637	**proliferate**** [prəlífərèit]	▶ multiply, increase in number, expand, breed Mosquitoes can proliferate in large numbers in a short amount of time. 모기들은 짧은 시간 동안 많은 수로 증식할 수 있다.	v. 증식하다
1638	**meticulous** [mətíkjələs]	▶ extremely careful, strict, scrupulous, punctilious It is good that he is meticulous, but everything that he does takes a lot of time. 그가 꼼꼼한 것은 좋지만 그는 모든 일에 너무 많은 시간을 들인다.	a. 꼼꼼한, 너무 신중한

Vocabulary Usher | 토플 1601-1800

1639 undertaking*
[ʌ̀ndərtéikiŋ]
▶ **enterprise, task, business**
The restaurant group's newest undertaking is a gastro-pub specializing in molecular gastronomy.
레스토랑의 새로운 사업은 분자요리학을 전문으로 하는 술집이다.
n. 사업

1640 raze
[reiz]
▶ **wreck, smash, demolish, destroy**
The tower was razed when the plane crashed into it.
타워는 비행기가 충돌하면서 무너졌다.
v. 파괴하다, 무너뜨리다

1641 outstrip*
[àutstríp]
▶ **surpass, transcend, exceed**
The usage of natural resources will soon outstrip their production.
천연 자원의 소비량은 곧 자원의 생산량을 뛰어넘을 것이다.
v. 능가하다, 뛰어나다

1642 marshal
[mɑ́ːrʃ-əl]
▶ **gather, assemble, collect, arrange**
The manager felt the need for a meeting and marshaled all of the workers to talk.
매니저는 회의를 해야할 필요를 느끼고 이야기를 나눠야 할 모든 노동자들은 집합시켰다.
n. 육군원수
v. 모으다, 결집시키다

1643 conditional*
[kəndíʃənl]
▶ **dependent, contingent, probationary, provisional**
Patients' inclusion in the study is conditional on their willingness to wear heart monitors around the clock.
연구에 포함된 환자들은 24시간동안 심장 감시장치를 부착한다는 조건이 달려있다.
a. 조건부의, ~여하에 달린, 잠정적인

1644 flattering*
[flǽtəriŋ]
▶ **complimentary, blandishing**
A sycophant is constantly flattering people in power for their own personal gain.
아첨꾼은 언제나 힘있는 사람들에게 아부하여 개인의 이익을 취하려 한다.
a. 아부하는, 기분 좋게 하는, 유망한

1645 demanding*
[dimǽndiŋ]
▶ **difficult, exacting, rigorous, stringent**
Our company is very demanding, we accept nothing but perfection.
우리회사에서는 많은 노력이 필요하다. 우리는 완벽만을 추구한다.
a. 힘든, 큰 노력을 더하는

1646 green hand*
▶ **untrained worker**
The new worker was a green hand of the business.
그 직원은 이 일에 미숙한 사람이었다.
n. 미숙한 사람

1647 condition
[kəndíʃən]
▶ **requirement, prerequisite; characteristic, feature**
His body reacted differently from other people under certain conditions.
어떤 특정한 상태에서 그의 몸은 다른 사람들과 다르게 반응하였다.
n. 조건; 상태

1648 comparable**
[kʌ́mpərəbəl / kɔ́m-]
▶ **similar, like, analogous, equivalent**
After making a few substitutions, the woman was able to make a cake of comparable quality, but much lower cost.
몇가지 대용책을 쓴 후 그녀는 훨씬 낮은 가격으로 비슷한 질의 케이크를 만들 수 있었다.
a. 비교되는, 공통점이 있는

#	Word	Synonyms / Example	Meaning
1649	**in time****	▶ early; eventually In time, even the strongest dictator will eventually lose power over their people. 결국 아무리 악한 독재자라도 사람들에 의해 권력을 잃을 것이다.	phr. 일찍; 결국
1650	**sluggish** [slʌ́giʃ]	▶ listless, lazy, lethargic, inactive Sluggish workers will probably fail to fill your expectations and also fail to meet the deadline. 게으른 사람은 당신의 기대치에 미치지 못할 것이며, 마감일자도 맞추지 못할 것이다.	a. 게으른, 나태한
1651	**claw** [klɔː]	▶ nail, talon, pincer / scratch Lions have claws that can easily kill their prey. 사자들은 먹이감을 쉽게 죽일 수 있는 발톱을 가지고 있다.	n. 발톱 v. 발톱으로 할퀴다
1652	**configure*** [kənfígjər]	▶ shape, form, mold, assemble If one fails to properly configure their computer early on, they will have long lasting problems. 만약 처음 산 컴퓨터를 초기에 설정하지 않는다면 오랫동안 문제가 생길 것이다.	v. (컴퓨터) 환경을 설정하다
1653	**signal** [sígnəl]	▶ indicate, beckon, sign, gesture / sign Stronger signals are required in order for transmitters to work. 송신기가 제대로 작동하기 위해서는 더 강한 신호가 필요하다.	v. 신호하다, 신호로 알리다 n. 신호
1654	**emergence** [imə́ːrdʒəns]	▶ rise, appearance, advent The emergence of China as a military power is worrying for many of its neighbors. 중국의 무력국으로서의 출현은 주변국들을 걱정시키고 있다.	n. 출현, 나타남
1655	**arrangement**** [əréindʒmənt]	▶ configuration, structure; agreement; orchestration The arrangement of the amusement park was very confusing that it was hard to find a ride even with a map. 놀이공원의 배치가 너무 복잡하게 되어 있어서 지도를 가지고도 놀이기구를 찾기 힘들었다.	n. 배열; 합의, 협의; 편곡, 정렬, 배치
1656	**averse** [əvə́ːrs]	▶ opposing, disinclined, hostile, ill-disposed Many people were averse to interracial marriage before the Civil Rights Movement. 많은 사람들은 시민평등권운동 전에 다른 인종간의 결혼에 반대하였다.	a. 싫어하여, 반대하여
1657	**shrill** [ʃril]	▶ piercing, high-pitched The cat made a shrill sound by scratching the window with its claws. 고양이가 발톱으로 창문을 긁으며 날카로운 소리를 만들었다.	a. (소리가) 날카로운
1658	**authorize** [ɔ́ːθəràiz]	▶ empower, accredit, commission, enable The transaction was not authorized due to incorrect password. 거래는 맞지 않은 비밀번호 때문에 허가되지 않았다.	v. 권위를 부여하다, 정식으로 허가하다

Vocabulary Usher | 토플 1601-1800

1659 genetic*
[ʤənétik]
▶ hereditary, inborn, inheritable
Maybe the disease is caused by a genetic problem.
아마도 그 질병은 유전학적인 문제로 발병했을 것이다.
a. 유전학적인

1660 sparsely**
[spáːrsli]
▶ lightly, thinly
The sparsely populated suburbs allow families to enjoy larger homes with more parks and recreation areas.
인구가 적은 교외에서는 가족들이 더 큰 집에서 살면서 더 많은 공원과 편의시설을 누릴 수 있다.
ad. 희박하게, 빈약하게, 드물게

1661 murder
[məːrdər]
▶ assassinate, slay / massacre, slaughter
The prohibition of murder is probably the most universally accepted laws of society.
살인 금지법은 사회에서 가장 잘 받아들여지는 법일 것이다.
v. 살해하다, 암살하다
n. 살인

1662 defection
[difékʃən]
▶ apostasy
The defection of high level officials led to a collapse of the Communist party.
고위 간부들의 변절은 결국 공산당의 몰락을 초래하였다.
n. 변절, 탈당; 태만, 결함, 부족, 결점

1663 imprecise
[ìmprisáis]
▶ inexact, inaccurate, loose
The imprecise measuring of the room led us to order too little wallpaper.
방을 정확하게 측정하지 않아서 우리는 너무 적은 양의 벽지를 주문하였다.
a. 부정확한, 애매한

1664 hypothesize
[haipάθəsàiz / -pɔ́θ-]
▶ conjecture, postulate, propose, speculate
The scientists hypothesized what the results would be like before they started the experiment.
그 과학자는 실험을 시작하기 전에 어떤 결과가 나올지에 대해 가설을 세웠다.
v. 가설을 세우다, 가정하다

1665 economical
[ìːkənάmikəl]
▶ saving, thrifty, frugal
My mother made a very economical decision and was able to save a lot of money.
우리 어머니는 매우 경제적인 결정을 내려 많은 돈을 아낄 수 있었다.
a. 경제적인, 절약하는

1666 at random
▶ unplanned
The contestants for the show were selected at random from a pre-approved pool.
쇼의 참가자들은 예선 통과자들 중에서 무작위로 뽑혔다.
phr. 무작위로, 임의로

1667 impervious**
[impə́ːrviəs]
▶ resistant, impenetrable, impassive
Regular exercise helped him remain impervious to all of the diseases that surrounded him.
정기적인 운동은 그로 하여금 주변의 병들로 영향받지 않게 하는데 도움을 준다.
a. 통과시키지 않는, 불침투성의, ~에 영향받지 않는

1668 imaginable*
[imǽdʒənəbəl]
▶ conceivable, thinkable, supposable
Once only an imaginable concept, video calls and chatting are now easily accessed by most people.
한때 상상만 할 수 있는 개념이었지만 이제 화상전화와 채팅은 대부분의 사람들이 쉽게 이용할 수 있다.
a. 상상할 수 있는

1669 compress
[kəmprés]
▸ compact, condense, contract, squeeze, constrict
During CPR, pushing down on the chest is a means to manually compress the heart and restore some blood flow.
심폐소생술 중에서 가슴을 압박하는 것은 수동적으로 심장을 압축하여 혈류를 복원시키기 위함이다.

v. 압축하다

1670 improvident
[imprávədənt / -próv-]
▸ unwary, thoughtless, careless, imprudent
The improvident actions of one person in an organization can often sabotage the diligent efforts of the others.
조직안에서 한 사람이 앞 일을 생각하지 않고 행동한다면 다른 사람들의 부지런한 노력을 방해할 수 있다.

a. 앞날을 생각하지않는; 돈을 되는 대로 쓰는

1671 confederacy*
[kənfédərəsi]
▸ ally, alliance, confederation
The confederacy of countries agreed to defend one another if the need arose.
국가간의 연합은 필요할 경우 서로를 방위하기로 약속하였다.

n. 연합, 동맹

1672 latent
[léit-ənt]
▸ potential, hidden, concealed, dormant
His books are full of latent meaning that are hard to see the first time you read them.
그의 책에는 잠재적인 내용이 넘쳐흘러 한번에 읽고선 찾아내기 어렵다.

a. 숨어있는, 잠재적인

1673 warden
[wɔ́:rdn]
▸ guardian, prison manager
The prisoners hated the warden for being too strict with prison rules and regulations.
재소자들은 교도소 원칙과 규정에 대해서 너무 엄격한 교도소장을 싫어했다.

n. 관리인, 감시자, 교도소장

1674 trail
[tréil]
▸ drag, draw
The injured runner trailed behind the main pack.
다친 주자는 중심 무리를 따라갔다.

v. 끌다; 추적하다
n. 발자국, 흔적

1675 depressed**
[diprést]
▸ downcast, melancholy, gloomy; concave, low, sunken
After placing fourth in the first heat, the runner was depressed and showed poorly in the rest of the races.
달리기 선수는 처음에 4등을 하고난 후 의기소침해져 그 후론 잘 달리지 못하였다.

a. 우울한; 움푹 들어간

1676 distinguishable*
[distíŋgwiʃəbl]
▸ differentiated, distinct
The twins were distinguishable by their different facial birthmarks.
쌍둥이는 얼굴의 모반으로 분간될 수 있었다.

a. 구별되는, 분간할 수 있는

1677 tactics
[tǽktiks]
▸ strategy, maneuver
The general came up with many innovative tactics to destroy the enemy.
장군은 적군을 물리치기 위해 여러가지 획기적인 병법을 생각했다.

n. 전술, 병법

1678 effective
[iféktiv]
▸ efficacious, efficient, effectual, operative
The new sales plan seems to be effective.
새로운 판매 계획안은 효과적인 것 같아 보였다.

a. 효과적인, 유효한

Vocabulary Usher | 토플 1601-1800

1679 dogma*
[dɔ́(:)gmə, dág-]
▶ belief, credo, creed, doctrine
The country's political dogma has blinded people from seeing the truth.
그 나라의 정치적 교리는 사람들이 진실을 보지 못하게 했다.
n. 교리, 신조; 정설

1680 variant*
[véəriənt]
▶ variation, modification
It is hard to swallow the fact that the moth is a variant of the butterfly.
나방이 나비의 변형된 것이라는 사실을 받아드리기 어렵다.
n. 변형
a. 다른

1681 woo
[wu:]
▶ attract, allure, entice
In order to woo customers away from competitors, many stores resort to selling some products, called loss leaders, at prices lower than cost.
경쟁사들로부터 고객을 유혹하기 위해 많은 상점들은 "loss leaders"라는 생산가격보다 낮은 판매가격을 책정한 상품을 판매하여 손해를 본다.
v. 구애하다, 구혼하다

1682 vigorous**
[vígərəs]
▶ energetic; robust, strong, tough
After a vigorous workout, it is necessary to rest and let the body recover.
격렬한 운동을 한 후에는 몸을 쉬게 하고 회복하게 하는 것이 필요하다.
a. 활기 있는; 강력한

1683 tract
[trækt]
▶ area
The tract of land was left to me by my grandfather in his will.
넓은 지역의 땅은 할아버지 유언에 의해 나에게 물려졌다.
n. 넓은 지역

1684 fragrance*
[fréigrəns]
▶ scent
The fragrance of her perfume was absolutely fascinating.
그녀의 향수 향은 굉장히 매혹적이었다.
n. 향기

1685 hasty
[héisti]
▶ quick, rushed, hurried, prompt
In order to succeed in running a private business, people should avoid making hasty decisions.
개인 사업에서 성공하기 위해서는 조급한 결정을 내리는 것을 피해야 한다.
a. 급한, 조급한

1686 wary**
[wé-əri]
▶ distrustful, cautious, alert, vigilant
Women need to be wary when they walk through dark streets late at night.
여자들은 늦은 밤 어두운 거리를 걸을 때 조심해야 한다.
a. 경계하는, 주의 깊은, 신중한

1687 conciseness
[kənsáisnis]
▶ brevity, shortness, briefness
Conciseness and coherence play a very important role in writing good essays and reports.
간결함과 통일성은 좋은 에세이와 레포트를 쓰는데 중요한 역할을 한다.
n. 간결

1688 indecent
[indí:snt]
▶ vulgar, coarse, rude, immodest
The students were reprimanded for the indecent remarks they had made regarding their teacher.
학생들은 선생님에 대한 버릇없는 발언을 하여 질책당하였다.
a. 버릇없는, 적절치 못한

1689 **admirable** [ǽdmərəbəl]	▶ praiseworthy, fine, excellent The admirable general was able to resolve the dispute without casualties on either side. 훌륭한 장군은 양쪽에 사상자를 내지 않고 분쟁을 해결할 수 있었다.	a. 칭찬할만한, 훌륭한
1690 **motionless** [móuʃ-ənlis]	▶ fixed, still, stationary My father remained motionless when he heard the terrible news regarding my mother's health. 아버지는 어머니의 건강상태에 관한 안 좋은 소식을 듣고 움직이실 수 없었다.	a. 움직이지 않는
1691 **tangible**** [tǽndʒəbl]	▶ material, concrete, real, substantial There is little tangible evidence for the existence of dinosaurs, except for random bones. 알 수 없는 뼈들을 제외하고는 공룡의 존재에 대한 명백한 증거는 조금 밖에 없다.	a. 실체적인, 명백한
1692 **retaliate** [ritǽlièit]	▶ avenge, requite, revenge He wanted to retaliate against his classmate for stealing his laptop. 그는 노트북을 훔친 반친구에게 앙갚음하고 싶었다.	v. 보복하다, 앙갚음하다
1693 **presumable*** [prizú:məbəl]	▶ probable, likely, possible Polls indicate that the incumbent is the presumable winner of the election. 여론조사는 현직자가 선거에서 당선자가 될 수 있을 만큼을 보여주었다.	a. 있음직한, 가정할 수 있는
1694 **ice sheets**	▶ glacier Ice sheets in the arctic areas are melting due to the global warming. 지구 온난화로 인하여 북극 지방의 빙하들이 녹고 있다.	n. 빙하
1695 **collide*** [kəláid]	▶ hit each other, smash, clash, run into The truck collided with a train, killing five people. 트럭과 기차가 충돌하여 다섯명이 죽었다.	v. 부딪히다, 충돌하다
1696 **stealthily**** [stélθili]	▶ silently, sneakily, quietly, secretly She stealthily walked out of the room. 그녀는 몰래 방을 빠져 나왔다.	ad. 몰래, 조용하게, 남의 눈을 피해서
1697 **plumber** [plʌ́mər]	▶ – After reading this guide book, you will never need to hire a plumber to fix your toilet. 당신은 이 안내서를 읽은 후 다시는 변기를 고치기 위해 배관공을 고용하지 않아도 될 것이다.	n. 배관공
1698 **scramble** [skrǽmbl]	▶ mix up, jumble, muddle, tangle New devices are able to scramble radar signals allowing speeding drivers to avoid detection by police. 새로운 장비는 속도측정기의 신호를 변환시켜 과속자들이 경찰의 단속을 피할 수 있게 해준다.	v. 뒤섞다; 기어오르다, 긁어 모으다

Vocabulary Usher | 토플 1601-1800

1699 inadvertently
[ìnədvə́ːrtəntli]

▶ unintentionally, accidentally
Solving mathematic problems inadvertently results in many careless errors.
수학문제를 부주의하게 푼다면 많은 실수를 유발하기 마련이다.

ad. 부주의하게, 경솔하게

1700 ailing
[éiliŋ]

▶ sick, ill, unwell
After suffering for many years, the old, ailing woman had made her peace with the world and looked forward to her sweet release from it.
몇 년 동안 고생한 병든 여자는 세상과 작별인사를 하고 떠나기를 바랬다.

a. 병든

1701 ominous**
[ámənəs]

▶ foreboding, threatening, doomful, warning
The dark clouds coming from the west gave me an ominous thought.
서쪽에서 오는 어두운 구름은 나에게 불길한 생각을 하게 하였다.

a. 불길한

1702 presence*
[prézns]

▶ existence, being
The presence of acidic elements can be determined by using a litmus paper.
산성 물질의 존재 여부는 리트머스 종이를 통해 확인할 수 있다.

n. 존재, 출석

1703 variation**
[vèəriéiʃən]

▶ fluctuation, variance, alteration, difference
Due to variations in mineral deposits, marble quarried in different places has different qualities.
광산 차이로 인해 대리석 채석장은 다른 질을 가지고 있다.

n. 변화, 변동, 변형

1704 largely
[láːrdʒli]

▶ generally, mostly, mainly
Defense contractors depend largely on the continuation of wars for their future business.
방위 계약인의 사업은 전쟁의 지속에 의해 대체적으로 결정된다.

ad. 거의, 대체적으로

1705 alight*
[əláit]

▶ land, come down, settle, descend
Please watch your step as you alight from the carriage.
마차에서 내릴 때 부디 발 조심하세요.

v. 내리다, 착륙하다

1706 request
[rikwést]

▶ sue, entreat, beg / petition
The students requested that they be seated separately in order to avoid the temptation to talk.
학생들은 서로 얘기하려는 유혹을 피하기 위해서 따로 앉혀달라고 요청했다.

v. 요청하다
n. 요구, 요망

1707 incur
[inkə́ːr]

▶ suffer, sustain, experience, induce
Carelessness can incur a serious disaster when you are cooking.
요리할 때의 부주의는 심각한 참사를 당하게 할 수 있다.

v. 초래하다, 처하게 되다, (비용을) 발생시키다

1708 gentle
[dʒéntl]

▶ clement, humane, lenient, merciful
The judge was known for his fairness and gentle personality.
그 판사는 공정함과 친절한 성격으로 유명하다.

a. 온화한, 친절한

1709 self-sufficient
[sélf-səfíʃənt]

▶ independent, self-contained
I was self-sufficient only after I had graduated from graduate school.
나는 대학원을 졸업하고 나서야 자립할 수 있었다.

a. 자급자족할수있는, 자립할 수 있는

1710 inquisitive
[inkwízətiv]

▶ inquiring, curious, questioning, interested
Elton's inquisitive nature made him one of the greatest scientists in the world.
Elton의 호기심 강한 성격은 그가 세계에서 가장 위대한 과학자 중에 한 사람이 되게 하였다.

a. 호기심이 강한

1711 self-satisfied
[sélf-sætisfàid]

▶ complacent, self-pleased
No one liked his music but he seemed to be self-satisfied.
아무도 그의 음악을 좋아하지 않았지만 그는 스스로 만족하는 것 같았다.

a. 자기 만족의

1712 chronicle
[kránikl / krón-]

▶ account, record of historical event
The chronicles of the early explorers are full of adventure, danger and amazing discoveries.
예전 탐험가들의 이야기들은 모험, 위험 그리고 놀랄만한 발견들로 가득 차 있다.

n. 연대기, 이야기

1713 modest
[mádist / mód]

▶ unpretending, humble, decent; small
The boy is mature and modest for his age.
그 소년은 나이에 비해 성숙하고 겸손하다.

a. 겸손한, 조심성 있는; 알맞은, 많지 않은

1714 guiltless
[gíltlis]

▶ sinless, blameless, innocent, immaculate
The guiltless suspect saw no reason to refuse to take a polygraph test.
정직한 용의자는 거짓말 탐지 테스트를 안 할 이유가 없었다.

a. 죄가 없는, 무고한, 결백한; 경험이 없는

1715 courteous
[kə́ːrtiəs / kɔ́ːr-]

▶ civil, polite, well-mannered
He is a noble and courteous gentle man who always puts ladies before himself.
그는 예의바르고 정중한 남자이며 언제나 여성을 자기보다 먼저 생각했다.

a. 예의 바른, 정중한

1716 shard
[ʃáːrd]

▶ fragment, piece
A shard of glass struck my face as the bottle shattered on the floor.
병이 바닥에 떨어져 깨지면서 유리 파편이 얼굴에 튀었다.

n. 파편, 조각

1717 representative*
[rèprizéntətiv]

▶ typical, characteristic, exemplary, emblematic
In order for poll results to be valid, they must have been taken from a representative sampling of the general population.
설문조사의 결과가 유효하기 위해서는 대중을 대표하는 샘플에서 나와야 한다.

a. 전형적인
n. 대표자

1718 tardy
[táːrdi]

▶ late, overdue, behind, delayed
Being tardy to class disrupts everyone in class who had shown up on time.
수업에 늦는 것은 제 시간에 온 모든 사람을 방해하는 것이다.

a. 늦은(=late)

Vocabulary Usher | 토플 1601-1800

1719 useful*
[jú:sfəl]
- ▶ profitable, advantageous, **serviceable, beneficial**
- The skills she learned while babysitting became useful when she became a mother.
- 아이를 봐주면서 배운기술은 여자가 엄마가 되었을 때 유익하게 쓰였다.

a. 쓸모 있는, 유익한

1720 parcel out**
- ▶ administer, deal out, distribute, divide
- The amount of work will evenly be parceled out to the employees.
- 업무양은 공정히 직원들에게 분배될 것이다.

phr. 분할하다, 분배하다, 나누다

1721 devout*
[diváut]
- ▶ pious, reverent, religious, **devoted**
- The students had a devout adherence to the teachings of their leader.
- 학생들은 그들 지도자의 가르침에 대해 독실한 집착을 가졌다.

a. 독실한

1722 cheat
[tʃi:t]
- ▶ deceive, defraud, trick, delude
- The taxi driver tried to cheat his passenger by making unnecessary trips through heavy traffic.
- 택시 운전자는 불필요하게 막히는 길로 돌아가면서 손님을 속이려 했다.

v. 속이다

1723 version*
[və́:rʒən, -ʃən]
- ▶ translation; variant, form, **model**
- This book is way too hard to understand; I wonder if they have any other versions I can read.
- 이 책은 이해하기에 너무 어렵다; 혹시 내가 읽을 만한 다른 버전이 있는지 모르겠다.

n. 번역; 각색, 변형

1724 loiter
[lɔ́itər]
- ▶ loaf; linger
- He loitered around the school playground.
- 그는 학교 운동장 주변을 어슬렁거렸다.

v. 빈둥거리다; 어슬렁거리다

1725 tyrannical
[tirǽnikəl, tai-, -nik]
- ▶ arbitrary, despotic, oppressive
- People who protested against the tyrannical government were shot.
- 포악한 정부에 대한 모든 사람들은 총살당했다.

a. 폭군의; 포악한

1726 engaged**
[ingéidʒd]
- ▶ busy, occupied, **involved**
- The couple, after having dated for many years, have just become engaged to be married.
- 오랜기간 동안 연애를 한 커플은 결혼하기로 약속했다.

a. 바쁜, 약속된, 종사하는

1727 slightly
[sláitli]
- ▶ somewhat, a little
- People will usually go for quality over savings if the superior product is only slightly more expensive than the other.
- 사람들은 만약 더 좋은 제품의 가격이 조금만 비싼 경우 금액보단 제품의 질을 선택한다.

ad. 약간, 조금; 약하게, 부주의하게

1728 superb
[su:pə́:rb]
- ▶ outstanding, excellent, **magnificent**
- He deserves the employee of the month award for his superb performance in his work.
- 그는 일을 아주 잘했기 때문에 이 달의 직원상을 받을 만하다.

a. 최고의, 훌륭한

1729 **namely** [néimli]	▶ that is to say, **especially** The health care amendment had one major problem, namely its extraordinary cost. 건강보험 개정은 소위 엄청난 비용과 같은 큰 문제가 하나 있었다.	ad. 즉; -와 같은; 소위
1730 **gainful**** [géinfəl]	▶ profitable, paying, **lucrative** Many organizations exist to assist those who are seeking gainful employment. 많은 단체가 고소득 직종을 찾는 사람들을 돕기 위해 존재한다.	a. 벌이가 되는, 유급인, 고소득인
1731 **cardiac** [káːrdiæk]	▶ of the heart The cardiac system distributes blood throughout the body. 심장계는 온몸에 피를 공급한다.	a. 심장의
1732 **bring about**	▶ cause, produce, make happen, **generate** A diet based heavily on junk food eventually brings about health problems. 과하게 인스턴트 음식에 의지하는 식습관은 결과적으로 건강 문제들을 초래할 것이다.	phr. 초래하다
1733 **affliction*** [əflíkʃən]	▶ woe, distress, sorrow, **anguish** The affliction felt during the Great Depression affected members of all classes. 대공황때의 고통은 모든 사회 계층에 영향을 주었다.	n. 고뇌, 고통
1734 **pinion**** [pínjən]	▶ feather, plumage / restrain, confine The wrestler failed to pinion his opponents arms and was therefore not able to keep him on the mat. 레슬러는 경쟁자의 팔을 결박하지 못하여 그를 매트에 눕혀놓는데 실패했다.	n. 깃털 v. 속박하다
1735 **chronically** [kránikəli]	▶ constantly, persistently, continuously, **perpetually** Ever since her fall from the horse, the woman has been chronically suffering back pain. 말에서 떨어진 이후부터 여자는 만성적인 요통에 시달린다.	ad. 만성적으로, 끊임없이
1736 **wander** [wándəːr / wɔ́n-]	▶ ramble, rove, roam, **stray** Unable to find the building, Jessica wandered in the street. Jessica는 빌딩을 찾지 못해서 길거리에서 방황하였다.	v. 어슬렁거리다, 방랑하다 n. 유랑, 방랑
1737 **distract** [distrǽkt]	▶ divert, sidetrack, **perturb, disquiet** Due to their ability to distract students, mobile phones will no longer be allowed in the school. 휴대전화는 학생들을 산만하게 만들기 때문에 더이상 학교에서 사용될 수 없다.	v. 산만하게 하다, 어지럽히다
1738 **restoration** [rèstəréiʃ-ən]	▶ recovery, renewal The restoration of the historical gate took much more time that was expected. 역사적인 성문을 복구하는 데에는 생각보다 많은 시간이 걸렸다.	n. 복구, 회복

Vocabulary Usher | 토플 1601-1800

1739 quarrel
[kwɔ́:rəl]

▶ dispute, argument / collide, contend
There has been a quarrel on who is going to take the responsibility.
누가 책임을 질 것인가에 관해 싸움이 있었다.

n. 싸움
v. 다투다

1740 incredible
[inkrédəbəl]

▶ unbelievable, amazing
The most incredible goal of the night was thrown from the half-court line at the last second.
그날 밤 가장 멋진 골은 시합이 끝나기 1초 전에 하프코트에서 던져졌다.

a. 믿을 수 없는, 믿기 힘든

1741 typically*
[típikəli]

▶ usually, normally, ordinarily
Smart phone owners are typically younger and more technologically savvy than users of non-smart phones.
스마트폰을 쓰는 사람들은 일반적으로 스마트폰을 쓰지 않는 사람에 비해 더 어리고 과학기술에 관해 빠삭하다.

ad. 전형적으로, 일반적으로, 대략

1742 conifer
[kóunəfər, kúnə- / kɔ́n]

▶ –
The Pine tree is one of the most famous conifers.
소나무는 가장 잘 알려진 침엽수이다.

n. 침엽수

1743 absent-minded
[ǽbsəntmáindid]

▶ oblivious, inattentive
After falling in love with Christine, Kurt began to be absent-minded in regards to his school work.
Christine과 사랑에 빠진 후 Kurt는 멍하게 학교생활을 하기 시작했다.

a. 얼빠진, 멍하니 있는

1744 safeguard
[séifgà:rd]

▶ defense, precaution / shield, secure
In order to safeguard my financial future, I divided my money across many banks.
나의 금융미래를 보호하고자 나는 돈을 여러 은행으로 나누었다.

n. 보호, 호위
v. 보호하다, 호위하다

1745 ebb*
[eb]

▶ reflux / subside, abate, recede
The tide is now at the lowest ebb and this happens twice a day.
조수는 지금 가장 낮은 썰물에 있으며 이는 하루에 두 번 일어난다.

n. 썰물
v. 줄어들다, 감소하다

1746 immediate*
[imí:diət]

▶ nearest, close, next, direct
Some hospitals allow only immediate family members to visit patients.
어떤 병원들은 가족관계에 있는 사람들에게만 환자를 면회할 수 있게 허락한다.

a. 인접한, 즉시의, 직접의

1747 affiliation*
[əfìliéiʃən]

▶ association, relationship, connection, alliance
After failing to secure renewal of their affiliation, the school looked for another accreditation group.
새롭게 결연하는 데에 실패한 학교는 다른 신임받을 만한 그룹을 찾아보았다.

n. 결연, 제휴, 합동

1748 entity**
[éntiti]

▶ object, thing, individual
The city gained enough power to become a political entity.
그 도시는 정치적 자주성을 이룰 만큼 충분한 권력을 얻었다.

n. 실재, 존재물, 실체; 자주성

1749	**outrage*** [áutrèidʒ]	▶ anger, aggravate, offend, infuriate / **insult** His terrible attitude outraged the principle. 그의 심하게 나쁜 태도는 원칙을 어겼다.	v. (법률, 도덕)을 범하다 / 모욕을 주다 n. 침범, 난폭, 격노
1750	**drift** [drift]	▶ float, wander, stray, waft The theory of continental drift explains how the current continents broke off from the ancient land mass of Gondwanaland and moved to their current locations. 대륙이동설은 고대의 땅인 곤드와나 대륙에서 떨어져나온 대륙들이 현재의 위치에 어떻게 있게 되었는지에 대해 설명해 준다.	v. 표류하다, 방랑하다
1751	**captivate** [kǽptəvèit]	▶ charm, enthrall, enchant, fascinate Peter was completely captivated by her smile. Peter는 그녀의 미소에 완전히 마음을 사로잡혔다.	v. 마음을 사로잡다, 매혹하다
1752	**foremost*** [fɔ́ːrmòust]	▶ most respected, preeminent, supreme Carbon dioxide emitted by cars is the foremost cause of global warming. 자동차에서 나오는 이산화탄소는 지구온난화의 주범이다.	a. 맨 앞의, 일류의
1753	**manifold*** [mǽnəfòuld]	▶ various, multiple, diverse, **numerous** The reasons for the collapse of the Soviet Union are manifold. 소연방의 붕괴에는 여러가지 이유가 있다.	a. 다양한
1754	**drawback*** [drɔ́ːbæ̀k]	▶ disadvantage, defect, shortcoming, **obstacle** The school's drawback was that it was too far from home. 그 학교의 단점은 집에서 너무 멀다는 점이다.	n. 결점, 장애
1755	**visionary** [víʒənèri / -nəri]	▶ fanciful, imaginary, illusory, **speculative** Being a visionary person, Christine always came up with big goals. Christine은 몽환적인 사람이기 때문에 항상 큰 목표를 내놓는다.	a. 환영의, 꿈같은
1756	**transient** [trǽnʃə(ziə)nt]	▶ transitory, passing, fleeting, temporary, momentary, impermanent The transient nature of the Roma community makes ascertaining its population size difficult. 로마 지역사회의 덧없는 성격은 그곳의 인구를 알아내기 어렵게 만든다.	a. 덧없는, 일시적인
1757	**tale** [teil]	▶ story, narrative, account, fiction This is a sad tale about a boy who turned into a frog. 이것은 개구리로 변한 한 소년에 대한 슬픈 이야기다.	n. 이야기, 설화
1758	**immoral*** [imɔ́(ː)rəl]	▶ improper, corrupt, sinful, **amoral** The manner in which corporations seek profits at the expense of humanity is immoral. 회사들이 인류를 훼손하면서까지 이익을 추구하는 방식은 부도덕적이다.	a. 부도덕한, 음란한, 부적당한

Vocabulary Usher | 토플 1601-1800

| 1759 | **detergent** [ditə́:rdʒənt] | ▶ **soap, cleaner** My mother told me not to use too much detergent when doing the dishes. 어머니께서 설거지를 할 때에 세제를 너무 많이 사용하지 말라고 말씀하셨다. | n. 세제 a. 깨끗하게 하는 |

| 1760 | **courageous** [kəréidʒəs] | ▶ **brave, daring, fearless, bold** A courageous knight fought the dragon without any fear. 용감한 기사는 두려워하지 않고 용과 싸웠다. | a. 용감한 |

| 1761 | **uproot** [ʌprú:t] | ▶ **destroy, eliminate, exterminate** In an effort to uproot the unsavory criminal element present there, police began patrolling the area more frequently. 그곳에서의 불미스러운 범죄를 근절시키고자 경찰은 그 지역을 더 자주 순찰하기 시작했다. | v. 뿌리째 뽑다, 근절시키다 |

| 1762 | **inhospitable*** [inháspitəbəl] | ▶ **unfavorable, unfriendly, desolate** The tribe leader treated us in an inhospitable way. 부족장은 우리는 불친절한 방법으로 대했다. | a. 불친절한, 무뚝뚝한 |

| 1763 | **unbalanced*** [ʌ̀nbǽlənst] | ▶ **asymmetric, lopsided, unequal, off-balanced** If a tire remains unbalanced, it can lead to a wobble that shakes the vehicle. 만약 타이어가 균형을 잃는다면 차체 전체가 균형을 잃고 흔들릴 수 있다. | a. 균형을 잃은 |

| 1764 | **incinerate*** [insínərèit] | ▶ **burn, singe** Incinerating toxic waste is illegal in most countries. 독성폐기물을 소각하는 것은 대부분 나라에서 법으로 금지되어 있다. | v. 태우다, 타서 재가 되다 |

| 1765 | **amiss** [əmís] | ▶ **inappropriate, incorrect, inaccurate, unsuitable** Upon entering the home, the detective immediately sensed something was amiss. 집에 들어오자마자 형사는 무언가가 맞지 않다고 생각했다. | a. 적합하지 않은, 부적당한 |

| 1766 | **ubiquitous*** [ju:bíkwətəs] | ▶ **omnipresent, existing everywhere, very common** The new technology made ubiquitous use of cellular phones possible. 새로운 기술은 핸드폰을 매우 흔하게 사용할 수 있도록 해주었다. | a. 도처에 있는, 매우 흔한 |

| 1767 | **painstaking** [péinztèikiŋ, péins-] | ▶ **assiduous, diligent** The painstaking attention to detail in Michelangelo's works is unparalleled even today. 세부 묘사에 공들인 주의력이 보이는 미켈란젤로의 작품들은 현 시대에도 견줄 데 없다. | a. 공들인, 철저한(=careful); 근면한, 성실한 |

| 1768 | **jealous** [dʒéləs] | ▶ **envious** The jealous dog barked at his owner until he stopped playing with the other dog. 질투가 많은 개는 주인이 다른 개와 그만 놀 때까지 짖어댔다. | a. 질투가 많은 |

#	Word	Synonyms / Example	Meaning
1769	**jam** [dʒæm]	▶ crowd; predicament / crush, pack There were so many people jammed into the subway that the doors could barely close. 지하철에 너무 많은 사람들이 몰려들어 문이 겨우 닫힐 수 있었다.	n. 혼잡; 궁지 v. 몰려들다, 가득 메우다
1770	**apprehension** [æprihénʃən]	▶ anxiety, misgiving; arrest; comprehension The sense of apprehension amongst the students waiting to see the principal was palpable. 교장선생님을 만나려고 기다리는 학생들이 걱정하는 것을 뚜렷이 볼 수 있었다.	n. 우려, 염려, 불안
1771	**unrelenting** [ʌnriléntiŋ]	▶ relentless, implacable, inexorable, merciless The unrelenting rains caused widespread flooding along the river. 무자비한 폭우는 강주변 광범위한 범위에 홍수를 일으켰다.	a. 무자비한
1772	**potentially*** [pəténʃəli]	▶ possibly The company gathered any potentially important information. 그 회사는 잠재적으로 중요할 것 같은 어떠한 정보라도 수집했다.	ad. 잠재적으로, 아마, 혹시
1773	**multiple** [mʌltəp-əl]	▶ numerous, many, various, different His health weakened due to multiple diseases. 여러 질병때문에 그의 건강은 악화되었다.	a. 복합의, 다수의, 다양한
1774	**shameless** [ʃéimlis]	▶ brazen, impudent, insolent, unashamed The shameless man burped at the dinner table. 뻔뻔한 남자는 식사 도중에 트림을 하였다.	a. 뻔뻔스러운
1775	**coordination*** [kouɔ́:rdənéiʃən]	▶ the harmonious functioning of parts Good hand-eye coordination is an essential skill for most athletes. 손과 눈이 합동하는 것은 대부분의 운동선수에게 필수적인 기술이다.	n. 조화, 합동; 조정력, 공동작업
1776	**deploy** [diplɔ́i]	▶ set up, distribute, position, arrange The general deployed the battleships in the eastern harbor to begin the 3rd battle. 장군은 세번째 전투를 시작하기 위해 전함들을 동쪽 항구에 배치시켰다.	v. (부대를) 배치하다
1777	**residence** [rézid-əns]	▶ dwelling, house, habitation Please write down the address of your residence so that we may deliver the package to you. 저희가 택배를 보낼 수 있도록 주거지를 기재해 주시면 감사하겠습니다.	n. 주거, 주택; 거주
1778	**questionable*** [kwéstʃənəbl]	▶ doubtful, suspicious, dubious, uncertain Her excuses for not being able to do her homework were highly questionable. 그녀가 숙제를 할 수 없었다는 변명은 상당히 의심스러웠다.	a. 의심스러운

Vocabulary Usher | 토플 1601-1800

1779 product
[prάdəkt]
▶ result
The final products of the experiments were broken beakers and a room full of thick smoke.
실험의 최종 결과물은 깨진 비커들과 방안 가득찬 짙은 연기였다.
n. 결과; 생산품, 산물

1780 sporadically
[spərǽdikəli]
▶ occasionally, at intervals, infrequently
The shooting between the two gangs continued sporadically for a few months.
두 조직간의 총격전은 한달동안 간헐적으로 일어났다.
ad. 때로는, 간헐적으로

1781 flagrant
[fléigrənt]
▶ blatant, notorious
Lewis was expelled for his flagrant disregard for the rules of the club.
Lewis는 자신의 극악무도한 행동 때문에 클럽에서 쫓겨났다.
a. 명백한, 노골적인, 극악무도한, 악명 높은

1782 react
[riǽkt]
▶ respond, answer, reply
I was unsure of how my mother would react when I told her I was quitting college.
내가 대학을 그만둔다고 말했을 때 엄마가 어떻게 반응할지 나는 알 수 없었다.
v. 반응하다, 반작용하다, 반항하다

1783 oral
[ɔ́:rəl]
▶ verbal, spoken, vocal
The oral presentation at the end of the semester will be worth 30% of the final grade.
학기말의 구술 발표는 최종 성적에 30% 반영될 것이다.
a. 구두의, 구술의

1784 assure**
[əʃúər]
▶ convince, persuade, satisfy, **guarantee**
Despite being assured that the area was safe, the family was robbed in the first week they lived there.
안전 구역이라고 장담받았던 가족은 입주한지 일주일만에 도둑 맞았다.
v. 보증하다, 보장하다; 장담하다

1785 supremacy
[səprémasi]
▶ predominance, primacy, sovereignty
The military supremacy of the Allies during WWII forced Germany and Japan to both surrender and retreat to their borders.
군대 연합 최고사령부는 세계2차대전당시 독일과 일본에 항복과 회군을 강요했다.
n. 우월, 우위, 최고, 주권

1786 alloy**
[ǽlɔi, əlɔ́i]
▶ mixture / mix, blend, fuse combine, compound
Bronze, the decorative metal often used in sculpting, is an alloy of copper and tin.
장식용으로 사용되는 동은 구리와 주석의 혼합물이다.
n. 합금, 혼합
v. 혼합하다

1787 hustle**
[hʌ́sl]
▶ rush, hurry, hasten; push, shove
The athletes hustled to reach the fumbled ball in order to gain possession
운동선수들은 놓친 공을 손에 넣기 위해 서로를 밀쳐댔다.
v. 재촉하다, 서두르다

1788 lumber*
[lʌ́mbər]
▶ board, timber, wood / cut
Jack collected lumber from the forest to build a new house.
Jack은 집을 짓기 위해 목재를 수집했다.
n. 목재

| 1789 **corrosion** [kəróuʒən] | ▸ erosion, rot, decay
Metal corrosion can be prevented through several methods including ventilation.
금속 부식은 환기를 포함한 여러가지 방법을 통해 예방될 수 있다. | n. 부식, 부패 |

| 1790 **bulky**** [bʌ́lki] | ▸ large, hulking, immense, gross, massive
The warrior fought with a bulky hammer for it was his favorite weapon.
부피가 큰 망치는 그 전사가 가장 좋아하는 무기였기 때문에 그것을 들고 싸웠다. | a. 부피가 큰 |

| 1791 **mount**** [maunt] | ▸ ascend, climb, scale; increase, multiply, grow / hill
Jane mounted her horse, Cupcake, and rode around the prairies.
Jane은 cupcake 이름을 가진 말에 올라타서는 초원을 내달렸다. | v. 오르다, 타다; 증가하다
n. 산, 언덕 |

| 1792 **concern** [kənsə́ːrn] | ▸ interest / regard, care, attention
What concerns me is not that you are playing around; it is that you do not have a dream.
나는 네가 노는 것이 걱정되는 것이 아니라 네가 꿈이 없다는 것이 걱정된다. | v. 관심을 갖다, 염려하다; 관계하다
n. 우려 |

| 1793 **camouflage*** [kǽmuflɑ̀ːʒ] | ▸ pretence / hide, disguise, conceal
Soldiers wear camouflage suits during combat to hide themselves from the enemy.
군인들은 적으로부터 숨기 위해 전투 시에 위장복을 입는다. | n. 위장, 변장
v. 위장하다, 숨기다 |

| 1794 **elaborated** [ilǽbərèitid] | ▸ detailed, complex
The elaborated detail work in the painting denoted that it was done by a great master.
그림의 정교한 디테일은 그것이 위대한 화가에 의해 그려졌음을 암시하였다. | a. 복잡한, 자세한 |

| 1795 **meek** [míːk] | ▸ gentle, mild, obedient, tame
Despite his tough exterior, he was meeker than he looked.
그는 겉보기엔 강해보여도 보기보다 유순한 사람이었다. | a. 유순한, 복종적인 |

| 1796 **delicacy** [délikəsi] | ▸ daintiness, exquisiteness; savory, dainty
Although considered a delicacy in some places, the practice of eating horse is frowned upon by many people.
몇몇 지역에서는 말을 맛있는 음식이라 생각하지만, 많은 사람들은 말을 먹는 것을 못마땅해 한다. | n. 고움, 섬세, 민감; 맛있는 것 |

| 1797 **charitable** [tʃǽrətəbəl] | ▸ broad-minded, tolerant, benign, generous
Many schools now require charitable work and volunteering as prerequisites for graduation in order to produce more socially conscious graduates.
요새 많은 학교들이 더 사회의식이 있는 졸업생들을 배출하고자 자선활동과 봉사활동을 졸업하기 전의 전제조건으로 필요로 한다. | a. 자비로운, 자선의 |

| 1798 **speck**** [spek] | ▸ spot, splotch, stain, blot, soil; particle, atom, bit, grain
The tomato sauce left a speck on my shirt.
내 셔츠에 토마토 소스의 얼룩이 남았다. | n. 얼룩; 소량 |

Vocabulary Usher | 토플 1601-1800

1799 longing [lɔ́(ː)ŋiŋ, láŋ-]
▶ desire, yearning, aspiration
The refugees felt a deep longing to return to their motherland after the conflict ended.
분쟁이 끝나자 난민들은 간절히 고향으로 돌아가고 싶어했다.
n. 갈망, 동경
a. 간절히 바라는, 동경하는

1800 threatening* [θrétniŋ]
▶ intimidating, menacing, aggressive, endangering
The threatening display of the muskoxen was merely a show, as they scattered when approached.
사향소들은 보기에만 위협적으로 보이는 것으로 다가가면 모두 뿔뿔이 흩어져 버린다.
a. 위협적인

Quiz — 오늘의 퀴즈 (1601-1800) : 토플 단어용

문장 속의 단어와 같은 뜻의 단어를 고르시오. (1-10)

1. They could not come up with an avenue to deliver the boxes of fish while they are still fresh.
   a. passage   b. apportionment   c. rebellion   d. explosion

2. The threads of a spider's web are so tenuous that they stay invisible to potential prey.
   a. spacious   b. slender   c. standard   d. perceiving

3. Mosquitoes can proliferate in large numbers in a short amount of time.
   a. confuse   b. support   c. distort   d. multiply

4. After making a few substitutions, the woman was able to make a cake of comparable quality, but much lower cost.
   a. inactive   b. similar   c. tight   d. dependent

5. Regular exercise helped him remain impervious to all of the diseases that surrounded him.
   a. frugal   b. inaccurate   c. resistant   d. supposable

6. The improvident actions of one person in an organization can often sabotage the diligent efforts of the others.
   a. prepared   b. careful   c. unwary   d. thoughtful

7. His books are full of latent meaning that are hard to see the first time you read them.
   a. felonious   b. potential   c. delicate   d. undue

8. After placing fourth in the first heat, the runner was depressed and showed poorly in the rest of the races.
   a. downcast   b. concealed   c. conceivable   d. impenetrable

9. The affliction felt during the Great Depression affected members of all classes.
   a. sorrow   b. crisis   c. expense   d. inflation

10. In an effort to uproot the unsavory criminal element present there, police began patrolling the area more frequently.
    a. increase   b. endure   c. eliminate   d. capture

정답 a/b/d/b/c/c/b/a/a/c

틀린개수		본인이름	
채점자이름			

| 주의사항 |
1. 채점 속도가 빠르다고 시험 도중 Mp3 파일을 멈추지 마세요~!
2. 채점 시, 스펠링 & 품사 & 뜻 중 하나라도 다르거나 빠뜨렸을 경우 틀린 답입니다.

| 단어시험 보는 방법 |
1. 화장실을 먼저 다녀옵니다.
2. 핸드폰 전원을 꺼놓습니다(진동, 무음도 안됨)
3. 책상 위에 필기도구를 제외하고 깨끗이 치웁니다.
4. 단어 3회독 Mp3 파일을 틀고 시작합니다.

1		26		51		76	
2		27		52		77	
3		28		53		78	
4		29		54		79	
5		30		55		80	
6		31		56		81	
7		32		57		82	
8		33		58		83	
9		34		59		84	
10		35		60		85	
11		36		61		86	
12		37		62		87	
13		38		63		88	
14		39		64		89	
15		40		65		90	
16		41		66		91	
17		42		67		92	
18		43		68		93	
19		44		69		94	
20		45		70		95	
21		46		71		96	
22		47		72		97	
23		48		73		98	
24		49		74		99	
25		50		75		100	

101	126	151	176
102	127	152	177
103	128	153	178
104	129	154	179
105	130	155	180
106	131	156	181
107	132	157	182
108	133	158	183
109	134	159	184
110	135	160	185
111	136	161	186
112	137	162	187
113	138	163	188
114	139	164	189
115	140	165	190
116	141	166	191
117	142	167	192
118	143	168	193
119	144	169	194
120	145	170	195
121	146	171	196
122	147	172	197
123	148	173	198
124	149	174	199
125	150	175	200

공부 수기

휴학생활을 마치며

이 름	배◆◆
공부기간	6개월 +1개월 방황
처음 점수	없음
마지막 점수	81

사실 7~8월 대학교 2학년 여름 방학동안 놀지 말고 영어공부나 하자는 생각에 어셔를 왔습니다.
하지만 8월이 끝나갈 무렵 문득 이대로 학교로 돌아가면 영어공부를 한 것도 아니고 안 한 것도 아닌 것처럼 느껴질 것만 같았어요.
나 나름대로 두 달 동안 열심히 단어 외웠는데 이렇게 미적지근한 상태로 남는 건 싫었죠.
그래서 고민 끝에 휴학을 결정했어요 휴학하기 전에 정말 많은 고민을 했답니다.
그때 덕호쌤께도 조언을 구했었어요. ㅎㅎ
선생님께서 하신 말씀이 아직도 기억에 남아있어요.

> "어떤 선택을 할 때는 얻어지는 것을 고려하기도 해야겠지만 그 선택을 함으로써 니가 잃는 것을 먼저 생각해라"

어쨌든 저는 어느 정도 영어공부를 했다고 느끼기 전에는 그만두고 싶지 않았고 결국 부모님을 설득해 휴학을 했습니다. 그때부터 휴학생이라는 압박에 시달리며 공부했지만 그 압박이 나태해지려는 제게 자극제가 되기도 했던 거 같아요. 누군가는 휴학을 해가면서까지 영어공부를 하느냐 라고 하기도 했지만 그때 제가 영어공부에 전념할 결심을 하지 않았다면 첫 번째 토플시험에서 RC25점을 맞은 제가 아니라 어셔 첫 반배치 고사에서 RC 반절도 못 맞았던 저에서 머물러 있었겠죠.

덕호쌤 밑에서 배우면서 어셔 홈페이지에 쓰여져 있는 완초1반의 목표인 영어공부가 한번 해볼만 하다고 느끼게 하는 것처럼 영어공부가 해볼만 하다고 느꼈고 또 해보고 싶어졌습니다.
제가 휴학하면서까지 영어공부를 할 생각을 하게끔 만들어 준 어셔. 7개월 전의 제 영어실력에 비하면 어셔에서 많은 발전이 있었습니다.

지금 학원다니시는 분들은 학원방침이 너무 가혹하다고 많이들 투덜대실 거예요. ㅎㅎ 저도 그랬으니까요. 하지만 지금 와서 생각해보면 정말 학원에서 시키는 대로 하면 됩니다. 물론 그 많은 숙제를 다 해가려면 몸과 마음이 힘들겠지만 그렇다고 포기하면 끝이에요. 그 상태 그대로 머물러 있을겁니다.
최대한 따라가려고 노력하면 실력은 어느새 늘어있을거예요.^^
여러 달을 공부하면서 지치실 때도 많이 있으실거예요.

처음의 에너지가 바닥났다고 느끼실 때, 영어가 더 이상 하기 싫다고 느끼실 때. 그럴 때는 그냥 푹 쉬고 노세요. 저는 처음 그 마음이 남아있긴 한 걸까 라고 느꼈을 때 아예 한 달을 쉬어버렸답니다.^^;;; 물론 저처럼 한 달을 아예 푹 쉬라는 건 아니지만 공부를 잠깐 접고 쉬거나 탱탱 놓고 나면 다시 공부 시작했을 때 남들 공부할 때 놓았던만큼 더 열심히 해야 한다는 마음이 들었고 장기적으로 봤을 때 쉬고 놓았던 시간이 자극제가 되었던 거 같아요. 물론 쭉 열심히 할 수 있는 사람이라면 계속 열심히 하면 더 더 좋은 결과가 있겠죠.^^하지만 저처럼 그렇지 못한 사람이라면 과감히 노는 것도 필요할 것 같습니다. 비록 아무것도 안 했는데 영어가 늘지는 않겠지만 그렇게 한달 쯤 놀고 운동해도 열심히 공부해놨던 건 어디 도망가지 않더라구요.^^

용기를 내어 이렇게 글을 쓸 수 있는 이유는 돌아보면 잠을 줄여가며 열심히 하고자 한 날도 꽤 많이 있다고, 살면서 영어공부를 이렇게 열심히 한적은 처음이라고 생각하기 때문입니다.

| 오늘의 단어 |

모르는 단어 개수: _____ 개

1회독 _____ /200개 2회독 _____ /200개 3회독 _____ /200개 4회독 _____ /200개 5회독 _____ /200개

_____ /200개* 5분 = _____ 분 (약   시간 필요)

*휴식시간 및 시험시간(200개당 45분입니다)을 꼭 넣어야 합니다.

나의 오늘 목표는 _____ 번부터 _____ 번까지!!!

오늘의 단어

오늘 공부할 양에서 내가 아는 것과 모르는 것을 미리 체크해서 오늘 단어 외우는데 걸리는 시간을 미리 계산해 보면 공부의 효율이 높아집니다.

1801 significant	1821 austere	1841 ramification	1861 demolish	1881 progressive
1802 desist	1822 in any case	1842 affectation	1862 shorten	1882 imperative
1803 banner	1823 insignificant	1843 monstrous	1863 affront	1883 enrich
1804 exhilarate	1824 precipitation	1844 endless	1864 generally	1884 bode
1805 fractious	1825 uncompromising	1845 custody	1865 habituate	1885 indisputable
1806 floods of	1826 speculative	1846 seamless	1866 grieve	1886 chart
1807 patchy	1827 budding	1847 weigh	1867 heyday	1887 duly
1808 contour	1828 ban	1848 focal point	1868 circumvent	1888 participant
1809 capricious	1829 vulnerable	1849 becoming	1869 frown	1889 shiver
1810 limber	1830 overlap	1850 impartial	1870 nasty	1890 paramount
1811 minor	1831 obelisk	1851 sentiment	1871 rival	1891 swivel
1812 tepid	1832 showy	1852 covet	1872 twig	1892 wholly
1813 aerate	1833 termite	1853 negligible	1873 humorous	1893 desolate
1814 oppression	1834 neat	1854 outlive	1874 prevent	1894 respectively
1815 misleading	1835 turbulence	1855 impermeable	1875 consensus	1895 garrulous
1816 agile	1836 naïve	1856 speckle	1876 amiable	1896 irksome
1817 mangle	1837 compile	1857 infrequent	1877 attentive	1897 stamp
1818 string	1838 hopeless	1858 adverse	1878 celebrated	1898 simultaneously
1819 mural	1839 paradox	1859 dissuade	1879 thaw	1899 temperate
1820 eligible for	1840 criterion	1860 solace	1880 assess	1900 expend

#	Word	#	Word	#	Word	#	Word	#	Word
1901	monitor	1921	occult	1941	flaunt	1961	strive	1981	regain
1902	conjecture	1922	ardor	1942	partisan	1962	real	1982	wane
1903	emphasize	1923	aggravate	1943	exhausted	1963	artery	1983	reproduced
1904	husk	1924	geognosy	1944	immunity	1964	implicit	1984	immobility
1905	attributed to	1925	envelop	1945	placid	1965	sustenance	1985	meticulously
1906	rim	1926	stint	1946	combat	1966	witty	1986	perceptibly
1907	construe	1927	violation	1947	impressive	1967	hue	1987	tiresome
1908	measureless	1928	annually	1948	humility	1968	supernatural	1988	concomitant
1909	hail	1929	candid	1949	industrious	1969	redundancy	1989	in terms of
1910	scrub	1930	sour	1950	fin	1970	propose	1990	showcase
1911	collective	1931	emissary	1951	clarify	1971	premium	1991	settle down
1912	unwieldy	1932	roundabout	1952	split	1972	rebellious	1992	disloyal
1913	partially	1933	curt	1953	contradiction	1973	disconcert	1993	crest
1914	continual	1934	unravel	1954	entice	1974	stimulating	1994	dreadful
1915	cheer	1935	gross	1955	dominated	1975	bustling	1995	attire
1916	accumulation	1936	feudal	1956	organic	1976	empower	1996	decisive
1917	laborious	1937	likely	1957	diverge	1977	unreachable	1997	unexampled
1918	reactionary	1938	tantalizing	1958	fictitious	1978	tactile	1998	matriculate
1919	ingenuity	1939	adamant	1959	pensive	1979	sect	1999	defiant
1920	forego	1940	periphery	1960	shoddy	1980	accretion	2000	simply

USHER iBT TOEFL
VOCABULARY

10
10 out of 13

토플단어
1801-2000

usherin.usher.co.kr

Vocabulary Usher | 토플 1801-2000

1회독 2회독 3회독 4회독 5회독

10 out of 13 USHER VOCABULARY
usherin.usher.co.kr

1801 significant*
[signífikənt]
▶ **important, essential, considerable, substantial, serious, large, noticeable**
Significant discoveries have been made that can change the way we live our daily lives.
우리의 일상 생활을 변화시킬 수 있는 많은 발견들이 이루어졌다.
a. 특별한 의미가 있는, 중요한; 상당한, 아주 큰, 많은

1802 desist
[dizíst]
▶ **stop, cease, discontinue**
The publishers ordered the printing company to desist from printing any more copies of their books without paying royalties.
출판자들은 인쇄처가 로열티를 내지 않고 그들의 책을 인쇄하는 것을 더이상 그만하도록 지시하였다.
v. 그만두다

1803 banner
[bǽnər]
▶ **flag, standard, ensign**
Workers wrote their demands on banners and went on a strike.
노동자들은 그들의 요구를 깃발에 적고 파업을 선언했다.
n. 기, 깃발

1804 exhilarate
[igzílərèit]
▶ **excite, thrill, elate, cheer up**
Roller coasters exhilarate their riders by stimulating both fear and pleasure centers in the brain.
롤러코스터는 뇌에 있는 공포와 쾌락신경중추를 동시에 자극함으로써 탑승자들을 들뜨게 한다.
v. 들뜨게 하다, 유쾌하게 하다

1805 fractious
[frǽkʃəs]
▶ **irritable, petulant, tetchy, unmanageable**
The fractious relationship between their parents affected the children.
서로 사이가 까다로운 부모님의 관계는 아이들에게 영향을 미쳤다.
a. 성미가 까다로운, 다루기 어려운, 성을 잘 내는

1806 floods of*
▶ **great number of**
Even the police could not control the floods of angry people.
경찰조차도 화가 나있는 다수의 사람들을 통제하지 못했다.
phr. 다수의, 많은

1807 patchy*
[pǽtʃi]
▶ **irregular, uneven, erratic**
The patchy coat on the dog was evened out by the groomer.
고르지 않은 강아지의 털은 조련사에 의해 잘 빗겨졌다
a. 어울리지 않는; 누덕누덕 기운, 고르지 않은

1808 contour*
[kántuər]
▶ **outline, delineate, limn**
The contours of the Sydney Opera house are meant to mimic a ship at full mast.
시드니 오페라하우스의 외형은 돛대를 완전히 편 배를 따라하려고 했다.
n. 윤곽, 외형
v. 윤곽을 그리다

286 USHER iBT TOEFL VOCABULARY

USHER

1809 capricious**
[kəpríʃəs]
▸ unpredictable, fickle, impulsive, whimsical
Due to the capricious weather, the ball game was postponed until further notice.
변덕스러운 날씨덕에 야구경기는 추후의 통보가 있지 전까지 연기되었다.
a. 변덕스러운

1810 limber
[límbər]
▸ flexible
Young children tend to have more limber bodies which become less flexible as they age.
어린아이들은 유연한 몸을 가지고 나이가 들면서 덜 유연해진다.
a. 유연한, 잘 휘는; 경쾌한
v. 유연하게 하다, 준비 운동 하다

1811 minor*
[máinər]
▸ small; less important, secondary, subordinate
The minor points presented in the debate were not enough to convince the moderators.
토론회에서 거론된 중요하지 않은 주장들은 사회자를 납득시킬만한 것이 못 되었다.
a. 작은; 중요하지 않은

1812 tepid
[tépid]
▸ lukewarm
He washed his face with tepid water to protect his skin.
그는 피부를 보호하기 위해 미지근한 물로 세수하였다.
a. 미지근한; 열의가 없는

1813 aerate
[ɛ́əreit]
▸ supply with air, oxygenate
Without any means to aerate the water of an aquarium, the fish would soon die due to lack of oxygen.
아쿠아리움에 산소를 공급할 방법 없이는 물고기들은 산소부족으로 곧 죽을 것이다.
v. 산소를 공급하다

1814 oppression
[əpréʃən]
▸ control, coercion, domination
People suffered oppression from the government when the army took over the government.
사람들은 군대가 정부를 장악했을 때 정부의 압박에 시달렸다.
n. 압박, 억압

1815 misleading*
[mislíːdiŋ]
▸ deceptive, deluding, confusing, inaccurate
The misleading news reports caused consumers to think all of the products had been tainted.
오해의 소지가 있는 뉴스 보도는 소비자에게 상품들이 부패된 것이라고 생각하게 만들었다.
a. 현혹시키는, 오해하게하는

1816 agile*
[ǽdʒəl, ǽdʒail]
▸ quick, nimble, light, quick and active
Although the moose was strong, it had to stay away from the agile wolf.
무스는 힘이 쎌 지라도 날렵한 늑대에게는 떨어져 있어야 했다.
a. 민첩한, 재빠른, 날렵한

1817 mangle
[mǽŋgl]
▸ mar, demolish, destroy, ruin
The cat mangled the sides of the recliner and it had to be reupholstered.
고양이가 안락의자를 엉망진창으로 만들어서 의자 천을 갈아야만 했다.
v. 엉망진창으로 만들다, 난도질 하다

1818 string*
[striŋ]
▸ series, cord, line / thread
The string of lights was wrapped around the Christmas tree.
크리스마스 트리 주위에 얇은 전구 줄이 감싸져 있었다.
n. 끈, 실, 일련, 한 줄, 연속
v. 끈으로 묶다

Vocabulary Usher | 토플 1801-2000

1819 mural
[mjú-ərəl]
▶ wall painting / relating to a wall
Michelangelo is not only a skillful sculptor, but also is a fascinating mural painter.
미켈란젤로는 재능있는 조각가 뿐만이 아니라 유능한 벽화가이다.
n. 벽화
a. 벽의

1820 eligible for
▶ suitable, qualified, acceptable, proper
After looking over the guidelines, Kevin found that his research was eligible for a full grant.
가이드라인을 본 Kevin은 그의 연구가 연구 보조금 전액 지원에 적합하다는 것을 알게 되었다.
phr. 적격의, 자격이 있는

1821 austere
[ɔːstíər]
▶ strict, harsh, severe; plain
The government is cracking down on flagrant waste and asking people to practice more austere lifestyles during the debt crisis.
정부는 무분별한 소비를 제재하고 국민들에게 불경기에 검소한 삶을 살라고 당부했다.
a. 소박한, 꾸밈없는; 근엄한, 엄격한

1822 in any case
▶ regardless
In any case, you shouldn't drive if you've been drinking.
어떤 상황에서도 술을 마시고는 운전을 해선 안된다.
phr. 어찌 됐든, 하여튼, 어떤 경우라도

1823 insignificant*
[ìnsignífikənt]
▶ trivial, slight, trifling, negligible
The research has been considered insignificant and the funding has been terminated.
연구는 의미없는 것이 되버렸고 자금조달 또한 끊겼다.
a. 사소한, 대수롭지 않은, 의미 없는

1824 precipitation*
[prisìpətéiʃən]
▶ acceleration, haste, impetuosity
50 inches of precipitation is expected during the monsoon season this year.
우기에는 50인치 정도의 강수량이 예상된다.
n. 촉진, 성급함; 투하, 강수량

1825 uncompromising
[ʌnkámprəmàiziŋ / -kɔ́m]
▶ unyielding, inflexible, rigid, obstinate
The buyer was uncompromising and eventually the salesman had to lower the sales price.
구매자는 완고하였고 결국 판매자는 가격을 내릴수 밖에 없었다.
a. 타협하지 않는, 완고한

1826 speculative*
[spékjəlèitiv, -lə-]
▶ theoretical, academic, thoughtful, reflective, meditative
I decided not to believe in the speculative rumors.
나는 사색적인 루머들을 믿지 않기로 하였다.
a. 추측에 근거한, 이론적인; 투기의

1827 budding*
[bʌ́diŋ]
▶ emerging, nascent, growing, developing
Tourism is a budding industry for many who can no longer support themselves through subsistence farming in tropical areas.
관광산업은 열대지방에서 농사를 지으면서 생계유지에 어려움을 겪은 사람들은 위한 신진 산업이다.
a. 신진의, 발육기의

1828 ban
[bæn]
▶ forbid, inhibit / prohibition, restriction
The ban on ivory trade was an attempt to save the wild elephant population.
상아무역 금지령은 야생 코끼리를 구하고자 하는 시도였다.
v. 금지하다
n. 금지령

1829 vulnerable* [vʌ́lnərəbəl]
▶ easily damaged, susceptible, weak, open to be attacked
Baby animals that are born in the wild are vulnerable to predators and cold weather.
야생에서 태어난 어린 동물들은 포식자와 추운 날씨에 노출된다.
a. 상처(공격) 받기 쉬운, ~에 취약한

1830 overlap [òuvərlǽp]
▶ extend along, cover a part of
The overlap of the two essays was not great enough to be considered plagiarism.
두 에세이간의 중복되는 부분은 표절이라고 할 정도는 아니었다.
v. 부분적으로 겹치다
n. 부분적 중복

1831 obelisk* [ábəlìsk / ɔ́b-]
▶ stone pillar
A large obelisk was erected as a monument to Napoleon.
나폴레옹을 기념하는 오벨리스크가 세워졌다.
n. 방 첨탑, 오벨리스크

1832 showy [ʃóui]
▶ ostentatious, gaudy, loud
The new house was considered by the neighbors as too showy for the subdivision.
새집은 이웃들 사이에서 주변환경에 비해 너무 화려하다고 여겨진다.
a. 화려한, 허식적

1833 termite [tə́:rmait]
▶ white ant
The foreign termite has caused extensive structural damage to wooden buildings across the humid areas of the Southeastern United States.
외래종 흰개미는 미국 남부지방의 습한 지역까지 건너 나무 빌딩에 큰 피해를 주었다.
n. 흰개미

1834 neat* [ni:t]
▶ orderly, trim, tidy
The neat style of his outfit caused people to assume that he was very organized.
단정한 그의 복장은 사람들로 하여금 그가 매우 정돈된 사람이라 생각하게 만들었다.
a. 깔끔한, 단정한

1835 turbulence [tə́:rbjuləns]
▶ agitation, tumult, commotion, turmoil
The pilot informed the passengers to fasten their seat belts because the plane was about to fly through an area of turbulence.
파일럿은 승객에게 흔들리는 지역을 통과할 것이니 안전벨트를 착용하라고 알렸다.
n. 소란, 동요, 격동

1836 naive [na:í:v]
▶ ingenuous, gullible, credulous, unsuspicious
Her naive personality became a serious problem when she moved to the city.
그녀의 순진한 성격은 그녀가 도시로 옮겨가자 큰 문제가 되었다.
a. 순진한, 때묻지 않은, 잘 속는

1837 compile [kəmpáil]
▶ assemble, put together, collate, compose
When writing a research paper, it is important to compile a list of sources early on.
연구 논문을 쓸 때에는 참고 목록부터 편찬하는 게 중요하다.
v. 편집하다, 편찬하다

1838 hopeless [hóuplis]
▶ desperate, despairing, despondent, impossible
It is important to remember that no matter how hopeless a situation is, it can always be improved.
아무리 희망이 없는 상황이라도, 항상 발전할 수 있음을 기억하는 것은 중요하다.
a. 희망없는, 절망적인

Vocabulary Usher | 토플 1801-2000

1839 paradox* [pǽrədɑ̀ks]
▶ contradiction, inconsistency
The colder winter temperatures seem to be a paradox with the trend of global warming.
지구온난화 가운데 낮아지는 겨울온도는 모순적이다.
n. 모순, 역설

1840 criterion [kraitíəriən]
▶ standard
The most important criterion to be in the part of our team is your ability to dance well.
우리 팀의 들어오기 위한 가장 중요한 기준은 춤 실력이다.
n. 표준, 기준

1841 ramification* [ræ̀məfikéiʃən]
▶ consequence, effect, result
The ramifications for your actions will be discussed by the board of directors.
당신의 행동에 대한 결과는 감독이 사회에서 논의될 것이다.
n. 결과, 영향 (consequence); 가지, 분파

1842 affectation [æ̀fektéiʃən]
▶ pretense, feigning, simulation, act
She realized that affectation cannot build friendship but ultimately destroys relationships.
그녀는 가식적인 우정을 쌓기 보단 관계를 망가트린다는 것을 깨달았다.
n. 가장, 가식

1843 monstrous [mɑ́nstrəs]
▶ tremendous, gigantic, prodigious, enormous
The monstrous crane lifted the steel beams nearly 100 meters into the air and deposited them atop the construction site.
거대한 기중기는 강철빔을 상공 100미터까지 들어올려 공사장의 정상에 놓았다.
a. 기괴한, 거대한, 극악 무도한

1844 endless* [éndlis]
▶ limitless, incessant, perpetual, ceaseless
The endless amount of information available to people today would have been unimaginable by those who lived 200 years ago.
오늘날 제공되는 무한한 정보의 양은 200년전에 살던 사람들에게는 상상도 할 수 없었던 일이었을 것이다.
a. 끝없는, 무한한, 무수한

1845 custody [kʌ́stədi]
▶ imprisonment, confinement
Five immigrants were taken into custody yesterday for violations of the immigration statutes.
다섯명의 이민자가 이민법을 어긴 죄로 어제 감금되었다.
n. 감금, 구금

1846 seamless [síːmlis]
▶ smooth
The seamless transition from analog to digital TV was due to long-range planning by communications officials.
아날로그에서 디지털 티비로의 매끄러운 이행은 통신관련 공무원의 장기 계획 때문이었다.
a. 솔기 없는, 상처 없는

1847 weigh [wei]
▶ consider, ponder, contemplate
It is necessary to weigh both sides of an issue before jumping in with an opinion.
한가지 결정을 내리기 전에 주제에 대한 양쪽 의견의 무게를 재는 것은 필요하다.
v. 심사 숙고하다; 무게를 재다

1848 focal point*
▶ central area, focus, center
The large Greek statue was the focal point of the garden.
그 큰 그리스 동상은 정원의 중심지였다.
phr. 중심지, 초점

| 1849 **becoming** [bikʌ́miŋ] | ▶ **attractive, comely, suitable, appropriate**
Mary's new haircut is very becoming on her, it makes her look very elegant.
Mary의 새로운 머리스타일은 그녀에게 잘 어울려 그녀를 더욱 고상하게 보이도록 하였다. | a. 어울리는, 적당한 |

| 1850 **impartial*** [impɑ́ːrʃəl] | ▶ **disinterested, unbiased, unprejudiced, objective**
It is important for the judge to be impartial in any situation.
판사가 어떠한 상황에서도 공평해야 하는 것은 중요하다. | a. 편견 없는, 공평한 |

| 1851 **sentiment** [séntəmənt] | ▶ **emotion, sentimentality, sensibility**
The sentiments expressed in the card pointed to a genuine sympathy for the widow's loss.
카드에 담긴 감정은 상심한 과부에 대한 진실한 동정이었다. | n. 감정, 심정 |

| 1852 **covet*** [kʌ́vit] | ▶ **desire, long for, aspire to, envy, crave**
The ability to covet another's property is one of the main reasons people continue to strive for more in capitalistic society.
타인의 것을 탐낼 수 있는 점은 자본주의 사회에서 사람들이 지속적으로 분투하는 주된 이유 중 하나이다. | v. 탐내다, 갈망하다 |

| 1853 **negligible*** [néglidʒəbəl] | ▶ **insignificant, trivial, trifle, unimportant**
The company reported that the effects of the strike on production were negligible.
회사는 파업이 작업에 미친 영향은 미비한 정도라고 보고했다. | a. 하찮은, 사소한 |

| 1854 **outlive*** [àutlív] | ▶ **survive, outlast**
Jerry outlived his son and eventually died at the age of 116.
Jerry는 그의 아들보다 오래살았고 결국 116세에 숨졌다. | v. ~보다 오래 살다 |

| 1855 **impermeable** [impə́ːrmiəbəl] | ▶ **airtight, impenetrable, impervious, sealed**
A coat impermeable to rain is crucial when touring the Amazon.
아마존을 여행할 때에는 비가 스며들지 않는 코트는 필수적이다. | a. 스며들지 않는, 불침투성의 |

| 1856 **speckle** [spékl] | ▶ **mark, blemish, dot, fleck**
Strange speckles started to appear on my face soon after I became ill.
내가 아프고 얼마되지 않아 이상한 반점들이 얼굴에 나타나기 시작했다. | n. 작은 반점, 얼룩 |

| 1857 **infrequent** [infríːkwənt] | ▶ **occasional; rare**
Snow is an infrequent occurrence in the southern regions of the United States.
미국 남쪽지역에 눈이 내리는 것은 진기한 일이다. | a. 가끔의; 진기한 |

| 1858 **adverse*** [ædvə́ːrs] | ▶ **negative, not favorable, opposed, unfavorable**
The excessive use of technology has led to adverse environmental issues.
과도한 기술의 사용은 안 좋은 환경문제를 만들었다. | a. 거스르는, 반대의 |

Vocabulary Usher | 토플 1801-2000

1859 dissuade
[diswéid]
▶ **discourage, dishearten**
My parents are constantly trying to dissuade my brother from joining the military.
내 부모님은 동생이 군 입대하려는 것을 거듭 단념시키려 한다.

v. 단념시키다

1860 solace
[sáləs]
▶ **comfort, consolation**
He sought solace from his grief in a therapy group.
그는 치료그룹에서 그의 슬픔을 위로 받고 싶어했다.

n. 위안, 위로
v. 위로하다

1861 demolish*
[dimáliʃ / -mɔ́l-]
▶ **destroy, wreck, raze, tear down**
The town was completely demolished by the enemy and there was nothing left.
그 마을은 적에 의하여 완전히 파괴되어서 아무것도 남지 않았다.

v. 파괴하다

1862 shorten
[ʃɔ́ːrtn]
▶ **abbreviate, abridge, lessen, curtail**
The workers demanded that the factory shorten their hours and extend their holiday time.
노동자들은 근무시간을 단축 시키고 더 많은 휴가를 달라고 요구했다.

v. 짧게 하다

1863 affront
[əfrʌ́nt]
▶ **offend, insult / abuse**
Failure to vote is an affront to the principles of democracy.
투표 불이행은 민주주의의 원칙에 대한 모욕이다.

v. 모욕하다
n. 모욕

1864 generally**
[dʒénərəli]
▶ **largely, chiefly, mainly, mostly**
The fastest way to go from point "A" to point "B" is generally the shortest.
A지점에서 B지점으로 가는 가장 빠른 길은 일반적으로 가장 짧은 길이다.

ad. 대부분, 주로

1865 habituate
[həbítʃuèit]
▶ **accustom, familiarize**
He habituated himself to waking up early in the morning.
그는 아침 일찍 일어날 수 있도록 그 자신을 길들였다.

v. 길들이다; 습관이 되다

1866 grieve
[griːv]
▶ **lament, mourn, sorrow, bewail**
It is common for people to grieve over the loss of their pets.
사람들은 보통 자신들의 애완동물이 죽으면 몹시 슬퍼한다.

v. 몹시 슬퍼하다

1867 heyday
[héidèi]
▶ **prime, peak, height, high point**
In its heyday, this was one of the most popular restaurants in the city.
전성기 때 이곳은 도시에서 가장 유명한 식당 중 한 곳이었다.

n. 전성기

1868 circumvent
[sə̀ːrkəmvént]
▶ **bypass, detour, go around, outwit**
In an effort to circumvent further searches, many travelers purposefully choose to wear clothing that will not set off metal detectors.
추가적인 몸수색을 우회하기 위해 많은 여행객들은 일부러 금속감지기에 걸리지 않을 옷을 입는다.

v. 앞지르다; 우회하다

1869	**frown** [fraun]	▶ scowl, grimace People tend to frown subconsciously when they feel unhappy or uneasy. 사람들은 기분이 언짢거나 슬플 때 무의식적으로 눈살을 찌푸리는 경향이 있다.	v. 눈살을 찌푸리다, 인상을 찌푸리다 n. 찡그린 얼굴
1870	**nasty** [næsti, nά:s-]	▶ filthy, dirty, foul, impure After the storm, the water in the pool was a nasty green color and was full of branches. 폭풍이 지나간 후 연못의 물은 더러운 초록색이었고 수많은 나뭇가지들이 떠다녔다.	a. 더러운, 불쾌한, 심술 궂은
1871	**rival*** [ráiv-əl]	▶ competitor, antagonist, opponent / compete with The two schools' football teams had long been rivals for the top ranking. 두 학교의 미식축구 팀은 오랜 시간동안 정상에 오르려고 하는 경쟁자였다.	n. 경쟁자, 적수 v. 경쟁하다
1872	**twig*** [twíg]	▶ branch, stick, offshoot, sprig The children were sent on a mission to gather twigs for the fire. 아이들은 불을 지필 가지를 모아오도록 보내졌다.	n. 가지, 지맥
1873	**humorous** [hjú:mərəs]	▶ funny, comical, ludicrous My humorous brother got everyone to like him. 익살스러운 내동생은 모든 사람들이 그를 좋아하게 만들었다	a. 익살스러운, 유머러스한
1874	**prevent*** [privént]	▶ preclude, avoid, impede, avert The dam was built to prevent flooding and to create hydroelectric power. 댐은 홍수를 예방하고 수자력을 만들기 위해 지어졌다.	v. 막다, 예방하다; 방해하다
1875	**consensus*** [kənsénsəs]	▶ agreement, unanimity, consent, concurrence After hours of discussion, we reached a consensus. 몇 시간의 토론을 거친 후에 우리는 합일점에 도달하였다.	n. 의견의 일치, 합일점, 동의, 협의
1876	**amiable** [éimiəbl]	▶ friendly, amicable, genial, cordial Having an amiable personality is necessary when working in large companies. 붙임성 있는 성격은 큰 회사에서 일할 때 필요한 자질이다.	a. 붙임성 있는, 우호적인
1877	**attentive** [əténtiv]	▶ heedful, alert, watchful, careful I wish he could be more attentive to my lecture. 난 그가 내 강의를 좀 더 주의 깊게 들었으면 좋겠다.	a. 주의 깊은
1878	**celebrated**** [séləbrèitid]	▶ renowned, famous, well-known, famed The celebrated chef flew in to consult with the restaurant about their new menu. 저명한 쉐프는 레스토랑의 새로운 메뉴에 대해 상담을 하기위해 방문했다.	a. 유명한, 저명한

Vocabulary Usher | 토플 1801-2000

1879 thaw**
[θɔː]
▶ **defrost**, melt, dissolve, liquefy
The frozen stream thawed as the spring came.
봄이 오자 얼어 있던 강물이 녹았다.

v. 녹이다
n. 해동, 눈 녹음

1880 assess**
[əsés]
▶ **evaluate, estimate, judge** / **impose**
Mystery shoppers were sent in to assess the quality of customer service at the restaurant.
비밀 쇼핑객들은 고객 서비스 상태를 확인하고 평가하고자 음식점으로 보내졌다.

v. 평가하다, 사정하다; 부과하다

1881 progressive*
[prəgrésiv]
▶ **advanced, liberal, gradual, ongoing**
The progressive increase in the income tax rate caused many people to vote against the bill.
세금의 점진적인 인상은 사람들이 그것에 반대하도록 하였다.

a. 진보적인, 전진하는, 발전하는

1882 imperative
[impérətiv]
▶ **necessary, pressing, indispensable**
It is imperative that the book be published as soon as possible.
그 책이 가능한 빨리 출판되는 일은 시급하다.

a. 필수적인, 의무적인, 반드시 해야하는, 명령적인, 긴급한

1883 enrich
[enrítʃ]
▶ **enhance, improve, better, upgrade**
Fertilizers used to enrich the soil can cause problems in marine ecosystems.
토양을 비옥하게 하기 위해 사용하는 비료들은 해양 생태계에 문제를 일으킬 수 있다.

v. 풍요롭게 하다, (질, 내용) 높이다

1884 bode*
[bóud]
▶ **foretell, presage, portend, auspicate**
An unwillingness to debate doesn't bode well for someone who desires to be an attorney.
변호사가 되고 싶어하는 사람이 논쟁하기를 좋아하지 않는다면 그것은 좋은 징조가 아니다.

v. 징조가 되다

1885 indisputable
[ìndispjúːtəbəl, indíspju-]
▶ **unquestionable, sure, certain, conclusive**
The fact that Max was guilty for the crime was indisputable.
막스가 유죄라는 사실은 너무나 명백했었다.

a. 논란의 여지가 없는; 명백한, 의심의 여지가 없는

1886 chart*
[tʃɑːrt]
▶ **table, graph** / **map, plot**
This chart shows the gradual changes in the market since 2007.
이 도표는 2007년 이후 시장의 점차적 변화를 보여준다

n. 도표, 차트
v. (지도 등을)작성하다, 계획을 세우다

1887 duly
[djúːli]
▶ **properly, on time, punctually**
The payment was required on the duly appointed day.
납입은 약속된 제 시간에 해야한다.

ad. 정당하게; 제시간에

1888 participant
[pɑːrtísəpənt]
▶ **participator, contributor, member**
Participants in the conference are required to wear nametags identifying them as such.
회담의 참여자들은 구별할 수 있게 명찰을 달아야 한다.

n. 참여자
a. 참여하는

1889 shiver
[ʃívər]
▶ tremble, quake / trembling, flutter
Shivering is one of the body's natural responses to extremely cold temperatures.
몸을 떠는 것은 추운 온도에 몸이 반응하는 자연적인 행동이다.

v. 떨다, 진동시키다
n. 떨림, 오한

1890 paramount
[pǽrəmàunt]
▶ supreme, sovereign, chief, principal
The ability to make it out of the forest alive was the paramount concern of the stranded trekkers.
숲속에서 살아서 돌아가는 건 길 잃은 등산객들의 최고의 관심사였다.

a. 최고의
n. 최고 권위자, 군주

1891 swivel
[swívəl]
▶ spin, rotate, turn
The ability to swivel is what differentiates ball-and-socket joints from hinged joints.
보올 소켓 연결은 회전이 가능하다는 점에서 경첩 관절과 다르다.

n. 회전
v. 회전하다, 회전시키다

1892 wholly*
[hóulli]
▶ completely, fully, in every respect, thoroughly
The volunteer trip was wholly subsidized by the local association of churches.
자원봉사 여행은 지역 교회협회에서 전적으로 지원하였다.

ad. 전적으로, 완전히

1893 desolate
[désəlit]
▶ barren, ravaged
The Sahara desert is a desolate place without much life.
사하라 사막은 생명이 별로 없는 황폐한 땅이다.

a. 황량한, 황폐한, 쓸쓸한

1894 respectively
[rispéktivli]
▶ particularly, individually, in that event, as a result
The brother and sister were aged 12 and 19, respectively.
동생과 누나는 각각 12살과 19살이다.

ad. 각각

1895 garrulous
[gǽrjələs]
▶ talkative
The garrulous old man was constantly telling stories of his adventures traveling in his youth.
수다스러운 노인은 자신이 어렸을 때의 모험 이야기를 끊임없이 말했다.

a. 수다스러운, 말 많은

1896 irksome
[ə́ːrksəm]
▶ tedious, boring, monotonous
Repeating the same beat over and over again, David performed an irksome drum solo.
같은 박자를 반복하면서 David은 지루한 드럼 솔로를 보여주었다.

a. 지루한, 진저리 나는

1897 stamp
[stæmp]
▶ trample, crush
Before retiring for the night, it is important for campers to stamp out their campfires.
밤에 잠들기 전에 야영객들이 캠프파이어를 짓밟아 끄는 것은 중요하다.

v. 짓밟다, 도장찍다
n. 도장, 우표

1898 simultaneously**
[sàim-əltéiniəsli, sìm-]
▶ concurrently, at the same time
The couple started to yell at each other simultaneously.
두 사람은 동시에 서로에게 소리치기 시작했다.

ad. 동시에, 일제히

Vocabulary Usher | 토플 1801-2000

1899 temperate [témpərət]
▶ moderate, self-restrained, sober
The temperate Mediterranean climate of California is a big draw for visitors.
캘리포니아의 온화한 지중해 기후는 많은 방문객을 끌어온다
a. 절제하는, 삼가는; 온화한

1900 expend [ikspénd]
▶ use, spend, use up, consume
People must be careful not to expend all of their oxygen when diving and reserve enough for the ascent.
사람들은 다이빙을 할 때 산소를 다 사용하지 않도록 주의하고 올라올 때 필요한 양을 확보해야 한다
v. (시간, 노력) 쓰다, 들이다; (금전) 지출하다

1901 monitor [ma:nitə(r)]
▶ check, examine, inspect / screen
The doctor had to monitor his patient's heartbeat in order to detect any irregularities.
그 의사는 어떤 변칙성이라도 찾고자 환자의 심장박동수를 감시하였다
v. 조사하다; 감시하다
n. 모니터, 감시장치

1902 conjecture [kəndʒéktʃər]
▶ guess, hypothesis, speculation, supposition
Early theories of how the universe was organized were purely based on conjecture.
초기 우주 구성에 관한 이론은 순수하게 추측에 의존되어졌다
n. 추측, 짐작

1903 emphasize* [émfəsàiz]
▶ stress, make much of, highlight, punctuate
The curator tried to emphasize the fact that none of the artifacts had ever been seen before.
큐레이터는 유물들이 처음으로 보여진 것이라는 사실을 강조하려 했다
v. 강조하다, 역설하다

1904 husk [hʌsk]
▶ crust
The farmer ripped the husks from the ears of corn before boiling them.
농부는 옥수수를 끓이기 전에 그것의 껍질을 벗겼다
n. 껍질, 외피

1905 attributed to
▶ explained by
The creation of the first incandescent lightbulb is often attributed to Edison.
최초 백열전구의 탄생은 에디슨에 의한 것으로 자주 설명된다
phr. ~에서 기인한, ~로 설명되는

1906 rim [rím]
▶ edge, border, margin, brim
The clown jumped skillfully without touching the rim of the fire ring.
광대는 불고리의 가장자리를 건드리지 않고 능숙하게 뛰어넘었다
n. 가장자리, 변두리

1907 construe* [kənstrú:]
▶ interpret, comprehend
His offer to help was construed as an act of pity to the poor old man.
그의 도움은 가난한 노인에 대한 동정으로 해석되었다
v. 해석하다, 번역하다

1908 measureless [méʒəːrlis]
▶ limitless, boundless, immense, infinite
His love for his daughter is measureless.
딸을 향한 그의 사랑은 무한하다
a. 무한한, 엄청난

#	Word	Synonyms / Example	Meaning
1909	**hail** [heil]	▶ storm, rain / hailstones, sleet The hail stones that fell during the storm broke my car's window. 폭풍중에 내린 우박이 나의 차 유리를 깨뜨렸다.	v. 눈이 오다 n. 우박
1910	**scrub**** [skrʌb]	▶ scour, rub / abolish, drop I asked her to scrub the shirt with soap until the stain disappears. 나는 그녀에게 셔츠에 묻은 얼룩이 지워질 때까지 비누로 문지르도록 부탁했다.	n. 덤불, 잡목숲 v. 문지르다; 중지(연기)하다
1911	**collective*** [kəléktiv]	▶ accumulated, assembled, aggregative The collective effects of the past policy changes have led to an incomprehensible set of laws that often contradict one another. 과거 제도변화에 대한 집합적인 영향은 종종 서로 상반되는 이해할 수 없는 법안을 야기했다.	a. 집단의, 집합된, 축적된, 집합적인
1912	**unwieldy** [ʌnwíːldi]	▶ awkward, clumsy, unmanageable, bulky A piano is a very unwieldy item to carry down the stairs because of its size. 피아노는 크기 때문에 계단에서 내릴 때 다루기 힘든 물품이다.	a. 다루기 힘든, (크기·모양·무게 때문에) 다루기 불편한
1913	**partially** [páːrʃəli]	▶ incompletely, fractionally The propensity to only partially finish tasks before moving on to new ones is a hallmark of those with Attention Deficit Disorder. 새로운 작업으로 옮기기 전에 단지 부분적으로만 작업을 끝내는 경향은 주의력 결핍의 특징이다.	ad. 부분적으로; 불공평하게
1914	**continual** [kəntínjuəl]	▶ incessant, ceaseless He suffered from continual cold. 그는 계속되는 감기 때문에 힘들어 했다.	a. 계속적인, 빈번한
1915	**cheer** [tʃiər]	▶ inspirit, animate / hurrah, hurray The entire town turned up to cheer on the home team as it was competing with its most bitter rivals. 마을 주민 전체가 가장 숙원의 적수인 팀과 겨루는 홈팀을 환호하기 위하여 나타났다.	v. 환호하다, 갈채하다 n. 환호
1916	**accumulation** [əkjùːmjəléiʃən]	▶ collection, buildup, accretion Although it snowed for many hours, the ground temperature prevented any accumulation. 오랜 시간 동안 눈이 내리긴 하였지만 지면의 온도가 눈의 축적을 막았다.	n. 축적, 모음, 더미
1917	**laborious** [ləbɔ́ːriəs]	▶ diligent, industrious, toilsome, arduous The laborious task of building the pyramids was undertaken by workers who would have been otherwise unemployed. 피라미드를 만드는 어려운 작업은 이것 외 직업이 없었을 인부들에게 맡겨졌다.	a. 힘든, 어려운; 열심히 일하는, 부지런한
1918	**reactionary** [riːækʃənèri]	▶ repulsive, conservative, counterrevolutionary The immediate strike against the insurgents was seen as a reactionary measure. 반란자를 향한 즉각적 파업은 반응적 조치로 보여졌다.	a. 반동의, 보수적인

Vocabulary Usher | 토플 1801-2000

1919 ingenuity
[indʒənjúːəti]
▶ **inventiveness, cleverness,** ingeniousness, resourcefulness
Ingenuity is a virtue by which artists are evaluated throughout history.
독창성은 역사의 흐름 동안에 예술가들이 평가되는 장점이다.

n. 독창성, 창의력, 정교, 교묘함

1920 forego
[fɔːrgóu]
▶ precede, forerun
Although it is included in the price, many diners chose to forego dessert when having the degustation menu.
비록 가격에 포함되어 있을 지라도 많은 사람들은 맛보기 메뉴를 즐기기 위해 디저트를 포기하기를 선택했다.

v. 앞에 가다, 앞서다

1921 occult
[əkʌ́lt, ákʌlt / ɔkʌ́l]
▶ mysterious, secret, unknown, mystical
The book contains many occult stories and beliefs.
그 책은 많은 초자연적인 이야기들과 믿음을 담고 있다.

a. 신비로운, 초자연적인

1922 ardor
[áːrdər]
▶ eagerness, zeal, passion, enthusiasm
She started her work with ardor which did not last long.
그녀는 일을 열정과 함께 시작하였으나 오래가지 못했다.

n. 열정, 열심

1923 aggravate*
[ǽgrəvèit]
▶ **worsen, exacerbate,** annoy, irritate
The Afghani troop removal was decided as its presence was seen as an aggravating factor in the region.
아프간 군대의 존재가 그 지역의 상황을 악화시키는 것으로 보이면서 아프간 군대의 철수가 결정되었다.

v. 악화시키다, 더하다

1924 geognosy*
[dʒiːágnəsi]
▶ geology (the study of the distribution of minerals and rocks in the earth's crust)
The theory of geognosy was developed by Abraham Gottlob Werner.
지질학 이론은 Abraham Gottlob Werner에 의해 만들어졌다.

n. 지질학

1925 envelop
[invéləp]
▶ surround, enclose, cloak, cover
He enveloped himself with his blanket to keep himself warm.
그는 몸을 따뜻하게 하기 위해 담요를 덮었다.

v. 싸다, 포위하다

1926 stint**
[stínt]
▶ **limit,** save, scant
He didn't stint on anything when creating his perfect media room.
그는 그의 완벽한 영상실을 만들 때 아무것도 아까워하지 않았다.

v. 아끼다, 아까워하다, 절약하다

1927 violation
[vàiəléiʃən]
▶ breach, infringement, transgression
Selling chewing gum in Singapore is a violation of the laws aimed at keeping the city clean.
도시의 위생을 위해 싱가폴에서 껌을 파는 것은 위법행위이다.

n. 위반, 방해

1928 annually
[ǽnjuəli]
▶ yearly, per annum
The bank pays out dividends to shareholders annually.
은행은 매년 주주들에게 배당금을 지급한다.

ad. 매년

#	Word	Synonyms / Example	Meaning
1929	**candid** [kǽndid]	frank, open, outspoken One thing I like about him is that he is always very candid when you ask him questions. 내가 그에 대해서 좋아하는 한 가지는 질문을 할 때마다 정직하다는 점이다.	a. 정직한, 솔직한
1930	**sour** [sáuər]	acid, tart, pungent I did not dare to eat the sour lemon. 나는 감히 시큼한 레몬을 먹지 못했다.	a. 시큼한, 신맛이 나는; 상한 v. 안 좋아지다; 틀어지다; 안좋아지게 만들다
1931	**emissary*** [émǝsèri]	messenger, carrier, agent, envoy The warring countries both sent emissaries to finally end the fighting. 전쟁 중인 두 나라 모두 싸움을 끝내기 위해서 밀사를 보냈다.	n. 밀사, 사절, 특사
1932	**roundabout** [ráundǝbàut]	circuitous, indirect, meandering, twisting She refused his proposal of marriage in a roundabout way without being direct. 그녀는 그의 결혼 프로포즈를 직접적으로 말하지 않고 우회적으로 거절했다.	a. 완곡한, 우회적인
1933	**curt** [kǝːrt]	brief, abrupt, short, blunt People tend to misunderstand Jacob due to his curt way of speaking and lack of facial expression. 사람들은 Jacob의 무뚝뚝한 말투와 무표정한 모습 때문에 그를 오해하는 경향이 있다.	a. 간략한, 무뚝뚝한
1934	**unravel*** [ʌnrǽvǝl]	explain, solve, figure out The mystery was unraveled by a group of teenagers who collected evidence to explain it. 미스터리는 이를 설명하기 위해 증거를 모은 십대들에 의해 풀렸다.	v. 풀다, 해결하다
1935	**gross** [gróus]	bulky, massive / gain, income The children were removed from the home due to the gross negligence displayed by their parents. 어린아이는 부모님의 완전한 태만때문에 가정에서 떨어졌다.	a. 거친, 커다란; 총계의 n. 총액
1936	**feudal** [fjúːdǝl]	– Some people believe that today's wealth disparity is akin to the ancient feudal system. 어떤 사람들은 오늘날의 부의 차이는 고대의 봉건제도와 비슷하다고 생각한다.	a. 봉건적인
1937	**likely** [láikli]	probable, possible / probably It is very likely that we will meet up on holiday, as the island is very small. 섬은 굉장히 작기 때문에 아마 휴일에 우리는 만나게 될 것이다.	a. 있음직한, ~할 것 같은 ad. 아마, 어쩌면
1938	**tantalizing** [tǽntǝlàiziŋ]	alluring, enticing, fascinating, tempting The tantalizing sounds of the music coming from the Samba festival got everyone hyped up. 삼바 축제에서 오는 흥미 돋구는 음악 소리는 모든 사람들을 흥분 시켰다.	a. 애타게하는, 감질맛나게 하는, 기대를 갖게하는

Vocabulary Usher | 토플 1801-2000

1939 adamant [ǽdəmənt, -mæ̀n]
▶ insistent, determined
Jenny's parents were adamant that she attend college directly after high school.
Jenny의 부모님은 그녀가 고등학교 후에 곧바로 대학교 다니는 것에 대해 견고했다.
a. 더없이 단단한, 견고한

1940 periphery** [pərífəri]
▶ edge, border, fringe, margin
On our return from vacation our car died just as we reached the periphery of the city.
휴가에서 돌아오는 길에 우리 차는 시내 주변에 도착하자마자 멈췄다.
n. 주위, 주변

1941 flaunt [flɔːnt]
▶ show off, brandish / bragging, boast
He flaunted his wealth by wearing expensive clothes.
그는 비싼 옷을 입음으로써 부유함을 과시하였다.
v. 과시하다
n. 자랑, 과시

1942 partisan [páːrtəzən]
▶ adherent, supporter / biased, prejudiced
He is a partisan of Socrates' views and beliefs.
그는 소크라테스의 견해와 믿음의 추종자이다.
n. 일당, 추종자
a. 당파적인, 편파적인

1943 exhausted [igzɔ́ːstid]
▶ tired, worn out; used up, consumed
Working in a hostile environment causes people to be exhausted in a short amount of time.
좋지 않은 환경에서 일하는 것은 사람들을 단시간 만에 지치게 한다.
a. 지친; 다 써버린, 고갈된

1944 immunity [imjúːnəti]
▶ exemption, impunity, protection
She lost her immunity against illness as she grew old.
그녀는 나이가 들면서 병에 대한 면역력을 잃었다.
n. 면제, 면역

1945 placid* [plǽsid]
▶ calm, serene, tranquil, untroubled
The placid waters of the lake gave no indication that they were teaming with flesh eating piranhas.
평온한 호수는 그 속에 살인 피라니아가 살고 있다는 암시를 주지 못했다.
a. 평온한, 침착한

1946 combat [kámbæt, kʌ́m-]
▶ battle / struggle, fight
18 soldiers were killed during the combat mission.
전투 임무 수행 중에 18명의 병사들이 죽었다.
n. 전투, 논쟁, 싸움
v. ~와 싸우다

1947 impressive* [imprésiv]
▶ striking, moving, stirring, remarkable
The new car had an impressive list of features included on the standard model.
새로나온 자동차는 표준모델에 추가된 인상적이 기능들을 가지고 있었다.
a. 인상적인

1948 humility [hjuːmíləti]
▶ meekness, humbleness, modesty
He was considered great, not for his success but for his humility.
그는 그의 성공이 아닌 겸손함으로 인해 위대하게 여겨진다.
n. 겸손

#	Word	Synonyms / Example	Meaning
1949	**industrious** [indʌ́striəs]	▶ diligent, assiduous Most of the new workers were industrious and efficient. 새로운 노동자들의 대부분은 부지런하고 능률적이었다.	a. 근면한, 부지런한
1950	**fin** [fin]	▶ flipper, paddle The dorsal fin of sharks is prized as a delicacy in some cuisines. 상어 등지느러미는 일부 요리법에서 진미로 여겨진다.	n. 지느러미
1951	**clarify*** [klǽrəfài]	▶ elucidate, clear up, **make clear, define** Often times, attempts to clarify an argument often lead to more questions. 때때로, 주장을 명백히 하려는 시도는 더 많은 질문을 낳기도 한다.	v. 명백히 하다
1952	**split** [split]	▶ cleave, rend, separate When the man bent over, his pants split and everyone laughed. 그가 몸을 구부렸을 때 그의 바지가 터져서 모두가 웃었다.	v. 쪼개다, 분할하다
1953	**contradiction*** [kàntrədíkʃən]	▶ paradox, inconsistency; **denial, disapproval** The contradictions in the students' stories caused the teacher to disbelieve both accounts. 학생들 이야기의 모순은 선생님이 두 가지 모두 믿지 못하게 만들었다.	n. 모순; 부정, 부인
1954	**entice*** [intáis]	▶ allure, tempt, seduce, **lure** He was enticed by the company's proposed salary and benefits package. 그는 회사들이 제안하는 높은 월급과 복리후생 제도에 유혹당했다.	v. 유혹하다, 유인하다, 유도하다
1955	**dominated** [dάmənèitid]	▶ governed, controlled, directed, **under the thumb of** The daily life of most citizens of Soviet dominated Poland was much harsher than in modern times. 구소련에 의해서 지배되었던 폴란드 시민들의 일상은 현대 사회의 생활보다 더 힘들었다.	a. 지배되는
1956	**organic** [ɔːrgǽnik]	▶ living, biological; systematic, routine The freedom from pesticides is the greatest motivator for people to buy organic produce. 사람들이 유기농 유제품을 사는 이유는 농약을 사용하지 않기 때문이다.	a. 유기체의; 유기적인
1957	**diverge*** [divə́ːrdʒ, dai-]	▶ separate, deviate, **split off; swerve** The path to happiness often diverges from the path to career success. 대게 행복으로의 길은 직업의 성공에서 갈라져 나온다.	v. 분기하다, 갈라지다; 빗나가다
1958	**fictitious** [fiktíʃəs]	▶ unreal, imagined, imaginary He had a talent of telling fictitious stories as if they were actual events that happened. 그는 가공의 이야기를 마치 현실인 마냥 말하는 재주가 있었다.	a. 가공의, 허위의

Vocabulary Usher | 토플 1801-2000

1959 pensive
[pénsiv]
▶ **thoughtful, meditative, reflective**
He was in a pensive mood as he pondered his cousin's mysterious death.
그는 그의 친척의 의문스러운 죽음으로 고민을 하며 생각에 잠겼었다.

a. 생각에 잠긴

1960 shoddy
[ʃádi]
▶ **inferior, poor, base, cheapjack**
People prefer to buy name-brand products because imitations are often thought of as shoddy copies.
사람들은 이름있는 브랜드를 더 좋아하는데 그것은 모조품이 볼품없는 상품이라 생각하기 때문이다.

a. 볼품없는, 조악한, (질이) 떨어지는

1961 strive*
[straiv]
▶ **try, endeavor, struggle, toil**
The coach told his players that they would gain success only if they continued to strive to be the best.
코치는 그의 선수들에게 최고가 되려면 끊임 없이 노력해야만 성공을 할 수 있다고 말했다.

v. 노력하다, 얻으려 애쓰다

1962 real
[ríː-əl, ríəl]
▶ **actual, factual, authentic, genuine**
Although this apple seems deceivingly real, it is actually made of plastic.
이 사과가 겉보기엔 진짜처럼 보여도, 이것은 사실 플라스틱으로 만들어졌다.

a. 실재하는, 현실의; 진짜의, 진정한
n. 현실, 진실

1963 artery
[áːrtəri]
▶ –
The blood pumped through the arteries is oxygenated, with the exception of the pulmonary and umbilical arteries.
폐와 배꼽 주변을 제외한 동맥을 지나가는 혈액은 산소를 공급받는다.

n. 동맥

1964 implicit
[implísit]
▶ **implied, suggestive**
Instead of a flex of military might, the missile tests are seen as an implicit request for more foreign aid.
미사일 실험은 군사력을 과시하는 것보단, 외국의 도움을 요청하는 함축적인 의미로 보인다.

a. 함축적인, 암시된, 내포된

1965 sustenance*
[sʌ́stənəns]
▶ **fare, food, nourishment**
The inability to provide basic sustenance on minimum wage is the major argument made by those pushing for its increase.
최저 임금으로 생계를 이어나갈 수 없다는 점은 최저 임금의 인상을 지지하는 사람들의 주된 주장이다.

n. 생계, 생활; 음식

1966 witty
[wíti]
▶ **amusing, clever, comical, humorous**
People often seek out witty companions who can entertain them.
사람들은 자신들을 즐겁게 해줄 수 있는 재치있는 친구와 교제하길 바란다.

a. 재치 있는

1967 hue**
[hjuː]
▶ **tint, color, shade, tone**
Almost all colors are composed of only three hues: red, yellow and blue.
거의 모든 색상들은 오직 세가지 색깔로 이루어져 있다: 빨간색, 노란색 그리고 파란색.

n. 색조, 빛깔, 색

1968 supernatural
[sùːpərnǽtʃərəl]
▶ **miraculous, abnormal**
Many supernatural things are happening in space.
우주에서는 많은 초자연적인 것들이 일어난다.

a. 초자연의, 불가사의한

1969 redundancy*
[rɪdʌ́ndənsi]
▶ superfluity, extra capacity; wordiness
The redundancy of her usage of words was very annoying to see.
그녀가 사용한 단어의 중복성은 보기 짜증난다.
n. 중복; 장황

1970 propose*
[prəpóuz]
▶ suggest, offer, proffer
A dinner meeting was proposed as an option instead of staying in the office until late.
늦게까지 야근하는 대신 저녁 회식이 옵션으로 제안되었다.
v. 제안하다

1971 premium
[príːmiəm]
▶ bonus, gift, reward, bounty
John received a premium for good behavior in his primary school.
John은 초등학교에서의 선행 때문에 상을 받았다.
a. 아주 높은, 고급의
n. 보험료, 할증료

1972 rebellious
[ribéljəs]
▶ defiant, rebel, mutinous, revolutionary
The rebellious teenagers roamed the town causing mischief after their curfews.
반항적인 십대들은 통금 이후에 마을을 돌아다니며 말썽을 부렸다.
a. 반란하는, 반항하는

1973 disconcert
[dìskənsə́ːrt]
▶ disturb, bewilder, perplex
I don't know what she told Jacob but it disconcerted him greatly.
그녀가 Jacob에게 무슨말을 했는지는 모르겠지만 그것은 그를 상당히 당황케 했다.
v. 당황케 하다

1974 stimulating*
[stímjulèitiŋ]
▶ restorative, refreshing, inspiring, encouraging
The stimulating waters of a whirlpool can often relax tired and sore muscles.
활기를 주기위해 만들어진 월풀 제품의 물줄기는 종종 지치고 뭉친 근육들을 풀어준다.
a. 활기를 주는, 격려하는

1975 bustling*
[bʌ́sliŋ]
▶ busy, active, energetic, crowded
The shop was bustling with people trying to get last minute shopping done before Christmas.
가게는 크리스마스 전에 마지막으로 쇼핑하려는 사람들로 붐볐다.
a. 붐비는, 바쁜

1976 empower
[ɪmpáuər]
▶ authorize, permit, qualify
The king empowered some of his favorite knights to rule the city.
왕은 총애하는 기사들에게 도시를 통치할 수 있는 권한을 부여하였다.
v. ~에게 권한을 부여하다, 자격을 주다

1977 unreachable
[ʌnríːtʃəbl]
▶ inaccessible
She became more and more unreachable when she moved overseas to study English.
그녀가 해외로 영어 공부를 하기 위해 이사하자 그녀는 더더욱 가까이하기 어려워졌다.
a. 가까이하기 어려운, 도달하기 어려운

1978 tactile**
[tǽktil, -tail]
▶ tangible, touchable
The Braille system was designed to give the visually impaired a tactile language system with which they could communicate.
점자 체계는 앞을 볼 수 없는 사람이 촉각의 언어로 의사소통할 수 있도록 고안되었다.
a. 촉각의, 접촉하여 느낄 수 있는

Vocabulary Usher | 토플 1801-2000

1979 sect
[sekt]
▶ section
There has been a long conflict between the different religious sects over the government of the Holy Lands.
성지의 정부에 대해서 다른 종교 간의 긴 분쟁이 일어나고 있다.

n. 분파, 파벌

1980 accretion*
[əkríːʃən]
▶ accumulation
She was able to see the accretion of her money through the wise investments she made.
그녀는 현명한 투자를 통해 자금이 증대되는 것을 확인할 수 있었다.

n. 누적, 부착물, 증대, 증가

1981 regain
[rigéin]
▶ restore, recover, retrieve
After the coup, the deposed leader told the people that he would regain power if it was their will.
쿠데타 이후, 해임 된 지도자는 만약 사람들이 원한다면 다시 정권을 되찾을 거라고 말했다.

v. 되찾다, 회복하다

1982 wane*
[wein]
▶ decrease, decline, fade, weaken
The support rate of the president waned during the economic crisis.
경제 침체기 동안 대통령 지지율은 떨어졌다.

v. 쇠퇴하다, 줄어들다

1983 reproduced
[rìːprədjúːsd]
▶ copied, duplicated
Reproduced copies of digital files are of the same quality as the originals.
복사된 디지털 파일들은 원본과 같은 품질이다.

a. 복제된, 복사된

1984 immobility*
[ìmóubíləti]
▶ absence of motion
In order to hide from predators, flat fish bury themselves in the sand for long periods of immobility.
포식자로부터 몸을 숨기기 위해 넙치는 오랜 기간동안 부동 자세로 모래에 자신을 묻어둔다.

n. 부동성, 부동, 정지상태

1985 meticulously**
[mətíkjuləsli]
▶ carefully
The budget committee meticulously planned every detail for the upcoming fiscal year.
예산 위원회는 다가오는 회계연도를 위해 세부사항들을 주의깊게 계획했다.

ad. 꼼꼼하게, 주의 깊게, 신중하게

1986 perceptibly
[pərséptəbli]
▶ noticeably, appreciably, sensibly
When told to go to the principal's office, the student was perceptibly ashamed and afraid.
교장실로 오라는 말을 들은 학생은 눈에 보일 정도로 부끄러워하고 무서워했다.

ad. 알아차릴 정도로, 지각할 수 있게

1987 tiresome
[táiərsəm]
▶ laborious
Long periods of travel are much more tiresome than most people assume them to be.
긴 여행은 사람들이 생각하는 것보다 더 지루하다.

a. 지루한, 따분한; 성가신, 짜증스러운

1988 concomitant*
[kankámətənt]
▶ concurrent, simultaneous, synchronous
The concomitant usage of alcohol and automobiles is dangerous not only for the user, but also innocent bystanders.
알코올 섭취와 자동차 이용이 동시에 일어나면, 운전자 뿐만 아니라 죄없는 주변사람들까지도 위험하다.

a. 동시에 일어나는, 수반되는
n. 부대상황

#	Word	Synonyms / Example	Meaning
1989	**in terms of***	▶ with regard to, with respect to, in relation to China is the biggest country in the world in terms of population. 중국은 인구면에서 가장 큰 나라이다.	phr. ~에 관하여, ~라는 면에서
1990	**showcase*** [ʃóukèis]	▶ glass case, window / display, exhibit The showcase was filled with beautiful antiques. 그 진열장은 아름다운 골동품들로 채워져 있었다.	n. 공개행사, 진열장
1991	**settle down**	▶ calm down, pacify People started to settle down in North America shortly after it was discovered. 사람들은 북미가 발견되고 난 후 그곳에 정착하기 시작했다.	phr. 진정시키다; 정착시키다
1992	**disloyal** [dislɔ́iəl]	▶ unfaithful She claimed that she fired her assistant for being disloyal, but it was far from the truth. 그녀는 그녀의 조수가 불성실해서 해고했다고 하지만 그것은 사실과 거리가 멀었다.	a. 불성실한, 불충한
1993	**crest** [krest]	▶ acme, peak, apex, top, crown After six hours of climbing, she was finally able to reach the crest of the mountain. 6시간동안 등산한 결과 그녀는 산 정상에 도착할 수 있었다.	n. 꼭대기, 정상; (꼭대기) 장식
1994	**dreadful** [drédfəl]	▶ horrible The constant rains made the vacation a dreadful experience that no one wanted to repeat. 끊임없는 비는, 방학을 아무도 되풀이하고 싶지 않은 두려운 경험으로 만들었다.	a. 무서운, 두려운, 끔찍한
1995	**attire**** [ətáiər]	▶ clothe, dress / clothing, raiment He needed to purchase formal attire for his interview next week. 그는 다음주에 있는 면접에 가기 위해 정장을 사야했다.	v. 차려 입히다 n. 옷 차림새, 복장
1996	**decisive*** [disáisiv]	▶ definite, definitive, conclusive, determining His decisive attitude towards buying a car was unstoppable. 차를 사고자하는 그의 단호한 의지는 막을 수 없었다.	a. 결정적인, 단호한
1997	**unexampled** [ʌ̀nigzǽmpld]	▶ unprecedented, matchless, peerless The number of soldiers killed in the civil war was unexampled in all other conflicts. 다른 내란에서는 전례가 없을 만한 수의 병사들이 그 내란에서 죽었다.	a. 전례가 없는, 비길데 없는
1998	**matriculate** [mətríkjəlèit]	▶ enroll, enter, join, register The guidance counselor encouraged the students to look into as many places to matriculate as they could. 생활지도 카운슬러는 학생들에게 최대한 여러 곳에 가입하라고 격려하였다.	v. 대학생이 되다, (대학, 클럽의) 가입을 허락하다.

Vocabulary Usher | 토플 1801-2000

1999 defiant [difáiənt]
▶ rebellious, insubordinate
Joseph was a talented teacher as he knew how to deal with his young defiant students.
Joseph은 그의 어린 반항적인 어린 학생들을 어떻게 다루어야 하는지 알고있는 재능있는 선생님이었다.

a. 반항하는

2000 simply [símpli]
▶ only, just, merely, but
Simply taking pills is not a good way to get vitamins, one should also eat fruit and vegetables to gain them naturally.
단지 비타민 보충제를 먹는 것만으로는 충분한 영양소를 섭취할 수 없기 때문에 과일과 채소를 먹으면서 자연스럽게 비타민을 섭취하는 것이 좋다.

ad. 그냥, 그저, 단지; 그야말로; 간단히, 평이하게

Quiz ... 오늘의 퀴즈 (1801-2000) : 토플 단어용

문장 속의 단어와 같은 뜻의 단어를 고르시오. (1-10)

1. The publishers ordered the printing company to desist from printing any more copies of their books without paying royalties.
   a. facilitate   b. discontinue   c. emerge   d. segregate

2. People suffered oppression from the government when the army took over the government.
   a. persecution   b. alliance   c. declivity   d. phenomenon

3. The ban on ivory trade was an attempt to save the wild elephant population.
   a. commence   b. prohibition   c. development   d. approval

4. The ability to covet another's property is one of the main reasons people continue to strive for more in capitalistic society.
   a. desire   b. cover   c. confiscate   d. intervene

5. The use of fertilizer to enrich soil can lead to problems in marine ecosystems.
   a. impel   b. diminish   c. impair   d. improve

6. Shivering is one of the body's natural responses to extremely cold temperatures.
   a. delaying   b. ordering   c. guarding   d. shuddering

7. The placid waters of the lake gave no indication that they were teaming with flesh eating piranhas.
   a. peaceful   b. static   c. verdant   d. tepid

8. The shop was bustling with people trying to get last minute shopping done before Christmas.
   a. investigating   b. glorious   c. systematic   d. crowded

9. The Braille system was designed to give the visually impaired a tactile language system with which they could communicate.
   a. complicated   b. senescent   c. tangible   d. ideal

10. The Afghani troop removal was decided as their presence was seen as an aggravating factor in the region.
    a. exacerbating   b. ascertaining   c. overlooking   d. ameliorating

정답   b/a/b/a/d/d/a/d/c/a

단어시험 보는 방법		주의사항		틀린개수	
1. 화장실을 먼저 다녀옵니다.		1. 채점 속도가 빠르다고 시험 도중 Mp3 파일을 멈추지 마세요~!		채점자이름	
2. 핸드폰 전원을 꺼둡니다(진동, 무음도 안됨)		2. 채점 시, 스펠링 & 품사 & 뜻 중 하나라도 다르거나 빠뜨렸을 경우 틀린 답입니다.		본인이름	
3. 책상 위에 필기도구를 제외하고 깨끗이 치웁니다.					
4. 단어 Mp3 파일을 틀고 시작합니다.					

1		26		51		76	
2		27		52		77	
3		28		53		78	
4		29		54		79	
5		30		55		80	
6		31		56		81	
7		32		57		82	
8		33		58		83	
9		34		59		84	
10		35		60		85	
11		36		61		86	
12		37		62		87	
13		38		63		88	
14		39		64		89	
15		40		65		90	
16		41		66		91	
17		42		67		92	
18		43		68		93	
19		44		69		94	
20		45		70		95	
21		46		71		96	
22		47		72		97	
23		48		73		98	
24		49		74		99	
25		50		75		100	

101	126	151	176
102	127	152	177
103	128	153	178
104	129	154	179
105	130	155	180
106	131	156	181
107	132	157	182
108	133	158	183
109	134	159	184
110	135	160	185
111	136	161	186
112	137	162	187
113	138	163	188
114	139	164	189
115	140	165	190
116	141	166	191
117	142	167	192
118	143	168	193
119	144	169	194
120	145	170	195
121	146	171	196
122	147	172	197
123	148	173	198
124	149	174	199
125	150	175	200

usherin.usher.co.kr 에서 다운로드 가능합니다.

| 공부 수기 |

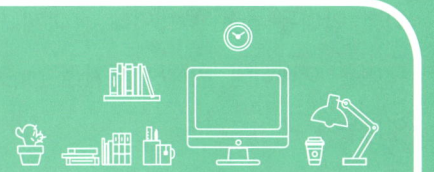

8개월의 대장정을 마치며…

이　　름	조◆◆
공부기간	8개월
처음 점수	RC 15 / LC 14
마지막 점수	Total 85

우선 얘기하기 전에.. 제 수기는 완전초보 1이나 2부터 시작하셔서 80점을 목표로 하시는 분들께 더 좋을 것 같아요.
물론 개개인의 공부방법이 다 다르기는 하지만, 딴 사람들은 3~4개월만에 80점 딴다 어쩐다 하는데 그건 그 사람의 기존 영어실력에 따라서 틀린 것 같아요. 그러니 참고하시고 보세용~~

1) 단어

처음 학원 다니기 전날밤이였나 한 이틀동안 내가 과연 단어 200개를 외우면서 인간답게 학원을 다닐 수 있을까 걱정을 엄청 했었던 시절(?)이 있었어요. 첫날 단어장 받아와서 외우는데 그 첫 장에 있는 단어 50개가 어쩜 그렇게 머리 속에 안들어오던지ㅜㅜ 동생한테 외운거 검사받으면서 구박도 많이 받고 시험에 대한 두려움에 처음 3일간은 막 MP3파일 들으면서 자고ㅋㅋㅋㅋ 그랬었는데 그러면서 생긴 노하우!

첫째, 소리내면서 외운다!

물론 소위 선생님들이 말하는 후진 발음ㅋㅋ으로 외우면 안되구요. mp3파일 들으면서 그 억양이나 발음을 따라하면서 외우면 좋아요. Mp3는 단어책 5번이상 돌리신 분 아니시면 꼭 들으세요.

둘째, 단어책은 집에 가는 길에 그리고 학원 오는 길에 들고 다니는게 최고!!

난 대중교통 다니면서 집중이 안되서 도저히 못외우겠다ㅜㅜ 하시는 분들은 주윗사람 신경쓰지말고 입으로 조금씩 말하면서 외우는걸 추천해요. 어차피 그시간이 지나면 다 안 만날 사람들이에요.
물론 이렇게 추천했을 때 제 주윗 사람들은 잘 안하긴 했지만 요즘에는 이렇게 외우면 학원오는 길이면 단어 외우기 끝~
눈으로만 보고 있으면 어느새 창 밖을 바라보고 있는 자신을 깨닫게 됩니다.

셋째, 시험 전에 들어보면서 혼자서 시험보기

이건 많이들 하는 방법인데... 이제 몇 번 외우고 그러면ㅋㅋ 들으면서 공부 안하니까 혹시모를 이상한 발음의 단어를 대비하기 위해서 혼자서 mp3들으면서 시험보는거예요. 물론 이건 학원에 한시간정도 일찍와야 할 수 있다는거 ^^;;;;;

넷째, 절대 포기하지 말기

반이 올라갈수록 숙제가 많아지고 잠 잘 시간은 줄어들고 하면 점점 단어가 보기싫고.. 단어 할 시간에 잠자고 싶고.. 딴 숙제도 못 했을 때, 아니면 월말에 디파짓이 단어 이틀정도 포기해도 될 때?ㅋㅋ 오늘 딱 하루만 단어를 포기해볼까? 하는 생각이 듭니다ㅠㅠ

하지만 이 때 절~대로 단어를 포기하시면 안돼요. 왜냐면 이게 전체적인 공부의 흐름을 끊어서 하루만 포기한다고 한 게 일주일에 한번이 되고.. 그러다가 맨날 안 외우게 되고 컨닝의 충동이 들고, 디파짓 마이너스되고 독해 동의어 문제 다 틀리고... 원래 한번하는게 어렵지 두번 세번은 정말 쉽다는거...

단어는 정말 복습&복습만이 머리에 들어오는 길입니다! 이 단어가 독해에 직빵으로 연결되니 후회하고 싶지 않으시면 피터지게 외워야해요. 이 단어들은 정말정말 기본이에요ㅠㅠ

2)문법 (1, 2월)

문희쌤~~~

문희쌤의 파워풀하고ㅋㅋ 일목요연한!! 문법수업.. 저는 처음 학원 왔을 때 수일치가 뭔지, 주어 동사 이런거 있는건 알겠는데 이게 뭐 어떻게 되는건지, 정말 하~나도 몰랐는데... 문희쌤한테 들으면서 문법이 이렇게 쉽구나...는 아니고 이렇게 내가 정리할 수 있구나ㅜㅜ 하는 생각이 들었어요.

솔직히 문법수업 들은지 너무 오래되서ㅋㅋㅋㅋ 수업내용이 다 기억나진 않지만 문법은 정말정말 중요합니다.

문법수업을 안들을때도 독해하다가 헷갈릴 땐 문법시간에 정리했던 문법노트랑 프린트들을 꺼내서 보고 그랬어요ㅋㅋ

전 학원 올 때 모든걸 찍을 수 있는 찍신의 상태로 들어왔는데 지금은 문법 설명할 수도 있구... 사실 문법 책에 너무 더럽게 필기해서ㅋㅋ 지금 보면 막 머리아프고 토 나올 것 같고 ㅋㅋ

근데 이 문법을 못하면 리딩은 물론이고 WR할때도 발목이 무쟈게 잡힙니다. 토플에는 문법을 푸는 문제는 없지만 문법을 모르면 아무것도 할수없다는거 ..
전 아직도 SP랑 WR에는 grammar error가 넘쳐납니다 ㅜㅜ

3)Reading (3,4월 / 3월모의 : 16-5월 : 23-6월 : 24-7월 : 28)

저는 완초1때 은우쌤한테 수업듣고.. 완초2부터 실전반까지 쭉 덕호쌤한테 수업들었어요. 덕호쌤 없는 어셔는 팥없는 찐빵...ㅋㅋㅋ

아무튼 완초2때부터 공포의 프로젝트 해석시간을 가졌었는데 진짜 이게 최고예요. 전 이 방법에 추천 백 만개 던집니다!!

완초2때는 자율적으로 했는데 너무 무서워서ㅋㅋㅋ (신관5호실 프로젝트 명칭이...) 맨날 해석 다해놓고 안하고 사실 해야 더 도움이 되는건데.. 이때는 actual 두개씩인가 나갔는데 덕호쌤이 놀면서 하고있다는 말에 전.혀. 동감할수 없었죠……

지금 생각해보면 IBT 리딩 하나분량을 두시간동안 나갔던거니까 엄청 느리게 맞았네요(두시간이 아닌가...) 그리고 3월에 K1와서는 기본으로 10시까지는 걍 해석을 해줘야 2시에도 끝나고~ 11시에도 끝나고~ 9시반에 끝나면 기적이고~ 쌤 수술하고 오후에 바로 수업하고ㅎㅎ...

지금와서 생각해보면 그 때 젤 재밌기도 했구 그 때 해석 같이했던 사람들이랑 가장 친한 것 같아요ㅋㅋㅋ

이걸 추억이라고 말할 수 있어서 너무 좋네요ㅋㅋㅋ 아무튼 제 성격에 인공호흡해 준~ㅠㅠ 리딩~ㅜㅜ

단어

절처리

구문 구문 구문 구문 구문

계가 생각하는 해석하는데 있어서 가장 중요한 3가지입니다. 물론 선생님들도 다들 그러시지만.. 단어 모르면 그냥 끝나구ㅋㅋㅋ 절처리 못해도 끝나요. 리딩 바이바이. 이건 문법이랑 관련된거니까 주어, 동사 못 찾고 that절 처리 못하고 막 이러면 걍 문법공부를 다시하는게...

이걸 다 끝내고 나면 구문! K2때 하루에 100개씩 외우고 200개씩 외우고 이 구문들이 해석하는데 도움이 많이 됐던것 같아요. 전 앞자리 앉아서 맨날 덕호쌤이 채점해주심^.^ 덕분에 긴장의 끈을 놓지 않았고(1개 이상 틀리면 공부 안 한 아이 됨) 단어시험 보면서 구문외우고 그랬던 기억이 나네요.

그 다음은 10번읽기.. K1때는 당연히 해야되는거고 K2때는 10번까진 좀 무리고 쉬우면 2번정도 읽고 어려우면 더 읽는게 좋은 것 같아요. 근데 읽는 횟수는 사람마다 좀 틀리고 10번 읽어도 못하는 사람있고 1번 읽어도 이해하는 사람이 있어요... K1때 주말마다 조원들이랑 나와서 본관 복도에 의자끌고 나와서 하루종일 해석하고 그랬는데.. 다같이 해석하면서 서로 지적해주고 모르는거 선생님들한테 물어보고 그러는게 정말정말 좋아요. 그리고 옆사람이 못하겠다 그럴때는 직접 해석해주기보다는 그 사람한테 해석하라고 시켜보고 바로바로 지적해주는게 좋습당. 저랑 같이 리딩하면서 저한테 당하신 분들 좀 많은데, 완전 다 스파르타로 시켰는데 다들 맨날 손 들어서 가슴이 넘 아팠어요...ㅠㅠ

그리고 자기가 못하겠으면 잘하는 사람한테 가서 해석해달라고 하지말고 하는걸 한번 봐달라고 하세요. 뭐든지 내가 해봐야 늘고 기억도 나고 남이 해줘봤자 한글리스닝만 하는 거임. 전 K1때 쉬는시간에 조원들이랑 하면서 제가 첨부터 끝까지 해석했었어요. 물론 한 사람이 하는게 시간이 덜 들어서 그런거지만 결국 제가 했던게 저한테는 도움이 많이 됐던 것 같아요.

이 리딩하는 방법에 대해서 늘 말이 많았던 기억이 나네요...ㅋㅋ 그 누구나 말하는 비효율 인가 뭐시껭인가 아무튼 이런거 싹다 잊어버리고 걍 하세요. 독해는 해석만 되면 진짜 스킬이고 나발이고 필요없어요.ㅠㅠ 제일 정직하게 오릅니다.

4) Listening(3월모의 : 14-5월 : 17-6월 : 14-7월 : 16)

power listening!!!!!
공부한 기간에 비해 성적이 잘 안나와서 많이 고민한 파튼데.. 늘 쌤이 격려도 해주시고 힘도 주시고 해서 늘 기운내서 했어요. 쌤의 강의는 뭐 말하지 않아도 다들 음악과 춤과 뭐 그런거? ㅋㅋㅋㅋ는 물론 힘내라고 쌤이 잠을 2시간만 주무시며 준비하시는거...ㅋㅋㅋㅋㅋㅋ

쌤의 시그널과 중요한 부분, 문제가 나올 부분 생각하며 듣기 이런 부분을 많이 생각하면서 들으려고 했어요. 물론 처음에는 시그널 만 들려서 문제였지. 지금은 노트테이킹 스킬도 많이 늘었고 꾸준히 숙제하고 파일 듣다보니 내용은 왠만큼 이해하게 됐어요 문제를 틀리지만 .

정말 초기에는 시그널만 들리니까 미치겠고, 딕테이션을 하고 다시 들어봐도 이게 뭔내용인지 모르겠고, 쌤이 설명해줘도 이해가 안되고, 문장을 써야 되는데 이것저것 다 너무 약하니까 내가 못 들은게 뭔지도 몰라서 진짜 들리는데로만 써놓고 그랬어요. 근데 이것도 계속 하다보니까 늘긴 늘더라구요. 리스닝은 정말 듣는 시간만큼 실력이 느는 것 같아요.

숙제는 기본! 전 3월부터 도장 하루도 빠짐없이 다 모았어요. 숙제가 너무 많고 힘들 때는 도장컬렉션을 완성시켜야한다는 마음으로 숙제를 했습니다... 20일짜린데 도장 19개 찍혀있고 이러면 모양빠지고, 그쳐? 어떤 마음가짐으로 숙제를 하던지 그게 목표가 되서 숙제를 하게 된다면 그게 뭐던지 상관없는 것 같아요. 숙제를 4달 동안 꾸준히 한 이유가 도장을 모으기 위해서 라는게 남보기엔 이상할지 몰라도 결과적으로 전 숙제를 다했고 그게 제 실력에 도움이 된거니까요.

* 아직 전반적인 내용을 잘 모르겠다. 딕테이션 & 쉐도잉

대신 딕테이션하면서 절대로 기계적으로 하시면 안돼요. 물론 사람이 졸리면 그렇게 되는 것이 저도 많이 그랬었지만 딕테이션을 하고 스크립트보고 틀린 거 체크하고, 그게 어떻게 들렸나 mp3파일 들어보고 쉐도잉해보고... 원래 쉐도잉이 스크립트 안 보고 바로 듣고 따라하는건데 저는 그게 너무 어렵더라구요... 그래서 그냥 맨 처음에 한번 듣고 스크립트보고 발음해 보고 하는 식으로 했어요. 쉐도잉의 단 하나의 단점이 시간이 오래 걸린다는건데. 그래서 전 금요일날만 했어요.ㅜㅜ 그리고 사실 많이 못해서 이부분이 가장 아쉬워요. 쉐도잉을 안해서 점수가 안올랐나   ㅠㅠ

이렇게 하고 전반적인 내용을 이해할 수 있을 때 summary로 넘어가서 여러 번 들었어요.

성적은 잘 나오지 못해서 뭐라 조언할 처지는 못되지만.. 그래도 많이 늘었다고 생각해요 이건 본인만 느낄수 있음...

5) Speaking(19-18-17....orz....)

곤두박질치는 점수... orz 사실 80점 넘는데 SP WR은 큰 영향은 없는 것 같아요. 그 이상을 바라시는 분들이라면 물론 진우쌤의 말대로 발음에 많이 신경을 쓰셔야할테고

전 task1,2 idea가 없어서 걱정을 많이 했고.. 결국 마지막 시험에선 처음 보는 문제라 어버버하고 나왔어요...ㅜㅜ 이것도 처음에는 외우는게 정말 오래 걸리고 1분이 너무 짧은 것 같아요. 근데 하다보면 내가 중간에 생략해서 너무 빨리 끝난 것 같고 1분이 의외로 길다고 느끼게 됩니다~~ㅋㅋ

task 3,4,5,6은 우선 듣기가 선행되어야 하구요. 듣기가 안된다면 그냥 우선 듣기공부를 먼저 하시는 게 나을 것 같아요 왜냐면 리스닝은 시그널도 있고, 한두단어 못 들어도 다 맞을 수..도? 있지만 SP에선 시그널도 없고.. 모두 다 듣고 내용을 정리해서 말해야하니까 리스닝이 안되면 얘기를 아예 못하거나 정확하지 않은 얘기를 하니까   이런것도 좀 마이너스 요인이 되는 것 같아요. 사실 전 SP은 task1,2 외우고 스피킹 시간에 말만 다 하고 오자! 이런 마음으로 시험을 치뤘어요^^;;;;

6)Writing (17-17-24)

5, 6월은 지누쌤한테 배웠고.. 7월은 Mike, 8월은 준희쌤한테 조금 배우다가ㅜㅜ 아쉬워요~~~~
지누쌤의 WR 문장 8개   아직도 줄줄 나올 것 같아요..ㅋㅋㅋㅋ 글을 쓸 때 전 intro가 너무너무 어려운데 그나마 저 그 문장 덕분에 채우고 시작할 수 있었던 것 같아요. 이번에 준희쌤한테 배운 것도 좋은데, Mike한테서는 thesis랑 그거와 관련된 example들에 대해서 많이 배워서... 문제에 관련된 얘기를 하려고 많이 노력했어요. 전 example 고르는 능력이 정말 탁월하게 안좋아서...

총 시험을 3번 봤었는데 앞에 2개가 WR 점수가 같아서 조금 고민을 했었어요. 왜냐면 공부를 파고들어서 하진 않았지만 아예 공부를 안한 것도 아니라서 1점도 안 오른게 좀 충격적이었거든요. 그래서 지누쌤이랑 얘기 했었는데 통합형에서는 정~말로 paraphrasing이 중요한 것 같아요. 독립형은 사실 잘 썼는지 못 썼는지 모르겠지만 통합형에서 점수를 잘받은 덕분에 80점이 넘은 것 같아요.

| 오늘의 단어 |

모르는 단어 개수: _____ 개

1회독 _____ /200개   **2회독** _____ /200개   **3회독** _____ /200개   **4회독** _____ /200개   **5회독** _____ /200개

_____ /200개* 5분 = _____ 분 (약 _____ 시간 필요)

*휴식시간 및 시험시간(200개당 45분입니다)을 꼭 넣어야 합니다.

나의 오늘 목표는 _____ 번부터 _____ 번까지!!!

오늘의 단어

오늘 공부할 양에서 내가 아는 것과 모르는 것을 미리 체크해서 오늘 단어 외우는데 걸리는 시간을 미리 계산해 보면 공부의 효율이 높아집니다.

2001 puzzle over	2021 instantaneous	2041 testify	2061 fiasco	2081 surmise
2002 cede	2022 cohesion	2042 pliable	2062 spectator	2082 milestone
2003 outspoken	2023 sensibility	2043 ensemble	2063 crucible	2083 adore
2004 tenacious	2024 manipulation	2044 chill	2064 rudimentary	2084 troublesome
2005 extant	2025 station	2045 intrusive	2065 efface	2085 authenticate
2006 assort	2026 breeding	2046 professional	2066 fragmentary	2086 creditable
2007 stem from	2027 fragile	2047 boom	2067 intrigue	2087 inclination
2008 trifling	2028 toothed	2048 agrarian	2068 segment	2088 uncivil
2009 rash	2029 replenish	2049 detain	2069 adhesion	2089 foresight
2010 joyful	2030 subtract	2050 distinction	2070 fragrant	2090 alternate
2011 lenient	2031 ritual	2051 limp	2071 impact	2091 transaction
2012 kin	2032 feasting	2052 stationary	2072 result in	2092 glossy
2013 in opposition to	2033 dissent	2053 pound	2073 nurture	2093 ghost
2014 underpinning	2034 gust	2054 rotation	2074 overshadow	2094 get over
2015 hand in hand	2035 resort to	2055 gala	2075 sequence	2095 seethe
2016 hold up	2036 mute	2056 fraud	2076 vestige	2096 daub
2017 govern	2037 stock	2057 lava	2077 conflicting	2097 vagabond
2018 subordinate	2038 murky	2058 stab	2078 suitable	2098 tense
2019 evade	2039 tolerance	2059 plunge	2079 beam	2099 hinterland
2020 carry on	2040 skillful	2060 rife with	2080 sever	2100 whirl

2101 profession	2121 pouch	2141 out of the question	2161 progressively	2181 constantly
2102 brag	2122 nomad	2142 abbreviate	2162 infirm	2182 criminal
2103 exclusive	2123 count for nothing	2143 encapsulate	2163 blatant	2183 distinguished
2104 intermediate	2124 exceptional	2144 chiefly	2164 condense	2184 offense
2105 depict	2125 silhouette	2145 symmetric	2165 carriage	2185 arouse
2106 plead	2126 endangered	2146 tempting	2166 destine	2186 impound
2107 celestial	2127 contagious	2147 legacy	2167 curiously	2187 practical
2108 frantic	2128 inherent in	2148 pointed	2168 reference	2188 telling
2109 handful	2129 cluster	2149 on the contrary	2169 imposing	2189 plumage
2110 achieve	2130 elegant	2150 many	2170 accelerate	2190 conclusively
2111 consecutive	2131 have nothing to do with	2151 original	2171 dim	2191 dangle
2112 demise	2132 lexicon	2152 ethnic	2172 pile	2192 soak
2113 style	2133 inapt	2153 trespass	2173 spectacular	2193 molecule
2114 intolerable	2134 merciful	2154 fluctuate	2174 igneous	2194 unassuming
2115 override	2135 call off	2155 manful	2175 worthy	2195 quandary
2116 extraordinary	2136 substrate	2156 tyrant	2176 dissipate	2196 reasonable
2117 colonize	2137 foolproof	2157 neglect	2177 upheaval	2197 unqualified
2118 freight	2138 intact	2158 unlawful	2178 exceedingly	2198 warp
2119 knack	2139 subsidiary	2159 straight away	2179 skepticism	2199 instantly
2120 merciless	2140 recreational	2160 other than	2180 coalesce	2200 exterior

USHER iBT TOEFL
VOCABULARY

11
11 out of 13

토플단어
2001-2200

usherin.usher.co.kr

Vocabulary Usher | 토플 2001-2200   1회독 | 2회독 | 3회독 | 4회독 | 5회독

11 out of 13 USHER VOCABULARY
usherin.usher.co.kr

2001 puzzle over
▶ wonder about
After reading 1984, I puzzled over the ability of government to have that much control over society.
1984를 읽고, 난 사회에 대해 그만큼 통제를 할 수 있는 정부의 능력에 관해 이리저리 생각해 보았다.
phr. 쩔쩔매다, 이리저리 생각하다

2002 cede*
[si:d]
▶ yield, surrender, relinquish, **concede**
The king ceded his crown to the enemy because he didn't want to continue the war.
그 왕은 전쟁을 계속하고 싶지 않아서 적에게 왕관을 양보했다.
v. 양도하다, 인도하다, 양보하다

2003 outspoken
[áutspóukkən]
▶ frank, open, candid
Outspoken celebrities risk losing fans who may not agree with their pronouncements.
솔직한 연예인들은 그들의 생각에 동의하지 않는 팬들을 잃을 각오로 말을 하는 것이다.
a. 솔직한, 거리낌 없는

2004 tenacious
[tənéiʃəs]
▶ determined, dogged, stubborn
Only the most tenacious climbers will ever reach the summit of Mount Everest.
완고한 등산가만이 에베레스트 정상에 오를 수 있다.
a. 집요한, 완강한, 결연한; 오래 계속되는

2005 extant
[ekstǽnt, ékstənt]
▶ existing, living, remaining, surviving
The nearest extant relative of the reptilian dinosaurs is the crocodilian class.
파충류 공룡의 가장 근접한 현존하는 동족은 악어류이다.
a. 남아있는, 현존하는

2006 assort**
[əsɔ́:rt]
▶ categorize, classify, codify, **separate**
I always assort my albums based on the year I purchased them.
나는 음악 앨범들을 항상 구입 연도에 따라 분류한다.
v. 분류하다

2007 stem from**
▶ arise from, originate from, derive from
Children's ability to be responsible in their futures stem from their parents' behaviors.
미래의 어린이들의 책임을 지는 능력은 부모님의 태도로부터 기인된다.
phr. ~에서 유래하다, ~에서 기인하다

2008 trifling**
[tráifliŋ]
▶ trivial, unimportant, petty, **negligible**
The trifling nature of the man's complaints led him to being labeled nitpicky by his neighbors.
그 남자의 하찮은 불평들은 그의 이웃들로부터 그가 흠을 잡는 사람이라고 불려지게 했다.
a. 하찮은, 시시한

318 USHER iBT TOEFL VOCABULARY

2009	**rash** [ræʃ]	▶ **reckless, heedless** / **eruption, efflorescence** It was a rash decision to cancel the meeting. 회의를 취소하는 것은 성급한 결정이었다.	a. 성급한, 급한, 경솔한 n. 많음; 발진
2010	**joyful** [dʒɔ́ifəl]	▶ **glad, delighted, buoyant, elated** It was amazing how Kurt seemed joyful all the time despite the difficulties caused by his handicap. Kurt가 장애를 가지고 있음에도 불구하고 항상 즐거워하는 것은 놀라운 일이었다.	a. 기쁜, 즐거운
2011	**lenient** [líːniənt, -njənt]	▶ **mild, clement, merciful** Judges are more lenient with first time offenders than recidivists. 재판관은 상습범보다 초행범에게 더 관대하다.	a. 관대한, 너그러운
2012	**kin*** [kín]	▶ **relative** / **blood-related, cognate, consanguine** The Hatfields and McCoys, along with their respective kin, had one of the most famous feuds in history. Hatfield와 McCoy는 역사 속에서 자신들의 친족과 가장 유명한 불화를 겪은 사람들입니다.	n. 친척, 혈족관계 a. 동족인
2013	**in opposition to***	▶ **counter to, con** Many residents were in opposition to the council's plans to rezone the neighborhood. 많은 시민들은 이사회의 지역 재구분 의견에 반대하였다.	phr. ~에 반대하여
2014	**underpinning*** [ʌ́ndərpìniŋ]	▶ **foundation, basis, corroboration** Understanding people's motivations, commitment and productivity are the underpinnings of human resources management. 인사관리의 기본은 사람들의 동기, 의지와 생산성을 이해하는 것이다.	n. 보강물, 받침대; 기초; 지지, 응원
2015	**hand in hand***	▶ **together** They started working hand in hand three years ago, and have achieved much success. 그들은 서로 협력하여 일을 시작한지 3년이 지났고 성공을 거두고 있다.	phr. 서로 손을 잡고; 밀접히 연관된; 협력하여, 동반하여
2016	**hold up**	▶ **support** When the stick that held up the tree fell, the tree fell to the ground as well. 나무를 받치고 있는 지지대가 떨어지면서, 나무 역시 쓰러졌다.	phr. 떠받치다, 올리다
2017	**govern***** [gʌ́vərn]	▶ **regulate, rule, reign, dominate** The people were wise enough to govern themselves. 그 사람들은 스스로 다스릴 정도로 현명하였다.	v. 다스리다, 통치하다
2018	**subordinate** [səbɔ́ːrdənit]	▶ **inferior, subject, dependent, secondary** Women were considered subordinate to men up to a decade ago. 10년 전까지만 해도 여자들은 남자들에게 종속되는 것으로 생각되었다.	a. 하위의, 종속하는

Vocabulary Usher | 토플 2001-2200

2019 evade
[ivéid]
▶ escape, elude, shun, dodge
Although Calvin was an inefficient worker, he knew what to do to evade being fired.
비록 Calvin은 무능한 직원이었지만, 해고 당하는 것을 모면하는 방법을 알고 있었다.
v. 교묘히 피하다, 모면하다

2020 carry on
▶ continue, endure, keep going, last
The disciples carried on their master's work without any hesitation.
그 제자들은 아무런 망설임 없이 사부의 일을 속행했다.
phr. 계속하다, 속행하다

2021 instantaneous*
[ìnstəntéiniəs]
▶ immediate, prompt, swift, split-second
The response to my ad offering free puppies was instantaneous and they were all gone within 10 minutes.
나의 무료 강아지 분양에 사람들은 즉각적으로 반응했고 10분만에 강아지들은 모두 분양되었다.
a. 즉각적인, 즉시의, 동시의

2022 cohesion**
[kouhí:ʒən]
▶ bond, unity, adhesion, attachment
The modern life style broke down the cohesion evident among the previous generations of the villagers.
현대사회의 생활방식은 예전 세대의 주민들 사이의 존재했던 결합력을 무너뜨렸다.
n. 화합, 결합; 응집력

2023 sensibility
[sènsəbíləti]
▶ susceptibility, sensitivity, sensitiveness
She developed a profound sensibility after she took literature classes to become a poet.
그녀는 시인이 되기 위해 문학 수업을 듣고 난 뒤 깊은 감수성을 발달시켰다.
n. 감각; 감수성

2024 manipulation
[mənìpjəléiʃən]
▶ deliberate alteration, fabrication
The photographs were not accepted by the jury as they were clearly manipulations.
사진들은 명백한 조작이었기 때문에 배심원에게 받아들여지지 않았다.
n. (교묘한)조작

2025 station
[stéiʃən]
▶ standing, rank, position, status
Every parent's desire is that their children achieve a higher station in life than they had.
모든 부모들의 소망은 그들의 자녀들이 인생에서 자신들보다 더 높은 신분에 있길 바란다.
n. 역, 정거장; 위치, 장소
v. 배치하다, 주둔시키다

2026 breeding
[brí:diŋ]
▶ reproduction, upbringing
Proper breeding yields dogs with good demeanors and no genetic diseases.
올바른 번식은 좋은 태도와 유전적 질병이 없는 개를 낳게 한다.
n. 번식, 양육, 혈통

2027 fragile
[frædʒəl]
▶ easily broken, breakable; delicate, weak
Mother never let us use her digital camera, as it was too fragile for children's use.
아이들이 사용하기엔 카메라가 너무 약했기 때문에 엄마는 우리가 절대 카메라를 사용하지 못하게 하셨다.
a. 깨지기 쉬운; 연약한, 부서지기 쉬운, 취약한, 허술한

2028 toothed*
[tú:θt, tú:ðd]
▶ uneven, jagged, ragged
Some toothed dinosaurs also had beaks at the same time.
이가 있는 공룡들은 동시에 부리 또한 있었다.
a. 들쑥날쑥한, 이가 있는, 톱니 모양의

2029 replenish***
[ripléniʃ]
▶ restore, renew, refill, put back
In order to replenish those lost, it is important to drink plenty of fluids after strenuous exercises.
힘든 운동을 하고 나선 잃어버린 수분을 보충하기 위해 많은 양의 물을 마시는 것이 중요하다.
v. 보충하다, 다시 채우다

2030 subtract*
[səbtrǽkt]
▶ deduct, discount
By subtracting the unit cost from the sales price, one can deduce a simple profit.
판매 가격에서 단위 원가를 뺀다면 순수 이익을 추론할 수 있다.
v. 빼다, 감하다

2031 ritual
[rítʃu-əl]
▶ ceremonial / ceremony, service
The rituals performed by the natives showed that they had great knowledge of the stars.
원주민들이 행하는 의식은 그들이 별들에 대한 방대한 지식을 가지고 있다는 것을 보여주었다.
a. 의식의, 관습의
n. (종교적) 의식

2032 feasting
[fíːstiŋ]
▶ carnival, entertainment, festival
The feasting, drinking and dancing lasted for several days after the tyrant's birthday.
먹고 마시고 춤추는 축제가 그 폭군의 생일 이후 며칠동안 계속되었다.
n. 축제, 잔치

2033 dissent
[disént]
▶ differ, disagree
Since nobody dissented, they decided to start the project.
반대하는 사람이 없었기에 그들은 프로젝트를 시작하였다.
v. 의견을 달리하다, 반대하다
n. 불찬성

2034 gust
[gʌst]
▶ puff, blast, draft, breeze
The gusts of winds during the hurricane last week pulled our roof right off the house.
지난 주 허리케인으로 인한 돌풍은 우리집 지붕을 날려버렸다.
n. 돌풍
v. 바람이 갑자기 강하게 불다

2035 resort to*
▶ turn to, depend on, rely on
I was able to start a business without having to resort to a bank loan.
나는 은행에서 대출을 받지 않고 사업을 시작할 수 있었다.
phr. 의지하다

2036 mute*
[mjuːt]
▶ silent, speechless, voiceless, tongue-tied
Victims of traumatic attacks often go through a mute period.
대단히 충격적인 경험을 한 피해자들은 자주 무언의 기간을 겪는다.
a. 벙어리의, 무언의
n. 벙어리
v. 소리를 줄이다, 소리를 약하게 하다

2037 stock**
[stɑk / stɔk]
▶ reserve, inventory, hoard; stocks
The store's milk was spoiled due to failure to rotate stock.
가게의 우유 재고가 날짜 별로 제때 순환되지 않아 상해버렸다.
n. 저장, 축적; 주식

2038 murky
[mə́ːrki]
▶ unclear, cloudy
Diving into murky water is dangerous due to the possibility of hitting submerged rocks or trees.
흐릿한 물에 다이빙하는 것은 물 속에 바위나 나무에 부딪힐 수 있기 때문에 위험하다.
a. 어두운, 음산한

Vocabulary Usher | 토플 2001-2200

2039 tolerance
[tál-ərəns / tɔ́l-]
▶ endurance, acceptance
Building tolerance within a community is an important part in raising the feeling of closeness people crave.
지역사회에서 관용을 기르는 것은 사람들이 갈망하는 유대감을 기르는데 중요하다.
n. 관용, 관대, 참음

2040 skillful**
[skílfəl]
▶ deft, skilled, adept, adroit
A skillful carpenter can make anything from the scraps of wood he finds.
숙련된 목수는 남은 나무 조각으로도 무엇이든지 만들 수 있다.
a. 숙련된, 솜씨좋은, 능숙한

2041 testify*
[téstəfài]
▶ provide evidence, prove, give evidence to
If one is called to testify, he or she is required to provide truthful answers to the questions they are asked.
만약 어떤 이가 증언하라고 불리면 그 사람은 질문에 진실된 답변을 해야 한다.
v. 증명하다; 증언하다, 입증하다

2042 pliable
[pláiəbəl]
▶ smoothly shaped, easy to shape, easily shaped, flexible
Living in other countries a lot, she has become a pliable person.
여러나라에 살아본 그녀는 융통성 있는 사람이 되었다.
a. 유연한, 잘 휘어지는; 순응적인, 고분고분한

2043 ensemble
[ɑːnsɑ́ːmbəl]
▶ groups
Although the actors won an award for best ensemble cast, none of them stood out enough to be recognized individually.
연기자들은 최고의 앙상블 캐스팅으로 수상을 하긴 하였지만, 그 누구도 개인적으로 인정받기엔 충분하지 못하였다.
n. 총체, 종합적 효과, 앙상블

2044 chill
[tʃil]
▶ coldness / cold, cool, refrigerate
The crisp chill in the autumn air signaled that the winter ahead would probably be harsh.
상쾌한 가을 공기의 냉기는 이번 겨울이 힘들 것을 암시하였다.
n. 냉기 / a. 냉담한, 차가운
v. 차가워지다

2045 intrusive
[intrúːsiv]
▶ interfering, meddling
The intrusive sister was scolded by her older brother because she seldom knocked.
오빠는 좀처럼 노크를 하지 않고 침입하는 여동생을 꾸짖었다.
a. 끼어드는; 침식적인

2046 professional*
[prəféʃənəl]
▶ specialized, expert, adept, competent
Basketball players are some of the only professional athletes allowed to compete in the Olympic games.
농구선수들은 올림픽에 참가하도록 허락받은 몇 안되는 전문적인 운동 선수들이다.
a. 전문적인, 직업의

2047 boom**
[buːm]
▶ flourish, thrive, prosper
The business boomed in a month.
그 사업은 한 달만에 번창하였다.
v. 번성하다, 폭등하다
n. 붐, (가격의) 폭등, 호황, 갑작스런 인기

2048 agrarian
[əgréəriən]
▶ farming, agricultural
The agrarian lifestyles of earlier times were widely displaced by more technical, city-oriented lifestyle of the modern era.
농지의 삶을 살던 옛적에는 현대의 더 기계적이고 도시적인 삶으로 폭넓게 대체되었다.
a. 농업의, 농지의

USHER

2049 detain [ditéin]
▶ confine, arrest, keep
The sole purpose of detention is to detain students as a punishment for their bad behavior.
방과 후 잡아두는 것의 유일한 목적은 학생들의 불량한 행동들에 대한 벌로써 그들을 붙들기 위해서이다.
v. 붙들다; 억류하다, 보류하다

2050 distinction** [distíŋkʃən]
▶ difference, divergence; honor, excellence
No one could see the distinction between the real passport and the fake.
아무도 진짜 여권과 위조 여권을 구별하지 못하였다.
n. 구별, 차이; 특성; 탁월, 우수

2051 limp [limp]
▶ falter, stumble
Injured during the game, Paul limped towards the bench and could not return.
게임에서 부상당한 Paul은 절뚝거리며 벤치에 가서 돌아오지 못했다.
a. 기운이 없는, 축 늘어진, 흐물흐물한
v. 다리를 절다, 절뚝거리다

2052 stationary** [stéiʃ-ənèri]
▶ motionless, immobile, unmoving
The new stationary bicycles installed at the gym were a big improvement over the old ones.
체육관에 설치된 정지된 자전거 기구는 예전 것에 비해 훨씬 더 향상된 것이었다.
a. 움직임이 없는, 정지된

2053 pound* [paund]
▶ quid / beat, thrash, batter
Many drummers are happy to sit around and pound on their drum sets all day.
많은 드러머들은 앉아서 하루종일 드럼치는 것에 행복해 한다.
n. 타격, 연타; 파운드
v. 마구 치다

2054 rotation [routéiʃ-ən]
▶ transformation, revolution, turning
The Earth's rotation was discovered long after other scientific discoveries explaining the mysteries of the Earth.
지구의 회전은 지구의 불가사의에 대해 설명하는 다른 과학적 발견들보다 훨씬 이후에 발견되었다.
n. 회전, 순환, 교대

2055 gala [géilə, gǽlə]
▶ festive, happy / feast, carnival
The theme of this year's spring gala will be Phantom of the Opera.
이번 봄 축제의 테마는 오페라의 유령이다.
a. 축제의, 즐거운
n. 축제

2056 fraud [frɔːd]
▶ deceit, deception
The whole thing turned out to be a fraud.
모든 것은 사기라고 판명 났다.
n. 사기, 협잡

2057 lava [láːvə, lǽvə]
▶ hot liquid rock
When the volcano erupted, the lava covered the village in an instant.
화산이 폭발하자 용암이 순식간에 마을을 덮어 버렸다.
n. 용암

2058 stab [stæb]
▶ thrust, plunge
The girl clumsily stabbed her fork into the steak, instead of cutting it into small pieces.
소녀는 스테이크를 작게 자르지 않고 포크로 서투르게 찔렀다.
v. 찌르다

Vocabulary Usher | 토플 2001-2200

2059 plunge* [plʌndʒ]
▶ drop, dip, thrust, **descend**
The stunt man plunged into the water without any hesitation for the best shot.
스턴트맨은 최고의 장면을 위해 아무런 망설임 없이 물속으로 뛰어들었다.
v. 거꾸러지다, 급락하다, 던져 넣다

2060 rife with*
▶ full of
The financial markets were rife with rumors of another long-term economic depression.
금융시장은 또 다시 긴 경제 침체기에 관한 루머들로 가득 찼었다.
phr. 가득찬, 수없이 많은

2061 fiasco [fiǽskou]
▶ ruin
The entire school trip turned into a giant fiasco when the students and teachers were separated.
수학여행은 학생들과 선생님들이 따로 갈라졌을 때 큰 실패로 뒤바뀌었다.
n. 완패, 큰 실패

2062 spectator* [spékteitər]
▶ viewer, observer
The cheers of the spectators filled the arena every time the players hit a home run.
선수가 홈런을 칠 때마다 관객들의 환호가 경기장을 뒤덮었다.
n. 관객, 구경꾼, 목격자

2063 crucible [krúːsəbl]
▶ container
The crucible used for smelting copper at the folk village is very old.
민간 마을에서 사용하는 구리를 녹이는 용구는 매우 낡았다.
n. 용광로, 가혹한 시련

2064 rudimentary** [rùːdəméntəri]
▶ basic, primitive, undeveloped, elementary, fundamental
She was disappointed by the rudimentary decorations of the hotel room.
그녀는 호텔방의 기본적인 장식품들을 보고 실망하였다.
a. 기본적인, 초보의

2065 efface [iféis]
▶ annul, cancel, delete, erase
The memory of traumatic attacks is sometimes effaced altogether by the subconscious mind.
정신적으로 타격을 준 공격적인 기억은 잠재의식에 의해 지워지기도 한다.
v. 지우다, 삭제하다

2066 fragmentary [frǽgməntèri]
▶ incomplete, partial, fractional
Turning in fragmentary projects to be graded would bring about bad results.
채점을 위해서 완성되지 않은 과제를 제출하면, 안좋은 결과가 나올 것이다.
a. 단편적인, 파편의

2067 intrigue* [intríːg]
▶ attract, fascinate, interest; plot, conspire / **conspiracy**
I must say that I am intrigued by your presentation and am willing to invest.
너의 발표는 나의 흥미를 끌었고 나는 투자하고자 한다.
v. 흥미를 끌다; 음모를 꾸미다, 모함하다, 흥미를 이끌다
n. 음모, 모함

2068 segment [ségmənt]
▶ portion, section, part, division of a thing
This book is divided into three different segments.
이 책은 각각 다른 세 부분으로 나뉘어져 있다.
n. 단편, 조각
v. 분할하다

USHER

2069 adhesion [ədhíːʒn, əd-]
▶ getting together, sticking together
The adhesion of certain elements is one of the major areas of study in the field of chemistry.
특정 원소가 착생하는 점은 화학에서 주된 연구하는 부분 중 하나이다.
n. 달라붙음, 부착, 착생

2070 fragrant* [fréigrənt]
▶ aromatic, perfumed, savory
The fragrant gardenias filled the room with a very sweet smell.
향기로운 치자나무가 방안을 달콤한 향으로 가득 채웠다.
a. 향기로운

2071 impact [ímpækt]
▶ influence, affect / collision, crash
My dream is to create something that will impact every person on the face of the Earth.
내 꿈은 지구상에 있는 모든 사람에게 영향을 주는 무언가를 만들어내는 것이다.
v. 영향을 주다, 충격을 주다
n. 충돌

2072 result in
▶ ensue, develop
A good motto for perseverance is that giving up always results in losing.
인내에 관한 좋은 좌우명은 포기는 항상 잃는 걸로 끝난다는 것이다.
phr. 결과로 끝나다, 초래하다

2073 nurture* [nə́ːrtʃəːr]
▶ raise, rear, nurse / upbringing
In the past, mothers were the ones who usually stayed home to nurture their children.
과거에는 대게 엄마들이 집에서 아이들을 양육했다.
v. 양육하다, 보육하다
n. 양육, 보육

2074 overshadow* [òuvərʃǽdou]
▶ dim, eclipse, obscure, befog
The death of Michael Jackson overshadowed all other news of the day.
마이클잭슨의 죽음은 그날의 모든 다른 기사를 무색하게 했다.
v. 가리다, 어둡게 하다, 무색하게 하다

2075 sequence** [síːkwəns]
▶ string, series, succession; order
The detective examined the chronological sequence of the crime.
형사는 사건의 시간적 순서를 조사하였다.
n. 연속; 순서

2076 vestige* [véstidʒ]
▶ remnant, trace, shadow
The only vestiges left of dinosaurs are fossilized bones.
공룡의 유일한 흔적은 화석화 된 뼈 뿐이다.
n. 자취, 흔적

2077 conflicting* [kənflíktiŋ]
▶ opposing, contrary, clashing, contradictory
Both teams have conflicting views on the same topic.
양팀 모두 한 주제에 대한 상반되는 의견을 가지고 있다.
a. 상반되는, 서로 싸우는, 충돌하는

2078 suitable** [súːtəbəl]
▶ appropriate, proper, apt, fitting
Most people agree that flip-flops are suitable only for hanging out on the beach or around the pool.
대부분의 사람들은 쪼리 슬리퍼는 해변가나 수영장 주변에서만 적절한 신발이라는 것에 동의한다.
a. 적절한, 적당한, 알맞은

Vocabulary Usher | 토플 2001-2200

2079 beam* [bi:m]
▶ joist; ray / shine, gleam
A beam of light appeared as he opened the gates of heaven.
그가 천국의 문을 열자 광선빛이 내비쳤다.
n. 광선, 빛줄기; 기둥
v. 빛나다, 빛을 비추다

2080 sever* [sévəːr]
▶ cut, separate, divide, part
Ties to the group were severed after it was discovered that they had participated in illegal activities.
그룹의 유대관계는 그들이 불법적인 활동에 참여했다는 것이 밝혀진 후 갈라졌다.
v. 가르다, 절단하다, 쪼개다, 자르다

2081 surmise** [sərmáiz]
▶ suppose, conjecture, guess, speculate / conjecture
The teacher surmised Andrew's confession to be false.
선생은 Andrew의 고백이 거짓이라고 짐작하였다.
v. 추측(생각)하다, 예측하다, 짐작하다
n. 추측

2082 milestone** [máilstòun]
▶ important event, significant event
The French Revolution has been a milestone in European history.
프랑스 혁명은 유럽 역사에 있어서 획기적인 사건이었다.
n. 획기적인 사건

2083 adore* [ədɔ́ːr]
▶ worship, esteem, revere
The Thai citizenry adores King Rama IX more strongly than most modern monarchs.
태국 시민들은 라마 9세 왕을 대부분의 군주보다 더욱 숭배한다.
v. 숭배하다

2084 troublesome** [trʌ́blsəm]
▶ onerous, difficult, annoying, laborious
With this new washing machine, you are free from the troublesome hand washing.
이 신제품 세탁기가 있다면 귀찮은 손 빨래를 하지 않아도 된다.
a. 까다로운, 귀찮은, 골치아픈, 성가신

2085 authenticate [ɔːθéntikèit]
▶ verify, substantiate, prove, attest
Experts who authenticate whether items are genuine or copies have many high tech tools at their disposal.
제품이 복사본인지 아닌지 판단하는 전문가들은 최첨단 기술을 가지고 있다.
v. 입증하다, 증명하다, 인증하다

2086 creditable [kréditəbəl]
▶ reputable, honorable
John's creditable performance on the standardized test made his mother very proud.
John이 공인 시험에서 명예로운 성적을 받을 일은 그의 어머니를 굉장히 자랑스럽게 했다.
a. 명예로운; 신용할 수 있는

2087 inclination** [ìnklənéiʃən]
▶ preference, tendency, trend, slant
Most people share inclination for group living.
대부분의 사람들은 그룹생활 성향을 공유한다.
n. 경향, 성향; 기울기, 경사도

2088 uncivil [ʌnsívəl]
▶ impolite, discourteous, impudent, disrespectful
The uncivil nature of the audiences reaction caused the speaker to leave the stage in disgust.
청중의 무례한 반응으로 인해 연설자는 혐오감에 휩싸여 무대를 내려왔다.
a. 무례한, 버릇없는

2089 foresight
[fɔ́ːrsàit]

▶ **forethought**
The foresight of the company's directors allowed them to weather the rocky economic period with few problems.
회사의 책임자들의 선견지명은 불안정한 경제시기 때 약간의 문제점으로 견디게 해줬다.

n. 선견지명, 예지력

2090 alternate
[ɔ́ːltərnèit, ǽl-]

▶ **rotate, interchange, occur successively**
The students study math and English on alternate Wednesdays.
학생들은 수요일마다 번갈아 가면서 수학과 영어를 공부한다.

v. 교체하다; 번갈아 일어나다
a. 번갈아 하는

2091 transaction
[trænsǽkʃən, trænz-]

▶ **deal, business; record, report**
The Louisiana Purchase was the largest land transaction in American history.
Louisiana Purchase는 미국 역사상 최대의 토지거래였다.

n. 업무, 거래; 보고서, 의사록

2092 glossy*
[glási, glɔ́ːsi]

▶ **shiny, bright, glazed, lustrous**
The glossy finish of the computer monitor made it difficult to read in the bright room.
광택으로 마감처리한 컴퓨터 모니터는 밝은 방에서 읽기 어렵게 만들었다.

a. 빛나는, 광택이 나는, 화려한

2093 ghost
[goust]

▶ **phantom, spirit, apparition, soul**
The belief in ghosts is a common phenomenon across many of the world's cultures.
유령이 존재한다는 믿음은 세계 여러 문화에 있는 일반적인 현상이다.

n. 유령, 원혼

2094 get over

▶ **go through, endure**
The time it takes to get over a relationship is directly proportional to its length.
관계를 극복하는 일은 교제한 시간과 정비례한다.

phr. 극복하다, 회복하다, 끝마치다

2095 seethe*
[siːð]

▶ **boil, fume, rage, infuriate**
After being admonished for something he didn't do, the student sat in the corner and seethed.
자신이 하지 않은 일에 대해서 꾸중을 들은 학생은 구석에 앉아 분노하였다.

v. 끓어오르다, 펄펄 끓다; (분노,불만) 뒤끓다

2096 daub***
[dɔːb]

▶ **coat, cover, plaster, slather**
She worked for weeks on her final art project in which she had to daub a canvas with paint.
그녀는 몇 주 동안 파이널 프로젝트로 물감을 캔버스에 칠하는 작업을 하였다.

v. 흠뻑 칠하다, 바르다
n. 진흙 반죽, 칠해놓은 것

2097 vagabond
[vǽgəbɑ̀nd]

▶ **wanderer, nomadic, vagrant, rambler**
The vagabond wandered the park looking for a charitable soul.
방랑자는 자신을 베푸는 사람을 찾아 공원을 떠돌아 다녔다.

n. 방랑자, 깡패

2098 tense
[tens]

▶ **rigid, strained, nervous**
Even the best player is tense before an important game.
최고의 선수도 중요한 경기를 앞두고서는 긴장한다.

a. 팽팽한, 긴장한, 긴박한
v. 긴장시키다, 팽팽하게 하다

Vocabulary Usher | 토플 2001-2200

2099 hinterland
[híntərlænd]
▶ bush, boondocks, **upcountry**
After being shunned, ancient nomads entered the hinterland alone.
사람들이 그들을 기피하자 고대의 유목민들은 지구의 오지로 떠나버렸다.
n. 배후지, 오지

2100 whirl
[wɜːrl]
▶ swirl, vortex / spin, rotate
The car whirled around after being hit by a truck.
차는 트럭에 치인 후에 회전했다.
n. 회전
v. 빙빙 돌다, 회전하다

2101 profession
[prəféʃən]
▶ vocation, calling, business, employment
When Robert fainted at the sight of blood, his advisor suggested that medicine may be the wrong profession for him.
Robert가 피를 보자마자 기절한 것을 본 그의 선생님은 의학이 그에게 맞지 않는 직업이라고 했다.
n. 직업, 전문직, 전문

2102 brag
[bræg]
▶ boast, bluster, crow, swagger
People should not brag, but instead should learn to be humble and care about others.
사람들은 자랑하기보단 겸손하고 다른 사람을 생각하는 법을 배워야 한다.
v. 자랑하다

2103 exclusive
[iksklúːsiv, -ziv]
▶ excluding, sole, absolute, complete
Patent holders are given the exclusive rights to produce a product for 10 years.
특허권을 가진 사람들은 제품을 십년간 독점적으로 생산할 수 있는 권리를 가지고 있다.
a. 배타적인, 독점적인

2104 intermediate*
[ìntərmíːdiət]
▶ between extremes, mean, median
The theory of gradualism is problematic due to the lack of fossils from intermediate species.
점진 진화 이론은 중간 단계 생물체의 화석이 없다는 점에서 문제가 있다.
a. 중간의 / n. 중간물
v. 중재하다

2105 depict**
[dipíkt]
▶ represent, portray, picture, **describe**
He tried his best to depict the great battle.
그는 위대한 전투를 묘사하고자 최선을 다해 노력했다.
v. 묘사하다, 그리다

2106 plead
[pliːd]
▶ appeal, beg, petition
When the suspect's guilt had become obvious, he pleaded guilty to reduce his sentence.
용의자의 범죄가 자명해지자 그는 그의 형벌을 줄이기 위해서 탄원했다.
v. 변호하다, 탄원하다, 청원하다

2107 celestial*
[səléstʃəl]
▶ heavenly, **godly**
Some people believe there must be a celestial kingdom behind the clouds.
몇몇 사람들은 구름위에 천상의 왕국이 존재할 것이라 믿는다.
a. 천상의, 천체의

2108 frantic*
[fræntik]
▶ hectic, desperate, frenzied, **excited**
The officers tried their best to calm the frantic crowd.
경찰관들은 흥분한 군중을 진정시키기 위해 최선을 다하였다.
a. 광란의, 흥분한

2109 handful
[hǽndfʊl]
▶ few, smattering, **morsel**
With only a handful of practitioners in North America, Reiki is a nearly unknown healing method.
의사가 몇 명 없는 북미에서는 기 치료가 잘 알려지지 못하였다.
n. 소량, 소수

2110 achieve**
[ətʃíːv]
▶ accomplish, perform, effect, **reach**
Desire is equally important in achieving one's goal as skill or competence.
의지는 어떤 목표를 이루는 데에 있어 경쟁력이나 실력만큼이나 중요하다.
v. 이루다, 성취하다, 획득하다, 달성하다

2111 consecutive*
[kənsékjətiv]
▶ successive, sequential
After winning 36 consecutive games, the reigning champion decided to retire.
36번의 게임을 연승한 후 군림하던 챔피언은 은퇴하기로 결정했다.
a. 연속적인, 잇따른

2112 demise
[dimáiz]
▶ end, fall, death, **decease**
The rise of mega-markets has led to the demise of the neighborhood markets.
큰 시장의 증가는 주변 동네 시장의 쇠퇴를 야기했다.
n. 서거, 사망
v. 통치권을 계승하다

2113 style**
[stàil]
▶ mode, manner, technique / **address**
His own style of drawing made his pieces of art very unique.
그만의 그림 스타일은 그의 작품들을 매우 특별하게 만들어주었다.
n. 양식, 스타일

2114 intolerable
[intάlərəbəl]
▶ unbearable
The intolerable racial prejudice throughout most of American history was the reason for the civil rights movement of the 1960s.
미국 역사 내내 용납할 수 없는 인종 차별은 1960년대 공민권 운동의 이유였다.
a. 참을 수 없는

2115 override*
[òuvərráid]
▶ cancel, annul, nullify, **overrule**
Sam tried to find evidence that could override the judge's decision.
Sam은 재판관의 결정을 무효로 할 수 있을 만한 증거를 찾기 위해 노력했다.
v. 무효로 하다

2116 extraordinary*
[ikstrɔ́ːrdənèri, èkstrɔ́ːrdənəri]
▶ exceptional, unusual, remarkable, **inordinate**
She has an extraordinary brother who could play basketball better than the school team.
그녀의 대단한 동생은 학교농구팀보다 농구를 잘하였다.
a. 비범한, 대단한

2117 colonize
[kάlənàiz]
▶ **conquer**, take over
Attempts to colonize the tribal areas led to greater conflicts with the native populations.
부족을 식민지화 하려는 시도는 원주민들과 더 큰 갈등을 만들어 냈다.
v. 식민지화하다; 이식하다(식물)

2118 freight
[freit]
▶ cargo, shipment, load
The freight loaded into the van was carried to the port, where it set sail for distant countries.
화물은 벤에 실어졌고 먼 나라로 떠날 항구로 옮겨졌다.
n. 화물
v. 화물을 싣다

Vocabulary Usher | 토플 2001-2200

2119 knack [næk]
▶ skill, ability
She's got a knack for getting toddler's attention.
그녀는 어린아이의 관심을 끄는 요령을 알고 있다.
n. 솜씨, 요령

2120 merciless [mə́ːrsilis]
▶ pitiless, relentless, inexorable
The merciless interrogation of the suspects didn't end until they had given a full confession.
용의자들에 대한 무자비한 심문은 그들이 완전히 자백할 때까지 계속 되었다.
a. 무자비한, 무정한

2121 pouch [pautʃ]
▶ small bag, pocket
She kept her wallet in her pouch to keep it safe from thieves.
그녀는 도둑으로부터 지갑을 안전히 지키고자 작은 주머니에 보관하였다.
n. 작은 주머니, 우편낭

2122 nomad [nóumæd]
▶ migrant, wanderer, rambler
Traditionally, the Mongolian people were migratory nomads.
전통적으로 몽골사람들은 이주하는 유목민이었다.
n. 유목민, 방랑자

2123 count for nothing*
▶ be not important
Once the leaders of the two conflicting groups shook hands, our efforts to stop the treaty counted for nothing.
대립하는 두 그룹의 리더가 손을 잡자 우리가 조약을 멈추려 했던 노력은 중요하지 않았다.
phr. 중요하지 않다

2124 exceptional* [iksépʃənəl]
▶ abnormal, unusual, extraordinary
Most of her students were bright, but Susie was somewhat exceptional.
대부분의 학생들은 총명했으나 수지는 무언가가 특출 났다.
a. 예외적인, 특별한

2125 silhouette [sìluét]
▶ outline, represent
The man's shape was silhouetted against the curtains.
그 남자의 모습은 커튼에 윤곽이 나타났다.
n. 실루엣, 검은 윤곽, 외형
v. 실루엣으로 나타내다

2126 endangered [indéindʒərd]
▶ jeopardized, imperiled, vulnerable
Many endangered species are protected by environmentalists.
많은 멸종위기 동물들은 환경가들에 의해 보호받고 있다.
a. 멸종위기에 처한, 위험에 처한

2127 contagious* [kəntéidʒəs]
▶ infectious, communicable
Due to the fact that avian influenza is highly contagious, any cases of it are treated cautiously.
조류독감은 상당히 전염성 있기 때문에 어떠한 경우에도 조심스럽게 치료된다.
a. 전염성 있는

2128 inherent in***
▶ characteristic of, built in, inbuilt
The bridge was more stable than the one it replaced due to greater strength inherent in its design.
다리는 디자인에 내재되있는 견고성에 의해 그 전 다리보다 더 안전해졌다.
phr. 내재된

2129	**cluster**** [klʌ́stər]	▶ **bunch** / group, gather, assemble Cluster of tiny-beached sea-shells reflected the sunshine. 바닷가로 밀려온 작은 조개 무리는 태양빛을 반사하였다.	n. 무리, 집단 v. 무리를 이루다, 군생하다, 집단을 이루다
2130	**elegant*** [éligənt]	▶ **sophisticated**, delicate, polished, tasteful She entered the room wearing an elegant ball gown and jewels. 그녀는 우아한 야회복과 보석을 입은 채로 방에 들어왔다.	a. 우아한, 세련된
2131	**have nothing to do with**	▶ **be not related to** Sam turned out to have nothing to do with the crime. Sam은 그 범죄와 아무런 관련이 없는 것으로 밝혀졌다.	phr. ~와 관계없다
2132	**lexicon** [léksəkàn]	▶ **vocabulary**, word Due to the widespread usage of the internet for short messaging, many abbreviations have entered our cultural lexicon. 인터넷 메시징의 증가로 많은 축약어 사용이 우리의 문화어휘에 들어왔다.	n. 어휘
2133	**inapt** [inǽpt]	▶ **unsuited**, unsuitable, inappropriate, unfit After real-world testing, it was shown that the inapt design work of the tool required it to be replaced. 실생활 테스트 이후 도구의 부적당한 디자인은 대체되었어야 했다.	a. 서투른, 부적당한
2134	**merciful** [mə́:rsifəl]	▶ **compassionate**, clement, humane, sympathetic The merciful emperor decided to let the prisoner go. 자비로운 황제는 재소자를 풀어 주기로 결정하였다.	a. 자비로운, 인정 많은
2135	**call off**	▶ **cancel** The meeting was called off immediately due to the discovery of a fire in the building. 건물에 급작스런 화재로 인하여 미팅이 곧 바로 취소되었다.	phr. 취소하다
2136	**substrate*** [sʌ́bstreit]	▶ **substratum**, underlying layer The seabed's substrate was composed of rock, sand, coral and mud. 해저 하층은 돌, 모래, 산호와 진흙으로 구성되어 있다.	n. 하층, 기저, 기질
2137	**foolproof** [fú:lprù:f]	▶ **very plain**, simple, assured This new camera is absolutely foolproof so that people of all ages can use it. 이 카메라는 엄청 간단해서 모든 연령대의 사람이 사용할 수 있다.	a. 간단명료한, 아무도 다룰 수 있는
2138	**intact*** [intǽkt]	▶ **uninjured**, unaffected, undamaged, complete The forest stayed intact until lumberjacks came to gather fire wood. 나무꾼들이 땔감을 때러 오기 전까지 숲은 손상되지 않은 모습을 갖추고 있었다.	a. 손상되지 않은

Vocabulary Usher | 토플 2001-2200

2139 subsidiary
[səbsídièri]
▶ ancillary, supplementary / affiliate, branch
He set up an independent subsidiary company in addition to his old company.
그는 전 회사에 더하여 독립적인 자회사를 건립하였다.
a. 보조의, 종속적인, 부가의
n. 자회사, 부가물

2140 recreational*
[rèkriéiʃənəl]
▶ as a hobby
We have a few recreational activities planned out for the camp next week.
다음주 캠프에 몇 가지의 오락 활동이 준비되어있다.
a. 오락의, 휴양의

2141 out of the question**
▶ impossible
Flying automobiles are out of the question until more advanced technology is developed.
날 수 있는 자동차는 고급기술이 발전되기 전까진 불가능하다.
phr. 불가능한

2142 abbreviate
[əbrí:vièit]
▶ shorten, curtail, brief, truncate
The mayor decided to abbreviate his boring speech and get to the point.
시장은 연설중 지루한 내용을 생략하고 중점만 말하기로 결정하였다.
v. 생략하다, 축약하다

2143 encapsulate*
[inkǽpsjəlèit]
▶ state briefly, condense, summarize
Scientists found a way to encapsulate daily needed vitamins in a small pill.
과학자들은 비타민 하루 권장량을 작은 알약에 넣는 방법을 찾았다.
v. (간단히) 요약하다, 캡슐로 싸다

2144 chiefly*
[tʃí:fli]
▶ mainly, principally, primarily, in the main
The new CEO was hired chiefly for his ability to turn around failing businesses without job loss.
새로운 최고경영자는 오직 구조조정 없이 회사를 회복시키는 능력으로 인해 발탁되었다.
ad. 주로, 대개

2145 symmetric
[simétrik]
▶ in proportion, balanced
The symmetric shape of the Pyramid is very unique.
대칭되는 피라미드의 모양은 굉장히 특이하다.
a. 대칭의, 균형 잡힌

2146 tempting**
[témptiŋ]
▶ inviting, attractive, appealing, seductive
Although the salary was tempting, he rejected the job offer.
급여는 솔깃했으나 그는 일자리 제안을 거절했다.
a. 유혹하는, 부추기는

2147 legacy
[légəsi]
▶ tradition, inheritance, culture, heritage
The legacy of the women's rights movement gave strength to those fighting for equal rights based on race.
여성 인권 운동이 남긴 유산이 인종에 따른 동등한 인권을 요구하는 사람들에게 큰 힘이 되었다.
n. 유산

2148 pointed
[pɔ́intid]
▶ sharp, piercing, severe, keen
For the baby's safety, the mother removed all pointed objects from the house.
아이의 안전을 위해 엄마는 모든 날카로운 물건들을 집에서 없앴다.
a. 뾰족한, 날카로운

2149	**on the contrary**	▶ **conversely,** adversely, contrarily, on the other hand You may believe that the students are behind, but on the contrary, they're actually quite advanced. 학생들이 많이 뒤쳐져 있다 믿겠지만 반대로 그들은 사실 많이 앞서있다.	phr. 반대로
2150	**many** [méni]	▶ **numerous, abundant,** myriad There are many kinds of people in this world. 이 세상에는 다양한 종류의 사람들이 있다.	a. 많은, 다수의 n. 많은 사람들
2151	**original**∗∗ [ərídʒənəl]	▶ **imaginative, creative, inventive;** initial, primary, early The original product is not always better than those that have come after it. 처음 제품이 그 후속작 보다 언제나 더 좋은 것은 아니다.	a. 원래의, 독창적인 n. 원본
2152	**ethnic** [éθnik]	▶ **native, racial,** cultural, original The ethnic makeup of the neighborhood was one of the most diverse in the city. 동네의 인종구성은 도시에서 가장 다양한 곳 중 하나이다.	a. 민족고유의, 인종의
2153	**trespass**∗∗ [tréspəs, -pæ̀s]	▶ **invade, encroach, infringe,** intrude / encroachment, invasion The first Gulf War began in response to Iraq trespassing on Kuwait's sovereign territory. 걸프전쟁은 이라크가 쿠웨이트의 영토를 침범한 것에 반응하여 시작되었다.	v. 침입하다, 침해하다 n. 불법, 침해
2154	**fluctuate**∗ [flʌ́ktʃuèit]	▶ **change, vary,** vacillate, sway The stock market index fluctuated because of economic instability. 주식시장가는 불안정한 경제때문에 변동하였다.	v. 수시로 변하다, 변동하다, 동요하다
2155	**manful** [mǽnfəl]	▶ **manly, audacious, daring,** intrepid His manful struggle to free himself from the enemy camp earned him great admiration. 남자답게 적 기지에서 빠져나온 그는 굉장한 존경을 받았다.	a. 남자다운, 씩씩한
2156	**tyrant** [táirənt]	▶ **dictator, oppressor** No one in the country truly respected the tyrant. 아무도 그 나라의 폭군을 진실되게 존경하지 않았다.	n. 폭군, 전제군주
2157	**neglect** [niglékt]	▶ **disregard, overlook;** ignore I neglected the fact that I had cancer until I started to see its detrimental effects. 나는 암의 나쁜 영향을 볼 때까지 내가 암에 걸렸던 사실을 무시했다.	v. 게을리하다; 무시하다
2158	**unlawful**∗∗ [ʌnlɔ́:fəl]	▶ **illegal, illicit, illegitimate** The suspected unlawful activities of the family made them the subject of a long police investigation. 가족의 의심되는 불법 활동 때문에 그들은 오랫동안 경찰의 수사대상이었다.	a. 불법의, 비합법적인

Vocabulary Usher | 토플 2001-2200

2159 straight away
[streiˈtəweiˌ]
▶ **immediately, right away**
If you get any significant results, I want you to report back to me straight away.
중요한 결과를 얻으면 바로 그 즉시 나에게 보고하시오.
phr. 즉시

2160 other than
▶ **excepting, excluding**
Other than his strong accent, the student's language abilities were perfect.
그의 강한 억양을 제외하고는 그 학생의 언어 실력은 완벽했다.
phr. ~외에, ~을 제외한; ~과 다른

2161 progressively*
[prəgrésivli]
▶ **increasingly, more and more**
Cancer often spreads, getting progressively worse as it takes over more organs.
암은 대부분 점차적으로 여러 장기에 퍼지면서 악화된다.
ad. 점차적으로, 점진적으로, 꾸준히 계속해서

2162 infirm
[infə́ːrm]
▶ **weak, feeble, decrepit, ailing**
Grandparents, as they get infirm with age, are subject to injuries even with small impacts.
조부모님들은 나이가 들면서 나약해져 작은 충격으로도 상처를 입을 수 있다.
a. 나약한, 불안정한

2163 blatant
[bléitənt]
▶ **obvious, overt; clamorous, noisy**
Criminals show a blatant disregard for the rules and norms of society.
범죄자들은 사회의 법과 기준에 대한 뻔뻔스러운 경시를 보인다.
a. 뻔뻔스러운, 명백한; 시끄러운, 소란스러운

2164 condense*
[kəndéns]
▶ **concentrate, compress**
In order to more easily transport waste, garbage trucks have a press that condenses it into uniform blocks.
쓰레기를 더 쉽게 옮기기 위해 쓰레기차엔 쓰레기들을 일정한 큰 덩이로 만드는 압축기가 있다.
v. 요약하다, 압축하다, 응축하다

2165 carriage
[kǽridʒ]
▶ **conveyance, transport, transfer, vehicle**
Despite changes in the means of carriage, people's willingness to explore outlying areas hasn't changed.
탈 것의 종류가 바뀌었음에도 불구하고, 사람들의 바깥세상을 모험하고자 하는 의지는 변하지 않았다.
n. 탈 것, 차

2166 destine
[déstin]
▶ **ordain**
The star-crossed lovers felt they were destined to be together no matter what their families thought.
불운한 연인은 가족의 생각과는 관계없이 그들이 함께 있기로 운명지어 졌다고 느꼈다.
v. 운명 짓다, 예정하다

2167 curiously
[kjúəriəsli]
▶ **surprisingly**
I curiously ran into my ex-girlfriend in a coffee shop with one of my friends.
나는 기묘하게도 예전 여자친구와 내 친구중 하나를 커피숍에서 만났다.
ad. 기묘하게, 진기한 듯이

2168 reference
[réf-ərəns]
▶ **allusion, mention, remark**
The comedian made a reference to the club owner's well-known arrogance.
코미디언은 잘 알려진 클럽 주인의 오만에 대한 언급을 하였다.
n. 언급

2169 imposing*
[impóuziŋ]
▶ impressive, grand; magnificent, enormous; **autocratic**
The imposing Burj Khalifa overpowers most of the buildings in Dubai.
Burj Khalifa 건물의 당당한 자태는 두바이의 다른 건축물들을 압도하였다.
a. 인상적인; 위압하는, 당당한

2170 accelerate*
[æksélərèit]
▶ speed up, expedite, hasten, **speed**
The company's productivity accelerated after Will became the CEO.
Will이 회사의 CEO가 된 후 그 회사의 생산성은 올라갔다.
v. 가속하다, 빠르게 하다

2171 dim**
[dim]
▶ obscure, faint, weak / **blur**
The dim outline of the house in the moonlight scared me even more.
달빛 아래에서 집의 희미한 윤곽은 나를 더욱 무섭게 하였다.
a. 모호한, 희미한, 어둑한
v. 흐리게 하다

2172 pile*
[pail]
▶ put together, collect, heap up, accumulate, assemble, amass / **heap, stack, accumulation, mass**
The boss piled a stack of documents on my desk to organize.
상사가 내 책상위에 정리해야 할 업무를 잔뜩 쌓아 놓았다.
v. 쌓아 올리다, 모으다
n. 퇴적, 더미

2173 spectacular*
[spektǽkjulər]
▶ splendid, impressive, sensational, **outstanding**
The spectacular colors of the peacock's tails are both a sexual signifier and a means of protection.
화려한 숫공작의 꼬리는 성적 매력이기도 하며 방어수단이기도 하다.
a. 멋진, 장엄한, 구경거리의, 장관의

2174 igneous
[ígniəs]
▶ fiery, burning, flaming
Some religions describe the fiery afterlife as the 'igneous world'.
몇몇 종교는 사후를 '불의 세계'로 묘사한다.
a. 불의, 화염의

2175 worthy
[wɔ́:rði]
▶ worthwhile, deserving
This book, although it is very expensive, is worthy buying.
비록 매우 비싸지만 그 책은 살만한 가치가 있다.
a. 가치 있는, 훌륭한

2176 dissipate
[dísəpèit]
▶ disperse, scatter, disappear, vanish
This aroma may dissipate after a short period of time.
이 향기는 얼마 지나지 않아 소멸될 것이다.
v. (안개·구름 등을) 흩뜨리다;
(군중을) 쫓아 흩어버리다;
(재산을) 다 써 버리다

2177 upheaval
[ʌphíːvəl]
▶ disturbance, disorder, revolution, turmoil
Revolution is the societal upheaval that became the mother of democracy.
혁명은 민주주의의 어머니가 된 사회적 대격변이다.
n. 대변동, 격변

2178 exceedingly
[iksíːdiŋli]
▶ extremely, excessively, surpassingly
The exceedingly violent forms of torture described by prisoners were seen as a human rights violation by most outsiders.
죄수가 묘사한 지나칠 정도로 잔인한 고문은 밖에 있는 사람들에겐 인권침해로 느껴졌다.
ad. 지나칠 정도로, 대단히, 엄청나게

Vocabulary Usher | 토플 2001-2200

2179 skepticism*
[sképtəsìzm]
▶ doubt, suspicion, uncertainty
His skepticism was the source of his depression.
그의 우울증의 근원은 회의감이었다.
n. 회의(론)

2180 coalesce
[kòuəlés]
▶ combine, unite, amalgamate, fuse, merge
Streams from two different mountains coalesced further downstream.
다른 두 산에서 흐르는 시냇물은 하류에서 하나로 합쳐졌다.
v. 합체하다, 연합하다, 협동하다

2181 constantly*
[kánstəntli]
▶ continually, continuously, always, perpetually
Constantly applying pressure to a wound will slow the blood flow and encourage clotting.
상처에 지속적으로 압력을 가한다면 피순환을 느리게 하고 응고되는 것을 촉진할 수 있다.
ad. 지속적으로, 끊임없이, 항상, 연속적으로

2182 criminal
['krɪmɪnl]
▶ convict, culprit / illicit, unlawful
The detective devoted his life in catching criminals.
형사는 범죄자를 잡는데 그의 일생을 바쳤다.
a. 범죄의, 죄 있는
n. 범죄자

2183 distinguished*
[distíŋgwiʃt]
▶ marked, prominent, eminent, noted
The distinguished writer gave a speech to the students of the English department.
뛰어난 작가는 영어학과 학생들에게 연설하였다.
a. 두드러진, 뛰어난, 구별되는, 구별된

2184 offense
[əféns]
▶ transgression, misdemeanor, crime, felony
The man was sentenced to 10 hours of community service for each offense he had committed.
그 남자는 그가 지지른 범죄에 각각 10시간의 봉사활동을 선고 받았다.
n. 위반, 범죄, 공격; 화냄

2185 arouse*
[əráuz]
▶ stimulate, awaken, provoke, excite
The town was aroused by the idea of new tax credits and cuts.
소도시는 새로운 세금 공제와 감세에 의해 자극되었다.
v. 깨우다; 자극하다

2186 impound
[impáund]
▶ contain, confine, hold; confiscate
If I park illegally once more, I'm afraid that the police will impound my car.
만약 내가 한번만 더 불법으로 주차를 한다면 경찰이 내 차를 몰수해 갈 것 같아 두렵다.
v. 가두다; 모으다, 몰수하다

2187 practical*
[præktikəl]
▶ pragmatic, effective, practicable, efficient
Rolling brownouts are not a very practical solution to the problem of energy overconsumption.
절전을 하는 것은 에너지 남용에 그다지 실용적인 해결책이 아니다.
a. 실용적인

2188 telling*
[téliŋ]
▶ helpful, effective, valid / narration
Although he showed little emotion on his face, the poker player's inability to keep his hands calm when he had a good hand was very telling.
포커를 치는 그의 얼굴에서는 감정이 조금만 나타났지만 좋은 패를 가졌을 때 손을 가만두지 못하는 점은 많은걸 말해줬다.
a. 효력이 있는, 뚜렷한, 현저한
n. 말하기

#	Word	Synonyms / Example	Definition
2189	**plumage*** [plú:midʒ]	▶ feather A male peacock uses its beautiful plumage to attract females. 수컷 공작새는 암컷을 유혹하기 위해 아름다운 깃털을 이용한다.	n. 깃털
2190	**conclusively*** [kənklú:sivli]	▶ decisively, definitely, absolutely We conclusively decided that we should close the office early for the Christmas party. 우리는 크리스마스 파티를 위해 사무실을 일찍 닫기로 확실히 정했다.	ad. 결정적으로, 확실히, 결론적으로
2191	**dangle*** [dǽŋɡəl]	▶ hang The earphone cord dangled off the edge of the desk. 이어폰은 책상 모서리에 매달려 있었다.	v. 매달리다; 매달다
2192	**soak**** [souk]	▶ drench, saturate, steep The sponge soaked the water from the sink. 스펀지는 싱크대에 있는 물을 흡수하였다.	v. 흡수하다, 빨아들이다
2193	**molecule** [máləkjù:l / mɔ́l]	▶ particle People did not believe in the existence of molecules a long time ago. 사람들은 오랜 시간동안 분자가 존재 한다고 믿지 않았다.	n. 분자
2194	**unassuming** [ʌ̀nəsjú:miŋ]	▶ modest, unpretending, unpretentious, humble Everyone was surprised when the unassuming man in the corner was introduced as the new CEO. 모든 사람이 구석에 있는 겸손한 사람이 새로운 CEO라고 소개되자 놀랐다.	a. 겸손한, 건방지지 않은
2195	**quandary** [kwándəri]	▶ dilemma, predicament, difficulty Sally was in a quandary when she had to choose her university. Sally는 어느 대학교를 진학해야 할지 골라야 하는 곤경에 빠졌다.	n. 궁지, 곤경(=dilemma)
2196	**reasonable** [rí:z-ənəb-əl]	▶ rational, logical, sensible, practical Scientists must learn to be reasonable in order to gain accurate results. 과학자들은 정확한 결과를 얻기 위하여 분별력을 키워야 한다.	a. 분별있는, 정당한;
2197	**unqualified*** [ʌ̀nkwáləfàid]	▶ complete, absolute, utter, thorough; unentitled The applicant was denied for the job due to being unqualified for it. 지원자는 자격이 안되는 관계로 취직될 수 없었다.	a. 절대적인; 자격이 없는
2198	**warp** [wɔːrp]	▶ bend, deform, twist The heat produced by the fire in the fireplace caused the sofa table to warp. 난로의 불꽃으로 인한 열기는 소파의 한 쪽을 뒤틀리게 했다.	v. 뒤틀다, 휘게 하다, 비틀다, 구부리다 n. (베틀의)날실

Vocabulary Usher | 토플 2001-2200

2199 instantly [ínstəntli]
▶ immediately, instantaneously, at once, directly
After curling up in a ball at the end of the bed, the dog instantly fell asleep and started snoring.
침대 끝에서 몸을 공처럼 웅크리자마자 개는 잠에 빠져 코를 골기 시작했다.
ad. 당장에, 즉각

2200 exterior [ɪkstíriər]
▶ peripheral, outer / coating, surface
The exterior of the bunker was strongly built in preparation for any physical attack.
그 벙커의 외벽은 어떠한 공격에도 대비하고자 튼튼하게 지어졌다.
a. 외부의, 표면의
n. 외부, 외관

Quiz
오늘의 퀴즈 (2001-2200) : 토플 단어용

문장 속의 단어와 같은 뜻의 단어를 고르시오. (1-10)

1. The king ceded his crown to the enemy because he didn't want to continue the war.
   a. enrolled   b. yielded   c. categorized   d. originated

2. The Hatfields and McCoys, along with their respective kin, had one of the most famous feuds in history.
   a. dictionary   b. joy   c. relative   d. subject

3. The store's milk was spoiled due to failure to rotate stock.
   a. inventory   b. group   c. expert   d. festival

4. The girl clumsily stabbed her fork into the steak, instead of cutting it into small pieces.
   a. beat   b. ruin   c. drop   d. thrust

5. She worked for weeks on her final art project in which she had to daub a canvas with paint.
   a. rotate   b. infuriate   c. cover   d. endure

6. His own style of drawing made his pieces of art very unique.
   a. pocket   b. ability   c. load   d. manner

7. The seabed's substrate was composed of rock, sand, coral and mud.
   a. underlying layer   b. cluster   c. organism   d. division

8. I neglected the fact that I had cancer until I started to see its detrimental effects.
   a. estimated   b. overlooked   c. culminated   d. excepted

9. Streams from two different mountains coalesced further downstream.
   a. unite   b. confine   c. diverge   d. ridicule

10. Scientists must learn to be reasonable in order to gain accurate results.
    a. direct   b. rational   c. predictable   d. pragmatic

정답   b/c/a/d/c/d/a/b/a/b

USHER

usherin.usher.co.kr

| 단어시험 보는 방법 |
1. 화장실을 먼저 다녀옵니다.
2. 핸드폰 전원을 꺼둡니다(진동, 무음도 안됨)
3. 책상 위에 필기도구를 제외하고 깨끗이 치웁니다.
4. 단어 3회독 Mp3 파일을 듣고 시작합니다.

| 주의사항 |
1. 채점 속도가 빠르다고 시험 도중 Mp3 파일을 멈추지 마세요~!
2. 채점 시, 스펠링 & 품사 & 뜻 중 하나라도 다르거나 빠뜨렸을 경우 틀린 답입니다.

| 틀린개수 | | 본인이름 |
| 채점자이름 |

1	26	51	76
2	27	52	77
3	28	53	78
4	29	54	79
5	30	55	80
6	31	56	81
7	32	57	82
8	33	58	83
9	34	59	84
10	35	60	85
11	36	61	86
12	37	62	87
13	38	63	88
14	39	64	89
15	40	65	90
16	41	66	91
17	42	67	92
18	43	68	93
19	44	69	94
20	45	70	95
21	46	71	96
22	47	72	97
23	48	73	98
24	49	74	99
25	50	75	100

No.		No.		No.	
101		126		151		176	
102		127		152		177	
103		128		153		178	
104		129		154		179	
105		130		155		180	
106		131		156		181	
107		132		157		182	
108		133		158		183	
109		134		159		184	
110		135		160		185	
111		136		161		186	
112		137		162		187	
113		138		163		188	
114		139		164		189	
115		140		165		190	
116		141		166		191	
117		142		167		192	
118		143		168		193	
119		144		169		194	
120		145		170		195	
121		146		171		196	
122		147		172		197	
123		148		173		198	
124		149		174		199	
125		150		175		200	

공부 수기

완초 2반부터 5개월에 114에요!

이 름	석◆◆
공부기간	5개월
처음 점수	109
마지막 점수	114점

RC

한국사람들이 가장 빨리 오른다는 rc부분이 솔직히 저는 가장 어려웠던 파트였습니다. 문제를 풀면서도 느껴지는 가장 큰 문제점은 바로 단어. 어려운 전문용어같은 건 뒤에 설명이 나오기 때문에 그다지 신경쓰지 않았으나 문제를 풀면서 알아야할 기본적이 단어에서의 문제점은 꽤 심각했습니다.

많은 선생님들께서 차라리 단어 문제라면 외우기만 하면 되니까 쉽다고 말씀하신 뒤부터 그날 그날 진도나간 지문에 모르는 단어는 무조건 암기를 했습니다. 구문도 단어에 근거한 것이기 때문에 단어를 알고나니 외우기도 쉬워졌고 모르는 구문이 나온 문장도 유추해서 풀수 있었습니다. 모든 파트에 기본이 되는 단어를 rc에서 많이 보충하지 않았나 그런 생각을 해봅니다. 참고로 덕호쌤이 외우라는거랑 하라는 것만 다 하면 점수 나옵니다. 단어 알고 나서는 ETS님들한테 낚이지만 않으면 되니까요.

LC

흠...... 듣기파트는 솔직히 진짜 많이 듣는게 최고입니다. 많이 듣다보면 영어가 영어로 들리게 되거든요. 적지않은 분들이 영어를 듣고 한글로 바꾸어서 생각을 하시는데, 정말 많이 듣고 또, 많이 말하면 영어가 자연스럽게 들어오고 또 자연스럽게 나갑니다. 한국어 처럼요. 우리가 생각하고 나서 말하지 않듯 영어도 그렇게 됩니다. 사실 제 생각에는 사람들과 대화를 영어로 하는게 듣기와 스피킹에 모두 도움을주면서 가장 효율적인 방법이라 생각됩니다만 그러기가 쉬운 환경도 아니고 시간도 없으니까 뭐라 말씀을 드리기가 어렵네요. 저는 친구랑 영어로만 대화를 했거든요. (문자나 통화도 다) 학원에서 조원들 끼리나 친구끼리 하시면 나쁘지 않은 방법이라 생각 됩니다.

SP

이것도 정말 많이 말하는 방법밖에는 없습니다. 우리가 하고자 하는 말을 표현하는데 까지 처음에는 생각할시간이 많이 필요합니다. 하지만 쉬운 거라도 자꾸 영어로 말하다보면 어느순간 생각이 바로 영어로 통하는 때가 옵니다. 예를들어 나는 남자입니다를 생각해서 I am a boy. 라고 말씀하시는 분은 없다고 생각됩니다. 우리가 하도 많이 듣고 말했으니까 자연스럽게 나오잖아요? 다른 표현도 마찬가지 입니다. 저는 제생각이나 혼잣말은 전부 영어로 했습니다.

물론 학원에서는 아니지만 학원에서 나와서 버스를 타는 순간부터 다른사람이 없으면 혼자 중얼중얼 거렸습니다. 은근히 재미도 있고 효과가 좋습니다. 이건 제가 자신할 수 있습니다. 그 다음에는 topic 에 대한 생각의 속도가 문제랄까요? 저는 개인적으로 긴장하지도 않았는데 말을 굉장히 빨러해서 시간이 항상 최소 5초 에서 10초까지 남아 점수가 많이 깎였습니다. 한국말할 때랑 속도를 똑같게 하니까 나중에는 할말이 없더군요. ;; 이건 자신이 조절해야하는 문제 같습니다.

WR
뭐...... 제 점수로 이런걸 쓰기에 참 부끄럽습니다. 솔직히 라이팅은 많이 공부를 하지 못했습니다. RC와 LC 를 끌어올리고 유지하면서 제가 가장 좋아하는 SP에만 신경을 써서; 하지만 방법은 조금 알것 같습니다. 일단은 쓰면서 내용이 항상 주제에서 어긋나지 않고 또 필요없는 내용이나 표현들도 삼가하는 것도 필수입니다. 다음으로는 그 상황에 알맞는 표현! 즉 단어선택이 중요한데요. 동의어라고 해서 마음대로 바꿔쓰면 어색하거나 엇나가는 경우가 많거든요. 이건 정말 많이쓰고 선생님들께 가서 첨삭 받고 물어보고 닥암!(닥치고 암기) 하시는게 좋습니다. 그리고 가장 중요한 DETAIL!!! 자세하게, 모든 사실을 일반화 하지않고 유추가 필요없을 정도로 자세히! 그러나 너무 당연한 내용이나 필요없는건 빼고! 미국인에 관점에서 볼 때도 이해가 가게끔 쓰는 것이 중요합니다. 연쌤이 하신 말씀입니다만, 우리한테 당연한 게 다른나라 사람들이 볼 때는 그렇지 않거든요. 예를 들면 어떤사람이 "이 음식엔 조미료가 많이 들어갔어." 라고 말하는 데에서 우리나라 사람들은 '아~ 이 사람은 이 음식을 싫어하는구나.....'라고 생각합니다. 조미료가 건강에 좋지 않다는 사실을 아니까 그것을 '일반화' 시킨 것이지요. 담배피는 분들이 담배 몸에 안좋은걸 모르니까 담배피지는 않잖아요? 그러니까 어떤사실이든지 '일반화' 하기 전에 한번 더 생각해야 합니다.

그리고 덕호쌤, 진우쌤, 연쌤(비록 많은시간을 나누지는못했지만 *^^*), 문희쌤, 홍균쌤, 아영쌤, 은우쌤(이자 매니저? ㅎㅎ) 그리고 도움주신 분들께 정말 진심으로 대박 감사드립니다. 에휴...... 보통 이럴때는 길고도 짧은 5개월이라고 해야 하지만 진짜 솔직히 말해서 아무리 생각해 봐도 짧지는 않았던 5개월이었네요. ㅎㅎ
어쨌든!!!!! 내일 토플 한번더 보니까 점수 더 잘나오면 밑에 댓글로 점수 적고 가겠습니다. ㅎㅎㅎ ㅎ(안나오면... 닥치고 공부)

| 오늘의 단어 |

모르는 단어 개수: _____ 개

1회독 ____ /200개 2회독 ____ /200개 3회독 ____ /200개 4회독 ____ /200개 5회독 ____ /200개

____ /200개* 5분 = ____ 분 (약 ____ 시간 필요)

*휴식시간 및 시험시간(200개당 45분입니다)을 꼭 넣어야 합니다.

나의 오늘 목표는 _____ 번부터 _____ 번까지!!!

오늘의 단어

오늘 공부할 양에서 내가 아는 것과 모르는 것을 미리 체크해서 오늘 단어 외우는데 걸리는 시간을 미리 계산해 보면 공부의 효율이 높아집니다.

2201 prophesy	2221 judicial	2241 excessive	2261 routinely	2281 constraint
2202 upsurge	2222 unlimited	2242 accede	2262 virtually	2282 thwart
2203 appreciable	2223 laud	2243 annihilate	2263 formative	2283 exclamation
2204 indigenous	2224 vagrant	2244 verge	2264 amend	2284 dazzle
2205 facilitate	2225 collaboration	2245 assassinate	2265 denounce	2285 subterranean
2206 combination	2226 scenic	2246 shatter	2266 deceit	2286 mumble
2207 misgiving	2227 aptly	2247 insecure	2267 scruple	2287 cornerstone
2208 accord	2228 passive	2248 mundane	2268 pacific	2288 lease
2209 abide	2229 microorganism	2249 phenomenal	2269 condone	2289 ingenuous
2210 supervise	2230 as well as	2250 inconsequential	2270 prospective	2290 relation
2211 infinitesimal	2231 communal	2251 bog	2271 lash	2291 enable
2212 pitiless	2232 enterprising	2252 wedge	2272 peaceable	2292 aesthetic
2213 pale	2233 characterize	2253 terminate	2273 forerunner	2293 vaccinate
2214 verbal	2234 ornamentation	2254 assistance	2274 incise	2294 deadly
2215 wreck	2235 homely	2255 uproar	2275 specific	2295 disintegrate
2216 conspiracy	2236 drench	2256 illusion	2276 lone	2296 congenial
2217 scold	2237 improper	2257 feasible	2277 sizable	2297 blunt
2218 rattle	2238 exposition	2258 proficiency	2278 point (out)	2298 wrath
2219 arise from	2239 obstinate	2259 crack down	2279 omnipresent	2299 urgent
2220 inimical	2240 offset	2260 appetizing	2280 lusty	2300 assumption

usherin.usher.co.kr 343

2301 brilliance	2321 clog	2341 cultivator	2361 organize	2381 anchor
2302 demography	2322 inventive	2342 loop	2362 irate	2382 mysterious
2303 thriller	2323 virtuous	2343 for the sake of	2363 cycle	2383 bump
2304 dramatical	2324 fertilize	2344 dissimilar	2364 sweeping	2384 misconception
2305 excavation	2325 defend	2345 fleet	2365 chop	2385 publicize
2306 link	2326 financial	2346 exalt	2366 acid	2386 sincere
2307 cite	2327 furtive	2347 scoop	2367 emanate	2387 helpful
2308 unadorned	2328 paradoxical	2348 creative	2368 diminutive	2388 avid
2309 augment	2329 overt	2349 throughout	2369 lodge in	2389 consumption
2310 mania	2330 short-sighted	2350 recruit	2370 spite	2390 residue
2311 whim	2331 skirmish	2351 transcend	2371 cripple	2391 sparse
2312 categorize	2332 stagnant	2352 already	2372 collaborate	2392 cling to
2313 repress	2333 incontrovertible	2353 critical	2373 vibrant	2393 impeach
2314 miserly	2334 period	2354 dwindle	2374 hasten	2394 matchless
2315 siege	2335 reassuring	2355 susceptible	2375 converse	2395 workmanship
2316 bind	2336 abundant	2356 unintentionally	2376 rooted	2396 enthusiastic
2317 classic	2337 insert	2357 deplete	2377 preclude	2397 bust
2318 burgeon	2338 influential	2358 dilute	2378 humiliate	2398 sparkle
2319 exude	2339 tow	2359 descent	2379 subsistence	2399 glide
2320 laudable	2340 contradictory	2360 cohere	2380 occupation	2400 false

USHER iBT TOEFL
VOCABULARY

12
12 out of 13

토플단어
2201-2400

USHER VOCABULARY

2201 prophesy [práfəsài / prɔ́]
▶ foretell, predict, foresee, prognosticate
The Oracle of Delphi was said to prophesy the future.
델포이의 신탁은 미래를 예언하기 위한 것이다.
v. 예언하다

2202 upsurge* [ʌ̀psə́:rdʒ]
▶ increase, rise
An upsurge of violence forced the government to employ more police officers.
폭력범죄의 급증은 정부가 더 많은 경찰관을 고용하도록 만들었다.
n. 급증

2203 appreciable* [əprí:ʃiəbəl]
▶ noticeable, significant, considerable, marked
The increased efforts of the students led to appreciable increases in their grades.
학생들의 더 많은 노력은 성적을 상당한 정도로 올라가게 하였다.
a. 분명한, 상당한 정도의

2204 indigenous* [indídʒənəs]
▶ native, aboriginal, inherited, innate
The indigenous people of Australia believe in a creation story called "The Dreamtime".
호주의 토착민들은 '꿈의 시대'라는 창설을 믿는다.
a. 토착의; 타고난

2205 facilitate* [fəsílətèit]
▶ make more available, make easier, aid; promote
The switch from analog to digital television broadcasting facilitated the expansion of the channel line up from a few dozen to a few hundred.
아날로그 방송에서 디지털 방송으로의 변화는 수십 개에서 수백 개로의 채널 확장을 촉진했다.
v. (일을)용이하게 하다, 쉽게 하다; 촉진하다, 돕다

2206 combination [kɑ̀mbənéiʃən]
▶ conjunction, union, alliance, confederation
Pancakes and maple syrup probably are the best combination in the world.
팬케익과 메이플 시럽은 아마도 세계 최고의 조합일 것이다.
n. 결합, 연합

2207 misgiving [misgíviŋ]
▶ apprehension, doubt, distrust, suspicion
She still had some misgivings even after I explained how the new fire alarm works.
그녀는 내가 새로운 화재 경보가 어떻게 작동되는지 설명해준 뒤에도 일말의 의심이 있었다.
n. 의심, 걱정, 불안

2208 accord* [əkɔ́:rd]
▶ agree, assent; grant, give, bestow
The highest honor that the government accords to valiant soldiers is the Congressional Medal of Honor.
정부가 용감한 병사들에게 주는 가장 큰 영광은 국회 명예 훈장이다.
v. 일치하다, 부합하다(with); 부여하다(to)
n. 합의

#	Word	Synonyms / Example	Definition
2209	**abide*** [əbáid]	▶ inhabit, reside, remain, sojourn Children usually abide by their parents' rules fearing the punishment that would come if they choose to violate them. 아이들은 대게 지키지 않으면 따라오는 체벌때문에 부모님의 규율을 잘 따른다.	v. 참다, 견디다; 머무르다; 고수하다(by)
2210	**supervise*** [súːpərvàiz]	▶ direct, oversee, control, manage The teacher walked in to supervise the students after she started hearing loud noises. 시끄러운 소리를 들은 후 선생님은 학생들을 감독하고자 들어갔다.	v. 감독하다
2211	**infinitesimal** [ìnfinətésəməl]	▶ minute, tiny, microscopic, insignificant The infinitesimal level of radiation which surrounded the comet was deemed harmless to those who had been near it. 혜성 주변의 극소량의 방사선은 그 주변에 있던 사람들에게 해롭지 않은 것으로 간주된다.	a. 극소의, 극미의
2212	**pitiless** [pítilis]	▶ merciless, cruel, ruthless, relentless The pitiless attacks by conquerors led to a decimation of the local tribes. 그 정복자들의 무자비한 공격은 많은 현지 부족민들의 목숨을 앗아갔다.	a. 무자비한, 매정한
2213	**pale** [peil]	▶ pallid, wan, white, ashen Diana looked pale after being hospitalized for weeks but tried to smile at her visitors. Diana는 병원에 몇 주 동안 입원한 후 창백해 보였지만 병문안 온 손님들에게 웃으려고 노력했다.	a. 창백한; (색깔이) 엷은 v. 창백해지다
2214	**verbal** [vɔ́ːrbəl]	▶ oral, spoken Never trust a man who only offers verbal promise. 말로만 약속하는 자를 믿지 마라.	a. 말의; 말뿐인
2215	**wreck*** [rek]	▶ destroy, devastate, ruin / ruin The children wrecked the families' play room every time they were unsupervised. 아이들은 돌볼 사람이 없을 때마다 놀이방을 엉망으로 만들어 놓았다.	n. 난파, 조난 v. 난파시키다
2216	**conspiracy** [kənspírəsi]	▶ plot, cabal, scheme, intrigue, collusion Many people believe that there is a government conspiracy to control people's minds. 많은 이들은 사람들의 생각을 조종하려는 정부의 음모가 있다고 믿는다.	n. 음모, 공모
2217	**scold** [skould]	▶ reprove, reproach, reprimand, rebuke Good parents know how to scold their children to set them straight. 좋은 부모들은 자식들이 올바르게 나아가도록 제대로 꾸짖는 법을 알고 있다.	v. 꾸짖다, 잔소리하다
2218	**rattle** [rǽtl]	▶ clatter, bang, clank After the accident there was an annoying rattle coming from the back of the car. 사고가 난 후 자동차 뒤에서 덜걱덜걱거리는 짜증나는 소리가 났다.	v. 덜걱덜걱 소리 나다

Vocabulary Usher | 토플 2201-2400

2219 arise from

▶ emerge from, originate from
The climate problems being suffered now arise from poor decisions of previous generations.
이전 세대의 좋지 못한 결정은 지금 우리가 겪고 있는 기상문제에 기여하였다.

phr. ~에서 기인하다
~에서 발생하다

2220 inimical**
[inímikəl]

▶ unfriendly, hostile, antagonistic, opposed
The new taxes are inimical to the attraction of new businesses to the area.
새로운 세금은 지역주변에 새로운 사업을 끌어들이는 점에서 해로운 것이다.

a. 적대하는, 해로운, 불리한

2221 judicial
[dʒuːdíʃəl]

▶ juridical, administrative, impartial
The judicial branch of government is charged with deciding whether laws are enacted and implemented in accordance with federal law.
사법부는 연방법에 의거하여 행정부와 입법부의 법에 대한 통과와 시행을 책임지고 있다.

a. 사법의, 재판의

2222 unlimited
[ʌnlímitid]

▶ infinite, limitless, boundless, endless
Unlimited power held by a small group often leads to tyranny.
작은 당파가 무한한 권력을 가진다면 폭정에 이르게 된다.

a. 무한한, 끝없는, 무조건의

2223 laud
[lɔːd]

▶ praise, commendation / extol, exalt
Everyone in the art hall lauded the works of Leonardo Da Vinci.
아트홀에 있던 모든 사람들은 레오나르도 다빈치의 작품들을 찬양했다.

v. 찬양하다, 칭찬하다

2224 vagrant
[véigrənt]

▶ wandering / homeless person
The vagrant and his dog walked around the beach playing in the sea.
방랑자와 그의 개는 바닷가 주변을 걸어다니며 놀고 있었다.

a. 방랑하는
n. 방랑(유랑)자

2225 collaboration
[kəlæbəréiʃən]

▶ alliance, cooperation, association, teamwork
The collaboration between the two artists struck many as odd because of their wildly different styles.
두 미술가들의 협동은 둘의 다른 스타일 때문에 많은 이들에게 이상해 보였다.

n. 협동, 공동협력

2226 scenic
[síːnik, sén-]

▶ beautiful, picturesque
She was more stunned than expected by the Grand Canyon's scenic view.
그녀는 기대 이상으로 아름다운 그랜드 캐니언의 경치에 감동을 받았다.

a. 경치가 아름다운

2227 aptly*
[æptli]

▶ appropriately, suitably, relevantly
The rafters were sucked over the aptly named Devil's Falls.
래프팅 하는 사람들은 적절한 이름의 '악마의 폭포'로 빨려 들어갔다.

ad. 적절히, 적당히

2228 passive*
[pǽsiv]

▶ inactive, inert, dormant, nonresistant
He was obedient, but often too passive and as a result was sometimes pushed around.
그는 유순하지만 가끔은 너무 수동적이어서 이리저리 치일 때가 많다.

a. 수동의, 무저항의

USHER

2229 microorganism*
[màikrouɔ́:rgənìzm]
▶ microbe, bacterium
Microorganisms in the air cause fermentation in certain situations.
공기 중 미생물들은 특정환경에서 발효를 야기시킨다.
n. 미생물

2230 as well as*
▶ in addition to, also
The earthquake caused immediate visible damage to the plant, as well as unseen long-term problems in the area.
지진은 식물들에게 눈에 보이는 손상을 입혔을 뿐만 아니라 그 지역에 보이지 않는 피해를 주었다.
phr. 또한, ~뿐만 아니라

2231 communal
[kəmjú:nl]
▶ public, general; collective
Most tribes in Amazon region kept their communal way of living.
아마존 지역의 대부분의 부족은 그들의 공동체적 생활을 계속해 나간다.
a. 공공의; 공동체의

2232 enterprising
[éntərpràiziŋ]
▶ ambitious, adventurous, energetic
Jack Welch, the former CEO of GE, is a very enterprising man and led the company to success.
GE의 전 경영자인 Jack Welch는 진취적인 사람이며 회사를 성공으로 이끌었다.
a. 진취적인, 모험적인, 기업적인

2233 characterize*
[kǽriktəràiz]
▶ distinguish
My teacher is characterized by her loud voice and out going personality.
나의 선생님은 큰 목소리와 활발한 성격으로 특징 지어진다.
v. 특색짓다, 구별하다

2234 ornamentation
[ɔ̀:rnəmentéiʃən]
▶ decoration, adornment
The house was decorated with beautiful ornamentation.
집은 아름다운 장식물로 꾸며져 있다.
n. 장식, 장식물

2235 homely
[hóumli]
▶ plain, simple; homelike, cozy
Most people don't realize that without professional make-up artists, many supermodels are actually quite homely.
대부분의 사람들은 전문적인 화장없이는 슈퍼모델들이 생각보다 수수하다는 것을 잘 깨닫지 못한다.
a. 수수한; 가정적인

2236 drench
[drentʃ]
▶ wet, soak, saturate, drown
We were both drenched in water from walking around in the rain for too long.
우리는 비오는데 너무 오래 걸어서 둘 다 흠뻑 젖었다.
v. 흠뻑 젖게 하다, 적시다

2237 improper*
[imprápər / -próp-]
▶ unfit, inappropriate
The improper remarks of the student caused his teacher to punish him severely.
학생의 부적절한 발언은 그의 선생님이 그를 심하게 벌하도록 하였다.
a. 부적당한, 어울리지 않는

2238 exposition*
[èkspəzíʃən]
▶ exhibition, display, presentation
The 1984 exposition was the last of the World's Fairs as the mother company went bankrupt.
만국 박람회의 모 회사가 파산하면서 1984년 전시회가 마지막이 되었다.
n. 전시, 진열; 설명, 해설

Vocabulary Usher | 토플 2201-2400

2239 obstinate* [ábstənət]
▶ unyielding, stubborn, headstrong, **inflexible**
He is very obstinate when he believes he is making the right decision.
그는 그가 옳은 결정을 내렸다고 믿을 때는 매우 완고하다.
a. 완고한, 고집 센

2240 offset* [ɔːfsét, àf-]
▶ balance, counterbalance, counteract, **cancel out**
Tariff can offset the two countries' economical scale and make a fair trade.
관세는 두 나라의 경제적 규모를 상쇄하여 공정 무역이 가능하게 한다.
v. 상쇄하다

2241 excessive* [iksésiv]
▶ extreme, undue, exorbitant, **immoderate**
Excessive smoking can lead to serious health problems and eventually result in death.
지나친 흡연은 심각한 건강 질환을 일으키고 결국엔 죽음에 이르게 한다.
a. 과도한, 지나친

2242 accede [æksíːd]
▶ agree, accept, assent
Both countries acceded to the outside world's call for a peace treaty.
두 나라는 외부 나라가 요청한 평화조약에 동의하였다.
v. 동의하다, 찬성하다; 가입하다, 참가하다

2243 annihilate** [ənáiəlèit]
▶ remove, abolish, exterminate, **erase**
The avalanche annihilated the small village in a matter of seconds.
그 눈사태는 몇 초 사이에 작은 마을을 전멸시켰다.
v. 전멸시키다; 무효로 하다

2244 verge* [vəːrdʒ]
▶ brink, threshold, **edge**, rim
I can often spot students who are on the verge of making rapid academic progress.
나는 가끔 빠른 학업적 성과를 이룰 수 있는 경계에 서 있는 학생들을 발견할 수 있다.
n. 모서리, 가장자리, 경계

2245 assassinate [əsǽsənèit]
▶ murder, kill, slay
The shooter tried to assassinate the president but was caught before he had the chance.
사수는 대통령을 암살하려 했지만 기회가 생기기 전에 잡혔다.
v. 암살하다

2246 shatter** [ʃǽtər]
▶ break, pulverize, smash / **crush**
The crack of the bat shattered the silence in the park.
배트로 치는 소리는 공원의 침묵을 깨뜨렸다.
v. 박살내다, 파괴하다

2247 insecure [insikjúər]
▶ unsafe, unstable, uncertain
Although models put off an air of superiority, many are actually quite insecure about their looks.
모델들은 그들의 우월함을 표출하지만 대다수는 그들의 외모에 자신없어 한다.
a. 불안정한; 불안한, 걱정스러운

2248 mundane* [mʌ́ndein]
▶ ordinary, routine, commonplace
The mundane life of a farmer is something that most city-dwellers cannot imagine.
농부의 보통 삶은 도시에 사는 대부분의 시민들이 상상할 수 없는 삶이다.
a. 현세의, 세속적인; 보통의

2249 phenomenal
[finámənl / -nóm-]

▶ **extraordinary, exceptional, remarkable, unusual**
The patient's health made a phenomenal turn-around with the introduction of a new form of anti-cancer drug.
환자의 건강은 새로운 항암제의 도입과 함께 경이적으로 좋아졌다.

a. 놀라운, 경이적인, 초자연적인

2250 inconsequential
[ìnkansikwénʃəl]

▶ **unimportant, insignificant, petty, trifling**
His failure will always signify how inconsequential his efforts were.
그의 실패는 그의 노력들이 얼마나 하찮았는지 보여줄 것이다.

a. 하찮은, 사소한, 이치에 맞지 않는

2251 bog*
[bɑg, bɔ(:)g]

▶ **marsh, swamp, fen**
The peat bogs of Ireland were once thought to contain fairies.
한 때 아일랜드의 토탄지에는 요정이 있다고 믿어졌었다.

n. 습지

2252 wedge
[wédʒ]

▶ **cram, squeeze, crowd**
If one wedges books onto a shelf, they may end up torn.
책장에 책을 억지로 꾸겨 넣는다면 찢어질 수도 있다.

v. 억지로 밀어 넣다
n. 쐐기

2253 terminate**
[tə́:rmənèit]

▶ **finish, stop, end, come to the end**
The Japanese involvement in WWII was terminated as soon as the bomb was dropped at Hiroshima.
세계 제2차 전쟁에 대한 일본의 개입은 히로시마에 폭탄이 떨어지면서 끝났다.

v. 끝내다, 끝나다

2254 assistance**
[əsístəns]

▶ **help, aid, support, backing**
Poor people barely have any money despite the assistance they receive from the government.
가난한 사람들은 정부로부터 보조를 받음에도 불구하고 돈이 거의 없다.

n. 도움, 원조

2255 uproar
[ʌ́prɔ̀:r]

▶ **disturbance, tumult, turbulence, commotion**
The uproar brought chaos to the country.
그 소동은 국가에 혼란을 불러 왔다.

n. 소란, 소동

2256 illusion*
[ilú:ʒən]

▶ **false impression, image**
The sight of oasis turned out to be an illusion.
오아시스의 모습은 환영으로 밝혀졌다.

n. 환영, 환각

2257 feasible**
[fí:zəbəl]

▶ **possible, viable, workable, practicable**
When you come up with a plan you have to see if it is feasible or not and set realistic goals.
네가 계획을 세울 때에는 그것이 실행할 수 있는지 없는지 확인하고 실질적인 목표를 세워야 한다.

a. 실행할 수 있는, 가능한

2258 proficiency*
[prəfíʃənsi]

▶ **skill, ability, expertise, mastery**
The new trainee brought his proficiency up to the unprecedented level.
새로운 실습생은 그의 기량을 전례 없던 수준까지 올렸다.

n. 숙달, 능숙, 기량

Vocabulary Usher | 토플 2201-2400

2259 crack down*
▶ enforce laws
The principal cracked down on drug users after needles were found on the school's campus.
학교 교정 내에서 바늘이 발견된 이후로 약물 복용자들은 엄하게 다스려졌다.
phr. ~을 엄하게 다스리다

2260 appetizing
[ǽpitàiziŋ]
▶ delicious, appealing, tasty, tempting
The most appetizing part of the dish was its savory aroma.
그 식사에서 가장 식욕을 돋우는 부분은 그것의 맛 좋은 향기였다.
a. 식욕을 돋우는

2261 routinely**
[ru:tí:nli]
▶ commonly, generally, habitually, regularly
It is important for people to routinely check their health conditions as they get older.
사람들은 나이가 들수록 정기적으로 건강 검진을 하는 것이 중요하다.
ad. 정기적으로, 일상적으로

2262 virtually*
[və́:rtʃuəli]
▶ in fact, practically; nearly, almost
Although many people expected a close fight, it was virtually one-sided.
많은 사람들이 막상막하의 싸움을 기대했지만, 사실상 그것은 일방적이었다.
ad. 사실상, 실질적으로; 거의

2263 formative*
[fɔ́:rmətiv]
▶ shaping, developmental
During their formative years, children have an amazing ability to learn languages.
자신을 형성하는 기간에 아이들은 언어를 습득하는 놀라운 능력을 가지고 있다.
a. 모양을 이루는, 형성하는

2264 amend
[əménd]
▶ improve, repair, mend
I had to amend my essay because I had too many grammatical mistakes.
나는 문법적 오류가 너무 많아서 내 에세이를 고쳐야 했다.
v. 고치다, 수정하다

2265 denounce
[dináuns]
▶ condemn, criticize, censure
The president denounced the terrorists in his interview.
대통령은 인터뷰에서 테러리스트들을 비난하였다.
v. 비난하다

2266 deceit
[disí:t]
▶ fraud, deception, cheating
Sarah saw through his deceit and was able to avoid losing a large amount of money.
그의 속임수를 간파한 사라는 많은 돈을 잃지 않을 수 있었다.
n. 사기, 속임수

2267 scruple**
[skrú:pl]
▶ hesitation, uneasiness, qualms / hesitate
He had no scruples when it came to making money.
돈을 버는 일이라면 그는 전혀 양심의 가책을 느끼지 않았다.
n. 망설임, 양심의 가책
v. 꺼리다, 망설이다

2268 pacific
[pəsífik]
▶ peaceful, calm, tranquil, quiet
The pacific ceasefire was ended when the rebels began fighting against the government again.
평온한 휴전은 반란군이 다시 정부를 공격함으로써 끝이 났다.
a. 평화적인, 평온한

#	Word	Synonyms / Example	Meaning
2269	**condone** [kəndóun]	▶ overlook, forgive Although not officially sanctioned by the university, they seem to condone the consumption of alcohol at sporting matches. 대학에 의해서 인가되지 않았어도 스포츠 경기에서 술을 마시는 것은 용서되는 것처럼 보였다.	v. 용서하다
2270	**prospective**** [prəspéktiv]	▶ future, soon-to-be, likely, potential The prospective bride continued to make preparations for her wedding. 예비신부는 결혼 준비를 계속해나갔다.	a. 예기되는, 장래의
2271	**lash**** [læʃ]	▶ tie, bind; abuse, censure The terrorists lashed the hostage's hands with a thick rope. 테러리스트들은 굵은 밧줄로 인질의 손을 묶었다.	v. 묶다, 매다; 채찍질하다, 욕하다
2272	**peaceable** [píːsəbəl]	▶ pacific, peaceful, amicable Nothing can possibly go wrong in this peaceable town. 이 평화로운 마을에서는 어떤 일도 잘못될 수 없다.	a. 평화로운
2273	**forerunner** [fɔ́ːrrʌ̀nər]	▶ precursor, predecessor, ancestor Most forerunners in the history of art were not accepted in their time. 미술 역사의 선구자들은 그 시대에는 인정을 받지 못하였다.	n. 선구자, 전조
2274	**incise**** [insáiz]	▶ carve, cut, engrave, dissect He incised his name and the date on a large tree in the garden before moving away. 그는 이사하기 전에 그의 이름과 날짜를 정원에 있는 큰 나무에 새겨 넣었다.	v. 새기다, 조각하다; 절개하다
2275	**specific** [spisífik]	▶ particular, precise / detail If you could be more specific in this part of your essay, I think it would make it much better. 나는 만일 네가 에세이의 이 부분을 조금 더 구체적으로 작성한다면 훨씬 더 나아질 것이라고 생각한다.	a. 특정한, 특정의, 특유의, 구체적인 n. 특성, 특질
2276	**lone** [loun]	▶ solitary, lonely, secluded, separate A lone wolf is often used as a symbol of solitude and perseverance in Western art work. 서양 미술에서 외로운 늑대는 고독함과 인내심을 나타내는 상징으로 쓰인다.	a. 고독한, 고립된
2277	**sizable*** [sáizəbl]	▶ fairly large She sliced me a sizable piece of pie because she knew it was my favorite. 그녀는 내가 파이를 좋아하는 것을 알고 상당히 큰 조각을 잘라 주었다.	a. 상당히 큰
2278	**point (out)*** [pɔint]	▶ indicate, show / tip, dot I am really grateful that she pointed out the grammar mistakes in my essay. 나는 그녀가 나의 수필에 있는 문법적 오류를 가리켜 준 것이 정말 고마웠다.	v. 가리키다

Vocabulary Usher | 토플 2201-2400

2279 omnipresent*
[ɑ̀mnəprézənt / ɔ̀m]

▶ **ubiquitous**
Most religions hold that God is an omnipresent being who can always be contacted.
대부분의 종교는 신이 어디에나 존재하기 때문에 언제나 접촉될 수 있다고 믿는다.

a. 어디에나 있는

2280 lusty*
[lʌ́sti]

▶ **vigorous, strong, robust, stout**
The visiting team was greeted with lusty boos nearly as loud as the cheers for the home team.
그 원정팀은 본고장 팀을 향한 환호만큼 큰 활발한 야유들로 환영받았다.

a. 활발한, 튼튼한

2281 constraint**
[kənstréint]

▶ **limitation, hindrance, confinement, restriction**
The system of checks and balances places constraints on the power of each branch of government.
견제와 균형 시스템은 정부 각기 다른 부서에 권력을 제한한다.

n. 제한, 제약, 강제, 압박

2282 thwart
[θwɔːrt]

▶ **prevent, impede, obstruct**
In order to thwart the trade of illegal drugs, most ports inspect cargo with the use of trained dogs.
불법 마약 거래를 막기 위해 대부분의 항구에서는 훈련견을 이용하여 화물을 검사한다.

v. 좌절시키다 (= frustrate) 막다(=hinder), 방해하다

2283 exclamation
[èkskləméiʃən]

▶ **outcry**
He made a loud exclamation for freedom before being beheaded.
그는 참수되기 전에 자유를 위해서 큰소리를 외쳤다.

n. 외침, 절규; 감탄사

2284 dazzle
[dǽzəl]

▶ **daze, amaze, blind, impress**
The magician and his assistant dazzled the crowd with their mysterious act.
마술사와 그의 조수는 그들의 신비로운 행동들로 관중을 압도했다.

v. 눈부시게 하다, 압도하다

2285 subterranean*
[sʌ̀btəréiniən]

▶ **underground, underneath**
It was generally believed that Osama bin Laden was held up in a subterranean cave, but he was eventually discovered in a large compound of buildings.
오사마 빈 라덴은 지하 동굴에 은신해 있을 것이라 믿어져왔지만 그는 큰 도시 중심에서 발견되었다.

a. 지하의, 숨은

2286 mumble
[mʌmbl]

▶ **mutter, whisper, grumble, murmur**
He mumbled the words "I'm sorry." after being scolded by his teacher.
선생님께 혼난 후 그는 "죄송합니다."라고 중얼거렸다.

v. 중얼거리다, 웅얼거리다.

2287 cornerstone
[kɔ́ːrnərstòun]

▶ **basis, premise, starting point, bedrock**
That is the cornerstone of our success and has allowed us to do marvelous things.
그것은 우리 성공의 토대이며 믿기 어려운 것들을 가능하게 해줬다.

n. 기초, 초석, 토대

2288 lease**
[líːs]

▶ **rent, hire, charter, let**
Buying distressed properties and then putting them up for lease is a common long-term investment strategy.
회수곤란 대부자산을 사들이고 임차 계약으로 내놓는 것은 평범한 장기 투자 전략이다.

v. 임차하다, 임대하다
n. 임대차 계약

#	Word	Synonyms / Example	Meaning
2289	**ingenuous** [indʒénjuːəs]	▶ frank, candid, open, naïve It is a joy to see an ingenuous smile on a child's face. 아이들의 순진한 웃음을 보는 것은 기쁜 일이다.	a. 꾸밈없는, 순진한
2290	**relation** [riléiʃ-ən]	▶ connection, relationship, bond, association Tense relation between two countries delayed Free Trade Agreement. 두 나라간의 긴장된 관계는 자유무역협정을 지연시켰다.	n. 관계
2291	**enable*** [inéibl]	▶ permit, allow, facilitate The invention of the cotton gin enabled cotton to be mechanically separated much faster than it could be done by hand. 조면기의 발명으로 손으로 하는 것보다 훨씬 빠르게 기계로 솜을 분류할 수 있게 되었다.	v. ~을 가능케 하다, 허락하다
2292	**aesthetic**** [esθétik]	▶ artistic, beautiful, cosmetic The aesthetic scenery I saw from the peak of the mountain is unforgettable. 정상에서 바라본 아름다운 경치는 잊혀지지 않는다.	a. 미적인, 미적 감각이 있는
2293	**vaccinate** [væksənèit]	▶ inoculate, inject, protect, treat It is important that students are vaccinated against communicable diseases to prevent an epidemic. 전염병을 방지하기 위해선 학생들이 전염성 있는 병의 예방접종을 받는 것이 중요하다.	v. 백신(예방)접종하다
2294	**deadly*** [dédli]	▶ fatal, lethal, mortal The sniper was trained to shoot with deadly precision over long distances. 저격수는 먼 거리에서도 치명적으로 정확하게 쏠 수 있게 훈련받았다.	a. 치명적인, 죽음의
2295	**disintegrate**** [disíntigrèit]	▶ fall apart, disjoint The Roman Empire started to disintegrate after the invasion of the barbarians. 로마 제국은 야만인들의 침략을 시점으로 해체되기 시작하였다.	v. 해체하다, 분해되다
2296	**congenial** [kəndʒíːnjəl]	▶ favorable, pleasant, affable, agreeable, friendly A congenial nature is one of the greatest prerequisites for a successful career as a kindergarten teacher. 유치원 선생님으로 성공하기 위한 최고의 필요조건은 친절함이다.	a. 친절한, 호의적인; 같은 성질의
2297	**blunt*** [blʌnt]	▶ dull, obtuse The old knife was too blunt to cut anything. 오래된 칼날은 무엇을 자르기엔 너무 무뎠다.	a. 무딘, 둔한
2298	**wrath*** [ræθ]	▶ anger, fury, resentment, ire, rage The student hid his report card to avoid his mother's wrath. 학생은 엄마의 화를 피하기 위해서 성적표를 숨겼다.	n. 격노, 분노

Vocabulary Usher | 토플 2201-2400

2299 urgent*
[ə́ːrdʒənt]
▶ pressing, imperative, exigent
An urgent request for aid was put out after the devastating natural disasters in the city.
도시에서 엄청난 파괴를 일으킨 자연 재해 이후에 긴급한 구조 요청이 발생했다.
a. 긴급한, 다급한

2300 assumption*
[əsʌ́mpʃən]
▶ supposition, presumption; acceptance, taking on
Ancient scientist's assumption on how the sun rotates the Earth was proved wrong.
과거 과학자들의 태양이 지구를 회전시킨다는 가정은 틀린 것으로 판명났다.
n. 가정; 인수, 수락

2301 brilliance*
[bríljəns]
▶ radiance, luminosity, brightness
The brilliance of diamonds is determined by their mineral content, lack of imperfections and buffing.
다이아몬드의 광택은 광물의 구성요소, 결함의 정도 그리고 광채로 결정된다.
n. 광채, 광택

2302 demography
[dimágrəfi / diːmɔ́g-]
▶ –
A quick scan of the demography of the community gave the pollster a general idea of how his questions would be answered.
그 공동체의 통계학을 빠르게 훑고난 후 여론조사원은 대강 그의 질문이 어떻게 답해질지 알았다.
n. 인구(통계)학

2303 thriller*
[θrílər]
▶ suspenseful book, story, movie, play
Stephen King is well known for his authorship of thrillers.
스티븐킹은 스릴러장르 작가로 유명하다.
n. 스릴을 주는 것, 스릴러물

2304 dramatical
[drəmǽtikəl]
▶ theatrical, sensational, spectacular, striking
This constitutes a dramatical shift on both sides.
이것은 양쪽에 극적인 변경을 만들 것이다.
a. 연극의, 극적의, 인상적인

2305 excavation
[èkskəvéiʃən]
▶ unearthing, uncovering, digging
A new kind of dinosaur was found during the excavation, so it caused a great stir.
발굴 도중에 새로운 종류의 공룡이 발견되었기 때문에, 그것은 굉장한 동요를 일으켰다.
n. 발굴, 굴착

2306 link*
[liŋk]
▶ bond, tie, connect; connect, relate, associate / connection
This railroad is linked to the nearby bridge.
철도는 근처 다리와 연결되어 있다.
v. 잇다, 연결하다; 관련짓다
n. 연결

2307 cite*
[sait]
▶ mention, refer to, specify
Failure to cite sources in an academic publication will lead to charges of plagiarism.
학문적인 출판물에서 출처를 밝히지 않는 것은 표절로 간주될 것이다.
v. 언급하다, 인용하다

2308 unadorned
[ʌ̀nədɔ́ːrnd]
▶ plain, simple, stripped, bare
The tall pine tree remained unadorned even in Christmas.
큰 소나무는 심지어 크리스마스에도 꾸미지 않은 채로 남겨져 있었다.
a. 꾸미지 않은, 간소한

2309 **augment** [ɔːgmént]	▶ **increment** / add, increase, enhance In order to augment the company's profits, the manager offered workers incentives to come up with cost saving measures. 회사의 이익을 늘리기 위하여 매니저는 직원들에게 경비 절감책을 제시하기 위한 장려책을 제안했다.	v. 늘리다, 증가시키다
2310 **mania** [méiniə, -njə]	▶ **excitement, enthusiasm** The Beatles mania of the 1960s marked a great change in the history of modern music. 1960년도의 비틀즈에 대한 열광은 현대 음악의 역사에 큰 변화를 남겼다.	n. 열광, 열중
2311 **whim** [wim]	▶ **caprice, whimsy, impulse, fancy** We basically decided on a whim to take a trip to the Caribbean Islands. 우리는 정말 충동적으로 캐리비안 섬으로 여행을 떠나기로 결정했다.	n. 변덕, 충동
2312 **categorize**** [kǽtəgəràiz]	▶ **arrange in classes, classify, group** Categorize your notes according to the subjects so you don't get confused. 너의 노트를 주제에 맞게 분류하여 헷갈리지 않게 해.	v. 분류하다, 특징 지우다
2313 **repress** [riprés]	▶ **check, suppress, subdue, quell** The child repressed the tears that were welling up in his eyes. 그 아이는 그의 눈에 차오르는 눈물을 억눌렀다.	v. 억누르다, 진압하다
2314 **miserly** [máizərli]	▶ **stingy, penny-pinching, ungenerous** The miserly CEO did not want to contribute money to aid Haitian refugees. 인색한 경영주는 아이티 난민을 도와주는데 돈을 기부하고 싶지 않았다.	a. 인색한
2315 **siege** [siːdʒ]	▶ **blockade, besiegement** The siege on the castle nearly destroyed the army. 성의 포위 공격은 거의 모든 군인들을 말살시켰다.	n. 포위 공격 v. 둘러싸다, 포위하다
2316 **bind*** [baind]	▶ **tie, fasten**, wrap The robber used his belt to bind the homeowner's hands together. 강도는 그의 벨트를 사용해서 집주인의 양손을 묶었다.	v. 묶다, 감다
2317 **classic** [klǽsik]	▶ **typical, exemplary, model, standard** This is a classic example of a hostage situation we have provided in the simulation. 이것은 시뮬레이션에서 제공되었던 전형적인 인질극이다.	a. 전형적인, 대표적인, 고전의
2318 **burgeon** [bɔ́ːrdʒən]	▶ **grow, prosper, flourish, succeed** Cockroaches are known to burgeon under the worst possible circumstances. 바퀴벌레는 최악의 상황에서도 번식하는 것으로 잘 알려져 있다.	v. 급성장하다, 발전하다

Vocabulary Usher | 토플 2201-2400

2319 exude**
[igzú:d, iksú:d]
▶ release, emit, give off
A factory nearby David's place exuded a strange smell.
David의 집 근처에 있는 공장에서 이상한 냄새가 스며 나왔다.
v. 스며 나오다, 드러내다, 발산시키다

2320 laudable
[lɔ́:dəbl]
▶ praiseworthy, estimable, admirable, commendable
There was not a single laudable piece of work in the modern arts section.
현대미술 구역에는 칭찬할만한 작품이 단 하나도 없었다.
a. 칭찬할 만한, 훌륭한

2321 clog
[klɑg / klɔg]
▶ impede, obstruct
Dirt clogged my car engine, causing it to break down.
진흙이 나의 차 엔진을 막아서 고장나게 만들었다.
v. (파이프, 도로) 막다, 막히다; (움직임을) 방해하다
n. 고장, 방해물, 장애물

2322 inventive
[invéntiv]
▶ creative
The inventive R&D team came up with many new uses for touchscreen technology.
창의성이 풍부한 연구개발팀은 터치 스크린 기술을 사용할 수 있는 여러 방법을 고안했다.
a. 창의성이 풍부한

2323 virtuous
[vɔ́:rtʃuəs]
▶ righteous, good, moral, upright
He is a virtuous person for he grew up in a religious family.
그는 종교심이 깊은 가족에서 자라 덕망있는 사람이다.
a. 덕이 있는, 고결한, 정숙한

2324 fertilize
[fɔ́:rtəlàiz]
▶ enrich, manure
We fertilize the fields for more abundant crops during harvest seasons.
우리는 수확시기에 더 많은 농작물을 얻기 위해 논과 밭을 기름지게 한다.
v. 기름지게 하다, 풍부하게 하다; 수정시키다

2325 defend
[difénd]
▶ guard, shield, protect
They joined the army to defend their country.
그들은 조국을 지키기 위해 군대에 들어갔다.
v. 방어하다, 막다, 지키다

2326 financial
[finǽnʃəl]
▶ monetary, pecuniary
The financial crisis began due to unscrupulous lending on the part of mortgage brokers.
금융위기는 모기지 브로커들의 무자비한 대출로 시작되었다.
a. 재정상의, 금융상의

2327 furtive
[fɔ́:rtiv]
▶ secret, stealthy, hidden, clandestine
The stolen painting was discovered after the suspect made a furtive glance towards his closet during questioning.
용의자가 심문 도중 은밀한 눈빛으로 옷장을 바라본 후에 도난당한 미술 작품을 발견하였다.
a. 은밀한

2328 paradoxical*
[pæ̀rədáksikəl / -dɔ́ks]
▶ seemingly contrary, contradictory, inconsistency
The paradoxical relationship between religion and science has caused many problems in the past.
종교와 과학의 역설적인 관계는 과거에 많은 문제를 초래하였다.
a. 역설적인

2329 **overt** [ouvə́:rt -́-]	▶ **open, obvious** Although the number of overt racist comments has declined, unintentionally racist comments continue to be made by many people. 공공연한 인종차별 발언들은 줄어들었지만 무심코 하는 인종차별 발언은 많은 사람들이 계속하고 있다.		a. 명백한, 공공연한
2330 **short-sighted** [ʃɔ́:rtsáitid]	▶ **near-sighted, indiscreet, imprudent** The decision made by the young leader was short-sighted. 젊은 지도자가 내린 결정은 경솔하였다.		a. 경솔한, 생각이 짧은
2331 **skirmish** [skə́:rmiʃ]	▶ **encounter, battle, fight, conflict** No soldier died in the skirmish. 작은 전투에서는 어떤 군사도 죽지 않았다.		n. 작은 전투
2332 **stagnant** [stǽgnənt]	▶ **inert, inactive** There has got to be a way to revitalize the stagnant economy. 침체된 경제를 되살릴 방법이 분명 있을 것이다.		a. 정체된, 침체한, 고여있는
2333 **incontrovertible** [inkὰntrəvə́:rtəbəl]	▶ **indisputable, unquestionable** The incontrovertible evidence showed that the company's financial future was in jeopardy. 그 명백한 증거는 그 회사의 경제적 미래가 위험에 처해져 있었다는 것을 보여줬다.		a. 논쟁의 여지가 없는, 명백한
2334 **period**** [píəriəd]	▶ **time, age, era, epoch** The Great Depression occurred during the peaceful period between the two World Wars. 대공황은 두 세계 전쟁 사이의 평화로운 시대에 일어났다.		n. 기간, 시대
2335 **reassuring** [rì:əʃúəriŋ]	▶ **encouraging, refreshing, revitalizing** Taylor's reassuring words encouraged me to go on to the stage without feeling insecure. 테일러의 나를 안심시키기 위한 말들은 나에게 용기를 주어 불안해 하지 않고 무대로 나갈 수 있도록 해주었다.		a. 안심 시키는, 용기를 북돋는, 걱정을 없애 주는
2336 **abundant**** [əbʌ́ndənt]	▶ **plentiful, ample, bountiful, wealthy, profuse, rich** The king was satisfied to see the abundant crops growing in the field. 왕은 농경지에 많은 수확물을 보고 만족하였다.		a. 풍성한, 많은, 풍부한
2337 **insert** [insə́:rt]	▶ **add to, enter, embed, implant** You have to insert five coins in the machine to start the game. 게임을 시작하기 위해서는 기계에 동전 다섯 개를 넣어야 한다.		v. 삽입하다
2338 **influential** [influénʃəl]	▶ **important, powerful, potent, significant** Chinua Achebe is the most influential African writer in the world. 치누아 아체베는 세계에서 가장 영향력있는 아프리카의 작가이다.		a. 영향력 있는, 유력한

Vocabulary Usher | 토플 2201-2400

2339 tow [tóu]
▶ haul, draw, pull, drag
Big trucks are used to tow cars that have been parked in no-parking zones.
큰 트럭들은 주차금지 구역에 주차된 차들을 견인하는데 쓰인다.
v. 끌다, 견인하다
n. (자동차의) 견인, (보트의) 예인

2340 contradictory [kàntrədíktəri]
▶ opposite, paradoxical, contrary, inconsistent
The two codefendants offered contradictory accounts of how the crime occurred.
공동 피고인은 사건의 정황을 모순되게 설명했다.
a. 모순된, 반박적인

2341 cultivator* [kʌ́ltəvèitər]
▶ farmer, grower, raiser
The rice cultivators formed a co-operative to increase their profits.
쌀 재배자들이 수입을 늘리고자 협동조합을 만들었다.
n. 경작자, 재배자

2342 loop* [lúːp]
▶ knot, tie, bind
The obi is looped around the waist of the traditional kimono.
오비는 전통 기모노에서 허리를 묶는 데에 쓰인다.
v. 묶다, 고리로 만들다

2343 for the sake of*
▶ for the purpose of
For the sake of argument, let's assume that the defendant is telling the truth in his alibi.
논쟁을 위하여 피고인의 알리바이가 맞다고 가정합시다.
phr. ~을 위하여

2344 dissimilar [dissímələr]
▶ different, heterogeneous, unlike, diverse
The dissimilar ideas of creationism and evolution have led to centuries of debate.
진화론과 창조론의 다른 생각들은 몇 세기의 토론 주제가 되어버렸다.
a. 다른, ~와 비슷하지 않은

2345 fleet [flíːt]
▶ swift, quick, speedy / navy
The fleet movement of the bee was hard to capture in film.
벌의 빠른 움직임은 영상에 담아내기 힘들었다.
a. 빠른, 신속한 / n. 함대
v. 어느덧 지나가다

2346 exalt [igzɔ́ːlt]
▶ praise, extol, acclaim, glorify
Critics exalted the work of Van Gogh for its brilliance after he died.
비평가들은 반 고흐가 죽은 후 그의 작품의 훌륭함을 칭찬했다.
v. 치켜세우다, 칭찬하다

2347 scoop** [skúːp]
▶ gather up, obtain, secure, gain
Clean snow was scooped to make snow cones with different flavors.
깨끗한 눈은 여러가지 맛의 아이스크림을 만들기 위해 모아졌다.
v. 긁어 모으다
n. 국자

2348 creative* [kriːéitiv]
▶ inventive, imaginative
Human beings are creative animals and have been able to improve living conditions.
인간은 창의적인 동물이고 삶의 질을 높일 수 있었다.
a. 창조적인

USHER

2349 throughout [θruːáut]
▶ all the time; in every part of, in all parts of / from start to finish
Eating snacks and small meals throughout the day is one way of coping with overeating at mealtime.
하루 내내 간식을 먹거나 소식을 하는 것은 식사시간에 폭식을 대처하는 방법 중 하나이다.
p. -동안 죽; ~의 도처에
ad. 처음부터 끝까지

2350 recruit* [rikrúːt]
▶ obtain, enlist, enroll, inscribe
We are planning to recruit new employees for the PR department.
홍보부서에 새로운 직원을 모집할 계획이다.
v. 얻다, 모집하다
n. 신병, 신입회원

2351 transcend** [trænsénd]
▶ go beyond, exceed, overstep, pass
The government hopes that their goodwill policies will transcend decades of enmity.
정부는 그들의 선의의 정책이 오랜 증오를 초월하기 바랬다.
v. 초월하다, 탁월하다

2352 already [ɔːlrédi]
▶ before, previously, by now
My parents were already at my door when I called them.
내가 전화했을 때 부모님은 이미 문 앞까지 와 계셨다.
ad. 이미, 이전에

2353 critical* [krítikəl]
▶ important, crucial, indispensable, dangerous; analytical; dangerous
The critical clue to the case was the evidence of DNA found at the scene.
사건의 결정적인 단서는 현장에서 발견된 DNA 증거였다.
a. 중요한, 결정적인; 비판적인; 위험한

2354 dwindle [dwíndl]
▶ decrease, diminish, lessen, decline
The number of customers dwindled during the holiday season.
휴가철에는 고객들의 수가 줄어들었다.
v. 감소하다, 차츰 작아지다

2355 susceptible* [səséptəbəl]
▶ prone, vulnerable, liable, subject to
Babies are susceptible to pollution.
아이들은 공해에 영향받기 쉽다.
a. 영향 받기 쉬운

2356 unintentionally* [ʌninténʃənəli]
▶ accidentally, casually, unconsciously
He unintentionally broke her heart by making fun of her.
그가 그녀를 놀려 의도치 않게 그녀의 마음에 상처를 주었다.
ad. 우연히, 고의가 아닌

2357 deplete* [diplíːt]
▶ exhaust, empty, use up, drain
If humans continue to use natural resources at this rate they will deplete the supply before the next century ends.
만약 사람들이 지금의 속도로 천연 자원을 사용한다면, 다음 세기가 끝나기전에 자원들을 고갈시킬 것이다.
v. 고갈시키다

2358 dilute [dilúːt, dai-]
▶ reduce, thin, weaken, thin with water
Chlorine bleach is too strong to use directly so one must dilute it before use.
염소 표백제는 바로 쓰기엔 너무 강하여 쓰기 전에 희석 시켜야 한다.
v. 희석하다, 묽게 하다
a. 묽게한, 희석한, 희석된

Vocabulary Usher | 토플 2201-2400

2359 descent* [disént]
▶ falling; origin, blood, lineage
The airplane's descent was hindered by a heavy fog covering the runway.
비행기 착륙은 활주로에 짙게 깔린 안개의 방해를 받았다.
n. 하강, 내리기; 혈통, 출신

2360 cohere** [kouhíər]
▶ integrate, mingle, mix, **stick**
Solids have relatively stronger tendency to cohere compared to liquids.
고체는 액체에 비해 상대적으로 강하게 결합하는 성향이 있다.
v. 일관성이 있다; 긴밀히 협업하다

2361 organize [ɔ́ːrgənàiz]
▶ construct, form, constitute, arrange
If you organize your room, you will have no trouble finding your belongings.
네가 너의 방을 정리하면 물건을 찾는데 아무런 문제가 없을 것이다.
v. 조직하다, 정리하다

2362 irate [áireit]
▶ angry, furious, angered
I became irate when my sister continued to enter my room without knocking.
우리 언니가 계속해서 노크를 하지 않고 방에 들어와서 나는 화가 났다.
a. 화난, 격노한

2363 cycle* [sáikl]
▶ sequence
The cycle of water evaporation is clearly shown in this diagram.
물 증발의 순환기는 이 그림에 분명하게 나온다.
n. 주기, 순환기

2364 sweeping [swíːpiŋ]
▶ broad, wide, extensive, comprehensive
The sweeping reforms brought in by the new management caused many problems for the workers.
새로운 관리계획의 광범위한 구조조정은 노동자들에게 많은 문제를 안겨주었다.
a. 휩쓸어 가는, 광범위한, 포괄적인

2365 chop [tʃɑp / tʃɔp]
▶ cut, mince
My uncle chopped fire wood in the back yard.
내 삼촌은 뒷마당에서 장작을 팼다.
v. 자르다, 찍다

2366 acid [ǽsid]
▶ biting, acrid, **acerbic**, sour
Acid rain has caused a number of problems for the residents along the border.
산성비는 국경에 사는 거주민들에게 몇 가지의 문제점을 주었다.
a. 신맛의, 신랄한, 산성의
n. 산, 산성

2367 emanate [émənèit]
▶ release
The mysterious object found in a cave emanated a ray of light.
동굴안에서 발견된 신비한 물체는 빛을 발산하였다.
v. (빛, 열, 향기, 소리) 등을 발산하다

2368 diminutive* [dimínjutiv]
▶ small, midget, petite
The diminutive houses along the train track were perfect scale models of those in the neighborhood.
기차길 옆에 있는 작은 집들은 마을의 완벽한 모형이었다.
a. 작은, 소형의

#	Word	Synonyms / Example	Definition
2369	**lodge in****	embed, implant, deposit in, put in The fossils were lodged in the sediment of the riverbed which later hardened to form rocks. 나중에 굳어져서 돌로 변한 그 화석들은 강바닥의 퇴적물에 박혀 있었다.	phr. ~에 박히다
2370	**spite** [spait]	ill-will, maliciousness, malice / annoy The bully often attacked the other students out of spite. 학교 불량배들은 대개 악의를 가지고 다른 학생들을 공격했다.	n. 악의, 심술 v. 괴롭히다
2371	**cripple*** [krípəl]	maim, disable, lame, invalid The man was crippled during the war. 그는 전쟁중에 불구가 되었다.	v. 불구가 되게 하다 n. 불구자, 장애인
2372	**collaborate*** [kəlǽbərèit]	cooperate, work together, join forces, participate The two companies collaborated on the new automobile's design, but badged them separately. 두 회사는 새로운 자동차의 디자인을 위해 협력했지만 따로 상표를 매겼다.	v. 협력하다, 협동하다
2373	**vibrant** [váibrənt]	shaking, oscillating Human speech is enabled by the vibrant nature of the larynx. 사람의 말은 후두의 떨림으로 가능해진다.	a. 진동하는
2374	**hasten** [héisn]	hurry, accelerate, urge, expedite Work on the project was hastened in order to finish it by the deadline. 프로젝트의 일은 마감 일자까지 끝내기 위해 재촉하였다.	v. 서두르다, 재촉하다
2375	**converse*** [kənvə́:rs]	opposite, reverse / chat, speak with In order to properly converse with someone, it is necessary to listen as well as to speak. 다른 사람과 제대로 대화를 나누기 위해서는 말하는 것 뿐만 아니라 듣는 것도 잘 해야한다.	n. 반대, 역 v. 이야기하다
2376	**rooted*** [ru:tid]	ingrained, fixed, embedded Interestingly, most Christian Christmas traditions are rooted in ancient Pagan traditions. 흥미롭게도 대부분의 크리스마스 전통들은 이교도 전통에 뿌리를 두고 있다.	a. 뿌리깊은, 정착한
2377	**preclude*** [priklú:d]	prevent, rule out, forestall, obviate The contract precludes the parties from discussing the terms with outsiders. 그 계약은 외부인들과 조건 협상하는 것을 막았다.	v. 막다, 방해하다
2378	**humiliate** [hju:mílièit]	degrade, disgrace, shame The students humiliated their teacher by pointing out her every mistake. 학생들은 선생님의 실수를 하나하나 정정하며 굴욕을 주었다.	v. 굴욕을 주다, 창피하게 하다

Vocabulary Usher | 토플 2201-2400

2379 subsistence*
[səbsístəns]

▶ **survival, existence, living, minimal food**
She could not make enough money for her basic subsistence.
그녀는 기본적인 생계를 위한 돈을 충분히 벌지 못했다.

n. 생존, 생활, 생계

2380 occupation
[àkjəpéiʃən]

▶ **business, profession**
He is looking for an occupation that will earn him a high salary.
그는 높은 월급을 줄 업무를 찾고 있다.

n. 직업, 업무

2381 anchor*
[ǽŋkər]

▶ **hold in place, secure, fasten**
The captain had to anchor the ship in the middle of the ocean due to the outraging storm.
강한 태풍 때문에 선장은 바다 한가운데에서 배를 정착시켜야 했다.

v. 고정시키다
n. 닻

2382 mysterious*
[mistí-əriəs]

▶ **puzzling, mystic, inscrutable, mystical**
The mysterious sounds coming from the attic scared the children.
다락에서 나는 신비한 소리는 아이들을 겁에 질리게 하였다.

a. 신비한

2383 bump
[bʌmp]

▶ **hit, ram / crash, smash**
The door swung open and bumped into the table, causing the vase to fall to the ground and shatter.
문이 열리면서 탁자를 치는 바람에 그 위에 있던 꽃병이 떨어져 깨지게 하였다.

v. 충돌하다
n. 충돌

2384 misconception
[mìskənsépʃən]

▶ **false idea**
There are many misconceptions related to the study of evolution.
진화론에 관한 많은 오해들이 있다.

n. 오해

2385 publicize
[pʌ́bləsàiz]

▶ **announce, proclaim, declare**
The result will be publicized on Wednesday.
결과는 수요일에 공표될 것이다.

v. 발표하다, 공표하다

2386 sincere
[sinsíər]

▶ **candid, earnest, plain, genuine**
The sincere eulogy offered for the retired professor made many of his former students cry.
은퇴하는 교수님을 위한 진심이 담긴 찬사는 그의 많은 전 학생들을 울게 하였다.

a. 성실한, 거짓없는

2387 helpful
[hélpfəl]

▶ **useful, advantageous, profitable**
His advice was really helpful in getting adjusted to my new job.
그의 조언은 내가 새로운 직업에 적응하는데 큰 도움이 되었다.

a. 도움이 되는, 유용한, 편리한

2388 avid**
[ǽvid]

▶ **greedy, avaricious, covetous, eager, enthusiastic**
He is an avid reader who reads more than 100 books a year.
그는 열성적인 애독가로 일년에 100권 이상의 책을 읽는다.

a. 욕심이 많은, 열성적인

2389	**consumption*** [kənsʌ́mpʃən]	▶ use, waste Energy consumption must fall if we are to save the environment from destruction. 환경 파괴를 막기 위해 에너지 소비를 줄여야 한다.	n. 소비, 소모
2390	**residue*** [rézidjù]	▶ remains, remnant, remainder, dreg The residue from the experiment was dumped into the river and polluted the environment. 실험에서 나온 잔여물들은 강에 버려졌고 환경을 오염시켰다.	n. 나머지, 잔여
2391	**sparse**** [spáːrs]	▶ scanty, meager, scarce, limited Many rocky mountains have sparse vegetation due to a lack of the nutrients required for plant life. 많은 바위투성이 산들은 식물이 살아가기에 필요한 영양이 부족한 관계로 초목이 부족하다.	a. 빈약한, 부족한, 드문드문 난
2392	**cling to**	▶ hold tightly, stick to, adhere to The offspring of marsupials cling to their mothers when they are born. 유대목 동물의 자손은 태어난 후 엄마에게 달라붙어 있다.	phr. 달라붙다, 고수하다
2393	**impeach** [impíːtʃ]	▶ accuse, disparage People voted to impeach the president. 사람들은 대통령을 탄핵하기 위해 투표하였다.	v. 탄핵하다; 비난하다
2394	**matchless** [mǽtʃlis]	▶ unrivaled, unequaled, unparalleled Everyone feared Goliath, the matchless warrior. 모든 사람이 무적의 골리앗을 두려워 하였다.	a. 무적의, 비길 데 없는
2395	**workmanship** [wə́ːrkmənʃip]	▶ handicraft, handiwork Despite the lack of automated facilities, their quality and workmanship is second to none. 자동화된 설비가 부족함에도 불구하고, 그들의 질과 솜씨는 제일이다.	n. 기량, 솜씨
2396	**enthusiastic*** [inθùːziǽstik]	▶ eager, ardent, zealous, passionate Although teaching can be difficult at times, enthusiastic students make it worthwhile. 가르치는 것은 힘들긴 하지만 열성적인 학생들이 그것을 의미있게 해준다.	a. 열심인, 열정적인
2397	**bust** [bʌst]	▶ chest / break, beat; arrest The street racer was finally busted by the cops when they finally found out where he lived. 경찰은 거리를 질주하는 범인의 집을 찾은 후에야 체포할 수 있었다.	n. 흉상; 가슴 v. 부수다; 잡다
2398	**sparkle** [spáːrkl]	▶ spark, glitter, twinkle The sparkle created by diamonds is due to minute cuts in their surface which reflect light. 다이아몬드에서 생기는 번쩍임은 빛을 반사하는 작은 절단면에 의한 것이다.	n. 섬광, 불꽃 v. 번쩍이다

Vocabulary Usher | 토플 2201-2400

2399 glide
[glaid]
▶ slide, gliding, slip / slither
Some animals, such as flying snakes, have adapted behavior which allows them to glide from tree to tree.
날 수 있는 뱀 같은 몇몇 동물들은 나무에서 나무로 활공하는 환경 적응 행동을 한다.

n. 활주, 미끄러지기
v. 미끄러지다

2400 false*
[fɔːls]
▶ erroneous, wrong, incorrect
The alien origins of crop circles has been proven to be false.
크롭 서클이 외계인에 의한 것이란 것은 잘못된 것이라고 증명되었다.

a. 잘못된, 거짓의, 불성실한

Quiz
오늘의 퀴즈 (2201-2400) : 토플 단어용

문장 속의 단어와 같은 뜻의 단어를 고르시오. (1-10)

1. The switch from analog to digital television broadcasting facilitated the expansion of the channel line up from a few dozen to a few hundred.
   a. decreased   b. promoted   c. emphasized   d. granted

2. The infinitesimal level of radiation which surrounded the comet was deemed harmless to those who had been near it.
   a. gigantic   b. minute   c. diligent   d. renewable

3. The collaboration between the two artists struck many as odd because of their wildly different styles.
   a. collection   b. existence   c. scene   d. alliance

4. The patient's health made a phenomenal turn-around with the introduction of a new form of anticancer drug.
   a. ordinary   b. insignificant   c. free   d. exceptional

5. The pacific ceasefire was ended when the rebels began fighting against the government again.
   a. underneath   b. difficult   c. normal   d. peaceful

6. Although not officially sanctioned by the university, they seem to condone the consumption of alcohol at sporting matches.
   a. engrave   b. forgive   c. bind   d. condemn

7. The system of checks and balances places constraints on the power of each branch of government.
   a. dots   b. outcries   c. limitations   d. basis

8. In order to thwart the trade of illegal drugs, most ports inspect cargo with the use of trained dogs.
   a. facilitate   b. mutter   c. prevent   d. propel

9. The invention of the cotton gin enabled cotton to be mechanically separated much faster than it could be done by hand.
   a. allowed   b. injected   c. chartered   d. puzzled

10. He is an avid reader who reads more than 100 books a year.
    a. erroneous   b. candid   c. scanty   d. avaricious

정답 b/b/d/d/d/b/c/c/a/d

본인이름	
채점자이름	틀린개수

|주의사항|
1. 채점 속도가 빠르다고 시험 도중 Mp3 파일을 멈추지 마세요~!
2. 채점 시, 스펠링 & 품사 & 뜻 중 하나라도 다르거나 빠뜨렸을 경우 틀린 답입니다.

|단어시험 보는 방법|
1. 휴정실을 먼저 대웁니다.
2. 핸드폰 전원을 끕니다(진동, 무음도 안됨).
3. 책상 위에 필기도구를 제외하고 깨끗이 치웁니다.
4. 단어 3회독 Mp3 파일을 틀고 시작합니다.

1		26		51		76	
2		27		52		77	
3		28		53		78	
4		29		54		79	
5		30		55		80	
6		31		56		81	
7		32		57		82	
8		33		58		83	
9		34		59		84	
10		35		60		85	
11		36		61		86	
12		37		62		87	
13		38		63		88	
14		39		64		89	
15		40		65		90	
16		41		66		91	
17		42		67		92	
18		43		68		93	
19		44		69		94	
20		45		70		95	
21		46		71		96	
22		47		72		97	
23		48		73		98	
24		49		74		99	
25		50		75		100	

101	126	151	176
102	127	152	177
103	128	153	178
104	129	154	179
105	130	155	180
106	131	156	181
107	132	157	182
108	133	158	183
109	134	159	184
110	135	160	185
111	136	161	186
112	137	162	187
113	138	163	188
114	139	164	189
115	140	165	190
116	141	166	191
117	142	167	192
118	143	168	193
119	144	169	194
120	145	170	195
121	146	171	196
122	147	172	197
123	148	173	198
124	149	174	199
125	150	175	200

usherin.usher.co.kr 에서 다운로드 가능합니다.

공부 수기

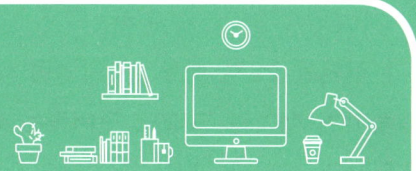

방황 6개월 공부 6개월 하지만, 절대 포기하지 마세요. 끝나는 게임입니다.!

이 름	허◆◆
공부 기간	6개월
처음 점수	57
마지막 점수	93점

저는 약 6개월(?)간 어셔와 동거 동락한 허**이라고 합니다.

토플을 끝낸지 어언 5개월???이 지났네요. 우선 저는 토플을 하기 위해서 부산에서 서울까지 상경했습니다. 먼저 토플을 시작한 이유는, 제가 치의학 전문대학원 진학과 여름방학 UC버클리 교환학생을 준비하고 있었습니다. 그런데 영어를 워낙 못하는 사람이라... 외국도 한번 가보지 못하고 ..;; 영어 바보였습니다. 아무튼 그래서 텝스를 할까 토플을 할까 고민하던 차에 1년 휴학하는 거면 토플을 한번 해보자. 이렇게 해서 토플을 시작하게 되었습니다. 그리고 토플 학원을 선정하기 위해서 학원을 찾는데 부산에는 상대적으로 토플을 하는 인원이 거의 없기 때문에 학원이 거의 없었습니다. 그래서 1년간의 서울유학(?)생활을 시작하게 되었습니다.ㅋㅋ 그런데 제가 약 6개월 간 어셔생활을 했다고 했는데 그 이유인 즉슨.. 저는 공부하다 중간에 타어학원을 4개월 정도 다녔습니다. 어셔생활이 힘들어서 한마디로 튀쳐나간 거였죠. 아무튼 그런 연유로 인해 6개월간은 거의 낭비한 생활이 되었고, 1년 중 중간의 6개월을 놓다 보니 다시 마음잡고 하기가 여간 힘든 게 아니었습니다. 고로 제가 가장먼저 하고 싶은 말은 독하고 빡시게 빠른시일 내에 끝내시기 바랍니다. 그리고 닥치고 팔로우 하시면 원하시는 점수 꼭 내실 수 있을 것이라 믿습니다.

아~ 그리고 제 점수. 잘 받은 점수는 아니지만 2월에 시작해서 다음해 2월까지 공부하면서 친 4번의 시험으로 결과를 써보자면, 첫 시험 아무것도 모르는 상태에서 6월에 RC 18, LC 7, WR 18 SP 14 총점 57점을 받았습니다. 저 러스닝 7점은 제가 듣기가 워낙 안 되서 다 찍었는데요. ;;; 아무튼 두 번째 시험은 68점. 세 번째 76점 이었습니다. 그리고 1년 만에 받은 점수는 RC 28, LC 20, WR 25, SP 18 총점 93점을 받았습니다. 교환학생을 갈 점수는 얻었지만, 대학원진학에는 부족한 점수라 저는 지금 텝스를 공부하고 있습니다. 그런데 어셔에서 배운 문법과 단어는 지금도 많은 도움이 되고 있습니다.

그러면 이제 제가 공부하면서 느낀 바에 대해서 과목별로 하찮(?)지만 몇가지 써보도록 하겠습니다.

우선 VOCA 가장 중요합니다.

제가 리딩을 28점 받을 수 있었던 이유가 여기에 있습니다. 저는 약 1년간 토플을 봐왔기 때문에 중간에 놓기는 했지만 그때도 단어만은 다 외웠습니다. 어셔에서 주는 약 3500단어? 닥공하십시오. 닥치고 다 외우면 됩니다. 저는 어셔단어장 6번정도 본듯합니다. 물론 하루에 200단어 외우기 정말 힘듭니다. 그래도 할 수 있습니다.

전 처음에 완초1반부터 시작을 했습니다. 영어에는 전혀 바보였기 때문이죠. 저는 중학교 1학년 이후로 영어에 대해서 거의 손을 놓았었기 때문에 단어를 전혀 몰랐습니다. 처음 어셔 단어장을 받고 200개를 외우라는 말에 의욕적으로 그쯤이야 하고 시작했었습니다. 그런데 200개가 장난이 아니더군요. 듣고 철자 쓰고 뜻을 쓰는 게 말처럼 쉽지 않았습니다. 처음 단어 외운 시간의 하루에 최소 10시간 이었습니다. 집이 연희동이었는데, 지하철 왕복 2시간 학원 쉬는 시간 점심시간, 남는 시간 족족 단어만 보았습니다. 그래도 10개~40개는 틀린듯합니다. 저는 처음에 제가 바보인줄 알았습니다. 하루 종일 단어만 봐도 틀리니 말이죠.

아무튼 그렇게 한 달 동안 단어와 문법만 보고나니, 두 번째 달이 되었습니다. 두 번째 달이 되니, 첫 달에 열심히 외운 단어가 효과가 있었습니다. 다시 보는 단어장에 200개의 단어를 외우는 데는 3시간 정도밖에 걸리지 않았습니다. 그리고 남는 시간에는 덕호 쌤의 솔직히 말도 안 되는 숙제량(문법,독해 위주)을 해야했습니다. ㅋㅋ 어셔를 다니시는 분들이라면 공감하시겠죠. ㅋㅋ 제가 친구랑 같이 다녔는데, 저랑 그 친구는 숙제를 다하지 않으면 학원에 갈 필요가 없다고 처음에 생각했습니다. 하지만, 그건 실수였습니다.

숙제를 하지 않아도 학원은 꼭 가야합니다. 가서 수업을 듣는 게 더 효과적입니다. 그리고 저희가 학원을 그렇게 빠졌던 이유는 숙제를 다하느라 새벽 6시가 되어서 잠들곤 했기 때문입니다. 아무튼 숙제를 다 못하시더라도 학원을 꼭 가시기 바랍니다. 그래도 최선을 다해 할 수 있는 만큼 해야 합니다. 주저리주저리 쓴 듯한데요. 가장하고 싶은 말은 단어가 힘들더라도 가장 먼저 우선시해서 단어를 외우라는 말을 하고 싶습니다.

다음으로 문법.

문법은 완초1반에서 문희쌤에게 차근차근 매우 잘 배웠습니다. 같이 다니던 친구말로, 제가 알고 있던 문법지식에 새로운 내용을 더해서 신천지를 열었다고 하더군요. ^^ 아무튼 이렇게 차근차근 배운 문법을 토대로 완초 2반에서 덕호쌤에게 강압적(?)으로 힘들게 많은 문제를 풀어보면서 문법을 어느 정도 마스터했습니다.

문법이 처음에 많은 비중을 차지하는 것은 고득점을 받기 위해서는 문법이 탄탄해야 하기 때문임을 명심하시기 바랍니다. 토플에는 문법시험이 없지만 그 문법을 모를 때 문제를 틀리도록 해석이 어려운 부분이 좀 있다고 생각합니다. 아무튼 문법은 완초반에서 할 때 열심히 해놓으시라는 말을 드리고 싶습니다.

그 다음 RC

재석쌤. 제 점수 20점초반의 RC점수를 28점으로 올려주셨습니다. 2달간 재석쌤과 푼 문제집이 제가 10달간 푼 문제집 양과 비슷했습니다;;; 그만큼 10달간 공부를 안 한 걸 수도 있지만, 많은 양이 도움이 되고, 정확한 해석 또한 많은 도움이 되었습니다. RC에서는 복습을 할 때 대충 해석을 하지 않고, 꼼꼼하게 정확하게 해석하는 것이 고득점을 위해서는 꼭 필요하며 도움이 된다고 말씀드리고 싶습니다. 물론 여기에 단어는 기본입니다. 해석시에 모르는 모든 단어, 물론 전문용어같이 이상한 단어는 외울 필요없습니다.
토플은 그런 전문용어를 아는지 모르는지 원하는 시험이 아니기 때문이죠. 하지만 필요한 단어는 모두 외우시기 바랍니다.

LC

이건 저한테 너무 힘듭니다. 아무튼 점수는 결국 20점에서 멈추었지만, 저한테 20점은 정말 매우 향상된 점수였습니다. LC는 답이 없습니다. 무조건 듣고 딕테이션하고 계속 듣고 하시기 바랍니다. 물론 이것 역시 단어를 외우셔야 합니다. 알아야 들리기 때문이죠. LC가 저를 끝까지 괴롭힌 과목입니다. 처음에 단어만 하느라 손을 놓은 탓도 있지만, 단어를 하면서 틈틈이 LC를 공부하시는 것도 좋은 방법일 듯 합니다.

마지막으로 WR, SP

이 두 가지는 제 점수가 향상 폭이 거의 없기 때문에 별로 드릴 말씀이 없네요. SP와 WR에서도 통합형의 존재 때문에 LC가 정말 중요합니다. LC를 열심히 하시면 SP와 WR도 효과가 있으실 겁니다. 그리고 브레인스토밍이 많은 도움이 되었습니다. 기출문제의 주제별로 브레인스토밍을 해주는 것은 시험 칠 때 아이디어가 바로 떠오르게 하는 좋은 방법입니다. 전 LC 때문에 통합형에서 조금 더 낮은 점수를 받은 듯 하지만, LC만 된다면 WR도 매우 고득점을 받을 수 있으니 열심히 하시길 바랍니다.

그리고 실제 토플시험. 20만원 아까우시더라도 꼭 한번 빠른 시일 내에 보시기 바랍니다. 실제 시험과 모의시험은 많은 차이가 납니다. 느낌상에서부터 말이죠. 한번 치신 후에는 공부를 하다보면, 아! 이때쯤 한번 셤을 보면 점수가 나올 듯한 느낌이 납니다. 그러면 공부를 충분히 하신 후 보시는 게 좋을 것 같습니다. 이상 제가 1년 중 6개월을 나름대로 열공하면서 얻은 생각입니다. 이중 가장 중요한 것은 포기하지 않고 열심히 하는 것입니다. 저처럼 중간에 헤매지 마시고 빠른 시일에 열심히 해서 원하시는 점수 얻으시길 바랍니다.

| 오늘의 단어 |

모르는 단어 개수: _____개

1회독 _____ /200개   **2회독** _____ /200개   **3회독** _____ /200개   **4회독** _____ /200개   **5회독** _____ /200개

_____ /200개* 5분 = _____ 분 (약   시간 필요)
*휴식시간 및 시험시간(200개당 45분입니다)을 꼭 넣어야 합니다.

나의 오늘 목표는 _____번부터 _____번까지!!!

오늘의 단어

오늘 공부할 양에서 내가 아는 것과 모르는 것을 미리 체크해서 오늘 단어 외우는데 걸리는 시간을 미리 계산해 보면 공부의 효율이 높아집니다.

2401 lazy	2421 protrude	2441 far-reaching	2461 submerge	2481 innovate
2402 admonish	2422 manageable	2442 stimulate	2462 crucial	2482 predicate
2403 odd	2423 incipient	2443 strong	2463 benevolent	2483 height
2404 bank	2424 stain	2444 manager	2464 encompass	2484 incursion
2405 enliven	2425 conducive to	2445 heap	2465 thrifty	2485 enact
2406 full-blown	2426 unsteady	2446 mass	2466 vexing	2486 sterile
2407 bearing	2427 unambiguous	2447 prowess	2467 shudder	2487 breakthrough
2408 critic	2428 precipitous	2448 receptacle	2468 shining	2488 erratic
2409 bail	2429 capitalize on	2449 undermine	2469 incommode	2489 glad
2410 prerequisite	2430 gathering	2450 relinquish	2470 still	2490 caustic
2411 craze	2431 hence	2451 fuse	2471 erect	2491 assigned
2412 pick out	2432 successive	2452 disdain	2472 trade	2492 zenith
2413 immoderate	2433 sophisticated	2453 incessantly	2473 appraise	2493 pretense
2414 edition	2434 gorge	2454 divert	2474 proper	2494 tart
2415 resilient	2435 wreak havoc on	2455 convenient	2475 long to do	2495 atrophy
2416 recite	2436 mirror	2456 delusion	2476 steadily	2496 stringent
2417 utilitarian	2437 innovative	2457 copious	2477 adjourn	2497 innocuous
2418 sedentary	2438 curative	2458 constituent	2478 roster	2498 blot
2419 speculation	2439 relentless	2459 gauge	2479 document	2499 madden
2420 anger	2440 akin to	2460 hamper	2480 appall	2500 stroke

2501 devastate	2521 divulge	2541 with little regard to	2561 transverse	2581 out of sight
2502 unsurpassed	2522 in retrospect	2542 recessive	2562 alleviate	2582 overlie
2503 hearten	2523 veritable	2543 hinder	2563 originate in	2583 so much for
2504 tranquil	2524 definite	2544 damp	2564 bleach	2584 in the same breath
2505 kiln	2525 exert	2545 unavoidable	2565 enthrall	2585 indefinite period
2506 feeble	2526 encroachment	2546 (have its) root(s) in	2566 scarce	2586 rebound
2507 dagger	2527 predicament	2547 evoke	2567 in essence	2587 grow accustomed to
2508 rarely	2528 obsession	2548 insufficient	2568 take precedence over	2588 scores
2509 continuous	2529 bargain	2549 primeval	2569 congregate	2589 obsession with
2510 restricted	2530 careless	2550 screen	2570 compensate for	2590 persuasive
2511 incidental	2531 deteriorate	2551 rehearse	2571 adjustment	2591 prior to
2512 chaotic	2532 illustration	2552 as a result	2572 portable	2592 propagate
2513 broach	2533 appreciably	2553 rob	2573 susceptible to	2593 instigate
2514 pension	2534 reliable	2554 stingy	2574 to be sure	2594 deliberation
2515 dogged	2535 inefficiency	2555 pollen	2575 marginally	2595 invoke
2516 conventionally	2536 unsettled	2556 compelling	2576 tenacity	2596 impose on
2517 exceptionally	2537 flake	2557 moreover	2577 diversify	2597 prediction
2518 impetuous	2538 rot	2558 cautious	2578 champion	2598 assist in
2519 leading	2539 flock	2559 depletion	2579 attribute	2599 criteria
2520 squander	2540 flair	2560 immobile	2580 penchant	2600 size up

2601 quantifiable	2610 interplay	2619 heterogeneous	2628 astonish	2637 stretch out
2602 credible	2611 analogous to	2620 supersede	2629 traumatic	2638 mechanism
2603 interlock	2612 highlight	2621 cramp	2630 resurgence	2639 pioneer
2604 static	2613 empirical	2622 agency	2631 outdate	2640 preponderance
2605 unique among	2614 acquire	2623 terrestrial	2632 apparent	2641 contraction
2606 feat	2615 suppress	2624 contention	2633 engrave	2642 rapport
2607 course through	2616 entitled to	2625 authenticity	2634 cue	2643 modulate
2608 repudiate	2617 substantiate	2626 unanticipated	2635 ponder	2644 distinct
2609 ethic	2618 legitimately	2627 allusion	2636 mandate	2645 chronology
				2646 decline

usherin.usher.co.kr

USHER iBT TOEFL
VOCABULARY

13
13 out of 13

토플단어
2401-2646

13 out of 13 USHER VOCABULARY

usherin.usher.co.kr

2401 lazy [léizi]
▶ sluggish, inactive, slow, lethargic
The perceived lazy pace of life along the equator can be attributed to the effects of the constant searing heat.
적도 부근에 사는 사람의 게으른 삶은 계속되는 뜨거운 열기에 의한 것일 수도 있다.
a. 게으른, 나태한

2402 admonish [ədmáːniʃ]
▶ rebuke, criticize, reprimand, berate
The judge admonished the attorney for attempting to introduce an inappropriate evidence.
재판관은 부적당한 증거를 제시하려고 한 변호사를 훈계했다.
v. 훈계하다, 타이르다

2403 odd [ad / ɔd]
▶ unusual, strange, eccentric / remnant
The professor thought it is odd that none of his students scored perfectly on the test.
교수는 학생들 중 시험에서 아무도 만점을 받지 못한 것이 이상하다고 생각했다.
a. 이상한, 기묘한, 특이한
n. 나머지; 가능성 (/-s)

2404 bank* [bæŋk]
▶ edge, brink, margin, shore
The banks of the river were flooded due to the excessive amount of rain.
강의 제방은 폭우로 인하여 넘치고 말았다.
n. 물가, 기슭, 제방; 은행

2405 enliven [inláivən]
▶ invigorate, animate
The new manager enlivened the department and raised both productivity and worker happiness.
새로운 관리자는 부서에 생기를 주어 생산성과 직원들의 행복감을 상승시켰다.
v. 생기를 주다

2406 full-blown*
▶ complete, matured
During the cold war, Russia and America were on the cusp of full-blown war.
냉전기때 미국과 소련은 전쟁 바로 직전까지 갔었다.
a. 성숙한, 만발한, ~의 모든 특성을 갖춘

2407 bearing [béəriŋ]
▶ manner, behavior, conduct
His bearing at the job interview was not satisfactory.
직업 면접에서 그의 태도는 만족스럽지 않았다.
n. 태도, 관계; (일정한 지점에서 나침반으로 측정한) 방향[방위]

2408 critic* [krítik]
▶ reviewer, judge
Some movies that critics praise are hard to understand.
비평가들이 칭찬하는 영화들은 이해하기가 힘들다.
n. 비평가, 평론가

#	Word	Synonyms / Example	Meaning
2409	**bail** [beil]	surety, security, collateral He was freed on bail at $9000 for armed robbery. 무장 강도 혐의를 받고 있는 그는 9000달러의 보석금을 내고 풀려났다.	n. 보석, 보석금 v. 보석으로 풀어주다
2410	**prerequisite*** [pri:rékwəzit]	necessary condition, qualification, requirement A strong knowledge of biology is a prerequisite to entering medical school. 생물학에 대한 확실한 지식은 의과 대학에 들어가기 위한 필수 조건이다.	a. 전제가 되는, 필수의
2411	**craze** [kreiz]	insane, lunatic, mad The students were crazed with excitement when they learned that a pop star would be visiting their campus. 학생들은 캠퍼스에 유명한 연예인이 온다는 소식을 듣고 흥분과 함께 열광했다.	n. 열광, 광기 v. 미치게 하다
2412	**pick out**	identify, select, choose, decide upon Mary and her mother went to pick out new clothes for the next school year. Mary와 그녀의 엄마는 내년에 학교에 입고 갈 옷을 고르러 나갔다.	phr. 골라내다, 분간하다
2413	**immoderate** [imádərit]	excessive, extreme, exorbitant, exaggerated Students tend to be immoderate when they are given complete freedom. 학생들은 완전한 자유가 주어지면 그것을 절제하지 못하는 경향이 있다.	a. 무절제한, 지나친
2414	**edition*** [idíʃən]	version, volumes The second edition of the book was not as successful as the first. 두 번째 책은 첫 번째 책처럼 크게 흥행하지 못하였다.	n. 간행물, 판
2415	**resilient** [rizíljənt, -liənt]	rebounding, elastic Products made out of rubber are usually resilient. 고무로 만들어진 대부분의 제품들은 탄력이 있다.	a. 탄력 있는, 되돌아가는
2416	**recite** [risáit]	rehearse She recited the poem in order to memorize it for her Christmas performance. 그녀는 크리스마스 공연에 쓰일 시를 외우기 위해서 시를 낭독하였다.	v. 암송하다, 낭독하다
2417	**utilitarian*** [ju:tìlətéəriən]	practical, pragmatic, functional, realistic The modern design standards are moving away from being utilitarian to being decorative. 현대 디자인은 실용적인 것에서 미적인 것으로 넘어갔다.	a. 실용적인
2418	**sedentary*** [sédntèri]	stationary, inactive If you continue to live a sedentary lifestyle, you'll become obese. 계속해서 앉아서 생활하게 되면 비만이 될 것이다.	a. 움직이지 않는, 앉아 있는, 주로 앉아서 하는

Vocabulary Usher | 토플 2401-2646

2419 speculation*
[spèkjəléiʃ-ən]
▶ conjecture, supposition, surmise
After a long period of speculation, the results of the election were announced.
긴 사색 끝에 투표결과가 발표되었다.
n. 사색, 숙고; 투기, 사행; 추측

2420 anger*
[ǽŋgər]
▶ resentment / provoke, aggravate, enrage
The little girl's face turned red with anger.
작은 아이의 얼굴이 성나면서 빨개졌다.
n. 노여움, 성남
v. 성내다, 화나게 하다, 성나게 하다

2421 protrude*
[proutrúːd]
▶ stick out, extend, stretch out, project
His eyes and nose protrude so much that I thought they were going to come off its face.
그의 눈과 코가 너무 튀어 나와서 얼굴 밖으로 나오는 줄 알았다.
v. 돌출하다, 튀어나오다, 내밀다, 내뻗다

2422 manageable*
[mǽnidʒəbl]
▶ controllable, affordable, easily dealt with, submissive
The production rate of the company has increased due to the adaptation of manageable machineries.
회사의 생산률은 다루기 쉬운 기계의 도입으로 상승하였다.
a. 다루기 쉬운

2423 incipient
[insípiənt]
▶ initial, beginning, commencing
The patient showed the incipient signs of cancer and immediately started a treatment.
환자는 암 초기단계 증상을 보였고 즉시 치료를 받기 시작했다.
a. 시작단계의, 초기의

2424 stain
[stein]
▶ taint, spot, blot / blotch
The spaghetti I spilled on my shirt left a huge stain near the left pocket.
셔츠 왼쪽 주머니에 흘린 스파게티가 큰 얼룩을 남겼다.
v. 더럽히다
n. 얼룩, 더러움

2425 conducive to
▶ favorable to
Her great leadership was conducive to outstanding teamwork.
그녀의 리더십은 뛰어난 팀워크에 큰 도움이 되었다.
phr. -에 도움이 되는

2426 unsteady
[ʌnstédi]
▶ unsettled, changeable, unstable, infirm
The world's financial markets have been unsteady since the meltdown of the banking system.
전 세계 경제 시장은 은행 시스템이 무너진 이후부터 불안정한 상태이다.
a. 불안정한

2427 unambiguous*
[ʌ̀næmbígjuəs]
▶ clear, distinct, definite, absolute
My unambiguous answer satisfied the manager's question about the accident.
나의 명확한 대답은 사고에 대한 매니저의 물음을 만족시켰다.
a. 명확한, 모호하지 않은, 분명한

2428 precipitous*
[prisípətəs]
▶ sudden, hasty, rash; steep
The precipitous drop in the temperature was unexpected and few people had brought jackets with them.
온도가 예상치 못하게 급격히 하락하여 몇몇 사람만이 자켓을 가지고 왔다.
a. 성급한; 가파른

2429	**capitalize on***	▶ **take advantage of** The colonizers tried to capitalize on the native's lack of education and technology. 식민지 개척자들은 원주민들의 빈약한 기술과 교육 수준을 이용하려고 했다.	phr. 이용하다
2430	**gathering*** [gǽðəriŋ]	▶ **amassing, collection; assembly, convocation** The gathering of people was the first sign of the formation of civilization. 문명 형성의 첫 조짐은 사람들의 모임이다.	n. 수집; 모임
2431	**hence*** [hens]	▶ **consequently, therefore, thus** He put a lot of effort on the project, hence got an 'A' on it. 그는 그 프로젝트를 위해 많은 노력을 했고 결국 A 학점을 받았다.	ad. 따라서, 그 결과로, 그러므로
2432	**successive** [səksésiv]	▶ **consecutive, sequential, serial, continuous** The story will be published in five successive books. 그 이야기는 5권의 연속된 책으로 출판될 것이다.	a. 계속되는
2433	**sophisticated*** [səfístəkèitid]	▶ **complex, complicated, refined** Picasso's art collection was so sophisticated that it awed the audience. 피카소의 작품들은 너무 정교하여 관람객들이 경외감을 갖게 했다.	a. 세련된, 정교한
2434	**gorge** [gɔːrdʒ]	▶ **devour, overeat, cram, glut** The starving explorer gorged on the deer that he had hunted. 굶주린 탐험가들은 사냥한 사슴을 먹었다.	v. 잔뜩먹다, 실컷먹다 n. 골짜기, 협곡; 폭식, 과식
2435	**wreak havoc on**	▶ **cause destruction to** A small grain of sand wreaked havoc on the car engine and we had to stop on the road. 적은 양의 모래가 차의 엔진을 망가트려서 우리는 길에 서 있어야 했다.	phr. 파괴하다, 황폐화하다
2436	**mirror*** [mírər]	▶ **reflect, echo** The two monitors were set up to mirror each other. 두 모니터는 서로를 비추도록 배치되었다.	v. 비추다, 반사하다
2437	**innovative** [ínouvèitiv]	▶ **original, inventive, creative, ingenious** While a common feature of most homes nowadays, the home computer was an innovative idea in the early 1980s. 요즘 가정용 컴퓨터는 흔하지만 1980년대 초반에는 혁신적인 생각이었다.	a. 새로운, 혁신적인, 독창적인
2438	**curative*** [kjúərətiv]	▶ **healing, remedial, sanative, therapeutic** The curative effect of herbs is the cornerstone of Eastern medicine. 허브의 치유하는 효과는 동양 의학에 초석이다.	a. 치유하는, 병에 잘 듣는

Vocabulary Usher | 토플 2401-2646

2439 relentless [riléntlis]
▶ unrelenting, stern, severe, merciless
The pain was relentless even though I took the medicine.
약을 먹었음에도 불구하고 냉혹한 고통이 찾아왔다.
a. 냉혹한, 잔인한, 끈질긴, 수그러들지 않는

2440 akin to
▶ similar to
My father's preferences and mine are surprisingly akin to one another.
아버지와 나의 기호는 놀랍게도 너무 유사하다.
phr. ~와 유사한, ~에 가까운

2441 far-reaching* [fá:rí:tʃiŋ]
▶ broad, extensive, widespread, influential
The king's power was truly far-reaching during the medieval period.
중세 시대때 왕의 권력은 진정 광범위 하였다.
a. 폭넓은, 방대한, 넓은, 광범위한

2442 stimulate* [stímjəlèit]
▶ prompt, activate, spur, cause, encourage
The passionate speech he gave at school stimulated my passion of becoming a writer.
학교에서의 그의 열정적인 연설은 작가가 되겠다는 나의 열정을 자극하였다.
v. 격려하다, 자극하다

2443 strong** [strɔ(:)ŋ, strɑŋ]
▶ robust, mighty, powerful, vigorous
It is necessary for countries to build up strong defenses in order to protect their citizens and sovereignty.
시민들과 통치권을 지키기 위해 국가들은 강한 방어체제를 가지고 있어야 한다.
a. 강한, 힘센, 확고한; ~의 인원을 가진

2444 manager [mǽnidʒə:r]
▶ administrator, executive, director, supervisor
A good manager can push subordinates to work harder without creating conflicts.
좋은 경영인은 아무런 마찰없이 수하들을 더 열심히 일하게 만들 수 있다.
n. 경영인, 지배인, 경영자, 관리인

2445 heap [hi:p]
▶ mass, stack, pile / accumulate
They found a heap of lost shoes in the lost and found box.
그들은 분실물 보관함에서 잃어버린 신발 무더기를 찾았다.
n. 더미, 무더기, 많음
v. 쌓아올리다

2446 mass [mæs]
▶ aggregation, collection, accumulation, pile
The collapsing mass of snow known as an avalanche is one of nature's most devastating disasters.
눈사태로 알려진 무너져 내리는 눈덩이는 가장 파괴적인 자연재해 중 하나입니다.
n. 모임; 덩어리; (양이) 많은~
a. 대량의

2447 prowess [práuis]
▶ bravery, courage
The king was praised for the prowess he showed at the battle field.
왕은 전쟁터에서 보여준 용감함으로 칭찬을 받았다.
n. 용감, 용감한 행위

2448 receptacle** [riséptək-əl]
▶ container, vessel, reservoir, holder
The teacher instructed the students to deposit their waste and recycle in the appropriate receptacles.
선생님은 학생들에게 버릴 것과 분리수거 할 것을 올바른 통에 버리라고 했다.
n. 그릇, 용기, 저장기

2449 **undermine** [ʌ̀ndərmáin]	▶ **attenuate, weaken, ruin, thwart** He undermined his chances by showing up late to the interview. 그는 인터뷰에 늦어서 주어진 기회를 약화시켰다.	v. 약화시키다	
2450 **relinquish** [rilíŋkwiʃ]	▶ **give up, surrender, abandon, resign** Powerful autocrats are often unwilling to relinquish power to the people. 권력있는 독재자는 자신이 가진 힘을 대중에게 포기하려고 하지 않는다.	v. 포기하다, 버리다, 그만두다	
2451 **fuse*** [fjuːz]	▶ **melt, dissolve, blend** The purpose of a cast over a broken bone is to prevent it from moving long enough for the broken pieces to fuse together again. 부러진 뼈에 깁스를 하는 이유는 부러진 뼈가 붙을 때까지 뼈를 움직이지 않게 하기 위해서이다.	v. 녹이다, 융합하다, 섞다	
2452 **disdain** [disdéin]	▶ **despise, deride / contempt, scorn** Because he could not rescue their cat from the burning house, the man's neighbors treated him with disdain. 그가 불타는 집에서 고양이를 구해주지 못해 이웃은 그를 경멸로 대했다.	v. 경멸하다 n. 경멸; 오만	
2453 **incessantly**** [insésntli]	▶ **constantly, continuously, endlessly, ceaselessly** It is difficult to sleep when a mosquito incessantly buzzes around you. 모기가 끊임없이 윙윙댄다면 잠들기가 매우 힘들다.	ad. 끊임없이, 그칠새 없는	
2454 **divert** [divə́ːrt, dai-]	▶ **redirect, reroute, avert, deflect, switch; amuse** The plane was diverted from Chicago to Washington, D.C. due to heavy snowfall. 폭설로 인하여 비행기는 시카고에서 워싱턴 D.C.로 돌아갔다.	v 방향을 바꾸다; (관심을) 돌리다; 즐겁게 하다, 기분 전환하다	
2455 **convenient** [kənvíːnjənt]	▶ **handy, useful, serviceable** Although instant food may be convenient, they are known to be unhealthy. 인스턴트 식품들이 편리할 순 있지만 건강에는 좋지 않다고 알려져 있다.	a. 편리한, 손쉬운	
2456 **delusion** [dilúːʒən]	▶ **illusion, dream, fantasy** The delusions of the patient were seen as a strong enough reason to prevent her from being released on her own. 환자가 본 환상은 그녀가 혼자 내버려지면 안되는 이유를 설명하기에 충분했다.	n. 환상; 미혹; 기만	
2457 **copious**** [kóupiəs]	▶ **plentiful, ample, bountiful, abundant** Copious amounts of oxygen and food would be required for a journey to another planet. 풍부한 양의 산소와 음식은 다른 행성으로의 여행에 필요할 것이다.	a. 풍부한, 매우 많은	
2458 **constituent** [kənstítʃuənt]	▶ **component, element / essential, integral** Certain constituents of the product turned out to be harmful to the human body. 제품의 성분들은 사람의 몸에 해로운 것으로 드러났다.	n. 성분, 요소 (특정 선거구에 사는) 주민[유권자] a. 구성하는	

Vocabulary Usher | 토플 2401-2646

2459 gauge [geɪdʒ]
▶ measure, calculate, appraise
He put himself in danger to gauge the power of the earthquake.
지진의 강도를 측정하기 위해 그는 스스로 위험을 자처했다.
v. 평가하다, 판단하다
n. 기준, 규격

2460 hamper* [hǽmpər]
▶ prevent, impede, hinder, restrict
The heavy rains hampered the group's jungle trek.
폭우는 단체의 정글 트렉을 방해했다.
v. 방해하다

2461 submerge [səbmə́:rdʒ]
▶ immerse, deluge, dip, submerse
When the floodwaters rose, the house was submerged under at least 3 meters of water.
홍수의 물이 차오르자 집들이 최소 3미터 아래로 잠겼다.
v. 물에 잠그다, 물에 담그다

2462 crucial** [krú:ʃəl]
▶ essential, important, acute, deciding, vital
He is the one who makes all the crucial decisions.
그는 모든 중대한 결정을 내리는 사람이다.
a. 중대한, 결정적인, 근본적인

2463 benevolent [bənévələnt]
▶ kind, humane, tender, generous
The benevolent farmer opened his home to anyone who needed a place to stay and was willing to work with him.
친절한 농부는 그와 같이 일하고 머물고자 하는 이는 머물 수 있게 집을 열어 놓았다.
a. 자비심 많은, 친절한

2464 encompass* [inkʌ́mpəs]
▶ include, embrace, contain; surround
Art encompasses painting, sculpting, acting and photography.
미술은 회화, 조각, 연기, 사진을 모두 포함한다.
v. 포함하다; 둘러싸다

2465 thrifty [θrífti]
▶ frugal, economical, parsimonious
Thrifty people do not spend their money on unnecessary shopping.
검소한 사람은 필요없는 물건을 사는데 돈을 쓰지 않는다.
a. 검소한

2466 vexing* [véksiŋ]
▶ difficult, annoying, irritating, bothersome
Doing the same thing over and over again can become very vexing.
똑같은 일을 계속 반복해서 하는 것은 굉장히 성가실 수 있다.
a. 성가신, 짜증나게 하는

2467 shudder* [ʃʌ́dər]
▶ tremor, shiver, quiver, shake
She shuddered in fear as the monster inched closer to her.
그녀는 괴물이 점점 다가오자 공포로 몸서리 쳤다.
n. 떨림, 전율
v. (공포, 추위로) 떨다

2468 shining [ʃáiniŋ]
▶ radiant, gleaming, bright, brilliant
The "shining city on a hill" was a key term used by President Reagan to describe his vision of America.
"언덕 위에 빛나는 도시"는 레이간 대통령이 서술하는 미국의 비전이었다.
a. 빛나는, 화려한

2469 incommode
[ìnkəmóud]

▶ **bother, disturb, inconvenience**
Travel in the city is often incommoded by heavy traffic.
도시 여행은 종종 심한 교통체증으로 인해 방해 받는다.

v. 폐를 끼치다, 괴롭히다

2470 still**
[stil]

▶ **motionless, stationary; calm / nevertheless**
The rabbit laid still and pretended to be dead.
토끼는 움직이지 않은 채 가만히 누워서 죽은 척 했다.

a. 움직이지 않는; 조용한
ad. 아직도

2471 erect*
[irékt]

▶ **upright standing, vertical, perpendicular / build, construct, set up**
The people of New York vowed to erect a monument at the location of the World Trade Center.
세계 무역 센터 자리에 기념비를 세울 것을 뉴욕사람들은 단언했다.

a. 직립한, 수직의
v. 세우다, 건설하다

2472 trade*
[tréid]

▶ **barter, exchange, swap, merchandise**
Before the invention of money, people had to trade goods with one another.
화폐가 발명되기 전 사람들은 물건을 서로 교환함으로써 무역활동을 하였다.

v. 교역하다, 무역하다
n. 무역, 거래, 교역

2473 appraise
[əpréiz]

▶ **evaluate, estimate, assess**
We had to appraise our house before we could list it for sale.
집을 내놓기 전에 우리는 집을 먼저 평가하여야 했다.

v. 평가하다

2474 proper**
[prápər / próp-]

▶ **suitable, appropriate, fit; moral**
Making a proper introduction is considered courteous in the modern society.
현대 사회에서 적절한 소개를 하는 것은 예의로 여겨진다.

a. 적당한, 적절한; 예의 바른

2475 long to do

▶ **desire, yearn for, crave, pine**
You have absolutely no idea how I have longed to do something important for the country.
당신은 내가 이 나라를 위해 얼마나 중요한 일을 하기 원했는지 절대 알지 못할 것이다.

phr. ~을 하길 열망하다

2476 steadily**
[stédili]

▶ **constantly, continuously**
I steadily climbed up the Appalachian Mountains to reach the top.
나는 애팔래치아 산맥의 정상에 도달하기 위해서 꾸준히 등반하였다.

ad. 꾸준히

2477 adjourn*
[ədʒə́ːrn]

▶ **suspend, postpone, delay, defer**
The teacher's meeting was adjourned due to the start of classes.
교직원 회의는 수업 시작 관계로 연기되었다.

v. 연기하다, 미루다

2478 roster*
[rástər]

▶ **list, register**
The class roster was inaccurate as it had been compiled before the last day of enrollment.
등록 마지막날 전에 편집된 반 명부는 정확하지 않았다.

n. (등록)명부
v. 명부에 실리다

Vocabulary Usher | 토플 2401-2646

2479 document [dákjəmənt / dɔ́k-]
▶ record
His life in prison was documented in his journal.
그의 죄수 생활은 일기에 기록되어 있다.
v. 기록하다
n. 문서, 서류

2480 appall [əpɔ́ːl]
▶ frighten, horrify, terrify, shock
The thought of dying alone with no one around appalls many people.
주위에 아무도 없이 홀로 죽는 생각은 사람들을 오싹하게 만든다.
v. 오싹하게(질겁하게) 하다

2481 innovate [ínəvèit]
▶ begin, create, pioneer, introduce
The ability to innovate is one of the key qualities of most of today's largest tech companies.
혁신하는 능력은 오늘날 큰 기술회사들의 중요한 특징 중 하나이다.
v. 시작하다, 혁신하다

2482 predicate* [prédikit]
▶ affirm, assert, declare; base, establish, found
The lawyer predicated his defense strategy on the assumption that the police were inept.
변호사는 경찰의 기량부족을 가정하고 그의 방위 전략을 폈다.
v. 단언하다, 주장하다; 기초를 두다

2483 height* [hait]
▶ peak, apex, crest, zenith, summit
My ears started to hurt when I reached a certain height.
어느 정도 고도에 이르자 귀가 아프기 시작했다.
n. 높이, 키, 고도; 절정, 고지

2484 incursion [inkə́ːrʒən]
▶ invasion, raid, foray, attack
Cultural incursion may result in a problem with our younger generation's identity.
문화 유입은 어린세대의 정체성 문제를 야기할 것이다.
n. 침입, 습격, 유입

2485 enact** [inǽkt]
▶ pass, adopt, make into law, ordain
The new laws were enacted and put into use immediately.
새로운 법안은 바로 실행될 수 있도록 제정되었다.
v. 제정하다, 규정하다

2486 sterile* [stéril]
▶ barren, unproductive, fruitless; disinfected
Surgeons always use sterile equipment when operating on the human body.
외과의사들은 사람들을 수술할 때 언제나 무균의 장비를 사용한다.
a. 불임의, 황량한; 무균의

2487 breakthrough* [bréikθrùː]
▶ sudden advance, progress, development, innovation
The discovery of electricity was a breakthrough in technology.
전기의 발견은 기술적인 면에서 획기적인 발전이었다.
n. 획기적인 발전

2488 erratic [irǽtik]
▶ irregular, changeable, variable, fitful
His erratic personality made it hard for others to work with him.
그의 별난 성격은 다른사람들이 같이 일하기 힘들게 만들었다.
a. 별난, 변덕스러운; 불안정한, 일정치 않은

2489	**glad** [glæd]	▶ delighted, pleased, elated, happy My parents were glad to see that I had successfully achieved my goal. 우리 부모님은 내가 성공적으로 원하는 것을 성취했다는 것을 알고 기뻐하셨다.	a. 기쁜, 즐거운
2490	**caustic** [kɔ́:stik]	▶ acid, biting; harsh, sarcastic Simon always makes caustic remark on other people. Simon은 항상 다른 사람에 대해서 신랄한 발언을 한다.	a. 부식성의; 신랄한
2491	**assigned*** [əsáind]	▶ specified, designated, appointed Although students don't enjoy it, assigned seating is an excellent form of classroom management. 학생들이 지정석을 싫어할지라도 반을 관리함에 있어서는 탁월한 방법이다.	a. 정해진, 임명된, 지정된
2492	**zenith** [zí:niθ]	▶ apex, peak, tip, top After having reached the zenith of their political careers, many former presidents retire to a life of writing and speech making. 정치적으로 절정을 이룬 대부분의 전 대통령들은 은퇴를 한 후 글이나 연설을 쓴다.	n. 절정
2493	**pretense** [priténs]	▶ pretext, excuse, deception, fabrication His pretenses about how he failed to complete his assignment could not persuade the teacher. 그가 숙제를 다 하지 못한 이유로 댄 핑계는 그의 선생님을 납득 시킬 수 없었다.	n. 핑계, 구실
2494	**tart** [tɑ:rt]	▶ acid, sharp in taste, sour, pungent Berries can be very tart when they are not ripe. 열매들은 익지 않으면 매우 시큼하다.	a. 시큼한, 톡 쏘는
2495	**atrophy** [ǽtrəfi]	▶ shrinking, deterioration, decline The doctor warned the patient that there was a chance of muscle atrophy due to non-use when in a cast. 의사가 환자에게 깁스를 하고있으면 근육을 사용하지 않기 때문에 근육퇴화가 일어날 수 있다고 경고했다.	n. 위축, 퇴화 v. (신체의 일부가) 위축되다
2496	**stringent*** [stríndʒ-ənt]	▶ strict, austere, tight, rigid Dormitories with stringent regulations are cleaner than those with liberal policies. 엄격한 규율이 있는 기숙사들은 자유로운 규정들이 있는 기숙사보다 깨끗하다.	a. 엄격한, 엄중한; 절박한, 긴박한
2497	**innocuous*** [inʌ́kjuəs]	▶ harmless, innoxious Innocuous nitrogen gas makes up the majority of Earth's environment. 무해한 질소는 지구 환경의 대부분을 차지한다.	a. 해가 없는, 불쾌감을 주지 않는, 위험하지 않은
2498	**blot** [blɑt / blɔt]	▶ spot; blemish, defect / stain The blot on my shirt will always remind me of the good times we had in Rome. 내 셔츠의 얼룩은 언제나 로마에서의 좋은 시간들을 떠올리게 한다.	n. 얼룩; 오점 v. 더럽히다

Vocabulary Usher | 토플 2401-2646

2499 madden [mǽdn]
▶ infuriate, irritate, provoke, annoy
The student's constant inattention maddened the teacher.
계속되는 학생의 태만함이 선생님을 성나게 하였다.
v. 성나게 하다, ~을 미치게 만들다

2500 stroke* [strouk]
▶ hit, striking, blow / soothe
Trying to cheer his sister up, James stroked her hair.
James 는 동생을 위로해주려고 머리를 쓰다듬어 주었다.
n. 일격, 타격
v. 쓰다 듬다

2501 devastate [dévəstèit]
▶ desolate, despoil, destroy, ravage
The horrific news devastated my mother and caused her to pass out.
무시무시한 소식은 나의 어머니를 놀라게해 기절시켰다.
v. 유린하다, 황폐화시키다, 놀라게하다, 완전히 파괴하다

2502 unsurpassed* [ʌ̀nsərpǽst, -pɑ́ːs]
▶ superior, superlative, unequaled, unrivaled
He showed unsurpassed talent in dancing.
그는 춤에 있어서 타의 추종을 불허하는 재능을 보였다.
a. 탁월한, 타의 추종을 불허하는

2503 hearten** [hɑ́ːrtn]
▶ encourage, inspire, cheer, spur
Word of the far off victory heartened the soldiers to continue the war.
승리를 향한 다짐은 병사들이 전쟁을 계속할 수 있도록 격려 하였다.
v. 격려하다, 고무하다

2504 tranquil [trǽŋkwil]
▶ peaceful, calm, placid
When imagining a perfect getaway, most people think of a tranquil beach with moderate sunshine.
완벽한 휴가를 생각할 때 사람들은 대게 적당한 햇빛과 평온한 해변가를 생각한다.
a. 평온한, 차분한

2505 kiln [kíln]
▶ furnace
The hot surface of the kiln is used to finalize the process of making ceramic products.
가마의 뜨거운 표면은 도자기 공예의 작업을 마무리하는데 쓰인다.
n. 가마, 화로

2506 feeble* [fíːbəl]
▶ weak, delicate, fragile, frail
Unfortunately, grandfather has grown too feeble to live on his own anymore.
불행하게도, 할아버지는 혼자살기엔 너무 연약해 지셨다.
a. 연약한; 박약한; (빛이) 약한

2507 dagger [dǽgər]
▶ knife
The knight kept a small dagger in his robes to defend himself against invaders.
그 기사는 침략자들로부터 자신을 보호하려고 옷 속에 작은 단도 하나를 간직하였다.
n. (양날의) 단도

2508 rarely* [rɛ́ərli]
▶ seldom, infrequently, barely, hardly
The tiger is rarely found in the wild nowadays, due to excessive hunting during the Imperial era.
제국주의 시대의 과도한 사냥으로 인하여 오늘날 사자는 야생에서 드물게 발견된다.
ad. 드물게

2509 continuous*
[kəntínjuəs]

▶ uninterrupted, unceasing, consecutive, unbroken
After continuous effort, Kurt was finally able to achieve his goal.
계속해서 노력한 끝에, Kurt는 목표를 달성할 수 있었다.

a. (중단없이) 이어지는, 끊임없는 연속적인, 끊임없이

2510 restricted
[ristríktid]

▶ impounded, limited, hampered, confined
The airspace over major cities is restricted to prevent citizens from being hurt by accidents in the sky.
대도시의 공역은 항공 사고 시 시민들이 다치는 것을 막기 위해 사용이 제한되어 있다.

a. 제한된

2511 incidental
[ìnsədéntl]

▶ minor, secondary, accidental, casual
Petty cash funds are often used to pay for office supplies, deliveries, and other incidental charges.
소액 대출은 대부분 사무실 보급품, 배달과 같은 흔히 있는 일에 사용된다.

a. 부수적인
n. 부수적인 일

2512 chaotic
[keiátik / -ót-]

▶ disorganized, disordered, anarchic
An army brigade was sent to control the chaotic crowd.
군인 단체는 무질서한 군중을 제압하기 위해 보내졌다.

a. 조직화되지 못한, 혼돈된, 무질서한

2513 broach
[broutʃ]

▶ awl / pierce, gimlet
We skewered the meat on a broach and then slowly roasted it above a coal fire.
우리는 고기를 꼬챙이에 끼운 다음 천천히 석탄 불에 익혔다.

n. 구멍후비는 기구, 송곳, 꼬챙이
v. 구멍을 뚫다; (하기 힘든 이야기를) 꺼내다

2514 pension*
[pénʃən]

▶ subsidy, allowance
By padding one's pension, one can be assured of a steady long-term income well after retirement.
연금 지급으로 인해, 퇴직 후 꾸준한 수입을 얻을 수 있다.

n. 연금
v. 연금을 주다

2515 dogged
[dɔ́ːgid]

▶ stubborn, determined, persistent
It was for his dogged passion that he could climb the mountain.
그의 완강한 열정 때문에 그는 산을 오를 수 있었다.

a. 고집 센, 완강한

2516 conventionally
[kənvénʃənəli]

▶ traditionally
Conventionally, the usage of prepositions at the end of sentences is frowned upon.
전통적으로, 문법상 전치사를 문장 뒤에 쓰는 것은 옳지 않다.

ad. 인습적으로, 전통적인

2517 exceptionally
[iksépʃənəli]

▶ unusually, extraordinarily, abnormally
Many critics considered the song to be exceptionally bad.
많은 비평가들은 그 노래가 유난히 안 좋다고 생각했다.

ad. 유난히, 예외적으로, 특별히

2518 impetuous
[impétʃuəs]

▶ torrential, powerful, forceful, vigorous
The impetuous flow of water was controlled only by closing off the dam.
물의 격렬한 흐름은 댐을 닫아야만 조절할 수 있다.

a. 성급한, 충동적인; 격렬한, 맹렬한

Vocabulary Usher | 토플 2401-2646

2519 leading* [líːdiŋ]
▶ dominant, chief, foremost, primary
The excessive use of automobiles has been concluded to be the leading cause of air pollution.
과도한 자동차 이용은 환경오염의 주된원인이라 결론 내려졌다.
a. 우세한, 주된, 가장 중요한, 선두적인

2520 squander [skwándər / skwɔ́n-]
▶ waste, lavish
He squandered half of his salary on gambling.
그는 월급의 절반을 도박하는데 낭비하였다.
v. 낭비하다

2521 divulge [diváldʒ, dai-]
▶ reveal, disclose
In an effort to keep employees from divulging trade secrets, most companies require non-disclosure and non-compete clauses in employment contracts.
직원들이 거래 기밀을 폭로하는 것을 막기 위해서 대부분의 기업들은 고용 계약서에 비공개 조항과 비경쟁 조항을 요구한다.
v. 폭로하다, 알려주다, 누설하다

2522 in retrospect
▶ looking back
In retrospect, I wish that I had made different decisions.
되돌아보면 나는 내가 다른 결정을 내렸었으면 했다.
phr. 되돌아보면, 회상하면

2523 veritable [vérətəbl]
▶ genuine, authentic, believable
Singaporean hawker stands are a veritable feast for the senses.
싱가폴 포장마차는 감각을 위한 축제임이 틀림없다.
a. (강조) 진정한, 실제의, 틀림없는

2524 definite* [défənit]
▶ decisive, unambiguous, unequivocal, fixed
Although the Chinese celebrate the lunar new year in late winter, there is no definite date for it on the solar calendar.
중국인들은 겨울 후반기에 음력으로 설을 새지만, 양력으로는 정확한 날짜를 정해두고 있지 않다.
a. 한정된, 명확한

2525 exert** [igzə́ːrt]
▶ apply, exercise, employ, wield
He exerted a positive influence on young people through his books.
그는 책을 통해서 어린아이들에게 긍정적인 영향력을 행사하였다.
v. 발휘하다, 권력을 휘두르다

2526 encroachment* [inkróutʃmənt,en-]
▶ invasion, intrusion
The enemy only began their encroachment last week but have made marked progress.
적들은 저번 주에 침략을 시작했지만 눈에 띌 만한 진척을 보였다.
n. 침범, 침입, 침해

2527 predicament** [pridíkəmənt]
▶ difficult situation, dilemma, plight
The country was only pulled out of its difficult financial predicament through increased government spending and programs.
그 나라는 경제적 곤경을 정부 지출과 예산을 증가시킴으로써 해결했다.
n. 곤경

2528 obsession [əbséʃən]
▶ craze, fetish, fixation, mania
His obsession in gaining success drove him crazy in his later years.
성공을 해야한다는 그의 강박관념은 나중에 그를 미치게 만들었다.
n. 강박관념, 망상

2529	**bargain** [báːrgən]	▶ contract, trade / covenant, transact In the Middle East, people often make bargains in the markets. 중동 지역에서 사람들은 상점에서 종종 흥정을 한다.	n. 매매 v. 흥정하다
2530	**careless** [kέərlis]	▶ inattentive, indifferent The careless actions of the defendant were responsible for the injuries suffered by the plaintiff. 피고인의 부주의한 행동은 원고가 입은 상처에 책임이 있다.	a. 부주의한; 무관심한
2531	**deteriorate** [dɪtíːriəreɪt]	▶ worsen, degenerate, decline, wane His condition continued to gradually deteriorate for a few years until he finally passed away. 그의 상태는 그가 죽음을 맞이할 때까지 몇 년간 계속 악화되었다	v. 나쁘게 하다, 나빠지다
2532	**illustration** [ìləstréɪʃən]	▶ explanation, depiction His essay was so bad that the teacher used it as an illustration of what not to do when writing. 그의 에세이는 형편없어서 선생님은 에세이를 쓸 때 하지 말아야 할 실례로 사용하셨다.	n. 실례, 예증; 삽화
2533	**appreciably*** [əpríːʃiəbli]	▶ significantly, noticeably, considerably The improvements made in technology have appreciably made our lives more comfortable. 기술의 발전은 우리의 삶을 훨씬 더 편안하게 해줬다.	ad. 뚜렷하게, 상당히, 꽤
2534	**reliable** [rɪláɪəbl]	▶ trustworthy, dependable, credible, **infallible** Despite early attacks against it, Darwin's theory of evolution is now held as a reliable explanation of the adaptations living organisms must go through to more fully develop. 초반에 있었던 공격에 불구하고 다윈의 진화론은 현재 생물체들이 완전히 성장하려면 거쳐야하는 환경적응방법으로 가장 믿을만한 설명이다.	a. 믿을 수 있는
2535	**inefficiency** [ìnɪfíʃənsi]	▶ incompetence, incapability, wastefulness The reason for the inefficiency of Brad's business remained unknown. Brad의 사업이 왜 비효율적인지는 아무도 알지 못한다.	n. 비능률, 비효율
2536	**unsettled** [ʌnsétld]	▶ unstable, unsteady, shaky, unfixed Oxygen becomes unsettled when it is liquefied. 산소는 액체화되면 불안정해진다.	a. 변하기 쉬운, 불안정한
2537	**flake** [fleɪk]	▶ fragment, bit, chip, **slice** When the ice flakes fell on the table, they left many small wet marks. 얼음조각이 테이블 위로 떨어졌을 때 젖은 작은 흔적을 남겼다.	n. 얇은조각, 파편, 단편, 작은 조각
2538	**rot*** [rɑt / rɔt]	▶ decay, corrupt, degenerate, **decompose** Food rots more quickly in the summer due to the temperature. 온도 때문에 음식은 여름에 더 빨리 부패한다.	v. 썩다, 부패하다 n. 부패, 부식

Vocabulary Usher | 토플 2401-2646

2539 flock* [flɑk / flɔk]
▶ group, herd, bevy, **brood**
The flock of geese flew overhead in a "V" formation.
거위 떼가 머리 위로 V자 대형으로 날아갔다.
n. 무리, 떼, 군중
v. 떼짓다, 모이다

2540 flair* [flέər]
▶ talent, aptitude, knack
After watching the students interact, the teacher realized that some of them had a flair for drama.
학생들이 활동하는 것을 보고 선생님은 몇몇 학생이 연극에 재능이 있다는 것을 알았다.
n. 재주, 재능; 경향, 성향

2541 with little regard to
▶ with little attention to
With little regard to the prosecutor's request for jailtime, the judge sentenced the accused to only probation.
수감기간에 대한 검사의 요구에 상관없이 재판장은 보호 관찰형을 받았다.
phr. ~를 거의 고려하지 않고, ~에 상관 없이, ~에 관계 없이

2542 recessive [risésiv]
▶ having a tendency to recede or go back, receding, regressive
The recessive movement of the waves draws sand back into the ocean.
파도가 역행하는 움직임은 모래를 다시 바다로 끌고 간다.
a. 퇴행(역행)의; (생물)열성의

2543 hinder* [híndər]
▶ hamper, interfere with, impede / **back**
In order to hinder their rivals, some ants will find other nests and destroy their entrances, causing the rivals to spend their time doing repairs instead of foraging.
라이벌을 방해하기 위해 어떤 개미들은 다른 개미들의 집을 찾아 입구를 부셔서 그 개미들이 음식을 찾는 대신 입구를 고치는데 시간을 보내도록 만든다.
v. 방해하다
a. 뒤쪽의

2544 damp [dæmp]
▶ moist, humid, dank, wet
The damp basement proved to be a breeding ground for mold.
습기 찬 지하는 곰팡이의 번식지였다.
a. 축축한, 습기 찬 / n. 습기
v. ~에 습기를 주다

2545 unavoidable [ʌnəvɔ́idəbl]
▶ inevitable, inescapable, ineluctable
By the time Lisa saw the car through the fog, the accident was unavoidable.
리사가 안개 속에서 그 차를 발견했을 때 사고를 피할 수 없었다.
a. 불가피한, 피하기 어려운

2546 (have its) root(s) in
▶ based on
Jazz music has its roots in traditional African music.
재즈는 아프리카 전통 음악에 근거를 두고 있다.
phr. ~에 근거를 두다

2547 evoke* [ivóuk]
▶ draw, arouse, elicit, create in mind, stimulate
Looking at the old album evoked childhood memories.
예전 앨범들을 보는 것은 나의 유년 시절 기억을 불러일으켰다.
v. 불러일으키다, 자아내다

2548 insufficient [ìnsəfíʃənt]
▶ inadequate
The money we have is insufficient to buy an apartment.
우리가 가지고 있는 돈은 집을 장만하기에는 불충분하다.
a. 불충분한, 부적절한

USHER

2549 primeval [praimí:vəl]
▶ ancient, primitive, pristine, prehistoric
Rocks were useful primeval tools.
돌은 실용적인 원시시대의 도구였다.
a. 원시 시대의, 초기의

2550 screen [skri:n]
▶ shelter, protect / veil, defend
The sleeping area of the loft is separated from the living area by a Japanese screen.
다락은 일본식 칸막이를 사용하여 잠자는 곳과 생활하는 곳으로 나누어져 있다.
n. 칸막이, 보호물, 화면
v. 가리다

2551 rehearse [rihə́:rs]
▶ recite, practice, drill, train
The bride and groom went to the wedding hall to rehearse their wedding.
신랑, 신부는 결혼식 리허설을 하기 위하여 예식장에 갔다.
v. 연습하다

2552 as a result
▶ therefore, consequently, hence, thus
As a result of her inability to concentrate in class, the girl has horrible grades.
그녀는 수업시간에 집중할 수 없어서 안 좋은 성적을 가지고 있다.
phr. 결과적으로, 따라서, 그러므로, ~의 결과로서

2553 rob [rɑb / rɔb]
▶ deprive, plunder, pillage
He tried to rob Sally but was caught by the police.
그는 Sally를 약탈하려했지만 경찰에 잡히고 말았다.
v. 강탈하다, 약탈하다

2554 stingy [stíndʒi]
▶ parsimonious, miserly, mean
The stingy portions served at the restaurant left diners hungry and disappointed.
식당에서 나온 인색한 양의 음식들은 사람들을 배고프게 하고 실망시켰다.
a. 쏘는, 가시가 있는; 인색한

2555 pollen [pálən / pɔ́l-]
▶ dust
She is allergic to pollen.
그녀는 꽃가루 알러지가 있다.
n. 꽃가루

2556 compelling [kəmpéliŋ]
▶ convincing, powerful, conclusive, irrefutable
The man went through a list of compelling reasons that he should be allowed to sit on the membership committee.
그는 위원회 회원이 되어야 하는 강력한 이유들을 제시하였다.
a. 강력한

2557 moreover** [mɔ:róuvə:r]
▶ in addition, additionally, as well, furthermore
The new teacher was mean. Moreover, she also had no talent in teaching.
그 새로운 선생님은 못됐다. 게다가 가르치는데 소질 또한 없었다.
ad. 게다가, 더욱이

2558 cautious [kɔ́:ʃəs]
▶ careful, prudent, discreet, wary
A cautious worker never makes a mistake.
신중한 일꾼은 절대 실수 하지 않는다.
a. 주의를 기울인, 신중한, 조심스러운

Vocabulary Usher | 토플 2401-2646

2559 depletion
[diplí:ʃən]

▶ **reduction, deficiency**
The world is facing an energy crisis due to the depletion of fossil-fuel.
세계는 석유 고갈로 인해 에너지 위기에 맞닥뜨리고 있다.

n. 감소, 고갈

2560 immobile
[imóubəl, -bi:l]

▶ **stationary, unmoving, static, stagnant**
Due to the deep quicksand they were stuck in, the troops were immobile for a long period of time.
부대가 깊은 유사에 빠지는 바람에 오랜시간 움직일 수 없었다.

a. 정지된, 움직일 수 없는

2561 transverse*
[trænsvə́:rs]

▶ **cross, crosswise**
My family had traversed the whole country in just over a week.
나의 가족은 일주일 만에 그 나라를 횡단했다.

a. 가로지르는, 가로 놓인
n. 가로지르는 것; 고난, 역경
v. 가로지르다

2562 alleviate
[əlí:vièit]

▶ **relieve, ease, lessen, abate**
Aspirin, once taken to alleviate pain, is now prescribed as a way to fight cardiovascular disease as well.
한때 고통을 덜기 위해 먹었던 아스피린은 이제 심혈관 질환을 막고자 처방된다.

v. 완화하다, (고통을) 덜다

2563 originate in

▶ **come from**
A lot of European languages originate in Latin.
많은 유럽의 언어들은 라틴어에서 유래한다.

phr. 생기다, 유래하다

2564 bleach
[bli:tʃ]

▶ **whiten, blanch, fade, grow pale**
The shirt is bleached because of the glaring sunlight.
셔츠는 강렬한 햇살 때문에 색이 바랬다.

v. 표백하다

2565 enthrall*
[inθrɔ́:l]

▶ **fascinate, captivate, enchant, mesmerize**
His passionate speech enthralled millions of people worldwide.
그의 열정적인 강의는 세계적으로 수만의 사람들을 매혹시켰다.

v. 매혹하다

2566 scarce**
[skɛə:rs]

▶ **rare, sparse, scant, in short supply, insufficient**
Scarce resources will be the seed of future global instability.
자원의 부족은 불안정한 미래의 시작이 될 것이다.

a. 드문, 진기한

2567 in essence

▶ **basically, primarily**
In essence, he was not a liked person at work.
본질적으로 그는 일터에서 그리 좋게 보이는 사람은 아니다.

phr. 본질적으로

2568 take precedence over

▶ **Have greater importance than**
Your homework should take precedence over soccer practice.
숙제는 축구연습보다 더 우위에 있어야 한다.

phr. -보다 우위에 서다

#	Word	Synonyms / Example	Meaning
2569	**congregate** [káŋgrigèit, kɔ́ŋ-]	▶ **gathered,** collect, concentrate The young children began to congregate around the funny juggling clowns. 어린 아이들은 저글링을 하는 웃긴 광대가 있는 쪽으로 모이기 시작했다.	v. 모이다, 집합하다
2570	**compensate for**	▶ **make up for** Anna wanted to be fairly compensated for her time and hard work. 안나는 자신의 시간과 일에 대해 공평하게 보상받고 싶어했다.	phr. 보상하다, 보충하다
2571	**adjustment** [ədʒʌ́stmənt]	▶ **modification,** revision; change, alteration, acclimatization He had to make multiple adjustments to the convention's schedule. 그는 회의 스케줄에 여러 내용을 수정했다.	n. 수정, 적응
2572	**portable** [pɔ́ːrtəbl]	▶ **can be carried,** easily carried, movable, manageable The portable DVD players were so small that we could move them wherever we wanted. 휴대용 CD 재생기는 너무 작아서 어디를 가도 가지고 다닐 수 있었다.	a. 휴대가 쉬운
2573	**susceptible to**	▶ **likely to be affected by** Josh was more susceptible to the flu because of his weak immune system. 조쉬는 그의 약한 면역체계 때문에 감기에 걸리기 더 쉬웠다.	phr. -에 민감한, 걸리기 쉬운
2574	**to be sure**	▶ **certainly** She checked her exam three times to be sure that she didn't miss a question. 그녀는 한 문제도 놓치지 않은 것을 확실히 하기 위해 시험지를 세번이나 확인했다.	phr. 확실히, 물론, 과연
2575	**marginally** [máːrdʒinəli]	▶ **slightly,** hardly, somewhat The height of his jump was only marginally less than the first place winner. 그의 점프는 일등을 하기에 약간 모자란 높이였다.	ad. 아주 조금, 미미하게; 가장 자리에
2576	**tenacity** [tənǽsəti]	▶ **determination,** doggedness, perseverance, persistence, persistency, tenaciousness, pertinacity The scientist's tenacity was evident in the number of times he attempted to prove his theory. 그 과학자의 고집은 그가 이론을 증명하려고 시도한 횟수를 보았을때 분명해졌다.	n. 끈질김, 고집; 완고함
2577	**diversify** [divə́ːrsəfài]	▶ **vary,** assort Investors are encouraged to diversify their portfolios to protect themselves against losses. 자산가들은 그들이 입은 피해에서 그들을 보호하기 위해 자산을 다양화 하도록 격려되었다.	v. 다각화 하다, 다양화 하다
2578	**champion** [tʃǽmpiən]	▶ **support,** back, fight for, patronize The trainer championed exercise over diet as the way to achieve a true healthy lifestyle. 그 트레이너는 건강한 생활을 하기 위해 식단보다 운동을 열심히 했다.	n. 챔피언, 선수권 우승자 v. 옹호하다, ~을 위해 싸우다

Vocabulary Usher | 토플 2401-2646

2579 attribute**
[ətríbju:t]
▶ ascribe, characteristic
Her beautiful physical attributes come from her mother's genes.
그녀의 아름다운 신체적 특징들은 그녀의 어머니로부터 비롯되었다.
n. 특징, 속성
v. ~의 결과로 보다

2580 penchant
[péntʃənt]
▶ inclination, affection, attachment, tendency
His extroverted personality made him have a great penchant for extreme sports.
그의 외향적인 성격은 그를 익스트림 스포츠를 하기에 적합하게 만들었다.
n. 경향; 강한 기호

2581 out of sight
▶ hidden, concealed, in hiding
The great magician raised his wand and as he uttered the magical words the lady was instantaneously out of sight.
위대한 마술사가 요술봉을 들어 주문을 외우자 여자가 순식간에 보이지 않게 되었다.
phr. 보이지 않는 곳에, 먼곳에

2582 overlie
[òuvərláɪ]
▶ cover, enfold
All of the rocks that overlie the dirt along that path were once submerged underwater.
길 위 흙더미에 놓여있는 돌들은 모두 한때 물속에 잠겨 있었다.
v. ~위에 가로놓이다[눕다]

2583 so much for
▶ that is enough about
He asked her so much for very little in return.
그는 그녀에 대해서는 많은 것을 요구했지만 그는 적게 배풀었다.
phr. ~에 대해서는 그만큼 (해두다)

2584 in the same breath
▶ immediately
It seems ironic to mention corporate governance and community relations in the same breath.
소유주와 노사관계를 동시에 언급하는 것은 역설적이다.
phr. 동시에, 잇따라, 즉시

2585 indefinite period
▶ whose end has not been determined
Tim was told that he would have to stay in a wheelchair for an indefinite period of time.
팀은 휠체어에서 무기한의 시간 동안 지내야 할 수도 있다는 이야기를 들었다.
phr. 무기한

2586 rebound
[ribáund]
▶ recovery, overcome, mend, pick up
Although he was severely injured, he rebounded quickly.
심하게 부상을 당했지만 그는 다시 빠르게 회복하였다.
v. 튀어오르다; 회복하다
n. 반향; 메아리

2587 grow accustomed to
▶ become used to
The students were accustomed to their teachers and did not want to change schools.
학생들은 선생님에 익숙해져서 학교를 바꾸고 싶어 하지 않았다.
phr. 익숙해지다

2588 scores
[skɔː(r)s]
▶ large numbers
When winter comes, scores of species migrate to warmer lands.
겨울이 오면 다수의 동물들은 더욱 따뜻한 쪽으로 이동한다.
n. 다수

2589	**obsession with**	▶ fixation on His childhood obsession with outer space led him to become an astronaut. 우주에 대해 집착하던 그의 유년시절은 나중에 그를 우주 비행사로 만들었다.	phr. ~대한 집착, 강박관념
2590	**persuasive** [pərswéisiv]	▶ convincing The persuasive arguments of his mother made him believe that he would love the new city. 설득력 있는 어머니는 아들에게 새로운 도시를 좋아하게 될 것이라고 말했다.	a. 설득력 있는
2591	**prior to**	▶ before Prior to arriving home, Kate stopped at the gas station to fill up her car. 집에 도착하기 앞서 케이트는 주유소에 들러 주유를 하였다.	phr. ~ 앞에, 이전에
2592	**propagate** [prápəgèit]	▶ multiply, proliferate, grow The gorillas propagated enough so that they were no longer considered an endangered species. 고릴라들은 이제는 멸종위기에 처한 동물이 아니게 될 만큼 번식을 하였다.	v. 선전하다; 번식시키다
2593	**instigate** [ínstəgèit]	▶ cause, influence, bring about The new parking rules were instigated by the rapid increase in the number of cars on campus. 그 새로운 주차 규칙들은 캠퍼스의 갑작스러운 자동차 수의 증가에 의해 부추겨졌다.	v. 부추기다, 선동하다
2594	**deliberation** [dilìbəréiʃən]	▶ discussion, conference, consultation The jury went through 3 days of deliberations before coming to a guilty verdict. 그 재판관은 유죄판결을 내리기 전 3일간 심사숙고 하였다.	n. 토의; 심사숙고
2595	**invoke** [invóuk]	▶ call upon, appeal to, conjure The minister invoked the name of God many times during his sermon. 그 성직자는 설교 중 신의 이름에 여러 번 호소하였다.	v. 호소하다, 기원하다
2596	**impose on**	▶ place on Due to the extreme damage from the storm, a dusk-to-dawn curfew was imposed on the community. 심각한 태풍피해로 인해 해가 뜰때부터 질때까지의 통금 금지령이 내려졌다.	phr. 부과하다, 주제넘게 나서다
2597	**prediction** [pridíkʃən]	▶ expectation, guess, forecasting Her prediction was validated when the ball finally flew into the opposing team's net. 그녀의 예언은 반대편 팀의 네트에 공이 날아 들어갔을 때 확정되었다.	n. 예언, 예보
2598	**assist in**	▶ help with The local environmental agency pledged to assist in the cleanup of the river after the chemical spill. 그 지역의 환경 단체는 그 화학물질이 강으로 유출된 이후에, 강 정화작업을 돕겠다고 약속했다.	phr. 돕다

Vocabulary Usher | 토플 2401-2646

2599 criteria [kraitiˈriə]
▶ standard, **norm, precedent**
A mortgage can only be approved if all of the financial criteria are met.
대출은 경제적 기준이 충족될 때에만 승인될 수 있다.
n. 기준, 표준

2600 size up
▶ evaluate
Before every merger, companies size up their potential partners to calculate their future benefits.
모든 합병 전에는 기업들은 미래의 있을 수익을 계산하기 위해 잠재적 파트너를 평가한다.
phr. 평가하다, 판단하다

2601 quantifiable [kwάntəfàiəbl]
▶ measurable, **calculable, perceptible**
Scientists usually work with research materials that can be quantifiable and always are objective.
과학자들은 주로 수량화 할 수 있고 객관적인 연수 자료들로 일을 한다.
a. 수량화 할 수 있는

2602 credible [krédəbl]
▶ believable, **conceivable, reliable**
The professor's in-depth research of the subject made her a credible source of information.
그 교수의 주제에 대한 깊이 있는 리서치는 그녀의 정보를 신뢰할 수 있게 만들었다
a. 신뢰할 수 있는

2603 interlock [ìntərlάk | -lɔ́k]
▶ linked, **intertwine, interlace**
Their hands quickly interlocked when they entered the frightening alleyway.
그들의 손은 무서운 골목에 들어설 때 서로 맞물렸다.
v. 연동하다, 서로 맞물리다

2604 static [stǽtik]
▶ unchanging, **fixed, immobile, immovable, stagnant**
Despite fluctuations in the stock market, the currency exchange rate remained static.
주식시장의 변동에도 불구하고 통화 환율은 정지된 채로 유지되었다.
a. 정지된
n. (수신기의) 잡음

2605 unique among
▶ different from all other
Buddhism is unique among the world's major religions because it has no god.
불교는 세계 주요 종교 중에 신을 섬기지 않는다는 점이 특별하다.
phr. ~중에 특별한

2606 feat* [fiːt]
▶ remarkable achievement, **accomplishment, deed**
His great feat put him in the history books and now he will be remembered for a long time.
그의 대단한 위업은 그를 역사책 속에 실리게 했으며 훗날 기억에 남을 것이다.
n. 위업, 공적

2607 course through
▶ run through
He could feel the medication course through his veins as he started his last round of chemotherapy.
그는 마지막 항암치료를 받을 때 약물이 혈관 안으로 흐르는 것을 느꼈다.
phr. 안으로 흐르다

2608 repudiate [ripjúːdièit]
▶ reject, **dismiss, revoke, repeal**
Attorney Roberts repudiated the prosecutor's argument with extreme confidence.
로버트 변호사는 검찰관의 논쟁을 굉장한 자신감으로 거절하였다.
v. 부인하다, 거절하다

USHER

2609 ethic [éθik]
▶ set of moral principles, virtue, morality
Many people consider the ethics of a candidate as important as their previous political experience.
많은 사람들은 후보자의 가치체계를 정치 경험만큼이나 중요하게 여긴다.
n. 가치 체계, 윤리

2610 interplay [íntərplèi]
▶ Interaction, exchange, mesh
The drama inherent in many black-and-white photographs is due to the interplay of light and shadows.
그 드라마는 빛과 그림자의 상호작용으로 인해 흑백화면이 많이 나온다.
n. 상호 작용

2611 analogous to
▶ similar to
Even though penguins cannot fly, their wings are analogous to the wings of other animals.
비록 펭귄은 날 수 없지만 그들의 날개는 다른 동물의 것과 비슷하다.
phr. ~와 비슷한

2612 highlight [háilàit]
▶ emphasize, focus, peak
The professor's lecture highlighted the effects of the Industrial Revolution on the working class.
그 교수의 강의는 산업혁명이 노동자계급에 미친영향을 강조하였다.
v. ~을 강조하다

2613 empirical [impírikəl]
▶ based on observation, experimental, observational
Without impartial empirical data, the theory can not be validated.
공정한 실험적인 데이터가 없이 그 이론은 입증될 수 없다.
a. 경험적인, 경험의

2614 acquire* [əkwáiər]
▶ obtain, achieve, gain
She acquired an immense amount of skill while working as the potter's apprentice for two years.
그녀는 2년간 도공의 제자로서 일을 하여 엄청난 기술을 취득할 수 있었다.
v. 얻다, 취득하다

2615 suppress [səprés]
▶ stop by force, conceal, contain, repress
The violent riot was suppressed by the National Guard as the crowd got closer to the White House.
폭력적인 시위는 시위대가 백악관으로 점점 가까워오자 경호대로부터 억압당했다.
v. 억압하다, 진압하다

2616 entitled to
▶ given the right to
Guests who book their room through the hotel's web page are entitled to a 25% discount.
웹페이지를 통하여 호텔의 예약을 한 손님들은 25% 가격할인을 받을 자격이 있다.
phr. ~할 자격이 있는

2617 substantiate [səbstǽnʃièit]
▶ confirm, justify, verify
She substantiated her argument by showing pictures of the damage done to her car.
그녀는 자동차에 생긴 피해를 사진을 찍어 보여주며 자신의 의견을 구체화하였다.
v. ~을 구체화하다

2618 legitimately [lidʒítəmətli]
▶ properly, justly, reasonably
The sheriff argued that there was no way to legitimately enforce the new ordinance.
보안관은 새로운 법령을 합법적으로 실행할 방법이 없다고 주장했다.
ad. 합법적으로

Vocabulary Usher | 토플 2401-2646

2619 heterogeneous
[hètərədʒí:niəs]
▶ varied, contrary, disparate, dissimilar
The heterogeneous ethnic makeup of the colony led to problems when they were left to govern themselves.
그 식민지의 이질된 인종 구성은 그들이 나라를 다스려야 할 때 문제가 되었다.
a. 이질의, 이종의

2620 supersede
[sù:pərsí:d]
▶ replaced, supplant, replace, supervene upon, supercede
In federal systems, the laws of the federal government supersede those of the local governments.
연방정부 시스템에선 정부의 법은 지방정부의 것을 대체한다.
v. 대체하다(=replace)

2621 cramp
[kræmp]
▶ confine, restrict, hamper, inhibit / spasm, ache, contraction
He felt the painful cramp in his left leg when half-time began.
그는 후반전이 시작할 때 쯤 다리에 고통스러운 경련을 느꼈다.
n. 경련, 위경련
v. 방해하다; 제한하다

2622 agency
[éidʒənsi]
▶ forces, company, office, organization, instrument
The agency in charge of wildlife conservation did not allow hunting on land owned by the government.
야생동물 보호를 담당하는 기관은 정부 소유의 땅에서의 사냥을 허락하지 않았다.
n. 기관, 소속사, 대행

2623 terrestrial*
[təréstriəl]
▶ land, tellurian, telluric, terrene, planetary, mundane, sublunar, sublunary
Although some think human ancestors came from the sea, most think that they were terrestrial.
비록 몇몇은 인간이 바다의 조상으로부터 왔다고 생각할지라도 대부분은 육지로부터 왔다고 생각한다.
n. 인간
a. 지구의; 육지의

2624 contention
[kənténʃən]
▶ debate, controversy, contestation, disputation, disceptation, tilt, argument, arguing, competition, rivalry
The people's contention with the law on abortion was shown with anger in court.
사람들의 낙태법에 대한 주장은 재판장 안의 분노로 표현되었다.
n. 논쟁, 말다툼, 주장

2625 authenticity
[ɔ̀:θentísəti]
▶ practicality, genuineness, legitimacy
Nowadays, because a lot of invalid information is shared through the Internet, verifying the authenticity of an idea has become more critical.
요즘은 인터넷을 통해 많은 근거없는 아이디어들이 공유되고 있기 때문에 그 아이디어의 신뢰성이 더욱 중요해졌다.
n. 진품, 확실성, 신뢰성

2626 unanticipated
[ʌnæntísəpèitid]
▶ not expected, unforeseen, unlooked-for, out of the blue
The children were surprised by the unanticipated kindness of the grumpy, old man.
아이들은 늙고 괴팍한 아저씨의 예기치 못한 선의의 행동 때문에 놀라했다.
a. 뜻밖의

2627 allusion
[əlú:ʒən]
▶ reference
The students laughed when they caught on to the comedic allusions in the painting.
학생들은 그림에 있는 희극적인 암시를 이해하며 웃었다.
n. 암시

2628 astonish**
[əstániʃ]
▶ amaze, astound
Jets flying so close to one another in the airshow astonished many audience members.
제트기가 아주 가까이 날아다니는 에어쇼는 관중들을 놀라게 했다.
v. 놀라게 하다

#	Word	Synonyms / Example	Meaning
2629	**traumatic** [trəmǽtik]	▶ **highly stressful,** calming, distressing, painful The rollercoaster ride was very traumatic for the fifty year old woman. 무서운 롤러코스터는 50살 먹은 노파에게는 매우 충격적인 것이었다.	a. 충격적인, (정신적) 외상의
2630	**resurgence** [resə́:rdʒəns]	▶ **comeback,** revival, revitalization, revitalisation, revivification The resurgence of the public's involvement in the law began during the workers' strike. 사람들의 법에 대한 관여는 노동자들의 파업으로부터 제기되었다.	n. 재기, 부활
2631	**outdate** [àutdéit]	▶ **superannuate** The invention of the internet outdated most paper based research methods. 인터넷의 발명은 종이를 기반으로 한 리서치 방법들을 구식이 되게 했다.	v. 구식이 되게하다
2632	**apparent**** [əpǽrənt, əpέər-]	▶ **clearly seen** His intention to hunt wild animals was apparent when he showed up with a gun. 그의 사냥을 하려는 의도는 그가 총을 가지고 나타났을 때 분명해졌다.	a. 분명한, 누가봐도 알 수 있는
2633	**engrave** [ingréiv]	▶ **carve,** scratch, grave, inscribe, etch The name and completion date of the building were engraved on a plaque. 건물의 이름과 완공일은 명판에 새겨졌다.	v. 새기다, 조각하다
2634	**cue** [kju:]	▶ **signal** The conductor gave a cue to the drummers to begin the opening act. 지휘자는 연주를 시작하기 위해서 드러머에게 신호를 주었다.	n. 단서, 큐, 신호
2635	**ponder**** [pándər]	▶ **think about, weigh,** chew over, think over, meditate, excogitate, contemplate, muse He pondered the possibilities of what he could achieve through patient research. 그는 참을성 있는 연구를 통해 얻을 수 있는 가능성에 대해 숙고해 보았다.	v. 숙고하다
2636	**mandate** [mǽndeit]	▶ **required,** authorization, authorisation, mandatory The mayor signed a mandate ordering that there be a limit on the amount of electricity each household could use. 시장은 모든 가정이 사용할 수 있는 전력량을 제한하는 명령을 내렸다.	n. 명령, 위임
2637	**stretch out** [strétʃàut]	▶ **extend, hold out** The children watched in awe as the huge lions stretched out lazily on the rocks. 아이들은 게으르게 손발을 뻗고 있는 사자를 경외롭게 바라봤다.	phr. 손발을 뻗다
2638	**mechanism** [mékənìzm]	▶ **means,** instrument, apparatus Even though the exterior of the two machines looked the same, the mechanisms they used were completely different. 비록 두 기계의 외관은 비슷해 보였으나, 두 기계가 사용한 기계장치는 완전히 다른 것이었다.	n. 기계장치

Vocabulary Usher | 토플 2401-2646

2639 pioneer
[pàiəníər]
▶ introduce, colonist, explorer, settler / initiate, invent, institute
Due to his radical work, Dr. Simms was a pioneer in the field of electrical conductivity.
진위적인 업적으로 인해 심스박사는 전기 전도 분야에 있어서는 선구자이다.
n. 선구자
v. 개척하다

2640 preponderance
[pripándərəns]
▶ majority, prevalence, predominance
When it became clear that a preponderance of the evidence in the case was inadmissible, the prosecutor dropped all charges.
증거의 우위를 인정할 수 없는 것이 확실해졌을 때, 그 검사는 고소를 취하했다.
n. 우세, 우위

2641 contraction
[kəntrǽkʃən]
▶ reduction, compression, shortening
Whenever a person makes a movement, muscles in their body make contractions.
사람이 움직일 때마다, 체내에 있는 근육들은 수축한다.
n. 하락, 수축

2642 rapport
[ræpɔ́:r]
▶ bond, affinity, link
Since he had a warm rapport with his grandmother, he visited her often.
그는 할머니와 따뜻한 관계를 맺었으므로 그녀를 자주 방문하였다.
n. 관계, 협조

2643 modulate
[mɑ́dʒulèit]
▶ adjust, attune, regulate
The government often tries to modulate the economic market when the economy diverges.
정부는 경제상황이 악화될 때마다 자주 경제 시장을 조절하곤 한다.
v. -을 조절하다, 바꾸다

2644 distinct**
[distíŋkt]
▶ clear, definite, marked, evident
He and his coworkers could recognize their boss by the distinct way that he hunched his back.
그와 동료들은 상사가 독특하게 등을 구부리는 모습을 보고 그를 알아 볼 수 있다.
a. 뚜렷한, 다른, 독특한

2645 chronology
[krənálədʒi]
▶ generation
The librarian had to reorganize the historical books according to the chronology of their publication dates.
도서관 사서는 역사 책들을 발행일의 연대 순으로 재배치해야 했다.
n. 연대기, 연표, 연대학

2646 decline*
[dikláin]
▶ weaken, downfall, descent
The children were sad to see their grandfather's health decline.
아이들은 할아버지의 건강이 악화되는 것을 보며 슬퍼했다.
v. 거절하다, 아래로 향하다

Quiz

오늘의 퀴즈 (2401-2646) : 토플 단어용

문장 속의 단어와 같은 뜻의 단어를 고르시오. (1-10)

1. The students were crazed with excitement when they learned that a pop star would be visiting their campus.
   a. lunatic   b. matured   c. functional   d. embarrassed

2. After a long period of speculation, the results of the election were announced.
   a. settlement   b. station   c. speck   d. conjecture

3. The precipitous drop in the temperature was unexpected and few people had brought jackets with them.
   a. initial   b. clear   c. hasty   d. unsettled

4. While a common feature of most homes nowadays, the home computer was an innovative idea in the early 1980s.
   a. normal   b. original   c. unrelenting   d. consequent

5. A good manager can push subordinates to work harder without creating conflicts.
   a. mass   b. outline   c. method   d. administrator

6. The purpose of a cast over a broken bone is to prevent it from moving long enough for the broken pieces to fuse together again.
   a. surrender   b. melt   c. subvert   d. cover

7. Certain constituents of the product turned out to be harmful to the human body.
   a. components   b. dreams   c. motions   d. qualities

8. Art encompasses painting, sculpting, acting and photography.
   a. assist   b. deluge   c. thwart   d. include

9. Doing the same thing over and over again can become very vexing.
   a. economical   b. annoying   c. radiant   d. tranquil

10. The airspace over major cities is restricted to prevent citizens from being hurt by accidents in the sky.
    a. impounded   b. minor   c. archaic   d. persistent

정답   a/d/c/b/d/b/a/d/b/a

usherin.usher.co.kr

단어시험 보는 방법		주의사항		틀린개수	본인이름
1. 화장실을 먼저 다녀옵니다.		1. 채점 속도가 빨라든다고 시험 도중 Mp3 파일을 멈추지 마세요~!		채점자이름	
2. 핸드폰 전원을 꺼둡니다(진동, 무음도 안됨)		2. 채점 시, 스펠링 & 품사 & 뜻 중 하나라도 다르거나 빠뜨렸을 경우 틀린 답입니다.			
3. 책상 위에 필기도구를 제외하고 깨끗이 치웁니다.					
4. 단어 3회독 Mp3 파일을 틀고 시작합니다.					

1		26		51		76	
2		27		52		77	
3		28		53		78	
4		29		54		79	
5		30		55		80	
6		31		56		81	
7		32		57		82	
8		33		58		83	
9		34		59		84	
10		35		60		85	
11		36		61		86	
12		37		62		87	
13		38		63		88	
14		39		64		89	
15		40		65		90	
16		41		66		91	
17		42		67		92	
18		43		68		93	
19		44		69		94	
20		45		70		95	
21		46		71		96	
22		47		72		97	
23		48		73		98	
24		49		74		99	
25		50		75		100	

101	126	151	176
102	127	152	177
103	128	153	178
104	129	154	179
105	130	155	180
106	131	156	181
107	132	157	182
108	133	158	183
109	134	159	184
110	135	160	185
111	136	161	186
112	137	162	187
113	138	163	188
114	139	164	189
115	140	165	190
116	141	166	191
117	142	167	192
118	143	168	193
119	144	169	194
120	145	170	195
121	146	171	196
122	147	172	197
123	148	173	198
124	149	174	199
125	150	175	200

201	202	203	204	205	206	207	208	209	210	211	212	213	214	215	216	217	218	219	220	221	222	223	224	225
226	227	228	229	230	231	232	233	234	235	236	237	238	239	240	241	242	243	244	245	246				

usherin.usher.co.kr

| 공부 수기 |

방학 두달 투자해서 교환학생 됐어요~

이 름	고◆◆
공부기간	2개월
처음 점수	없음
마지막 점수	82점 RC 27 / LC 20 / SP 15 / WR 20

어셔에서의 두 달, 결과수기 ^ ^;;
결과수기 쓰기에는 모자라지만ㅠㅠ 그래도 조금이나마 도움이 되었으면 좋겠어요. ^ ^;;
처음에는 뚜렷한 목표가 있다기 보다는 방학동안에 영어공부를 좀 확실하게 해보고 싶어서 공부했는데, 결과적으로 교환학생 가는데 많은 도움이 되었습니다.

1) Listening

: 20, 음 리스닝 점수 솔직히 좀 아쉬운데요...ㅠㅠ 리스닝은 정말 많이 들어보는 게 제일 중요한 것 같아요! 스피킹 라이팅에서도 리스닝이 안되면 막히게 되니까 꾸준히 매일매일 듣는 게 중요한 것 같습니다. 저는 리스닝 공부할 때 우선 노트테이킹을 하면서 지문을 듣고 그걸 바탕으로 문제를 풀어본 다음에 다시 한번 들으면서 문제를 풀어보았는데요. 이렇게 하면 노트테이킹을 할 때 중요한 부분 놓치는 것을 파악할 수 있어서 도움이 많이 되었고요. 그렇게 문제를 다 풀고 자신이 취약한 분야에 대해서는 딕테이션을 하고 그 렉쳐를 반복해서 듣는 게 많은 도움이 되었어요.

2) Reading

: 27, 두 달동안 K-1에 있으면서 정말 리딩이 쑥쑥 늘어서 감격~ㅠㅠ 처음에는 구문에 막히고 끊는 부분에 막혀서 고생했는데 매일매일 해석하는 거 프로젝터로 검사하시는 거, 물론 처음에는 엄청 고생했지만...ㅠㅠ 이거 덕분에 정말 실력이 많이 늘었어요. 그리고 지문들도 계속 보다보면 비슷비슷한 것들도 많이 나오고 실제로 시험 본 지문에서도 배웠던 내용과 유사한 내용이 나와서 좀 더 수월하게 볼 수 있었던 것 같아요! 리딩은 정말 구문은 기본적으로 알고 있어야 하고, 문단정리, 답 근거가 정말 정말 중요합니다!

+ 저는 단어가 매우 취약해서 어셔와서 단어에 제일 투자를 많이 했던 것 같아요. 문법도 배워보고 싶었는데 처음 다닐 때부터 겨울방학에만 다닐 생각을 하고 왔기 때문에 그래도 힘들더라도 윗반에서 버티

는 게 낫겠다 싶어서 바로 K-1으로 들어갔는데 처음에는 단어 때문에 고생 많이 했어요..ㅠㅠ 시간적 여유가 있다면 완초반부터 차근차근 올라오는 게 가장 체계적인 방법일 것 같아요. 저처럼 단어 문법 때문에 고생하고 싶지 않으시다면...ㅠㅠ

3월 말에 학교에서 교환학생 접수하고 면접보고 결과 기다리고 있었는데, 엊그제 합격했다는 반가운 소식이~~ㅠㅠ!
어셔에서의 두 달이 어떻게 보면 그리 길지 않은 시간임에도, 두 달동안 정말 좋은 선생님들과 좋은 친구들과 함께 힘들지만 서로 다독여 가며 열심히 공부한 게 기억에 오래 남는 거 같아요.

무엇보다 저에게 어셔의 가장 좋았던 점은 조별 스터디였는데요. 서로서로 부족한 부분 보충해 주고 잘 못 알았던 부분들도 수정해주고, 이게 정말 많이 도움 되었던 것 같아요!

두 달동안 열심히 가르쳐 주신 덕호쌤, 진우쌤, 승리쌤 그리고 힘들 때마다 다독여 주시고 여러모로 많은 도움을 주신 천사 같은 혜주쌤 미선쌤도 정말 감사하구요~~~

같이 열심히 공부했던 K-1, 특히 우리조 언조언니, 지원언니, 서진이, 신애 모두 잊지 못할 거 같고, 열심히 하는 사람들 틈에 껴있어서 힘들어도 더 열심히 할 수 있었던 거 같아요!

모두 원하는 목표 이루었으면 좋겠어요^ ^! 하하

| 오늘의 단어 |

모르는 단어 개수: _____ 개

1회독 _____ /200개 **2회독** _____ /200개 **3회독** _____ /200개 **4회독** _____ /200개 **5회독** _____ /200개

_____ /200개 * 5분 = _____ 분 (약   시간 필요)
*휴식시간 및 시험시간(200개당 45분입니다)을 꼭 넣어야 합니다.

나의 오늘 목표는 _____ 번부터 _____ 번까지!!!

단어 다 외우고 나서 다음 계획표(월간계획표) | 20   년

	January	Febuary	March	April	May	June	July	August	September	October	November	December
단어	1회	2회	3회									
문법			3회									
독해			1권		2권	3권 4권						
듣기				1권	2권	3권 4권						
쓰기			12/30	20/30	25/30	30/30						
말하기						12/30	20/30	25/30	30/30			

	January	Febuary	March	April	May	June	July	August	September	October	November	December
단어												
문법												
독해												
듣기												
쓰기												
말하기												

usherin.usher.co.kr

| Index |

usherin.usher.co.kr

USHER VOCABULARY
usherin.usher.co.kr

A

a great deal of	1100	adjustment	2571	ambivalent	793	approximately	409
a host of	600	admirable	1689	ambling	128	apt	1360
a wide range of	810	admire	746	amend	2264	aptitude	112
abandonment	358	admonish	2402	amenity	1315	aptly	2227
abate	1369	adolescent	1165	amiable	1876	arbitrarily	1316
abbreviate	2142	adore	2083	amiss	1765	archaic	1512
aberrant	1216	adroit	910	amorphous	1251	archive	567
abet	727	advantageous	904	amplify	879	ardor	1922
abhor	833	advent	106	analogous	269	arduous	266
abide	2209	adversary	1524	analogous to	2611	arid	30
ability	164	adverse	1858	ancestry	1161	arise	296
abject	37	advisor	224	anchor	2381	arise from	2219
abort	378	aerate	1813	anger	2420	arithmetic	19
abreast	1198	aesthetic	2292	annals	1426	aromatic	1205
absent-minded	1743	affectation	1842	annihilate	2243	arouse	2185
absolutely	615	affiliation	1747	announce	457	arrange	56
absolve	566	affirmative	367	annually	1928	arrangement	1655
abundance	734	affliction	1733	anomalous	1150	array	241
abundant	2336	affluent	1066	anonymous	1277	artery	1963
accede	2242	affordable	1629	antagonist	201	artful	248
accelerate	2170	affront	1863	antagonize	1104	artisan	368
accentuate	1285	agency	2622	antarctic	1022	as a result	2552
accessible	1585	aggravate	1923	antecedent	359	as a rule	1602
accessory	1257	aggregate	942	antedate	275	as a whole	131
accidental	638	aggregation	1207	anthropology	1589	as well as	2230
acclaim	395	agile	1816	antibody	1042	assail	143
accord	2208	aging	1526	anticipation	1135	assassinate	2245
accordingly	1560	agitate	1030	antidote	1208	assault	52
account for	308	agrarian	2048	antiquated	1470	assembly	76
accretion	1980	aide	1576	antique	961	assertion	1295
accumulation	1916	ailing	1700	antiseptic	231	assess	1880
accusation	126	ailment	1431	antithesis	931	assessment	26
accustomed	750	aimless	187	apart from	1508	asset	370
achieve	2110	aimlessly	976	apathetic	1203	assigned	2491
acid	2366	akin to	2440	apex	983	assist in	2598
acquaintance	111	albeit	1304	appall	2480	assistance	2254
acquire	2614	alight	1705	apparel	35	associated	89
acquisition	924	align	444	apparent	2632	assort	2006
active	259	all the same	1044	appealing	404	assumption	2300
adage	792	allege	822	appearance	648	assure	1784
adamant	1939	alleviate	2562	appease	586	astonish	2628
adaptability	728	alliance	90	appendix	1194	astute	346
adaptable	1050	allocate	443	appetizing	2260	asymmetric	104
adapted	235	alloy	1786	appliance	1149	at any case	1151
added	708	allusion	2627	applicability	73	at hand	183
addict	700	aloof	1037	applicable	1001	at least	485
additive	1423	already	2352	application	889	at random	1666
adept	1219	alteration	301	apportion	403	at the expense of	1327
adhesion	2069	alternate	2090	appraise	2473	atrophy	2495
adjacent	1278	altitude	94	appreciable	2203	attachment	371
adjourn	2477	amass	709	appreciably	2533	attentive	1877
		ambiguous	134	apprehension	1770	attest	1263
		ambitious	800	apprentice	779	attire	1995

Word	Page	Word	Page	Word	Page	Word	Page
attractive	1185	best-suited	1109	brutal	807	characterize	2233
attribute	2579	beverage	1193	brute	1005	charitable	1797
attributed to	1905	bias	1058	budding	1827	chart	1886
augment	2309	bind	2316	bulk	916	cheat	1722
austere	1821	bitter	601	bulky	1790	cheer	1915
authentic	460	bizarre	87	bump	2383	cheerful	669
authenticate	2085	blast	1610	burgeon	2318	chiefly	2144
authenticity	2625	blatant	2163	burrow	331	chill	2044
authority	1231	blaze	229	bust	2397	chisel	291
authorize	1658	bleach	2564	bustling	1975	choicest	555
autocrat	329	blemish	986	by and large	312	chop	2365
autonomous	559	blend	417			chronic	1574
auxiliary	102	blink	1236			chronically	1735
available	1083	block	401			chronicle	1712
avaricious	612	bloody	1268	**C**		chronology	2645
avenue	1612	blossom	1254	calamity	1064	chubby	1377
averse	1656	blot	2498	call for	1279	circuitous	1300
aversion	662	blot out	1397	call off	2135	circumspect	571
avert	1054	blotch	507	camouflage	1793	circumvent	1868
avid	2388	blunder	215	candid	1929	cite	2307
		blunt	2297	capability	784	clarify	1951
		blur	159	capacious	1334	clash	1407
		bode	1884	capitalize on	2429	clasp	1096
B		bog	2251	capricious	1809	classic	2317
baffle	1635	boldly	1110	caption	827	claw	1651
bail	2409	bolster	382	captivate	1751	cleanse	330
ballot	989	bombard	1087	captivity	253	cling to	2392
balmy	79	bondage	1406	cardiac	1731	clog	2321
ban	1828	boom	2047	cardinal	860	clout	5
band	1072	boon	724	careful	1180	cluster	2129
bank	2404	boost	458	careless	2530	clutch	735
banner	1803	border	1503	cargo	293	coalesce	2180
bare	1584	bored	978	carnivore	1616	coax	818
bargain	2529	boundary	1129	carriage	2165	codify	16
barge	101	bountiful	788	carry on	2020	coerce	1067
barn	1515	brace	1631	carry out	1273	cognitive	815
barter	60	brag	2102	carry over	297	cohere	2360
be at odds with	959	break with	1492	catastrophic	1173	coherent	162
be devoted to	939	breakthrough	2487	categorize	2312	cohesion	2022
be rooted in	1440	breed	1170	caustic	2490	collaborate	2372
be up to	1294	breeding	2026	cautious	2558	collaboration	2225
beacon	705	bridle	537	ceaseless	1486	collective	1911
beam	2079	brightness	1604	cede	2002	collectively	636
bear in mind	936	brilliance	2301	celebrated	1878	collide	1695
bearing	2407	bring about	1732	celebratory	381	colonize	2117
becoming	1849	brittle	1502	celebrity	246	colossal	1086
being	1179	broach	2513	celestial	2107	column	843
belligerent	1632	broad	138	census	307	combat	1946
belly	149	broad appeal	1580	central	197	combination	2206
beneath	1583	broaden	948	certainly	1420	commemorate	722
beneficent	279	bromide	1167	champion	2578	commend	477
beneficial	222	brood	525	chaotic	2512	communal	2231
benevolent	2463	brook	933	characteristic	1178	commune	1395

Word	№	Word	№	Word	№	Word	№
compact	1605	consensus	1875	count for nothing	2123	**D**	
companion	664	consequent	4	counter	1153		
comparable	1648	consequently	304	counter to	1539	dagger	2507
comparatively	47	conserve	1533	counterpart	289	dainty	232
compatible	816	considerable	250	countervail	999	damp	2544
compelling	2556	considerate	1077	countless	568	dangle	2191
compensate for	2570	consist of	1530	countryside	1496	dare	883
compile	1837	consort	107	courageous	1760	dash	979
complacency	1288	conspiracy	2216	course through	2607	daub	2096
complement	838	constantly	2181	courteous	1715	daunt	641
completely	3	constellation	1551	covet	1852	dazzle	2284
complicated	514	consternation	594	cowardly	575	deadly	2294
compliment	464	constituent	2458	crack down	2259	debatable	520
comply	561	constitute	1222	cram	1108	debris	590
component	546	constrain	92	cramp	2621	decadence	347
composed	1140	constraint	2281	crawl	1255	deceit	2266
composition	731	constrict	161	craze	2411	deceitful	835
comprehensible	1007	construe	1907	creative	2348	deception	1045
comprehensive	704	consummate	1099	credible	2602	deceptive	326
compress	1669	consumption	2389	creditable	2086	decided	888
concern	1792	contagious	2127	crest	1993	decimate	899
conciseness	1687	contaminate	117	criminal	2182	decimation	1382
conclusive	1015	contemptuous	973	cripple	2371	decisive	1996
conclusively	2190	content	426	criteria	2599	decline	2646
concoct	1320	contention	2624	criterion	1840	deduct	462
concomitant	1988	context	416	critic	2408	deem	867
concur	1330	continual	1914	critical	2353	defeated	1543
condense	2164	continuity	1452	crooked	1357	defection	1662
condition	1647	continuous	2509	crop out	1433	defend	2325
conditional	1643	contour	1808	crop up	1446	defer	1552
condone	2269	contraction	2641	cross-hatching	67	defiant	1999
conducive to	2425	contradiction	1953	crowd	1469	definite	2524
conduit	50	contradictory	2340	crucial	2462	deflect	1577
confederacy	1671	convenient	2455	crucible	2063	deform	1575
confident	595	conventionally	2516	cruel	437	dejected	1627
configuration	711	converge	764	crush	737	delegate	1326
configure	1652	convergence	2024	cue	2634	deliberation	2594
confiscate	1043	converse	2375	culminate	1088	delicacy	1796
conflicting	2077	conversion	556	culminate in	749	delineate	581
conformity	1518	conviction	340	cultivator	2341	delinquent	772
congenial	2296	coordinate	1147	cumbersome	139	deluge	318
congest	540	coordination	1775	cumulate	200	delusion	2456
congested	1224	cope with	233	cunning	1480	delusive	1209
congregate	2569	copious	2457	curative	2438	deluxe	801
conifer	1742	core	492	curb	1389	demanding	1645
conjecture	1902	cornerstone	2287	curiously	2167	demise	2112
conjure	706	corpse	430	curt	1933	demography	2302
connoisseur	362	correct	1579	custody	1845	demolish	1861
connotation	172	correlated	1625	customary	739	demonstration	551
conquer	1210	correspondence	583	cycle	2363	denounce	2265
conscientious	1332	corroborate	133	cynical	1624	density	54
consciously	451	corrosion	1789			deny	317
consecutive	2111	costly	971			depart	484

dependable	1146	disadvantage	265	dorsal	928	emergent	2
dependent	1241	disappear	1158	dot	1056	emissary	1931
depict	2105	disassemble	339	doze	911	emit	1424
deplete	2357	discernible	1148	drain	963	emphasize	1903
depletion	2559	disconcert	1973	dramatical	2304	emphatic	211
deploy	1776	discord	1125	drastically	574	empirical	2613
depose	80	discourage	1138	drawback	1754	employ	694
depreciation	31	discover	716	dreadful	1994	empower	1976
depressed	1675	discrepancy	1080	dredge up	285	emulate	140
deprive A of B	216	discrete	1538	drench	2236	enable	2291
derivative	256	disdain	2452	dribble	620	enact	2485
derived from	610	disentangle	53	drift	1750	encapsulate	2143
descent	2359	disgusting	563	drill	685	encircle	508
deserved	452	dishonorable	465	drudgery	1120	enclose	1501
designate	1520	disintegrate	2295	dual	1572	encompass	2464
designated	1380	disloyal	1992	dubious	1018	encourage	1192
designed	770	dismal	171	duly	1887	encroach	1532
desire	1499	disparity	1542	duplicate	1596	encroachment	2526
desist	1802	dispatch	109	duration	956	endangered	2126
desolate	1893	dispensable	282	dusky	686	endless	1844
desperate	1131	displace	1118	dwarf	774	endorse	1550
despite	1443	dispose of	1095	dweller	196	endurance	1078
despondent	1010	disposition	587	dwelling	1130	engaged	1726
destine	2166	disrupt	965	dwindle	2354	engrave	2633
detain	2049	disruption	125			engross	625
deter	155	dissect	400	**E**		engrossed	1049
detergent	1759	disseminate	544			enhance	1033
deteriorate	2531	dissemination	515	ease	392	enigmatic	361
detest	1057	dissent	2033	ebb	1745	enlarge	1162
detract	314	dissimilar	2344	eccentric	828	enlighten	873
detractor	439	dissipate	2176	echo	1059	enlist	22
detrimental	786	dissuade	1859	economical	1665	enliven	2405
devastate	2501	distinct	2644	ecstasy	1437	enrage	11
devastation	649	distinction	2050	edition	2114	enrich	1883
deviate	91	distinguishable	1676	eerie	1113	ensemble	2043
deviation	156	distinguished	2183	efface	2065	ensue	1160
devise	305	distract	1737	effective	1678	ensure	532
devour	1073	distracting	408	egoism	142	entail	446
devout	1721	distribution	1366	elaborate	41	entangle	880
dichotomy	1517	disturbance	1020	elaborated	1794	enterprising	2232
dictate	467	diverge	1957	elapse	174	enthrall	2565
differentiate	1347	diversify	2577	elegant	2130	enthusiast	1003
digest	1403	diversity	697	elevate	862	enthusiastic	2396
dilapidated	69	divert	2454	eligible for	1820	entice	1954
dilate	657	divest	768	eloquence	560	entirely	1500
dilemma	1414	divulge	2521	elucidate	1307	entitled to	2616
diligently	1467	document	2479	elude	1528	entity	1748
dilute	2358	documented	717	emanate	2367	enunciate	276
dim	2171	dogged	2515	emancipate	1253	envelop	1925
dimension	858	dogma	1679	embark on	745	ephemeral	327
diminutive	2368	dominant	609	embed	15	episode	954
dimly	487	dominated	1955	emergence	1654	equilibrium	1373
dire	272	dormant	554	emergency	486	equitable	68

equivalent	1368
equivocally	1445
era	1297
eradicate	1457
erect	2471
erode	1188
erratic	2488
erudite	813
escalate	115
escape	1122
escort	691
essentially	584
established	1570
etch	1094
ethic	2609
ethnic	2152
euphoria	1591
evade	2019
evaluate	1547
evaporate	757
evenly	802
eventual	719
eventually	1171
evident	647
evoke	2547
evolve	562
exacerbate	1191
exalt	2346
exalted	769
examine	628
excavate	1306
excavation	2305
exceedingly	2178
exception	897
exceptional	2124
exceptionally	2517
excessive	2241
excite	842
exclamation	2283
exclusive	2103
exclusively	995
exert	2525
exhausted	1943
exhilarate	1804
exorbitant	975
expand	348
expedience	433
expedient	440
expel	1529
expend	1900
expertise	6
explicit	799
exponential	217
exposition	2238
exposure	1313
express	257
expressly	1372
exquisite	390
extant	2005
extensive	277
exterior	2200
exterminate	1587
extinct	7
extol	1337
extraneous	154
extraordinary	2116
extricate	1489
exude	2319

F

fallacy	803
fabric	821
fabricate	284
facet	365
facilitate	2205
faction	663
failing	436
fairly	1133
fallible	1601
false	2400
far-reaching	2441
far-sighted	1090
fashion	1317
fashion ~ out of ~	1272
fashionable	851
fasten	447
fathom	1416
feasible	2257
feasting	2032
feat	2606
federal	181
federate	1292
feeble	2506
ferry	105
fertilize	2324
fervent	1344
fervor	1089
fetter	527
feud	1370
feudal	1936
fiasco	2061
fictitious	1958
fidelity	1350
fiery	1401
figurative	661
fin	1950
financial	2326
first and foremost	675
flagrant	1781
flair	2540
flake	2537
flamboyant	854
flash	1284
flattering	1644
flaunt	1941
flawless	1168
flee	399
fleet	2345
flip	1351
float upward	765
flock	2539
floods of	1806
fluctuate	2154
fluctuation	45
flush	530
fluster	501
focal point	1848
foe	466
foliage	632
follow suit	857
foolproof	2137
for the sake of	2343
forage	341
forecast	1112
forego	1920
foremost	1752
forerunner	2273
foresight	2089
forestall	619
forge	1152
form	1329
formative	2263
formerly	699
formidable	210
formulate	40
fortify	950
foul	1534
founder	1014
fractious	1805
fracture	618
fragile	2027
fragment	93
fragmentary	2066
fragmentation	1567
fragrance	1684
fragrant	2070
frantic	2108
fraud	2056
freight	2118
frequent	21
frightful	614
frigid	495
fringe	748
from time to time	892
frost	1504
frown	1869
fruitless	1564
frustrate	1343
full-blown	2406
fume	185
funny	1456
furthermore	204
furtive	2327
fuse	2451
fusion	668

G

gaiety	870
gainful	1730
gala	2055
gallant	1126
gamut	1365
gang	1302
gap	996
garrulous	1895
gasp	1021
gathering	2430
gaudy	1269
gauge	2459
generally	1864
generous	267
genetic	1659
genre	733
gentle	1708
genuinely	72
geognosy	1924
get over	2094
ghost	2093
gigantic	175
gist	479
give over to	1451
give way to	754
given	966
glad	2489
gland	453
gleam	953
gleaming	679
glean	1318
glee	366

glide	2399	hatch	1266	ideal	1106	impressive	1947
gloss	1065	haul	944	identical	360	improbable	251
glossy	2092	have nothing to do with	2131	idiosyncrasy	1582	improper	2237
glow	1274	heap	2445	idiotic	295	improvident	1670
glue	925	hearten	2503	idle	776	improvise	736
godly	998	hectic	1235	igneous	2174	impudent	1228
golden age	1388	heed	992	ignite	1634	impulsive	738
goodwill	198	height	2483	ignorant	1450	impunity	70
gorge	2434	heighten	1119	illegal	476	impute	1227
govern	2017	helpful	2387	illicit	1174	in a short space of time	294
grace	351	hence	2431	illuminate	1555	in any case	1822
gracious	338	henceforth	137	illumination	1427	in charge of	1287
gradually	324	heroic	1341	illusion	2256	in conjunction with	908
graft	220	heterogeneous	2619	illustration	2532	in earnest	165
graphic	1243	heyday	1867	imaginable	1668	in essence	2567
grateful	1218	hiatus	274	imaginary	605	in fact	1299
gratify	606	hibernate	863	imaginative	1006	in keeping with	1155
graze	541	hibernation	1412	imitate	1097	in operation	1593
green hand	1646	high	160	immature	344	in opposition to	2013
gregarious	1114	highlight	2612	immediate	1746	in progress	206
grieve	1866	hinder	2543	immerse	622	in proximity to	849
grim	213	hinterland	2099	imminent	1428	in retrospect	2522
grind	713	hoard	168	immobile	2560	in terms of	1989
groom	1415	hoarse	864	immobility	1984	in the course of	692
gross	1935	hoax	1181	immoderate	2413	in the same breath	2584
groundless	1425	hoist	881	immoral	1758	in time	1649
groundwork	585	hold up	2016	immunity	1944	in vain	846
grow accustomed to	2587	homely	2235	impact	2071	inaccessible	1335
grueling	343	homogeneity	603	impair	673	inaccurate	1000
guiltless	1714	hopeless	1838	impart	236	inaction	1356
gullible	1449	horrible	65	impartial	1850	inactive	478
gush	1421	hostile	519	impartially	51	inadequate	57
gust	2034	hover	1223	impasse	461	inadvertent	1600
		hub	689	impassive	375	inadvertently	1699
		hue	1967	impeach	2393	inanimate	1549
H		humane	1206	impede	1545	inappropriate	438
		humid	902	impediment	929	inapt	2133
habitat	1633	humiliate	2378	impel	1473	inaugurate	429
habitual	1544	humility	1948	imperative	1882	inauspicious	877
habituate	1865	humorous	1873	imperceptible	1435	incarcerate	1186
hail	1909	hurl	988	impermeable	1855	incense	1511
hallmark	23	husk	1904	impervious	1667	incentive	1636
hallow	10	hustle	1787	impetuous	2518	incessantly	2453
hamper	2460	hybrid	1565	impetus	64	incidental	2511
hand in	1383	hypnotic	1429	implausible	456	incinerate	1764
hand in hand	2015	hypocrisy	1136	implicit	1964	incipient	2423
handful	2109	hypocrite	271	impolite	549	incise	2274
haphazard	303	hypothesize	1664	importance	762	incised	509
happen to do	684			impose on	2596	incisive	1384
harbor	1319			imposing	2169	incite	1516
harness	682	**I**		impound	2186	inclination	2087
hasten	2374			imprecise	1663	inclined	589
hasty	1685	ice sheets	1694	impregnable	616	incoherent	845

incommode	2469	initially	1029	inveigh against	1430	lading	1408
incompatible	645	initiate	1121	inveigle	702	lag	86
inconceivable	884	injury	310	inventive	2322	landslide	372
inconsequential	2250	innate	1432	inverse	455	lane	1617
inconsistent	48	innocuous	2497	invoke	2595	languid	214
inconspicuous	71	innovate	2481	inward	905	largely	1704
inconstant	1454	innovation	1333	irate	2362	lash	2271
incontrovertible	2333	innovative	2437	irksome	1896	latent	1672
incorporate	667	inquiry	471	irrefutable	1190	laud	2223
incorporation	98	inquisitive	1710	irreparable	419	laudable	2320
incredible	1740	insane	1367	irreversible	588	laugh	903
incredulous	1221	insecure	2247	isolation	597	lava	2057
incur	1707	insert	2337	it followed that	43	lavish	1166
incursion	2484	insignificant	1823			lawful	683
indecent	1688	insinuate	1328			lax	146
indefinite	441	inspire	1298	**J**		lay down	103
indefinite period	2585	instance	428			lay off	1488
indifference	763	instantaneous	2021	jagged	421	lazy	2401
indigenous	2204	instantly	2199	jam	1769	lead to	63
indignation	1286	instigate	2593	jealous	1768	leading	2519
indignity	958	institute	1026	jeer	493	league	1002
indiscreet	1301	instrumental	336	jeopardize	1396	lease	2288
indiscriminate	352	insufficient	2548	jeopardy	169	legacy	2147
indisputable	1885	insulate	411	jest	1214	legendary	837
indulge	1289	intact	2138	jettison	100	legitimacy	1143
industrious	1949	integral	1052	joint	1554	legitimately	2618
ineffective	1458	integrate	270	jolt	570	leisure time	1362
ineffectively	1314	integrity	1381	joyful	2010	leisurely	655
inefficiency	2535	intend	1296	joyless	1156	lengthen	9
inept	1281	intensify	342	jubilant	934	lenient	2011
inert	646	intention	1157	judicial	2221	lethargic	1017
inevitably	1280	intentional	1400	judicious	701	level	1553
inexorable	14	interlock	2603	junction	1338	lexicon	2132
infamous	539	intermediate	2104	juncture	333	liberate	773
infatuate	1487	intermittent	237	jurisdiction	726	lighten	1409
infectious	203	interplay	2610	just	410	light-hearted	811
infinitesimal	2211	intersect	58			likelihood	85
infirm	2162	intertwine	170			likely	1937
inflame	413	interval	264	**K**		liken	1027
inflate	110	intervene	823			likewise	1111
inflexible	1202	intervention	1312	kayak	967	limber	1810
influential	2338	interwind	150	keep in touch	221	limited	1040
influx	470	intimidate	322	kiln	2505	limp	2051
infrastructure	1460	intolerable	2114	kin	2012	linger	353
infrequent	1857	intolerant	1023	kinship	778	link	2306
ingenuity	1919	intrigue	2067	knack	2119	link to	1594
ingenuous	2289	intrinsic	732			liquid	868
ingredient	637	intrusive	2045			literally	1225
inhabitant	1175	intuition	945	**L**		litter	434
inherent in	2128	inundate	483			lively	962
inhibit	755	invaluable	394	laborious	1917	loathe	599
inhospitable	1762	invariable	915	lade	598	locale	761
inimical	2220	invariably	918	laden	804	location	690

locomotion	1353	manager	2444	migrant	1573	**N**		
lodge	1339	mandate	2636	migrate	627			
lodge in	2369	mandatory	29	migration	1465	naive	1836	
loiter	1724	maneuver	674	milestone	2082	namely	1729	
lone	2276	manful	2155	militia	878	narrow-minded	909	
long to do	2475	mangle	1817	mimic	480	nasty	1870	
longevity	99	mania	2310	minimize	1290	neat	1834	
longing	1799	manifestation	263	minor	1811	needless to say	580	
loom	1581	manifold	1753	minuscule	985	neglect	2157	
loop	2342	manipulate	794	miraculous	33	negligible	1853	
loose	481	manly	1244	mirror	2436	nervous	1309	
loot	1485	manner	32	mirth	1291	nevertheless	712	
lordly	1621	many	2150	misconception	2384	nimble	356	
lose sight of	280	margin	189	miserable	1354	nocturnal	639	
lower	812	marginally	2575	miserly	2314	nomad	2122	
lubricous	423	mariner	666	misgiving	2207	norm	1252	
lucid	1613	markedly	396	mislead	1061	notably	1270	
lucrative	454	marriage	1134	misleading	1815	noticed	847	
ludicrous	1098	marshal	1642	moan	354	notify	1035	
lukewarm	644	marvelous	513	modest	1713	notwithstanding	505	
lull	240	mask	688	modulate	2643	noxious	207	
lumber	1788	mason	1475	moist	990	nuisance	1019	
luminous	861	masquerade	1346	molecule	2193	numb	1444	
lurid	397	mass	2446	molten	38	numberless	951	
luster	640	massacre	1477	momentous	1586	nurture	2073	
lusty	2280	massive	824	monetary	66	nuts and bolts	1536	
luxuriant	1101	massively	1053	monitor	1901			
luxurious	876	mastery	148	monopolize	960	**O**		
lyrical	1438	matchless	2394	monotonous	1259			
		matriculate	1998	monstrous	1843	obedient	841	
		maturity	1159	mood	402	obelisk	1831	
M		maximize	887	moody	25	objective	288	
		means	273	more or less	321	obliterate	463	
machinery	1009	measureless	1908	moreover	2557	obscure	825	
mad	186	mechanism	2638	motif	121	observance	475	
madden	2499	meddlesome	39	motion	387	observation	228	
magnify	787	medicine	373	motionless	1690	obsession	2528	
magnitude	319	medley	425	mount	1791	obsession with	2589	
maid	1311	meek	1795	movement	1358	obsolete	1	
mainly	1537	melt	1442	multiple	1773	obstinate	2239	
maintenance	1471	memorable	1325	multiplicity	323	obstruct	445	
majestic	743	mend	621	mumble	2286	obtainable	459	
make one's way to	1598	merciful	2134	mundane	2248	occasional	1177	
make sense	1031	merciless	2120	mural	1819	occasionally	552	
make up	1630	mere	377	murder	1661	occult	1921	
maladroit	721	merely	987	murky	2038	occupation	2380	
malady	482	merge	1355	murmur	517	occurrence	977	
malcontented	311	mess	435	mutation	335	odd	2403	
malicious	866	metamorphose	1172	mute	2036	odor	676	
malleable	981	meticulous	1638	mutiny	1619	offense	2184	
maltreat	1620	meticulously	1985	myriad	1176	offensive	1513	
mammoth	13	microorganism	2229	mysterious	2382	offset	2240	
manageable	2422	mighty	1497					

old-fashioned	629	overshadow	2074	period	2334	pool	28
ominous	1701	oversight	96	periodically	230	pore	964
omit	122	overstate	940	peripheral	398	porosity	306
omnipresent	2279	overt	2329	periphery	1940	portable	2572
on occasion	1085	overtax	536	perishable	1141	portion	789
on the contrary	2149	overthrow	968	permission	1233	portrait	363
on the spot	118	overwhelm	350	persevere	496	pose	153
onset	917	overwhelmingly	740	persistent	1068	posit	596
ooze	1308	owing to	1013	personnel	871	position	785
opaque	907			persuasive	2590	postulate	994
operation	1348			pervade	941	posture	1507
operative	836	**P**		pervasive	176	potentially	1772
opportune	1282			petition	8	pouch	2121
oppose	1336	pacific	2268	phenomenal	2249	pound	2053
opposite	831	pacify	1386	philanthropist	1463	practicable	1163
oppression	1814	pack	212	photosynthesis	209	practical	2187
option	651	pack together	1107	pick out	2412	pragmatic	147
opulent	77	pact	188	picturesque	1070	praiseworthy	182
oral	1783	painstaking	1767	piecemeal	729	preach	935
oration	1322	pale	2213	pigment	173	precarious	1038
orator	1559	paltry	46	pigmentation	830	precaution	1069
ordeal	529	paradox	1839	pile	2172	precipitation	1824
orderly	534	paradoxical	2328	pillar	1495	precipitous	2428
organic	1956	paradoxically	1246	pinion	1734	precision	129
organize	2361	paramount	1890	pinnacle	1390	preclude	2377
original	2151	parcel out	1720	pinpoint	744	predicament	2527
originate	723	pare	219	pioneer	2639	predicate	2482
originate in	2563	pare away	1510	pious	912	prediction	2597
ornamental	775	parody	671	piquant	1256	predominantly	1434
ornamentation	2234	partially	1913	pit	357	predominate	817
other than	2160	participant	1888	pitiful	97	predominately	337
out of sight	2581	particularly	718	pitiless	2212	preeminent	239
out of the question	2141	partisan	1942	pivotal	1608	preliminary	1505
outbreak	1447	partition	88	placid	1945	premise	364
outburst	1561	pass through	569	plateau	1028	premium	1971
outdate	2631	passionate	124	platform	970	preoccupation	1093
outdo	491	passive	2228	play a role (=part)	896	preoccupied	205
outgoing	242	patchy	1807	plead	2106	preordain	997
outlaw	752	path	1305	pleasing	766	preponderance	2640
outlive	1854	patron	991	pledge	95	preponderant	576
outmoded	414	peaceable	2272	plentiful	1132	preposterous	1016
outrage	1749	peak	1566	pliable	2042	prerequisite	2410
outrageous	1238	peculiar	1525	plight	538	presence	1702
outspoken	2003	pedestrian	177	plumage	2189	pressing	82
outstrip	1641	peek	1116	plumber	1697	prestige	1215
outweigh	511	penchant	2580	plunge	2059	presumable	1693
overall	591	pension	2514	plush	865	pretense	2493
overcast	166	pensive	1959	point (out)	2278	pretext	316
overlap	1830	perceptibly	1986	pointed	2148	prevalent	255
overlie	2582	perennial	659	polish	751	prevent	1874
overpower	656	perfect	1117	pollen	2555	primarily	875
override	2115	perforate	1271	pollute	1204	primeval	2549
oversee	268	perilous	969	ponder	2635	primordial	488

prior to	2591	puzzle over	2001	reexamine	1074	restoration	1738
priority	767			referee	1523	restricted	2510
pristine	1391			reference	2168	result	715
prized	607			refine	199	result from	1197
probe	1229	**Q**		refined	18	result in	2072
proclaim	1411			refinement	194	resurgence	2630
procure	247	quake	955	reflection	391	retaliate	1692
procurement	920	quandary	2195	refute	932	retard	1546
prodigious	292	quantifiable	2601	regain	1981	retrieve	806
product	1779	quarantine	1102	regardless	132	revere	1413
productive	947	quarrel	1739	regardless of	1071	reverence	1211
profession	2101	quarrelsome	604	regulation	1004	revert	1556
professional	2046	quest	937	rehearse	2551	revision	472
proficiency	2258	questionable	1778	reinforcement	1448	revive	500
profuse	1418	quilt	418	relation	2290	revolutionize	1466
profusion	1455	quiver	665	relatively	286	revolve	1405
program	1264			relentless	2439	ridiculous	893
progressive	1881			relevance	829	rife with	2060
progressively	2161	**R**		relevant	680	rig	262
prohibitive	631			reliable	2534	rigorous	1398
prohibitively	1611	radiant	1034	relieve	1603	rim	1906
proliferate	1637	ragged	781	relinquish	2450	risky	1310
prolific	553	ramification	1841	rely	1226	ritual	2031
promising	44	Rapport	2642	remainder	730	rival	1871
prone to	1036	rarely	2508	remembrance	617	rivalry	325
pronounced	1569	rascal	844	reminisce	518	roam	1387
propagate	2592	rash	2009	remnant	790	rob	2553
propel	550	rather than	1084	rendering	254	root in	2546
proper	2474	ratify	152	renew	1324	rooted	2376
prophesy	2201	ration	1615	renowned	1478	roster	2478
prophetic	157	rattle	2218	rent	582	rot	2538
proponent	1182	raze	1640	replenish	2029	rotate	1340
propose	1970	react	1782	replica	914	rotation	2054
proprietor	184	reactionary	1918	representative	1717	rotten	405
prospective	2270	readily	714	repress	2313	rough	742
prosper	1439	real	1962	reproduced	1983	roughly	1164
prosperous	1562	reasonable	2196	reprove	151	roundabout	1932
prototype	633	reassemble	502	repudiate	2608	rouse	1506
protrude	2421	reassure	1493	request	1706	routinely	2261
proven	573	reassuring	2335	requirement	431	rove	55
provided that	1092	rebellion	577	requisite	521	rudiment	1046
provision	278	rebellious	1972	resemblance	190	rudimentary	2064
prowess	2447	rebound	2586	residence	1777	rugged	1379
proximity	320	recast	819	residue	2390	ruinous	1393
pseudo	1105	receptacle	2448	resilient	2415	runoff	379
publicize	2385	recessive	2542	resist	547	rupture	1522
punctuality	504	reciprocal	796	resolve	1563	rush	528
pungent	191	recite	2416	resort to	2035		
purge	260	recompense	1200	respectable	334		
purified	1468	recreational	2140	respectful	898	**S**	
purify	543	recruit	2350	respectively	1894		
purveyor	145	recur	1540	responsible	1012	safeguard	1744
put together	1375	recurring	78	restful	1628	sagacious	1195
		redundancy	1969				

salvage	1293	sensual	389	skepticism	2179	spontaneous	780
sanction	1590	sententious	499	skilled	1240	sporadic	650
sane	243	sentiment	1851	skillful	2040	sporadically	1780
sanguinary	238	sequence	2075	skip	814	spotty	1474
sanitation	283	sequentially	1137	skirmish	2331	spread	894
satisfy	113	serve	1419	skull	1364	spread out	696
save for	548	settle down	1991	slab	427	spring up	759
saved	557	sever	2080	slack	144	sprinkle	1410
savor	974	severity	531	slander	1115	squander	2520
scandal	943	shallow	83	slant	526	stab	2058
scant	1242	shameful	1201	slash	1008	stagger	49
scarce	2566	shameless	1774	slaughter	1091	stagnant	2332
scarcity	1247	shard	1716	slay	1258	stain	2424
scenic	2226	shatter	2246	slightly	1727	stake	1535
scoff	1599	shed	906	slope	993	stale	1239
scold	2217	shed light on	1212	sluggish	1650	stall	227
scoop	2347	sheen	299	smash	1276	stamina	1154
scorching	412	sheltered	602	smooth	388	stammer	681
scores	2588	shield	1213	snatch	374	stamp	1897
scour	608	shift	1199	snug	136	stand for	180
scramble	1698	shimmer	1345	so far	635	standstill	130
screen	2550	shining	2468	So much for	2583	startle	281
scrub	1910	shiver	1889	soak	2192	statement	424
scruple	2267	shoddy	1960	sober	420	static	2604
scrupulous	1607	shorten	1862	sociable	720	station	2025
scrutinize	81	short-lived	75	soften	17	stationary	2052
seamless	1846	shortly	1461	solace	1860	staunch	1075
season	497	short-sighted	2330	solicitation	503	steadfast	474
secluded	1548	shovel	820	solicitude	895	steadily	2476
secret	1142	showcase	1990	solidify	1145	stealthily	1696
secrete	623	showy	1832	solitary	1051	stem from	2007
sect	1979	shred	84	sophisticated	2433	sterile	2486
sedentary	2418	shrill	1657	sorrow	533	stick together	698
seductive	384	shrivel	624	sour	1930	still	2470
seemingly	545	shudder	2467	spacious	119	stimulate	2442
seep	116	shun	695	span	1363	stimulating	1974
seethe	2095	sibling	1494	spark	1541	stingy	2554
segment	2068	siege	2315	sparkle	2398	stint	1926
segregate	1217	signal	1653	sparse	2391	stipulation	223
selected	244	significant	1801	sparsely	1660	stock	2037
self-esteem	1531	significantly	328	spawn	707	straight away	2159
self-evident	832	signify	642	specific	2275	straightforward	1062
self-satisfied	1711	silhouette	2125	speck	1798	stranger	980
self-sufficient	1709	simply	2000	speckle	1856	stray	930
semblance	922	simulate	498	spectacular	2173	strength	512
semiarid	287	simulated	355	spectator	2062	stretch out	2637
send	856	simultaneously	1898	spectrum	522	strictly	245
sensation	872	sincere	2386	speculate about	1626	strikingly	1041
sensational	193	singularly	385	speculation	2419	string	1818
sense	1248	sip	1359	speculative	1826	stringent	2496
senseless	27	situate	1459	spite	2370	strip	927
sensibility	2023	sizable	2277	splendor	332	strive	1961
sensible	36	size up	2600	split	1952	stroke	2500

word	page	word	page	word	page	word	page
strong	2443	susceptible to	2573	tense	2098	transforming	393
stubborn	1025	suspense	1184	tentative	1558	transient	1756
stun	448	suspicion	24	tenuous	1618	transverse	2561
stunted	611	sustainable	901	tepid	1812	traumatic	2629
sturdy	123	sustained	218	terminal	449	traverse	258
style	2113	sustenance	1965	terminate	2253	treachery	1303
stylize	1060	swallow	938	termite	1833	trespass	2153
stylus	178	swamp	805	terrain	1323	trickle	891
subdue	1063	sway	442	terrestrial	2623	tricky	1081
subdued	1441	sweat	578	terrific	1183	trifling	2008
subject to	1124	sweep	202	territorial	660	trigger	919
submarine	523	sweeping	2364	terror	506	troop	791
submerge	2461	swelling	208	testify	2041	troublesome	2084
submerse	163	swivel	1891	thanks to	1144	tug	249
subordinate	2018	symmetric	2145	thaw	1879	tumult	1262
subsequence	349	symmetrical	290	thereby	900	tumultuous	406
subsequent	234	synchronize	1571	therefore	885	turbulence	1835
subsequently	957	synthesis	1189	thoroughly	195	turbulent	1479
subservient	795	systematic	972	threatening	1800	turn down	890
subsidiary	2139			thrifty	2465	twig	1872
subsidize	1521			thrill	913	twinkle	1509
subsist	747	**T**		thriller	2303	twist	1623
subsistence	2379			through	1283	typically	1741
substantial	1417	taboo	1527	throughout	2349	typify	309
substantially	1261	tacit	653	thus	1595	tyrannical	1725
substantiate	2617	tactics	1677	thwart	2282	tyranny	886
substrate	2136	tactile	1978	timid	771	tyrant	2156
subterranean	2285	tailored	469	tint	535		
subtract	2030	take place	141	tiresome	1987		
subtraction	489	take precedence over	2568	tissue	108	**U**	
success	1024	tale	1757	title	652		
successive	2432	talkative	855	to be sure	2574	ubiquitous	1766
succinct	1139	tamper	59	toil	558	ultimately	782
suggestion	1128	tangible	1691	tolerance	2039	umpire	1260
suitable	2078	tangle	302	toothed	2028	unaccountable	422
suite	626	tangled	1076	torrential	564	unadorned	2308
suited	313	tantalizing	1938	touch off	158	unadulterated	1275
superb	1728	tapered	809	touching	167	unambiguous	2427
supernatural	1968	tardy	1718	tout	1402	unanimity	516
supersede	2620	tarnish	1232	tow	2339	unanticipated	2626
supervise	2210	tart	2494	toxic	658	unassuming	2194
supplant	383	taunt	542	tract	1683	unavoidable	2545
supple	1385	taxonomy	630	trade	2472	unbalanced	1763
supplementary	1436	tease	510	traditional	1614	unbearable	114
suppress	2615	teaser	926	traditionally	753	unbearably	1011
supremacy	1785	technique	850	tragic	677	unbecoming	923
surge	524	telling	2188	trail	1674	unbiased	1514
surmise	2081	temperate	1899	trample	1039	unbounded	315
surprisingly	1622	tempting	2146	tranquil	2504	unbridled	407
surreal	852	tenable	261	transaction	2091	unchanged	572
surrounding	415	tenacious	2004	transcend	2351	uncivil	2088
survival	386	tenacity	2576	transfer	1453	uncompromising	1825
susceptible	2355	tenet	710	transformation	1592	uncouth	1476

underground	634	unwittingly	1220	vigilant	1103	wholly	1892
underlying	882	unwonted	643	vigorous	1682	widespread	1249
undermine	2449	unyielding	1048	villain	20	wield	473
underneath	298	upbraid	192	vindictive	756	wielding	1331
underpinning	2014	upheaval	2177	violation	1927	wiggle	579
underrate	840	uproar	2255	virgin	783	wily	1321
underscore	376	uproot	1761	virtual	1481	with conviction	949
undertaking	1639	upsurge	2202	virtually	2262	with little regard to	2541
underway	1491	urgent	2299	virtuous	2323	with respect to	1047
undisputed	1404	useful	1719	viscous	1394	witty	1966
uneasy	34	usual	1371	visionary	1755	wizened	1349
unencumbered	1483	utilitarian	2417	vista	468	woe	61
unencumbered by	1082	utterly	1557	vociferous	984	wonder	62
unequal	1196			void	693	woo	1681
unequaled	494			voluble	921	workmanship	2395
unequivocal	952	**V**		voracious	42	worldly	74
uneven	1422			votary	703	worn-out	593
unexampled	1997	vaccinate	2293	vouch	565	worthy	2175
ungainly	1464	vagabond	2097	vulnerable	1829	wrangle	613
uniformly	1376	vagarious	1606			wrath	2298
uninitiated	1123	vagary	1267			wreak havoc on	2435
unintentional	592	vagrant	2224	**W**		wreck	2215
unintentionally	2356	vaguely	226				
uninterested	120	valid	1462	wakeful	1230		
unique among	2605	variable	808	walkout	1250	**Y**	
unite	874	variant	1680	wallow	1187		
universal	380	variation	1703	wander	1736	yawn	654
universally	1032	variety	1378	wane	1982	yearning	848
unlawful	2158	vehement	1597	wangle	345		
unlimited	2222	velocity	1490	warden	1673		
unmindful	252	vend	1234	ware	1472	**Z**	
unparalleled	1265	venerate	432	warp	2198		
unpin	225	veneration	797	wary	1686	zealous	1127
unpleasant	946	vengeance	725	watchful	490	zenith	2492
unpretentious	1568	venomous	1055	wattle	678	zest	1578
unqualified	2197	veracious	300	wave	670	zone	1352
unquestionable	1342	verbal	2214	waver	1609		
unravel	1934	verbose	179	wax	758		
unreachable	1977	verdant	450	weaken	369		
unreasonable	1482	verdict	12	weakness	687		
unrefined	1361	verge	2244	weariness	127		
unrelenting	1771	veritable	2523	wearisome	777		
unrestricted	839	versatile	1498	weave	1519		
unsettled	2536	version	1723	wedge	2252		
unshakable	826	vestige	2076	weed out	798		
unsophisticated	834	vexing	2466	weigh	1847		
unstable	741	via	1484	whereas	1374		
unsteady	2426	viable	760	whereby	135		
unsubstantial	1392	vibrant	2373	whim	2311		
unsuitable	1237	vibrate	1399	whimsical	672		
unsurpassed	2502	vicinity	869	whip	982		
untie	1169	vicious	1245	whirl	2100		
unwieldy	1912	vie	1079	wholesale	853		

별도 구매 서비스 소개

usherin.usher.co.kr

1. USHER **단어암기** 프로그램 소개
2. **첨삭권** 소개
3. **인강**
4. **모의토플**
5. 토플 Reading 공부방법
6. 토플 Listening 공부방법
7. 수강 후기

USHER 단어암기 프로그램 별도 판매 usherin.usher.co.kr

USHER program 소개

1. 단어를 왜 외워야 하냐고?

1.언어 공부에 **단어암기가 필수**인거 **알아!** 안다고.. 그런데 잘 안된다고..
그럼 왜 안될까? **귀찮다.** 그냥 이게 다. **어려워서는 아니다.**
문법,리딩,라이팅,스피킹보다 상대적으로 단어 외우는 건 속 편하니까.
그냥 귀찮을 뿐이다.

귀찮은 이유는? **반복해야 하니까.**
자꾸 잊는다. 내머리속에 지우개가 있는 것이 분명하다.

그럼 이걸 **해결하는 방법은?**
내가 **해야할 상황**이거나 내가 **재미를 느껴서 하는 것??**이 필요하다.
그런데, 아무리 재미있게 단어를 외우는걸 알려줘도, 이건 게임이나 영화, 미드가 아니야...
그 재미에 기대서 얼마나 버틸까? 그래!! 그렇다면, **해야할 상황을 만들어서라도... 흑** ㅠ

---

2. **학원 다니면** 단어 **해결** 되나요?
일단, 영어 학원 다니면서, 리딩 수업, 문법 수업, 회화 수업은 들어봤는데

단어수업 들어본 사람? 상대적으로 많지 않다.
왜? 할 수 있다고 생각하니까 그런데, 왜 중학교 3년 고등학교 3년,
심지어 **대학 와서** TOEIC, TOEFL, TEPS까지 공부하는 **4년 총 10년**을 해도
이걸 왜 못 외울까? 정말 양이 그렇게 많을까? 중고등 단어 2500개.
어셔에서 외우듯 하면 **12.5일**이면 끝난다. 2주도 안된다.
토플, 토익 단어라고 해봐야 2600개 정도 추가다.
또 2주도 안된다.

그것밖에 안되는걸, 안 해서 문제인 거다.

---

3. **책으로만 해결**할 수 있지 않을까?
학원 안 다니면서 **스스로 각오**를 품어야 하는데, 살면서 각오만으로 잘 됐으면,
난 벌써 노벨상 하나는 탔어야 한다

그게 쉽나? 그렇다면 하게 만들어야 하는데,
뭐가 있을까?
PT받을때처럼, 누군가 나를 도와주면 되지 않을까?
PT받아보면, 나 대신 운동해주는 건 아니다.
다만, 옆에서 숫자 세어주고, 체크해주고, 내일 할 것 정해주고 (이건 나도 다 할 줄 안다)
다만, **누군가의 관리가 필요한 거지**
내 단어를 관리해 줄사람은? 방법은?

1 USHER 단어암기 프로그램 소개
usherin.usher.co.kr

1. **듣고** - 아직도 눈으로만 외우나요?
   어셔단어 프로그램에서는 듣고, 쓰고, 품사외우고, 동의어까지 한번에 진행합니다.
2. **말하고** - 아직도 발음을 못하나요?
   발음 연습을 정확하게 프로그램이 읽어, 단어 외우면서 발음까지 한번에 준비할 수 있습니다.
3. **집중 암기**하고 - 천천히 성장 VS 고성장
   90일 동안 외울 단어를 13일 안에 끝내므로 반복효과 및 고성장을 이루어 낼수있습니다.
4. **internet based test** - 즉시채점+틀린것만 계속 테스트
   틀린 단어들만 다시 시험보기가 가능합니다.
5. **기분좋은 성취 확인** - 향상 기록 personal trainer
   본인이 본 시험 기록 내용이 누적 확인되어 본인에 성취를 확인 할수있습니다.

1. 어셔 책으로 공부하는 법
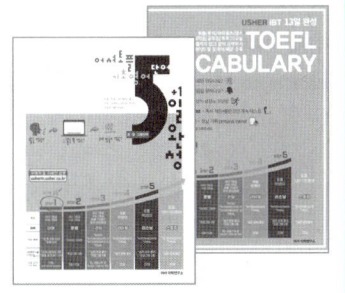

1. 타사 책으로 공부하는 법
A사 단어책 / B사 단어책 / C사 단어책

2. 발음을 먼저 듣고
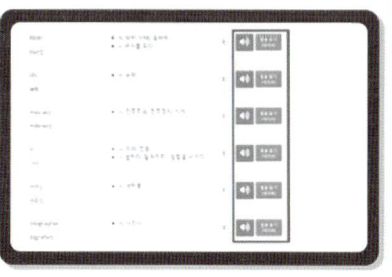

2. 읽지도 못하는 발음기호 주고
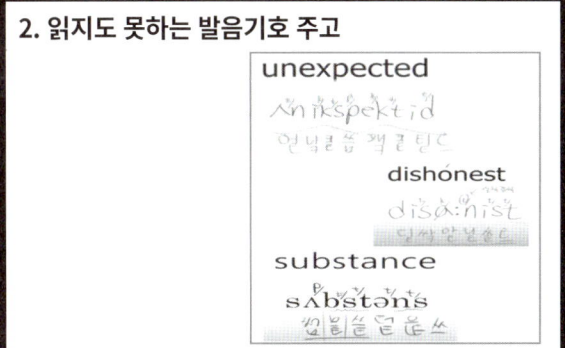

3. 들어본 발음 시켜보고
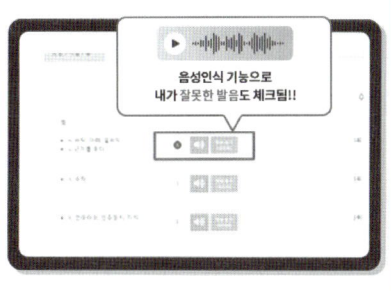

3. 내가 읽은 발음이 맞는지 모르고
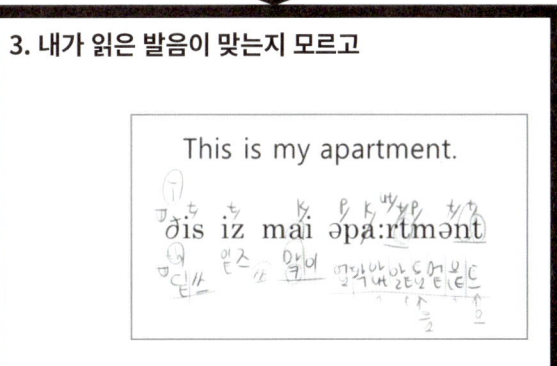

4. 인터벌

4. 빽빽이 써가면서 단어 외워야하는데

5. 분량을 나눠서 모의시험

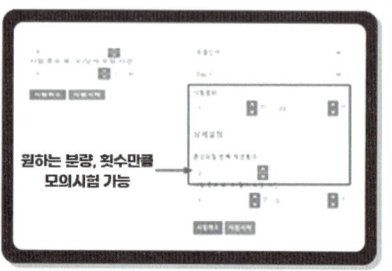

원하는 분량, 횟수만큼 모의시험 가능

5. 빽빽이 써가면서 단어 외워야하는데

6. 준비되면 시전시험!
   듣고 → 스펠링 → 품사 → 뜻 순으로 적기

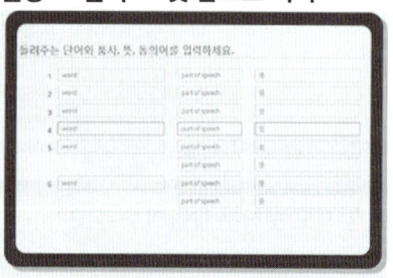

6. 학교 or 학원가서 종이에
   한글 또는 스펠링 중 하나만 시험

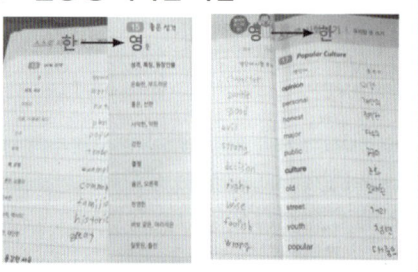

7. 하나라도 틀리면 오답처리
   시험결과 자동체크

제출하기 누르면 즉시채점~

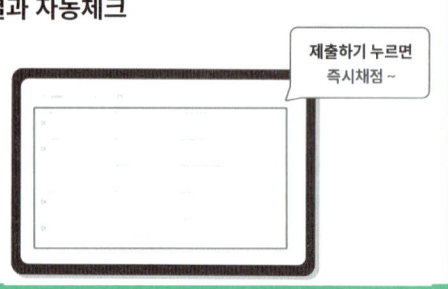

7. 채점을 내가 하면 잘못 외운 스펠링체크 못해주고
   친구가 해주면 우정으로 틀린 것도 맞다고 해주고

8. 틀린 단어 묶음으로 즉시 오답노트 만들어줌

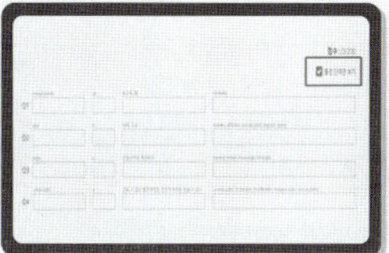

8. 내가 뭘 틀렸는지 일일이 추려내야 하지만... 보통은 보지도 않고 그냥 버리게 됨

9. 틀린 개수 0으로 만들기 틀린 단어만 재시험

9. 틀린 단어가 뭔지 보지도 않고

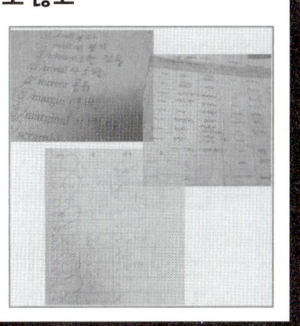

10. 한달 동안 시험 본 모든 기록 체크해주며 자극주는 시스템

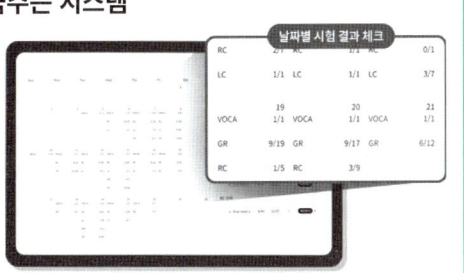

10. 종이가 너덜너덜해지면 그냥 버림

단어 프로그램 가격 소개

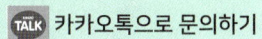 카카오톡으로 문의하기

	1개월 사용	3개월 사용	6개월 사용
 기초영단어	→ 25,000원	1개월당 20,000원 20% DC ~~75,000원~~ 60,000원	1개월당 7,000원 44% DC ~~150,000원~~ 84,000원
 토플단어	→ 25,000원	1개월당 20,000원 20% DC ~~75,000원~~ 60,000원	1개월당 7,000원 44% DC ~~150,000원~~ 84,000원
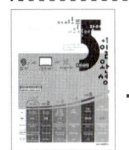 기초영단어 + 토플단어	→ 40,000원	1개월당 30,000원 25% DC ~~120,000원~~ 90,000원	1개월당 9,000원 55% DC ~~240,000원~~ 108,000원

2 첨삭권 소개
usherin.usher.co.kr

01 스피킹/라이팅 첨삭이 필요한 이유?

대체로 독학을 할 수 있다고 생각하는 리딩, 리스닝과는 달리 스피킹 라이팅은 독학이 힘듭니다.
이유는? "내가 뭘 틀렸는지 모르니까!!!"
대안은?? 독학이라고 했으니, 과외나, 학원은 빼고, 남는 건 첨삭이나, 그냥 혼자 틀린 걸 계속 보거나….
그런데, 첨삭을 받으러 검색을 해보면 가격이 라이팅 한편 당 23,000…원…?
한편만 첨삭 받으면 끝날 것 같진 않은 내 실력을 봐서는…
비용 감당 안됨. 어쩌지?

02 학원까지 다니고 싶진 않은데 스피킹/라이팅 첨삭만 받을 순 없나요?

▼라이팅 첨삭 *10회권은 어셔수강생에게만 제공됩니다*
(2024.08. 현재)

1회권	어셔	1회 첨삭권 25,000원	최저가 1회당 25,000원
	해**	1회권 없음 2회 첨삭권 54,000원	1회당 27,000원
	영**	1회 첨삭(1일 소요)권 28,000원	1회당(1일 소요)권 28,000원
5회권	어셔	5회 첨삭권 100,000원	최저가 1회당 20,000원
	해**	5회권 없음	5회권 없음
	영**	5회 첨삭(1일 소요)권 119,000원	1회당(1일 소요)권 23,800원
10회권 *어셔 수강생 한정	어셔	10회 첨삭권 150,000원	최저가 1회당 15,000원
	해**	10회권 없음	10회권 없음
	영**	10회권 없음	10회권 없음

▼스피킹 첨삭
(2024.08. 현재)

1회권	어셔	1회 첨삭권 15,000원	최저가 1회당 15,000원
	해**	1회권 없음 2회 첨삭권 54,000원	1회당 27,000원
	영**	1회 첨삭(1일 소요)권 16,000원	1회당(1일 소요)권 16,000원
5회권	어셔	5회 첨삭권 60,000원	최저가 1회당 12,000원
	해**	5회권 없음	5회권 없음
	영**	5회 첨삭(1일 소요)권 68,000원	1회당(1일소요)권 13,600원
10회권 *어셔 수강생 한정	어셔	10회 첨삭권 110,000원	최저가 1회당 11,000원
	해**	10회권 없음	10회권 없음
	영**	10회권 없음	10회권 없음

구매처 및 자세한 설명 usherin.usher.co.kr

03 첨삭 구성은 어떻게 되나요?

▼ 스피킹 첨삭

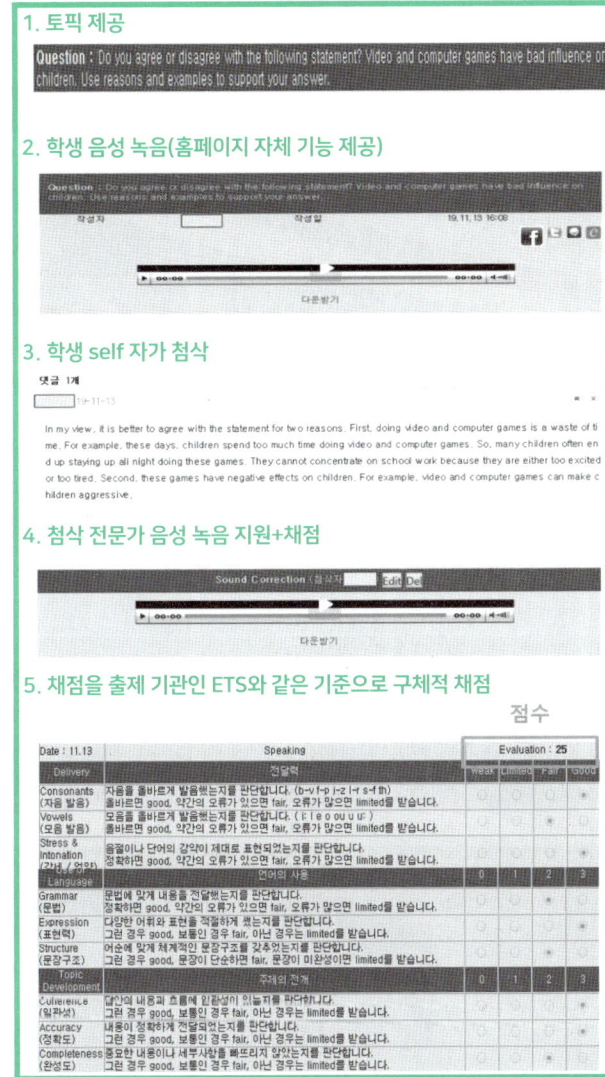

▼ 라이팅 첨삭

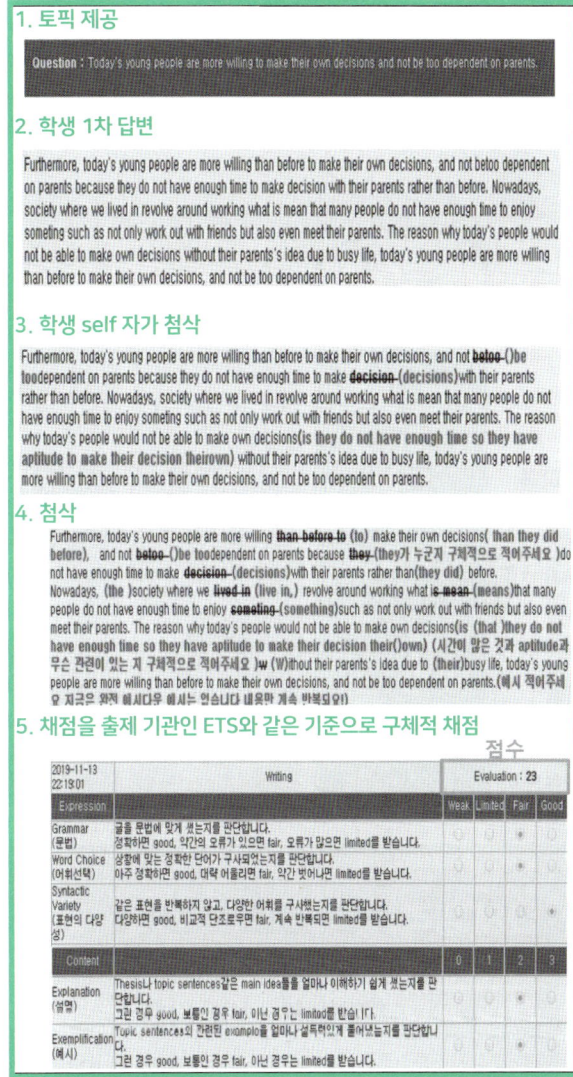

04 첨삭 신청하기

라이팅 첨삭권

10회권은 어셔수강생에게만 제공됩니다

1회 첨삭권	5회 첨삭권	10회 첨삭권
사용기간 15일	사용기간 30일	사용기간 60일
25,000원	~~125,000원~~ ▶ 100,000원	~~250,000원~~ ▶ 150,000원

스피킹 첨삭권

10회권은 어셔수강생에게만 제공됩니다

1회 첨삭권	5회 첨삭권	10회 첨삭권
사용기간 15일	사용기간 30일	사용기간 60일
15,000원	~~75,000원~~ ▶ 60,000원	~~150,000원~~ ▶ 110,000원

첨삭은 근무일 기준(평일)으로 진행되며, 주말 또는 휴일은 익일 평일에 진행됩니다.

3 인강 - 단어
usherin.usher.co.kr

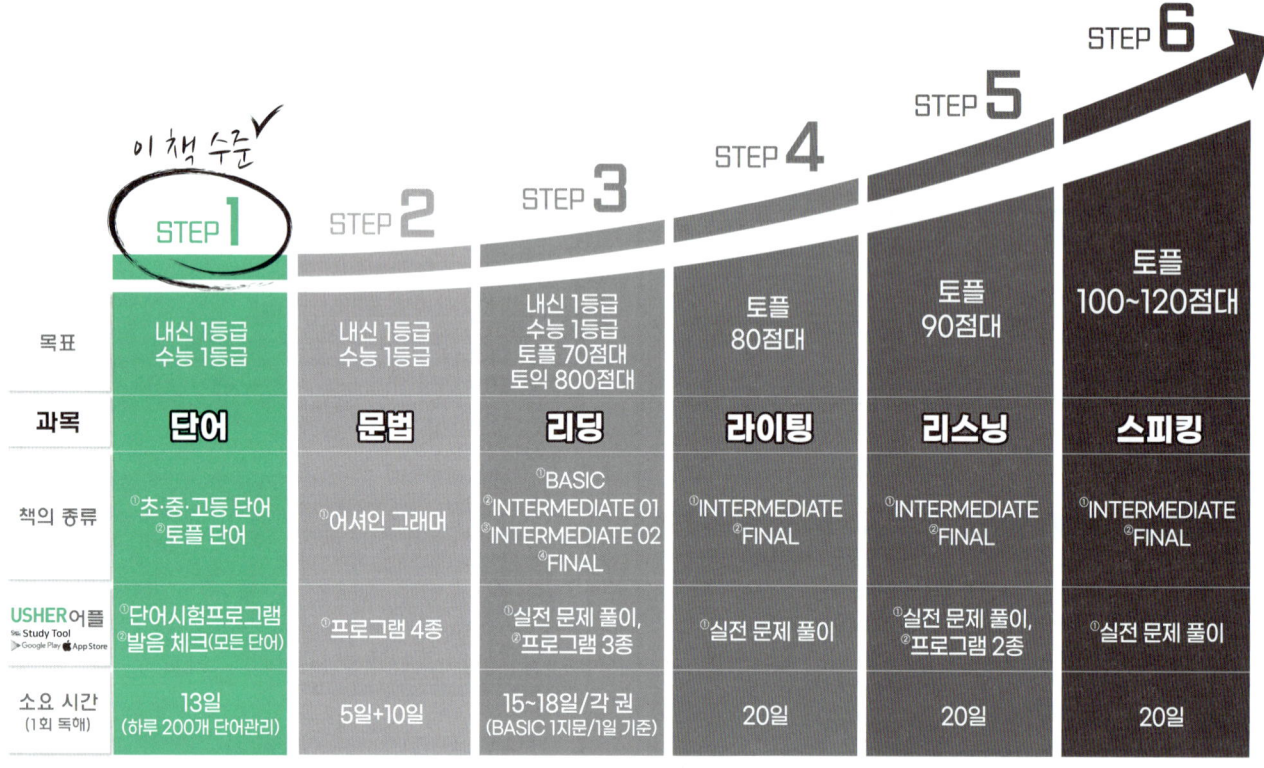

목표	내신 1등급 수능 1등급	내신 1등급 수능 1등급	내신 1등급 수능 1등급 토플 70점대 토익 800점대	토플 80점대	토플 90점대	토플 100~120점대
과목	단어	문법	리딩	라이팅	리스닝	스피킹
책의 종류	①초·중·고등 단어 ②토플 단어	어셔인 그래머	①BASIC ②INTERMEDIATE 01 ③INTERMEDIATE 02 ④FINAL	①INTERMEDIATE ②FINAL	①INTERMEDIATE ②FINAL	①INTERMEDIATE ②FINAL
USHER어플 Study Tool Google Play App Store	①단어시험프로그램 ②발음 체크(모든 단어)	프로그램 4종	①실전 문제 풀이, ②프로그램 3종	①실전 문제 풀이	①실전 문제 풀이, ②프로그램 2종	①실전 문제 풀이
소요 시간 (1회 독해)	13일 (하루 200개 단어관리)	5일+10일	15~18일/각 권 (BASIC 1지문/1일 기준)	20일	20일	20일

나의 성격 PERSONALITY
INTP 미래 지향, 긍정

핵심 가치 CORE VALUE
성장 # 자조(스스로 돕는다) # 착함 # 긍정 # 정확함 # 결과 # 책임감 # 도전

나의 강점 STRENGTH
관리력 # 집중력 # 기획력 # 체계적 개발능력 # 집요함 # 속도

"할 얘기 많은" "멋진" 삶!!

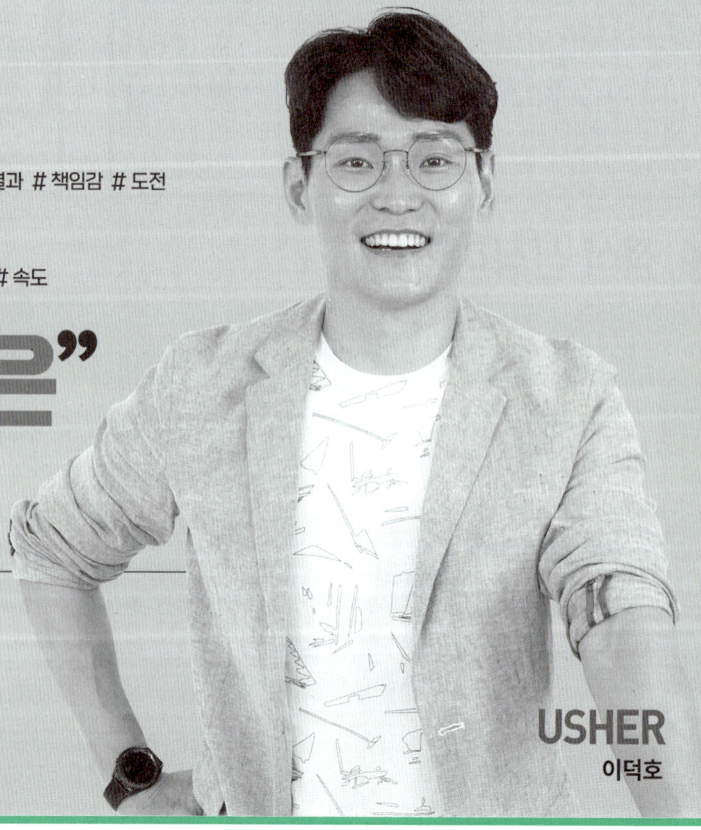

수업 특징
- 단순화
- 긴장감
- 바뀔때까지

USHER
이덕호

나의 성격 PERSONALITY
ENTP
저는 유연성과 적응력을 가진 사람입니다. 성공의 길과 개인적 성장은 순식간에 이루어지는 것이 아닙니다. 하지만 저는 작은 발전의 단계를 거듭하면서 성장하고자 합니다. 저는 변화하는 세상에 꾸준히 적응하고, 그것을 통해 계속해서 성장하려고 합니다.

핵심 가치 CORE VALUE
저의 주된 가치는 꾸준함입니다. 어떤 일이든지 지속성이 있으면 결국 목표를 달성할 수 있다고 믿습니다.

나의 강점 STRENGTH
저는 변화하는 환경에 잘 적응하고, 다양한 상황에서 필요한 해결책을 발견하는 것을 잘합니다.

This Too Shall Pass
이 또한 지나가리라

VISION BIG5
건강한 삶 저는 몸과 마음이 건강한 삶을 추구합니다.
항상 배우기 저는 세상이 계속 변하고 발전하는 것처럼, 자신도 항상 새로운 것을 배우며 성장하고자 합니다.
긍정적인 삶 저는 긍정의 힘을 믿습니다. 긍정적인 태도를 가지고 삶을 대하고자 합니다.
인내심 저는 어려움을 겪을 때에도 인내심을 잃지 않고 목표를 향해 나아갑니다.
감사함 저는 삶의 모든 것에 감사의 마음을 가지고 그 감사의 마음을 통해 더 많은 긍정적인 에너지를 발산하고자 합니다.

USHER
김채운 부원장

나의 성격 PERSONALITY
ISTJ 현실주의자. 모든 일을 꾸준히 체계적으로

핵심 가치 CORE VALUE
#희망 #긍정 #재미

나의 강점 STRENGTH
#성실함 #솔직함 #원칙적 #긍정적 #체계적

하루아침에 되는것은 없다

VISION BIG5
1. 발전하는 하루 2. 건강한 신체 3. 활기찬 분위기
4. 겸손한 마음 5. 간결한 수업

USHER
김석균

4 모의토플
usherin.usher.co.kr

01 모의토플? 왜 봐야 하지?

Q1. 토플 시험 초보자
난 토플이 뭔지, 이름도 겨우 들었거나, 토플 공부를 해야한다는걸 겨우 알았는데, 일단, 내 실력이나 좀 보고, 대충 시험 구성부터 잡아 보고 싶다면?

A. 27만원짜리 진짜 토플 덜컥 잡고, 돈 날리지 말고, 일단 5만원짜리 모의 토플로, 어찌 생겼는지 파악하는 기회로 사용 바랍니다.

Q2. 영어 실력 충분히 있는 분?

A. 나는 영어 실력은 충분히 있는데, 그냥 시험 유형정도나 파악하고, 바로 시험 보면 되지 않을까? 라는 자신감이 있을 때, 실제 시험 전 몸풀기로 활용 바랍니다.

Q3. 토플 공부를 하면서, 본인의 실력 향상이 궁금하신 분

A. 이제 한달 공부 했는데, 내 공부 한 것이 얼마나 나아졌을지 궁금하다면, 실력 점검용으로 활용 바랍니다.

Q4. 실제 시험전에 최종 확인을 원하시는 분

A. 실제 시험장을 가야 하는데, 계속 종이로만 공부해서, 실제 토플시험장에서 모니터 적응과, 라이팅에서의 타이핑 적응등이 부족하다는걸 안다면, 미리 시험장 분위기를 확인용이 활용 바랍니다.

02 왜 모의토플? 을 봐야 하는가? ▼상세설명

Reading
가. 종이로 보는것과 컴퓨터로 보는 것 만으로도 심한경우 리딩 점수 30점 만점중, 5점 차이까지 나므로, 별도로 준비 해야합니다.
나. 밑줄치면 시험 보거나, 연필로 위치를 가리키며 시험을 보는것과, 마우스를 움직여 가며 보는 것을 다르게 느끼는 경우, 시험장 환경에 적응하기 위해
다. 시험장의 엄격한 시간 관리를 미리 준비해야 하므로
라. 내가 많이 틀린 문제 분석을 통해 어느 유형이 약한지 파악하기 위해
마. (선택: 내가 어느유형이 약한지 파악후, 추가 관련 문제의 인강을 통해 미진한 부분에 대한 설명을 듣기 위해)

Listening
가. 스피커를 통해 시험을 보는게 아닌, 헤드셋을 통해 나오는 소리에서의 차이를 어색해 하는 경우가 있다.
나. 시험장 화면에서, 가장 조심 해야 하는 것은, 리딩은 한번 본 화면도 다시 되돌아 와서 체크 할수있지만, 리스닝의 경우, 한번 진행한 문제는 되돌아 가서 수정이 안되는데, 연습 없는 학생들이 가장 어이없게 많이 하는 실수이므로, 실수를 방지하기 위해
다. 시험장의 엄격한 시간 관리를 미리 준비해야 하므로
라. 내가 많이 틀린 문제 분석을 통해 어느 유형이 약한지 파악하기 위해
마. (선택: 내가 어느유형이 약한지 파악후, 추가 관련 문제의 인강을 통해 미진한 부분에 대한 설명을 듣기 위해)

Speaking
가. 시험장에서 마이크에 대고 말하는 것은, 무조건 소리를 크게 내야하는데, 학생들의 경우, 옆에 잘 하는 학생들이 있을경우, 기가 죽어 목소리를 작게 내서, 본인 실력보다 낮은 점수를 받는 경우가 있으므로, 미리 연습해서 본인의 목소리가 얼마나 작게 녹음 되는지 확인 해볼 기회
나. 1번부터 4번까지 네 개의 문제 순서에 적응하여, 실제 시험당일 문제 순서에 당황할일 없게 하기 위해
다. 내가 어느 유형이 약한지 파악하기 위해
라. (선택: 시험 본 것을 "첨삭"으로 이어져, 내 실력의 문제를 점검하기 위해) - **별도서비스**
마. (선택: 내가 어느유형이 약한지 파악후, 추가 관련 문제의 인강을 통해 미진한 부분에 대한 설명을 듣기 위해)

Writing
가. 시험장에서 라이팅 시험은 모두 타이핑 시험인데, 시험장 갈때까지도 독수리 타자를 쳐야 할만큼 준비 없는 것을 막기 위해
나. (선택: 시험 본 것을 "첨삭"으로 이어져, 내 실력의 문제를 점검하기 위해) - **별도서비스**
다. (선택: 내가 어느유형이 약한지 파악후, 추가 관련 문제의 인강을 통해 미진한 부분에 대한 설명을 듣기 위해)

03 토플의 평가 영역 (리딩, 리스닝, 스피킹, 라이팅) 및 어셔 모의토플 소개

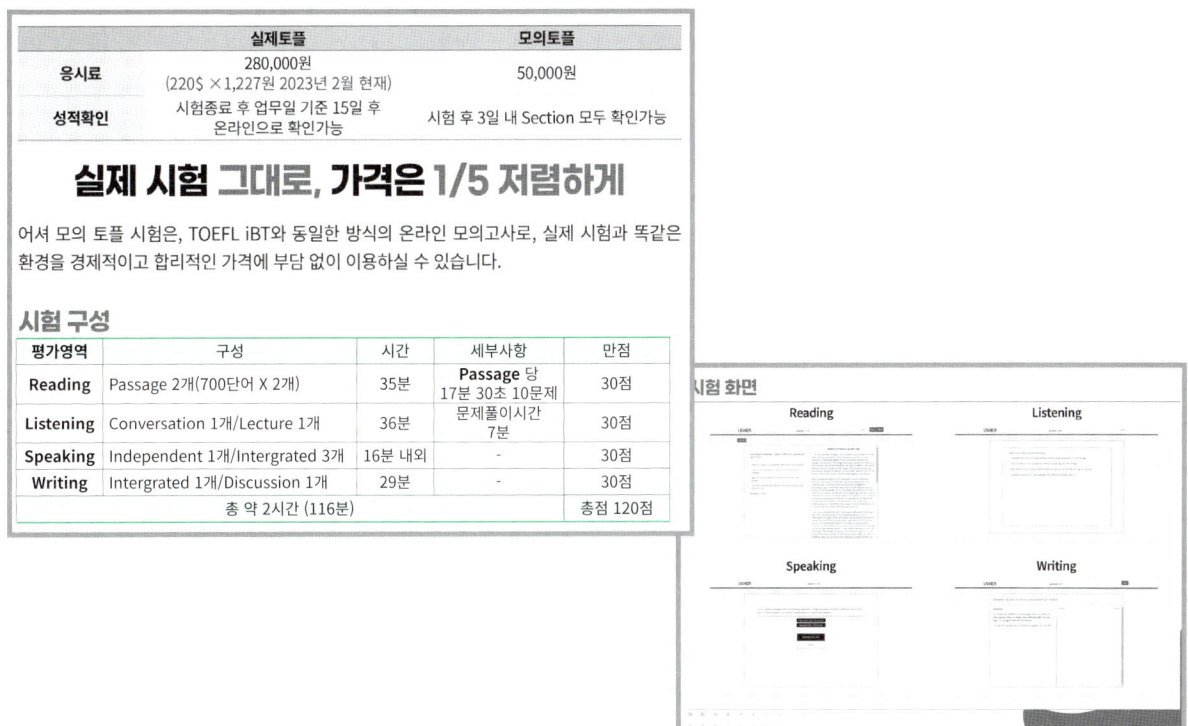

04 구매하기 (개별 과목 별도)

시험명	사용기간	가격
USHER 공식 토플모의고사 Full TEST	1년	50,000원
USHER 공식 토플모의고사 Half(R/L) TEST	1년	27,000원
USHER 공식 토플모의고사 Half(S/W) TEST	1년	27,000원
개별 과목	1년	15,000원

5 토플 Reading 공부방법

usherin.usher.co.kr

리딩 점수에 따라서

- 20점 미만이라면, 리스닝에는 너무 많은 힘을 쓰지 말고, 단어와 리딩에 집중 바랍니다.
  둘 다 하려다 하나도 못 할 수 있습니다.
- 20점 이상이라면, 1. 단어 2. 구문 3. 묶기 4. 열번읽기 까지 꼼꼼히 처리 바랍니다.
- 25점 이상이면, 단어, 구문은 거의 알 겁니다.
  대략 틀린 것 정도 간단히 마무리 하고 **묶기 및 오답 패턴 확인**에 집중하면 됩니다.

각각의 과정을 적으면 다음과 같습니다.

Step 1. 문제풀이
Step 2. TAGGING
Step 3. 구문 / 단어시험
Step 4. 묶기
Step 5. 타이핑
Step 6. 별지
Step 7. 접속사 암기

과정 순서대로 공부를 해야하는 구체적인 이유와 방법을 적어보겠습니다.

Step 1. 문제 풀이

- 문제 풀이는 실전 화면처럼 컴퓨터로 직접 풀면서 익숙해지는게 좋습니다.

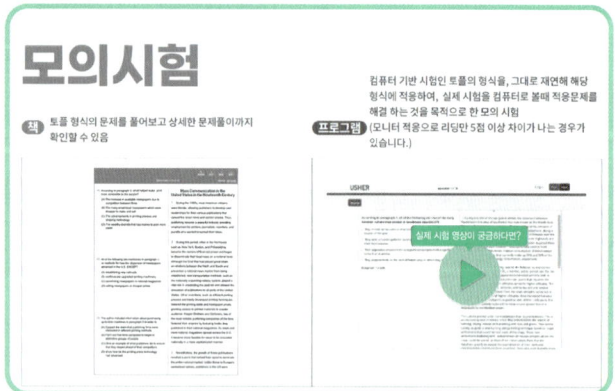

Step 2. TAGGING

- 문제 풀이 직후, 잊기 전에, 문제 풀면서 가장 짜증 났던 부분 = 즉, 이해하기 힘들었던 부분을 체크해 둬야 합니다.

Step 3. 구문 / 단어 시험

- 귀찮은 거 압니다. 그래도 해두시기 바랍니다. 리딩 20점 미만은 실력 없어서 하기 싫어도 해야 하고, 리딩 25점 넘는 분들은 별로 할 것도 없겠지만, 그래도 다 챙겨 두시기 바랍니다.

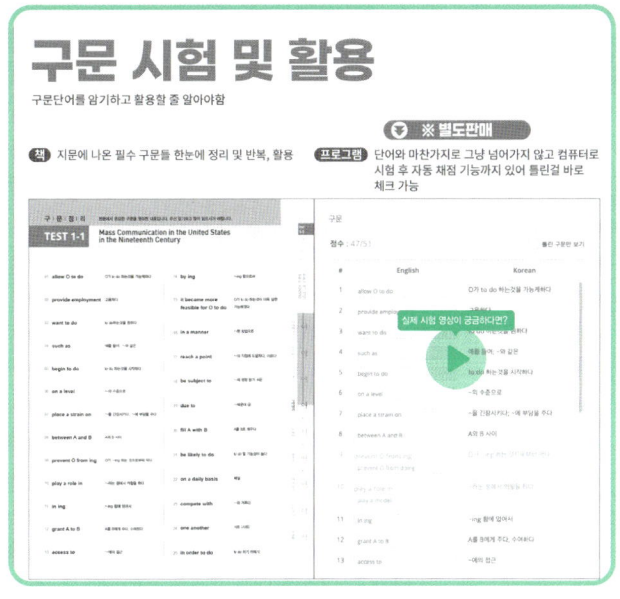
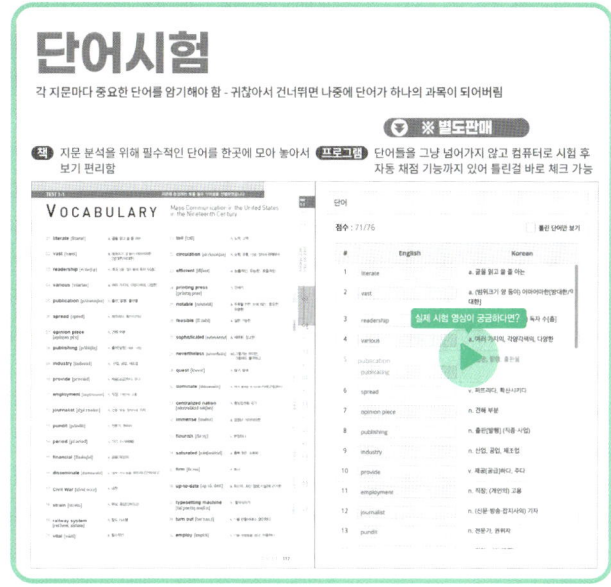

Step 4. 묶기

- 리딩 20점 미만은 실력이 없으니, 파악+ 실력 자체를 늘리기 위해 필요합니다.
- 리딩 25점 이상은 만점 받기 위해서, 본인이 어느 부분이 약한지 "샅샅이 훑어야 할 때", 가장 강력한 툴입니다.
  "30점의 절박함과 귀찮음 중", 더 강한 것이 여러분의 행동을 바꿀겁니다.

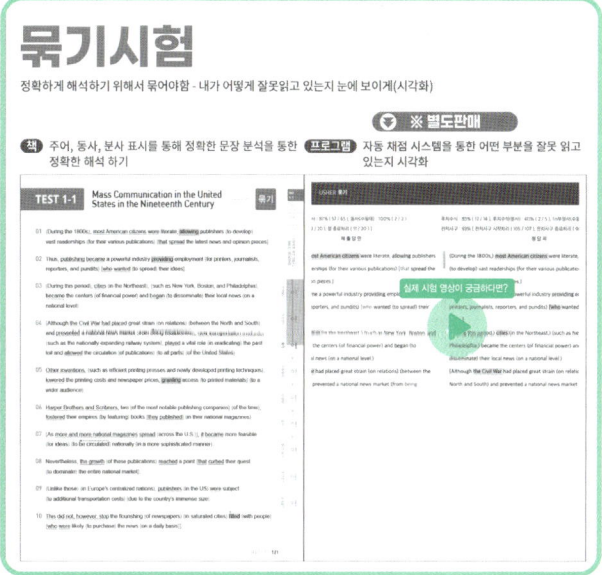

Step 5. 열번읽기(내 발음 체크 = 말 할 수 있으면 들린다)

- 리딩 20점 미만의 학생들에게 가장 중요한 점은 "말 할 수 없으면, 들을 수 없다!!!" 입니다.
- 본인만 아는 이상한 발음으로 기억하면, 절대 못듣습니다.
  이그제그래이션? Exaggeration을 이렇게 읽는 학생. 답 없습니다.
- 말 할 수 있는지는, 학원 프로그램이 모두 파악해 줍니다. 채점까지.
  여러분은 성실함만 있으면 됩니다.

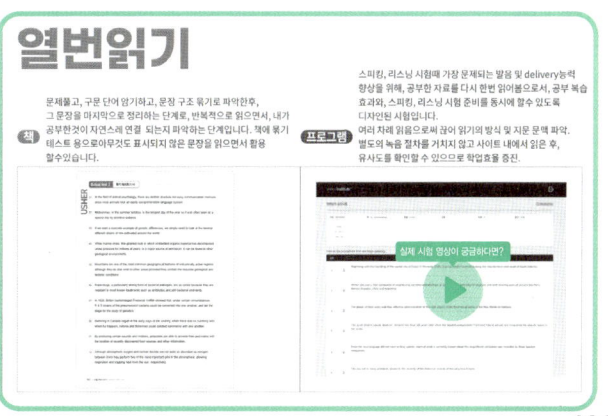

Step 6. 타이핑

- 라이팅 시험은 영타가 기본인데, 이를 따로 준비하는것이 아닌, 공부한 자료를 반복 연습함을서, 영타와 복습을 동시에 진행 가능케 하는 시험
- 주어진 문장을 따라 써 보며 정확도와 속도를 올려, 문맥 파악과 더불어 컴퓨터 기반 시험인 토플에서 고득점하기 위한 필수 역량을 증진

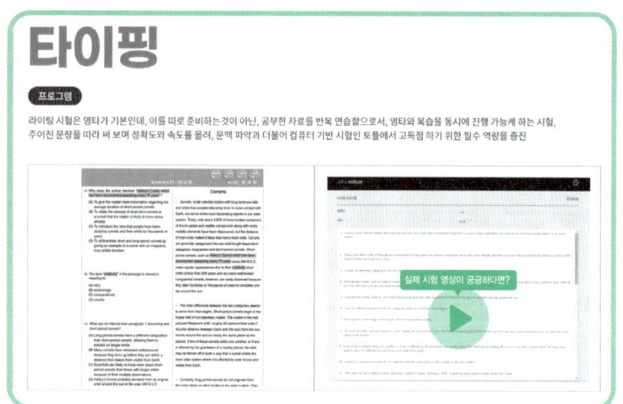

Step 7. 별지

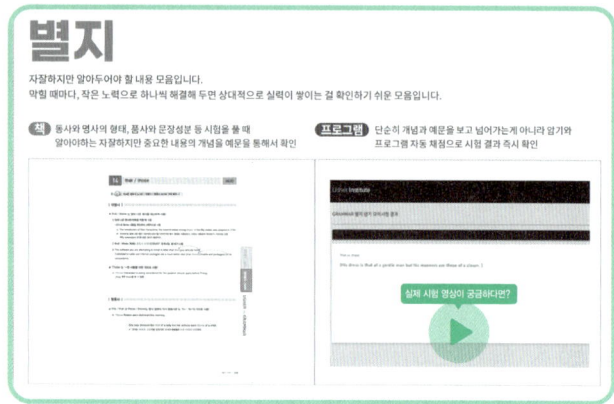

Step 8. 접속사 암기

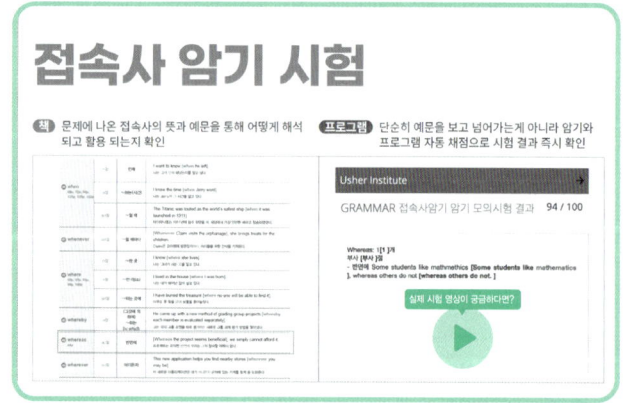

어셔어학원을 다니면,

어셔어학원을 다니면, 이 과정을 모두 스터디 시간에 **무료**로 합니다.

하지만, 사정이 있어서 **인강을 듣거나 프로그램만 구매하시는 분들은**

반드시, 위 내용들을 기억하고, 실행하면, 실력 향상에 큰 도움 되실겁니다.

6 토플 Listening 공부방법
usherin.usher.co.kr

리스닝 점수에 따라서

- 20점 미만이라면, 리스닝에는 너무 많은 힘을 쓰지 말고, 단어와 리딩에 집중 바랍니다.
  둘 다 하려다 하나도 못 할 수 있습니다.
- 20점 이상이라면, 1. 단어 2. 구문 3. 딕테이션 4. 열번읽기 까지 꼼꼼히 처리 바랍니다.
- 25점 이상이면, 단어, 구문은 거의 알 겁니다.
  대략 틀린 것 정도 간단히 마무리 하고 **딕테이션 및 오답 패턴 확인**에 집중하면 됩니다.

각각의 과정을 적으면 다음과 같습니다.

Step 1. 문제풀이
Step 2. TAGGING
Step 3. 구문 / 단어시험
Step 4. 딕테이션
Step 5. 열번읽기 (내 발음 체크 = 말 할 수 있으면 들린다)
Step 6. 타이핑

과정 순서대로 공부를 해야하는 구체적인 이유와 방법을 적어보겠습니다.

Step 1. 문제 풀이

- 문제 풀이는 실전 화면처럼 컴퓨터로 직접 풀면서 익숙해지는게 좋습니다.

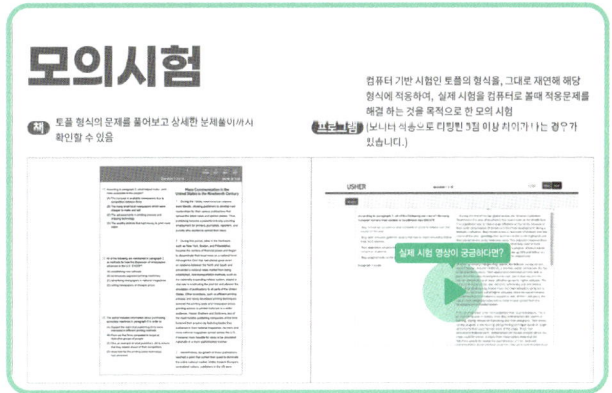

Step 2. TAGGING

- 문제 풀이 직후, 잊기 전에, 문제 풀면서 가장 짜증 났던 부분 = 즉, 이해하기 힘들었던 부분을 체크해 둬야 합니다.

Step 3. 구문 / 단어 시험

- 귀찮은 거 압니다. 그래도 해두시기 바랍니다.

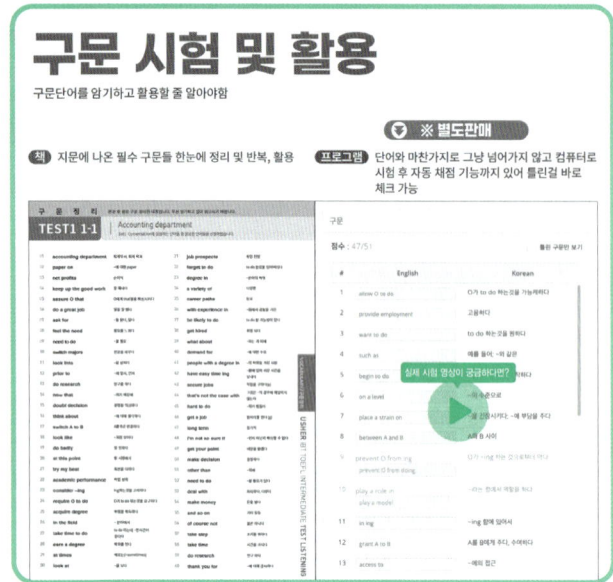

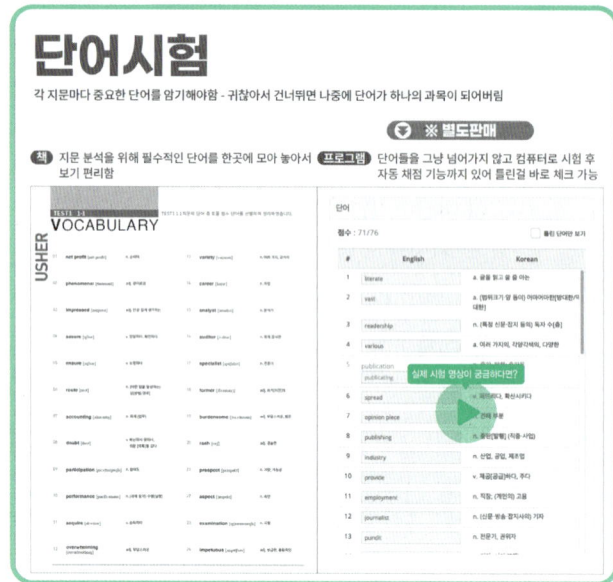

Step 4. 딕테이션

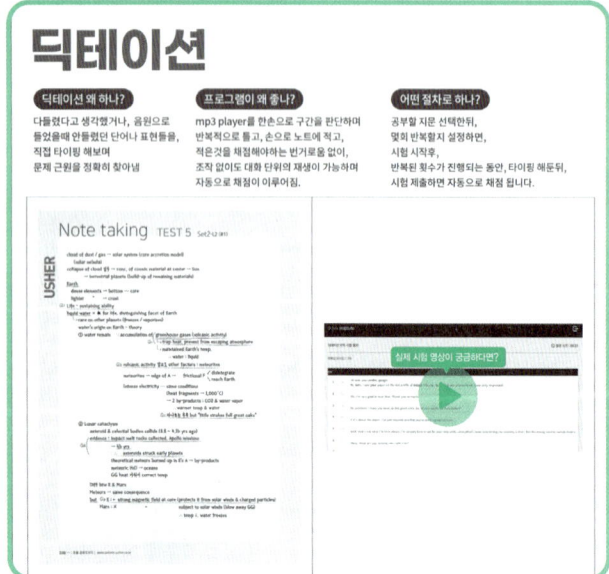

Step 5. 열번읽기(내 발음 체크 = 말 할 수 있으면 들린다)

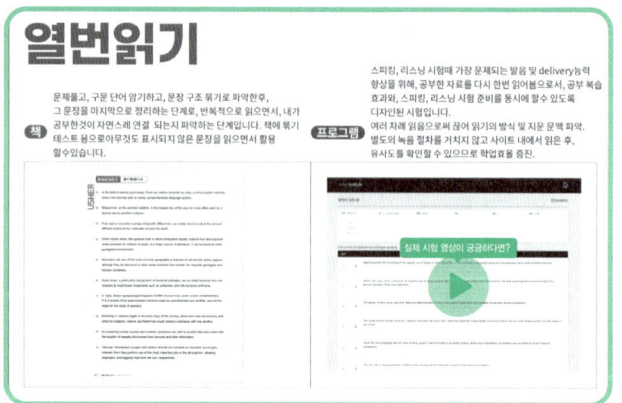

Step 6. 타이핑

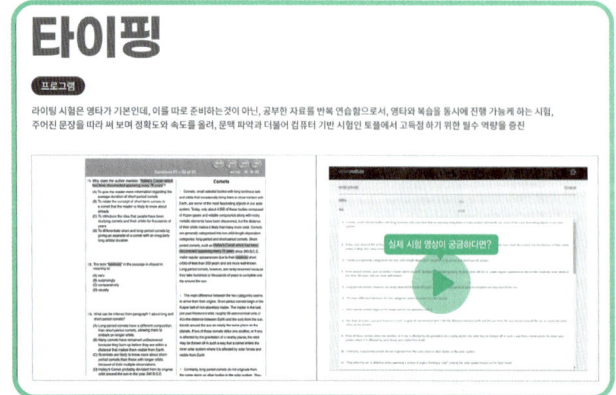

7 수강 후기
usherin.usher.co.kr

김유석
97점 두달간 토플 시험에서의 승리: 훌륭한 교사진, 함께 노력한 학원 동료들에게 감사를

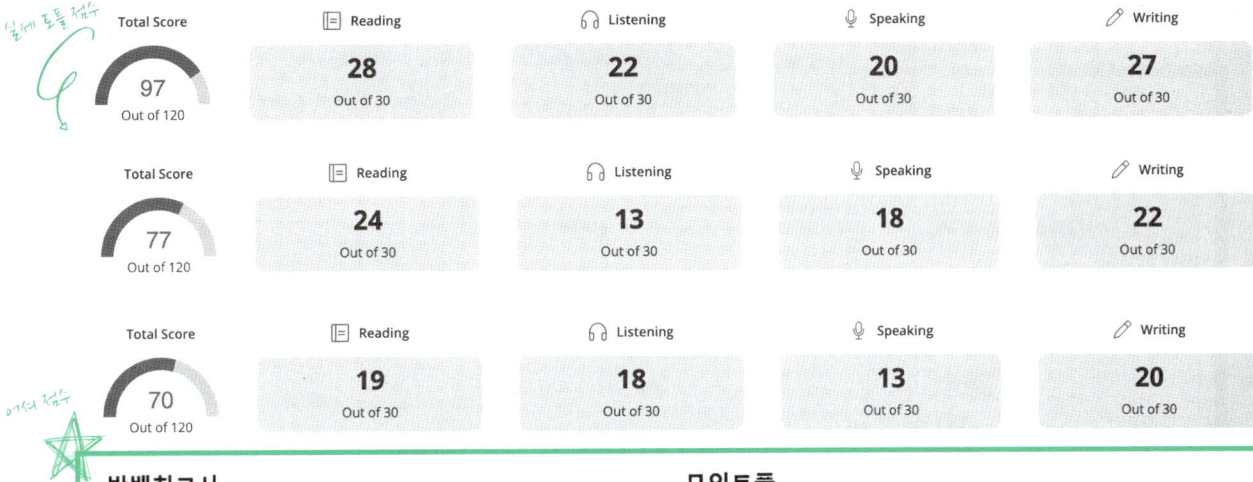

반배치고사

일자	반	GR SW1	SW2	SW1+SW2	RC	LC
2024-03-29	성인 정규 Intermediate반	10	18	28	32	23
2024-02-29	성인 정규 Intermediate반	11	11	22	28	22
2024-01-23	신규	9	13	22	25	

모의토플

일자	RC	LC	SP	WR	합계
2024-03-15	17	25	19	20	81
2024-02-16	22	19	0	0	41

2024.03 성인교육중급반 김유석 성취표

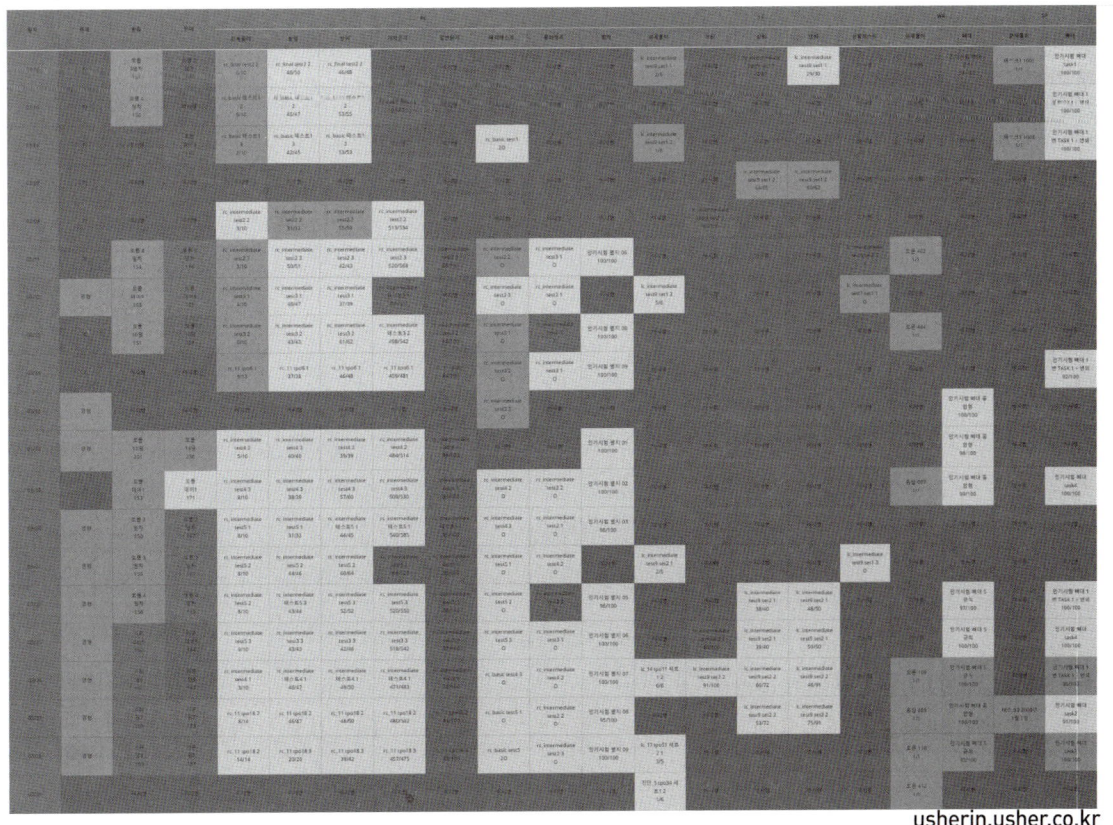

마이페이지 MYPAGE

배치고사 신청/결과확인	예습공지 게시판	수강증 확인	교재 확인하기	증명서 발급
사물함 안내	무료교재 mp3/부록	토익특강 성적표	쿠폰함	사물함 신청

김유석님 반갑습니다 회원정보수정

온라인클래스 강의창 테스트

수강중인 강의 / 반별게시판	결제 진행중인 강의	결제내역	장바구니	교재확인 / 배송조회
0건	0건	20건	0건	0건
자세히 보기	자세히 보기	자세히 보기	자세히 보기	자세히 보기

▌처음 학원에 들어올 때 시작 했던 반
2024년 02월 성인 정규 Intermediate반

▌수강 했던반 / 총 개월수
2024년 02월 성인 정규 Intermediate반
2024년 03월 성인 정규 Intermediate반
2024년 04월 성인 정규 K1반

▌학원에 오기전에 가지고 있었던 점수 (파트별)
- 토익점수_ 합계 : 0 RC : 0 LC : 0
- 토플점수_ 합계 : 70 RC : 19 LC : 18 SP : 13 WR : 20

▌목표했던 토플 점수
100점

▌취득한 토플 점수
RC: 28 LC: 22 SP: 20 WR: 27

▌최초/중간/ 최종
- 최초_ 합계 : 70 RC : 19 LC : 18 SP : 13 WR : 20
- 중간_ 2024-01-23 배치고사 SW:22, RC:25, LC:0
  2024-02-16 모의고사 RC:22, LC:19, SP:0, WR:0
  2024-02-29 배치고사 SW:22, RC:28, LC:22
  2024-03-15 모의고사 RC:17, LC:25, SP:19, WR:20
  2024-03-29 배치고사 SW:28, RC:32, LC:23
- 최종_ RC: 0 LC: 0 SP: 0 WR: 0

▌토플 공부한 이유(학업 이유)
일본유학(EJU)

파트별 상세 설명

• Reading

제가 가장 나댈수 있는 영역입니다.
저는 한 달동안 삼지문 -> 인터 -> K반 까지 승반했었던 유일한 사람이기에, 현재 인터반 학생들이 주의깊게 봤으면 합니다. 다만 한가지 전제조건은, 저는 원래 문해력으로 승부보는 사람이었다는 점입니다. 즉 지문 이해력은 높으나, 영어해석능력이 부족해서 RC영역에서 고생했다는 점을 말해두고 싶습니다.

우선 첫 달은, 영어를 읽고 푸는데에 대한 '자신감', 그리고 긴 문장을 만났을때 '익숙함' 에 중요성에 대해서 배웠습니다. 혜성쌤 께서 강조하신 '오늘 푼 지문 10번 읽기' 과제를 다 하진 못했었으나, 세번씩이라도 읽다보니, 모르는 단어가 나오거나, 긴 문장을 봤을때 느끼는 자신감이 상당히 올라갔고, 정답률 또한 올라갔습니다. 그러나, 아직 이 시기에서는, 문장 직독직해의 수준이 낮은상태였으며, 주어진 시간안에 한 지문을 읽는것이 불안했습니다.

두 번째 달에는, 사실상 제 RC영역에 가장 큰 영향을 주신 김석균 선생님의 수업을 들었습니다.
선생님의 가르침 하에서 선생님이 강조하시는, 그리고 제가 느끼는 중요성의 순서는 다음과 같습니다.

1.수업시간에 선생님께서 워드에 정리하고, 수업 후에 올려주시는 메모를 빠르게 기억하고 넘어가기 입니다.
>> 각 지문 테마 별, 자주 나오는 단어나 표현들이 익숙해지기 때문에, 다음 번, 비슷한 지문을 만났을 때, 읽는 속도와 정확성, 자신감이 매우 다릅니다.

2. 묶기 빠르게 할 것***
묶기를 연구해가며 하지마세요. 묶기는 하나의 시험입니다. 문장 내에서, 본인이 약한 문법의 영역을 파악할 수 있는 부분이기 때문에, 빠르게 풀 되, 묶기의 결과를 잘 살펴보고, 메모를 남겨둡시다. 특히 토플 RC에서 등위접속사 and, or 과 같은 문법을 다르게 읽는다면, 해석이 전혀 다른 내용이 되기 때문에 지문 이해에 큰 방해가 될 것 입니다.

3. 해석테스트
토플의 RC는 사실 이해를 하지 못한다고 해도, 70프로의 정답률을 보장할 수 있는 시험이라고 생각합니다.
그 이유로는, 어차피 문제에서 물어보는것은 지문의 특정 부분에 관해서 이고, 지문을 한번 읽었을때 기억을 살려, 빠르게 문제에서 요구하는 부분을 지문에서 찾기만 한다면, 정답률 또한 상당히 올라갈 것 입니다.
다만, 지문을 읽고 기억하는데에 있어서, 중요한 능력이 직독직해라고 생각합니다. 토플은 영어단어 바꿔넣기의 시험. 즉 영어를 잘한다는 느낌보다, 유의어 단어나 표현을 얼마나 알고있는지를 묻기에, 기계적인 암기능력을 요구한다고 생각합니다.
그렇기 때문에, 직독직해가 된다면, 유의어가 페러프라이징 된 선지를 고를수 있기때문에, 정답률이 올라갑니다.
또한, 결정적으로 직독직해를 잘 하게 된다면, 영어문장을 빠르게 읽게 되기 때문에, 시간안에 문제를 다 읽고 푸는것이 가능해 진다고 생각합니다. 이런 직독직해능력을 기를 수 있고, 내 상태를 점검할 수 있는 해석테스트를 열심히 준비합시다.

4. 네 번째로 제가 생각하는 석균쌤의 RC포인트 + 어셔에서 가장 중요하게 강요하는 부분인 단어 입니다.
어셔를 다니면서 단어시험은 가장 큰 스트레스중 하나라고 생각합니다. 우선 학원측에서 단어암기를 하라고 과제를 내주면, 암기조차 안하는 학생들이 있기 때문에, 인터반 기준 200개중 180개의 빡센 목표를 요구하는 것 같습니다.
다만 제 생각으론, 단어를 암기하는데에 있어 가장 중요한것은 200개중 180개로 통과해서 초록불을 띄우는 것이 아니라, 내가 한번 본 단어의 뉘양스를 얼마나 파악했는지 입니다.
아마 저와 수업을 들어보신 분들은 공감하시겠지만, 석균쌤이 수업준에 나온 단어에 대해 동의어를 물어보실 때, 가장 대답을 잘하는 학생이 저 였을 것입니다. 하지만, 반면에 3월달 VOCA 성취율이 가장 낮은 학생도 저라고 생각합니다. 매번 160~170개로 180개를 통과하지 못한적이 허다했거든요.
하지만 그렇다고해서 저는 단어공부의 시간을 줄인적이 없습니다. 대신 낯선 단어가 갖고있는 의미, 그리고 동의어, 이 단어가 어떤 주제의 지문에서 나오는가 에 초점을 맞췄습니다.
그와 반대로, 단어시험 통과율이 엄청 높으신 분들 혹은, 학원을 오랫동안 다니신 분들에게 있어, RC의 점수를 큰 폭으로 향상시키는 대에 방해되는것이 바로 180개 제한 통과방식인것 같습니다. 160개에서 180개로 단어시험 정답률을 높히기 위해선, 한글뜻에 초점을 맞추게 되고, 그러다보면, RC지문에서 만난 낯선 단어를 빠르게 의미를 떠올리는데에 딜레이가 생길 것 입니다. 물론 우선 단어의 익숙함을 줄이고, RC지문에서 만났을 때, 자신감 있게 한글로 해석할 수 있다면, RC의 한 지문을 읽는데에 유의미한 정답률 상승이 있다고 생각합니다. 그렇기 때문에, 단어를 열심히 외우시고, 통과를 잘하는 분들이라면, 지문에서 모르는 단어가 나왔을때는, 남들도 모르는 단어라고 생각하고 일단 자신감 있게 읽고 넘어가셔야 한 지문을 넘어 RC, RC를 넘어 LC, SPK, WRT까지,, 나머지 영역에도 전반적인 영향을 주는 자신감을 잃지 않을 수 있습니다. 그렇기에 본인의 자신감을 유지하는데에 가장 중요한 단어를 소홀히 하시지 마시길 바랍니다.

마지막으로 제 어셔에서의 토플 기간동안 가장 중요했던 3월달 첫 주 "삼지문 반" 입니다.
삼지문반을 수강함으로써, RC에서의 제 단점을 확실히 파악하는것이 가능했습니다.
수강후기 Reading 영역 첫 문두 에서도 말했다시피, 저는 상대적으로 감각적인 문해력을 가진 반면에, 영어를 한국말로 옮기는 부분에 대해서 많이 부족했었습니다. 그러다보니 제가 이해를 할 수 있는 지문들에 대해서는 70% 까지의 정답률을 보장했으나, 이해가 되지 않는 주제에 관해서는 그야말로 처참했었죠..
그러다 원장님이 삼지문반 승반테스트를 진행하시고, RC영역에 대해서 설명해주실때, 그야말로 광명을 찾았습니다.
RC = R+C, 즉, Reading +comprehension 이라는 말, Reading 이 7, Comprehension이 3의 비율을 갖는다는 것을 듣고 나서야 비로소, 그때서야 제 단점이 Reading (직독직해) 라는 점에 대해 확신할 수 있었습니다.

그 이후로는, 인터반 -> 삼지문반으로 하반당했다는 압박을 머금고 친한 동료들 경선이와 건우형과 함께 세가지 지문 부수기에 목숨 걸었습니다. 저의 지문 이해력과 설명 + 경선, 건우의 직독직해 설명이 서로에게 큰 시너지를 주었습니다. 3월의 첫 주에 삼지문 반을 경험한 것이, 지속적인 제 RC점수의 상승에 포문을 열었다고 생각합니다.

그렇게 터프하게 학원 불 꺼져도 11시 반까지 공부하다가 보니 한 가지 재미있는 일화도 남겼던것이 기억에 남내요 ㅋㅋㅋ
원장님이 퇴근하시다가 어둠속에서 공부하던 저와 소연, 경선의 공부하는 동영상을 찍어가신것, 채운쌤께서도 퇴근 하시다가 저희를 발견하시고 기분좋아하셨던 그런것들이 저희에게도 큰 원동력이 되었던 것 같습니다.

다시 궤도로 돌아와서 정리하자면, 삼지문 반을 거쳐, 3월 모의토플 이전까지 문제풀이및 석균쌤의 수업에 익숙해졌고, 3월 셋째 주부터 RC점수가 팍 뛰더니 변동기에 들어오기 시작한 것 같습니다. 그리고 3월 이후 어셔에서의 생활을 마무리 하려던 찰나, 석균쌤과 채운쌤의 설득과 조언에 못이겨 4/2, 4/3의 수업도 듣게 되었고, 이 기간에 RC 고득점 평탄화가 이뤄져, 저를 하여금 어셔에서 졸업을 하도록 만들어 준 것 같습니다.

마무리로, 쌤들 말 안듣는 친구들에게도 한마디 하자면, 자기 멋대로 공부를 하려면 우선 쌤들이 시킨것부터 끝내고 하는것은 어떨까요? 석균쌤의 말씀대로, 제 RC점수가 상승하고 안정된 시기는, 어셔의 syllabus를 다 채우는데 성공한 시점부터라는 점을 알아주셨음 합니다.

- **Listening**

저에게 있어서, 시험 한번한번의 변동이 가장 큰 과목입니다.
모의토플 에서는 25점도 맞아보았고, 수업시간에 풀었던 문제는 컨버 렉쳐 렉쳐 다 맞은 적도 있었던것을 비추어 볼 때, 듣기의 고점 자체를 한번 끌어올리는데에는 성공했다고 생각됩니다.
먼저 그렇게 끌어올리는데 성공했던 이유를 생각해 보면

첫째. 채운쌤의 세뇌.
질문과 답변 위주로 들어라, 고유명사 연도 는 꼭 적어라, 동사위주로 들어라, 예시는 예시가 나온이유, 그것에 대한 결과를 들어야 한다,, 노트테이킹은 왼쪽에서 오른쪽으로 해라.
사실 더 많은데,, 신입분들은 수업료 내고 들으시라고 여기까지만 !! / 기존 학생들은 본인들이 메모했던 내용들을 한번 정리한다음, WRT통합형의 파이브룰즈 처럼 달달 외우는 것을 추천합니다.

둘째. 디스커버리 유튜브채널의 영상 "마지막 알레스카인" 반복 청취.
1시간 46분짜리 몰아보기 영상을 매 대중교통에서, 집안일 할때, 밥먹을때 반복해서 들었던 시기가 LC점수가 가장 잘 나왔던 시기입니다. 저는 시골출신에, 서바이벌에 관심이 많아 재밌게 봤던 영상인데, 토플 bio지문에 나오는 단어들을 귀로 반복해서 들었던것이 상당히 고무적 이었습니다. 시각을 이용해서 공부하지 않는 시간에는 꼭 귀라도 영어로 채워두길 바랍니다.

셋째. 딕테이션을 단어 단어 단어 적고, 중간에 비었던 부분을 다시 매꾸는 것이 아니라, 영어를 한 뭉텅이 단위로 듣고 적었을 때, 내용이 가장 잘 들렸고, 그러다 보니 노트의 위에도 적어야 하는 내용만 적을 수 있어서, 정답률이 높았던 것 같습니다. 채운쌤이 말하시는 딕테이션의 방식 1단계 2단계 3단계를 잘 수행하시길 바랍니다.

다만, 더 높은 점수를 내지 못한 이유에는

첫째. 어셔에 있는 도중, 리스닝 자습에 시간을 많이 쓰지 못한것.
RC와 LC는 몇번 고점을 찍는것이 가능하다면, 그 이후에는 점수의 변동을 잡아주는것이 중요하다고 생각하는데, 이 변동을 잡는것에 시간을 투자하지 못한것 같아서 아쉽습니다.

둘째. 노트테이킹을 점점 많이 적게 된 것.
노트테이킹의 양에 대해서도, 선생님들마다 다르지만, 저는 적게 적었을때가 오히려 더 정답률이 높았습니다.
단순하게 내용을 많이 적은것은, 디테일을 놓칠 확률이 큽니다.

셋째. 단기기억 기르는 연습을 게을리 함.
영어는 한국말처럼 단어만 투욱 툭 던져서는 의미가 만들어지지 않는다고 선생님들이 많이 말씀하십니다.
그렇다면 영어를 잘 듣기위해선, 언어 하나의 덩어리가 어디부터 어디까지인지 인식을 하고, 기억을 하고있어야 합니다.
청취테스트 연습을 부지런히 한다면, 본인이 들은 한 덩어리 덩어리가, 잘 기억에 남고, LC정답률 상향에 크게 기여할 것 같습니다.
LC영역에서 저의 결론은 "문제풀이 방식에 시간을 쏟지 맙시다" 라는 것입니다. 토플 리스닝 특성 상, 내용이 잘 들리고, 디테일을 기억하거나 노트에 옮겨적는다면 문제는 어지간히 다 맞을 것 이라 생각합니다.

- **Speaking**

4과목 중 가장 낮은 점수를 맞아서 가장 할말이 적습니다. 뼈대 잘 외우고, 12간지 잘 외우고, 리스닝영역 문장단위로 적고!! 이 삼박자가 맞지 않고서는 의미있는 점수를 낼 수 없다고 생각합니다. 토플이 단과시험이 아니고, 여러 영역을 요구하는 만큼, 전체의 성적을 끌어올리기 위해선, 무리를 해서라도 하루에 스피킹 하나정도 녹음하는것을 추천드립니다.

두번째로 스피킹 1번과 같은경우 암기가 끝이 아니고, 주어진 주제문에 대해 뼈대와 12간지를 변형시키는 유연함 도 길러야한다는 점 잊지 말아주세요.

저 같은 경우, 솔직히 유연하게 대처하는 연습이 소홀했기 때문에, 걍 논리 안맞는 문장나와도 자신있게 어거지로 밀고 들어갔습니다. 그래서 20점이라도 나오지 않았나 싶어요..
자신있게 어거지로 밀고가서 20점이라도 확보하려면 뼈대 + 12간지를 반드시 외워야 할 것입니다.

- **Writing**

4과목중 가장 의외인 점수를 가져다준 고마운 과목입니다. 사실 WRT이 고맙기보단 당연히 채운쌤께 너무 감사드립니다..
스피킹과 더불어 공부량이 적었던 과목인데, 왜 27점이 나왔을까요??...
바로 제 WRT점수가 12간지와 파이브룰즈에 위대함을 다시금 증명했다고 생각합니다.
물론 저도 작전을 세우긴 했는데,, 그게 12간지의 위대함과 더불어 잘 들어맞았네요.
제 작전은, 제가 많은 내용을 생산할 수록, 문법과 스펠링 미스가 많아져서, WRT의 총점을 깎을것이라 예상해서, 안전빵 문장들만 가져다 적었습니다. 절때 어렵게 쓰려고 하지 마시고, 본인만의 예시 뼈대를 만들고, 12간지에 기대어 최대한 문장을 간단하게 쓰는것을 추천드립니다.

- **어셔의 관리 프로그램 (asap프로그램) 관련 사용 팁**

점수 취득 후 얻게된 결과

1) 한번 실패를 맛 보았던 토플에서 성공을 거둔것.
매번 꿈에 나오던 학창시절 담당일진을 길에서 만나 뚜드려 팬것과 동일한 기분이지 않을까요??
2) 자신감
내 인생에 있어서 가장 높았던 벽 '토플'을 넘었기 때문에,, 앞으로 못할건 하나도 없을것 같다는 근자감

저는 ○○스에서 1년 이상의 시간과 돈을 쓰며 영어의 5형식부터 공부했었습니다. ○○스의 기본문법 교실은 to부정사가 뭔지 모르는 저에게는 꽤나 재미있고 이해가 잘 갔던 수업이었죠.
그러나 문제는 ○○스 토플 커리큘럼에 들어가면서 시작입니다. 제가 생각한 ○○스 토플의 문제를 순서대로 나열하자면,
1) 영어 기초반에서 토플 기초반으로 넘어갈 때, 간극이 꽤 크다.
>> 단어 요구량이 너무 차이나기 때문에, 영어 기초반에서 공부한 뒤 바로 토플 기초반수업 못따라갑니다.
2) 영어실력의 "근본"을 경시한다.
>> 이게 가장 큰 문제라고 생각합니다. 특히, 만약 이글을 보는 본인의 목표가 80점 이상이라면.
제 생각으론, ○○스의 '입문+인터미디엇' 반의 수준이, 어셔의 '완초 1~2반' 이랑 비슷합니다.
근데 차이점이 있다면, ○○스에서는 딱 그정도의 영어수준을 지닌 학생들이 그 상태에서 점수를 잘 내도록 교과과정이 맞춰져 있습니다. 그말은 즉, 더 높은 점수대로 도전하는 "근본"을 쌓는데에 아 무런 도움이 되지 않는 다는 점입니다.
본인이 영어가 안읽히고, 안들려도.. 그 상태에서 점수를 내게 알려주는 방법이 ○○스식 입니다.
이 방식으로는 저같이 영어의 "근본"이 없는 학생들에게 있어서 90점대의 아성에 도전할수가 없습니다.
3) 각 과목 선생님들이 다르고, 같은 과목의 선생님들도 너무 많다.
>> 템플릿 다 난리납니다. 같은 과목의 선생님들 마다 말이 아 다르고 어 다릅니다.
각 과목의 선생님들의 목소리가 너무 큽니다. 수업시간 40~50분의 짧은 시간에 수업을 듣기 위해서, 하루 과목당 4~5시간 정도의 자습량을 요구합니다. 즉, 토플 4과목의 과제를 마치지 않는다면, 수업을 듣는 의미가 없습니다.
○○스 다녀보신 분들 수업 1주차 부터 같은 교실에 사람들이 적어지는것을 경험했거나, 혹은 본인이 점점 수업에 참여를 못하게 되는 학생이셨죠?
그~러~니, 어셔를 토플 학원에 안중을 넣고 계신 분이라냔, 혹은 지금 다니고 계신 분이라면 영어의 "근본" 을 쌓기위해서 어떻게 해야하나 열심히 고민해보세요. 공부법에 최첨단 방식은 없습니다.
암기, 반복, 직독직해 이런 무식 하다고 여겨지는 공부가 아직도 사용 되는 이유는 '전통적' 이기 때문입니다. 전통이 전통으로 이어져 온 것에는 그것이 최선책 이어왔기 때문입니다.
학생분들의 뇌는 그저, 때려 넣는것만 생각하시고, 학원에서 시키는것에 대해 의문을 가지지좀 마세요.
그렇게 본인이 학원보다 좋은방법을 알고 있었다면, 지금 이 후기를 볼 일도 없을 테니까요.
뇌의 사용량을 다른데 투자할 것 없이, 내용을 집어넣는 것에만 집중한다는것이 얼마나 효율적입니까?
대신, 학원이 이걸 왜 시키는걸까? 에 대해서만 '고민' 수준에서 머물도록 하는것을 추천합니다..
어셔 어학원에서의 시간들을 돌이켜보며...
어셔에서의 두 달은 제 수명 1~2년을 끌어쓴다는 느낌으로 지냈습니다.
1) 수면은 두달동안 평균 5시간 안넘을거라 생각하구요,,
2) 점심또한 편의점 삼각김밥만 먹어서 소화장애 심각했었죠..
같이 공부했던 친구들은 알겠지만 제 말버릇 중 하나가 소화안되서 죽을것같다..
위생천/까스활명수 마셔야겠다 아마 지겹도록 들었을 것입니다
근데 할만했습니다.. 어셔에서 토플은 공부라기 보단, 하나의 팀 스포츠라고 생각합니다. 매일같이 남아서 동료들과 훈련을 하고, 스스로의 한계를 극복하고, 결과로써 증명한다. 이렇게 생각했기 때문에 어셔에서 상당히 즐거운 시간을 보낼 수 있었습니다.
인생에서 무언가를 위해 몰두하는 경험을 쌓기위해 최적의 환경을 잘 조성해주신 원장님, 그리고 채운쌤과 석균쌤, 해성쌤과 같이 교사진들의 엄청난 하드워킹.. 어셔에서의 두 달은 진정한 낙수효과에 대해서도 느끼게 해준 것 같습니다.
저는 두 달하고 빠질생각으로 다녔기 때문에 제가 열심히 해야하는건 당연했구요..
그런데도 불구하고 나를 가르치는 선생님들은 몇년씩 이 생활을 반복하고 있다는 사실을 생각해 본다면,, 적어도 본인이 어셔에 있는 동안은 그들보다 열심히 해야한다는걸 잊지마세요.

▌어셔생활백서

[1] 밥집:
1) 먹고싶은것 없으면 "감미옥" - 시간은 금입니다. 가장 가까운 복합 한식 분식집이며, 맛 또한 일대에서 상위권입니다. 만약 사장님께 아양을 잘 떤다면, 공짜 밥 무한리필도 가능합니다.
2) 먹고싶은것 없고, 감미옥이 질린다면 "KFC" (도보 왕복 약 8분)
3) 학원 MZ세대들이 아마,, 제일 좋아할 김치볶음밥&돈까스 "하트타임" (KFC 근처)
4) 든든한 국밥 "장터순대국" (KFC 아랫층)
5) "뉴코아 킴스클럽" 푸드코트: 가지마세요 시간 다 뺏깁니다. (도보 왕복 약 16분)
>> 참고로 점심은 빠르게 편의점에서 드시고 구문/단어, 묶기 하세요.. 시간은 금입니다.

[2] 자습실 (=학원 오픈시간)
1) 평일: 매일 아침 7시 30분 안에 열리고, 오후 11시 ~ 11시 30분에 닫힙니다.
2) 주말: 주 마다 쌤들께 여쭤보세요. 열릴때도, 안 열릴때도 있습니다.
>> 토플 학원의 학원비는 결코 싸지 않습니다. 최대한 학원의 전기, 수도, 난방 비용을 털어간다는 생각으로 남으세요.

[3] 대인관계:
제 생각으로 어셔에서 공부 다음으로 중요한 영역같습니다. 얼굴을 본 기억이 있는 사람과 마주친다면 정중히 인사부터 나눕시다. 특히, 열심히 하는 학생이 있다면, 혹은 점수를 잘 내는 친구가 있다면 잘 보고 배웁시다.

▌Thanks to

1) 경선.. 어셔가 나에게 선물한 가장 친한 친구.. 덕분에 어셔 너무 재미있게 다녔다... 나도 가끔 너무힘들고 맨탈 흔들릴때 있었는데, 그때마다 경선이의 활기랑 에너지가 나아갈 힘을 계속해서 준것같아.. 진짜 너 없었으면 쉽게 졸업하기 힘들었을것같아 너무고맙다 경선아. 빠르게 졸업하고 서로 남은 한국에서의 목표한 바를 완수한 다음에 또 신나게 놀아보자

2) 소연.. 아마 본인은 모르실 것 같은데, 소연님이 제 점수가 오르는데 1등 공신이십니다.. 소연님 분석을 꽤 했거든요 ㅋㅋㅋ 소연님 같은 분이랑 수업을 들을수 있었던것이 진짜 엄청난 행운이었습니다. 그리고 왜 또 공부는 그렇게 열심히 하시는지.. 서로 각자의 위치로 돌아간다음에도 잊지말고 자주 연락해요. (콩고물 얻어먹으라니까)

3) 환준.. 같은 일유생의 키즈나.. 인터에서 K반으로 넘어간 동료이자 산책 나카마... 뭐 우리는 일본에서 끈덕지게 볼것같으니 짧게 씀

4) 건우.. 건우햄 행동력 하나는 진짜 끝내줍니다.. 사실 저도 제 친구들 사이에서 미친행동력으로 비난과 감탄 둘다 받는데 형은 그 이상인 것 같아요.. F-k ng 트래블러 건우형. 저도 여행 좋아하니까 아프리카 정도 아니면 한번 같이 가는것도 좋을지도 ..?

5) 혜성.. 경선, 건우와 더불어 삼지문 -> 인터반의 동료.. 혜성님 힘들어 하시다가 저랑 경선이가 혜성님 웃게 만들었을때 상당히 성취감 있었습니다. 그리고 제가 생각하는 가장 빨리 졸업할 것 같은 맴버 3명중 한 분이십니다. 자신감 잃지마시고 토플 부수기 기원합니다.

6) 인터반 친구들
졸업하고 하느라 교실의 분위기도 많이 달라졌지만,, 다들 함께 할 수 있었기 때문에 토플이라는 거대한 압박 안에서 나름 즐겁게 보냈던것 같습니다.. 2월달에 인터반의 화목하고 재미난 분위기를 만들어두고 가신 하륜이형, 동훈이형도 너무 감사드리고,, 수업시간에 저랑 경선이가 어떻게보면 수업을 방해할 수도 있을 수준에 헛소리를 해도 다들 웃고 넘어가주셔서 감사합니다. 모두 목표한 바를 이루시길 기원합니다.

김유석 어셔졸업 일등공신 채운쌤:

처음에 상담할 시기부터 제 토플공부에 가장 크게 기여해주셨다는 점 알아주셨음 합니다 ㅋㅋㅋ
선생님만 믿고 다른생각 안한 덕에, 기대하지 않은 좋은 점수를 만들 수 있었던 것 같아요.. 비록 처음 반 배치가 완초 2반으로 떨어졌지만, 쌤 께서 2달안에 졸업하려면, 힘들더라도 인터반이 좋을수 있다고 조언해주신 덕에, 인터반에서 기분좋은 시작을 할 수 있었습니다. 그리고 또 가끔 제 기강이 해이해질 타이밍에 완벽히, 교실 전체에 기강 다져주신것도 큰 도움이 되었습니다 ㅋㅋㅋㅋㅋ
12간지야 뭐 말하는거 입아프구요.. 저는 선생님께서 단순히 '선생님'이라는 직책을 빼고도 '김채운'이라는 훌륭한 사람을 만난것에 대해 좋은 경험한 것 같습니다. 하지만 건강도 잘 챙기셔서 롱런하셨음 좋겠어요 ㅋㅋ 채운쌤 너무 감사합니다 !!

석균쌤:

가끔 편한길 찾고싶어서 쌤한테 시도할때마다 본전도 못찾고 깨진 기억들이 떠오르네요.. 덕분에 정신차리고 공부했습니다 쌤. ㅋㅋㅋ
어셔 한달 더 다니고 싶었던 가장 큰 이유가 바로 석균쌤의 수업이었는데,, 다행히도 금방 졸업을 했네요...
그리고 리딩 테마별로 지문 별 문제풀이 순서를 직접 고안하셨는지는 모르겠지만,, 테마별 리딩 문제풀이 순서가 너무 도움됐습니다.. 딱 우주에 대해 잊어먹었을 즈음에 복습시키고,, 슬슬 적응되던 테마에서 벗어나서 낯선거 풀게시키고.. 그 외에도 쌤께 고마운거 많지만 이만 줄이겠습니다. 쌤은 쿨하시니까요 ~

조교쌤들도 너무 감사했습니다 !! 특히 예림쌤, 유하쌤, 명준쌤,, 매번 해태할때마다 답답하셨을텐데,, 저였으면 좀 화났을수도 있엇을 것 같은데, 친절하게 질문받아주시고 너무 감사했습니다 !!!